U0947850

第七册編輯説明

本册收録光緒八年正月至光緒三十三年二月，即張之洞出任山西巡撫、兩廣總督、湖廣總督期間的批牘、諭示共七百四十三件（不含附件），包括底本《張文襄公全集》（北平文華齋一九二八年刊本）第一百一十至一百二十一卷中的全部四百五十二件；另增補二百九十一件，均録自抄本《督楚公牘》（不著卷次、頁碼。中國社會科學院經濟研究所圖書館藏）。又收録光緒十年六月至光緒十四年十二月，即張之洞出任兩廣總督、湖廣總督期間的電牘共七百五十七件（不含附件），包括底本《張文襄公全集》第一百二十二至一百三十卷中的全部和第一百三十一卷中的前五十九件，計七百三十四件，另增補二十三件。以上增補各件，均在目録中相應標題的上方標示圓圈，并隨文分别注明出處。

本册由吴劍杰負責點校整理。薛國中參加了底本電牘部分的標點，張寧、黎浩參加了增補文獻的搜集。

第七册目録

公牘·批牘 光緒八年正月至光緒三十三年二月

光緒八年

批署岢嵐州聶鴻年禀送志書様本并請序文
光緒八年正月十九日……一
批署萬泉縣左兆熊禀買穀還倉
光緒八年二月二十一日……一
批槐樹鋪卡員知州徐德純禀請裁贏馬釐捐
光緒八年三月初十日……一
批司道會詳裁減各署公費
光緒八年三月十四日……一
批陵川縣禀辦理縣民聚衆抗糧情形
光緒八年三月二十日……三
批練軍馬隊何正宗禀巡查情形
光緒八年四月十五日……四
批澤州府禀請發銀招徠鐵商
光緒八年四月二十四日……四
批靈邱縣禀修築隄壩、教習紡織
光緒八年五月初一日……四
批河東道禀籌抵攤捐生息銀兩交商承領
光緒八年五月二十五日……五
批翼城縣禀到任後諮訪地方情形
光緒八年五月二十五日……五
批代州俞廉三禀查辦忻州差徭
光緒八年六月初八日……五
批善後局詳籌動節省銀兩撥還善後正欵
光緒八年六月十七日……五
批署太原府馬丕瑶等禀會議平定、盂、壽差徭事宜
光緒八年七月二十五日……五
批太原府馬丕瑶、靈石縣趙克卿禀籌議靈石差徭章程
光緒八年七月二十五日……六
批山陰縣禀報地震
光緒八年九月初一日……六
批霍州禀差徭請照舊章并請發鹽務息本
光緒八年九月十六日……六
批平定州沈晉祥禀興修州倉籌辦積穀
光緒八年九月二十三日……七
批陽曲縣錫良禀請借撥清丈經費
光緒八年十月二十四日……七
批霍州禀請設局抽收解犯車價
光緒八年十月二十五日……七
批署太谷縣吴匡禀設局舉辦清丈
光緒八年十一月初十日……八
批永甯州禀新修州志并擬修于清端公祠
光緒八年十一月十一日……八

批籌餉局詳核議忻口抽收貨物章程
光緒八年十一月十四日……八
批前和順縣魯燮光稟後任不接交代請檄調核算
光緒八年十一月十九日……八
批湘毅軍統領何鳴高稟認修東天門舊道各工
光緒八年十一月二十二日……九
批副將呼延霖稟勘估修路地段酌擬限期
光緒八年十一月……九
批代理榆次縣稟買補倉穀議定價值
光緒八年十二月初二日……九
批潞安府何林亨稟覆地方各事
光緒八年十二月初四日……九
批練軍左營管帶呼延霖稟修理西郊路徑
光緒八年十二月初四日……一〇
批陽曲縣錫良等稟開辦清丈日期
光緒八年十二月初十日……一〇
批籌餉局詳轉解生息銀兩
光緒八年十二月二十四日……一〇
批霍州稟查覆趙城差攤情形
光緒八年十二月二十四日……一〇
批署平遥縣徐炑稟籌濬文峪、瓷窰兩河情形
光緒八年十二月二十六日……一一
批署平陽府周天麟稟請修汾河隄壩并建河神廟
光緒八年十二月三十日……一一
批平遥縣稟商生息銀兩據情轉懇酌減本利
光緒八年……一二
批藩司詳呈送刊發禁種罌粟告示
光緒八年……一二
批神池縣稟查禁罌粟擬暫緩張貼告示
光緒八年……一二

光緒九年

批善後局詳請停止各屬捕狼經費
光緒九年正月初五日……一三
批聞喜縣張貽琯稟裁減荒地雜費
光緒九年正月十四日……一三
批營務處李秉衡稟提存公費各款
光緒九年正月十八日……一三
批隰州謝洸稟奉到守助約捐資募勇
光緒九年正月二十八日……一三
批五寨縣張書紳稟遵辦守助約
光緒九年正月二十八日……一三
批河東道唐咸仰詳議覆雇役緝私各條
光緒九年正月二十九日……一三
批藩司詳遵將嵐縣丁令記過并飭會盤倉穀
光緒九年二月初四日……一四
批襄垣縣李汝霖稟陳歷年差章
光緒九年二月初五日……一四
批五寨縣張書紳稟地方行户支應官價并無擾累

光緒九年二月十二日……一五

批善後局詳報收支數目 光緒九年二月十六日……一五

批陽曲縣會稟勘明渠路籌議導水情形 光緒九年二月十八日……一五

批署大同縣稟送差徭清摺 光緒九年二月二十二日……一六

批霍州方龍光稟懇免領行鹽官本 光緒九年二月二十九日……一六

批署左雲縣稟開列訟棍姓名 光緒九年三月十七日……一六

批署靈邱縣陳守中稟唐河隄工大概情形 光緒九年三月十七日……一七

批署霍州方龍光稟查辦塌荒累糧并新荒情形 光緒九年三月十八日……一七

批大同縣稟呈送徵解右衛兵米章程 光緒九年三月十九日……一七

批清源局詳遵議裁減各局所薪費并指定專欵動支 光緒九年三月二十二日……一七

批署介休縣稟議定裁減差徭章程請示立案 光緒九年三月二十三日……一九

批朔州姚官澄稟遵辦守助約 光緒九年三月二十八日……一九

批太原府馬丕瑶詳減徵菸稅 光緒九年三月二十九日……一九

批永甯州賀澍恩稟禁種罌粟情形 光緒九年……二〇

批崞縣稟禁種罌粟情形 光緒九年……二〇

批高平縣查禁罌粟情形 光緒九年……二〇

批沁水縣稟禁種罌粟情形 光緒九年……二〇

批交城縣稟查禁罌粟情形 光緒九年……二〇

批繁峙縣稟查禁罌粟情形 光緒九年……二一

批署嵐縣稟查禁罌粟情形 光緒九年……二一

批署屯留縣張建功稟查禁罌粟清丈地畝 光緒九年……二一

批署興縣稟會查罌粟情形 光緒九年……二一

批懷仁縣申補呈禁種罌粟條約 光緒九年……二一

批署大同縣稟禁種罌粟情形 光緒九年……二一

批河曲縣稟查禁罌粟情形 光緒九年……二二

批霍州稟查拔罌粟并密查靈、趙兩縣禁種

光緒九年……二二

批署保德州稟查罌粟净絕根株情形

光緒九年……二二

批交城縣稟查禁各路罌粟情形

光緒九年……二二

批署渾源州稟查禁罌粟情形

光緒九年……二三

批朔州稟私種罌粟地畝犂毁净盡

光緒九年……二三

批代理岳陽縣稟查禁罌粟酌留一二三分并編查保甲

光緒九年……二三

批趙城縣稟禁種罌粟情形

光緒九年……二三

批署甯武縣稟到任後查禁罌粟情形

光緒九年……二四

批襄陵縣稟會查栽種罌粟情形

光緒九年……二四

批天鎮縣稟查過南鄉罌粟情形

光緒九年……二四

批平遥縣稟查拏煙犯并禁種罌粟情形

光緒九年……二四

批候補知府劉鼎新、太原營參將施紹恒會稟查明交城縣禁種罌粟情形

光緒九年……二五

批沁水縣稟查禁罌粟并無偷種

光緒九年……二五

批蒲縣稟督拔罌粟請派兵彈壓

光緒九年……二五

批署臨汾縣稟親赴各鄉查拔罌粟

光緒九年……二六

批永甯州稟查禁罌粟實在情形

光緒九年……二六

批吉州稟會查各村罌粟情形

光緒九年……二六

批神池縣稟查禁罌粟情形并呈清摺

光緒九年……二六

批雁平道稟查禁罌粟大概情形

光緒九年……二六

批署平陽府稟查禁罌粟并辦理隄工、守助約情形

光緒九年……二七

批候補知府劉鼎新、東路營參將施紹恒會稟近日查辦交城罌粟各情形

光緒九年……二七

批曲沃縣稟山村罌粟早經拔毁

光緒九年……二八

批趙城縣稟罌粟業已拔净并現在遵辦情形

光緒九年……二八

批署翼城縣稟親往四鄉查禁罌粟

光緒九年……二八

批稷山縣稟查禁罌粟情形

批滎河縣稟查禁罌粟情形 光緒九年……二八
批五臺縣會稟遵查罌粟拔毀淨盡 光緒九年……二九
批平陽府稟查拔臨吉等十屬罌粟情形 光緒九年……二九
批雁平道稟訪查所屬禁種罌粟情形并送清摺 光緒九年……二九
批甯武縣稟查禁罌粟情形 光緒九年……三〇
批霍州方龍光稟詳陳鹽務積弊并請借本銀 光緒九年四月初二日……三〇
批歸綏道稟薩廳回民與漢民爭地起衅情形 光緒九年四月初八日……三〇
批偏關縣稟勘估車路情形 光緒九年四月初八日……三〇
批介休縣稟酌議裁減差徭 光緒九年四月十五日……三一
批籌餉局詳指定專欵動放各局薪水 光緒九年四月二十四日……三一
批薩廳詳議結回民滋事案 光緒九年四月二十四日……三一
批練軍營管帶申萬禄稟會議興修路工估計經費 光緒九年四月二十四日……三二
批河東道詳派員募役赴陝緝私兼辦督銷 光緒九年四月二十五日……三二
批署陽城縣劉劭安稟請欵修倉 光緒九年四月二十五日……三二
批河東道詳送薪費數目 光緒九年四月二十六日……三二
批委員陳贊清等稟會勘文峪、瓷窰兩河工程 光緒九年五月初一日……三三
批介休縣稟請將存儲穀價生息 光緒九年五月十四日……三四
批霍州方龍光稟接辦鹽務酌留息銀 光緒九年五月二十一日……三四
批汾州府稟文峪河情形 光緒九年五月二十一日……三四
批候選州判陳慶恩稟懇彌補該員嗣父絳州任内交代 光緒九年五月二十七日……三四
批長治縣李其滋稟議定批解錢糧向商買銀章程 光緒九年六月七日……三四
批興縣稟請免補解文廟工程銀兩 光緒九年六月初九日……三五
批署翼城縣蔣良術稟陳鹽務情形 光緒九年六月初九日……三五
批祁縣等稟會議差徭欵目 光緒九年六月初九日……三五
批臬司詳議覆押荒條議 光緒九年六月初九日……三五

批署汾陽縣成熙稟現勘文峪河流情形 光緒九年六月初九日……三六
批清源局詳截撥各屬兵差銀兩 光緒九年六月初九日……三六
批雁平道稟查覆右衛兵米議改折色情形 光緒九年六月十一日……三六
批懷仁縣詳請出借倉穀 光緒九年六月十三日……三七
批長治縣稟請恤故員 光緒九年六月十四日……三七
批清源局詳酌議解礦用欵并改歸鐵絹局辦理 光緒九年六月十八日……三七
批清源局詳籌議限定釐金外銷請立案 光緒九年六月十八日……三七
批静樂縣稟縣民奪犯毆差請兵搜捕 光緒九年六月十九日……三八
批湘毅軍統帶何鳴高、直隸知府盧應楷等會稟道路猝被水沖趕飭修治 光緒九年六月……三八
批鹽大使孟起鳳稟蒲富灘私情形并現籌辦法 光緒九年六月……三九
批歸綏道稟訪察臺路情形并送圖摺 光緒九年七月初八日……三九
批和林格爾通判稟清丈完竣并溢出餘地請示遵辦 光緒九年七月十一日……四〇
批臬司詳請飭屬操演民壯并定失盜參撤限期 光緒九年七月十三日……四〇
批歸綏道稟民蒙交涉處理爲難并蒙旗争地情形 光緒九年七月十七日……四〇
批藩司詳籌撥西征軍餉 光緒九年七月二十一日……四〇
批委員王焯稟查勘文峪、瓷窰兩河情形 光緒九年八月初二日……四一
批河東道詳查覆公費不敷緣由 光緒九年八月初九日……四二
批署平陽府周天麟等會稟汾河水漲沖刷隄壩 光緒九年八月十七日……四二
批介休縣稟查明窰則頭村地平坡相間擬請照舊完糧 光緒九年八月十八日……四二
批護理河東道黄照臨稟籌辦鹽釐灘私并到任後卻退供應 光緒九年九月初一日……四三
批臬司奎斌等會稟籌議七廳兵米改徵折色 光緒九年九月初五日……四三
批署大同府丁體常稟請先修隄堰、緩建興雲橋 光緒九年九月十五日……四三
批徐溝縣稟差徭情形 光緒九年九月十五日……四四
批霍州稟發運文水鹽斤情形 光緒九年十月初七日……四四
光緒九年十月二十四日……四五

批藩司稟酌定抽平辦法
光緒九年十月二十五日……四五
批河東道詳發運局收支外銷各欵
光緒九年十月二十八日……四六
批太原府馬丕瑶等稟會勘文峪河道完竣稟陳辦法并簡要章程
光緒九年十月二十八日……四六
批文水縣吴增榮稟勸助賑捐
光緒九年十月……四七
批猗氏縣馬毓芝稟勸助賑捐大概情形
光緒九年十月……四七
批長治縣徐德純稟辦理積穀禁煙暨勸捐災賑
光緒九年十月……四七
批護河東道黄照臨稟省船下駛情形
光緒九年十一月初四日……四七
批岳陽縣等稟荒地情形并懇將老荒錢糧永遠豁免
光緒九年十一月初四日……四七
批署臨汾縣馬存樸稟辦理地方一切事宜
光緒九年十一月初四日……四八
批大同府丁體常稟查明各路蒙鹽情形并酌議設卡抽釐
光緒九年十一月初五日……四八
批署太谷縣吴匡稟清丈竣事請示辦理
光緒九年十一月初七日……四八
批太原府詳添設戒煙局
光緒九年十一月初九日……四九
批河東道稟向抽打帖一欵全數歸公
光緒九年十一月初十日……四九
批臨汾縣馬存樸稟籌辦清丈各節
光緒九年十一月初十日……四九
批霍州轉運局稟擬辦轉運章程
光緒九年十一月十四日……五〇
批候補同知炳玉稟查明蒙鹽各項情形
光緒九年十一月二十一日……五〇
批絳州詳聞喜縣稟倉無儲穀請發價采買
光緒九年十一月二十八日……五〇
批平陽府稟籌議隄工
光緒九年十二月初七日……五〇
批河東道黄照臨稟呈各前任收支清摺
光緒九年十二月初九日……五一
批河東道黄照臨詳查覆代賦津貼
光緒九年十二月二十三日……五一
批湘毅軍統領何鳴高稟井陘南關、東天門工程告竣
光緒九年十二月二十六日……五二
批太平縣稟查勘雞心灘形勢
光緒九年十二月二十六日……五二
批河東道黄照臨稟催封欠課情形
光緒九年十二月二十九日……五二
批磧口通判周桂敷稟請飭甯鄉等縣嚴禁蒙鹽并移卡黑峪口
光緒九年十二月二十九日……五三

光緒十年

批河東道詳查明東場大使欠解庫欵
光緒十年二月初五日……五四
批河東道詳呈庫欵月報
光緒十年二月十二日……五四
批汾州府禀籌議禁煙各條
光緒十年二月十三日……五四
批清源局詳核議分別裁留局員津貼銀兩
光緒十年二月十七日……五五
批霍州禀開辦清丈并勸捐社穀
光緒十年二月二十七日……五五
批署薩廳鄭景福禀請減白鹽釐則
光緒十年三月十一日……五五
批陽城縣劉邵安禀擬請變通社倉辦法
光緒十年三月十一日……五六
批籌餉局詳報收支各欵清摺
光緒十年三月十九日……五六
批汾州府禀陳文峪支河形勢及施工次序
光緒十年四月初五日……五七
批瓊州鎮道禀瓊防布置情形
光緒十年七月十五日……五七
批南澳鎮等禀請撥兵防守要隘
光緒十年七月十六日……五八
批潮州鎮道禀請撥水雷軍火并委水雷員弁赴潮
光緒十年七月二十六日……五八
批高州鎮禀廉防情形
光緒十年八月初六日……五八
批廣州協禀覆配齊礮手
光緒十年八月初七日……五九
批廉州府禀北海情形
光緒十年八月初八日……五九
批廉州釐務兼洋務委員許如騆禀遣送教士出境
光緒十年八月初九日……五九
批合浦縣禀籌辦防務
光緒十年八月十七日……五九
批陸豐縣張振鏞禀報教民被搶
光緒十年八月二十五日……五九
批高州鎮禀法船窺探海口情形
光緒十年八月二十五日……六〇
批高州鎮、廉州府會禀建立鋭勇右營
光緒十年八月二十八日……六〇
批潮州鎮、道會禀潮防情形
光緒十年八月二十九日……六〇
批東善後局詳請截緝闈姓
光緒十年九月初四日……六一
批左江道禀上思州敵情
光緒十年九月二十一日……六一
批廉州府禀覆北海遣散教民情形
光緒十年九月二十一日……六一

批署雷瓊道王之春禀請發餉項軍火 光緒十年十月初十日……六一
批總兵柏正才禀請添練舢板防守河港 光緒十年十月十九日……六二
批署雷瓊道王之春禀軍火安抵瓊防 光緒十年十月二十二日……六二
批臺灣道劉璈禀雞籠情形 光緒十年十一月初二日……六二
批潯州府何昭然禀請示保護法國教堂辦法 光緒十年十一月初五日……六二
批署雷瓊道王之春禀請派兵襲取海防 光緒十年十一月初九日……六三
批雷局禀查看安雷電房 光緒十年十一月二十一日……六三
批署雷瓊道王之春禀抽營赴越助勦 光緒十年十一月二十五日……六四
批示瓊州鎮飭查陳榮輝陳請各節 光緒十年十二月初一日……六五
批高州鎮張得禄禀法船游弋情形并請舉辦水師添設陸兵 光緒十年十二月十五日……六五
批署欽州營參將莫善喜禀請率師擣越 光緒十年十二月十五日……六六
批署雷瓊道王之春禀派營潛襲海防及辦理情形 光緒十年十二月三十日……六六

光緒十一年

批江蘇丹徒縣附生王弼堯禀代呈火龍圖説 光緒十一年二月二十日……六七
再書示丹徒王生 光緒十一年二月二十四日……六七
批蔣金鏞等禀議覆火龍圖説 光緒十一年二月二十四日……六八
批王藩司禀會同各軍攻克驅驢、諒山等處 光緒十一年二月二十七日……六八
批記名提督劉永福禀奉撤回關謹陳爲難各節 光緒十一年四月二十四日……六八
批善後、營務、轉運各局詳請截留改撥轉運舢板 光緒十一年四月二十四日……六九
批右江鎮王孝祺禀關、諒戰狀與摺不符懇由東省請奬 光緒十一年五月二十二日……六九
批南韶連道華祝三禀舊病時發懇請開缺 光緒十一年九月十七日……七〇
批江蘇協賑紳士嚴作霖禀散放賑欵及善後情形 光緒十一年十月初六日……七〇
批潮州鎮、道會禀汕頭港口添築礮臺并抽撥防守情形 光緒十一年十月二十日……七〇
批肇羅道禀督修基圍情形 光緒十一年十一月初六日……七〇

光緒十二年

批南海縣禀三江墟糧局被劫請飭營務處提犯訊辦
光緒十二年正月初五日……七二
批南海縣續禀三江墟糧局被劫
光緒十二年正月初八日……七二
批釐務局詳酌加釐厰比較
光緒十二年二月初三日……七二
批廉州府李璲禀查明靈山盜案
光緒十二年三月初五日……七三
批善後、魚雷局詳酌議魚雷學堂雷艇章程
光緒十二年三月十七日……七三
批廉州府李璲禀酌擬查辦匪鄉章程
光緒十二年三月二十六日……七三
批寶華公司禀請招商納釐鼓鑄制錢
光緒十二年三月　日……七四
批鑛政局詳酌議開辦章程
光緒十二年四月初七日……七四
批道員盛宣懷禀請開九龍商埠
光緒十二年四月二十四日……七四
批東安縣文博禀查覆西甯縣禀請撥兵辦匪各節
光緒十二年五月二十五日……七四
批惠州府夏獻銘禀酌擬匪鄉辦法
光緒十二年六月二十日……七五
批運司詳查明緝私各厰鹽務公所及首領衙門入欵酌提歸公
光緒十二年七月二十日……七五
批釐務局詳商人包承火柴釐金
光緒十二年七月二十四日……七五
批兼署運司朱丙壽禀請帶抽閩釐并酌減成數各節
光緒十二年十一月二十四日……七六

光緒十三年

批瓊州府謙貴禀華商請辦瓊洋輪船
光緒十三年三月初五日……七七
批西藩司等會詳據委員禀查覆鬱林釐卡弊端
光緒十三年六月初三日……七七
批東藩司會詳議給各州縣津貼考費銀兩
光緒十三年九月十六日……七八
批委員陳瀛藻等禀請發轟開險灘炸藥等件暨所需工費
光緒十三年九月二十六日……七八
批雷瓊道、府禀請發經費籌辦疏濬水道各節
光緒十三年十月十二日……七九
批雷瓊道、府禀請酌發經費修補井字路
光緒十三年十月十二日……七九
批雷瓊道、府禀請撥經費建築營碉
光緒十三年十月十二日……七九
批雷瓊道、府禀請撥經費設屯田義學
光緒十三年十月十二日……七九

批雷瓊道、府稟請撥經費創設官市
光緒十三年十月十二日……七九
批前山同知蕭丙堃稟籌議整頓前山暨蜑民陸居各情形
光緒十三年十月十五日……八〇

光緒十四年

批運司詳鐵斤鐵器出口擬令仍納地税
光緒十四年二月二十日……八〇
批廣福堂呈創立會欵
光緒十四年三月初一日……八〇
批藩司詳請月課候補人員并呈考課章程
光緒十四年三月十二日……八一
批潮州鎮鄧安邦等稟堵塞福隆等圍決口酌議湊捐章程
光緒十四年四月初六日……八一
批儋州客籍紳耆呈控酷吏虐民逃丁滋事請飭密查
光緒十四年四月十五日……八一
批雷瓊道稟查辦臨邑客匪編屯開墾情形
光緒十四年四月十六日……八二
批河源縣稟請於小江地方移駐汛防彈壓
光緒十四年五月初八日……八二
批澄邁紳士陳彝謙等稟陳瓊民疾苦
光緒十四年六月初二日……八二
批嘉應州稟查明官山煤窿請招商承辦
光緒十四年七月十四日……八三
批理事同知貴璋等稟民人被旗人砍傷、録報民人供詞
光緒十四年七月二十六日……八三
批肇慶府稟設局修理圍基
光緒十四年十一月二十八日……八三

光緒十五年

批運司詳裁節臨全督配省局經費
光緒十五年正月廿一日……八四
批營務處委員李家焯稟拏獲票匪
光緒十五年二月廿四日……八四
批上思州稟民教悔婚肇衅請酌定限制
光緒十五年三月初七日……八五
批南韶連道稟瑤匪出排焚搶飭將各案辦結
光緒十五年三月十七日……八五
批三江協，連州、連山等廳州會稟瑤人尋衅請派兵查辦
光緒十五年三月二十四日……八六
批東臬司會稟讞局委員請照章奬勵
光緒十五年三月二十七日……八六
批藩、運兩司會詳核議抵解鹽餉
光緒十五年三月二十七日……八六
批高明縣稟查看地方情形現籌措置
光緒十五年四月初四日……八六
批分省直隸州黄炳熙稟請承辦出洋米捐
光緒十五年五月初五日……八六

批東善後局詳新會渡夫請用輪船拖渡 光緒十五年六月初一日……八七
批南韶連道稟派勇焚燬火燒寨等處瑶寮 光緒十五年六月初七日……八八
批廣雅書院肄業生葉啟彰呈請開采貴縣銀山 光緒十五年六月十五日……八八
批西布政司、釐金總局會詳核議鐵税歸入釐金併徵各節 光緒十五年七月初二日……八九
批委員蔡簡梁稟查明西省鐵商鑪座情形 光緒十五年七月初三日……八九
批署陵水縣格通額稟到任查勘情形 光緒十五年七月二十四日……八九
批瓊州鎮、道等會稟遵辦練兵 光緒十五年八月初四日……九〇
批運使詳請派菊坡精舍學長 光緒十五年九月二十一日……九一
批欽州營參將梁振基稟請撥兵赴邊防守 光緒十五年十月十八日……九一
批南海縣稟請撥欵修理監爲 光緒十五年十月二十日……九一
批番禺縣稟請撥欵修理監屬 光緒十五年十月二十日……九一
批南、番兩縣會稟遷善所經費不敷請籌常欵 光緒十五年十月二十日……九二

光緒十六年

批江、漢兩縣會稟遵議供支章程 光緒十六年閏二月十三日……九二
批辰沅永靖道稟臚陳地方情形 光緒十六年閏二月二十三日……九三
批司道詳籌議整頓錢法 光緒十六年三月初五日……九三
批司道詳各署供支擬於各漕税項下提辦 光緒十六年三月十三日……九三
批沔陽州稟請籌專欵爲馮姓河隄歲修經費 光緒十六年三月十五日……九三
批天門縣稟籌辦育嬰養濟等事 光緒十六年四月十七日……九四
批天門縣紳戴兆科等稟請疏濬襄河 光緒十六年四月二十四日……九四
批武昌府稟辦理拆額公橋始末情形 光緒十六年五月十五日……九五
批岳常澧道等會稟勘擬南洲畫疆設官各節 光緒十六年五月十七日……九六
批澧州稟藍家垸民築隄爭鬬酌擬辦法 光緒十六年五月二十三日……九六
批雲夢縣稟體察種棉情形 光緒十六年七月二十八日……九六
批永順府稟整頓書院

光緒十六年八月初一日……九七
批沔陽州稟防汛情形
光緒十六年八月初六日……九七
○批漢川縣稟援案示禁藉險拆搶
光緒十六年八月十四日……九八
○批北善後局詳漢陽縣紳蔡元吉等捐修兩湖書院經費
光緒十六年八月十八日……九八
○批來鳳土藥分局稟借支庫紋支用各欵
光緒十六年八月二十二日……九八
○批澧州稟擒獲會匪情形
光緒十六年八月二十三日……九八
○批荆宜施道稟重慶洋關應辦各節
光緒十六年八月二十七日……九八
○批徐建寅稟傳集士民宣講機器
光緒十六年八月二十八日……九九
批江夏縣紳陳慶溥等稟願將湖塘捐入書院
光緒十六年九月初二日……九九
○批漢陽府稟整頓新關税務并撙節各費解充經費
光緒十六年九月初三日……九九
○批安陸府稟遵飭督縣妥議鍾隄章程
光緒十六年九月初九日……一〇〇
○批北鹽道詳李牧稟河、樊兩局現辦情形
光緒十六年九月初十日……一〇〇
○批宜昌土藥總局吴道稟請從優撥還羅鎮兩次巡山夫馬各費
光緒十六年九月十一日……一〇〇
○批興國州稟質鋪減息、書院經費不敷請撥土藥捐欵
光緒十六年九月十二日……一〇〇
○批羅鎮稟襄、鄖走私添設局卡情形
光緒十六年九月十三日……一〇一
○批吴道稟内地奸商乘間在川産土州縣拉行子口税銀
光緒十六年九月十四日……一〇一
○批劉守稟卸交野三關税務接辦沙市稽查局
光緒十六年九月十六日……一〇一
○批李牧稟請委局卡各員并酌領經費飭地方文武協助
光緒十六年九月十六日……一〇二
○批黄岡縣稟廣泰等質鋪懇准官項援例減息
光緒十六年九月十八日……一〇二
○批武昌府江夏縣稟移建既濟宫飭工程委員估修
光緒十六年九月二十二日……一〇二
批江漢關道詳澧州教士置産一案
光緒十六年九月二十二日……一〇二
批江漢關道詳法領事請保護澧州教士已徑札飭辦
光緒十六年九月二十二日……一〇三
○批宜昌關詳接收英商立德棧房或作煤局修理請示
光緒十六年十月初三日……一〇三
○批董事稟夾板船聯塞襄河有礙民船
光緒十六年十月初十日……一〇三
○批土藥局稟夔、巫等處訪查土藥販運各情形
光緒十六年十月十四日……一〇三

○批江漢關詳楚勝輪船派員看守將舵工收管請示
光緒十六年十月十八日……一〇四
○批江漢關詳楚勝輪經過蕪湖并未停輪鄂省查無此船請示
光緒十六年十月十九日……一〇四
○批荊門州稟上届河工抽捐章程按包扣錢
光緒十六年十月二十日……一〇四
○批沔陽州稟查沙市川販照淮章酌捐緝私
光緒十六年十月二十一日……一〇四
批六幫茶商稟懇整頓茶務積弊
光緒十六年十月二十一日……一〇四
○批大冶縣生員張海等呈漳源口隄閘工程懇請提訊擅動經費者
光緒十六年十月二十三日……一〇五
○批北鹽道詳准予殷户領帖添開鹽行
光緒十六年十月二十三日……一〇五
○批襄陽府稟裁革路差出示曉諭
光緒十六年十月二十六日……一〇五
○批北鹽道詳核覆沙洋川販擬就釐局按包收錢
光緒十六年十一月初二日……一〇六
○批安陸府稟會勘鍾隄險要情形擬估請示
光緒十六年十一月初三日……一〇六
○批北牙釐局詳荊郡等處銷土甚鉅飭局會同抽收
光緒十六年十一月初六日……一〇六
批北藩司詳開辦學治館章程
光緒十六年十一月十二日……一〇六
批大冶縣稟鐵山運道情形
光緒十六年十一月十六日……一〇七
○批江夏縣詳南漳縣訟棍張理純在押逃逸
光緒十六年十一月二十日……一〇七
○批江夏縣等會稟兩湖書院工程遵繪圖式勘估工呈核
光緒十六年十一月二十一日……一〇七
批澧州稟請飭照會調回教士
光緒十六年十一月二十一日……一〇八
○批河南南陽府稟鄧、內等處鹽店賬目甚多請寬限撤退
光緒十六年十一月二十三日……一〇八
○批鄖陽縣稟修礀岸經費不敷請於賑捐酌撥
光緒十六年十一月二十三日……一〇八
○批北藩司等會詳逢守餘存關稅及石頭關經費充公
光緒十六年十一月二十五日……一〇九
批應城鹽課務委員稟鹽滯課絀請示辦法
光緒十六年十一月二十六日……一〇九
○批麻城徐步階等呈院費、賓興兩欵生息久懸懇示給領
光緒十六年十一月二十九日……一〇九
○批織布局稟建造廠屋由局核定開摺請示
光緒十六年十二月初三日……一一〇
○批江陵縣稟會勘李家灘等處工段丈尺開摺呈核
光緒十六年十二月初九日……一一〇
○批岳州府稟拏獲會匪會督營縣訊供
光緒十六年十二月十四日……一一〇
○批漢陽鎮稟已故前兵部尚書彭、陝甘總督楊建立專祠應

如何籌欵修造
光緒十六年十二月十五日……………………一一〇
批江漢關道詳核議茶商整頓茶務章程
光緒十六年十二月十七日……………………一一一
○批廣東提督蔡金章等稟沙路安設鐵樁情形
光緒十六年十二月二十三日…………………一一一
○批樊城釐土局稟擬設分卡應添司事各情形
光緒十六年十二月二十五日…………………一一一
○批黄梅縣典商呈典當艱窘情形懇照舊章免息
光緒十六年十二月二十六日…………………一一一
批岳州府鍾英稟到任後察看地方情形
光緒十六年十二月二十七日…………………一一二
批卸署漢陽縣朱滋澤稟懇領津貼銀兩
光緒十六年十二月二十八日…………………一一二
○批通山縣職員呈民船桅帆之害過慘懇設救生官輪
光緒十六年十二月二十九日…………………一一二
批甯遠縣稟擬摘録民間易犯之事刊示門牌
光緒十六年十二月二十九日…………………一一二

光緒十七年

批輿圖局詳籌議開辦事宜
光緒十七年正月十一日……………………一一三
○批江漢關稟嗣後洋商雇用民船裝制錢運往内地辦茶驗照放行
光緒十七年正月十八日……………………一一四
○批江漢關詳阜昌商人運制錢買茶被黄州釐局扣留
光緒十七年正月十八日……………………一一四
批宜昌鎮稟勘估峽路工程
光緒十七年正月十九日……………………一一四
○批漢陽府、縣稟勘估漢鎮集稼嘴磡岸工程
光緒十七年正月二十五日…………………一一四
批黄岡縣稟修理隄塍情形
光緒十七年正月二十六日…………………一一五
○批湘陰縣詳請奏加王真人封號
光緒十七年正月二十八日…………………一一五
○批北藩司詳鶴峰州春荒請於宜郡酌撥倉穀平糶
光緒十七年正月廿九日……………………一一五
○批吴道稟黎令奉委赴川頗著勤勞可否飭回本任
光緒十七年正月二十九日…………………一一五
批安陸府稟擬免提天門縣協助鍾隄銀兩
光緒十七年二月初二日……………………一一六
批宜昌鎮稟復估峽路工程
光緒十七年二月十二日……………………一一六
批施南府縣等稟拏獲會匪擬議懲辦
光緒十七年二月十七日……………………一一六
○批北路土藥專局稟酌量更調局卡情形并請派員接辦
光緒十七年二月十八日……………………一一六
○批沙市牙釐局徐守稟清查鹽行情形
光緒十七年二月十九日……………………一一七

○批北藩司、牙釐局議覆張令國蘭稟禁止夾帶私土　光緒十七年二月十九日……一一七
○批樊城土藥局張令國蘭稟樊城一帶辦理土藥情形　光緒十七年二月二十日……一一七
批荆州道、府稟會勘萬城全隄請籌欵興修　光緒十七年二月二十四日……一一七
○批北藩司詳前署漢陽縣朱令丁憂交代驟難清結　光緒十七年二月二十六日……一一八
批襄陽縣稟清查節婦遺産　光緒十七年三月初六日……一一八
○批荆門州稟覆法教士巴品被毁轎毆搶及辦理情形　光緒十七年三月初七日……一一九
○批襄陽縣稟劉高氏家産分別立嗣充公清查辦理情形　光緒十七年三月初八日……一一九
○批江陵縣稟會匪頭目葉坤山訊明録供議由就地懲辦請示　光緒十七年三月二十二日……一一九
○批河南南陽府稟遵諭查撤鄧州孟家樓等處鹽店　光緒十七年三月二十三日……一二〇
○批北布、按兩司詳委員分赴荆門等州縣重辦搶擄、囤賣各案全獲　光緒十七年三月二十五日……一二〇
○批安襄鄖荆道稟禁除痞匪、訟棍、蠹役三害示札各稿及辦法九條　光緒十七年三月二十七日……一二〇
○批北路土藥專局稟襄、鄖新土税收請示　光緒十七年三月二十八日……一二〇
○批武昌府稟奉委審訪拏襄陽縣慣盜張新年一犯屢訊堅不認供情形　光緒十七年三月二十八日……一二一
批宜昌府稟請通飭各州縣嚴禁誣告人命、鬨鬧屍廠　光緒十七年三月二十八日……一二一
○批東安縣稟唐本有屢次糾抄席姓莊穀懇多派營勇　光緒十七年四月初八日……一二一
○批北藩司詳黄梅縣典當減息情形　光緒十七年四月初八日……一二二
○批鄖縣孀婦楊張氏呈控逆子楊茂增背母私娶　光緒十七年四月十三日……一二二
○批宜昌土藥局稟安陸、沙洋等分卡需索苛刻　光緒十七年四月十七日……一二三
○批北藩司、牙釐局會詳北路土藥局稟擬設棧代收税項請飭吴道妥議稟辦　光緒十七年四月十八日……一二三
○批宜昌土藥局吴道稟北路荆門州分局苛索情形　光緒十七年四月十八日……一二三
○批蘄水縣稟紳耆預懇籌辦學田書院　光緒十七年四月二十二日……一二四
○批鄖陽鎮總兵稟操防營務處及營哨官弁兵丁可否酌裁歸正　光緒十七年四月三十日……一二四
○批天門縣稟接收邵令移交徵收水利積穀錢文

光緒十七年五月初一日……一二四
○批天門縣稟擬按照邵令捐收積穀章程接辦
光緒十七年五月初一日……一二四
批廣濟縣稟詳陳武穴教案情形
光緒十七年五月初八日……一二四
○批郴州稟查禁械鬬收繳兇器擬辦情形
光緒十七年五月二十一日……一二五
○批督標中軍等會詳遵諭查明劉天雲告退緣由請將該營哨官記過
光緒十七年五月二十三日……一二五
○批乾州廳稟嚴禁械鬬并收繳例禁兇器暨禁止制造辦理情形
光緒十七年五月二十三日……一二五
批湘鄉縣稟收繳兇器
光緒十七年五月二十三日……一二六
批荆門州稟查明教士招衅原委
光緒十七年五月二十三日……一二六
批知縣楊鈞稟采運銅鑛情形
光緒十七年五月二十三日……一二六
○批田鎮營副將稟奉飭酌撥礮船馳往武穴會同密拏滋事匪犯情形
光緒十七年五月二十三日……一二七
○批宜昌府稟保護地方并訪聞四川會匪滋事各情形
光緒十七年五月二十九日……一二七
○批益陽縣稟訪獲匪徒放飄結會訊供議擬請示
光緒十七年六月初三日……一二七
○批黔陽縣稟遵札講求捕務清查保甲情形
光緒十七年六月初七日……一二七
○批江陵縣申報奉撥墊還釐金支銷程儀等項
光緒十七年六月廿一日……一二七
○批岳常澧道等會稟待謡風漸息人心稍安暗中查拏首犯
光緒十七年六月二十一日……一二八
○批岳常澧道等會稟青泥潭各團燒毁電桿情形
光緒十七年六月二十二日……一二八
○批李謙稟武穴焚毁教堂并無洋人持刀斃傷華人
光緒十七年六月二十三日……一二八
○批通山縣學優廪生等呈兩湖書院甄别懇賞補考
光緒十七年六月二十四日……一二九
○批黄州府稟查明接辦新關日起至交卸日止經徵正税等情
光緒十七年六月二十五日……一二九
○批隨州等會稟遵查鷄鳴山并無聚匪鎔鑄情形
光緒十七年六月二十五日……一二九
○批南臬司詳湘鄉縣蔣溶川家被搶案内聽從開門之李五另擬詳覆由
光緒十七年六月二十六日……一二九
○批江夏縣稟拿獲行劫正犯訊明録供請照章懲辦
光緒十七年六月三十日……一三〇
批岳常澧道等稟擬督勇赴鄉勒交禍首
光緒十七年七月初一日……一三〇
批岳常澧道稟青泥潭糾衆圍營擬派重兵震懾
光緒十七年七月初一日……一三一

批南藩、臬司詳遵議整頓捕務章程
光緒十七年七月初二日……一三一
○批辰州府稟溆浦縣會匪聚衆劫獄焚署傷斃官役現飭縣緝拏由
光緒十七年七月初六日……一三一
批北臬司詳遵議懲辦會匪章程
光緒十七年七月初七日……一三二
○批常德府等會稟澧屬痞徒阻撓電工及本職保護電木地方安静情形
光緒十七年七月初七日……一三二
批北臬司詳核議隨州劫案
光緒十七年七月初八日……一三三
批江漢關道詳澧州教士置産一案
光緒十七年七月初十日……一三三
批南臬司詳遵議懲辦會匪章程
光緒十七年七月十一日……一三三
○批鄖陽府等會稟遵議北路土局兼收甯鹽章程
光緒十七年七月十一日……一三四
○批土藥局吴道呈秋冬兩季徵收税銀支銷册摺
光緒十七年七月十七日……一三四
○批德安府稟委員前往隨州守提徐輝解歸安陸縣訊辦
光緒十七年七月十八日……一三五
○批江漢關道詳廣濟縣藍姓教案辦結後續准英領事兩次照會先後辦理
光緒十七年七月十八日……一三五
批德安府稟辦理考童毆辱洋醫一案
光緒十七年七月二十七日……一三五
○批宜都縣稟奉飭拿獲李謙襲名蒙捐包攬詞訟追繳執照審辦
光緒十七年九月初二日……一三五
○批襄陽府等會稟茹令被控加徵經批稟覆情形
光緒十七年九月初十日……一三六
○批宜昌土藥税局吴廷華稟請假回籍修墓、請派員接辦
光緒十七年九月二十一日……一三六
批荆門州嚴鶯昌稟籌增書院欵項
光緒十七年九月二十七日……一三六
○批靖州協稟貴州黎平苗人滋事
光緒十七年九月二十九日……一三六
○批宜昌川鹽局稟萃成亨所運鹽斤改包加重提局充公
光緒十七年九月二十九日……一三六
○批鍾祥縣稟拏獲會匪頭目訊供情形
光緒十七年十月初一日……一三七
○批永順縣稟獲匪首訊明分別正法監禁
光緒十七年十月初六日……一三七
○批江漢關詳搭客在元和輪船溺斃一案
光緒十七年十月初七日……一三七
○批北藩司等會詳沙市磡岸工程撥鹽釐錢文濟用
光緒十七年十月初八日……一三七
○批興山縣稟萬家坪等處鑛山可否給札開采
光緒十七年十月十六日……一三八
○批通城縣稟訪聞巴陵所屬匪徒滋事會營防堵

○批岳州府稟風聞巴陵縣屬聚匪搶奪會營、縣拏辦　光緒十七年十月十六日……一三八
○批保康縣稟籌議育嬰經費助養章程請示　光緒十七年十月十六日……一三八
○批沅州府會稟復訊匪犯審明後病重擬辦　光緒十七年十月十六日……一三八
批南臯司詳覆議懲辦會匪章程　光緒十七年十月十六日……一三九
○批漢陽府等會稟遵查漢鎮商捐現辦情形　光緒十七年十月十八日……一三九
批荆宜施道稟籌欵募勇　光緒十七年十一月初一日……一三九
○批北路土税局稟對調卡員請添勇餉　光緒十七年十一月十三日……一四〇
○批谷城縣稟試種茶子另捐廉購給領種　光緒十七年十一月二十日……一四〇
批江漢關道詳請將非約章所准停船之處禁止停泊　光緒十七年十一月二十六日……一四〇
○批李紹遠稟變通北路土税招徠回幫以裕經費　光緒十七年十一月二十九日……一四〇
批武黄同知、廣濟縣會稟遵飭籌欵募勇　光緒十七年十二月初二日……一四一
○批北臯司等會詳獲匪首要各員弁請奏獎　光緒十七年十二月十五日……一四一
○批代辦北路土藥專局張國蘭稟籌北路税釐布置一切情形　光緒十七年十二月十七日……一四一

光緒十八年

○批北善後局核銷鳳字營用過川費口糧　光緒十八年正月二十二日……一四二
○批鳳字營預備出防并領餉項賑房銀兩　光緒十八年正月二十二日……一四二
○批嘉魚縣無驛差船過境需索水脚滋事　光緒十八年正月二十二日……一四二
○批代辦北路土藥專局張國蘭稟會商招徠回幫情形　光緒十八年正月二十八日……一四二
○批代辦北路土藥專局張國蘭稟開辦回幫土藥情形　光緒十八年二月初八日……一四三
批江陵縣稟查明旗、民鬭毆情形　光緒十八年二月初八日……一四三
○批新關沈守稟關税尾徵請另提充餉以濟要需由　光緒十八年二月十八日……一四三
○批朱錦章等稟呈擬請收銷硝磺設局承辦　光緒十八年二月二十七日……一四四
○批江陵縣稟明草市地方旗、民爭毆一案情形　光緒十八年三月初五日……一四四
批代理天門縣周守典稟徵存水利積穀捐數　光緒十八年三月十六日……一四四
光緒十八年三月二十二日……一四五

批劉陽縣等稟會訊匪黨録供擬辦
光緒十八年三月二十四日……一四五
○批武昌府李方豫稟擬辦張金亭、龍海亭二犯
光緒十八年三月三十日……一四六
批北鹽道詳賫收支數目各册
光緒十八年四月初五日……一四六
批副將劉恩榮等稟會議淮鹽緝私情形
光緒十八年四月十四日……一四七
○批漢陽府辦理黄陂縣劉明啟呈誣詐兩據舞弊朦保案
光緒十八年五月二十九日……一四七
○批湖北茶商籍廪生李慶恩等勢處兩難懇存體恤呈
光緒十八年閏六月初五日……一四八
○批署漢陽府沈保祥等稟遵札會同查辦漢陽外河米捐情形
光緒十八年七月初八日……一四八
○批荆宜施道周懋琦稟沙防營應否去留
光緒十八年七月初九日……一四八
○批鳳字中營稟訴卡員妄稟哨弁情形
光緒十八年七月初九日……一四八
批道員李謙等稟擬辦臨湘善後事宜
光緒十八年七月二十八日……一四九
○批江漢關道照會法領事襄陽楊崗等處教民房屋焚搶事
光緒十八年七月二十九日……一四九
批道員李謙等稟焚毁窩匪廟宇
光緒十八年八月二十日……一四九
○批襄陽縣稟拏獲楊家崗放火燒毁教民房屋一案
光緒十八年八月二十三日……一四九
○批林佐稟大冶運道各工告竣
光緒十八年八月二十六日……一五〇
○批安陸府史書青稟陳瑜瑛誣稟司事
光緒十八年八月二十六日……一五〇
○批署澧州裕慶稟因病請假請委員接任
光緒十八年八月三十日……一五〇
○批嘉魚縣稟會勘港口隄閘事
光緒十八年九月初一日……一五〇
○批武昌府稟訊會匪郭生雲等
光緒十八年九月初四日……一五一
○批當陽縣稟質審金配菴接充龍頭不能指出實據
光緒十八年九月初六日……一五一
○批宜昌土藥稅局稟可否優獎各局出力人員
光緒十八年九月初八日……一五一
批江漢關道詳法領事請辦襄陽匪犯
光緒十八年九月二十二日……一五二
○批武昌府稟審明蒲圻獲楊金榜等録供議擬請示
光緒十八年九月二十八日……一五二
○批鐵政局擬博學堂章程等
光緒十八年十月初一日……一五二
○批北布政司、善後局詳提司局官欵二十萬兩充布局經費
光緒十八年十月十三日……一五三
○批北路土藥局、防緝經費局稟謝委員已修工程及
籌撥欵項

光緒十八年十月十三日……一五三
○批大冶王三石煤局禀呈銀鉛鑛様可以開采
光緒十八年十月十六日……一五三
批江漢關道詳法領事請嚴辦襄陽各案
光緒十八年十月二十五日……一五三
○批德安府等禀查勘銅古、黄金二山情形
光緒十八年十一月十五日……一五四
○批北藩司、牙釐局核議安陸船釐局移設座船以便商旅
光緒十八年十一月二十五日……一五五
○批襄陽城守游擊禀遵檄保護教堂
光緒十八年十二月初三日……一五五

光緒十九年

○批安陸府禀安陸船釐擬加比較裁撤巡船改由該局自行稽查
光緒十九年正月二十二日……一五六
○批荆門州禀奉查移解犯兵丁魯得元等被武舉蕭駿聲毆傷實情
光緒十九年正月二十二日……一五六
○批歐陽定果禀督修萬福閘工竭蹶情形
光緒十九年二月十六日……一五六
○批天門縣禀老觀垸月隄工程力求撙節
光緒十九年二月二十一日……一五七
○批北藩司、善後局詳擬將藩庫解節省土藥局用公費銀兩借撥鐵局備用附單
光緒十九年三月初四日……一五七
○批北鹽道詳宜課銀兩攤還成本請於官運局盈餘并緝費項下匀撥解還
光緒十九年三月初五日……一五八
○批北藩司、善後局詳遵議局庫提銀七萬兩解布局備用俟撥清生息
光緒十九年三月初七日……一五八
○批北藩司、善後局詳遵飭議籌司局兩庫欵項十三萬兩解存布局備用俟撥清生息
光緒十九年三月初七日……一五八
○批襄陽縣禀續獲楊家崗燒燬教民房屋一案匪徒陳三元訊供
光緒十九年三月初七日……一五八
批北藩司詳委查松滋潰口情形
光緒十九年三月十三日……一五八
○批石首縣禀獲會匪分别訊明擬辦開具供摺
光緒十九年四月初一日……一五九
○批棗陽縣等會禀提訊拏獲匪徒楊老三等供認事
光緒十九年五月十三日……一五九
○批仇時化禀呈承領采辦棉花兼銷紗布
光緒十九年六月初十日……一五九
○批黄陂縣下役王貴升等呈控一案
光緒十九年六月二十三日……一六〇
批司道會詳嚴禁阻礙水道

光緒十九年六月二十六日……一六〇

批安襄鄖荊道稟教士在樊城買地修屋
光緒十九年六月二十八日……一六〇

○批魏慶昭稟緝獲大幫私土
光緒十九年六月二十八日……一六〇

○批漢口各商幫等稟呈減緩商捐
光緒十九年七月初一日……一六一

○批北路土藥局稟目下川土價值及稅捐稽查各情形
光緒十九年七月初五日……一六一

○批常德府稟拏獲僞造洋人新文歌帖余文輝等
光緒十九年七月初七日……一六一

○批湖南瀘溪縣稟土販被劫拒傷事主驗訊情形
光緒十九年七月初九日……一六一

批松滋縣稟借欵修隄按糧派還
光緒十九年七月二十八日……一六二

批利川縣稟辦理教案情形
光緒十九年八月十三日……一六二

○批東陽縣會稟覆訊盜犯楊老三等
光緒十九年八月十八日……一六二

○批朱滋澤稟督籌李士墩等處煤鑛兼查鐵山運道情形
光緒十九年八月十九日……一六三

○批督標中軍謝得龍詳改用洋槍需用洋藥等項
光緒十九年八月二十一日……一六三

○批岳州府等會稟查聶市民人毀棄茶樹箱一案實在情形
光緒十九年八月三十日……一六三

○批鍾祥縣監生呈捐局蒙蔽懇恩究追補足免誤捐賑
光緒十九年九月十七日……一六三

○批荊宜施道等稟築隄民情困苦援案懇借撥公欵委員督修
光緒十九年十月十三日……一六三

○批荊宜施道等會稟查拏挖開邵家馬頭隄段爲首之劉級三等到案供摺
光緒十九年十一月二十日……一六四

○批江漢關道詳查空鹽船不挂洋旗於真洋商無妨礙
光緒十九年十一月二十五日……一六四

批江漢關道詳俄領事在漢陽購地擬建屋避暑
光緒十九年十一月二十五日……一六四

○批應山縣詳驗訊民人楊發元不知被藉攔北私勇丁何人槍傷身死
光緒十九年十一月二十六日……一六四

○批鄖陽鎮稟請鎸發職標操防營務處暨馬步三營官關防四顆以示區別
光緒十九年十二月初六日……一六五

批衡永郴桂道稟廣東土匪嘯聚豫籌防堵
光緒十九年十二月十一日……一六五

○批江夏縣稟遵飭復勘鮎魚套江岸工程請委員撥欵興修
光緒十九年十二月十七日……一六五

光緒二十年

批武昌縣詳籌辦樊口閘工

批江漢關道詳議定洋商夾板船移泊處所 光緒二十年二月二十六日……一六六
批江漢關道詳請阻止洋商設火油池 光緒二十年二月二十七日……一六六
批道員莊賡良稟呈茶商條陳 光緒二十年二月二十七日……一六六
批衡州道、府等會稟請撥營勇堵截會匪 光緒二十年三月二十七日……一六七
批江漢關道詳臨湘教堂被毀法領事請追賠、保護 光緒二十年五月二十八日……一六七
批利川縣知縣黄世崇稟教士藉端脅制情形 光緒二十年六月初三日……一六八
批宜昌關道稟利川縣辦理教案情形 光緒二十年六月初三日……一六八
批施南府稟酌斷利川教案 光緒二十年七月十八日……一六九
批道員蔡錫勇稟請開各差 光緒二十年十月初一日……一六九

光緒二十一年

批鎮江關道稟洋商争論江灘 光緒二十一年正月十三日……一七〇

光緒二十二年

批黄梅、宿松兩縣會稟隄工情形 光緒二十二年三月初二日……一七〇
○批上海燮昌洋火柴廠商董葉志國稟擬出資在漢口建廠製造洋火柴出售 光緒二十二年四月初十日……一七一
○批黄安縣詳緝私營弁毆死張玉林傷聶萬受一案勘驗情形 光緒二十二年四月十四日……一七一
○批署衡山縣稟袁化鵬被劫案 光緒二十二年四月十六日……一七一
○批川鹽局彭道詳覆川鹽按包減折核算成案 光緒二十二年四月十八日……一七二
批郎中余正裔稟請開炭山灣煤鑛 光緒二十二年四月十九日……一七二
○批北督銷局稟黄安緝私拒捕釀命案情重大請委員會辦 光緒二十二年四月二十二日……一七二
批署衡州協副將熊兆祥稟剔除積弊 光緒二十二年四月二十三日……一七三
○批通山縣稟痞徒聚衆滋事并鬨鬧衙署 光緒二十二年四月二十五日……一七三
○批宜昌土藥局喬道聯寶稟請添設江、董等處分卡 光緒二十二年五月二十日……一七三
○批宜昌土藥局喬道聯寶稟橋卡礙難盡改正税并擬定土藥五挑方准出境

光緒二十二年六月初三日……一七四

○批川商汪翰等禀請裁沙市緝費局准由商等在宜、沙各設衡鹽局專議市價
光緒二十二年七月十八日……一七四

批江漢、宜昌兩關道會禀議覆峽江行輪章程
光緒二十二年七月二十五日……一七四

○批方友升禀請改營名并遴員代理左營事務懇飭刊關防等事
光緒二十二年七月二十五日……一七五

批大冶縣革生馬龍圖禀京控胞兄致死繼母案
光緒二十二年十月二十七日……一七五

光緒二十三年

批峽路經費局委員侯昌錦禀呈賑荒條陳
光緒二十三年正月初十日……一七七

○批麻城縣黃承清禀覆各紳耆條議徵收章程及籌辦情形
光緒二十三年正月十三日……一七七

○批德安府徐家幹等禀會同查革員張源深禀訐汪守等案
光緒二十三年正月十三日……一七七

○批石首縣劉邦道禀會勘羅城垸潰口工程土方細數
光緒二十三年正月二十三日……一七八

○批宜昌土稅總局趙濱彥禀稽查西土辦法
光緒二十三年二月初五日……一七八

○批北籌賑局詳盧秉政捐助賑銀一萬兩請奏獎
光緒二十三年二月初七日……一七八

○批督沙洋官隄印委禀原估工用不敷懇撥欵以資修築
光緒二十三年二月初十日……一七八

○批洋操提調錢恂禀請購置急需操練器具并請給講堂經費
光緒二十三年二月十四日……一七八

批保康縣禀辦理賑荒
光緒二十三年二月十七日……一七九

批漢口釐局禀日商抗納釐金
光緒二十三年二月二十日……一七九

○批湖北下游官運川鹽緝費局張賡颺禀緝費歷年積欠等情
光緒二十三年二月二十二日……一八〇

○批湖北下游官運川鹽緝費局張賡颺禀請裁下游官運還清官本節省緝費各情形
光緒二十三年二月二十二日……一八〇

○批革員張銘禀懇録行奏稿俾得明白了案
光緒二十三年三月初三日……一八〇

○批湖北下游官運川鹽緝費局張賡颺禀請飭天門、潛江兩縣催收鹽務賬項
光緒二十三年三月初四日……一八〇

○批安陸府禀請函致周紳駐工督辦唐心口合龍
光緒二十三年三月初五日……一八一

○批湖北賑捐局詳委章守前往京都設局勸辦鄂賑
光緒二十三年三月初七日……一八一

○批安陸府等禀孫家刓等隄工費不敷請續撥
光緒二十三年三月初八日……一八一

○批張國蘭稟交卸北路稅釐經費兩局并借欵購米及懇加札添設小卡 光緒二十三年三月初十日……一八一
○批宣恩縣洪錫爵稟民情困苦請開倉平糶 光緒二十三年三月十一日……一八一
○批漢陽縣稟蒙允興修鐵廠外磯隄請迅撥欵濟工 光緒二十三年三月十五日……一八二
批湘紳王先謙等稟請辦內河輪船 光緒二十三年三月二十七日……一八二
○批麻城縣稟到任後辦理地方情形及錢糧改章辦法 光緒二十三年四月十八日……一八三
○批宜昌鹽號天興成等公稟一案 光緒二十三年四月二十三日……一八三
○批安襄鄖荆道等會稟駐防穀城紫荆峒練軍擬懇加津貼 光緒二十三年四月二十四日……一八三
○批督辦宜、施賑務等稟黃仁黼辦理巴東轉運得力懇予録用 光緒二十三年四月二十四日……一八三
○批宜昌土稅局趙道濱彥稟鹽船夾帶私土一案查辦情形 光緒二十三年四月二十四日……一八三
○批張道稟查明鄖屬災狀輕重暨現時籌賑情形 光緒二十三年四月二十五日……一八四
○批扎勒哈哩等稟查明現署黃梅縣李令被控各節 光緒二十三年四月二十五日……一八四
○批蔡國楨稟三次議定償欵情形 光緒二十三年五月初三日……一八四
○批紡紗局稟撥存官欵銀八萬兩請改爲長年一分起息 光緒二十三年五月初三日……一八五
○批漢川縣稟各垸復被漫淹情形 光緒二十三年五月初六日……一八五
○批天門縣稟近有游民痞徒乘災勾結滋事并地方被災困苦請予撥欵拯救 光緒二十三年五月初六日……一八五
○批繅絲局詳本局可否暫歸商辦一年 光緒二十三年五月初八日……一八五
○批署漢川縣何致祥稟遵札籌議請頒發米石展辦平糶 光緒二十三年五月十四日……一八五
○批川鹽局凌道卿雲稟擬辦大概情形 光緒二十三年五月十五日……一八六
○批建始縣職員譚邦達等稟地方饑饉擬請給照開鑛以資工賑 光緒二十三年五月十七日……一八六
○批洋務委員蔡國楨稟復與教士議妥辦犯改輕并呈分派保護教堂單摺 光緒二十三年五月十九日……一八六
○批洋務委員蔡國楨稟南漳縣教案簽字立約日期并密稟將守備羅心溶帶勇往紫荆峒分紮保護 光緒二十三年五月十九日……一八六
○批恩施、建始縣附生徐鵬程、譚道隆稟請給照開辦銅鑛速資工賑 光緒二十三年六月初四日……一八七

○批繅絲局詳商擬試辦章程督局員會議抄呈備案
光緒二十三年六月初四日……………… 一八七
○批歐陽柄榮稟查明前册更正核銷餘欠飭瀏陽等縣嚴辦
光緒二十三年六月初八日……………… 一八七
○批武昌府知府等稟會勘移建候審所地基克期興造
光緒二十三年六月初九日……………… 一八七
○批副將吴元愷稟武愷中營兼練礮隊請添經費
光緒二十三年六月十九日……………… 一八七
○批副將劉盛國稟聶令縱差串矜騷擾良民并抄各案呈電
光緒二十三年六月十九日……………… 一八七
○批邵陽縣聶家遂稟實慶協標兵丁結會逞强聳動副將發令擁拏縣差毆打察核
光緒二十三年六月十九日……………… 一八八
○批委辦宜施賑務趙道等稟長樂縣丞紳士留難辦運賑米夫騾飭府分别撤辦
光緒二十三年六月二十日……………… 一八八
批德安府徐家幹稟漢東書院添修湞學祠
光緒二十三年六月二十日……………… 一八八
○批北藩司會詳南漳縣匠人等打教并殺傷身死案内各犯
光緒二十三年六月二十四日……………… 一八八
○批副將馬朝龍呈遵飭裁兵按季開除造册呈核
光緒二十三年六月二十五日……………… 一八八
○批宜昌鎮傅廷臣稟來鳳恩令等用欵太多無法應付將全案抄呈核示
光緒二十三年六月二十五日……………… 一八九
○批天門縣生員鄭子揚呈控一案
光緒二十三年七月初一日……………… 一八九
○批建始縣監生傅士剛呈經管社穀願照數捐穀還倉以作賑濟
光緒二十三年七月初一日……………… 一八九
○批京山縣武延緒稟湖鄉各團被淹山鄉受旱情形
光緒二十三年七月初四日……………… 一八九
○批巴東縣宗繼增詳民李謨福家夜深不知如何起火燒斃一家大小人命一案
光緒二十三年七月初十日……………… 一八九
批鄂紳吴錦章等稟請會同湘紳合辦内河輪船
光緒二十三年七月十七日……………… 一九○
○批督辦施南賑務傅鎮稟辦理施屬賑鑛工運情形
光緒二十三年七月二十八日……………… 一九○
批郎中余正裔等稟呈鑛師合同
光緒二十三年九月十二日……………… 一九一
○批常德府等會稟河洑地方教堂被痞徒焚燒拆搶獲犯辦理請示
光緒二十三年九月二十一日……………… 一九一
○批署岳常澧道唐貞銓稟河洑教堂及教士等失物現定賠償立約議結
光緒二十三年九月二十一日……………… 一九二
○批武陵縣王紹鈞等會稟河洑教堂被焚及教士等失物現定賠償立約議結
光緒二十三年九月二十一日……………… 一九二

批郎中余正裔等稟改訂鑛師合同并聲明各節
光緒二十三年十二月初二日……一九二

光緒二十四年

○批繅絲局詳絲局商董林松唐稟請接辦一年
光緒二十四年二月初四日……一九三
○批副將吴元愷稟派員接管新改營應加餉摺
光緒二十四年二月初七日……一九三
○批黄陂縣稟請移救濟銀兩修築緊要各隄以工代賑
光緒二十四年三月初四日……一九四
○批黄陵磯釐局稟沔陽州民攔河築壩商船不通請飭毁
光緒二十四年三月初四日……一九四
○批襄陽縣稟迭降大雪地方受患深重現擬籌備請示
光緒二十四年三月初四日……一九四
○批署施南府魯欲仁等會稟履勘利川各縣鑛廠分派收買暨估計銅鉛鼓鑄成本
光緒二十四年三月十一日……一九四
○批天門縣梁葆仁稟辦理賑糶情形
光緒二十四年三月二十五日……一九四
○批僉厚安等呈修造馬路開支工料數目
光緒二十四年閏三月十六日……一九四
●批鄂紳黄嗣東稟遵擬内河行輪章程
光緒二十四年閏三月……一九五
批知府趙毓楠等稟勘修江岸
光緒二十四年四月二十八日……一九五
○批蔡甸釐局李令瑞榮稟澤口闖卡商船太多請派水師舢板移駐彈壓
光緒二十四年六月十一日……一九五
○批寶慶府等會稟迎護英教士及痞徒毁署搶銀情形
光緒二十四年七月二十六日……一九六
○批管帶護軍前營游擊張彪稟工程營酌定人數餉數請派正副營官
光緒二十四年八月十九日……一九六
●批革員李光漢稟借欵築路
光緒二十四年八月二十一日……一九六
○批北牙釐局詳遵札擬章整頓米穀、百貨釐金各條請示
光緒二十四年八月二十三日……一九七
○批管帶沙防營蔣聲耀呈請飭局發後膛快槍彈以資操防
光緒二十四年九月二十七日……一九七
○批武備學堂提調徐家幹稟查明德領事接收學生等假函請核辦
光緒二十四年九月三十日……一九七
○批劉安濤等稟紗廠應還商本請咨催盛大臣在鐵路經費内劃撥付給
光緒二十四年十月初四日……一九七
○批北牙釐總局詳遵諭酌擬米谷釐收各事宜
光緒二十四年十月二十四日……一九七
○批曹南英稟請留司事隨同委員經理出售絲綢酌給月薪
光緒二十四年十一月初二日……一九八

批宜昌鎮稟請募勇巡防　光緒二十四年十一月初六日……一九八
○批北藩司詳覆監、沔二州縣等會勘螺山閘情形　光緒二十四年十二月十二日……一九八

光緒二十五年

○批北牙釐局詳前辦沙市局洪超等交卸月分短額數成擬按新章勒賠　光緒二十五年正月十一日……一九九
批牙釐局詳釐局委員收數短絀　光緒二十五年正月十一日……一九九
○批北牙釐局司道詳前辦武穴上局委員連守捷交卸月報釐金短收八成應否勒賠　光緒二十五年正月二十六日……一九九
批江夏職員傅啟浩等呈瀝陳修隄不便　光緒二十五年二月初六日……二〇〇
○批江夏縣耆民鄭運亨等控呈一案　光緒二十五年三月十八日……二〇〇
批宜昌川鹽局稟川鹽未便加課并擬變通辦法　光緒二十五年三月二十八日……二〇一
批荆宜施道等會稟審辦旗、民互毆一案　光緒二十五年四月十三日……二〇一
批漢陽府稟限制開設錢店　光緒二十五年五月二十一日……二〇二
○批江漢關道稟匪首李春山在漢陽、漢口結黨放飄請飭查拏　光緒二十五年七月十六日……二〇二
批岳常澧道稟岳州設關榷釐應否照内港章程辦理　光緒二十五年七月十七日……二〇二
○批北藩、臬二司等會詳新設漢口廳撫民同知與漢陽府相見儀注來往公牘體制案　光緒二十五年七月二十日……二〇二
○批北藩、臬二司等詳議覆新設夏口廳撫民同知與漢陽府相見儀注及往來公牘體制　光緒二十五年七月二十三日……二〇三
○批北鹽法道等核議整頓川鹽税收變通辦法　光緒二十五年七月二十八日……二〇三
○批署利川縣蔡國楨稟訊明蠱犯崔成方實係匪徒楊宗國授藥圖利藉教避罪情形　光緒二十五年八月二十八日……二〇三
批安襄鄖荆道稟請設團保總局　光緒二十五年八月二十九日……二〇四
○批北臬司詳議覆燒燬利川縣教堂要犯張庸山一案　光緒二十五年八月三十日……二〇四
○批北藩司、善後局詳設法清釐整頓契税章程　光緒二十五年九月初七日……二〇五
○批北善後局詳議加抽煙、酒、糖税章程　光緒二十五年九月十九日……二〇五
○批北鹽道、川鹽局詳於湖南澧州設立分局委員并

擬定局支用費
光緒二十五年十月十三日……二〇五
○批署沅州府朱益濬等禀芷江縣屬碧涌匪徒滋事、毅字前旗什長伍紹英陣亡、顔鎮調勇助剿各情
光緒二十五年十一月十六日……二〇五
○批督帶護軍四營游擊張彪遵飭查明護軍四營需用行軍隊雨衣等項物件數目
光緒二十五年十一月二十五日……二〇六
○批漢陽府余肇康禀大冶縣革生馬龍圖京控一案供情狡執情形
光緒二十五年十一月二十九日……二〇六
批江漢關道詳覆仍照向章設立公棧公磅茶務必有轉機
光緒二十五年十二月初一日……二〇六
○批江夏縣禀招募緝捕勇丁欵項如何請領
光緒二十五年十二月十三日……二〇六

光緒二十六年

批牙釐局、江漢關道會詳酌擬岳州關通商行輪章程
光緒二十六年正月十五日……二〇七
○批興國州、大冶縣、蘄州衛會禀擬於四顧山建閘請借欵興修
光緒二十六年二月十六日……二〇七
●批農務局總辦程儀洛禀呈浙、鄂兩省延訂洋教習合同
光緒二十六年二月二十一日……二〇八
批興山縣詳試辦鉛、鐵鑛務
光緒二十六年三月十五日……二〇八
○批北善後局詳釐定外銷支欵并擬撥欵抵補以清欵目
光緒二十六年三月二十一日……二〇九
○批余正裔禀請炭山灣鑛局所出煤斤按月按季包完釐金
光緒二十六年四月初五日……二〇九
●批荆宜施道禀查明英兵被鄉民窘辱情形
光緒二十六年五月初六日……二〇九
○批四川提奏道潄桐禀自集資本收買兩湖各種鑛砂設廠提煉
光緒二十六年五月十九日……二〇九
批司局會詳酌擬開辦鋪捐章程
光緒二十六年十二月初八日……二一〇

光緒二十七年

○批北藩司等會詳遵擬税契嚴定處分請示飭遵
光緒二十七年正月二十三日……二一一
批天門縣禀請積錢生息
光緒二十七年六月二十日……二一一
批自强學堂詳學生滋事各節
光緒二十七年七月初九日……二一一
批臨湘縣禀教士契買鑛地
光緒二十七年八月初七日……二一二
○批江漢關道詳税務司照會各口岸別衙門應徵之税歸

稅務司徵收
光緒二十七年十月初六日……二一二
○批文童王志灝爲兄久羈懇恩憐釋
光緒二十七年十月初九日……二一三
批大冶縣稟擬請圈購鑛山
光緒二十七年十月二十九日……二一三
○批北鹽法道詳請咨催湘省欠解近三年撥補宜昌鹽釐銀兩
光緒二十七年十二月初一日……二一三

光緒二十八年

○批北督銷局稟淮鹽銷數有關洋欵并江、鄂兩省要需擬請飭各州縣認真疏緝
光緒二十八年正月十九日……二一四
○批北藩、臬司等會詳擬籌警察經費由官倡捐并酌擬章程按房分等抽捐請奏咨立案
光緒二十八年四月二十六日……二一四
○批北鹽道詳沙市恒升、致祥兩鹽行冒充把持請追帖歇業
光緒二十八年六月十四日……二一四

光緒三十年

批槍礮局詳籌擬添機加製辦法
光緒三十年五月初九日……二一五
批荆宜施道稟沙市洋商於大慈菴一帶設立躉船
光緒三十年五月十九日……二一五
批製麻局稟請撥官本
光緒三十年六月二十九日……二一六
批織布局稟請發還商股
光緒三十年六月二十九日……二一六
批荆宜施道稟請撥濟峽路工程
光緒三十年八月初九日……二一六
批總兵黄忠浩稟擊敗桂匪情形
光緒三十年九月初一日……二一六
批北藩司申報九月分米糧價值
光緒三十年十月三十日……二一七

光緒三十一年

批荆宜施道稟宜昌江岸自建馬頭
光緒三十一年正月二十二日……二一七
○批夔昌火柴公司稟湘省和豐公司冒牌混銷鄂漢事
光緒三十一年四月十七日……二一七
○批漢口夔昌火柴公司稟懇咨請湘憲飭令和豐公司將雙豸捧球牌號改良另造具結永不再冒
光緒三十一年四月十七日……二一八
○批沙市關道稟新修馬頭工將告成籌議大概辦法
光緒三十一年五月初八日……二一八

光緒三十二年

批荆宜道稟覆勘潰隄情形

批武昌府黄以霖禀籌設農、工、商小學堂 光緒三十二年三月二十四日……二一八
批襄河水師營、光化縣禀會籌善後事宜 光緒三十二年四月初二日……二一八
批職商宋煒臣等禀創辦漢口水電公司 光緒三十二年四月初二日……二一九
批漢陽縣禀請禁止囤買鐵路附近地畝 光緒三十二年六月初四日……二一九
批隄工委員彭覺先等禀勘估隄工情形 光緒三十二年七月初六日……二二〇
批南布政司、學務處會詳整頓學務辦法 光緒三十二年九月十六日……二二〇
光緒三十二年十一月初一日……二二〇

光緒三十三年

批道員程祖福禀擬承辦水泥廠 光緒三十三年二月十一日……二二一
批施南府施紀雲禀請擴充勸工所 光緒三十三年二月二十一日……二二二

公牘·諭示 光緒八年十月至光緒三十三年八月

光緒八年

禁種罌粟示 光緒八年十月……二二三
飭辦守助約示 光緒八年……二二三

光緒九年

停勸賑捐示 光緒九年十月二十二日……二二五
嚴禁文、汾兩縣村民阻撓河務示 光緒九年十一月初三日……二二五

光緒十年

就捐辦團示 光緒十年六月二十三日……二二六
嚴禁漢奸示 光緒十年七月初一日……二二七
懸賞示 光緒十年七月十一日……二二七
嚴禁毁壞教堂淩辱洋人示 光緒十年七月十九日……二二八
諭沿海居民出洋華人立功優奬示

禁漢奸受雇當兵及爲法人修船示
光緒十年七月二十日……二二九
禁藉端滋擾各國洋人及安分教民示
光緒十年七月二十三日……二二九
諭欽、廉教民速行解散示
光緒十年七月二十四日……二二九
曉諭中外曲直、指明商教利害示
光緒十年八月十一日……二三〇
光緒十年八月十二日……二三〇

光緒十二年

查辦匪鄉示
光緒十二年正月二十七日……二三二
黄江税廠改章革弊示
光緒十二年三月十五日……二三三
梧州税廠裁革規費示
光緒十二年四月十四日……二三四
嚴禁白鴿標花會示
光緒十二年五月十二日……二三五
嚴禁收受攤館陋規示
光緒十二年五月十六日……二三五
推廣查辦匪鄉示
光緒十二年五月二十日……二三五

光緒十三年

招撫瓊州峒黎示
光緒十三年二月二十四日……二三六
嚴禁擾害良黎示
光緒十三年六月　日……二三八
招徠商民赴瓊州伐木墾田示
光緒十三年十一月初十日……二三八

光緒十四年

開除鐵禁暫免税釐示
光緒十四年三月初三日……二三九
勸諭各屬紳耆酌提祠産周濟貧族示
光緒十四年九月十六日……二四〇

光緒十五年

嚴禁復開白鴿票示
光緒十五年二月二十四日……二四一
曉諭東省商民停徵鑪餉任便開鑄示
光緒十五年二月三十日……二四一
曉諭西省商民停徵鑪税任便開鑄示
光緒十五年七月初九日……二四二

光緒十六年

典當減息示

禁革巡捕規禮示 光緒十六年五月初八日……二四三
○嚴禁漢川縣垸民藉險拆搶房屋告示 光緒十六年七月十四日……二四三
曉諭商民開采煤鑛示附單 光緒十六年九月初九日……二四三
光緒十六年十月初七日……二四四

光緒十七年

○示諭聽煽入會繳飘自首准予免罪引拏匪首仍行給賞 光緒十七年九月二十七日……二四六
○示諭過境土販捐輸峽路經費 光緒十七年十二月十一日……二四六

光緒十八年

勸諭茶商講求采製各法示 光緒十八年二月初六日……二四七

光緒二十年

曉諭産茶各處示 光緒二十年五月初七日……二四八

光緒二十二年

行用銀元鈔票示 光緒二十二年四月初二日……二四九
招考武備學生示附單 光緒二十二年九月初四日……二四九
推廣行用銀元及銀元票示 光緒二十二年十月初二日……二五一
曉諭報考武備學生示 光緒二十二年十月十一日……二五一

光緒二十三年

嚴禁攔河築壩示 光緒二十三年二月初八日……二五二
鐵路兩旁田地嚴禁争買居奇示 光緒二十三年二月初九日……二五三
招考自强學堂學生示附單 光緒二十三年三月初八日……二五三
自强學堂不給膏火示 光緒二十三年四月十九日……二五五
開辦鐵路收買漢口民地示附單 光緒二十三年五月十五日……二五五

光緒二十四年

招考農務、工藝學生示 光緒二十四年閏三月十六日……二五六
招考工藝學生示附單

光緒二十四年十一月二十一日……二五七

光緒二十六年

○示諭槍廠匠目車成槍件交收驗所用樣板比較不合剔退另造 光緒二十六年五月二十三日……二五八
遵旨保衛地方示 光緒二十六年六月初四日……二五九
嚴禁造謠揭帖示 光緒二十六年七月二十七日……二五九
查拏自立會匪示 光緒二十六年閏八月初十日……二六〇

光緒二十七年

清丈涸出洲湖各地示 光緒二十七年三月二十日……二六二

光緒二十八年

○招考師範學堂學生示 光緒二十八年四月二十六日……二六三
行用銅元示 光緒二十八年七月十二日……二六三

光緒三十年

通行一兩銀幣示 光緒三十年十二月十八日……二六四

光緒三十一年

招商承辦製呢等廠示 光緒三十一年四月十二日……二六五
改辦統捐示附單 光緒三十一年五月十五日……二六六

光緒三十二年

後湖地畝酌收新租示附單 光緒三十二年九月十九日……二六八

光緒三十三年

手諭停止興修示 光緒三十三年八月初一日……二七〇

電牘 光緒十年六月至光緒十四年十二月

光緒十年

致總署 光緒十年六月初七日發……二七三

致總署　光緒十年六月二十四日發……二七三
⊙致天津李中堂　光緒十年六月二十六日戌刻發……二七三
致總署　光緒十年六月二十七日發……二七三
〇致總署　光緒十年七月初二日發……二七三
致總署　光緒十年七月初八日發……二七三
致總署　光緒十年七月初十日發……二七四
致龍州潘撫台　光緒十年八月初一日子刻發……二七四
致總署　光緒十年八月初一日發……二七四
致福州何制台、張欽差　光緒十年八月初二日酉刻發……二七四
致天津李中堂　光緒十年八月初三日未刻發……二七四
致柏林李欽差　光緒十年八月初三日申刻發……二七四
致龍州潘撫台　光緒十年八月初八日酉刻發……二七四
致天津李中堂　光緒十年八月初九日丑刻發……二七五
致總署　光緒十年八月初九日酉刻發……二七五
致虎門方軍門、婁軍門　光緒十年八月初九日戌刻發……二七五
致龍州潘撫台　光緒十年八月初九日戌刻發……二七五
致總署　光緒十年八月初十日亥刻發……二七六
致龍州潘撫台　光緒十年八月十二日亥刻發……二七六
致臺北劉爵帥廈門彭提台轉寄　光緒十年八月十三日亥刻發……二七六
致長洲吴統領、方軍門、婁統領　光緒十年八月十四日酉刻發……二七六
致臺北劉爵帥　光緒十年八月十六日子刻發……二七六
致龍州潘撫台　光緒十年八月十七日辰刻發……二七六
致天津盛道台　光緒十年八月十七日亥刻發……二七六
致龍州潘撫台　光緒十年八月十八日亥刻發……二七七
致龍州潘撫台　光緒十年八月二十一日戌刻發……二七七

致龍州潘撫台
光緒十年八月二十一日戌刻發……二七七

致天津盛道台
光緒十年八月二十五日未刻發……二七七

○致天津李中堂
光緒十年八月二十五日未刻……二七七

致天津李中堂
光緒十年八月二十六日巳刻發……二七八

致龍州潘撫台
光緒十年八月二十六日酉刻發……二七八

致淡水劉爵帥
光緒十年八月二十七日未刻發……二七八

致華盛頓代辦中國欽差蔡參贊
光緒十年八月二十八日戌刻發……二七八

致天津李中堂
光緒十年八月二十九日戌刻發……二七八

致天津盛道台
光緒十年八月二十九日戌刻發……二七八

致柏林李欽差
光緒十年九月初一日辰刻發……二七八

致龍州潘撫台
光緒十年九月初一日未刻發……二七九

致龍州唐主政
光緒十年九月初一日申刻發……二七九

唐主政來電
光緒十年八月二十八日辰刻到……二七九

致天津盛道台
光緒十年九月初一日酉刻發……二七九

致總署
光緒十年九月初二日戌刻發……二七九

○致總署
光緒十年九月初四日發……二七九

致龍州潘撫台
光緒十年九月初六日巳刻發……二八〇

致天津李中堂
光緒十年九月初六日亥刻發……二八〇

致天津盛道台
光緒十年九月初六日亥刻發……二八〇

致龍州王藩台
光緒十年九月初八日亥刻發……二八〇

致龍州營務處李、同知蔡
光緒十年九月初十日酉刻發……二八〇

致淡水劉爵帥廈門彭軍門轉寄
光緒十年九月十一日辰刻發……二八〇

致天津李中堂
光緒十年九月十一日巳刻發……二八一

致臺灣劉道台
光緒十年九月十二日辰刻發……二八一

致龍州潘撫台
光緒十年九月十二日酉刻發……二八一

致龍州潘撫台　光緒十年九月十二日酉刻發……二八一
致天津盛道台　光緒十年九月十四日午刻發……二八一
致龍州唐主政　光緒十年九月十五日午刻發……二八一
致龍州蘇軍門　光緒十年九月十五日戌刻發……二八二
致天津李中堂　光緒十年九月十六日丑刻發……二八二
致總署　光緒十年九月十六日丑刻發……二八二
致柏林李欽差　光緒十年九月二十日亥刻發……二八二
致龍州唐主政　光緒十年九月二十一日戌刻發……二八二
唐主政來電　光緒十年九月三十日到……二八二
唐主政來電　光緒十年十月十四日到……二八二
唐主政來電　光緒十年十月十五日到……二八二
唐主政來電　光緒十年十月二十二日到……二八三
唐主政來電　光緒十年十月二十三日到……二八三
唐主政來電　光緒十年十月　日到……二八三
唐主政來電　光緒十年十一月　日到……二八三
唐主政來電　光緒十年十一月　日到……二八三
致龍州潘撫台　光緒十年九月二十二日午刻發……二八四
○致總署　光緒十年十月十一日發……二八四
致總署　光緒十年十一月初六日發……二八四
致總署　光緒十年十一月初八日發……二八四
致總署　光緒十年十一月十二日發……二八四
致總署　光緒十年十一月二十六日發……二八四
致總署　光緒十年十二月初二日發……二八五
致龍州潘撫台、王鎮台　光緒十年十二月二十一日子刻發……二八五
致龍州潘撫台、馮軍門　光緒十年十二月二十一日子刻發……二八五

致總署　光緒十年十二月二十一日發……二八五

致龍州潘撫台、王鎮台　光緒十年十二月二十三日丑刻發……二八五

致龍州潘撫台、馮軍門　光緒十年十二月二十三日丑刻發……二八六

致龍州馮軍門　光緒十年十二月二十五日未刻發……二八六

致龍州潘撫台、李臬台、西營務處李守、王鎮台、轉運局唐州判　光緒十年十二月二十五日發……二八六

李臬司來電　光緒十年十二月二十六日戌刻到……二八六

致龍州潘撫台、馮軍門、王鎮台、西營務處　光緒十年十二月二十八日丑刻發……二八六

致龍州潘撫台、李臬台、西營務處馮軍門、王鎮台、王藩台　光緒十年十二月二十八日發……二八六

致龍州馮軍門、王鎮台、西營務處　光緒十年十二月二十九日發……二八七

致龍州潘撫台、馮軍門、王鎮台、西營務處　光緒十年十二月二十九日發……二八七

致龍州潘撫台　光緒十年十二月三十日酉刻發……二八七

致龍州潘撫台、馮軍門、王鎮台、西營務處　光緒十年十二月三十日酉刻發……二八七

馮軍門來電　光緒十一年正月初二日未刻到……二八七

王鎮來電　光緒十一年正月初二日亥刻到……二八七

光緒十一年

致龍州王鎮台　光緒十一年正月初二日發……二八八

致龍州馮軍門　光緒十一年正月初二日發……二八八

致龍州潘撫台　光緒十一年正月初二日發……二八八

致輪墩曾欽差　光緒十一年正月初二日發……二八八

曾欽差來電……二八八

致龍州馮幫辦　光緒十一年正月初五日發〔缺文〕……二八八

馮幫辦來電　光緒十一年正月二十一日申刻到……二八八

致總署　光緒十一年正月初六日發……二八八

致總署　光緒十一年正月十三日……二八九

致龍州馮幫辦
光緒十一年正月十四日發……二八九
總署來電
光緒十一年正月十三日到……二八九
馮幫辦來電
光緒十一年正月十九日亥刻到……二八九
致龍州潘撫台、馮幫辦、王鎮、李臬司、西營務處黄守
光緒十一年正月十七日發……二八九
致總署
光緒十一年正月十八日……二九〇
致龍州潘撫台、李臬台、馮軍門、王鎮台、蘇軍門、王藩台
光緒十一年正月十九日未刻發……二九〇
致龍州李臬台
光緒十一年正月十九日發……二九〇
致龍州岑宫保、唐主政
光緒十一年正月十九日發……二九〇
致龍州岑宫保、唐主政
光緒十一年正月十九日發……二九〇
岑宫保來電
光緒十一年正月十四日亥刻到……二九〇
岑宫保來電
光緒十一年正月十七日戌刻到……二九〇
致龍州岑宫保
光緒十一年正月十九日發……二九一
致龍州唐主政
光緒十一年正月十九日發……二九一
唐主政來電
光緒十一年正月二十四日亥刻到……二九一
致龍州潘撫台
光緒十一年正月十九日發……二九一
致龍州李臬台、唐州判、南甯左江道彭
光緒十一年正月二十一日發……二九一
致龍州潘撫台、李臬台
光緒十一年正月二十二日發……二九一
致龍州潘撫台
光緒十一年正月二十二日發……二九一
致龍州李臬台
光緒十一年正月二十二日發……二九二
李臬台來電
光緒十一年正月二十一日午刻到……二九二
致龍州潘撫台
光緒十一年正月二十二日發……二九二
致龍州馮幫辦
光緒十一年正月二十二日發……二九二
致北海李守
光緒十一年正月二十四日午刻發……二九二
李守來電
光緒十一年正月二十五日酉刻到……二九二
致北海張鎮台

光緒十一年正月二十四日發……二九二
張鎮來電
光緒十一年正月二十四日丑刻到……二九二
致北海梁副將，莫、陳、方三將，張鎮台
光緒十一年正月二十四日發……二九三
致北海李守、張鎮台
光緒十一年正月二十六日發……二九三
張鎮、李守來電
光緒十一年正月二十六日子刻到……二九三
致北海李守、張鎮台、梁副將
光緒十一年正月二十六日發……二九三
致龍州唐主政
光緒十一年正月二十六日發……二九三
唐主政來電
光緒十一年正月二十六日辰刻到……二九三
致龍州潘撫台、蘇軍門、李臬台
光緒十一年正月二十六日發……二九四
致總署
光緒十一年正月二十六日……二九四
致彭宫保
光緒十一年正月二十七日辰刻發……二九四
彭宫保來電
光緒十一年正月二十七日申刻到……二九四
致南甯岑宫保由左江道密封飛遞
光緒十一年正月二十七日未刻發……二九四
致龍州馮幫辦、潘撫台、李臬台
光緒十一年正月二十七日申刻發……二九四
王鎮來電
光緒十一年二月初一日亥刻到……二九五
致龍州岑宫保
光緒十一年正月二十七日發……二九五
致龍州唐主政唐州判飛遞
光緒十一年正月二十七日發……二九五
致彭宫保
光緒十一年正月三十日發……二九五
致輪墩曾欽差，柏林許欽差、李欽差
光緒十一年正月三十日發……二九五
曾欽差來電
光緒十一年二月初一日辰刻到……二九五
許欽差來電
光緒十一年二月初二日午刻到……二九五
致北海李守、張鎮台
光緒十一年正月三十日發……二九五
致龍州唐主政
光緒十一年正月三十日發……二九六
致龍州岑宫保、潘撫台、馮幫辦、李臬台
光緒十一年二月初一日發……二九六
致龍州潘撫台、馮幫辦、李臬台
光緒十一年二月初一日發……二九六
致龍州馮幫辦、北海張鎮台

光緒十一年二月初二日發……二九六
馮幫辦來電
光緒十一年二月初五日酉刻到……二九六
致南甯岑宮保、龍州潘撫台
光緒十一年二月初三日發……二九七
致北海張鎮、李守、梁署鎮
光緒十一年二月初六日午刻發……二九七
致龍州潘撫台、李臬台、馮幫辦
光緒十一年二月十一日午刻發……二九七
馮幫辦來電
光緒十一年二月初五日午刻到……二九七
馮幫辦來電
光緒十一年二月初八日午刻到……二九七
馮幫辦來電
光緒十一年二月初八日未刻到……二九七
馮幫辦來電
光緒十一年二月十一日戌刻到……二九八
馮幫辦來電
光緒十一年二月十一日戌刻到……二九八
王鎮台來電
光緒十一年二月十三日午刻到……二九八
王鎮台來電
光緒十一年二月十一日戌刻到……二九八
王鎮台來電
光緒十一年二月十三日午刻到……二九八
致龍州潘撫台、蘇軍門
光緒十一年二月十二日亥刻發……二九九
馮幫辦來電
光緒十一年二月十六日未刻到……二九九
致龍州潘撫台、蘇督辦、李護撫台
光緒十一年二月十四日發……二九九
致龍州蘇督辦、李護撫台、馮幫辦
光緒十一年二月十五日午刻發……二九九
李護撫台來電
光緒十一年二月十七日丑刻到……二九九
石倅來電
光緒十一年二月十八日酉刻到……二九九
致龍州岑宮保
光緒十一年二月十五日發……三〇〇
致龍州岑宮保
光緒十一年二月十五日發……三〇〇
岑宮保來電
光緒十一年三月十五日丑刻到……三〇〇
致龍州蘇督辦、李護撫台、潘撫台、馮幫辦
光緒十一年二月十六日亥刻發……三〇〇
致柏林許欽差、李欽差
光緒十一年二月十六日發……三〇〇
致北海梁署鎮、張鎮，莫、陳兩將，李道、李守、余牧
光緒十一年二月十六日發……三〇〇
致龍州馮幫辦

光緒十一年二月十六日發……三〇一
馮幫辦來電
光緒十一年二月十六日申刻到……三〇一
馮幫辦來電
光緒十一年二月二十三日戌刻到……三〇一
致龍州李護撫台
光緒十一年二月十六日發……三〇一
李護撫台來電
光緒十一年二月二十三日午刻到……三〇一
致龍州李護撫台
光緒十一年二月十七日發……三〇一
致龍州岑宮保、蘇督辦、李護撫台、馮幫辦、王藩台、王鎮台、唐主政，南甯岑宮保、鮑爵帥
光緒十一年二月十八日發……三〇一
岑宮保來電
光緒十一年二月十九日戌刻到……三〇二
致龍州岑宮保、蘇督辦、李護撫台，南甯岑宮保、鮑爵帥
光緒十一年二月十八日發……三〇二
致龍州李護撫台
光緒十一年二月十九日寅刻發……三〇二
李護撫台來電
光緒十一年二月二十五日申刻到……三〇二
致龍州蘇督辦、李護撫台
光緒十一年二月十九日發……三〇二
致龍州蘇督辦
光緒十一年二月十九日發……三〇三
蘇督辦來電
光緒十一年二月二十九日申刻到……三〇三
致龍州蘇督辦、李護撫台、馮幫辦、王藩台、王鎮台、唐主政、岑宮保
光緒十一年二月十九日發……三〇三
致龍州蘇督辦、馮幫辦、王藩台、李護撫台、王鎮台
光緒十一年二月二十一日發……三〇三
馮幫辦來電
光緒十一年二月二十六日亥刻到……三〇三
馮幫辦來電
光緒十一年二月二十六日亥刻到……三〇三
致龍州馮幫辦
光緒十一年二月二十一日發……三〇四
馮辦幫來電
光緒十一年三月初八日寅刻到……三〇四
致龍州馮幫辦
光緒十一年二月二十二日辰刻發……三〇四
馮幫辦來電
光緒十一年三月初八日寅刻到……三〇四
致北海廉州莫參將、陳參將、劉倅、李道光炯、梁署鎮
光緒十一年二月二十二日發……三〇四
致龍州馮幫辦
光緒十一年二月二十二日發……三〇四

馮幫辦來電
光緒十一年二月二十九日戌刻到……三〇四
致總署
光緒十一年二月二十二日……三〇五
致龍州唐主政
光緒十一年二月二十二日發……三〇五
致龍州馮幫辦、右江鎮王
光緒十一年二月二十三日發……三〇五
致龍州蘇督辦、馮幫辦、李護撫台、王藩台、王鎮台、西轉運局、唐主政、岑宮保，南甯鮑爵帥、岑宮保，雲南張撫台
光緒十一年二月二十四日發……三〇五
馮幫辦來電
光緒十一年三月初一日子刻到……三〇五
致總署
光緒十一年二月二十四日……三〇五
致龍州李護撫台、蘇督辦、王藩台
光緒十一年二月二十四日發……三〇六
李護撫台來電
光緒十一年二月二十八日巳刻到……三〇六
蘇督辦來電
光緒十一年二月二十九日戌刻到……三〇六
致南甯岑宮保、龍州唐主政
光緒十一年二月二十四日發……三〇六
岑宮保來電
光緒十一年（三）［二］月二十一日未刻到……三〇六
致龍州馮幫辦、王鎮台
光緒十一年二月二十五日發……三〇六
致龍州李護撫台、岑宮保，南甯岑宮保、鮑爵帥，雲南張撫台
光緒十一年二月二十五日發……三〇六
致總署
光緒十一年二月二十五日……三〇七
致福州左中堂、楊制台，厦門彭提台
光緒十一年二月二十五日發……三〇七
致龍州蘇督辦、李護撫台
光緒十一年二月二十五日發……三〇七
蘇督辦、李護撫台來電
光緒十一年三月初八日申刻到……三〇七
致天津李中堂
光緒十一年二月二十五日發……三〇七
李中堂來電
光緒十一年二月二十七日寅刻到……三〇八
致龍州馮幫辦、王鎮台、蘇督辦、李護撫台、唐主政、劉提督永福，南甯岑宮保
光緒十一年二月二十六日發……三〇八
馮幫辦來電
光緒十一年三月初十日申刻到……三〇八
王鎮台來電
光緒十一年三月十五日戌刻到……三〇八

致北海李守、劉倅，莫、陳、方三將，梁署鎮，欽州余牧
光緒十一年二月二十六日發……三〇八
致龍州蘇督辦、李護撫台
光緒十一年二月二十六日發……三〇八
致龍州李護撫台
光緒十一年二月二十六日發……三〇八
致龍州李護撫台、蘇督辦、馮幫辦、王藩台、王鎮台
光緒十一年二月二十八日辰刻發……三〇九
致天津李中堂
光緒十一年二月二十八日發……三〇九
李中堂來電
光緒十一年二月二十九日酉刻到……三〇九
致龍州李護撫台、蘇督辦、馮幫辦
光緒十一年三月初二日辰刻發……三〇九
致龍州李護撫台、唐主政、蘇督辦、馮幫辦，南甯岑宮保、鮑爵帥
光緒十一年三月初三日巳刻發……三〇九
致天津李中堂
光緒十一年三月初三日酉刻發……三〇九
致龍州唐主政
光緒十一年三月初五日子刻發……三一〇
唐主政來電
光緒十一年三月十九日午刻到……三一〇
致龍州唐主政
光緒十一年三月初五日丑刻發……三一〇
唐主政來電
光緒十一年三月二十一日未刻到……三一〇
致欽州電局委員周丞冕
光緒十一年三月初五日寅刻發……三一〇
致龍州李護撫台、蘇督辦、馮幫辦、唐主政
光緒十一年三月初五日未刻發……三一〇
致龍州唐主政、岑宮保、李護撫台、馮幫辦，南甯岑宮保
光緒十一年三月初六日丑刻發……三一〇
岑宮保來電
光緒十一年四月十一日戌刻到……三一一
⊙致總署
光緒十一年三月初九日辰刻發……三一一
致龍州李護撫台
光緒十一年三月初十日亥刻發……三一一
致龍州馮幫辦
光緒十一年三月初十日亥刻發……三一一
致龍州馮幫辦
光緒十一年三月初十日亥刻發……三一一
致龍州唐主政
光緒十一年三月初十日亥刻發……三一一
致北海梁署鎮、劉倅，廉州李守
光緒十一年三月十一日申刻發……三一一
致福州左中堂、楊制台，江甯曾宮保、武昌卞制台
光緒十一年三月十三日亥刻發……三一二

左中堂、楊制台來電
光緒十一年三月十七日未刻到……三一二
致龍州李護撫台、唐主政、岑宮保，南甯岑宮保
光緒十一年三月十四日午刻發……三一二
致龍州李護撫台
光緒十一年三月十五日子刻發……三一二
致總署、天津李中堂
光緒十一年三月十五日亥刻發……三一二
致南甯鮑爵帥
光緒十一年三月十六日未刻發……三一三
致北海李守、梁署鎮、劉倅
光緒十一年三月十六日亥刻發……三一三
致北海梁署鎮、李守、劉倅
光緒十一年三月十八日子刻發……三一三
致龍州馮幫辦
光緒十一年三月十八日未刻發……三一三
馮幫辦來電
光緒十一年三月十八日午刻到……三一三
致龍州李護撫台
光緒十一年三月十九日未刻發……三一三
李護撫台來電
光緒十一年三月二十三日亥刻到……三一三
致天津李中堂
光緒十一年三月十九日亥刻發……三一三
李中堂來電
光緒十一年三月二十一日子刻到……三一三
致南甯、龍州岑宮保
光緒十一年三月十九日亥刻發……三一四
致龍州李護撫台
光緒十一年三月二十一日酉刻發……三一四
致天津李中堂、盛道台
光緒十一年三月二十二日未刻發……三一四
致天津李中堂、盛道台
光緒十一年三月二十二日未刻發……三一四
李中堂來電
光緒十一年四月初六日亥刻到……三一四
致天津盛道台
光緒十一年三月二十二日未刻發……三一四
致南甯岑宮保
光緒十一年三月二十二日亥刻發……三一四
岑宮保來電
光緒十一年四月十八日亥刻到……三一五
致龍州王鎮台
光緒十一年三月二十三日丑刻發……三一五
致龍州馮幫辦
光緒十一年三月二十三日辰刻發……三一五
致龍州馮幫辦
光緒十一年三月二十四日亥刻發……三一五
致龍州李護撫台、馮督辦、蘇督辦、岑宮保、唐主政，
南甯岑宮保、鮑爵帥

致龍州馮督辦
光緒十一年三月二十六日酉刻發……三一六
致福州左中堂
光緒十一年四月初一日子刻發……三一六
致汕頭陳牧、馬鴻圖
光緒十一年四月初一日子刻發……三一六
致龍州李護院、梧州西藩台張梧州府飛遞
光緒十一年四月初一日子刻發……三一六
致龍州李護撫台、馮督辦、唐主政
光緒十一年四月初一日未刻發……三一六
致龍州唐主政
光緒十一年四月初一日未刻發……三一六
唐主政來電
光緒十一年四月初一日亥刻發……三一七
致龍州李護撫台
光緒十一年四月初一日酉刻到……三一七
致龍州李護撫台、馮督辦、蘇督辦
光緒十一年四月初一日亥刻發……三一七
致龍州李護撫台、馮督辦、蘇督辦、王藩台、唐主政
光緒十一年四月初一日亥刻發……三一七
唐主政來電
光緒十一年四月初二日丑刻發……三一七
致龍州李護撫台
光緒十一年四月十一日亥刻到……三一七
致龍州李護撫台、馮督辦、蘇督辦
光緒十一年四月初四日酉刻發……三一八
致龍州李護撫台
光緒十一年四月初四日戌刻發……三一八
致龍州李護撫台、馮督辦、蘇督辦、唐主政
光緒十一年四月初四日戌刻發……三一八
致龍州李護撫台、馮督辦、蘇督辦、唐主政，南甯岑宫保
光緒十一年四月初四日亥刻發……三一八
致南甯岑宫保
光緒十一年四月初四日亥刻發……三一八
岑宫保來電
光緒十一年四月初四日亥刻發……三一八
致龍州馮督辦、李護撫台
光緒十一年五月二十三日申刻到……三一九
致龍州李護撫台、馮督辦、蘇督辦
光緒十一年四月初六日卯刻發……三一九
致福州左中堂
光緒十一年四月初六日亥刻發……三一九
致福州左中堂
光緒十一年四月十五日發……三一九
致天津李中堂
光緒十一年四月十五日發……三一九
李中堂來電
光緒十一年四月十五日發……三一九
致龍州李護撫台、蘇督辦、王藩台、唐主政
光緒十一年四月十七日申刻到……三一九

致龍州唐主政　光緒十一年四月十六日發……三二〇

致龍州唐主政　光緒十一年四月十六日發……三二〇

致欽州馮督辦　光緒十一年四月十七日申刻發……三二〇

致南甯岑宮保　光緒十一年四月十七日發……三二〇

致南甯岑宮保　光緒十一年四月十九日發……三二〇

致龍州唐主政　光緒十一年四月十九日發……三二一

致南甯岑宮保，龍州唐主政、李護撫台　光緒十一年四月二十日發……三二一

致欽州馮督辦　光緒十一年四月二十一日發……三二一

致龍州李護撫台、唐主政　光緒十一年四月二十一日發……三二一

致龍州唐主政　光緒十一年四月二十一日發……三二二

致龍州李護撫台、唐主政　光緒十一年四月二十二日發……三二二

致長洲彭宮保、李欽差，龍州李護撫台、蘇督辦、王藩台、王鎮台、唐主政，南甯岑宮保，瓊州劉鎮台、王道台，欽州馮督辦，廉州梁署鎮、李守　光緒十一年四月二十七日發……三二二

致龍州李護撫台、唐主政　光緒十一年四月二十九日發……三二二

岑宮保來電　光緒十一年六月初十日申刻到……三二三

致欽州馮督辦　光緒十一年四月三十日發……三二三

馮督辦來電　光緒十一年五月初三日戌刻到……三二三

致龍州李護撫台、蘇督辦　光緒十一年四月三十日發……三二三

李護撫台來電　光緒十一年五月初三日申刻到……三二三

致南甯左江鎮道、南甯府，龍州李護撫台、西轉運局　光緒十一年四月三十日發……三二三

致南甯岑宮保，龍州李護撫台、唐主政蘇督辦、王鎮台、王藩台、西轉運局　光緒十一年五月初八日發……三二三

致龍州李護撫台　光緒十一年五月初八日發……三二四

李護撫台來電　光緒十一年六月初八日巳刻到……三二四

致龍州李護撫台、蘇督辦　光緒十一年五月十四日發……三二四

致龍州李護撫台、蘇督辦、唐主政
光緒十一年五月十七日發……三二四

致總署、天津李中堂
光緒十一年五月十七日發……三二四

致欽州馮督辦、廉州李守，龍州西轉運局、李護撫台
光緒十一年五月二十一日發……三二五

致南甯岑宫保，龍州李護撫台、蘇督辦
光緒十一年五月二十五日發……三二五

李護撫台來電
光緒十一年六月初十日戌刻到……三二五

致龍州李護撫台、唐主政、王鎮台、西轉運局，欽州馮督辦
光緒十一年五月二十七日發……三二五

致總署、天津李中堂
光緒十一年六月初五日發……三二五

總署來電
光緒十一年六月初七日酉刻到……三二五

致天津李中堂
光緒十一年六月初九日發……三二六

李中堂來電
光緒十一年六月十一日巳刻到……三二六

致南甯岑宫保
光緒十一年六月十四日發……三二六

致龍州李護撫台、唐主政、西轉運局，南甯左江道
光緒十一年六月十五日發……三二六

致龍州李護撫台
光緒十一年六月十七日發……三二六

致龍州李護撫台
光緒十一年六月十九日發……三二六

致龍州李護撫台
光緒十一年六月十九日發……三二七

致龍州唐主政
光緒十一年六月十九日發……三二七

致龍州李護撫台、蘇督辦、王鎮台、西轉運局
光緒十一年七月十一日發……三二七

致龍州蘇督辦、李護撫台
光緒十一年七月十一日發……三二七

致龍州李護撫台
光緒十一年七月十一日發……三二七

李護撫台來電
光緒十一年七月初六日未刻到……三二七

致憑祥蘇督辦、龍州李護撫台
光緒十一年七月十七日發……三二八

致龍州王鎮台、唐主政、西轉運局
光緒十一年七月二十四日發……三二八

致福州船政大臣裴
光緒十一年八月十九日戌刻發……三二八

致柏林許欽差
光緒十一年八月二十日發……三二八

致柏林許欽差

光緒十一年八月二十日發……三二八
許欽差來電
光緒十一年八月二十二日巳刻到……三二八
致柏林許欽差
光緒十一年八月二十一日發……三二九
致柏林許欽差
光緒十一年八月二十五日發……三二九
致柏林許欽差
光緒十一年八月二十六日發……三二九
致龍州唐主政、李護撫台、西轉運局
光緒十一年九月初七日發……三二九
致龍州李護撫台、唐主政
光緒十一年九月初八日發……三二九
致龍州李護撫台、蘇督辦
光緒十一年九月初九日發……三二九
致龍州李護撫台
光緒十一年九月初九日發……三三〇
李護撫台來電
光緒十一年八月初七日申刻到……三三〇
致龍州李護撫台、蘇督辦
光緒十一年九月初九日發……三三〇
致龍州李護撫台
光緒十一年九月初九日發……三三〇
致龍州李護撫台
光緒十一年九月十七日發……三三〇
致龍州李護撫台、蘇督辦、唐主政
光緒十一年九月十八日發……三三〇
李護撫台來電
光緒十一年九月二十四日巳刻到……三三〇
李護撫台來電
光緒十一年九月二十四日巳刻到……三三〇
致龍州西轉運局、朱道、劉守
光緒十一年九月十八日發……三三一
致龍州李護撫台、唐主政、西轉運局
光緒十一年九月十九日發……三三一
致欽州馮宫保、余牧、雷瓊王道台、廉州李守、劉倅保林、張州判炳麟
光緒十一年九月十九日發……三三一
致欽州馮宫保、王道台
光緒十一年九月十九日發……三三一
致龍州李護撫台
光緒十一年九月二十四日發……三三一
致南甯陳倅文埒、劉提督永福
光緒十一年九月二十五日發……三三一
致龍州唐主政
光緒十一年九月二十六日發……三三二
唐主政來電
光緒十一年九月二十八日午刻到……三三二
致欽州馮督辦
光緒十一年九月二十六日發……三三二

致天津李中堂 光緒十一年九月二十六日發……三三二
致龍州唐主政 光緒十一年九月二十七日發……三三二
致南甯劉鎮、何守、陳倅文埏、劉提督永福 光緒十一年九月二十七日發……三三二
致南甯劉鎮、何守、劉提督永福 光緒十一年九月三十日發……三三二
致龍州唐主政 光緒十一年九月三十日發……三三二
致龍州唐主政 光緒十一年十月初一日酉刻發……三三二
唐主政來電 光緒十一年十月初二日申刻到……三三三
致平樂委員蔡道衡梧州府飛遞 光緒十一年十月初一日發……三三三
致憑祥蘇督辦 光緒十一年十月初一日發……三三三
致龍州李護撫台 光緒十一年十月初一日發……三三三
致龍州李護撫台、蘇督辦、唐主政 光緒十一年十月初一日發……三三三
致總署 光緒十一年十月初二日發……三三三
致龍州唐主政 光緒十一年十月初二日發……三三四
致龍州李護撫台 光緒十一年十月初三日發……三三四
致龍州唐主政、唐牧鏡沅 光緒十一年十月初三日發……三三四
唐主政來電 光緒十一年十月初五日巳刻到……三三四
致龍州李護撫台 光緒十一年十月初三日發……三三四
致欽州馮宮保 光緒十一年十月初四日發……三三四
致南甯陳倅文埏、劉提督永福 光緒十一年十月初六日發……三三五
致總署 光緒十一年十月十一日發……三三五
致欽州馮宮保 光緒十一年十月十三日發……三三五
致南甯唐主政、陳倅 光緒十一年十月十七日發……三三五
致上海盛道台 光緒十一年十月二十日發……三三五
致龍州鄧欽差、李護撫台、李道台、王道台 光緒十一年十月二十三日發……三三五
致龍州鄧欽差、李護撫台 光緒十一年十一月初一日發……三三六

致龍州鄧欽差、李護撫台、蘇督辦
光緒十一年十一月初二日發……三三六
蘇督辦來電
光緒十一年十一月初四日到……三三六
致龍州鄧欽差、李護撫台
光緒十一年十一月初二日發……三三六
致總署
光緒十一年十一月初三日發……三三六
致南甯岑宫保
光緒十一年十一月初四日發……三三六
岑宫保來電
光緒十一年十一月二十七日巳刻到……三三六
致龍州鄧欽差、李護撫台
光緒十一年十一月初四日發……三三七
致龍州李護撫台
光緒十一年十一月初四日發……三三七
致龍州鄧欽差、李護撫台
光緒十一年十一月初七日發……三三七
致龍州鄧欽差、李護撫台
光緒十一年十一月初八日發……三三七
鄧星使、李護撫台來電
光緒十一年十一月初十日酉刻到……三三七
致總署
光緒十一年十一月初八日發……三三八
致龍州鄧欽差、李護撫台
光緒十一年十一月十一日發……三三八
致龍州鄧欽差、李護撫台
光緒十一年十一月十五日發……三三八
鄧欽差、李護撫台來電
光緒十一年十一月十六日亥刻到……三三八
○致龍州鄧欽差、李護撫台
光緒十一年十一月十六日發……三三八
致欽州余牧、馮宫保，北海劉倅、張判
光緒十一年十一月十六日發……三三八
馮宫保來電
光緒十一年十一月二十三日巳刻到……三三九
致龍州鄧欽差、李護撫台
光緒十一年十一月十六日發……三三九
致憑祥鄧欽差、李護撫台
光緒十一年十一月十八日發……三三九
致南甯唐主政，憑祥鄧欽差、李護撫台
光緒十一年十一月十九日發……三三九
致華盛頓鄭欽差
光緒十一年十一月二十日發……三三九
致憑祥鄧欽差、李護撫台
光緒十一年十一月二十五日發……三四〇
王道來電
光緒十一年十一月二十二日午刻到……三四〇
王道來電
光緒十一年十二月初八日午刻到……三四〇

致天津李中堂
光緒十一年十一月二十五日發……三四〇
⊙致天津李中堂
光緒十一年十一月二十五日……三四〇
致憑祥李護撫台
光緒十一年十一月二十六日發……三四〇
致南甯唐主政，憑祥李護撫台、唐牧、王道台
光緒十一年十二月初二日發……三四一
致瓊州劉鎮、謙護道，憑祥王道
光緒十一年十二月初六日發……三四一
致總署
光緒十一年十二月初九日發……三四一
致憑祥鄧欽差、李護院
光緒十一年十二月十四日發……三四一
鄧欽差、李護撫台來電
光緒十一年十二月十二日未刻到……三四一
李中堂致鄧欽差、李護撫台電
光緒十一年十二月十四日巳刻到……三四一
鄧欽差、李護撫台來電
光緒十一年十二月十四日戌刻到……三四二
致憑祥李護撫台
光緒十一年十二月十五日發……三四二
致瓊州劉鎮、謙護道，憑祥王道台
光緒十一年十二月十五日發……三四二
致瓊州劉鎮、謙護道
光緒十一年十二月二十一日發……三四二
致幕府鄧欽差、李護撫台、李道台、王道台
光緒十一年十二月三十日發……三四二
王道來電
光緒十一年十二月二十五日戌刻到……三四二
王道來電
光緒十一年十二月二十九日申刻到……三四二
致幕府鄧欽差、李護撫台、李道台、王道台
光緒十一年十二月三十日發……三四三
王道來電
光緒十二年正月初一日午刻到……三四三

光緒十二年

致幕府鄧欽差、李護撫台、李道台、王道台
光緒十二年正月十四日發……三四三
鄧欽差來電
光緒十二年正月二十二日亥刻到……三四三
致南關鄧欽差、李護撫台、李道台、王道台
光緒十二年正月二十日發……三四四
王道來電
光緒十二年正月二十日申刻到……三四四
王道來電
光緒十二年正月二十一日戌刻到……三四四
致南關李護撫台

光緒十二年正月二十一日發……三四四
致南關鄧欽差、李護撫台、李道台、王道台
光緒十二年正月二十二日申刻發……三四四
王道來電
光緒十二年正月二十二日申刻到……三四四
致天津李中堂
光緒十二年正月二十二日發……三四四
李中堂來電
光緒十二年正月二十三日未刻到……三四四
致天津李中堂
光緒十二年正月二十三日發……三四五
致天津李中堂，南關鄧欽差、李護撫台、李道台、王道台
光緒十二年正月二十三日發……三四五
致南關鄧欽差、李護撫台、李道台、王道台
光緒十二年正月二十三日發……三四五
鄧欽差、李護撫台、王道台來電
光緒十二年正月二十四日午刻到……三四五
致南關鄧欽差、李護撫台、李道台、王道台
光緒十二年正月二十三日發……三四五
致南關鄧欽差、李護撫台、李道台、王道台
光緒十二年正月二十四日發……三四六
李中堂致鄧欽差、李護撫台電
光緒十二年正月二十七日未刻到……三四六
李中堂致鄧欽差、李護撫台電
光緒十二年正月二十八日亥刻到……三四六
致華盛頓鄭欽差
光緒十二年正月二十八日發……三四六
致香港東華醫院
光緒十二年正月二十八日發……三四六
致南關王道台
光緒十二年二月初一日發……三四六
王道來電
光緒十二年正月二十九日亥刻到……三四七
王道來電
光緒十二年正月三十日戌刻到……三四七
致南關鄧欽差、李護撫台、王道台
光緒十二年二月初四日發……三四七
致天津李中堂
光緒十二年二月初四日發……三四七
李中堂致鄧欽差、李護撫台電
光緒十二年二月初二日到……三四七
鄧欽差致總署電
光緒十二年二月初三日亥刻到……三四七
李中堂致鄧欽差、李護撫台
光緒十二年二月初四日亥刻到……三四七
致南關李護撫台
光緒十二年二月初四日發……三四八
李中堂致鄧欽差、李護撫台電
光緒十二年二月初六日到……三四八

致南關鄧欽差、李護撫台、王道台 光緒十二年二月初四日發……三四八
王道來電 光緒十二年二月初五日午刻到……三四八
致南關李護撫台 光緒十二年二月初五日發……三四九
致南關王道台 光緒十二年二月初七日發……三四九
王道來電 光緒十二年二月初六日酉刻到……三四九
王道台來電 光緒十二年二月十二日申刻到……三四九
致南關鄧欽差、李護撫台、李道台、王道台 光緒十二年二月初七日發……三四九
致南關鄧欽差、李護撫台、蘇督辦、李道台、王道台 光緒十二年二月初七日發……三四九
致輪墩曾欽差 光緒十二年二月十一日發……三五〇
岑宫保來電 光緒十二年二月初十日酉刻到……三五〇
曾欽差來電 光緒十二年二月十三日巳刻到……三五〇
致華盛頓鄭欽差 光緒十二年二月二十八日發……三五〇
鄭欽差來電 光緒十二年二月二十九日亥刻到……三五〇
致華盛頓鄭欽差 光緒十二年三月初七日發……三五〇
致龍州鄧欽差、李護撫台、李道台、王道台 光緒十二年三月十八日發……三五〇
鄧欽差、李護撫台、王道、李道來電 光緒十二年三月十二日亥刻到……三五〇
致華盛頓鄭欽差、張欽差 光緒十二年三月二十八日發……三五一
致龍州李護撫台 光緒十二年三月二十九日發……三五一
致天津李中堂 光緒十二年四月初八日發……三五一
致欽州馮宫保 光緒十二年四月十二日發……三五一
馮宫保來電 光緒十二年四月十三日午刻到……三五一
致欽州馮宫保 光緒十二年四月十三日發……三五一
馮宫保來電 光緒十二年四月十五日巳刻到……三五二
致梧州劉守、龍州李護撫台 光緒十二年四月十三日發……三五二
致總署 光緒十二年四月十八日發……三五二

致欽州馮宮保
光緒十二年四月二十九日發……三五二
致總署
光緒十二年五月十一日發……三五二
致欽州李牧、楊參將
光緒十二年五月十七日發……三五二
致欽州馮宮保
光緒十二年五月十九日發……三五二
致欽州馮宮保、李牧、楊參將
光緒十二年五月十九日發……三五三
致欽州馮宮保
光緒十二年五月十九日發……三五三
致廉州平櫃鹽局、北海釐局，欽州馮宮保、張州判炳麟、欽州釐金分廠
光緒十二年五月二十四日發……三五三
致總署
光緒十二年五月二十四日發……三五三
致總署
光緒十二年五月二十五日發……三五三
致欽州馮宮保、劉倅保林
光緒十二年六月初九日發……三五三
致瓊州張鎮、謙護道、提督張拔萃、參將陳榮輝
光緒十二年六月十一日發……三五三
致天津李中堂
光緒十二年六月十一日發……三五四
致欽州馮宮保、劉倅、李牧
光緒十二年六月十五日發……三五四
致龍州李護撫台、梧州劉守
光緒十二年六月十七日發……三五四
致龍州李護撫台、蘇督辦
光緒十二年六月二十一日發……三五四
致天津盛道台
光緒十二年六月二十八日子刻發……三五四
致香港邵道台
光緒十二年六月二十八日發……三五五
致瓊州馮督辦
光緒十二年七月初六日發……三五五
致廉州王鎮台、李守
光緒十二年七月初七日發……三五五
致瓊州馮督辦，劉倅
光緒十二年七月初七日發……三五五
馮督辦來電
光緒十二年七月初八日亥刻到……三五五
致瓊州馮督辦
光緒十二年七月初十日發……三五五
致瓊州馮督辦、方道、陳護鎮
光緒十二年七月二十五日發……三五六
方道來電
光緒十二年八月初一日午刻到……三五六
致龍州李護撫台

光緒十二年七月二十五日發……三五六
致瓊州馮督辦、劉倅
光緒十二年七月二十八日發……三五六
致瓊州馮督辦、劉倅
光緒十二年七月二十九日發……三五六
致瓊州馮督辦、劉倅
光緒十二年七月二十九日發……三五六
致瓊州馮督辦、謙護道、方道
光緒十二年七月二十九日發……三五六
致總署
光緒十二年八月初十日……三五七
致瓊州馮督辦、方道、謙護道、劉倅
光緒十二年八月十五日發……三五七
致瓊州劉倅
光緒十二年八月二十四日發……三五七
致瓊州馮督辦、謙守
光緒十二年八月二十四日發……三五七
致瓊州馮督辦
光緒十二年八月二十六日發……三五七
馮督辦來電
光緒十二年八月二十七日巳刻到……三五七
致瓊州馮督辦、方道、崇道、陳參將、劉倅
光緒十二年八月二十七日未刻發……三五七
致瓊州馮督辦、楊鎮、方道、謙守、崇道、劉倅，瓊山劉令
光緒十二年八月二十七日未刻發……三五八
致瓊州馮督辦、方道
光緒十二年八月二十七日發……三五八
致瓊州馮督辦、方道
光緒十二年八月二十七日發……三五八
致瓊州方道
光緒十二年八月二十七日發……三五八
致欽州李牧
光緒十二年八月二十七日發……三五八
致欽州李牧、尹守、知州顧，潮廉州李守，高廉王道，瓊州馮督辦
光緒十二年八月二十七日發……三五八
致瓊州謙守、劉令思敏
光緒十二年八月二十八日發……三五九
致瓊州謙守、劉令思敏
光緒十二年八月二十八日發……三五九
致瓊州馮督辦、方道、崇道、謙守
光緒十二年九月初三日發……三五九
致瓊州馮督辦
光緒十二年九月初四日酉刻發……三五九
致瓊州方道
光緒十二年九月初四日發……三五九
致瓊州馮督辦
光緒十二年九月初四日發……三六〇
致總署

致瓊州方道

光緒十二年九月初八日發……三六〇

致瓊州方道

光緒十二年九月初九日發……三六〇

致總署

光緒十二年九月十一日發……三六〇

致瓊州馮督辦，欽州李牧、欽州參將，東興防營管帶

光緒十二年九月十七日發……三六〇

致北海李守、龍門協梁副將，欽州李牧、尹守

光緒十二年九月十七日發……三六〇

致總署

光緒十二年九月十七日發……三六一

致蕪湖前兩淮運司洪

光緒十二年九月二十二日發……三六一

致瓊州馮督辦

光緒十二年九月二十六日午刻發……三六一

致瓊州謙守

光緒十二年九月二十六日未刻發……三六一

致瓊州方道

光緒十二年九月二十六日發……三六一

致瓊州馮督辦

光緒十二年九月二十七日發……三六一

馮督辦來電

光緒十二年九月二十日午刻到……三六一

致瓊州謙守、方道

光緒十二年九月二十七日發……三六二

致瓊州馮督辦

光緒十二年九月二十七日發……三六二

致天津李中堂

光緒十二年十月初四日發……三六二

李中堂來電

光緒十二年十月初五日辰刻到……三六二

致瓊州馮督辦

光緒十二年十月初六日發……三六二

致輪墩劉欽差、巴黎許欽差

光緒十二年十月初六日發……三六三

致福州船政大臣裴

光緒十二年十月初六日發……三六三

致天津李中堂

光緒十二年十月十三日發……三六三

致定安馮督辦

光緒十二年十月十四日發……三六三

致瓊州馮督辦

光緒十二年十月十五日發……三六三

致龍州李護撫台

光緒十二年十月十六日發……三六三

致龍州李護撫台

光緒十二年十月十六日發……三六四

致定安馮督辦

光緒十二年十月十七日發……三六四

光緒十二年十月二十日發……三六四
致定安馮督辦
光緒十二年十月二十日發……三六四
馮督辦來電
光緒十二年十月二十五日戌刻到……三六四
致屯昌馮督辦
光緒十二年十月二十六日發……三六五
致屯昌馮督辦
光緒十二年十一月初一日發……三六五
致屯昌馮督辦、謙護道、劉倅、楊守玉書
光緒十二年十一月初一日發……三六五
致屯昌馮督辦
光緒十二年十一月初一日發……三六五
致屯昌馮督辦
光緒十二年十一月初二日發……三六五
致屯昌馮督辦
光緒十二年十一月初二日發……三六六
致屯昌馮督辦，瓊州方道、謙護道，勤軍管帶陳兆興
光緒十二年十一月初五日發……三六六
致屯昌馮督辦
光緒十二年十一月初六日……三六六
致欽州王道台
光緒十二年十一月初六日發……三六六
致廉州李守、鄧令、危令，欽州李牧、王道、麥參將鳳標、鄧欽差
光緒十二年十一月初七日丑刻發……三六六
致欽州高廉道王、欽州營麥參將、北海龍門協
光緒十二年十一月初七日發……三六六
致瓊州勤軍營官陳兆興、楊署鎮、安瀾林國祥，屯昌馮督辦、電工委員
光緒十二年十一月初七日發……三六七
〇致欽州鄧欽差
光緒十二年十一月初七日發……三六七
〇致欽州鄧欽差
光緒十二年十一月初九日發……三六七
〇致欽州王道台
光緒十二年十一月初九日發……三六七
致欽州鄧欽差、李王兩道台、李牧受彤
光緒十二年十一月初九日發……三六七
致輪墩劉欽差、柏林許欽差
光緒十二年十一月初九日發……三六八
致福州船政大臣裴
光緒十二年十一月初九日發……三六八
致屯昌馮督辦
光緒十二年十一月十七日發……三六八
致京廣東撫台吴清卿中丞
光緒十二年十一月十八日發……三六八
致欽州鄧欽差
光緒十二年十一月十八日發……三六八
鄧欽差來電

光緒十二年十一月初十日午刻到……三六八
致嘉績馮督辦
光緒十二年十一月十八日發……三六八
致嘉績馮督辦鈔示劉倅保林
光緒十二年十一月十九日發……三六八
致瓊州謙護道
光緒十二年十一月十九日發……三六九
致瓊州謙護道、崖州蕭牧萬州飛寄
光緒十二年十一月十九日發……三六九
致廉州李守、安瀾林國祥、鎮濤黄倫蘇，欽州王道台
光緒十二年十一月十九日發……三六九
致惠州汪學台
光緒十二年十一月二十日發……三六九
致廉州王鎮台、李守、鄧欽差、李道台、王道台
光緒十二年十一月二十一日發……三六九
致廉州王鎮台、李守
光緒十二年十一月二十二日發……三六九
代鄧欽差致總署
光緒十二年十一月二十六日發……三六九
李中堂致鄧欽差電
光緒十二年十一月二十五日到……三七〇
致思勒鄧欽差、李王兩道台
光緒十二年十二月初七日發……三七〇
鄧欽差、王道、李道來電
光緒十二年十二月初四日巳刻到……三七〇
代鄧欽差致總署
光緒十二年十二月十一日亥刻發……三七〇
致總署、天津李中堂
光緒十二年十二月十二日發……三七〇
李中堂來電
光緒十二年十二月十三日亥刻到……三七一
致龍州李護撫台
光緒十二年十二月十二日發……三七一
致東興王道台
光緒十二年十二月十四日未刻發……三七一
○致東興鄧欽差
光緒十二年十二月十四日發……三七一
致萬州馮督辦、楊守、楊令、劉倅保林
光緒十二年十二月十五日發……三七一
致萬州馮督辦
光緒十二年十二月十五日發……三七一
致瓊州謙護道、瓊山劉令
光緒十二年十二月二十二日發……三七一
致東興鄧欽差、李道台、王道台
光緒十二年十二月二十二日發……三七一
鄧欽差來電
光緒十二年十二月二十二日亥刻到……三七二
致東興鄧欽差
光緒十二年十二月二十二日發……三七二
鄧欽差來電

光緒十二年十二月二十三日亥刻到……三七二

光緒十三年

致東興鄧欽差、李道台、王道台
光緒十三年正月初一日發……三七三
致東興王道台、欽州李牧、廉州李守、龍門協李副將
光緒十三年正月初一日……三七三
致東興鄧欽差、李道台、王道台
光緒十三年正月初一日發……三七三
鄧欽差來電
光緒十二年十二月二十六日酉刻到……三七三
鄧欽差、王道、李道來電
光緒十二年十二月二十六日戌刻到……三七三
致東興鄧欽差、李道台、王道台
光緒十三年正月初一日發……三七四
鄧欽差來電
光緒十二年十二月三十日子刻到……三七四
致東興鄧欽差、李道台、王道台
光緒十三年正月初二日發……三七四
致東興鄧欽差、李道台、王道台
光緒十三年正月初二日發……三七四
致東興鄧欽差、李道台、王道台
光緒十三年正月初二日發……三七四
致東興王道台
光緒十三年正月初二日發……三七五
光緒十三年正月初二日發……三七五
王道來電
光緒十三年正月初二日申刻到……三七五
致東興王道台
光緒十三年正月初二日發……三七五
致東興鄧欽差、李道台、王道台
光緒十三年正月初二日發……三七五
致東興鄧欽差、李道台、王道台
光緒十三年正月初五日發……三七五
鄧欽差來電
光緒十三年正月初六日午刻到……三七六
王道來電
光緒十三年正月初五日申刻到……三七六
王道來電
光緒十三年正月初六日午刻到……三七六
致東興鄧欽差、李道台、王道台
光緒十三年正月初六日發……三七六
王道來電
光緒十三年正月初六日亥刻到……三七六
鄧欽差來電
光緒十三年正月初七日申刻到……三七六
致東興鄧欽差、李道台、王道台
光緒十三年正月初七日發……三七七
鄧欽差來電
光緒十三年正月十二日子刻到……三七七

致總署、天津李中堂

光緒十三年正月初九日發……三七七

致瓊州方道，東興鄧欽差、李道台、王道台

光緒十三年正月初十日發……三七七

致萬州馮督辦，東興鄧欽差、李道台、王道台、王鎮

光緒十三年正月初十日發……三七七

王道來電

光緒十三年正月十一日申刻到……三七七

致東興鄧欽差、李道台、王道台

光緒十三年正月初十日發……三七八

致東興鄧欽差、李道台、王道台

光緒十三年正月初十日發……三七八

致東興王鎮台、王道台、李牧

光緒十三年正月初十日發……三七八

致東興王鎮台、王道台、李牧

光緒十三年正月十一日發……三七八

致萬州馮督辦、瓊州方道

光緒十三年正月十一日發……三七八

致東興鄧欽差、李道台、王道台

光緒十三年正月十二日辰刻發……三七九

致東興王道台

光緒十三年正月十二日發……三七九

王道來電

光緒十三年正月十五日子刻到……三七九

光緒十三年正月十五日丑刻到……三七九

致東興鄧欽差、李道台、王道台

光緒十三年正月十三日發……三七九

致東興鄧欽差、李道台、王道台

光緒十三年正月十四日戌刻發……三八〇

致東興鄧欽差、李道台、王道台

光緒十三年正月十四日亥刻發……三八〇

致總署、保定李中堂

光緒十三年正月十四日發……三八〇

致保定李中堂

光緒十三年正月十四日發……三八〇

李中堂來電

光緒十三年正月十六日酉刻到……三八〇

致總署

光緒十三年正月十四日發……三八〇

致總署、保定李中堂

光緒十三年正月十四日發……三八〇

致東興鄧欽差、李道台、王道台

光緒十三年正月十五日辰刻發……三八〇

鄧欽差來電

光緒十三年正月十七日申刻到……三八一

致東興鄧欽差、李道台、王道台、王鎮台

光緒十三年正月十五日發……三八一

致東興鄧欽差、李道台、王道台

光緒十三年正月十六日亥刻發……三八一

致東興鄧欽差、李道台、王道台
光緒十三年正月十六日發……三八一
總署來電
光緒十三年正月十六日午刻到……三八一
鄧欽差來電
光緒十三年正月十七日未刻到……三八二
致東興鄧欽差、李道台、王道台
光緒十三年正月十六日發……三八二
致東興鄧欽差
光緒十三年正月十七日卯刻發……三八二
致東興王鎮台、王道台、李牧、麥參將
光緒十三年正月十七日發……三八二
致萬州馮督辦、楊道玉書、劉直牧保林
光緒十三年正月十七日發……三八三
致東興王道台
光緒十三年正月十八日寅刻發……三八三
王道來電
光緒十三年正月十九日到……三八三
致東興鄧欽差、李道台、王道台
光緒十三年正月十八日寅刻發……三八三
鄧欽差來電
光緒十三年正月十七日亥刻到……三八三
致東興鄧欽差、李道台、王道台
光緒十三年正月十八日寅刻發……三八三
王道來電
光緒十三年正月二十一日午刻到……三八三
致萬州馮督辦、楊道玉書、劉牧保林
光緒十三年正月十九日發……三八四
致萬州馮督辦、楊道玉書、劉牧保林
光緒十三年正月十九日發……三八四
致萬州馮督辦、楊道玉書、劉牧保林
光緒十三年正月十九日發……三八四
致萬州楊道玉書、張主事廷鈞
光緒十三年正月十九日發……三八四
致瓊州謙護道、瓊山劉令飛遞十一州縣
光緒十三年正月十九日發……三八五
致瓊州謙護道
光緒十三年正月二十一日發……三八五
致瓊州謙護道
光緒十三年正月二十一日發……三八五
致萬州馮督辦
光緒十三年正月二十一日發……三八五
致萬州楊道玉書、劉牧保林
光緒十三年正月二十一日發……三八五
致萬州楊道玉書
光緒十三年正月二十一日發……三八五
致東興鄧欽差、李道台、王道台
光緒十三年正月二十一日發……三八五
鄧欽差來電
光緒十三年正月二十一日亥刻到……三八六

致東興王道台
光緒十三年正月二十一日發……三八六
致東興王道台
光緒十三年正月二十一日發……三八六
王道來電
光緒十三年正月二十二日午刻到……三八六
致東興鄧欽差、李道台、王道台
光緒十三年正月二十一日發……三八六
鄧欽差來電
光緒十三年正月二十日亥刻到……三八七
鄧欽差來電
光緒十三年正月二十一日亥刻到……三八七
致南峒馮督辦
光緒十三年正月二十三日發……三八七
馮督辦來電
光緒十三年正月二十八日辰刻到……三八七
致南峒楊道
光緒十三年正月二十四日發……三八七
致東興鄧欽差、李道台、王道台
光緒十三年正月二十五日發……三八七
王道來電
光緒十三年正月二十六日申刻到……三八七
致南峒楊道
光緒十三年正月二十九日發……三八八
致南峒楊道
光緒十三年正月二十九日發……三八八
致陵水馮督辦、楊道，瓊州劉牧保林、萬州方遊擊敬
光緒十三年正月二十九日發……三八八
致東興王道台
光緒十三年正月二十九日發……三八八
致福州船政大臣裴
光緒十三年正月二十九日發……三八八
裴大臣來電
光緒十三年二月初三日未刻到……三八八
致上海廣東撫台吳
光緒十三年正月三十日發……三八九
致輪墩劉欽差
光緒十三年正月三十日發……三八九
致東興鄧欽差、李道台、王道台
光緒十三年二月初一日發……三八九
致東興王道台
光緒十三年二月初一日發……三八九
致東興王道台
光緒十三年二月初一日發……三八九
致東興王道台
光緒十三年二月初一日發……三八九
致東興王道台
光緒十三年二月初一日發……三八九
王道來電
光緒十三年二月初一日巳刻到……三八九

王道來電
光緒十三年二月初一日亥刻到……三九〇
致海口孫丞鴻勳
光緒十三年二月初一日發……三九〇
致陵水馮督辦
光緒十三年二月初二日發……三九〇
馮督辦來電
光緒十三年二月初二日午刻到……三九〇
致瓊州方道
光緒十三年二月初二日發……三九〇
致瓊州方道
光緒十三年二月初二日發……三九〇
致東興王鎮台、王道台、陳總兵兆祥、劉守汝奇
光緒十三年二月初二日發……三九〇
致東興王道台，海口鄧署參將、林鎮長福，陵水馮督辦
光緒十三年二月初二日發……三九一
致東興鄧欽差
光緒十三年二月初四日戌刻發……三九一
鄧欽差來電
光緒十三年二月初四日酉刻到……三九一
總署致鄧欽差電
光緒十三年二月初六日亥刻到……三九一
總署致鄧欽差電
光緒十三年二月初九日酉刻到……三九一
致總署
光緒十三年二月初五日發……三九一
總署來電
光緒十三年二月初十日巳刻到……三九一
致東興鄧欽差
光緒十三年二月初十日發……三九二
鄧欽差來電
光緒十三年二月初十日巳刻到……三九二
致瓊州謙護道、方道
光緒十三年二月十一日發……三九二
致東興鄧欽差、王道台、李道台、王鎮台
光緒十三年二月十三日發……三九二
鄧欽差來電
光緒十三年二月十四日酉刻到……三九二
致總署
光緒十三年二月十七日發……三九二
致瓊州謙護道、方道，陵水馮督辦、楊道，崖州劉牧、方副將，嶺門福軍孫丞
光緒十三年二月十八日發……三九三
致陵水馮督辦、楊道，崖州劉牧，瓊州方道、謙護道，嶺門福軍孫丞
光緒十三年二月十八日發……三九三
致陵水楊道
光緒十三年二月十八日發……三九三
致東興鄧欽差、王道台、李道台
光緒十三年二月二十日發……三九三

鄧欽差來電
光緒十三年二月二十日辰刻到……三九三
致東興鄧欽差、王道台、李道台
光緒十三年二月二十日發……三九三
鄧欽差來電
光緒十三年二月二十日戌刻到……三九四
致瓊州方道、謙護道
光緒十三年二月二十一日發……三九四
致陵水馮督辦
光緒十三年二月二十一日發……三九四
致嶺門孫丞鴻勳
光緒十三年二月二十一日發……三九四
致東興王道台、李牧、鄧欽差
光緒十三年二月二十三日發……三九四
致東興王道台
光緒十三年二月二十三日發……三九四
致東興鄧欽差、王道台、李道台
光緒十三年二月二十三日發……三九四
總署致鄧欽差電
光緒十三年二月二十一日到……三九四
致東興楊部郎、王道台
光緒十三年二月二十三日發……三九五
楊部郎、王道來電
光緒十三年二月二十四日戌刻到……三九五
致輪墩劉欽差
光緒十三年二月二十六日發……三九五
致東興鄧欽差、王道台、李道台
光緒十三年二月二十八日發……三九五
王道來電
光緒十三年二月二十六日午刻到……三九五
鄧欽差來電
光緒十三年三月初二日辰刻到……三九五
致總署
光緒十三年二月二十八日發……三九六
致總署
光緒十三年二月二十八日發……三九六
致陵水馮督辦
光緒十三年二月二十八日發……三九六
致陵水楊道
光緒十三年二月二十八日發……三九六
致陵水崖州劉牧
光緒十三年二月二十八日發……三九六
致東興王道台
光緒十三年三月初一日發……三九七
王道來電
光緒十三年三月初一日子刻到……三九七
致東興鄧欽差、李道台、王道台
光緒十三年三月初一日發……三九七
王道來電
光緒十三年三月初五日亥刻到……三九七

致東興鄧欽差、李道台、王道台
光緒十三年三月初六日發……三九七
致東興鄧欽差、李道台、王道台
光緒十三年三月初六日發……三九八
鄧欽差來電
光緒十三年三月初七日子刻到……三九八
致東興鄧欽差、王道台、李道台
光緒十三年三月初七日發……三九八
王道來電
光緒十三年三月初七日申刻到……三九八
吴撫台致東興法欽差電
光緒十三年三月初八日發……三九八
致東興王道台
光緒十三年三月初八日發……三九八
王道來電
光緒十三年三月初八日亥刻到……三九九
致總署
光緒十三年三月初九日發……三九九
致陵水馮督辦、瓊州謙護道
光緒十三年三月十一日發……三九九
致陵水馮督辦、瓊州謙守
光緒十三年三月十一日發……三九九
致雲南岑宫保
光緒十三年三月十一日發……三九九
致總署
光緒十三年三月十三日發……三九九
○致東興鄧欽差
光緒十三年三月十四日發……四〇〇
○鄧欽差來電
光緒十三年三月十四日到……四〇〇
致東興王道台
光緒十三年三月十五日發……四〇〇
致瓊州謙護道、陵水崖州劉牧
光緒十三年三月十六日發……四〇〇
致陵水馮督辦
光緒十三年三月二十三日發……四〇〇
致京朱道台
光緒十三年四月初二日發……四〇〇
致陵水楊道，馮守相榮、相華
光緒十三年四月初二日發……四〇一
致陵水楊道
光緒十三年四月初二日發……四〇一
致煙臺盛道台
光緒十三年四月初二日發……四〇一
致龍州李護撫台
光緒十三年四月初四日發……四〇一
○致東興鄧欽差
光緒十三年四月初十日發……四〇一
致總署
光緒十三年四月十一日發……四〇一

致陵水馮督辦
光緒十三年四月十三日發……四〇二
致瓊州馮督辦、楊道、方道、謙護道，崖州劉牧、福軍孫丞
光緒十三年四月十四日發……四〇二
致陵水馮督辦
光緒十三年四月十四日發……四〇二
致瓊州謙護道、福軍孫丞，嶺門福軍孫丞、林鎮宜華
光緒十三年四月十四日發……四〇二
致瓊州謙護道、鄧署參將，嶺門福軍營官韋有才等
光緒十三年四月十六日發……四〇二
致嶺門福軍營官伍蓉、王國棟
光緒十三年四月十六日發……四〇二
致陵水馮督辦
光緒十三年四月二十日發……四〇二
楊道遺電
光緒十三年四月初九日午刻到……四〇二
致瓊州謙護道，嶺門福軍伍令蓉、周令林，定安劉令
光緒十三年四月二十二日發……四〇三
致陵水馮督辦
光緒十三年四月二十三日發……四〇三
馮督辦來電
光緒十三年四月二十八日申刻到……四〇三
致嶺門周令、伍令，海口孫丞、錢湘南
光緒十三年四月二十六日發……四〇三
致陵水馮督辦
光緒十三年四月二十九日發……四〇三
致桂林署西藩台、臬台、道台、桂林府
光緒十三年四月二十九日發……四〇三
致陵水馮督辦，崖州方署將、劉牧
光緒十三年四月二十九日發……四〇四
方將來電
光緒十三年閏四月初六日辰刻到……四〇四
致天津李中堂
光緒十三年閏四月初三日發……四〇四
李中堂來電
光緒十三年閏四月初六日申刻到……四〇四
致陵水馮督辦、楊令光銓
光緒十三年閏四月初三日發……四〇四
致陵水馮督辦
光緒十三年閏四月初三日發……四〇四
致陵水馮督辦，馮守相榮、相華，陵水縣饒令、張大使卿雲
光緒十三年閏四月初六日發……四〇四
致福州船政大臣裴
光緒十三年閏四月初七日發……四〇五
裴大臣來電
光緒十三年閏四月初八日申刻到……四〇五
致福州船政大臣裴
光緒十三年閏四月初七日發……四〇五

裴大臣來電
光緒十三年閏四月初八日戌刻到……四〇五
致福州船政大臣裴
光緒十三年閏四月初八日發……四〇五
裴大臣來電
光緒十三年閏四月初十日巳刻到……四〇五
致福州船政大臣裴
光緒十三年閏四月十一日發……四〇六
裴大臣來電
光緒十三年閏四月十三日酉刻到……四〇六
致天津李中堂
光緒十三年閏四月十二日發……四〇六
致廉州府、瓊州府、潮州府、惠州府
光緒十三年閏四月十二日發……四〇六
致福州船政大臣裴
光緒十三年閏四月十三日發……四〇六
致崖州劉牧，瓊州朱道、謙守
光緒十三年閏四月十四日發……四〇六
致陵水馮督辦
光緒十三年閏四月十八日發……四〇七
馮督辦來電
光緒十三年閏四月初八日亥刻到……四〇七
致陵水馮督辦、瓊州朱道
光緒十三年閏四月十八日發……四〇七
馮督辦來電
光緒十三年閏四月十九日亥刻到……四〇七
○致東興鄧欽差
光緒十三年閏四月二十一日發……四〇七
致龍州李護撫台
光緒十三年閏四月二十一日發……四〇八
致柏林許欽差
光緒十三年閏四月二十四日發……四〇八
致陵水馮督辦、瓊州朱道
光緒十三年閏四月二十六日發……四〇八
致海口福軍孫丞、瓊州朱道、楊鎮
光緒十三年五月初四日發……四〇八
致欽州鄧欽差、李道台、王道台、李牧
光緒十三年五月初八日發……四〇八
致欽州馮督辦、瓊州朱道
光緒十三年五月初九日發……四〇八
○致欽州鄧欽差
光緒十三年五月初十日發……四〇八
○鄧欽差來電
光緒十三年五月十一日到……四〇九
致總署
光緒十三年五月十七日發……四〇九
致瓊州朱道、黃提督超羣
光緒十三年五月十七日發……四〇九
致天津李中堂
光緒十三年五月十九日發……四〇九

致江甯曾宫保、天津李中堂

光緒十三年五月十九日發……四〇九

李中堂來電

光緒十三年五月二十二日亥刻到……四一〇

致欽州馮督辦，瓊州朱道、何布經亮采，陵水馮守相華、崖州劉牧

光緒十三年五月二十日發……四一〇

致瓊州方道、朱道

光緒十三年五月二十二日發……四一〇

致欽州馮督辦、李牧、張判炳麟

光緒十三年五月二十四日發……四一〇

致欽州馮督辦

光緒十三年五月二十七日發……四一一

致瓊州朱道、方道

光緒十三年六月初三日發……四一一

致柏林許欽差

光緒十三年六月十一日發……四一一

許欽差來電

光緒十三年六月初六日巳刻到……四一一

致瓊州朱道、方道

光緒十三年六月十三日發……四一一

致瓊州朱道、方道、謝提督、席守

光緒十三年六月十三日發……四一一

致欽州馮督辦、瓊州朱道、方道、謙守、楊鎮、謝提督、鴻章

光緒十三年六月二十三日發……四一一

馮督辦來電

光緒十三年六月二十六日巳刻到……四一二

致欽州李牧

光緒十三年六月二十四日發……四一二

李牧來電

光緒十三年七月十二日亥刻到……四一二

致天津李中堂

光緒十三年七月初一日發……四一二

李中堂來電

光緒十三年七月初二日申刻到……四一二

致肇慶岑令、孔道、黄守

光緒十三年七月初八日發……四一二

致瓊州朱道、方道

光緒十三年七月初八日發……四一三

致瓊州朱道、方道

光緒十三年七月初八日發……四一三

致總署

光緒十三年七月初九日發……四一三

總署來電

光緒十三年六月初八日酉刻到……四一三

總署來電

光緒十三年七月十三日亥刻到……四一三

吴撫台致總署電

光緒十三年七月十五日亥刻到……四一三

總署致吴撫台電
光緒十三年七月十九日亥刻到……四一四
吴撫台致總署電
光緒十三年七月二十日發……四一四
致天津李中堂
光緒十三年七月初九日發……四一四
⊙致總署
光緒十三年七月十五日發……四一四
致瓊州朱道、謙守，崖州唐牧鏡沅
光緒十三年七月十六日發……四一四
致總署
光緒十三年七月十七日發……四一四
致欽州李牧、麥參將、馮宫保
光緒十三年七月十九日發……四一五
麥參將、李牧來電
光緒十三年八月二十二日巳刻到……四一五
致總署
光緒十三年七月二十三日發……四一五
致瓊州朱道
光緒十三年八月初一日發……四一五
致京廣西撫台沈
光緒十三年八月十九日發……四一五
致清江盧漕台
光緒十三年八月二十九日發……四一五
致煙臺盛道台
光緒十三年八月二十九日發……四一六
盛道來電
光緒十三年九月初二日巳刻到……四一六
致清江盧漕台
光緒十三年九月初十日發……四一六
盧漕台來電
光緒十三年九月二十八日戌刻到……四一六
致總署
光緒十三年九月十三日發……四一六
致欽州李牧
光緒十三年九月十三日發……四一六
致瓊州朱道、謙守
光緒十三年九月十三日發……四一六
○致總署
光緒十三年九月十七日發……四一六
致濟南張撫台
光緒十三年九月十七日發……四一七
張撫台來電
光緒十三年九月二十日巳刻到……四一七
致煙臺盛道台
光緒十三年九月二十日發……四一七
致柏林許欽差
光緒十三年九月二十七日發……四一七
致雲南岑宫保
光緒十三年九月二十九日發……四一七

致桂林李護撫台 光緒十三年九月二十九日發……四一七
李護撫台來電 光緒十三年十月初二日巳刻到……四一八
致總署 光緒十三年十月初一日發……四一八
致欽州馮宫保 光緒十三年十月初九日發……四一八
馮宫保來電 光緒十三年十月二十三日午刻到……四一八
致東興、欽州、北海鎮熊 光緒十三年十月十六日發……四一八
熊鎮來電 光緒十三年十月二十三日酉刻到……四一八
致總署 光緒十三年十月二十六日發……四一八
致天津李中堂 光緒十三年十月二十六日發……四一九
⊙致天津李中堂 光緒十三年十月二十七日申刻到……四一九
致瓊州朱道 光緒十三年十月二十七日發……四一九
朱道來電 光緒十三年十月三十日亥刻到……四一九
致瓊州朱道 光緒十三年十月二十七日發……四一九
致桂林李護撫台 光緒十三年十月三十日發……四一九
致雲南岑宫保 光緒十三年十一月初九日發……四一九
岑宫保、譚撫台來電 光緒十三年十一月十一日巳刻到……四二〇
致瓊州朱道、徐守 光緒十三年十一月初九日發……四二〇
朱道來電 光緒十三年十一月十二日亥刻到……四二〇
致瓊州朱道 光緒十三年十一月初十日寅刻發……四二〇
致瓊州朱道 光緒十三年十一月十二日發……四二〇
致桂林李護撫台 光緒十三年十一月十四日亥刻發……四二一
致瓊州朱道、昌化職員張廷鈞 光緒十三年十一月十七日發……四二一
致京翰林院繆筱珊 光緒十三年十一月二十七日發……四二一
致瓊州賴鎮、徐守，瓊山縣劉令，海口營吴參將，北海熊鎮、龍門協戴副將，廉州府吴守、合浦縣，欽州李牧，潮州方守、澄海縣、惠潮道德道、潮州朱守 光緒十三年十一月二十九日發……四二一

致瓊州鎮道府營縣、廉州鎮道府營縣、潮州鎮道府營縣
光緒十三年十二月初三日午刻發……四二一
致瓊州朱道、徐守，崖州唐牧
光緒十三年十二月十八日酉刻由港發……四二一
唐牧來電
光緒十三年十二月二十七日酉刻到……四二一
唐牧來電
光緒十四年三月十七日巳刻到……四二二
致瓊州朱道、徐守
光緒十三年十二月十八日酉刻由港發……四二二
朱道來電
光緒十三年十二月二十七日戌刻到……四二二
致廣州撫台、藩臬、糧道、本署文案、首府縣
光緒十三年十二月二十三日巳刻發……四二二
致廣州撫台
光緒十三年十二月二十三日巳刻發……四二二

光緒十四年

致柏林洪欽差
光緒十四年正月初七日發……四二三
致桂林沈撫台、憑祥蘇督辦
光緒十四年正月初七日發……四二三
李撫台來電
光緒十三年十二月二十三日巳刻到……四二三
致天津李中堂
光緒十四年二月初八日發……四二三
李中堂來電
光緒十四年二月初二日巳刻到……四二三
致柏林洪欽差
光緒十四年二月初九日發……四二三
致瓊州朱道、賴鎮、徐守
光緒十四年二月二十一日發……四二三
致瓊州朱道、賴鎮
光緒十四年二月二十二日發……四二四
致總署
光緒十四年二月二十二日發……四二四
致總署
光緒十四年二月二十三日發……四二四
致福州船政大臣裴
光緒十四年二月二十九日發……四二四
船政局來電
光緒十四年正月初二日到……四二四
致福州船政大臣裴
光緒十四年三月初五日發……四二四
裴大臣來電
光緒十四年三月初七日午刻到……四二四
陳閣學來電
光緒十四年三月初七日申刻到……四二五
致崖州方副將敬

光緒十四年三月初六日發……四二五
致柏林洪欽差
光緒十四年三月二十二日發……四二五
致瓊州朱道
光緒十四年三月二十六日發……四二五
致福州船政大臣裴
光緒十四年四月初二日發……四二五
致肇慶孔道、高要縣、肇協水陸各營將
光緒十四年四月十二日發……四二五
致肇慶孔道、榮令、蔡令、董令、劉都司
光緒十四年四月十二日發……四二五
致瓊州朱道、儋州賈牧
光緒十四年四月十三日發……四二五
致瓊州朱道
光緒十四年四月十七日發……四二六
致河南李欽差
光緒十四年五月初五日發……四二六
致雲南督辦鑛務唐
光緒十四年五月初七日發……四二六
唐督辦來電
光緒十四年五月十一日未刻到……四二六
致煙臺盛道台
光緒十四年五月十六日發……四二六
盛道來電
光緒十四年五月二十四日酉刻到……四二六
致汕頭招商局廖丞
光緒十四年六月初四日發……四二六
致柏林洪欽差
光緒十四年六月初五日發……四二七
洪欽差來電
光緒十四年六月初一日申刻到……四二七
洪欽差來電
光緒十四年七月初九日申刻到……四二七
致煙臺盛道台
光緒十四年六月初五日發……四二七
致柏林洪欽差
光緒十四年六月初九日發……四二七
致總署
光緒十四年六月十六日發……四二七
致天津李中堂
光緒十四年六月二十五日發……四二七
致桂林沈撫台
光緒十四年七月十一日發……四二七
沈撫台來電
光緒十四年七月初四日辰刻到……四二七
致柏林洪欽差
光緒十四年七月十一日發……四二八
洪欽差來電
光緒十四年七月二十二日午刻到……四二八
致總署

致總署
光緒十四年七月十五日發……四二八
致柏林洪欽差
光緒十四年七月十五日發……四二八
致柏林洪欽差
光緒十四年七月二十四日發……四二八
致總署
光緒十四年八月初五日發……四二八
致京廣東臬台王爵堂
光緒十四年八月十三日午刻發……四二九
致總署、天津李中堂
光緒十四年九月十三日發……四二九
致總署
光緒十四年十月初四日發……四二九
致煙臺盛道台
光緒十四年十月二十二日發……四二九
致柏林洪欽差
光緒十四年十月二十二日發……四二九
致天津李中堂
光緒十四年十月二十九日發……四二九
李中堂來電
光緒十四年十一月初四日巳刻到……四三〇
致總署
光緒十四年十一月初二日發……四三〇
致潮州惠潮嘉道德道、汕頭洋務委員廖維杰
光緒十四年十一月初三日發……四三〇
德道來電
光緒十四年十一月初八日午刻到……四三〇
⊙致天津李中堂、煙臺盛道台
光緒十四年十一月初五日發……四三〇
致總署
光緒十四年十一月十二日發……四三一
致總署、天津李中堂
光緒十四年十一月十三日發……四三一
李中堂來電
光緒十四年十一月十七日亥刻到……四三一
○致天津李中堂
光緒十四年十一月十三日發……四三一
○李中堂來電
光緒十四年十一月十七日到……四三一
致潮州方守、方提台
光緒十四年十一月十三日發……四三一
致瓊州朱道
光緒十四年十一月十三日發……四三一
致天津李中堂
光緒十四年十一月十四日發……四三一
李中堂來電
光緒十四年十二月初十日發……四三一
致輪墩劉欽差
光緒十四年十一月十八日發……四三一
致瓊州朱道

致雲南唐督辦　光緒十四年十一月十九日發……四三三
唐督辦來電　光緒十四年十一月二十一日發……四三三
光緒十四年十一月二十三日申刻到……四三三
致總署　光緒十四年十一月二十八日發……四三三
⊙致天津李中堂　光緒十四年十一月三十日發……四三三
致總署　光緒十四年十二月初五日發……四三三
致雲南岑宫保　光緒十四年十二月初九日發……四三四
岑宫保來電　光緒十四年十二月初七日午刻到……四三四
岑宫保來電　光緒十四年十二月二十七日亥刻到……四三四
致瓊州朱道　光緒十四年十二月初九日發……四三四
⊙致天津李中堂　光緒十四年十二月初九日發……四三四
致總署　光緒十四年十二月十三日午刻發……四三四
致欽州李牧　光緒十四年十二月十三日發……四三五
致欽州李牧、馮督辦、安瀾輪船管帶林國祥欽州、北海、海口各局探交　光緒十四年十二月十九日發……四三五
致福州船政文案廣東監工委員梁孝熊　光緒十四年十二月二十二日發……四三五
致瓊州朱道　光緒十四年十二月二十四日發……四三五
朱道來電　光緒十五年正月初八日申刻到……四三五
致華盛頓張欽差　光緒十四年十二月二十七日發……四三五

批牘

光緒八年

批署岢嵐州聶鴻年禀送志書樣本并請序文光緒八年正月十九日

四月成書，可謂迅速。其中體例尚有未協者，如名八景爲景略，目村莊爲都鄙，驛站歧爲驛鋪，職官書爲秩官，玉皇廟、真慶宫、香巖寺以佛老之居列入祀典，均非所宜。至於藝文志專載近人詩文，沿襲俗例，更無責焉。山城荒略，纂述成編已爲難得，可勿苛求。本部院草草展閲，姑爲標舉數事，以告主修長吏、秉筆文人。若作序之請，本部院下車方始，政務孔殷，實不暇及，可以此事懇之學院。文宗清暇，諒所樂爲，庶可早付手民，俾成全帙也。

批署萬泉縣左兆熊禀買穀還倉光緒八年二月二十一日

據禀設法於河西陝境購穀填倉。該縣以署事之員，能知備荒急務，深爲可嘉。准即照應買成數迅速買齊，禀請委驗，仰善後局轉飭知照。

果能用心民事，即隔省踰河，尚且有法運致，何況本境鄰封現有賤穀可買者乎，較之推延支飾、坐視騰踊、後悔無及者，相去遠矣。

批槐樹鋪卡員知州徐德純禀請裁贏馬釐捐光緒八年三月初十日

抽釐章程内載贏馬一項，本有販賣、馱載之分，不圖積久弊生，至不論販賣、馱載，均一律按匹抽收。查該卡距固關不過咫尺，甫於直隷完納關税，旋於晋境復納卡釐，凡商旅之出於其塗，不辨彼直此晋，但知重疊徵收，誠有不堪此網羅之密如該令所禀者，自應亟予變通。此後該卡於釐章牲畜項下應完之贏馬釐金概行裁免，以示體恤，他處毋得援照。該委員以徵榷之官，能恤商情，亦知治體，殊可嘉許。仰籌餉局轉飭該卡員遵即如禀辦理可也。

批司道會詳裁減各署公費光緒八年三月十四日

聞之易曰：損上益下，民説無疆。又曰：哀多益寡，稱物平施。此經訓之微言，即治術之通義也。裁去州縣規禮，明定上司公費一法，不可謂非善政，近今大賢名臣屢有行者。獨晋省光緒六年改定公費之舉，聞創議之始，前部院曾〔一〕深以爲非，廢格不行。迨曾部院督師山海關，藩司葆亨於權篆之初，毅然手定，怨咨抑鬱，遠近流聞，則何以故。本部院履任以來，鉤考案牘，

〔一〕指曾國荃。光緒二年至六年（一八七六年至一八八〇年）任山西巡撫。

博采輿論，乃實得其病官壞法之由。葆護院手綰藩條而建議，身握撫篆而通行，當日與議司道，以善後倥偬，定案急遽，未見及此。且原詳本有十年後再爲酌定之語，是亦慮未及妥，姑爲試辦。本部院今爲司道諸君剴切言之。蓋晉省公費攤諸州縣，不似兩江、皖、蜀各省取之釐羨、漕折、鹽平，其名似乎因公，其實同於勒派。不思舊日節壽、水禮，官有實署，物有貴賤。上官有貪廉，屬吏有强弱。屬吏或送或否，或豐或約，既非一致，上官或收或否。即收矣，或留半或取一，亦多區分。其向送實銀之處，暫時代理者不送，已將離任者不送，上司將去官者不送，恃有親故年勞者不送，官虧私累已多者不送，自知將罹於譴罰者不送。到任距節壽不遠者併送，節壽季規并有者不全送。而且問其色則雜以底潮，問其平則止於九五。下多偷減，上亦含糊。自上届改定後，米麵凌雜盡化白金，臧獲錙銖亦登公牘，復齊之以庫平庫色。不分實署，計日匀攤，不逢節壽，按限批解。即從無酬應之缺，年來小有起色，亦無不搜剔揣量，一網打盡。且雖有裁減一、二、三成之説，實止忻州兩屬裁至三成，其餘所減微細已甚。彼戔戔減去一成、半成之虚名，已不足償加平加色之實禍。而況於加少爲多，自無爲有者乎。且昔名水禮，則斷不能傾筐以壓。今名公費，則可令其垂橐而歸。水禮猶可賒之市肆，實銀則必取諸（宫）[官]中，無所謂辭，無所謂謝，并無所謂犒。使酬報一逾期日，從前口所難言，函所難達者，今則公然檄催，公然委提，行之無少媿色。是昔也數雖多而不實，今也名雖減而實增，并令與者不有其名，受者不見爲德。析利之精，掩取之密，殆無倫比。然則舊案中，奏牘詳批，大言不怍，所謂裁汰陋規名目者，裁其名乎，抑裁其實乎。此皆葆護院逞私作俑，以致謗議沸騰，禍不旋踵，此可爲詫怪而歎息者也。改弦更張，正在今日。本部院迂儒之見，以爲恤民必先恤官，治人必先治己。首將原議院署公費，暨一應陋規全行裁除，嚴切飭遵在案。兹據布政使綌誠、按察使松椿、冀甯道王定安會詳稱，所有各署公費應否一併裁汰，抑或酌減成數，請示前來，具見勵廉恤下之誠，自應准予更定。查此項公費，若論至高極美之道，自以一併裁汰爲是。所難者，晉省既無公款可以籌抵，且臬、道、府、州應得廉俸，均經折減，不敷辦公，亦係實在情形。與其全行删汰，致啟公然納賂之門，又不若分别減裁，俾作經久可行之計。惟缺分不能一律，官階各有等威，又當於裁減之中量爲區别。本部院現就原定出入數目，虚公核度，其出者若著名瘠苦之苛嵐、嵐縣、吉州、汾西、甯武、五寨、平魯、偏關、永和、大甯、蒲縣、榆社、和順、左雲、右玉、定襄、静樂、天鎮、廣靈、靈邱、五臺、沁源、沁水、屯留、甯鄉二十五州縣，原定公費一律全裁。又著名瘠苦之石樓、平陸、垣曲、山陰、應州五州縣原無公費，永遠禁止。其餘七十五廳、州、縣減半。所有小費，悉準公費裁減。此外歸綏道屬之歸化城、綏遠城、薩拉齊、清水、河托克托城、和林格爾六廳本無公費，聞向來頗有致送水禮之事，一併永遠禁止。其入者，應將院署公費一律全裁。臬司、冀甯道、河東道、雁平道或全裁，或減半。各府、直隸州均減半内忻州因辦公優裕，是以全裁。遼、隰二州因另籌津貼，是以全裁。惟裁定以後，缺本清苦之雁平道，朔平、甯武二府，遼、沁、隰三直隸州，以及裁減過多之平陽、汾州、澤州三府，誠恐不免辦公竭蹶，是恤人累己，亦非所以計久長，必應籌給津貼。因思藩司、歸綏道以及監掣同知、忻州直隸州四缺，辦公本極優裕，又將節省銀兩悉數收回，是因有此裁減之案，轉獲贏餘，以視臬、道、府、州所入減少者并衡互較，於情不得其平，於義亦無所取。應令將現裁院署公費，連同一五小費共銀七千八百二十兩，徑行按季交解籌餉局。并現裁院署卓飯銀二千四百兩，又現裁院署供支一半銀二千兩，一併飭營製所按季解存籌餉局。三項共銀一萬二千二百二十兩，統作津貼一道、五府、三直隸州之用。總之，山西彫敝之區，民貧官不得獨富，下瘠上不得獨肥。本部院以身爲先，願與通省僚屬諸君同甘共苦。此案所有津貼，胥取給於院署裁省辦公諸欵。簞醪投河，惟力是視。絀者不必以我爲怨，贏者不必以我爲德。一應欵目、差等、條列、期限，詳具清單。大率司道爲統率之職，計其出入有損無益。州縣爲親民之官，計其出入有益無損。知府、直隸州居承上啟下之地，計其出入，舊少者益，舊多者損，無非一本於損上益下、裒多益寡之義，而終歸於州縣受惠、不致虐民爲止。上自司道，下至州縣，統自本年四月初一日爲始，切實奉行，永資遵守。至此次裁定數目，係本部院體察各缺情形，詳審定斷，固係法行自貴，亦實足敷辦公，絕無矯情干譽之心，强人所難之事。司、道、府、州等當思此項公費，係就原有節壽、水禮減數改定。此後務令各州縣於新定公費之外，不出錙銖。州縣等今見本部院既無裁減公費，現又籌抵攤捐，在上官，自院而司、而道、而本管府州，取之不爲不約，恤之不爲不至，本明具在，觖望何來。從此親民長吏，絕無拮据嗟怨之聲，又鮮挾持短長之事。然後責以牧養斯民，有善必勸，有罪必懲，吏治蒸蒸，庶幾不遠。儻各該上司等以此項公費視爲固有之欵，昧厥從來之由，仍再添收水禮，暨索取節壽、到任程儀、門包等項，一經覺察，與者、受者即按賂遺贓私劾治其罪。仍將本部院前札暨此次詳批清單原本，立即發交書局，限五日一併刊印成帙，點注句讀，檄行通省，知所警惕焉。至供支一欵既係在於生息公用項下動支，藉爲首縣免累起見，於義可行。除院署供支裁除二千兩，於此案撥充津貼，餘二千兩本任業經札飭立案充公外，其司道各署供支應仍其舊，各宜懍遵。

批陵川縣稟辦理縣民聚衆抗糧情形 光緒八年三月二十日

該縣錢糧有咸豐二年定案，以市平肚銀徵收。該前縣李令辦理不善，致有去冬聚衆之舉。既經控府委員查明。案據該令到任後，開宗明義，即應首出此示。乃該令但有開徵之期，并無復舊之示。該民人遞稟催辦，勢有固然，何謂巧爲嘗試，何所用其申飭，何所用其靜候。卒之屯膏不下，遂致再行聚衆，拒捕傷差。該令招之使來，又何責焉。拒捕固是不法，然使一紙早出，闃然散矣。本不勞捕，何至於拒。幸而弁兵無傷，餘衆解散，否則尚可問乎。該令下車之初，不思爲民除苛政，而先與民爲敵讎。識解紕繆，何至於此。本部院查詢張令貽瑄，據稱去冬聚衆遞呈之際，完糧者仍復絡繹不絕，每日或百餘人，或數十人。諭以查明舊案出示，即行具結，足見百姓但求率舊，心本無他。該令橫被百姓以抗糧之名，枉陷百姓以拒捕之罪，本部院雖可欺，該令之心可欺耶。現已批飭澤州府親往查辦，并委員提解各犯來省。仰即一面緝獲真正拒捕之李廣孩等，一面出示查照定案徵收，不准含糊影射，并將其餘良民善爲安輯。如稍有不妥，致釀禍端，本部院惟有罪官以安衆，不能袒官以誅民也。

二千四百四十串，限每月初五日以前解到。盂縣差費一千串，即由該州賈鳌撥給，年終彙報備案。至裁免攤捐，全省通例，以冬季爲始。平壽現辦清徭，准自秋季七月初一日爲始。此次詳細章程，即行刊刻通詳備案，并分發該屬各局，永遠奉行，將來並須勒石垂久。每月局用榜示局門，仍按月將局榜詳送本部院暨善後局查考。除行布政司、善後局、籌餉局分別核明飭遵外，仰該牧督率屬縣，切實舉辦。此事爲積年商民鉅害，一旦掃除，萬不可再令弊端稍有萌蘖。如有衙蠹、地棍搖惑沮撓，即行從嚴懲辦。儻過境官員、兵勇有意挑剔，亦即禀明，以憑參究。餘俱照議辦理。

批太原府馬丕瑶、靈石縣趙克卿禀籌議靈石差徭章程 光緒八年七月二十五日

據禀籌議靈石差徭章程，均屬周妥可行。以後差錢每丁銀一兩，減去一百五十文，只准收三百文，不得再有絲毫增加。號草亦不准官價科派，車櫃永遠禁革。設局選擇公正殷實紳士辦理此項差錢，官催局收，衙署不必經手。通省攤捐，自冬季爲始裁免。該縣攤捐因現辦清徭，准自秋季七月初一日爲始，即予裁免。頃復據馬守禀稱，該縣地衝事繁，官署所捐過多，恐不敷用，請籌給津貼等情前來，尚係實在情形。准即發銀五千兩，交該縣生息，按月一分，作爲每年津貼六百兩。此係本部院格外體恤，如再有拉扣民車、抽收過車錢文、侵用局存差錢情事，定即嚴行參處。其汾西等七州縣幫貼銀兩，亦即飭司裁除。至定車、對車、雇車各節，仰即隨時酌量妥辦，免誤要需。經此次定章以後，該縣務須董率局紳實心經理，永遠奉行，内蘇民困，外除商累，毋令再留弊根。每月差用榜示局門，仍按月將局榜詳送本部院暨善後局查考。

批山陰縣禀報地震 光緒八年九月初一日

據禀該縣所屬岱岳地方，地下鳴震已至十閱月之久，至今愈甚，深堪悚異。從來天災地變，理難測度，惟有官民共（加）[知]恐懼修省，以冀弭災降祥。仰鴈平道轉飭該縣，嚴禁民間勿得妄造訛言，其震動較甚地方，諭飭居民留心警備，昏夜間尤宜加意。要知此亦如水旱風雹之災，乃災異而非妖孽，惟有下盡人事，上祈天庥，萬勿聽怪民邪説，致惑衆情也。

批霍州禀差徭請照舊章并請發鹽務息本 光緒八年九月十六日

該前州楊牧辦理差徭，未能剔釐宿弊，禁革浮攤，民累滋深，怨咨騰沸，諒爲該牧所熟聞。該牧到官，首當著意於此，一洗舊習。疊據來禀，杜絶濫支，減除車價，并裁去木炭供應之半，尚知節用愛民。而獨於攤派差錢一節，見理殊爲不明。初次議以三百七十文，迨奉批飭，反請仍舊以四百一十文。兹復以三百二十文攤派方敷應用等語，迄未肯照靈石縣每兩三百文定議。查靈石縣南至該州一百里，北至介休八十里，該州北至靈石一百里，南至洪洞八十里，道里相同。靈石現徵糧銀一萬七千七百八十兩，每兩攤錢三百文，共攤錢五千三百三十四千，加以息銀六百兩，按照市估每兩一千七百一十文，易錢一千串零，計該縣歲入差錢六千三百餘串。該州正糧二萬三千五百餘兩，每兩亦按三百文，共攤錢七千二百串，加以趙城協欵一千九百八十串，計該州歲入

差錢九千餘串。至平定州東至井陘兩站，計程一百三十里，西至壽陽一百里，每歲差錢八千串。是該州支差地段與靈石相同，較平定爲近，歲入之欵視靈石增至二千七百串，視平定增至一千串。以彼準此，事理顯然，何至尚有不敷之慮。至於每兩加派二十文，齗齗較論，尤爲不解。試思靈石爲屬城，鄰壤攤派，豈容兩歧。應即遵照前批，每糧銀一兩以三百文攤收，自光緒九年正月初一日爲始，著爲定章。至本年下忙差錢，既據稱多有已經完納者，姑准暫按三百七十文收納，如有浮交之户，准抵次年差錢，以昭公允。即由該牧迅速出示曉諭，俾衆周知，不得再行瀆請。至請鹽務息本五千兩一節，事屬可行，但支差與行鹽不能牽涉。即由該牧另行迅速具稟，飭發開辦，將應得息銀統解籌餉局，爲籌抵攤捐之用，不准留作差錢，以清界限。再，該牧初次來稟，謂三百七十文爲閻部堂定章，是大不然。閻部堂於霍州併所屬縣差錢，鋭意痛減，屢次致書前任撫藩争之而不可得，深以爲憾，書稿及擬定靈石差徭章程親筆稿草具在，春間專函寄交本部院處，暨四月來省復與本部院諄諄言之，謂總以三百文爲度，何得指憾事爲定章耶。該牧又謂見好一時，異日難免變本加厲等語，此理尤爲不切。今日若將差錢九千串盡行裁免，概令地方官賠墊，始可謂之見好，始可慮及加厲。今取之民間者尚存三百文，羸於他州者尚多一千串，止可謂之弊去泰甚耳，止可謂之爲窮民稍救積苦，爲有司稍減罪責耳，何遽言及見好乎。本部院嘗聞經傳之訓矣，但云作法於凉，其弊猶貪，不聞其以作法於貪，爲經久行遠之計也，此義該牧未之聞耶。仰即遵照妥辦，早使惠政及民，毋失本部院素望也。

批平定州沈晉祥稟興修州倉籌辦積穀光緒八年九月二十三日

據稟籌議修倉買穀，尚屬周妥。分村飭買，若委任得人，優給價值，民間當亦樂從，自與科派有别，但領價必須當堂給發，交穀必須定期親收，不可使小民有片刻羈候，方免勒掯、浮收、尅扣諸弊。仰善後局轉飭該州，先將買定數目議明價值，稟請核示，其平色、修理、折耗、人工六欵，亦即分晰具稟，以昭覈實。

批陽曲縣錫良稟請借撥清丈經費光緒八年十月二十四日

清丈爲善後要政，且陽曲累糧大爲旗租圈民之累，與他州縣清丈僅繫一邑利害者不同。仰善後局即於善後正欵内發銀三千兩，即日給領應用，或羸或絀，事竣詳報核示。該縣首劇事繁，無從籌欵，此項不必籌還。

批霍州稟請設局抽收解犯車價光緒八年十月二十五日

據稟該州支應犯車，向歸城鄉各店户攤雇，困累情形，載在志乘。爲之牧者果閔其苦，便當别籌良法，乃輒請抽收過客套錢，此以羊易牛之故智也，該牧獨不思靈石車櫃之弊乎。當設立之初，何嘗不借名抽收套錢。迨日益加厲，以致拉扣勒索，無弊不有，大爲商旅之害。本部院費全力以撤之，爲該牧所親見。紙墨未乾，該牧不知引爲前車，乃反視爲秘策，忽思效尤，殊爲怪事。若以忻州論，忻之公合局自道光年始，非此時創立，商民習見，故猶可行，每套抽錢三十文，繼加至四十文，凡撫差學差、日行流水差、軍餉軍裝軍火差，悉歸承辦，里下遂不另攤差錢，豈如霍州有攤派七八千緡乎。然而本部院猶嫌其多，猶慮其累，故今夏委代州俞牧往核而減之。今霍州乃欲於差錢之外，增出此條，恐難援忻州之例以自解也。且陽曲禁車行抽用，而霍州派客車幫貼，在本部院則爲厚薄兩歧。霍州一面禁拉車，一面抽套錢，在該牧尤屬自相矛盾。事理繆戾，斷不可行。仰即另議妥籌，再行具禀。

批署太谷縣吴匡禀設局舉辦清丈光緒八年十一月初十日

太谷與他縣不同，能不爲紳士富户所撓，則清丈成矣。該縣舊有張丞元鼎任内，地册較有憑藉，可即督率諸紳及李主簿實力爲之。此次務須澈底澄清，一勞永逸，勿再留絓累也。寬其既往，據實呈明。八字要訣甚是。員紳勤、慎、實三端固要，尤在公與明。不公不能破親鄰情面，不明亦不能窮隱灑弊端也。仰善後局轉飭遵辦。再，聞兩張令任内，認糧已多，所差無幾，何以近來常談總云虧短，并即據實密禀。該令素稱能事，此舉將樂觀厥成焉。

批永甯州禀新修州志并擬修于清端公祠光緒八年十一月十一日

修志之體，通志宜約，邑志不妨稍詳，大約秉公不阿與善善從長，二者並行不悖。秉筆者嚴其體例，再能博采輿論，自足以存公是而饜人心。至于清端〔一〕祠堂，現已飭籌餉局籌銀五百兩發給應用。仰俟銀到之日，設法籌欵添足，估計工費之數，核實修葺，俾名臣俎豆勿墜馨香，并傳示于鏞知之。

批籌餉局詳核議忻口抽收貨物章程光緒八年十一月十四日

出境驗照，無照罰追，本是通行舊章，忻口委員陳令於無票者僅令其補完釐金，豈得爲過。聞向來脚户包釐，希圖漏免者甚多，自以此爲不便。惟零星商販，憚於煩擾，於過卡時不請分票，且或有改道分包情事，亦是實情，此後可量爲變通。忻口南來之貨，有票驗票，無票者驗其貨物箱包上有無關卡驗過印記。無印記者驗其與行店發單是否相符，并可察看情形，果係良懦估販，便可不必十分苛求，仰該局即行轉飭遵辦。惟應責成有行户之州縣，於行店來貨卸載時，查其曾否完釐，便可清其來源。其應如何稽察之處，該局亦即妥議，思一簡要易行之法，詳覆核奪。至太原府南關印戳一節，殊可不必，客貨不經省城者，又將何以處之。

批前和順縣魯爕光禀後任不接交代請檄調核算光緒八年十一月十九日

左令則禀前任遺失卷宗，魯革令則禀後任藉詞延宕，此乃晉省惡習。此案卷宗不齊，責在前任。盤倉遲緩，責在後任。仰交

〔一〕即于成龍。字北溟，山西永甯州人。貢生出身，由知縣累官至總督。為官清廉，被康熙帝譽為清官第一。死後謚清端。

代局立即飛飭該管遼州周牧，即日親赴該縣，秉公照章監盤督算，勒限結報。和順蕞爾小縣，交欵寥寥，不值提局紛擾。魯革令罷黜之員，自應令其早了早歸，方是正理。若後任有意挑剔，則是有傷忠厚，本部院亦所不取，并即嚴諭左令知之。

天寒晷短，日午開盤二語，乃實在情形。此等懶惰疲緩情狀，乃州縣衙門惡習，尤山西官場惡習。爲此一事，尚無關大要，即詰問左令，亦必有説，若推之事事皆是如此，則大不宜矣。左令謹飭有餘，但須加以勇往開闊方好，并飭周牧隨時訓勉。家丁中如有吸煙者，該令務即屏逐，此後方能於吏事民事，日見整頓也。又批。

批湘毅軍統領何鳴高禀認修東天門舊道各工光緒八年十一月二十二日

來禀甚爲明晰。固關、甘桃情形如此，自宜修治，但期工程堅實經久，行旅便利，工費在所不惜。仰即分投督飭諸軍上緊認真修築，萬勿敷衍，又致重勞。工段雖略有增加，除雇用石匠外，儘可添募民夫。本部院之意，願增費而不願展期。如練軍工程已畢，即便東移協修，統由該鎮與呼鎮、申將會商籌辦。湘、練諸軍嚴寒勞苦，會同傳諭拊勉，營務處李守即當派往察勘。總之，此工上達天聽，擾攘經年，若轉瞬即爲雨衝河齧，徒爲旅人笑柄，本部院實無顔也，尚何論及請奬乎。并傳與呼鎮、申將知之。

聞申參將所修之工，一雨必敗，此修治不如法耶，爲經費程期所限耶，抑人力有所窮耶。即傳知平定州沈牧、呼鎮，據實體察，籌議禀覆。

批副將呼延霖禀勘估修路地段酌擬限期光緒八年十一月

該將承修測石一帶山路，地段尚不甚長，惟另闢石徑以通車道，需工較多，限期當酌予從寬。本部院此舉但期經久利便，原不督責過急，但來禀需來歲三月初十前後完竣，亦覺較晚，應限於二月三十日畢工。仰即傳諭各弁兵等一體遵照，依限蕆事，不得再請展緩，并不得草率了事。事竣本部院當派員查驗，儻有偷減或未能堅固，決不曲宥。

本部院查知該營缺額甚多，似此寥寥數人，工程焉能速完。天良何在，國法何在，該副將思之。

批代理榆次縣禀買補倉穀議定價值光緒八年十二月初二日

穀當速買，價可即發。惟省城穀價石直九錢，平定報買亦止九錢九分，何以榆次遽至一兩一錢，即將雜費融納，亦不用如許之多。該代理令意欲照上年舊章，如果吴令之章而善，吴令不致不令回任矣。該代理令以破格代庖之員，蟬聯久任，宜如何激發酬知，務即切實核減禀覆。儻經本部院察出，不能相寬也。至修倉雖由紳耆經理，仍當極力求實求省，毋任司事中飽。切切。

批潞安府何林亨禀覆地方各事光緒八年十二月初四日

據禀慰悉。自届冬令，南路劫案層出，該守既飭各屬選役聯社，從嚴巡緝，地方官果能實力奉行，宵小何自潛迹。惟宦場積習，事事視爲具文，非加懲勸，難冀作新。各屬官吏如有仍前偷惰虚應故事，或致疏防，該守務當破除情面，據實揭參，庶足以挽頽風而資感奮，仰即遵照。

現將屯留、長子兩令互易，以示抑揚。屯留頗有善後事，但去府近，該守能隨事督策之否，如豫令必不能了，可實禀。

該守途次中寒，甚念，比大瘉否。前月來禀勸本部院節勞，近數旬勞益甚，來春當可少減。通省道府若皆如該守，本部院便不勞矣。

批練軍左營管帶呼延霖禀修理西郊路徑光緒八年十二月初四日

甃石至西郊一段修理舊路石橋，極是。惟舊路共長幾何，從此行人能遂不走河灘乎，否乎。所謂河灘已修成十之六者，若何修法，如係灘中築道，水來無用也。來禀工竣者止土路四里，餘俱止得五六分，想爲石工所累耶。仰仍督率所部，上緊修理。再，申參將所修，即係於河灘築道，未免笑柄，可即會同該參將體察采訪有何良策。假若於河干疊石爲岸，高約七八尺，下廣約一丈，上廣約八九尺，以漸而狹，覆土其上，和以沙礫，築壓堅實。此岸純以亂石累成，大石在下，小石在上，不用條石修砌，夏令水漲，自當不致衝齧。惟灘長共有幾里，河干山麓有無餘地可爲憑藉，費工幾何，計日幾何，此法是否有益，即行籌議禀覆核示。如此法工費不過大，時日不過久，即努力爲之，作一勞永逸之計。發欵展限，均無不可，如人力萬辦不到，則所有河灘付之不修，未始不可延候。回報勿違。

批陽曲縣錫良等禀開辦清丈日期光緒八年十二月初十日

章程、示稿，兩册式詳閲，明白周密，甚好，可即照辦。仰善後局轉飭該縣會同委員慎擇紳士村首，分投辦理。紳首必須公正，稍有偏私，則無地之糧出，無糧之地不出矣。其有未盡事宜應隨時斟酌變通者，可與委用道高道、該太原府馬守隨事商搉。該兩員爲晉省辦理清丈有效之員，一係督辦善後局，一係本管知府，自能盡心規畫，無待本部院喋喋也。該縣前辦清徭，爲陽曲縣民去一大累，今若將清糧辦好，再將水患宣防得法，則三累俱除，可爲陽曲百年中循吏首選矣。勉旃。

批籌餉局詳轉解生息銀兩光緒八年十二月二十四日

呈解生息，司吏亦復索費，最爲無理。是以本部院嚴札飭禁，改交該局轉解，然須洗盡錮習乃可。若局吏又復造作名目，勒索刁難，則是楚失而齊亦未爲得也。仰即督率各員，嚴察書役，遇有各屬呈解息欵，隨到隨收，如索分文，定行嚴辦。仍分别移行應解生息各廳州縣，一體知照。

批霍州禀查覆趙城差攤情形光緒八年十二月二十四日

據禀趙城縣差徭章程，前經閻部堂核定，每糧銀一兩，通年攤錢二百八十文，除該縣公用外，每日幫錢五千五百文，於月初送交該州總局，以爲協濟流差之用，自宜永遠遵守。該牧以月初交錢漫無考核，偶不如限，適啟争端，令其按月於初五日以前解州發局領用，所有原設趙城差局業經裁撤。仰即遵照辦理，仍不時稽查，毋令日久滋弊。其代雇兵差馬錢一條，查閲閻部堂原定章程，内載霍州送差至趙，只换馬匹，不换車輛，及趙城亦有兵差馬匹等語，是趙城本支馬匹，又何須該州代雇。且現值中外安謐，流差稀少，趙城按日幫送差錢，已屬有餘，若再另議此項，殊覺重複。所有趙城每月應協該州差馬錢二十千，應即永遠革除，毋得再爲乞鄰之舉。又，大起兵差一條，查閲舊卷，同治十一年委員夏牧寶仁等會稟，仍係按照舊章，霍六、趙四分攤，只因兵差流差未分清楚，含糊了結，致轉爲霍、趙分辦之説。應仍照劉守鼎新會議閻部堂核定章程，若有大起兵差，除襄陵、浮山、翼城三縣協濟十成之四外，其餘作爲六分，仍按霍六、趙四，該州攤認三分六釐，趙城攤認二分四釐，永爲定章，以昭平允。又，以後包錢不敷另議一條，該牧以現在禁令森嚴，差務稀少，趙城所包差錢有盈無絀，萬一後不如今，必啟争端，所慮亦未嘗不是。應俟將來差務過多、實在不敷時，再爲稟明院司，核議酌辦。果使冠蓋旁午，軺傳驛騷，趙城官民豈遂無聞無見，上司主持全局，必有調停。總之，霍民，趙民，雖分彼此，而自該州視之，同爲一屬，本部院視之同爲一省，無所用其偏倚。本部院與該牧惟有就吾時之所得，爲盡吾力之所能爲，如是而已。若夫常念民艱，永禁差擾，維持良法垂之不敝，此後賢之責，非本部院所與知也。

批署平遥縣徐炑稟籌濬文峪、瓷窰兩河情形 光緒八年十二月二十六日

據稟開濬文峪、瓷窰兩河情形，該令意在順水之性，循河之基，所見未嘗不是。查瓷窰入文峪處，淤塞不及四里，就舊道開通施工尚易，即上河頭等邨加築隄堰，辦理亦不甚難。惟濬河之法，須先從下游施工，節節開濬以及上游，方能一律深通，暢流無阻。該令等前此會稟，文峪河在文水境内北徐邨等處漫溢，河漕寬至一百一十餘丈及三十餘丈不等。流入汾陽界内，寬止二三丈，甚有僅丈餘者，愈趨愈窄，再附以瓷窰，斷不能容等語。是文峪今秋泛溢，未嘗不由下游太窄之故。該令欲引河全入北徐邨新漕，而乘時挑濬開栅邨舊漕，是僅從上游施工，而置下游於不問。儻遇山水盛漲，縱汾陽境内沿河有隄，恐仍不免潰決旁衝之患。是所稱一勞永逸之計，亦未見實有把握。該令於事理尚稱明瞭，今秋曾經會勘，見聞較確，仰即繪圖貼説呈閲，務使兩河原委分明，經過各縣何邨最爲喫重，何處可以挑濬，何處可築隄防，并河身寬窄若干，一一詳細開載，本部院閲圖後，當思索之。

批署平陽府周天麟稟請修汾河隄壩并建河神廟 光緒八年十二月三十日

汾水西墊東徙，去城數武，修扞自不可緩。惟詳閲來圖來稟，水勢自澗北村東南改而東注，直趨府城乾隅，又折而西流，經華陀廟北又西南流，經華陀廟西又南流至澗頭村東北入故道，是該守現擬修隄之處，上爲埽灣，下爲頂衝，土隄萬不可恃，石工亦防搜刷，殊非長策。案圖立法，便應裁灣取直，使復故道於澗北

引分運同官一帶各條，均屬可行，并以在陝雇募有稽時日，添派鹽經歷章楠就近在運先雇壯役三十名，分帶前往。陝綱裕濟公局亦已配掣分運。應由該道迅即飭令該委員等按照前議，馳赴蒲富、宜君等處，會同地方官分段扼要，實力緝巡，毋任粉飾敷衍。查孟起鳳原禀洛川之黄龍山、宜君之金鎖關，長武交界乾永，共分三路，袤延數百里，界毗十數州縣，自應分派三員，各督巡役，定地堵巡，以專責成。現僅據添委鹽經歷章楠一員，勢難兼顧，應再酌量遴擇幹員，續派前往，會同辦理。其巡役專募西安土著，以客率主，駕馭無方，或受挾制，且既係土人〔一〕，必與私梟聲氣相通，難保其不爲若輩耳目。應在運雇募妥實丁壯數十人帶往，以爲腹心，再於陝省添募土著，藉聯聲氣。客主各半，勢均力敵，既可資鈐轄，亦可藉爲眼綫，加以信賞必罰，庶可得力。是在委員不動聲色，鈐束嚴慎，便可内釋民疑，外遏梟燄。整飭引地，爲晉省照例應爲之事，如此辦法，較可核實。興武一帶地勢平衍，花馬池鹽既處處可通，兼以滷泊灘周圍五十餘村，地段延長，每路雇役三十名，是否足敷分布。該處民俗悍强，此舉關繫陝綱通塞，果能於全局有裨，正無須吝惜小費。如役不敷用，即多雇數十名，亦無不可。飭令該委員等到陝後，酌度情形，應否添募，隨時徑禀本部院核示。至如何分卡扼要駐紥之處，亦飭該委員至彼會同地方官三路勘議明確，繪具圖説，飛速禀陳。除將籌辦大概情形分咨陝甘督部堂、陝西撫部院查照，分飭鹽務各地方官會同籌辦外，仰即一一遵照。

批藩司詳遵將嵐縣丁令記過并飭會盤倉穀 光緒九年二月初四日

此項倉穀，經委員李嘉謨携帶回省呈驗乾隆廒、嘉慶廒各一囊。本部院當即飭付春治，煮粥親嘗。乾隆廒穀計重六兩五錢，得米三兩二錢，嘉慶廒穀計重六兩，得米三兩，均屬黄色，成粒可食。乾（字）〔隆〕廒雖微有陳倉辛辣味，然實不黴不朽。老廒如此，新廒可知。不解三十年歷任嵐縣暨該管上司畏此倉如毒螫，不敢觸手，道聽塗説，相驚相戒，竟欲付之灰燼而後已，是何道理，可爲長歎。仰即轉飭丁令并改派盤倉委員暨蔣參令知之，以釋疑懼。

批襄垣縣李汝霖禀陳歷年差章 光緒九年二月初五日

據禀該縣差徭，僉謂相安已久，並無累民，該令並謂經理尤爲得人。看似持論甚正，實則畏難苟安。且察核該縣禀送現行差章，每遇大差兵差，票傳各保（嬴）〔羸〕馬當堂點驗，健壯者支差，疲瘦與外出者幫費，一若極有區分，極有體恤，不知弊即隱伏於其中。所謂幫費者，乃折價耳。東路小驛州縣多有此病，每遇差使臨境，各保（嬴）〔羸〕馬全數傳到，已屬紛擾不堪，況留用之外，全數折價，一切支應雜費，取辦於此，從無官爲捐廉補足之事。現當清釐差徭，豈可留此厲梗，重爲民累。以後各保（嬴）〔羸〕馬只准應差，不准幫費。先行按保造齊册籍送署，遇

〔一〕底本為「工人」，似應為「土人」。

有大差兵差，務須以實用數目，照册點派，不准多傳。未傳各户，俟下届差至，再行接續點派，留用之後，一概不准羈留作價。每乘每程發價無多，由官墊發。大起兵差，有例銷脚價，足敷所用，不至賠累。流差客店承值，須將用數收數按月出榜行户。已飭局核議，俟議詳到日，另札飭遵。仰即將（贏）［驘］馬禁絶幇費一節，列入定章，出示曉諭，將示稿及張貼處所稟報。

批五寨縣張書紳稟地方行户支應官價并無擾累光緒九年二月十二日

該縣爲簡僻之區，河防撤後，差務無多。詳閲來稟，據稱向無驘櫃，公局早裁，車驘亦不拉扣。車馬不敷，由縣出票價雇。所謂票雇者，乃拉扣之冠冕語耳。夫以一程之遠、一驂一騎之力而受值二百文，誰復樂於從事。於是强拉勒扣，百弊叢生。黠者賄差而逃，必待差使臨行，始以不知賄脱之鄉愚車馬拉扣充數，故每一差至，騷動闔縣，波及行人，爲害甚於浮派。該令不察事理，安於故常，遂謂閭閻無苦累，胥役無苛索，其可信乎。好在該縣差務極少，應由該令酌增價值，預定雇備之法，將出票一層永遠禁絶。價仍由官捐給，不准攤派民間。至招解遞解各犯，想由沿村撥車遞送，差役既有多索之弊，應即嚴禁。縴夫通省皆有，該縣不能獨無，豈該令竟未查知耶。使民力役，猶有古風，應仍其舊，但不准額外勒派。行户價值雖不短扣，惟閲摺開各種不急之物甚多，亦應大加裁革。邇來公費攤捐分别減免，原欲使百城令長從容暇豫，多行恤民之政，非欲飽其私橐也。仰該令即速逐欵擬議，據實稟覆，以憑定奪。

批善後局詳報收支數目光緒九年二月十六日

善後欵項，現在方議籌還，豈容復有借動。本部院奏辦清查，即以停止借欵爲第一要義。查核來摺，各該前司多有以善後無涉之欵，亦復紛紛挪借，又未經詳明請示，實屬顯違奏案。嗣後務當遵照，無論是何用項，概不得指借善後銀兩，以斷葛藤。總之，每舉一事，必籌一專欵，量入爲出，此日如何支法，將來即如何銷法，然後可以核計盈虚，杜絶淆混。若本欵不敷，或并無專欵，亦必須專案請示批准，方可借動，并聲明尅期何日歸還。如此則條理分明，贏絀呈露，瞭然心目之間，得以隨時消息。會計既簡，補救亦易，庶有合於理財節用之道。并仰移明善後局遵辦，仍將本部院此批照録，嚴札豐贍庫官吏，并諭飭承辦度支各科書吏恪遵謹守，繕録一通懸挂庫門，如再故違，定即駁飭，不准開銷，仍提擅行辦稿撥借之書吏嚴行懲辦。

批陽曲縣會稟勘明渠路籌議導水情形光緒九年二月十八日

省城外西南兩方積水不洩，浸潰墻址，阻塞郊關，誠爲鉅患，疊飭該令等會勘籌議。今擬引退水渠穿南沙河經楊家堡至大馬村西入汾，所穿老東等民渠四道，製爲磴槽，載水行空，與民渠上下分流，一縱一横，各不相礙，此策似甚巧妙。本部院博考深思，此終非萬全之計也。新渠十有餘里，作工佔地，費必不貲。且磴槽四具，若歲久失修，但壞其一，即爲民渠之害。況退水渠入沙之處，因渠身低於河身，不能送流而出。然則必須濬深沙河，方能導流南下。沙河過深，或引汾水内灌，或遇夏秋暴漲，渠沙合勢，槽不能容，必致田浸而渠淤矣。查沙河南岸迤西，彌望洼鹻，價值必廉，若於此買地二三十頃作一豬水塘，於沙河南隄低下處所築一滚水壩，測立石制，令盛漲時渠沙交會，彼此滚壩歸塘，但分漫水，不掣經流，似較穩便。若慮渠低沙高，委輸不易，則於今日渠水入沙之北口作一閘，沙漲則閉，沙涸則洩。計塘閘之費，不過與渠槽相等，而此塘可以種葦、養魚及一切水澤易生之物，歲入不少，不爲虚費。此法是否有益，仰太原府馬守率同陽曲縣錫令，即日約同熟習地理之人，親行履勘，問價計工，繪圖貼説，圖必開方，每方一里，稟覆核奪。

批署大同縣稟送差徭清摺 光緒九年二月二十二日

該縣向章，兵差由四行分攤輪支，流差由公和局抽糧車貨車錢支應，差騾由騾店抽貨騾錢支應，仍均發給官價。該縣抽收車騾錢既係多年定章，於民無累，准其循舊辦理。惟車騾均有發給官價，此項抽錢只是津貼不敷。該縣爲雁門關外重鎮名區，産穀豐饒，商賈輻輳，糧車貨騾往來如織，每年所抽之錢，贏餘必多。務即查明每年抽數，據實飛速稟覆，以憑核定酌提若干爲興舉義學，培植書院之用。省車省騾除解送糧錢外，一概免支。車局騾店應由該縣選擇公正殷實者一家，專理其事，作爲局董，照通行章程，改名清徭局。出入各項，按月榜示通報，該縣仍隨時查考，以杜流弊。號草歲需一百萬斤，通省所無。查聞喜、太平、曲沃、臨晉等處，額設號馬七十七匹，每年號草均止二十四萬斤。該縣號馬并府署養馬共一百五十四匹，酌照核減，每年以五十萬斤爲限，不准苛索，加稱折價價值仍舊。遞解人犯沿村換車，既屬擾民，且虞疏脱，應即由局支應。祭祀向由留支項下動用，明視固祭品所需，然擾及四十餘村，似非聖人不供簿正之意，應即裁免。由官購備木炭、藍炭、卓椅，名爲書役供支，勢必苛派商民。且既責以供張，即難嚴以約束。該縣宜自行購備，免資口實。下鄉勘驗，各村借給暨縴夫二項裁免甚是。宜即出示，勒石行户。已飭局核議，俟議詳到日，另札飭遵。除札清源局傳付善後科知照外，仰即遵照，一面將飭查者限五日内稟覆，一面將應禁者分别示禁。此外雜派支應，仍應酌量核減，條議以聞，并分報清源局備案。

批霍州方龍光稟懇免領行鹽官本 光緒九年二月二十九日

南路行鹽之利，聞該牧言之稔矣，是以差徭稟中，批准給領官本。今據稟，以佐理乏人，不習句稽，懇請免領，何先後之異轍乎。晉省鹽務至今日爲極，敝本部院決意盡抉夙弊，廣拓利源，必須先將本省引地整頓。南路州縣自應先從該州辦起，即無前此領本之請，此時亦義無可辭。仰即仍遵前批，迅速備具文領，赴籌餉局請領本銀五千兩，即日開辦，毋庸瞻顧。至應解息銀，或由該牧實用實銷，即以贏餘量作息欵解省，或無庸起息，立限分年抽本，應由該牧一併妥議稟覆。本部院體恤之情，不爲不至，務即力爲其難，勿負厚期。

批署左雲縣稟開列訟棍姓名 光緒九年三月十七日

訟師固當查拏，然地方官之事不止此一端，何以毫無體訪，豈左雲一縣止有六十二訟師，絶無一二孝子義民、賢紳佳士乎。是並不道之以政，直欲道之以刑矣。官無瑕疵，四民自然畏服。不必專心致志，惟務箝民之口，須當惠法兼施，方盡父母斯民之道。

批署靈邱縣陳守中禀唐河隄工大概情形光緒九年三月十七日

詳閲來圖，並詢嚴令該縣唐河隄工據禀植立如壁，恐非堅築地工所能保也。怒湍衝激，乃以壁立之石臺禦之不敗者鮮矣。龍王堂廟臺屢築屢圮，職是之故。大抵隄壩不在磚工石工，總以坦坡愈坦愈妙迤邐爲定法，旁削水勢，不直遏溜頭爲定理。該令可再博訪精思，詳酌辦理。淤灘放租、併局省費各節均閲悉，仰即慎選紳董爲之。

批署霍州方龍光禀查辦塌荒累糧并新荒情形光緒九年三月十八日

閲禀單清摺，令人憤恨蹙額。楊牧耄昏，留此厲梗，山陬殘黎，撫恤之不暇，況責以賠糧乎，斷斷無此政體。他州縣似此者不少，候即派員前往各路確勘，本部院當不避冒瀆，上籲皇慈。雖然，緩新荒易，免老荒難。國家田賦有常，若紛紛請豁，正供日虧，亦非爲疆吏者所敢出。此時惟以清丈爲第一義，清丈得實，餘地必多，儘可設法補劑。即如陽曲丈量粗畢，餘地幾倍原額，他處恐亦相近。至該牧所陳三難，尚非所患。霍雖陋邦，何至并無登山量地、引繩記賬之人。且民户既苦累糧，豈不可助我奔走，此人力之非難也。丈地經費，豐嗇由人，昨屯留來禀，止用四百餘緡，出之該令自備。幅員雖有廣狹，準此可以類推。該牧可竭力籌畫，其不足者，二千金以下省局任之，此經費之非難也。山地固不便測量，然畸零者可以方田法折算，瘠薄者可以酌量從寬。民間既有一易再易三易之田，制賦亦有上則中則下則之等，良有司獨無因地制宜之法乎。清丈若行，國計民生并受其益。可即作速努力爲之，勿徒咨嗟歎息爲也。

批大同縣禀呈送徵解右衛兵米章程光緒九年三月十九日

據送清摺閲悉。所開徵解右衛兵米章程，并衿棍把持、奸商盤剥各情形，與本部院平日所聞洪纖畢合。百年苦累，合亟掃除。現議改解現銀，嚴防中飽，該縣係附郭首縣，且利害切身，旁贊一詞，不爲越俎。究應如何定價，方可永遠遵行，仰俟雁平道抵郡時，隨同丁守細意籌商，以求妥善。務期廓清蠹弊，上不病官，下不病民，是爲至要。

批清源局詳遵議裁減各局所薪費并指定專欵動支光緒九年三月二十二日

據詳各局差務薪水、局費議併、議減、議裁，並議指定專欵，係爲撙節庫帑，實事求是起見，自應准如所請。除分條開示外，所有核定員數銀數，俱係寬爲之地，嗣後祇許減，不許增，永爲定章。單内應支生息有解司庫者，由藩司改撥餉局備支，以歸畫一。如遇各本欵需用，仍由司札局動放。經此次釐定後，藩司暨籌餉局應各就指定各局，按月分開銜名清摺，於二十日呈請核示，二十六日一律動放，不得遲逾參差。仍各就每局所領薪費，分列細數、總數，通共每月所領實數，開摺詳報查考。仰即遵照移行各局所，新章自正月初一日爲始。其正、二、三月，委員銜名屢有更易，并由藩司暨籌餉局分別確查核放，每月各開一單，不得稍有舛誤。

計開核定各條：

一、本部院衙門文案處及監印、文武巡捕、籌餉局、工程所、令德堂、教案局、牛痘局，係動釐金正公各項生息，河東、歸綏兩道津貼及記過罰欵等欵，應由餉局支領。

一、營務處、軍裝局、清源局及善後、交代、書志、保甲、棲流各局所薪費，係動籌防、善後及書局經費等欵，應由司庫支領。

一、鐵絹局、發審局係各動本局息欵，應移餉局彙報。

一、兩司監印及藩署清釐核對處委員係藩司提給契尾餘欵，應由藩司彙報。

一、善後、交代現歸併清源局，每月統計支籌防、善後各半。

一、營製所改為工程所，該所員役局費係屬外事，仍支生息等欵。

一、教案局改支記過罰欵，仍由餉局支領，先行借放，俟記過罰欵解到，立即歸欵。

一、正途州縣飯食銀兩仍舊，如有請領，由餉局請示批發。

一、城守尉經費本非固有之欵，抵攤及滿營公費皆難動支，由藩司籌定閒欵，另行具詳。

一、安守專辦清源局已極繁劇，無庸兼理餉局。

一、李守仍留清源局，專辦籌防，無庸兼理善後、發審。

一、張倅旬稽精細，應派充清源局會辦提調，即由該局札委，仍與定令各支藩署清釐核對薪水，不敷之數由清源局補足。

一、查門武職無庸武巡捕兼充，缺額一員候另派補。

一、查夜武職缺額一員，候另派補。以後查門、查夜武職缺員，即由保甲局司道空名詳請派委。

一、保甲局佐雜溢額二員，修街溢額三員，棲流所應裁武職一員，由臬司即行裁撤，自三月停支薪水。

一、六門總查、查街首領、候審公所查門正印，均如議裁撤，自正月停支薪水。

一、令德堂員生姓名，每月一併列入單內。

一、各薪水宜視差務繁簡輕重，以示區別。應定為知府月支銀三十六兩，同知直隸州二十八兩，通判州縣二十兩，其有同通州縣派充總辦、提調者，一律照知府例支銀三十六兩，尋常差委不得援請。

一、各局費概支銀欵，無須畸零。軍裝局爐炭銀十兩八錢改為十二兩，庫夫錢二十一千改為銀十一兩，更夫錢三千改為銀二兩，書局店夥錢十八千改為銀九兩，紙房錢二千改為銀一兩，廢童錢三千改為銀二兩，棲流所紙燭錢八千改為銀四兩，人役錢九千改為銀五兩。

以上各局、所經此次定章後，清源局事務應司道列銜、藩司會同坐辦道員定稿，俟清查完竣，八科定為正佐各八員。保甲局事務應臬司主稿，會辦候補道會銜，藩司、冀甯道無庸列銜。通志局事務司道列銜，冀甯道主稿。書局事務專歸冀甯道督辦，兩司無庸列銜，庶事體畫一，責有所歸。籌餉局、鐵絹局應辦各事，徑詳本部院外，仍分稟藩司立案。有應由司局核銷核轉者，俱照本部院定章妥辦。餘如議辦理。

批署介休縣稟議定裁減差徭章程請示立案光緒九年三月二十三日

差徭爲介休第一秕政，清理差徭亦即爲該署令到介第一要政。前經本部院批札兼行，確切指飭歲入則必以萬緡爲限，歲出則必以八千爲限。寬籌儉用，以爲有備無患之謀。而又慮差費局費之攤法不同，或形掣肘，復以體察情形，分收統算之法。指示諄諄，可謂至詳且盡。在該令既有本部院之定議可遵，復有各鄰境之成規可法，應如何痛除積弊，以期毋負委任。乃詳閱來稟，一若本部院兩次批札未曾寓目，而惟紳言是信，反復執論非歲用萬緡不可。雖勉强裁去繁費三千緡，而民攤在一萬二千以外。核與兩次批札，殊多剌謬。豈該令到任未久情形不熟耶，抑紳士把持無由披露耶。至若八年分差費盈餘，較前該縣崔令所稟少至一千七百餘緡，又格外加出借欵三千五百餘緡，是去歲一年竟用至一萬七千餘緡，有是理乎。定章車價太多，馬價較車價更多，且既以敷料價抵號馬價，而用馬仍復作價，其他原無今有、前少後增之欵，尤不一而足，定章固如是乎。跡其種種差池，其中不實不盡，已概可知。本部院立法大公，决不忍有意苛求，尤不能受人欺蔽。若仍照該縣三百起攤之數，朦朧批准，不但無以甦一方之窮黎，且並無以對各州縣減差徭之官紳。今爲將現攤酌加裁減，每糧一兩攤錢二百文，計攤錢八千餘串，連局費一千一百七十六串，共可攤錢九千二百餘串，而每年差費、局費、雜費并炭草等價所用，總不得過八千緡。此通省差徭關鍵，一定有減無增之數，以便歲餘二千發商生息，藉備要需。況攤錢支差乃地方官萬不得已之舉，民膏民脂，斷不容藉圖分潤。茲特再申前議，併案批示。仰即遵照前兩次批札并此次批飭各節，逐層詳繹，務將一切陋規浮費，悉力剔除，以符定數，另議章程，稟候核奪。如有劣紳等把持逞刁，飾詞欺蔽，立即稟請嚴懲。至借資行户各物，姑念尚屬無多，暫准照辦。仍隨時嚴束家人，不得有冒濫短扣等弊，致貽民累，切切。總之，該前縣崔令辦理差徭諸多不善，是以慎選該令往替，面諭文誡，至再至三，乃敢沿訛襲謬，毫不整頓，其無可原宥，更在崔令之上，尚不憬然自悟耶。

批朔州姚官澄稟遵辦守助約光緒九年三月二十八日

守助約只是保甲法耳，該州果能認真編察保甲，則既無盜竊，自無盜案矣。但須實踐，不可空言也。

批太原府馬丕瑶詳減徵菸税光緒九年三月二十九日

禮記云禮時爲大，春秋傳云斂從其薄。該府菸税向按每擔徵銀三錢，商人取巧加包，遂致暗中偷減。光緒四年始改爲每百斤徵銀五錢，雖係查照順治年間税則，并不爲過，然較之數十年來所辦成案，不免增加。近來菸賤利微，賈販蕭索，該守體念商艱，格外寬恤，擬減半每百斤以二錢五分徵收，所辦甚是。果使商旅皆出其途，何憂國課不裕。仰即出示曉諭，一律辦理立案，永遠遵行，并嚴飭税書人等毋得別立名目，稍有勒索。

批永甯州賀澍恩稟禁種罌粟情形〔一〕光緒九年

前閲署汾州府劉守轉呈該牧稟函、清摺各件，於此事似尚盡心。該州北川既爲種煙之藪，自當先其所難，竭力勸懲，則其餘自易措手，不可因其間有頑梗，恐貽辦理不善之愆，遂至苟且姑容，仍蹈故轍。至所稟估當一層，尤屬切中時弊。該牧既深悉其病源，必能設法以杜其弊竇，俾私銷之路既少，斯私種之弊自除。仰該牧即將所稟前項各弊密查嚴禁，毋託空言，并將辦理情形隨時縷稟。該州産煙素盛，查禁必於此等處著力。該牧三十年宿儒老吏，竭力一辦，以爲同僚後生之望可乎，拭目待之。

批崞縣稟禁種罌粟情形光緒九年

據稟該縣地氣冱寒，罌粟並無冬種等語。查代州余署牧來稟，現經查獲私種地户，業予責懲。代州既在所不免，豈屬下近縣獨有不同，何得但憑鄉地社首等一紙空結，并未躬履目擊，而遽信其必無乎。至謂將來有無成效，未敢預期，明係徇俗畏難，預占地步。有司盡一分實心，民間必有一分實效。本部院明奉諭旨，力挽頹風，令出維行，惡除務盡。仰該縣仍遵前札實力嚴禁，隨時抽查，雖不限以時日，要必絶其根株。儻敢意圖規卸，陽奉陰違，定當立予嚴參。該令向有篤守積習，自係聰明之病，毋再以此嘗試也。懔之。

批高平縣查禁罌粟情形光緒九年

該縣栽種罌粟之風向不甚盛，諭禁較易。至訪聞絶無栽植雪菸情事，斷不可信。省北地脈較寒，尚且不免，況該縣居省東南幾及千里乎。仰布政司仍飭該縣實力勸導，認真稽查，已種者即行犁毁，未種者預爲禁止，務使勿留遺枿。

批沁水縣稟禁種罌粟情形光緒九年

罌粟每種於背山臨水處，該縣處萬山之中，本鮮水利，間有勺水可資灌溉，輒爲惡卉所占，以致穀産不豐，大爲地方之害。該令務須妥爲辦理，勸諭與查禁并行，尤應嚴禁胥役擾累。仍俟開春後查明實情，據實稟報。

批交城縣稟查禁罌粟情形光緒九年

查躉煙之户，向係春夏之交前來躉買，秋後即回。或於秋間預行估定，至來年罌粟開花時，再來收割，絶無常年久住之事。時届冬令，煙事已畢，即該令不行驅逐，孰肯停留。而乃粉飾張皇，以爲一概驅逐出境，并未將來年躉煙時如何嚴查，如何力禁之處，妥擬章程稟覆，豈非徒託空言。而且始則以爲該商自去，繼則以爲驅逐無遺，前後兩歧，其爲飾詞，尤可概見。該縣爲通

〔一〕以下禁煙批牘共四十二件，從《晋省鈔寄公牘》録出，爲舊鈔本所無。原本漏注年月，證以奏札各稿，大抵在是年春秋間，故編入此卷。此係底本《張文襄公全集》編者原注，附於第四十二件禁煙批牘之末，稱「以上」云云。今移注於首篇，以便閲讀。

省著名種煙最盛之區，小民錮習已深，苟非實力查懲，創深痛鉅，豈區區口舌所能覺其沈迷，而遽謂業已抽查，并無栽種，此又將誰欺乎。該令履任年餘，情形較熟，果能因勢利導，任勞任怨，豈遂絶無善處之方，何得畏難苟安，多方回護，以爲苟且塞責之計。本應撤參，姑再從寬。仰籌餉局嚴加申飭，迅速責成該令將查禁躉户章程先行切實擬覆，以憑查核。如敢仍前欺飾，將來密訪得實，定予嚴參不貸。

批繁峙縣稟查禁罌粟情形 光緒九年

該縣多有水田，向以罌粟爲利。兹據稟九十餘村，犯禁者僅止數畝，斷不可信。該令素欠精明，大率聽信丁役欺己之言，因即用以欺上司耳。現委雁平道往查，務得實在。該令好自爲之，勿以多年讀書辛苦之官，棄之於昏惰兩字也。

批署嵐縣稟查禁罌粟情形 光緒九年

據稟該令親赴各鄉，會同鄰封查禁罌粟等情均悉。查該令前稟客民向多私種，必須禁止山主不准租地，曾經批飭嚴禁在案。何以此次會查後，山主有無私租，客民有無偷種，并未道及一字。然則此次所稱私種之地，一律毁耕，尚未著實。至該縣西北一帶山深境僻，藏垢納污，若不一體查禁，則此嚴彼寬，何以服衆。仰即遵照指飭，實心實力，設法剗除，毋得徒託空言，致罹譴責。

批署屯留縣張建功稟查禁罌粟、清丈地畝 光緒九年

來稟語語著實，情見乎詞。所陳查禁種煙情形，甚有見解。清丈地畝請緩至秋後舉辦，不妨農時，不礙禁煙，更可體察地方，訪求紳耆，相助爲理，亦老成之見，均如所請行。至莠民阻撓，事所必有，亦應詳查確詢，務得其用意所在。書差人等有無勒索逼迫，再行酌量懲辦，方足服衆。仰即遵照。

批署興縣稟會查罌粟情形 光緒九年

據稟周歷各鄉，會同鄰封查禁罌粟各節情形，頗爲詳實，辦理尚屬認真。惟將犯事之人帶回縣署發落，則往返羈押，難保無丁役嚇詐，不如就地責處，立時開釋，責成鄉保督同犁毁，以免拖累，而刑與衆共，更可懲一以警其餘也。勉之，毋怠。

批懷仁縣申補呈禁種罌粟條約 光緒九年

據補呈禁種罌粟條約，末條謬甚。夫違禁偷種，罪有應得，固宜盡法痛懲，然亦何至民則杖斃，士則監禁。此必不能行之事，士民豈肯信從哉。看來該令粗疎太甚，不甚諳治體也。仰即仍遵前批，妥爲勸禁。以後出告示，斷官司，務須按例遵札，毋得任意妄談，輕貽笑柄，重滋事端。慎之。

批署大同縣稟禁種罌粟情形 光緒九年

結内罰約措詞甚好，足以使鄉民顧惜悚動。惟煙苗出土，必

須履畝一行，方可定其從違。若無實在懲創，彼亦不信也。

批河曲縣禀查禁罌粟情形光緒九年

該縣種煙之風甚熾，該令深恐耳目難周，派委典史、巡檢幫同分查，并懸賞招報，以助官查之不及，所議未嘗不是。惟據禀於未種之先、下種之候親歷巡查及竟無偷種各節，殊不可信。夫不待其煙苗出土，則有無種植，憑何而查。一縣之廣，不事懲創，便爾改圖，并無所謂拔毁，該縣之民何如此易化，該令之教何如此易信也。且既已查無偷種，何又於奉到藩臬示禁，復云禁除不易。一禀之内，自相矛盾，并未講求實際，大屬非是。仰即趁此尚可改種五穀之時，認真查禁，懲勸兼施，除此惡卉，并將何村查有偷種，何村已經拔毁，據實禀覆，勿再一字掩飾也。

批霍州禀查拔罌粟并密查靈、趙兩縣禁種光緒九年

據禀親赴各村查拔罌粟，專以開導爲主。露坐倚轎，不帶多役，毫無官派，足使蚩蚩之民知地方官於若輩實有痛癢相關之故。如此苦勸，如此體恤，俾著名栽種之南壇等四十村莊一律毁盡，無有違抗。其辦理得法，尤在能使聚集多人，各自犂毁，真所謂誠能動物也。靈、趙兩屬縣亦經順道挨查，并將靈石縣遺漏未毁各村，飭令該縣趕緊督毁，所禀均屬切實，深堪嘉慰。仰仍趁此尚可改種五穀之時，將未經查到各村一律確勘，如有惡卉，悉數拔除，以收全功，而臻上理。

批署保德州禀查罌粟浄絶根株情形光緒九年

該州爲省北著名産煙之區，據禀現經該牧查禁，竟能根株浄絶。如果屬實，可謂難得。辦理似尚認真，而成效太易，尚不敢信。務當隨時親往，逐畝履勘拔毁。本部院仍當遣人密查，以定虛實。

批交城縣禀查禁各路罌粟情形光緒九年

據禀查過平下、截垈、中西各路罌粟均悉，在該令已可謂盡心而任勞矣。惟詳閲禀詞，平下各村情形較真，截垈一帶辦法已軟。至中西一路，則地廣村多，錮習且深，該令力量似有不能涵蓋之勢，閲之尚未滿意。須知本部院此次查禁，期於務絶根株，利賴久遠，斷不能因該處民貧俗頑，稍示區别，致無以對通省也。今爲該令詳晰言之。平下三十五村，除二十三村不種、四村鏟鋤外，其最多之八村，安定村社首王汝礪不避衆怨，實心奉公，應由該縣賞給花紅匾額，以示奬異。西營兒卞罌奎恃老倡種，已由該縣管押，如再玩違，應提其子姪枷責示衆。截垈各村多至三千餘畝，練總劉蘭、郝永魁膽敢蒙蔽，應提省審辦，以儆其餘。中西一路，地面過闊，應再宣誡，會同黄令親歷遍查。儻該令等自度力不能禁，准其禀請大員率隊彈壓。總之，此事令在必行。本部院遣人察訪，北路州縣頗有成效，南路亦皆認真，若附省最著之區聽其蔚然滋生，悍然獲利，是無政也。該令所禀雖亦詳盡，時露瞻顧，是識力不到處。所稱雖經犂毁，萌蘖易生，是藉詞諉卸處。西冶多於河北，片語略過，是有意取巧處。中西不立拔而

勒限，是辦事畏葸處。皆非本部院所望於該令。仰即堅持定見，與黄令協力放膽切實禁拔，勿稍延宕，自誤考成。是否需用威力鎮懾之處，奉批後即日由四百里飛禀覆奪。

批署渾源州禀查禁罌粟情形 光緒九年

查該州近水地多種煙最盛，若如所禀經該州剴切勸諭後，并未責懲一人、拔毁一畝，竟皆翻然悔悟，改種五穀，戴化斷不能如斯之速且易。該署牧務宜親覆周查，凡深山僻壤，人跡難到之處，亦嚴加稽查。非種必鋤，不可徒以戴恩飾聽之語，遂深信其必無。本部院亦斷不能因一諛而遂不查也。仰即遵照辦理，仍將查禁情形隨時禀報，聽候本部院遣人密查。

批朔州禀私種罌粟地畝犁毁浄盡 光緒九年

自去歲疊次出示嚴禁罌粟，反復勸戒，不爲不至。而該州私種地户尚有一百三十餘村，計地二十餘頃之多，可謂積習已深，梗頑不化矣。現經該牧親詣各村督同犁毁，竭一月之力，竟已一律浄盡，欣慰良深。此次申禁，南北州縣雖頗有認真之處，而言栽種之多、犁毁之數者，惟該牧與霍州方牧所禀最爲詳盡切實，足見他處所禀拔毁十餘畝，責懲一二人，皆未可盡信也。該牧務須堅持定力，隨時親往覆查，以除餘孽，毋得始勤終怠，致隳前功。仍候本部院遣人密查，以定功過。

批代理岳陽縣禀查禁罌粟酌留一二三分并編查保甲 光緒九年

該令按每村種煙多寡，酌留一二三分，固是因積重之後，嚴禁之初不得已而爲此，然除酌留之外，别無懲勸之法，又非也。拔者悵然，留者欣幸，明年必至羣生希冀，留不勝留。既留其養命之源，要當治以違禁之罪，豈可漫無處分，致資口實。照前禀馬守函内稱，或酌留一二分，今遂增至三分，未免太多，恐其實尚不止三分矣。該縣轄境八百餘里，種煙地畝應亦不止此數。諭令紳士分查附近小村，尤不可靠。仰再挨村詳查，分别勸懲。即萬不得已因節令已晚，不能改種，姑留一二分者，亦必枷責示衆。鄉保朦結，兵胥包庇者，尤應嚴辦，庶可望明年浄絶。本部院業已委員往查，毋謂空言可塞責也。年來省南盜風頗熾，該縣地方遼廓，難免藏垢納污。編查保甲，實目前當務之急。該令所立規條尚屬可行，惟當不時抽查，立予賞罰，庶不至視爲具文，無裨實濟。并仰遵照辦理。

批趙城縣禀禁種罌粟情形 光緒九年

該縣近水地多，向來種煙最盛。既據禀稱親詣四鄉，查有偷種之處，究竟某村某人，共地若干，何以并未指實。犯事之人如何發落示衆，亦無一言聲叙，可見該令不過張貼告示，傳播虚聲，未嘗親身周歷其境，顯係空言紛飾，積習可恨。仰再逐畝履勘，認真查禁。本部院即當遣人密查，如有遺蘖，該令是問，恐不能安然無事也。

批署甯武縣禀到任後查禁罌粟情形 光緒九年

該令到任，首先查禁罌粟，尚知當務之急。惟既稱該縣西鄉地方遼廓，爲向來種煙最盛之處，何僅查出有四畝，恐所查者仍係官道左近，而窮鄉僻壤，未嘗親歷。至所云種不及畝者姑從寬免，亦不可信。既種豈有不及畝之理，然則所留者必多矣。若以其窮苦而少留之，亦必枷責之而後可。留者雖倖獲微利，亦受責罰，明年便不樂種。不然，明年人人希冀酌留，便處處依然盛種矣，切切。現在考試已竣，仰即親詣各村，逐畝詳查，犯則立懲，勿稍姑息，不得但取甘結，敷衍排場，尤不得假手他人，反滋流弊。本部院行當委員密查，以定功過。勉之，慎之。

批襄陵縣禀會查栽種罌粟情形 光緒九年

據禀查禁罌粟情形，僅會同赴鄉三二日，即謂遍行查勘，殊不可信。况明明云近依官道各村莊拔除殆盡，然則附近官道尚未可全信，更何論窮鄉僻壤。既有頑梗不遵，該印委何不即懲即拔，郤待新任。如此查辦，如此禀覆，即無一字虚飾，有何益處。該代理令暨該委員均是庸闇無能之人，實堪痛恨。大約委員但知收差費，代理只知收陋規耳。代理令魯府經已行司撤省，袁令應記大過一次，以觀後效。除行布政司外，仰現署該縣趙令趕即親歷各鄉，并遍傳紳耆社首，諄切誥誡，務使已種者全行拔毁，未種者不敢希冀。毋再遷延，是爲至要。仍移委員袁令知照。若再如此辦法，袁令恐不能安然回省也。

批天鎮縣禀查過南鄉罌粟情形 光緒九年

據禀查禁南鄉罌粟情形，似尚認真。惟現值夏令，正花田含苞之際。若東西北三鄉遲遲不查，則無知愚民視爲將成之利，令其拔毁，或轉違抗，非示以法威，恐難净盡。仰即迅速馳往未查各村，周歷嚴禁，務絶根株。儻敢任聽收割，假託鋤毁，一經本部院密查得實，恐該縣能爲民恕，本部院不能爲該縣恕也。懔之。

批平遥縣禀查拏煙犯并禁種罌粟情形 光緒九年

安金東爲交城種煙客民之所耳目，豈能容其倖免。該令仍宜隨時嚴緝務獲，解交交城懲辦，以儆效尤。近復訪聞得蒲縣、永甯、吉州、鄉甯等處山溝内多係平遥縣民，分立山莊，偷種罌粟，其情形與交城無異。可見三晉之種煙日盛，滋蔓難圖，皆此輩頑民爲之倡首。若不痛加懲創，實於大局有關。仰再嚴切出示，縣民無論向在何處私種罌粟，迅速前往拔毁净盡。若再遲延觀望，則後悔無及矣。至該縣禁種罌粟一事，既稱三月間下鄉履查，何遲至今日始行禀報，且隱匿者究係何村何人，計地若干，作何嚴懲之法。既經親往，何竟不能指實一字，可見該令并未身歷其境，特不過有鑒於交城之事，而飾詞搪塞，藉免詰責耳。本部院當派人密查以證虚實，毋謂調署汾陽，即無預該令事也。

批候補知府劉鼎新、太原營參將施紹恒會禀查明交城縣禁種罌粟情形光緒九年

據禀該守、將等查禁交城罌粟情形已悉。向不栽種者爲王家寨等十八村，種而拔除者爲成村等十六村，賈令親自督除無遺者爲西胡盧峪各村，現往親查者爲東胡盧峪各村，黄令查禁尚未净絶者爲横尖各村，現該守等復派弁兵前往查除者，爲河北都及故、交一帶。若如所禀情形，辦理尚屬周密。至窮民宜恤、非種必鋤，本是兩義，若牽而爲一，必致梗及禁令，掣動全局。賈令將所查各處，於無生窮民除其毒苗，給以籽種，尚知體要，應即一律推行，以期净絶。惟罌粟收漿正在此數日，遲則無及不知賈令何故於此時始行上緊。黄令於横尖子一帶遷延觀望，必待二十日内方能全完。故、交巡檢恐不免蹈靖安營弁惡習。足見苟且敷衍，希圖混過此時，迨結實收漿，便查無可查，大家即可無事。此等錮弊，深爲可恨。該守等可暫住城中，飛飭賈、黄二令及派出員弁認真拔毀。一俟净絶，即親往覆查。務將實在情形認真辦法據實禀報，切勿隨同粉飾也。

批沁水縣禀查禁罌粟并無偷種光緒九年

鄉地社首有分查之責，固可責成，而要不可專任。玆閲來禀，自出示至具結，惟鄉地社首是問，并未躬履田間，而遽以爲逐細確查並無偷種。究竟自查乎，抑問人乎。查尚不確，遑問其他。時已五月中，尚待隨時訪查。罌粟將收漿，尚云認真查禁。凡事非躬行實踐，必多模糊影響之詞。該令此禀無一切實語，大屬非是。仰即遵照另札妥爲辦理，如再奉行不力，斷難曲宥。本部院先已派人密查，不難證其虚實。速即禀覆，勿再欺隱。

批蒲縣禀督拔罌粟請派兵彈壓光緒九年

據禀該縣南溝約長三四十里，多係客民偷種罌粟，恐其恃衆梗頑，拔毀不易，禀請飭撥黑龍關汛兵前往彈壓等情。查該縣南溝一帶，與交城之胡盧峪山路尤爲險峻，地勢尤爲深邃，又皆平遥客民租地偷種，據爲利藪，恃其山深徑僻，違禁犯科，不但稽查難周，且非尋常勸懲所能禁絶。現在交城派兵往拔，漸可净絶。該縣事同一律，若不鎮以威力，斷難勒令剗除。黑龍關汛兵無多，恐難得力。現已飛札飭令隰州營都司選派兵五十名，親自督帶，星夜前往，或駐紮縣城，或屯營山口，以資鎮懾，由該縣酌量情形，知照派往將弁妥辦。仰即遵照先派妥役前往曉諭，該客民等進山，押令拔毀，務期净絶根株，不留餘枿。并將違禁之客民，如果聞風知畏，任聽雇夫拔毀，即毋庸議，否則知照該營弁帶隊包庇出結之鄉地山主等，分别嚴懲，輕者亦須枷責，仍勒具永不再種甘結，其中如有實在窮苦無力改種之土民，即由該令仿照交城辦法，拔去毒苗，酌給籽種，以示體恤。該令務當認真振作，相機妥辦，但資弁兵聲威，不可縱令格外生事，至要至要。派往弁兵，每名每日給銀一錢，應由該縣按日墊發，事竣具文赴清源局具領，該兵丁等不准稍有需索擾累。並即知照。

批署臨汾縣禀親赴各鄉查拔罌粟 光緒九年

民雖至愚，亦知煙禁之嚴，豈肯於官道左近耳目昭彰之地，公然種植，故查禁罌粟，著力尤在深山僻壤。該前縣李令僅於南北附近官道各村莊令其犂毁改種，而畸零未浄者仍在所不免。此等禁法與未禁者何異。油滑惡習，實可痛恨。現在罌粟正在收漿，再遲數日，即無所用其查禁矣。仰即親赴各鄉，挨次詳查嚴禁。該令初任繁劇，諸宜盡心，斷不可稍染宦途浮滑惡習，致負委任，本部院刻已派人密查矣。

批永甯州禀查禁罌粟實在情形 光緒九年

據禀近日覆查北山一帶，罌粟有拔後復種者，有近始長發者，挨村詳查，均已督毁浄盡，可見此事非一查所能了，該牧辦理尚屬認真。此時如查出有已經收割漏網者，仍應責懲勒結，嚴申明年之戒。至私種客民一聞官至，越山即逃，其行徑與興縣等處無異，是皆狡黠無賴之輩。以寄莊爲奥藪，以租種爲居奇，與土著貧民賴此餬口者有間。若僅將地鏟毁，不加懲創，無以持情法之平。仰即隨時訪拏，認真整頓，或嚴禁山主不准租給地畝，以爲拔本塞源之計。此輩去來無定，毋因其一時遠遁，即置不問也。

批吉州禀會查各村罌粟情形 光緒九年

既查有偷種罌粟之處，即宜眼同地户，立刻犂毁，豈有但加嚴諭，任其自爲之理。查而不禁，反不如不查者，猶可怵民以虚聲，使無所藉口矣。再查蒲縣前次來禀，以該縣南溝一帶，客民租地種煙蔓延至三四十里之多，該州轄境毗連，情形自必無異，何以來禀反稱其比前較少。少則拔除宜易，何以既經嚴諭，復稱再行設法勸禁。語意閃爍，實不可解。袁令乃才識平常之人，吴署牧何以亦如此罷玩也。仰即親身迅赴東鄉後路一帶，先行拔毁浄盡，如有頑梗，即行嚴懲。再歷各鄉，一律查禁，不可稍存畏難苟安之見，自誤考成。本部院行當派人密查，如有一處拔毁未浄，則惟該署牧是問。

批神池縣禀查禁罌粟情形并呈清摺 光緒九年

查禁罌粟，原宜不分畛域，以防隱射。該令查毁五寨界内私種地畝，極屬正辦。責成各村社首嚴立社規，亦屬禁種良法。惟該村民能否恪遵約束，尚不可知。而現經查毁之地，僅止六十餘畝，亦恐不實不盡。且摺開虎北村武生王叔禮名下共種罌粟五畝，並未注明犂毁字様，尤不可解。此時如未全收，即再赴各鄉，於未到之處認真查辦。如查出有經收割漏網者，亦應責懲勒結，嚴申明年之戒。至刁生劣監恃符私種，以爲民先，甚至得賄包庇，玩法抗官，故三晉種煙之風日甚一日，其弊胥由於此，該令所言不爲無見。仰即隨時訪明，擇尤詳請，以便咨送學院以劣生注册。至該令辦理能否切實，本部院仍當派人密查，勿謂具禀便可塞責也。

批雁平道禀查禁罌粟大概情形 光緒九年

查閲該道來禀，於禁煙一事，何處查拔認真，何處確未浄絶，迄未下一切實斷語。代州種煙最盛，查出私種尚復不少，可見余署牧辦理未能認真。蘇莊地方既經查出二三十段，應即督令拔毁，何必待余牧稟覆而後知，若轉待該牧試畢，恐又在罌粟收漿之後。河曲積習最甚，此次查禁，未聞責懲一人，未經查出一畝，遽謂先已一律改種。此等欺人之語，斷不可信。若該道不細心探訪，實力督查，惟余令面稟及高承恩之言是聽，率爲轉稟，則大誤矣。繁峙有滹沱之利，種者必多，該道此行務須督拔淨盡。現當罌粟成熟之際，辦理不宜再遲。代州、繁峙兩處，責成該道督辦。儻有掩飾遺漏，不能辭咎。營兵違禁，拔毁後飭營痛懲，不可姑息。營兵徇庇，據實稟揭。此外，該道所屬各州縣亦責成該道稽察飭辦，不得置不過問。察核來稟，該道頗有欲禁之心，而絕無實在督毁之事，殊不可解，豈本管道員之教令，竟不能行於所屬州縣耶。果其抗不奉行，甚至私稅故庇，該道何妨揭參，殆爲不種煙不能完糧之邪說所惑，又爲嚴禁必致滋事之妄言所恐，以致軟弱無威，空言無濟。豈知前兩等謬説，毫無影響，乃猾吏奸商所造，豈可甘受其欺。交城爲晉省第一著名産煙之區，胡盧峪爲晉省著名深邃藏匪之地，今已拔毁淨盡，何嘗有礙錢糧，何嘗藐法抗拒。務須作速督毁，以堅定明決出之，勿稍畏葸瞻顧。不然，以親臨駐紮之地，而不能全行禁止，將何以廉察一道耶。并將各州縣查禁能否得力，切實具稟，勿以游移兩可之詞敷衍塞責。

批署平陽府稟查禁罌粟并辦理隄工、守助約情形光緒九年

知府爲親臨上司，一郡之事，耳目所寄，該守當分任之。此次查禁罌粟，該守能堅持定力，親身督毁，委員分禁，是爲上乘。否則，將何處查禁認真，竟無餘枿，何處未能淨絕，約有幾成，何處奉行不力，何處全未遵辦，據實密稟，亦足以資考證。縱不能收效於目前，亦可垂戒於日後。總之，斷不可徒以發議論爲辦事也。該守才分尚好，當於堅定切實處痛下針砭，則其才爲有用之才，不至流入浮華一路，本部院當於此事覘之。河工用款，俟另稟至日，再行核示。守助約多未遵辦，無怪盜風日熾。該守當先從臨汾入手，次第推行。紳民不遵條規者，必須嚴懲。儻各該牧令奉行不肯用心，准其據實具稟，必擇尤示儆，方能風動也。

批候補知府劉鼎新、東路營參將施紹恒會稟近日查辦交城罌粟各情形光緒九年

據稟賈令所查之東西兩峪，黄令所查之横尖一帶，均已查竣，復令其互相復查，實無根株遺留，辦理尚屬周妥。屯蘭、原瓶二都，私種定復不少，該管巡檢竟敢兩次稟稱淨絕，而目擊現在查辦情形，尚復坐視遷延，不知晚蓋，實堪痛恨，已飭司即行撤任聽參。現經黄令暨派赴河北都員弁陸續前往，賈令亦帶役馳往會辦。仰即飛飭通力合作，剋期拔盡，不准遺留一莖。其應懲應恤之處，仍照前辦理。該守等在城無事，即可趁此分赴該印委查過之處擇要復查，不可以其業經拔淨，遂不經意，并仰遵照辦理。

該守、該將到交城後，惟是安坐客館，絕不思出外一行。養尊處優，不過作函發稟而已。但於紙筆上作工夫，絕不於耳目間求實際，何也。劉守聞其患病，猶有可解，施參將何說之辭。武

職亦如此之懶惰，可乎。豈一參將下鄉，百姓便至畏如虎狼，驚慌逃竄耶。想不至此。該參將先行嚴加申飭，速赴屯蘭、原瓶兩都。又批。

批曲沃縣稟山村罌粟早經拔毁光緒九年

據稟該縣私種罌粟之户，共五十餘村，每村數十畝不等，合計已屬不少。乃該令自奉文至今，僅於三月間草草一查，并未周歷各處，何以知其全行改種五穀。東閻、白水等三村，外省客民既專爲租地種煙，遠道而來，又恃其距城寫遠，稽查難周，豈有僅種一畝數分之理。至丈地紳董逐畝躭延，豈能兼查罌粟，迅速蔵事。現當收割之際，設有漏網，則人心皆生倖免，將從前千言萬語之文告禁令皆化空談。該令於此等疊次嚴飭之事竟未一再詳查，且復假手他人，任其延誤玩忽，其何能辭。仰即遵照前札，迅赴各鄉，挨村嚴查，不得畏難憚勞，稍存姑息。本部院不日派人前往密查，如有一村查拔未浄，即惟該令是問。

批趙城縣稟罌粟業已拔浄並現在遵辦情形光緒九年

該縣近水地多，向以産煙稱。西、南二鄉，私種尤甚。來稟僅稱查有東步亭、鄢裏等六村，且僅偷種三五畝至十數畝不等，所言仍未確切。殆因前稟含糊，曾經批飭，故此次特舉數村以實之耳。如查出有已經收割漏網者，亦應責懲勒結，嚴申明年之戒。本部院即日派人前往密查，以證虛實，毋謂一稟即可了事也。

批署翼城縣稟親往四鄉查禁罌粟光緒九年

查禁罌粟，乘聽訟比糧之便，隨時訊問，可以此爲旁參，不可以此爲正辦。所稱於暇日私行，親自細查，究竟栽種者是何村莊，責懲者是何地户，又稱親詣四鄉按畝細勘等語，斷不可信。定期下鄉，擇要嚴懲，令其聞風自毁，一策也。密訪抽查，欺者不宥，令鄉保兵役不敢欺飾，一策也。若云四鄉按畝細勘，雖勤敏者亦須曠日，況該令素姓好静，辦事遲緩，豈旬月所能周遍乎。待其周遍，收割久矣。現在節令已晚，仰即迅赴未能信心各村復查，勿聽鄉地人等揑飾，未收者速責速毁，已經收割漏網者重懲勒結，以正今年違禁之罪，以絶明年再種之想。儻因交卸在即，敷衍了事，或以收割爲拔除，希圖蒙混，經本部院遣人密查，或由後任揭報，斷難輕恕。稟後漏填日期，亦屬疎忽，并飭。

批稷山縣稟查禁罌粟情形光緒九年

查禁罌粟，全憑勸諭誥誡，此可以格善良，而不足以化頑梗。該縣太杜等村八處，閒雜客民其儌幸試種之區，該令果親自督飭掃除，抑僅傳諭也。聞該縣小杜、太杜兩村，民情强悍，種植爲最多，稟内查無小杜村名，漏未開列，殊不可解。省南節令較早，所稱未見有罌粟之地，得毋於收割之後，而以爲拔除之舉乎。果爾，則明年必致羣生希冀，故智復萌。現在節令已届，平地皆已收獲，仰即親赴未能信心各村，認真復查，勿聽丁胥鄉保欺飾，未收者速責速毁，已經收割漏網者重懲勒結，添叙地畝入官、加等治罪字樣，以正今年違禁之罪，以絶明年再種之想。本部院不日遣人往該處密查，毋僅以空言禀覆也。

批榮河縣禀查禁罌粟情形 光緒九年

該縣栽種罌粟之風雖不甚盛，然私種者斷不止園圃隙地。王令查出三段，足跡既未周遍，行將去任，不免因循。該令到任後，於此事未下切實工夫，辦理亦不免草率。來禀所叙，未可遽信。然節令已晚，查拔已無及。該令須將今年犯禁各户收割漏網者，詳細查出，各就各村責懲示儆，勒具明年再種，地户鄉保加等治罪，地畝入官切結，雖不能收效於目前，尚可垂戒於日後。仰即遵照指飭，妥爲辦理，據實禀覆。若并此亦辦不到，斷不能再爲該令恕也。

批五臺縣會禀遵查罌粟拔毁浄盡 光緒九年

此次會禀，核與前禀大略相同，仍少實在語，是該令欺飾已成錮習。且自飭禁以來，不啻三令五申，該令竟無隻字具覆。直待道委到後，始於一旬之内兩發禀函，而語多重複，不過敷衍而已。該令因家丁包庇，遂致法不能行，且未經查禁者確有多莊，本部院已知之矣。

批平陽府禀查拔臨吉等十屬罌粟情形 光緒九年

該守查拔所屬罌粟，并分别地方官殿最，據禀及另單所開，尚未詳盡。惟浮山既有酌留，斷乎不僅數畝，究竟大約若干。岳陽、張莊等處，均需委員拔毁，恐所留有不止二三成者。所稱辦法稍有不同，語太含糊，是非莫辨。汾西遲禀，不過因該處地寒，收漿較晚，敷衍數日，便以收割爲拔除，情尤可恨。該令才具似短，未可遽信也。本部院刻已派人分赴三處密查，仍由該守確切查明，迅即禀覆，以期互相印證。臨、吉八州縣雖稱根株浄絶，其有遺漏或係收割，均未可知。本部院現批禁煙各牘，均飭於未到各村認真復查，未收者速責速毁，已經收割漏網者重懲勒結，并添叙地畝入官外加等治罪字樣，以正今年違禁之罪，以絶明年再種之想。該守應將此意通飭各屬，一律遵行。至禀末民情頗順一語，可見地方官實心爲民興利除害，民情并不愚頑。各屬之不能浄盡者，皆由畏難自誤耳。

批雁平道禀訪查所屬禁種罌粟情形并送清摺 光緒九年

據禀道屬各廳州縣查禁罌粟，有已報浄絶者，有辦理認真者，有僅據禀覆者，有查辦紆遲者。查閲摺開及另單所叙，尚爲詳盡。省北地産本不甚豐，間有水利又盡爲罌粟所奪，以致民食不敷，閭閻日形彫耗。此次申禁，仍未能一律拔除，錮習之深，牢不可破。本部院因節令已届，復又添派各員，分赴忻、代、保所屬，及豐、甯兩廳復查嚴禁，并飭於未收者速責速毁，已收者重懲勒結，添叙地畝入官、加等治罪字樣，以正今年違禁之罪，以絶明年再種之想。該道應將此意通行各屬，一律照辦。代州官莊違禁私種，已飭東路營參將黎正魁親往拔除，不准稍留餘枿。即由該道轉飭代州余牧，一同前往查毁。如果民情實在窮困，補種已遲，即由余牧酌賞銀米，以閔其窮。如需費過多，無妨該牧墊發，量支請領。總之，本部院法在必行，費所不惜。所請記過各員，暫爲存記，應俟此次各委員查竣後，再由該道考究確切，分別功過，稟請核辦。仰即飛札通行各屬一體遵辦。

批甯武縣稟查禁罌粟情形光緒九年

勸種桑棉與禁種罌粟一事相爲表裏。所陳禁種事宜，不爲不詳，而於飭辦桑棉要務，言之太略，明係未曾實意籌辦。世間有如此易勸易辦之事耶。仰該令乘下鄉查禁之便，審擇土宜，何地宜桑，何地宜棉，何地宜各植物，從前曾否種過，現在如何推廣，將以上各節另案詳細具覆。北路風沙苦寒，桑棉二者如皆不宜，其他可種之物尚多。務須竭力謀之，不准含糊了事。

批霍州方龍光稟詳陳鹽務積弊并請借本銀光緒九年四月初二日

鹽規本係贓私，特積習相沿，與者受者皆忘其爲例所嚴禁，而地方文武但知索取規費，至鹽路之通塞，絶不關心，所以私梟充斥，額引滯銷，吏治鹺綱，均不可問。該署牧敷切指陳，既爲探源之論，諒有除弊之才。前請借本銀五千兩不敷接辦，准如所稟，發給銀一萬兩，以爲行銷之用，仍照原議起息。除飭籌餉局知照外，仰即備文具領，赴該局請領開辦。

批歸綏道稟薩廳回民與漢民争地起衅情形光緒九年四月初八日

大凡馭外番異教之人，先須公以服其心，亦須威以懾其氣。不服其心，必因激而生事。不懾以威，必因玩而長驕。回民亦然，孟浪固不可，然因循延誤，不爲了斷，嫌隙愈深，煽惑愈衆，不釀成事端者鮮矣。昨據薩廳詳報，回民邸禄等侵佔地址、聚衆肆鬧一案，業經批飭該道親提秉公訊斷。兹據稟前情，已由該道轉飭回民掌教阿訇等遣人前往開導回民，并將兩造親提到道，免致本地回、漢藉端鼓煽，辦法頗有見解。至因大同鎮派七旗馬隊前往彈壓，始各有怯意，尤屬真情。查口外逞兇械鬥之風斷不可長，書差句串鼓惑之弊亦須嚴除。仰該道查照前批，虚公查訊，迅速斷結，將爲首滋事及從中播弄鼓煽之人酌量擇尤嚴辦，以申法紀。仍飭該廳體察兩造隱情，設法解釋，并隨時會同營汛妥爲彈壓，毋任稍滋事端干咎。若謂現已解散，聽其含糊了事，懸擱依違，則大誤矣。

批偏關縣稟勘估車路情形光緒九年四月初八日

該縣車道自縣城起，東至賈堡一百里，爲偏關界，再東六十里至朔州屬之秤溝村止，共計一百六十里，内僅石路二十里，其餘均係土路。據估需用工費暨酌給地價并雜項，計實需銀二千二百六十五兩，較原估核減銀一百八十兩各等情均悉。仰即尅日鳩工興辦，一面備文具領，照數赴局承領。務將所有土工石工，一律修治平坦，其沿河一帶道路，及山水經由注射處所，尤須層硪層築，格外堅實，以免暑（兩）[雨]衝刷爲患。此乃動帑興修，爲閭邑民生廣求樂利，一切經費務須撙節動用，核實支銷，勿復絲毫派累民間，以致邊氓未睹其利，先受其害，是爲至要。仍將開工日期報查。

批介休縣稟酌議裁減差徭 光緒九年四月十五日

該縣三月一稟正在核示間，茲復據稟，該縣差徭現擬從實裁減，每正銀一兩，攤錢二百文，計歲攤八千一百餘緡，并照舊章攤收一成局費一千一百餘緡等情。查該令所議，係屬儘攤儘用，並未計及按年生息一項，核與疊次札批辦法，攤數雖少，用數實多，於本部院統籌全局有備無患之意，仍多未合。蓋晉省自被災後，元氣大虧，全賴良有司於與民休息之中，兼寓未雨綢繆之計。若勉强牽就，僅顧目前，設一旦羽書絡繹，科斂繁興，加以不肖官紳乘機朘削，民力不重傷乎。故本部院於前次崔令稟內，批定歲用不得過八千緡。所用之數，係連一成局費而言，以便按年節存二千緡，日久積成鉅欵，不但大起兵差毋庸再議起攤，且可酌減歲攤，以蘇民困，是現在民間多攤無幾，將來受益良深。仰仍查照疊次札批指飭各節，督同紳耆遵辦稟覆，不必再議。至局中經手人等如有刁抗隱飾情弊，即行稟請嚴懲，毋稍姑息。

該縣差徭屢稟屢駁，總不就範，築室道謀，何時可成。看來該令辦事未能明決，成局未能打破。本部院今爲該令毅然裁斷，即照前批糧銀一兩攤錢二百文，村攤局費，仍舊合計歲入九千三百餘緡，分收統用。用度之外，限定每年餘存二千緡，發商生息，留備大起兵差之用。其餘七千三百餘緡，統由該令自行設法酌劑稽核，撙節動用。無論車馬、炭草、差費、局費以及一切雜費，一概在內。孰裁孰減，宜豐宜嗇，一聽該令爲之。如多用者，該令自籌，不得再派民間一文。批到遵辦，毋庸再議。此爲定案，不再多言，能辦與否，聽之該令。昨據平定沈牧來稟，歲入八千緡，除用度外，可歲餘三千緡。若謂站多車少之平定則有餘，站少車多之介休則不足，無此情理。仰即將遵辦情形稟報查考，若不遵指飭，又不知取法，則是該令自棄矣。手批。

批籌餉局詳指定專欵動放各局薪水 光緒九年四月二十四日

抵攤生息，係新設專欵，不知費幾許籌思，幾許核議，而後集此戔戔之欵，所當護之如頭目，守之如壁壘。況發軔之始，稍有牽動，必致不旋踵而偭棄良規。本部院慮司署牽涉借動，必致本欵無著，是以飭歸該局。茲閱來詳，所有薪水現無本欵者，多借抵攤，殊屬非是，應即改借釐金一成公費，暨罰欵充公。此後無論何用，仿此辦理，斷不准借動抵攤生息，著爲定章。至本部院飭於每月二十日開摺請示，乃係開本月應支之數，批示動放。此次所詳，僅開以前放數，與定章本意不合。如事隔一月始來請示，銀已發矣，請之何益，以後務須照辦。

批薩廳詳議結回民滋事案 光緒九年四月二十四日

該回民邸禄等不遵堂斷，聚衆肆鬧，本應嚴懲。會首張文斗等不候官斷，輒擬邀人攔阻，亦應分別究辦。姑念兩造輸服具結，准如該廳所擬，將邸禄等三名照不應重律擬杖，加枷號一月，張文斗等三名照不應輕律擬笞，均予銷案。惟口外民情刁健，恃强欺弱，此風斷不可長。本部院惟知爲民除害，不分回漢，一律辦理。即如代州民人劉定邦，勢兇財橫，久在薩廳欺壓良善，一經訪聞，即行嚴拏，奏明發四千里充軍，當爲該民回等所共聞。此次邸禄等從寬辦結，實係法外之仁，斷不能引爲常例。仰歸綏道轉飭該廳出示曉諭，此後如有不法棍徒違抗官兵，兇横滋事，無論回漢，立即嚴拏，解省懲辦。該廳尤須振刷精神，公正嚴明，勿致民玩，是爲至要。

批練軍營管帶申萬禄稟會議興修路工估計經費光緒九年四月二十四日

據稟并兩圖，地勢高下、工程難易、隄道作法、經費約數均悉，并擬先行濬成河槽，兼籌築壩擋水，甚爲有理，一切均照議行。惟依山之隄，基址愈寬愈妙。原議底寬丈五，是否穩固，可即酌量爲之，不必拘泥。如加廣不易，或修成後將河灘碎石堆積岸旁，如坦水塘式，以護隄根，亦是良法。仰即會商妥辦，毋緩毋率。稟批所未盡者，隨時斟酌損益，稟明辦理。總之，但能作到堅實周密、利便經久八字，本部院無不允也。先領銀三千兩，已札飭照發。

批河東道詳派員募役赴陝緝私兼辦督銷光緒九年四月二十五日

據詳現經該道添派委員，募齊巡役一百四十名，分駐三路，并令孟起鳳帶役巡緝蒲、富灘私，兼辦白水等三縣督銷事宜，籌議布置，諸尚妥協。惟主客之分，情勢既殊，改勇爲役，尤屬不得已之舉。州縣差役素來狡猾，以之充補難期得力。若專取其地道熟習，亦斷不宜多，仍以添募土著勤樸之民爲是。此次委員赴陝籌運引鹽，亦惟就此試辦，以期稍振頹綱。所望於鄰省者在不分畛域，在查禁認真。本省所應盡者在不惜經費，在不憚繁勞。責之於商販者，爲乾鹽足稱，（爲）[勿]夾帶走私，勿貽人口實。責之於委員者，爲籌畫盡心、和衷辦事，爲撙節核實、潔己奉公，勿貽人笑柄。至稽察商販，考覈委員，此其責又在該道。以上各層，如真能辦得一到字，鹺綱必有起色，固不特陝岸爲然也。委員等果能遏私暢官，著有成效，必當優叙。儻徒糜經費，無益餉源，亦必從嚴參辦。仰即分飭遵行，隨時督察。仍候咨請陝西撫部院檄飭行銷潞鹽各州縣，一體協緝會查。餘如詳辦理。

批署陽城縣劉劭安稟請欵修倉光緒九年四月二十五日

以三千餘石之穀，而需千七百金之欵，果如所稟，將工費幾敵穀價之半。幸而該縣尚有舊廒，如其并此無之，儲穀萬石，即應需費五千。推之通省，建倉之費非數十萬金不可，天下有是理乎。究竟每廒蓋倉幾間，每倉儲穀若干，實需工料幾何，另需修費幾何，均未據該署令一一聲叙，礙難核辦。該署令初歷仕途，素無習染，義利關頭，辨之尤不可不早。慎旃毋忽。

批河東道詳送薪費數目光緒九年四月二十六日

據開各口岸并地方文武員弁、兵役、緝私各費詳摺，均悉。河東鹽務自改官運以來，規模周備，近年復以鹽運滯銷，於三省引地添派緝私，藩籬不爲不密，費用不爲不寬。地方文武印委各員果能禁私曬，杜浸灌，勤於查緝，勇於督銷，何至疲滯如此。乃各地方官既以巡緝爲具文，視薪費如固有，各委員復以差使爲調劑，等公事如弁髦，一任成法敗壞而不可救藥，殊堪痛恨。查硝池灘、五姓湖、龍王辿、會興鎮、三河口、下馬口、夾馬口、蒲州南北灘、磧口、三門，以及潞澤各卡、陝省各路，或以驗票禁私，或以督銷催運，立法何嘗不善。然必須循名核實，委一員得一員之用，動一欵責一欵之效，斯不枉費金錢。本鹽院現就詳呈各欵重爲釐定，如豫省陝州、靈寶兩衙門，因有緝私稽察之勞，故每年按引籌給公費。今引難全，銷費從何出。即自本年夏季爲始，陝州、靈寶兩處公費，查照本鹽院衙門自行核減公費成案，以年額作爲十成，銷鹽幾成，即給幾成之費，鹽銷足額，公費自然復舊，此欵應改爲活數。永濟縣一缺本不瘠苦，且關涉鹽務之事無多，不能與解州、安邑、平陸等縣相提併論，此欵應永遠裁革。蒲州協武弁二名及兵丁十九名，向在兩灘駐查，有無汛地，是否常川駐守，並縣役十二名是否在灘梭巡，應由該道確查有無益處，此欵應分別去留。蒲州灘地因係封禁，是以給予代賦津貼。究竟此項灘地近年有無開墾，所納糧銀與代賦是否符合。此項每年共銀一萬八千餘，當日係按地畝户口所定，訪聞自大祲以後，舊户無多，承領者率皆故名，鄉約灘頭，不無中飽。以鉅萬之欵，如此散放，殊非核實之道。即由該道揀派明幹之員，會同該府縣按户按地履勘詳查，究竟實需幾何，再行詳請核定。此欵應撙節開支，其餘各欵暫仍其舊。至慎選委員，課督成效，全在該道。不辦事而作弊者，務即撤退詳參，萬勿姑息。仰即遵照指飭，一一查議詳覆，并分別移行遵照。

批委員陳贊清等稟會勘文峪、瓷窰兩河工程 光緒九年五月初一日

據稟及圖均悉。該牧等所議，自係爲地勢東高西下，難於驅歸正河故道，中塹旁注，難於一律疏濬，故擬爲治標辦法。惟文峪既改由決口新道，又將瓷窰淤塞處所挑通，令其併歸文峪，是謂助虐。且又謂文峪西決，支河不必堵塞，於決口立閘啟閉，爲兩河分流之計，是謂騎墻，非法也。方今農忙工少，自難大舉。若爲治標計，不堵張家莊之決口，則上游漫溢之田，目前未能涸復。不築百金堡之大堰，則下游被災之村，日後尤屬可虞。刻下急救之法，不過如此。至於文水境内南北張莊、南北武澇、蘇家堡、東西宜亭、上河頭等村抱河之隄，護村之堰，汾陽境内百金堡之大堰，宣才堡之疏通，皆在所急之列。而文峪正河淤塞五百六十丈，最爲全河關鍵，尤須挑濬寬深。以上各工，趕爲營辦，亦足以稍紓目前。且此等工程均不甚大，併力修治，浹辰之間即可竣事，統俟秋後再行相度情形，爲一勞永逸之計。至瓷窑南流一股，據稱仍係文峪當年故道，若令仍舊南趨，與文峪分流，則文峪水勢自減，持論甚爲明晰。且去歲漫流之處，麥禾早經播種，則瓷窰一河，只好順水之性，俟秋後勘明當由何路挑掘，再行籌辦，舊日與文峪合流之處，毋庸再行挑通，以殺文峪泛溢之勢。以上各工，本應沿河各村自行辦理，因念大祲之後，民力維艱，不能不格外津貼，酌發半價。今籌發銀六千兩，交署汾州府張守賫往存儲府庫。先發文水、汾陽兩縣銀各一千兩，以爲目前辦公之需。除行司並委員前往復勘外，仰該令等即日遵照批飭，將指

出各要工各就本處情形，督率民夫先行辦理，酌量資助，不必再候會商。務趕夏至前後一律蕆事，毋得草率不實，致負委任。俟秋後再行察看情形，折衷定議。

批介休縣稟請將存儲穀價生息光緒九年五月十四日

此項倉穀久逾定限，今秋萬無再不補買之理。前部院奏發此欵，專爲買穀而設，亦斷無久假不歸之理。現距秋收不過數月，不值多此一舉，或誤急需。所有穀價一項應仍照數存儲，一俟秋成糧賤，趕緊采買上倉，以符奏案。

批霍州方龍光稟接辦鹽務酌留息銀光緒九年五月二十一日

舊日陋規，最爲鹺綱大累。少留根蒂，即後日復索之漸。同城文武，每日按照人口多寡予以食鹽足矣。酌送一節，俟將來如果銷旺息多，稟候酌示。該牧其堅持初見，勿避嫌怨，釐定永遠可守之章，是爲至要。所領鹽本自應以五月初一開辦之日，按照原議一分起息，每年准照議扣留息銀五百兩，惟發給清徭三百，爲支犯車縴夫等差之用，事屬可行。至下餘二百兩，以之作鹽本或津貼官事公用，亦無不可。即先爲留存，徐議用項。若書院膏火、義學經費，則應由地方官自行籌欵，不得取給鹽務，啟將來冒濫之弊。仰河東道轉飭遵行。

批汾州府稟文峪河情形光緒九年五月二十一日

文峪河汾陽縣受害最烈，已成該府切膚之災，不可不治。前經委員并會汾、平、文三縣勘辦，築室道謀，迄無定議，現復特派王令煒前往會查。該守務須督率屬縣，會籌秋後大舉之法，詳細稟陳，勿作摸稜兩可之詞，勿存畏難苟安之見，是爲切要。

批候選州判陳慶恩稟懇彌補該員嗣父絳州任内交代光緒九年五月二十七日

該故牧循聲卓卓，復因荒政盡瘁，蒙恩褒恤。所欠之項既無正欵，又係煮粥救饑，因公賠累，自斷無累及後人之理。仰清源局會同布政司核議應如何設法清結之處，妥速議詳。

批長治縣李其滋稟議定批解錢糧向商買銀章程光緒九年六月初七日

閱稟不勝詫異。銀貴則用徵存之銀以易錢，錢貴則用徵存之錢以易銀，甚且以低色之元絲勒換商人之官寶。省南州縣徵糧往年誠有此弊，屢經商人控訴，近已革除殆盡矣，不期長治仍循故轍。該令按照市估增減，一與民同，自是正辦。惟耗羨、平餘、銷解、雜費等項，於咸豐四年奏案二錢七分之外，又加補平二分六釐，該前縣并無稟過。案據該令此稟，大似以借賓定主之法，朦朧圖准，自占地步。近來辦理清徭各州縣，於一切陋規往往所裁者非所有，所有者非所裁，屢煩本部院隨事指駁。該令此稟，其中恐有別情，必是該縣徵收正滋口舌耳。仰布政司迅速轉飭即行據實稟覆，毋稍隱飾。

批興縣稟請免補解文廟工程銀兩 光緒九年六月初九日

興縣蕞爾山鄉，捐解文廟工程至千緡以外，民力憊矣，派捐尾數豈宜追繳。准如該縣所請，免其補解。其餘州縣凡有欠解此項工程銀兩者，不必再催，如有補解者，亦不必發還。文廟工程墊欵，即由善後正欵支銷，仰布政司遵照立案。

批署翼城縣蔣良術稟陳鹽務情形 光緒九年六月初九日

晉省潞鹽引地初改官運之時，既無浮費，稱足鹽乾，行銷多能如額，且暢行之區間有溢銷。自官費日增，貪囊無底，地方官但知索費，不務緝私，遂致運夥短扣攙沙，以供官之苛求，乘以災耗，而滯銷極矣。該令所陳定鹽價以均多寡之不齊，發官稱以杜出入之高下，以及禁止夾帶私銷，所見頗中流弊。本部院疊據各縣稟函，及密加察訪，知此縣與彼縣相去甚近，而價值懸殊，稱式互異。若不按照道里遠近，核定平準之價，頒發畫一之稱，禁絕夾帶之弊，則銷路斷難暢旺。仰河東道查照該令所稟，通盤妥籌，迅速議詳核奪。

批祁縣等稟會議差徭欵目 光緒九年六月初九日

據稟會議該縣差徭章程并清摺舊賬碑記等件，均悉。該縣差徭檢查舊賬，每糧一石，派至制錢三千及二千數百文，實駭物聽。固由設局太多，紳士太劣，任意苛派濫支，實由地方官不問民瘼，但樂橫徵自便。胡令始則茫然不知，飭查而不能對，繼則抄案搪塞，於城關鋪寄各莊難歸一律之事，不能行者而妄謂能行。最可怪者，劉故令發屼原稟竟謂定章立案，胡令春間稟覆竟謂一律認攤。今經澈底一查，則皆絶無其事，不過任聽十三局紳士誅求七十四散村而已。祁縣乃畿赤近邑，清徭乃災後大政，而歷任敢於如此欺飾妄稟，苛派無忌。州縣雖好蒙蔽上司，然亦何至此極也。三稟三駁，加以委員往查，遷延半載，始得實情確數，然則欲知省外民間之疾苦者，不亦難乎。現經會議，擬令各鋪路暨殘傷糧户減半攤支兵差，不攤常差。城關寄莊，仍照舊章一概免其支差。散村、都後、山莊全支各差，每糧一兩攤錢三百，攤草五斤。可即照此定案。惟節存生息一層，并未截然定數，仍屬不免含混。查此次所議散村、都後、山莊三項，按照三百文起攤，共應攤錢六千二十餘緡。而歷查祁縣支銷車馬雇價，每年不過三千餘緡，益此次所議局費、雜費等項七百五十三緡，通盤合計，歲用四千緡足矣。此乃就該令等會議章程折衷斷定，不可稍有踰越。下餘二千緡發商生息，以備要需。該縣向章，兵差係照用數合縣分別攤辦，無須動用息銀。一俟此項積有成數，即行稟明，聽候指飭作地方緊要公用。其餘章程，尚均可行。仰即遵照先行明晰出示，一面刷印成本，詳呈本部院暨布政司、清源局備案。餘頒各村，俟行之半年後，勒碑該縣大堂及通衢，永遠遵守。再，查閱光緒七、八年各里局支差舊賬，浮開濫用，弊竇百出，不勝指摘，無惑乎此兩年中，差費用至一萬八九千緡，而胡令視同秦越，竟不一言，實堪歎恨。現據議定，分上下忙，差隨糧納，豈可因徒歸中飽之舊年尾欠，致令本年支差要欵從緩催收。輕重倒置，殊不可解。仰即飛示散村等處，將本年上忙應攤差錢，趕緊措交。所有去年尾欠，責成該令逐欵開呈，擬定删減數目，另禀請示核辦。儻敢意存瞻顧，率請濫派，即令該令與經手人認賠，毋得再事嘗試。至此次定章，務當永遠遵守，不可妄用私加。胡令自去年以來，以無案無本之章程，糢糊濫用，既不恤民，又無風力以制擾民中飽之紳士，足見不知稼穡艱難，不能摘奸除弊。民社之責，顯然難勝，本應即予撤參，姑念現已查清核減，從寬記大過一次，責令竭力補贖，用心學習，若再無效，劾罷不宥。并責成該管太原府隨時稽察。

批臬司詳議覆押荒條議 光緒九年六月初九日

據詳籌議押荒四條，如第一條：一地數約，以實銀置買現地者爲斷。懦民出銀被霸者，查據嚴追。濫得商約者，責令商人有地償地，無地退價。借貸者按錢債追完。重賣者照詐騙治罪。無地之户，嚴飭商人自行彌補。地案由局速結，地棍從嚴懲辦。商人實能完押荒清地債者，方准續開地畝，局中但憑旗蒙各員指界勘丈。第三條：讓地即是讓押。荒、砂、碱、山、河寬爲劃除，浄以可種之地爲則。第四條：無論何商，儻敢搪塞推諉，均即收禁嚴追。如另有自種分收地畝，先行由官變賣作抵，不足數者，查産抵交。均屬事理透達，切實可行。仰該司迅由五百里飛飭地局各員，并豐、甯兩廳查照，籌議各節，一一認真遵辦，并此後但有案關勘丈押荒事體，即由該局員會同兩廳比差勒傳，提案到廳，刻日會審擬結，不准在廳延擱。如該廳員等敢於袒庇書差，即由該局據實禀揭，并將犯事書差解省嚴辦。餘悉如議辦理。

批署汾陽縣成熙禀現勘文峪河流情形 光緒九年六月初九日

此次禀單，甚爲明晰。先挑下游、歲修正河二義，可謂如披雲霧矣。此時不及施工，且俟秋後，并候王令煒履勘議上時酌之。將來辦法大要，先挑西河堡，次挑上司頭，次挑宣柴堡，然後東議正河之歲修，西籌文湖之水利，庶不致兩縣交病，亦不至一縣偏枯。但上河頭疏濬故道，尚須向文水之民饒舌。本部院深憫汾陽之民墊溺已久，然爲汾民計，非上自西馬，下迄西河一律疏通，終無善策，僅望正河宣洩，無益也。汾民如必難喻，存此請念何如。

批清源局詳截撥各屬兵差銀兩 光緒九年六月十一日

此次札飭截撥兵差，固須通行知照，尤在將截删數目報查。乃該局於分行飭遵外，僅用相應詳明一語，不知所詳何事，所明何欵，甚不可解。又昨有太原縣兑撥屯租一案，該局於等情，據此外，不置一語，輒用相應具詳了結。夫以截停欵目札飭報查者如此，兑撥屯租應加按語者如彼，該局皆以不著一字爲枕中秘訣，但知清心省事之妙，殊失承上啟下之宜，甚非所以任艱鉅、決是非也。八科委員固係不肯用心，豈該局督辦司道，亦竟未過目耶。以後凡有具詳之件，斷不可再踵此弊。仰即傳付八科一體知照恪遵，切記力戒。仍將此次札飭截停數目，迅速開單報查。

批雁平道禀查覆右衛兵米議改折色情形光緒九年六月十三日

右衛兵米豆一項，大朔各州縣受此累者久矣。州縣解交本色，耗費不貲，旗兵領票轉售，復多虧折。兩面受累，而該粟行居中坐享厚利，實堪痛恨。本部院議改折色，其體恤州縣處，要皆歸於體恤旗兵。現據該道查明積弊，并由水牧等禀陳各條，已飭藩、臬兩司議詳，并咨商綏遠城將軍辦理，俟定議後，再行飭知。仰即知照。

批懷仁縣詳請出借倉穀光緒九年六月十四日

出借倉穀，既可有益倉儲，又可接濟民食，本爲善政，乃因易滋流弊，良法久已不行，殊爲可惜。該令此次出借，務須親自散放，秋後歸還，尤必嚴密稽查，出入公平，不准有淋尖、土穀、掃倉、鼠耗等名目。如果行之盡善，絶無弊竇，本部院必有見聞。如或假公累民，亦難欺本部院耳目也。

批長治縣禀請恤故員光緒九年六月十八日

據禀何故守林亨潞安作郡四載有餘，善政次第舉行，士民愛戴，身後蕭條，有古廉吏風，殊堪憐憫。該令所稱屢立戰功，積勞致疾，可否請恤等語。查該故守離營已久，且在營時官階尚未甚顯，今在任病故，核與軍營立功後積勞病故例未符，礙難准行，應毋庸議。惟是該故守善政循聲，實爲三晉賢守，本部院之所深悉。應即由該令查明該故守歷任以來政績詳細臚列，造具清册，據實具禀，當爲咨送國史館奏請列入循吏傳，以示激勸。仰布政司轉飭遵照。

批清源局詳酌議解磺用欵并改歸鐵絹局辦理光緒九年六月十八日

晉省土物之貢，以鐵、磺爲最鉅。然解鐵幫費，猶有補苴例價例脚所不足。至於解磺各費，前據藩司、清源局、太原府同知等查開清摺，無非各項使費及津貼，該廳委員沾潤之用，與解磺本義毫無關涉，視爲固然，殊難索解。茲據該局詳請核減，并指定動用欵項改歸鐵絹局辦理各節，係爲實事求是起見。本部院詳加覆核，今爲分晰言之。一、每磺十萬斤，例價銀三千兩，例脚減三成外，六百九十餘兩正動正用，應仍照支。二、幫脚九百三十九兩零，應定爲實領九百兩。三、包裹一百八十一兩零，應定爲實領一百兩。四、夏令加運脚九百三十餘兩，今定冬春起運，自無此費。該局所謂裁，非裁也，但立案夏令秋令不解磺可矣。五、解磺經費，該局酌議二千兩，尚應大加核減。六、委員盤費，該局酌議二百兩，應准照給。惟此項幫脚、包裹、經費、盤費，原領均在公用生息動支。今公用生息歲支之數均已核定，指撥無餘，該局請用京餉幫費抵攤、太汾各府佐雜抵攤及各項抵攤餘剩三項下動用。查太汾各府佐雜、紙絹、解費、抵攤生息，提歸省局，係爲新籌紙絹、抵攤息欵，尚有不敷，應全數徑解籌餉局，移交鐵絹局，專作紙絹本欵之用，不宜移作他項。各項新籌抵攤餘剩，係本部院督率該司道等極力經營，苦心撙節，留此餘欵無多，并應儲備，不敷亦不得率請借支，掣動全局。惟河東鹽務，經本部院新籌，由標太三營津貼米脚暨緑營加增公費兩項生息改充。京餉幫費抵攤生息一欵，無閏之年計息五千二百八十兩，除京餉每批現定爲五百兩，每年五批共用銀二千五百兩，尚餘銀二千七百八十兩。惟有儘此一欵，核實動用，應定爲幫脚、包裹共銀一千兩，管解之員盤費二百兩，再於經費内提給津貼銀一百兩，共成三百兩，與解鐵委員一律。經費一欵，合計部費、門橋費，一切雜費均括其中，即定爲一千四百二十兩，係屬切實核減。司吏紙筆、飯食定爲八兩，太原同知書役人等飯食定爲十六兩，均在雜費之内，此外不准稍有使費。查部費一項，據司局查開，向係庫平銀一千五百兩。今爲經費所限，不得不力求撙節，定爲此數。且將各衙門吏役紙筆、飯食、雜費俱已消納。其中應責成鐵絹局設法考究，極力節省，尤要在責成。太原同知燒辦礦斤時，務須色浄稱足，部吏無從挑剔，部費自可省減。局員勘驗，不得需索分文，領解委員不得於脚户絲毫剋減，司吏不得抑勒延擱，扣減成平，違者查出嚴行參辦。至管解礦斤，歷年皆係隨時派員，自應仍復舊章，無庸專派。太原同知其燒辦礦斤，定制由該廳管理，自應仍令承辦。例價一項，由太原同知領價後核實發給。礦户先期燒辦，勒限於十月一律燒齊，由該廳詳司飭委鐵絹局員點驗。所有招商領運、管解交納各事，均由鐵絹局議定章程，妥爲經理，并由鐵絹局詳司派員，定限十二月委員、正月半起解。委員盤費、津貼共三百兩，由鐵絹局領到後轉發。務趁駱駝出廠、獲鹿以東冰河方解之時，以省運脚而期迅速，均不得稍有延誤。仰即遵照立案，并移行藩司、籌餉、鐵絹局、太原同知一體遵照，著爲定章，永遠奉行。

批清源局詳籌議限定釐金外銷請立案

光緒九年六月十九日

據詳於釐金項下酌提一成外銷公欵，立定限制，以護正欵，並擬將京員津貼在此項内籌解，應准如詳照辦。至所請删除卡用一節，各卡徵收釐税，雖經疊次整飭，而積弊未能盡除，各卡員仍多欺隱，深堪痛恨，豈能再籌卡用，致耗正釐。正宜乘此定章限制之時，删此暗耗明銷之費。應即將薪水役食等項，責令各卡員自行籌動。銀價盈餘、畸零貨件及串底票費向不具報之欵，不准另行開銷。其報解釐銀，仍按月從嚴比較，無任短絀，如不敷比較，仍照章嚴行懲處。仰即移知布政司并轉飭籌餉局，分別移行各卡一體遵辦。

批静樂縣稟縣民奪犯毆差請兵搜捕 光緒九年六月　日

此案前據該縣貢生張鶴騰、常明仁等互控，業經批飭忻州親往督審在案。兹據稟，常秉聚等有聚衆情事，自係爲防護煤窑恐人争挖起見，否則該縣前何以僅見常姓婦女，可見小民非不畏法，即前此毆差屬實，亦均有本律可以援引辦理，何至倉皇請兵，殊屬粗謬冒味。且治民貴得其平，理訟務求真際。寬陽溝煤窑顯係民間私産，衹以常、李兩姓争訟，該前州方牧并不詳細推求，輒以斷歸書院，率爲定案。似此希圖省事，則凡錢債、田産争訟，何一不可以歸公了結，天下豈有此等政體。書院即需經費，自應另籌正大之欵，亦豈屑利此蹊田奪牛之物爲耶。仰現署忻州張牧查照批飭，迅往督審，毋稍刻延。仍先行出示曉諭煤窑常姓人等，速將糾邀人衆遣散，靜候官斷必能剖析曲直，自有平允辦法，毋得聚衆護窰，私相仇鬭，致釀重案而陷罪戾，切切。并將靜樂縣李令嚴行申飭。

批湘毅軍統帶何鳴高、直隸知府盧應楷等會禀道路猝被水沖趕飭修治 光緒九年六月

據會禀，微水以西暨廟巖、東坡已修各路工程，於五月二十七日以後，連日被猛雨沖刷塌壞等情。山水斗發，實出意外，當由該鎮督飭勇丁趕籌修治，務期堅實完固，以竟前功，且須速籌應急之方。目前星軺絡繹，萬勿稍令阻滯，俾免行旅裹足，切切。惟查東天門一帶爲九陘之衝，地處極高，當夏雨時行之候，山水漲發，事所時有，建瓴而下，急湍衝突，土石之工豈能持久。該守等務宜會同細審其地形之高下曲直，水勢之緩急輕重，別開水道，以引其流，以避其勢。其有流必穿道之處，或量築石橋木橋，雖略費欵項，只要事有把握，亦所不惜。如此辦理，庶不致橫流決裂，而所築工程可冀一勞永逸。所議給發白王莊及井陘等關外地價數目，均屬斟酌適中，業經當場領訖。其優免糧差各節，應由井陘縣照議勒碑立案，俾垂久遠。至籌及善後修守，請飭地方官設立路頭，按村籌辦一節，尤見思慮周密。特沿途民貧地瘠，素所深知，似未便責令逐年修治，以勞山民。儻因夫役爲難力作，或可派之各村，工費當一出於官認，乃可期踴躍從事。仰即會同妥議章程，禀候咨商直隸督部堂酌核辦理。時值炎夏，酷熱如焚，該守奔馳山中，悉心會籌，不辭況瘁，力顧全局，其任事之勤奮，尤所紉佩也。

批鹽大使孟起鳳禀蒲富灘私情形并現籌辦法 光緒九年七月初八日

昨據河東道以該大使在陝微有不甚相宜之處，詳請另派委員前往接辦。茲閱來禀，於該處梟私暗熾、主客互猜、員役查禁竭蹶各情形，言之鑿鑿。自來隔省行鹽，事事仰人鼻息，即其人向有幹局風力者，到此亦不免牽制，況其才力本有不及者乎。本部院以爲此等差務，但使責以奉公，即可量材節取。凡事固不可有迴護之見，尤不宜存督過之心。即如此案，孟大使平日辦事如其實在得力，則設有一端之誤，亦正宜戒飭而成全之。否則，撤一委員，復一委員，萬一後之來者更不如前，不特難覩成效，恐此創辦之基，亦將中墮，所關於鹾務者，匪細故也。究竟該大使奉委以來，當差是否認真，平日有無訾議，若僅爲鄰省官員所不樂，而實爲潞綱大體所宜持，則斷不能舍本省切實之圖，爲世故周旋之計。該大使在陝數月，亦未必無一二不滿人口。設或因事任怨，橫被萋菲，自不可不體察保全。或即隨事提撕，俾令改圖，而責實效，毋庸遽予撤差。鹽大使賞榮人雖穩妥，性近圓融，是否能以獨任，尚未可知。此批到日，如孟、賞兩大使業已更替，即責成賞大使接辦，仍俟孟大使到運城後，查詢明確，飭令前往會辦，免致隳棄前功，掣動全局。除孟大使所禀紳富把持，添派大員帶勇前往，以及代賦地糧各節，專札另飭籌議外，仰河東道遵照指飭，確切查明，飛速議詳覆奪。仍轉行孟大使知照。

批歸綏道稟訪察臺路情形并送圖摺光緒九年七月十一日

閲稟并清摺各件，於臺站道路情形，頗爲明晰。此番蒙境旱災甚寬，軍站中阻，顛沛流離，概可想見。本部院深慮該蒙衆等饑迫流徙，有妨土著生理，是以撥欵爲撫恤之計。今幸各臺雨足草長，蒙部漸有生機，良可欣慰。惟前已解濟察哈爾都統銀三萬兩，此次所籌萬金，本爲存儲留撫備恤，未便派員遠解，徒致小惠未遍，衆欲難償。仰即暫行存儲，聽候核示。如可無需動用，儘可留備將來抵撥他項解欵。仍將以後各臺路情形，及有無蒙民入境，隨時安撫，飛報查考。再，來圖方數不準，於南北道里相去懸絶，應再開準里數，另繪呈閲，勿得以紙幅爲限，并將濟斯洪果爾臺迤北往庫倫各臺站，考較明確，一併繪入，是爲至要。

批和林格爾通判稟清丈完竣并溢出餘地請示遵辦光緒九年七月十三日

清丈之舉果能實力奉行，地無不溢。該署廳開辦丈量，未及四月，一律告竣。各里見丈之地畝核與原數均有長餘，辦理尚稱妥速。此項丈出餘地，自應先行抵補遺糧，其餘作何辦理，仰歸綏道督飭該署倅迅即妥議章程，稟候察核。務期於民有益，不可稍從刻覈，致令口外他屬訛傳畏阻，以清丈爲虐政也。

批臬司詳請飭屬操演民壯并定失盜參撤限期光緒九年七月十七日

本部院蒞任以來，稔知晉省民情怯弱，盜賊横行，大爲閭閻之害。當經檄飭文武員弁講求緝捕，并令各州縣力行守助約，勸民自衛，城鎮營汛、防兵、練勇跟踪幫捕，以期聲勢聯絡，外盜無可潛踪。如地方官奉行不力，查明參辦，刊刻條約，通飭各屬遵照在案。然督辦責在牧令，而稽察全在上司。果能相輔而行，地方何患不安，盜風何患不息。據詳各州縣操演民壯，并定捕盜限期，與本部院整頓捕務之意，尚屬相合，應再嚴行通飭，以挽頹風。嗣後各屬遇有衙署、城内關厢及鄉村一夜連劫、賊數衆多、持械肆掠之案，無論撞門入室臨時行强，曾否傷人，均勒限一箇月緝拏，届限不獲，由司詳請撤任，奏參留緝。四鄉村鎮尋常盜案如有情節較重或贜數較多者，由司酌量情形，詳請奏參，摘頂勒緝。餘仍照例開參，以示區别。各該牧令儻敢諱匿不報，或以重改輕及該管道府州徇隱不揭，該司尤應隨時密查，從嚴詳參，不准稍有寬貸。至界連直、東、豫三省關津要隘處所，責成南北兩鎮多派弁兵，分投巡查，以助各州縣役力之不足，亦屬分所應爲。轉瞬冬令，應如何添撥練軍，并委員幫同巡緝，並應由該司體察情形，預籌詳辦。

批歸綏道稟民蒙交涉處理爲難并蒙旗争地情形光緒九年七月二十一日

蒙員會審自理詞訟，蒙民無故撤奪地畝，此二事一則易啟争端，一則致釀鉅案。該道所議切中時弊，具見深明治要。現當改設之初，自應隨案奏明，分别革禁。再據稟土默特與達拉特現争河移地畝，土默特思與力争，達拉特決不甘讓，現已釀有人命，將來必成鉅案。雖經綏遠城將軍飭禁，該兩旗仍不免互招民人租種，於是此租彼逐，已起爭端。此地的應歸於何處，現准理藩院來文，亦稱無圖籍可考，無界址可查。若地無所歸，則爭方未艾。現在已有民人張和義上控之案，及蒙古根皮爾等致斃蒙古一命之案，勢必又如三公旗二十六處封禁地之覆轍，不知尚有幾場械鬬，幾椿人命。因查此地東西長一百餘里，南北寬一二十里，在黄河北岸，與薩廳糧地毗連，儻能作虞芮閒田，爲朝廷官地，該兩旗決不至私下再爭。儻有所偏，或以封禁作調停之計，終恐以此爲釀患之階。或三分以平其爭端，或一舉而歸之糧地，應請察核等情。查蒙古有主牧地私放私租，忽予忽奪，每易滋事。況此河淤沃壤，本係無主閒田，若任其彼此攘爭，必致釀成巨案，亟應早爲定議，以息爭端。惟查淤地在黄河北岸，則其地與達拉特相連，恐非土默特所宜有。該道所議或三分其地，或全數入官，似尚未能確切。不若招民認墾，照例升科，分別官課私租，由廳徵納，以官課充餉，以私租分給達拉特旗，於國計蒙情，兩有所益。該處地屬蒙部，係綏遠城將軍所轄。惟據該道禀稱，與薩拉齊廳糧地相連，必開土默特及民人鬬訟之端。現經租民張和義以奪地等詞來轅具控有案，事關歸、薩一帶地方民蒙交涉，未便諉爲局外，置之不問。仰該道即便再行密加查訪，究竟此地應歸何部，大約可耕之地共有若干頃，是否已經全行開墾，體察蒙情是否果無阻礙，密禀速覆酌核。或咨商將軍，或徑行奏明請旨辦理。奎臬司現經委令查看邊務，可並會同該司商辦爲要。

批藩司詳籌撥西征軍餉 光緒九年八月初二日

查此次籌撥西征餉銀十萬兩，先經該司呈閱動款清單，單内籠統注寫正款存銀五十餘萬，計八十五款，并未將各款全行開列，僅就此次應動餉數約舉數款，由該吏等將各數配定。詢之該司，據該吏等聲稱，則又凡係正項八十餘款，皆在可以借動之列，並非只有該吏等所指之款方可動用。當經本部院諄飭該司主持，不得任聽該吏等指撥，遽爲定案。既係本款不敷，由別款酌量借動，更宜酌之於官，不宜酌之於吏。此所以重該司之事權，杜吏胥之舞弊，意良厚也。玆據來詳，仍係司吏前指各款，閱之大爲詫異。夫以事關軍餉之大，數至十萬之鉅，而持籌指撥乃由書吏握其權衡，至該司不能爲之更動，本部院不能爲之撥正，此風斷不可長。且所存正款即無鉅數，何至必須分動武職一成、朋合二成各三百兩，斷乎無此辦法。況本部院疊次諭令，如所存並無鉅款，必須分款借動，亦應先儘一款借完，再動一款。而該吏等仍不遵辦，率稱本款未敢無存，尤不可解。如謂恐慮奏銷遺忘，則銀雖用完，而款目自在，有定例，有成案，有隨時續收之數，豈能泯滅。如謂恐須本款待用，則所有兵餉減成、文武職養廉減成，以及朋合減成、裁汰鋪司之類，本係專爲籌餉而設，并非此外更有待用要款。即有待用要款，而各款每年皆有收數，此時動完，不數月而款又漸積，於庫儲款目又何妨礙，豈能任令該書吏等堅持謬説，不爲摘發。該司奮發有爲，夙所自命者何如。當此行政之始，若稍從遷就，則此等狡猾蠹吏，必將仍狃積習，以爲非由該吏等主持不可。紀綱不肅，號令不行，其弊豈可勝言。查上年七月二十九日，本部院具奏清查庫款摺内，釐正借動一條，聲明晉省庫賬紊雜，零星湊集，并不專借一項，遇有動撥之款，坐聽書吏指揮，吏曰撥甲則甲，吏曰撥乙則乙。以後不許紛紛借動，其有必須移緩就急者，宜整勿散等語。欽奉諭旨，飭辦在案。奏定章程，煌煌嚴旨，而書吏公然置之不理。此等膽妄，天下罕聞，應即將原詳駁還。該司務須恪遵奏案，釐正借動之條，深體本部院責成該司勵精除弊之意，立飭該吏等將應動正欵八十餘欵開具全數清摺，呈由該司自行酌定籌動，另叙妥詳，以憑奏咨。以後凡遇應撥餉項，悉照此辦，不得再由該吏等指定，以肅政體而除積弊。再，本部院查本年五月二十三日司詳籌解金營餉銀三萬兩，因欵目零碎，嚴行批飭。此次該書吏復敢怙過不悛，實屬藐玩已極。如有玩抗不遵，本部院惟有將該承辦經承立時鎖拏，親提嚴辦，再不能徒以文字誥誡矣。仰即知照。

批委員王煒稟查勘文峪、瓷窰兩河情形光緒九年八月初九日

據稟履勘文峪、瓷窰兩河源流形勢圖說，均甚詳盡。大致文峪之水，且由百金堡西導之，使歸文湖。瓷窰之水不必併入文湖，聽其仍行本道。而隄防上游、疏濬下游、丈地、建閘四條，但能實力舉行，雖未必傍湖萬頃悉變膏腴，而水有節宣，隄無潰決，小民樂利已多矣。仰汾州府併入陳牧等會稟，一併妥議詳覆。

批河東道詳查覆公費不敷緣由光緒九年八月十七日

閱來詳及造送各册，已悉。三省及靈寶引費自同治十二年即收不足數，歷前道應如何量入爲出，慎重持籌。乃竟聽其自然，任意支放，以致本欵不敷，挪借雜課，積數至十餘萬之多，不詳不報。今雖以續增緝私、辦公、積穀、粥廠等欵陸續歸補，尚借雜課六萬六千餘兩，本欵之欠發者亦尚有六萬三千餘兩。以有餘之欵，甫十年而挪借墊發共有十三萬餘兩，如果歷前道稍加撙節，預爲圖維，何至積累如此之深。茲據查明，經收支放，數目相符，尚無弊混情事。惟查此項銷欵，前據江道呈送自同治十年起光緒七年止細數清册，核與唐道現呈各册，則有昔册無而今册有者、昔册注明未發而今册按年支銷者。究竟此銀曾否發過，有無案據，因何不符，另單黏發。應即按欵逐細核查，限文到半月内詳覆。當此額引滯銷，經費支絀，該護道務須遵照疊次批檄，應節者節，應删者删，應緩者緩，必使出入相準，勿積新虧。至監掣同知等借動雜課，亦即分限催繳，迅速歸還，勿任懸欠。仰即遵照辦理。

批署平陽府周天麟等會稟汾河水漲沖刷隄壩光緒九年八月十八日

據稟該府西門外，由華醫廟起至城之乾隅止，環抱築隄，上築石壩並蛾眉壩九座，因大雨如注，山水暴發，汾水陡漲，致將石壩并蛾眉壩兩座均形塌卸，隄身裂縫約七八丈等情。該處隄壩前此興工，正當三月水漲之際，倉卒搶修，以致石壩未能乾透，水沖塌卸，自宜趕緊加築堅固，以資抵禦。查該府等前此會稟，隄高一丈，根深四尺，五尺踏底，三尺封頂，是隄身厚薄，上下僅差二尺，實不如法。且築壩尺寸，本嫌單薄，曾經明白批示，并云此舉期於持久，可展則展。今遇盛漲，果然塌卸。假如水勢再增，全工盡付東流矣。即使乾透，亦不能保。該守縱不諳河工，豈發去東河外委岳峰麟等并未詢訪耶。幸有殘隄一綫，保護西北半城。此次加修工程，必須增寬培厚，一律如式，斷不可惜費草

率，無裨實事。隄壩之法，總宜作坦坡形，迤邐而上，大水雖至，有漫無沖，考工記所謂善防者，水淫之，此之謂也。根基愈寬愈妙，至少亦須加於頂上三之二。假如頂寬三尺，底寬便須九尺，尚嫌其陡。根基若皆浮沙，必然搜刷不牢。或以竹篾，或以荆條，編成籠簍，中盛碎石，累籠爲基，自然不患隨流而去。壩亦有作磚工者，可相度爲之。若根皆浮沙，隄形又植立如墻，豈有不塌之理。至壩以挑水，必宜斜出水中，令作舌形，一如生成沙嘴，方能挑水遠出。尤須平坦，大約頂寬一尺，底寬須一丈或八九尺。來稟所修之壩，大意城墻外礮臺而已，於挑水何涉。該守所謂壩，非本部院意中所謂壩也。此舉令人氣悶。今世公事，大率以敷衍僥倖爲事，不肯用心思索，苦口諮訪，比比皆然，更不必專爲該守責矣。仰該府即行切實籌議，迅速興築，另繪隄壩尺寸形勢圖呈覽，不敷之銀，稟請清源局補發。務期保固久遠，不得敷衍草率，徒糜款項。

批介休縣稟查明窰則頭村地平坡相間擬請照舊完糧光緒九年九月初一日

查介休前辦清丈，於造册後户給地票，符者著押，不符者更正。窰則頭村以坡作平，何以當時竟肯承認，并無一詞。查閱原呈，該村西畔山泉之渠，東北兩面逼近山河。既屬水田，自無庸以平坡爲區别。該令設法籌補，若各村紛紛效尤，動請更正，勢將籌不勝籌，補不勝補。所請今年以平坡各半完糧，明年仍照平地完納，均是平地，自應照額徵收。若果平坡相間，亦不得僅爲一年之計。該令係署事人員，但圖目前補苴，其事理之果否切當，與該村民之有無後言，均未計及，殊屬非是。督辦清源局高道熟悉情形，該村田畝是否因河地膏腴，故援照平地科則，從前辦理想自有一番斟酌，仰清源局查照來稟，妥議飭遵。

批護理河東道黄照臨稟籌辦鹽釐灘私并到任後卻退供應光緒九年九月初五日

查陝省抽收鹽釐，以每名十二兩扣算，每年即應得銀一萬五千六百兩。而細核該省近年收款，滿年亦第一萬二三千兩。若按銷數由晉每年包納銀一萬五千兩，在陝省不勞而獲，自必樂從，而商販從此得以暢行，不致再有留難加抽，洵屬公私兩便。惟須議定潞鹽過陝，無論零販落地，不得再抽分文。仰該道立即傳詢陝販，函商陝局覆議詳辦。惟釐數既包，銷數無定，設銷數更少於近兩年，又將如何，亦應議及。滷泊灘私鹽猖獗，豈能旋禁旋弛。孟大使既經再往接辦，應飭其力圖補救。發蹤指示，責在該道。此外有何戢私之策其應與陝省咨商者，即使目前陝省無暇，亦應先行籌議，以便相機審時，詳請商辦。該道抵任之初，卻退供給，買辦起火，並將安邑支應之件開單給價，甚屬廉介可嘉。惟以監司大員，而到任一切瑣事皆須自行經理，於體制究有不便，且慮後難爲繼。可援照省城各署供支填衙辦法，於河東鹽務閒款項下酌定一數，核實動支。務期豐儉得中，以期事可經久。餘均悉。

批臬司奎斌等會稟籌議七廳兵米改徵折色光緒九年九月十五日

口外七廳，向來徵收米石解充綏遠城滿營兵糧，層層使費，無非取給農民，以致糧户受追呼之苦，旗兵有乏食之虞，廳員被經徵之累，亟須乘此釐定新章，裁減浮費，袪除弊端。茲據會稟，擬將各廳經徵米石按每倉石折徵銀一兩六錢，以一錢爲各廳辦公經費，以一兩五錢解交綏遠城糧餉廳，每倉石折銀一兩三錢，放給兵丁，以餘銀二錢爲糧餉廳辦公津貼。儻兵丁不願改折，即責成糧餉廳采買好米，仍放本色，亦不致再有藉口。即請自九年爲始，先行試辦。現當開徵在即，懇請示遵并請頒告示前來。察核所稟，係爲體恤兵民，而於散放本色、折色均無所礙。該司查邊所至，目覩情形，該道久任邊方，深明利弊，且經督同各廳會同糧餉廳妥議，籌畫變通，自必確有把握。應准將各廳折收章程先行照辦，即令各廳照數折解，責成糧餉同知采買散放。至折放一層，俟商綏遠城將軍核覆，再行定議。仰將發去告示飛飭歸、薩、豐、甯、和、托、清七廳一體遵行，張貼曉諭。即自光緒九年爲始，均按每米一倉石徵收銀一兩六錢。銀隨市價，交銀交錢，悉聽民便，不准別添名目，加派分毫。其徵收折解，或采買本色，或散放折色，仍由該道稽查各廳并督率糧餉廳按照所稟一律辦理。至兵米改折一層，已於本日函咨綏遠城將軍商辦。一面即由該司道等稟商將軍籌議。如尚可行，即催請咨覆，以便會奏，永爲定章，期於兵民兩有裨益。一面移會布政司，查明各廳應領脚價，以備歉年加增米價之用。約計應領脚價每年在二千以外，三年可積六千，五年可積萬金。即使三五年中一逢歉歲，以此添補加價，綽綽有餘，積成者更可備抵補豁缺之用。應即飭司專款存儲，較之另籌生息周折多而利銀少者，更爲簡易。既有此專條專款，在將軍當可深信如增米價，非託空談，不致過慮疑沮。并即會議詳細章程，詳請奏咨。此次係專爲變通散放本色兵米，其向支折色者，仍照例價每倉石按一兩五分散放，不在此列。

批署大同府丁體常稟請先修隄堰、緩建興雲橋光緒九年九月十五日

據稟玉河西岸水漲時，衝没田廬，現已直達東關，擬請暫緩橋工，先將舊隄擇要興修，其自鐵牛起至河神廟止，連築長隄一道，以弭水患。經費仍照周丞原議，由粟、煤兩行抽用。所築土隄，即仿河工成法辦理等情。此誠移緩就急之一策，應准如稟舉辦。惟細覈圖説，玉橋舊址屹立東岸，如果直對河神廟或東關，上游則大溜至此一激，不能直越而南，勢仍迴注西岸，沖刷新隄。此次隄基至少亦須加於上項三之二，隄外應築一挑水大壩，將水勢逼向東南，壩尾斜入河中，須過河神廟以下。至隄壩之法，總宜作坦坡形，迤邐而上，大水雖至，有漫無衝，然後可期經久。或再於大壩之上，接築斜形石壩一兩道，以殺水勢而護隄根，尤爲穩固。仰即覆加履勘上項辦法是否相宜，趁此天未寒凍，庀料鳩工，尅日興辦。仍將開工日期稟報。

批徐溝縣稟差徭情形光緒九年十月初七日

前據該縣暨委員會稟差徭情形，係照舊章辦理。正在彙核尚未批發，忽又據稟改照新章等情。查該縣舊章之善，在按村輪派而無虞誤差，民自攤雇而無煩集費，官紳但事記賬而無從中飽。舊章之不善，在署中修理有費，供應有費，酒席夫役有費，無不攤自民間。迨光緒六年查辦差徭，該令將舊章善法概行變盡，凡供應、修理、酒席、夫役等費之不善者，反從而因之，辦理已屬

悖謬。而稟尾聲叙官爲墊辦，准抵正雜欠欵一層，藉此欲爲彌縫虧短正雜地步，尤爲無理。該令雖欲行此弊政，因民間阻礙，未肯樂從，故歷今數年，迄未照辦。今夏本部院檄委通判汪爾艎前往會辦，據稟係照舊章，致與六年稟改各節不相符合。及聞民間告發，恐本部院責問，始稍稍振動，稟請改定新章，而於各項浮費如何删減，仍多顧惜，未肯明言，但稱較前減去七千餘串，不知所去者係何欵，所減者又何在也。該令於差徭大政，初則祇圖便已，格未能行。繼則不恤民艱，因循怠廢。直至今日，猶復含糊隱飾，敷衍目前。察其用意，無非踵弊蹈欺，必欲自便自私而後已，以致前稟之所謂新章未便，後稟之所謂舊章不善，自相矛盾，定論毫無。現在各路差徭均已次第裁定，該縣爲近省首站差務繁重之區，豈容仍襲舊弊，因循不改。亟遴派委妥員前往查辦，并爲指示大略。應即就舊章中用其按村輪支諸法，以歸簡易，去其供應、修理諸費，以免擾累，馬數須按村之貧富重爲釐定，車價須就地之多寡大加核減，嚴禁書役包辦，攬户居奇，從中經手人浮攤，以及一切必不可省之局費，定爲確數，不准妄費累民。號草原定三十四萬斤，爲數過多，亦應酌減，按地攤交，如不願交本色，宜照各州縣一律以六文清交，聽民自便，不准格外勒索，并加稱加價等弊。均各照此明定章程，細列欵目，勿再有一欵含混，一字欺隱，致干重咎。仰候委員至日，切實會辦，稟請核奪。

該令向來頗知要好，差徭一事殊多蒙混，大不可解。宜好爲之，勿令本部院失望也。手批。

批霍州稟發運文水鹽斤情形 光緒九年十月二十四日

文水鹽斤，原議本係由霍徑發，與陽原等縣轉運至平再行分運者不同。既據查明文水運路由祁由介，計程均較汾陽爲遠，議即改由汾陽轉發，係爲省運費以輕鹽本起見，應即照准。仰總運局速飭該州照議配運，一面分飭汾陽、文水兩縣遵照辦理。至由霍而汾，需發下脚，應即先由汾陽墊辦，仍由文水隨時移還。所請運本，已據該局報借動鐵絹銀一萬兩，飭委解往矣。并即飭遵。

再查潞鹽質味遠勝於土鹽，而微遜於蒙鹽，現雖輕價招徠，而民間日食無多，恐不願省此數文遷就買食，是講求鹽質，尤爲今日第一要義。霍局爲南來鹽斤總匯之所，應於存倉未運之先，速爲設法澄出硝氣，益凈益好，耗折在所勿計。近來淮鹽亦有重淋之案，潞鹽不知能否照辦，是在方牧之悉心訪察，竭力爲之。此事即責成該牧一力妥辦，儻以成色不佳，將來竟致誤課，亦惟該牧一人是問。又批。

批藩司稟酌定抽平辦法 光緒九年十月二十五日

本部院裁除該司署原解公費等銀四千一百四十兩，飭撥籌餉局津貼各屬不敷，不特損上益下，義所應然，亦灼見該司署歲入之欵，即通行平餘，已比臬司、各道異常優厚。若於此案因減轉嬴，甚非所以勵同官、轉風氣也。今據稟，查得各屬正雜解欵以碎定交庫者，約銀一百六十二萬餘兩，動放時係照庫平放出，其餘平銀六錢由庫房抽出三錢，交内三錢，爲庫書管庫之用，謂之抽平等語。是此項抽平，又在平餘之外。查從前司庫收發實銀，出納一律，初無贏餘。迨後吏胥設計巧取，慫恿本官，遂有化實爲定之舉，長出抽平，内外分用，以爲利藪。既屬後起，亦嫌重出，本應盡數減裁，方合剔除叢弊之義。惟既據該司體察情形，擬將抽平交内一半，每年提撥津貼各屬銀四千一百四十兩，庫書等一半，定爲管庫歲給薪資各費銀六百九十兩，庫書歲給平耗各費銀三千四百五十兩，示以限制，並將内外各半贏餘作爲另案餘欵，議定辦法。雖非至高極美之道，推原該司之意，或以相沿已久，即使今爲釐正，徒爲州縣户書中飽，未必實惠遽及小民。又或以事關通省，設使愚民誤會減賦，牽掣尤多，不得已而爲此。因物付物之計，尚見急公潔己之忱，姑准如禀辦理。查光緒六年該前司詳定歲解院署公費銀一千六百兩，盤庫二千兩，小費共五百四十兩，經本部院於裁減公費章程内飭將該司呈解之數發還改撥，是改撥之項，本有呈解之數可指，與抽平一項初無交涉。所慮減藩司解院之公費爲各屬公費之津貼，行之日久，或虞中輟，則又不如指定此項應裁抽平專撥各屬津貼，爲可持久也。惟須深明此項抽平乃係本應裁減之欵，此次如禀准撥各屬津貼，并酌准庫書各用，乃係權宜之計，尤應隨時嚴察，不准庫吏等另有絲毫加抽，乃爲第一要義。此欵應即定名爲實定升平，即照所禀，由庫大使提出另存，按季核數，禀司備文解發籌餉局。至另案餘欵一項，該司擬專備蠲緩之年提補各屬津貼不敷，不准庫吏等請領，尚見籌慮周密。查此項另案餘欵，既經該司手自裁定，尚有贏餘，應即將司署清釐核對并兩司監印薪水，改由此項動支，如有不敷，由該司仍於契尾餘欵内籌給。仍應將此項升平起自何任，并擬裁是否能行，擬存有無流弊，嚴查議覆，再行詳晰禀明立案。如以後經本部院查有刁難州縣情事，及於解欵稍有不便之處，仍行裁禁。并移清源局知照。

批河東道詳發運局收支外銷各欵光緒九年十月二十八日

此係官運官銷，兼爲河東代銷滯引，所有規費自應得已且已，不得再照往年常例支銷。摺開各項，除鹽本運脚必應照發外，其截角充賞一項，最爲浮濫，應即裁除。店保八項亦應分別核減。池脚項内，本部院深知其中雜項支銷甚多，并應分開細數，逐一擬議去留候核。至向由坐商攤捐歷從鹽價扣欵歸公之項，現辦既議全裁，該護道與總運局核算即於應發鹽價内扣除，不必再以虚數作收，致多轇轕。仰總運局飛移該道遵照辦理。

批太原府馬丕瑶等禀會勘文峪河道完竣禀陳辦法并簡要章程光緒九年十月二十八日

周禮云：溝必因水勢，防必因地勢。孟子云：爲下必因川澤。左傳云：善鈞從衆。此經典之精言，即治民治水之淺理。既據該守等會同詳勘實係東高西下，南高北下，自宜修治新道疏洩災水。至文峪正河故道，地勢高仰，强開無益，兩旁雖有蕭家莊等村向擅攔壩賣水之利，然除害急於興利，斷無曲徇數村灌溉之私圖，而坐聽上起東西宜亭、下至申家堡二十餘村長爲澤國之理。且據來禀暨馬守、王令等面禀，現擬將上河頭一段挑通，令瓷窰等水西南斜入文峪正河，是蕭家莊等村水利并未遽失。水性順逆，民情公私，今已五次履勘，體訪明確，便當定斷舉行。所擬章程俱屬詳切，一一照辦。此工關涉三縣，督率聯絡責之朱守，協力共濟責之吴、楊兩令，隨事經畫責之徐令，并候檄委專員會辦。批到之日，作速開辦，未盡事宜，臨時變通，隨時由朱守率同吴、徐、楊三令會稟核奪。至練軍本非爲工作而設，此舉專用民工。挑河占地，除錢糧請豁外，酌量給價。禁止横壩告示，即候飭發。

再，稟尾稱馬守、王令、徐令主稿，殊屬非是。朱守如果别有確見，無妨異議專稟，否則當擇善而從，豈有本治利害從違莫決之理。以後該守務須切實講求，不得以局中而自居局外也。

批文水縣吴增榮稟勸助賑捐光緒九年十月

山東、順、直賑捐，各屬先後報解，該縣尚無一户交納。如果該紳富等樂輸於前，堅請呈繳於後，仍准照收，其不願者聽。總之，不强人以所難，亦不阻人以爲善。收與不收，悉視各捐户之願與不願，該令毋設成見。

批猗氏縣馬毓芝稟勸助賑捐大概情形光緒九年十月

助賑義舉，上曰敦勸，下曰樂輸。所稱酌示微警，從來無此勸助之法。該令務須勸諭有方，俾各紳富急公好義，以期集事。若稍加抑勒，强其所難，亦非本部院所望於該令也。

批長治縣徐德純稟辦理積穀禁煙暨勸捐災賑光緒九年十月

山東、順、直賑捐，乃秕政之尤者，不踵舊習，大有分曉。社倉、罌粟，該令有志興革，籌辦均甚切實。日計不足，月計有餘。堅持此兩語，必爲好官。精力用去應酬者七，經理民事者三，實爲附郭通病。該令既引以自咎，儘可力矯積習，無慮人言。

批護河東道黄照臨稟省船下駛情形光緒九年十一月初四日

省船下駛情形，已據該都司等疊次分稟。靈石以南，夏門、道美等處水勢最急，灘石最多，過此則惟趙城、太平境内略有石阻，餘則一律通利，暢行無滯。大約霍州以下，總可通舟。由霍至靈，施工不易，尤須於民渠、水磨無礙，方可舉辦，俟該都司等回省詳詢情形，再行查核飭議。絳船現已具報到趙，因原來船隻損壞，已批令易趙城之渡船，即以原來水手駕駛上探矣。省船前飭探至汾河口入黄處，再行回檣，俟由河津溯回後，即令停泊絳州，責成該州派人看管，照民船之法起岸停閣，覆以席棚，勿使凍裂，勿使風摧。俟春水方生，再當由省派人前往管駕上溯。此時該都司等探明汾、黄交匯處所後，帶同弁勇水手人等先行回省。

批岳陽縣等稟荒地情形并懇將老荒錢糧永遠豁免光緒九年十一月初四日

該縣新荒地糧，除將老荒核實在地八百九十餘頃，正耗糧銀二千五十餘兩，核與前報二十一頃五十三畝之數，相去懸絶，未免過多。惟該縣山地瘠薄既與别處不同，又因土著甚少，客佃回籍，遂致拋荒，其情形亦惟該縣一處爲然。查閲該紳耆等公呈，尤爲可憫，應准停徵。惟爲數太多，各屬自不得援以爲例。至老荒地七十餘頃，查新荒開墾可望升科，老荒則永遠豁免，本部院念切民依，亦未敢上虧國課，是以議辦清丈，查有餘地，設法抵補。原札分晰甚明，該令未能體會，徑請開除，礙難照准。核其所指情節，則絶丁河地皆有，絶丁田畝自在，河地出没無常，亦并非真正老荒，應由該令確查此項地畝如果尚堪耕種，准歸入新荒案内辦理，自報墾日起三年後啟徵，據實稟覆，毋再以永遠豁免爲請。該令仍應認真召墾，以期盡闢汙萊。若徒博驩虞，不求生聚，勢必正賦日虧，田功日曠，亦非良吏之所爲。再，所稱新墾地業，糧、佃、租一律展緩三年，不爲無見，准即如稟辦理。仰清源局傳付善後科，速飭該令遵照。

批署臨汾縣馬存樸稟辦理地方一切事宜 光緒九年十一月初四日

該縣當務之急，莫如清理地糧。該署令先清典業，以爲清丈權輿固善，但欲將典業之過十年者一一責其投税，必致騷動一邑，斷不可行。若論及漏罰，尤屬不可。該令須俟清丈定議後，再行清契，彼時以典作絶，過割糧名，一律免税，斷不准於清丈未行之先，因清契而涉苛擾。守助約亦目前要務，比來各省客民所在滋事，宜無論土客，編牌互保，并力行守助之法，以清盜源。清減差徭、查禁罌粟兩事，已均另案批示，宜即查明遵辦。其餘各條皆地方官分應講求之事，該署令務當力求實濟，本部院自有見聞。勉之。

本部院聞該令在臨汾爲政頗爲操切，民多怨言，務宜省之改之。牧民之道，德第一，法次之，不可謂縣劇民刁，偏尚威猛也。勿忘。手批。

批大同府丁體常稟查明各路蒙鹽情形并酌議設卡抽釐 光緒九年十一月初五日

據稟蒙鹽出産處所，以及運路、銷數、釐章各節，籌議均極詳盡。除西路鹽釐前已委辦，并於此次派員分赴豐鎮及甯遠屬之科布爾、天鎮屬之枳兒嶺設卡抽釐，另檄轉行該守知照外，其鹽斤運銷各廳地面應否照則抽收落地税銀，應俟釐務就緒，察看徵收衰旺情形，另籌核辦。至各委員到差以後，辦理是否得力，能否不滋弊端，應即責成該守就近考察，隨時據實稟報。

批署太谷縣吴匡稟清丈竣事請示辦理 光緒九年十一月初七日

該紳等請將不足三升八合糧地比照沙墈，是瘠地一項無故加糧，固屬無此辦法。該令擬不論有無契據，一律因地定則，似爲核實起見。詳加籌度，實有窒礙難行者。該縣水、平、坡、墈、瘠五等糧則，變而爲數十等，因何參差之故無從稽考。惟分之則見萬殊，合之仍符全額，民間别無異説，久已奉爲定章。今無端分别增減，減者視若平常，增者必多不服，勢將闔邑騷然，以清糧善政，轉受加賦之名。即云均已存記，亦何能逐隴履勘，事事愜心。假手紳耆，人人可靠，若百有一誤，授以口實，不誤者亦起而相争，堂皇坐斷，苦於無憑，該令又奚暇日在田間爲各花户指示地色。且地勢今昔異形，來稟亦云不能百年無變，平地肥磽各殊，水地優劣互見，有平坡相間者，有所謂畦地澗地者。今若限以五等，固難概地之等差，抑於五等外，另設名目，以冀恰如其分。且晉民契據即不註明糧則，而地畝分若干，共完糧銀若干，大都開載。業憑印契，猶之官憑印照，今欲一舉而空之，萬無此理。查臨漳丈地記明云，有治法無治人，不能盡善。且當時亦必有詳細章程，行文從簡，故不備載。時閱三百年，相去千餘里，又安能一一脗合。該令節取數言，以爲定案，究非正辦，所請斷難准行。現據稟缺糧三百餘石，如果荒地累糧業經開除，則無糧地一百五十餘頃，儘可以此抵補，該令亦焉用此紛更，自取煩擾爲也。仰太原府速行知該令遵照指飭，妥籌辦法。切切。

批太原府詳添設戒煙局 光緒九年十一月初九日

戒煙局關繫民氣士風，乃今日化民成俗之要政，自是多多益善。況近日觀感日多，更宜因勢擴充，廣施利濟。據稟擬於圓通觀添設戒煙南局，應准照辦。惟章程内宜添入職官戒煙一條，以示區別。開局經費銀二百兩，仍由善後款内發給委員領用，按月報查。

批河東道稟向抽打帖一欵全數歸公 光緒九年十一月初十日

該護道到任以來，所有議陳各事無不實心實力，公而忘私，不愧爲本部院之所佩服矣。此稟西販打帖一項，歲收萬餘金，除員役薪工、華陰公費開銷千餘金外，盡供歷任鹽道揮霍之用，前後任并無交代文移，以滅其跡，實堪憤恨。向來河東道此等濫支之欵太鉅，以致朝官過客，有挾而求。物腐蟲生，實由自取。我誠廉正，豈恤其他。該護道改派庫大使督同書吏經收，按卯上庫，歸入不報部雜欵，極是，極是。惟此項如全數歸公，又恐數任以後，別生巧取之計。今爲酌定於此項内，提扣二成爲河東道辦公津貼之用，無論學差、試差、京官、游客、鄉里、親好、道署、幕賓、傔從，一切應酬雜用，只准取給此二成之内，以外不得擅動一錢。此項即隨他項雜欵，按照堂期，詳報本部院察考。摺内原有員役支銷，仍應隨事考核，可省者省。光緒八年七月新增三河口火食四十八兩一欵，即行裁去。仰即照此立案，詳議收支稽核章程，詳明定案。此外工程薪水、州縣緝私費、外省本省公費，以及一切浮支濫借、補領捏銷、懸欠匿報，凡有關節用杜弊諸事宜，有經該護道詳稟批定者，有未稟未議者，及不能豫定程式者，務即詳核嚴察，隨時籌畫，實力奉行。該護道素有廉名，渥承恩簡，值此時艱餉絀，商困吏偷，本部院與該護道責無旁貸，惟有同心協力，彼此殫竭血誠，不避嫌怨，以報國家，一切毀譽置之度外。河東綱政，本部院一倚長才，企踵待之。

批臨汾縣馬存樸稟籌辦清丈各節 光緒九年十一月初十日

據稟該縣地多工少，并非糧地不清，似清丈亦無裨大局。惟該縣錢糧疲累不自祲後始，則其病不在人工，而在糧地可知。該令乘此農隙，仍試辦數村，以驗其得力與否，將來或清丈，或招墾，該令即體察稟聞，總以糧無逋累爲主。該令不事比責，已爲民間省代比受杖錢無算，所以輸納如此踴躍。辦理有法，可嘉之至。至南北各路劫案頻聞，原札五條暨守助約，實力奉行，毋以獲盜自足。賑捐報解千兩，適符原擬之數，遵札停勸可也。

批霍州轉運局稟擬辦轉運章程光緒九年十一月十四日

據稟及所議章程，除鹽質以轉運東場上尖陳鹽爲佳，運務以急趁冬令脚賤運足爲斷，均應照議辦理外，官稱以十六兩爲準，通行到底，原發原收各局均應照辦。該局但當據安邑運到之數，轉發各屬及平遥分局之數，衹論斤重，不問正餘，統以官稱實清實報，照數乘除。餘鹽一節，悉聽總局自向河東道按名結算，不必再由該局核銷，致滋轇轕。其由安邑運霍，由霍而分運各屬轉運平遥，再由平遥以次接運，節節需耗，又慮耗外再耗，必應酌予罰賠。霍州以南或有商章可循，霍州以北既無向章，即應另議。安邑以官稱發脚，每引七五，合銀二兩一錢，商運以加六稱發脚，每引七五，合銀亦第二兩八錢，是商稱浮於官稱者十之六，而官脚省於商脚者四之一。假如亦仿照商運辦法，即用官稱加六發運，不必拘定收倉稱式，斯不致脚減價增。總之，商運官運，名目不同而辦法則一。所有議稱議耗議罰議運各事宜，但爲商人相沿已久之規，則脚户易曉而樂從，自以仿照辦理爲是。但一切俱須於商人舊規内，酌予從寬，以示官商區别。究竟餘鹽每名應得若干，各項耗折實需若干，如何量予罰懲，如何設法利運，仰總運局查照摺開，參合向來商規，分晰妥核，明定畫一章程，剋日詳候核定。

批候補同知炳玉稟查明蒙鹽各項情形光緒九年十一月二十一日

據查蒙鹽出産暨銷路、運脚成本各情，均尚詳盡。除將所稟大青鹽情形存俟參考，歸入北路鹽務另案議辦外，其西路之鄂、吉等鹽，現已飛咨陝甘督部堂禁止水運下駛，照例只准運至皇甫川爲止。如有過河東來者，亦只准由皇甫川對渡至河曲登岸，由陸路轉販晉境，並於該處對岸之河曲縣暨河口鎮設卡收釐，另於保德、興、臨各屬派員分往緝私矣。查晉省西面與陜境僅隔一河，此次既禁水運，仍恐奸販以陝食爲詞，影射透漏。究竟此鹽在陝是否全恃陸運，抑係兼資水運，該丞現既馳往神木，仰即詳細確查，飛速稟報，以憑核辦。

批絳州詳聞喜縣稟倉無儲穀請發價采買光緒九年十一月二十八日

據詳聞喜縣請買穀三千石，應准照買。惟南路穀賤傷農，以倉石計算，均不過五六錢之數，即連斛量、人工一切雜費，亦萬無九錢之理。仰飭該縣另行核實估買，既不准浮開價值，更不准穀色不足，尤不得藉詞緩買。三者居一，則是該令不自愛，非本部院所能教矣。該令近來辦事頗不切實，非有利心，即受蒙蔽，亟應振刷自新。需領穀價，俟核減後由州給發。仍以三千石爲止，并飭速買，勿遲。

批平陽府稟籌議隄工光緒九年十二月初七日

據稟擬作隄壩於廟後水勢稍緩處，先用碎磚鋪底，外仍用石層壘做成坦坡，其廟西當衝處，純用石塊頂托大溜等情。所議尚屬可行，應即責成該府妥爲辦理，務期一勞永逸，勿得稍有疏率，再致勞費。當衝石塊亦須斜坦，萬不可全作壁立之形，切切。引河萬不可不掘，春融即當作之。再，該守屢次來禀繪圖，均未詳晰，務即速畫一詳細河道、村莊、崖岸、隄壩圖，限五日内畫成呈閲，斷不可草草致誤。

批河東道黄照臨禀呈各前任收支清摺光緒九年十二月初九日

據禀及清摺十二件均悉。查唐前道以特委澈查重要之件，輒敢任意諉延，半年以來，始終未據答覆一字。該護道抵任甫及兩月，即將八年分道庫收支總散數目分項繕摺，逐一臚陳，具見綜核精詳，任事勇敢，可嘉之至。除將太原營米價、緑營生息、蒲灘津貼、代賦大小工程發欵另札飭辦，并將米摺各件逐條批示、另單飭發清源局核議、覆到再行酌定外，查摺開八年分外銷雜欵入銀一十六萬三千餘兩，出銀一十三萬三千六百餘兩，扣存續增五欵三萬八千二百餘兩，侵發此項銀八千八百餘兩，是則以出較入，通年牽算，數原不甚懸殊，但能稍事撙節，即可一無虧短。乃各前道濫支濫發，一味見好，於有餘之際，則以閒欵爲酬應之資，遇不足之時，轉以正項爲侵挪之計，以致移正作雜，移急就緩。除辦公經費尚循舊案外，餘則詳閲各摺，幾無一正動正銷之欵。不即於此時截斷衆流，嚴禁借動，則以前之舊挪未了，以後之新墊旋增，道庫從此永無可清之日。今宜將歲用之項各就各欵，詳考原委，編立檔案，其中可減則減，可裁則裁，其必不可裁減者，即應將某項用欵，注明在於歲入某欵項下動支，分晰開單報查，嗣後即不得以本欵借發别欵，及以别欵銀兩借作本項發欵之用。至於歲入各項，有隨課封交者，有歷由廳場各署經徵解庫者，向來并無一定辦法，是以致有侵挪。今宜一律改由商人交庫，并將此次漏開之會興鎮打帖一項，領繳引一項，各場署經收之里民津貼、槍手、打扒、捎票、填票、經理、執照，并尚有未經指出各項，均應概令隨課封交，由道按月核實散放，不必再令場岸書役經手，以昭畫一而杜弊混，均應由該護道分别遵辦。所有單應議之二十七欵，應由清源局逐條籌議，於文到十日内，詳候覆核。其餘應查之一十五條，以及應删、應裁、應提開、應遵辦、應照舊各欵，應由該護道分别妥辦，專案分起，飛速禀候核奪。

批河東道黄照臨詳查覆代賦津貼光緒九年十二月二十三日

灘地既經代賦，灘民即應免糧。乃既令其墊完於未領之先，復令照數承領於既完之後，似此紛紛繳繞，於義究屬何取。此在永濟官吏或尚利而爲之，而各前道以及各該府亦即聽其自然，不予更正，殊不可解。所請正續代賦一項，自光緒十年爲始，徑由道庫咨解藩司，不經該縣官役里甲之手，辦法極是，應即如禀曉諭勒石，一面移司知照，永遠遵行。此後灘民免此鉅累，亦未必遽敢覬幸。從前扣存銀兩，應即停發，以杜中飽。至於津貼一項爲數更鉅，積弊更深。該道所請以鹽務之銷滯爲斷，亦係一時調停之語，并未籌有辦法。現據蒲州魏守、永濟陳令會禀，從前該灘開報地畝户口各數多有虚浮，災後民户逃絶更多，所遺地畝歸入社廟以及作爲家祠祭費者，計不下十之四五，餘亦因災價賣，并非當日原名。際此課絀餉懸，本應一概議裁，以重庫帑，惟念該灘窮民生計竭蹶，姑准如該府縣所禀，暫行減半給領。第查摺開各村莊現存户數有六十五户、七十九户而領銀至一千二百三十兩、一千三百五兩者，有八十四户、一百二户而領銀僅三十三兩、二百三十兩者，多寡苦樂，太屬懸殊，其中顯有不實。此節應亟由該縣迅速確查，將從前所定攤分章程據實禀覆，由該道查核，擬一平允核實之法，禀候核奪。仍於每年春作之日，由該道委員下灘，會同該縣，傳集給發，期於實惠遍及窮黎，勿任書役人等從中剋扣滋弊。仰該道飛飭蒲州府督同永濟縣確切查明，妥議詳辦。

批湘毅軍統領何鳴高禀井陘南關、東天門工程告竣光緒九年十二月二十六日

據禀井陘南關、東天門兩處工竣，餘工廿日後全完，爲慰。惟添收餘勇一節，大屬非是。雇舊勇作工則可，編爲餘勇造册請點則不可。該總兵云照例收爲餘勇，此何年何部所頒之例耶。若謂湘軍舊制，可以不奉主帥之命，本營即隨意添餘勇一二百人，添口糧一二百分，本部院決不信也。將來此項餘勇撤遣時，務宜預與言明，籌畫周妥。此該總兵之責也，勿忽。

再，聞該軍在晉境者尚安静，在直境者不甚安静，間有與民人不浹洽情事。此説決非無因，可即密查約束，有則懲儆。

批太平縣禀查勘雞心灘形勢光緒九年十二月二十六日

以形勢言，東河直，西河曲，曲則流易徙，隄易潰。以工程言，東河石，西河沙，沙則濬易深，工易竟，引河具在故道可循，自以修濬西河爲是。來禀及圖説規畫詳明，頗稱諳悉，應即責成該令明正涷解，勘估興工。惟議建攔水隄於東河石灘斜接攤尖，迎溜坐灣，地勢最關緊要。隄面一丈，底廣丈五，未爲合法。底堆隄外，護隄身則較加築木隄工省且經久。大橋南傍東岸處，宜加築挑水壩，作人字形，挑水向西，則下游攔水隄方免喫重。仰即遵照，悉心籌議，先將勘估情形迅速報候核示。再，此灘中腰廣闊，兩端鋭狹，形如雞心，故名雞心灘，其書作磯心者誤也，以後應即更正。

批河東道黄照臨禀催封欠課情形光緒九年十二月二十九日

閲禀及另單，不勝駭異。查鹽務正雜各課，除太、汾試辦官運外，其餘均應後鹽先課，隨運隨封，不容絲毫蒂欠。乃河東欠課近三百名，計正雜課餉四萬餘金，内中并有監掣同知張元鼎督運作保，以及東場大使張裴承保之項。張丞又有行鹽字號，即以家丁詭託商名，承領新息本銀至四萬餘兩之多，而欠課之二萬餘兩不在此數。似此營私罔上，詭詐欺蒙，即將該丞照虚出通關、私借錢糧各本律例，奏明參辦，均屬罪有應得。惟念積習相沿，已非一日，所欠課項，即經該道責令分限完解從寬，姑准照辦。應由該道速飭該丞等照數按限呈繳，每清一限，即報一次，以便

本部院隨時考校，逾違撤參，重治其罪。至於新息本銀，係奏明爲抵補攤捐而設，事關通省公項，其來不易，其用至亟，豈堪爲該丞一人敗壞全局。該丞行鹽字號共有幾處，係何口岸，除李鴻泰即李宏泰一人外，其餘用事之僕、領本之夥計有幾人，係何籍貫、姓名，有何寄頓隱匿資財，均應由道嚴密查詢，一面速飭該丞立即設法清交官項。如其將來交不足數，即將各該丁夥名下私業一概查抄備抵，勿任一名漏脱。該丞毫而務得，利令智昏，迹其違例妄行，敢於私挪官項，種種悖謬，固不待言。然在各前道見好市恩，徇情濫借，一至於此。來禀所謂視公家如秦越，博面交之懽忻者，言之可謂痛切。若不併予究辦，何以毖後懲前。查該丞所領息本均係上年唐前道任内之事，聞該升道與張丞新結姻親，更難保無徇庇周親、扶同弊混情事，應即確查批准承領各月日案據，專案具禀，聽候核奪。該道務須不動聲色，密而又密，妥慎辦理。如其將來一無虧短，亦又何求，否則責有攸歸，當不僅以照例分賠虚宕完案也。至於東場暨各商販欠交課項，均應掃數勒追，勿令延宕，并即申明定例，以後概令先課後鹽，嚴立峻防，勿任卮漏，是爲至要。陜岸員役虚糜經費，全不緝私，以及商販昂價攙硝，銷數奇滯，據禀各節，均屬大干法紀，應即飛飭各陜販迅速減價敵私，以裕課餉。其委員之不得力者撤回另委，擇尤詳參，俾知炯戒。陜省爲該道熟游之地，一切利弊可以隨處諮詢而得，務宜破除情面，實力整飭，勿徒以優容博寬大之名，致累鹺綱。仰即遵照確切查辦。仍將現辦情形，分案詳覆核奪。

批磧口通判周桂敷禀請飭甯鄉等縣嚴禁蒙鹽并移卡黑峪口光緒九年十二月二十九日

據禀及另單均悉。查甯鄉、大甯、永和、石樓四縣從前所食蒙鹽，均由陜省膚施縣瓦窯鋪過渡，此處若不禁止，即可由此内灌韓侯嶺南各岸，核與另單小路馱運蒙鹽直至霍州侵灌嶺南引地等語均符，自應據禀亟予查禁。惟瓦窯鋪對岸係屬晋省何縣何地，未據明晰聲叙，無憑核辦，應由該署倅探詢的實，另禀覆候核示。至興縣現設緝私卡之羅峪口並非大渡，本部院亦早深悉。前據該署倅指名禀請，原謂距磧較近，地勢商情，該署倅必有確見，是以准在此設立專卡。兹既查明該縣屬之黑峪口距城五十里，不但鹽斤從此過河，即赴陜百貨及由陜入晋繞越藥料，均由此處來回行走，自應將羅峪口一卡改設該處，令其於巡緝蒙鹽之便，兼抽藥貨各釐。惟蒙鹽一項，業經奏明在河曲完釐，此後該卡如遇鹽斤到境，但當一律攔截，飭令徑赴河曲，不得因有抽釐之令，遂將蒙鹽一併抽收，致與奏案不符，是爲至要。河、保兩處河口，既均查有麻油、鐵貨等項往來過渡，亦應即於河曲境之巡檢司、梯子巖、火山、保德州城，概由現委各務員就近兼收貨釐，並分查繞越藥料事務，以杜漏私而期扼要。仰籌餉局速將税則釐章發給該員一體遵照，仍報明總運局暨分别移行保德、河曲、興縣各屬暨該署倅知照。

光緒十年

批河東道詳查明東場大使欠解庫欵光緒十年二月初五日

該大使以鹽場微員，膽敢虧空官項至二萬七八千兩，實屬駭人聽聞。各該前道所司何事，何以漫無覺察一至於此。聞該大使性近豪侈，其習慣伎倆在專以官項應酬上司，是以歷任本道無不力爲庇護。即如上年五月，甫據催繳墻工欠欵銀三千一百餘兩，旋即借領科場經費息欵銀八千兩，解少領多，是其明證。然在各前道漠視庫欵，固無足怪，乃該道前此開呈庫欵各摺，於該大使欠解墻工經費亦并不置一辭。迨本部院指名查詢，該大使適亦丁艱，始據發露。以該道平日最肯任事之人，而亦瞻顧如此，殊不可解。尤可恨者，九年十一、二月欠解墻工各欵銀四千五百餘兩，以甫經報收之項，即敢揩不呈繳，其爲有心致虧，飽填欲壑，自甘參處情節，尤屬顯然。獨不解該道當時何以并不嚴催，一任鉅欵虛懸，致成積累。總之，該大使既負鉅虧，即應追繳。且既因艱去任，尤非現任人員可以分限清完，及以領欵扣收者可比。該道自應將該大使現在力量能否全完，察核情形，傳詢稟辦，一面密查該大使行鹽字號係在何處，任用何人，原籍住所有無隱匿寄頓貲財，承領官本月日案據畦保的名，如其再不措交，抑或交不足數，應如何查封備抵，分別追賠之處，均應籌定辦法，據實稟陳，不得以嚴催清繳一語，空言塞責。仰即遵照指飭事理，飛速妥辦。仍將現辦大概情形，於文到三日內先行稟覆。此項爲數至鉅，如其力能完繳，本部院決不苛求，否則惟有將該大使據實嚴參，查鈔監追，并將徇情濫准濫領之上司一併參賠，決不能以數萬金鉅貲付之一擲也。該道務當破除情面，盡力嚴催，切勿稍事扶徇，代人受過。是爲至要。

批河東道詳呈庫欵月報光緒十年二月十二日

借發各欵，現應如何專案提開，另册造報，將來應如何催收歸補，畫清存儲，以及不入季撥册內各借欵應如何分別有著無著，呈請扣補彌補，仰該道均即逐一酌核，妥籌辦理之法，詳請示遵。一面通校道庫歲入歲出欵目總數，量入爲出，務令有餘，不令不足。嚴定正動正銷支發章程，內銷外銷，以類相從，畫清界限，務令以後不得挪移借動。擬具報部報院册報程式，各歸各欵，管收除在，務令一目了然。即日妥議具詳核奪。

批汾州府稟籌議禁煙各條光緒十年二月十三日

晉民嗜好成風，吸食之便總由於種植之多，是以本部院疊次禁種，不遺餘力，無非爲拔本塞源起見。至官場沾染，上年欽奉諭旨，業經通行大小文武各員並嚴飭各營弁兵一體戒斷在案。茲閱來稟，籌議頗爲周詳，示稿亦極愷切。除官弁人等吸食洋藥例有專條，如不遵前札，按例治以應得之罪，以及各務加稅應候另行核辦。保甲一條并寓禁煙之法，株連過多，瑣屑太甚，既不能事事核實，必且處處窒礙，以坊民者擾民，斷不可行，亦無庸議。他如繩士子、察書役、禁煙館、購方藥等情，該守既確有見地，本部院樂觀厥成。仰即督同所屬逐一照辦，總以毋紛擾、毋操切，於詳密之中仍寓易簡之意爲要。

批清源局詳核議分別裁留局員津貼銀兩 光緒十年二月十七日

據詳局員津貼分別裁留等情均悉。方今財用支絀，不惟内欵難於多銷，即外欵亦不易設措。所有各局津貼，凡文案處、營務處、清源局均即一律停止。惟此數項差務重要，該員等昕夕從公，艱窘亦殊可念，且其間有格外出力之員，亦須明示等差，以爲激勸。查河東、歸綏兩道新定有每年協濟省員薪水一欵，核計上年支用頗有贏餘。此乃本部院新籌之欵，不惟於部欵無傷，且亦與司欵無涉。以後擬即於此兩項隨時酌提，爲按月考較勤惰、獎勵各員之用，即定名曰月獎，不得再稱津貼。嗣後每月詳領薪水時，除總辦、提調毋庸議及外，清源局正佐委員即由督辦司道開列月獎清單一分，分爲一、二、三、四四等，聽候本部院酌核批定銀數飭發。明白出力者爲一等，勤慎細心者爲二等，敷衍不進益者爲三等，怠惰巧滑、妄言生事者爲四等。一等優給，二等遞減，三等不給，四等記過撤差。一、二等不得過多。務須秉公考核，等第允當。營務處即由總理開單，文案處即由總辦開單。此項月獎隨時升降，不作常額，庶於節用之中，兼寓課吏之意。仰即立案照辦，并移行布政司、營務處、籌餉局一體遵照。

批霍州稟開辦清丈并勸捐社穀 光緒十年二月二十七日

該州於二月初一日開辦清丈，稟陳四端，深悉民隱。摺開章程五則，尤見實心任事。各紳又願以助賑餘銀作爲經費，官紳併力，均屬可嘉。查舉行清丈各州縣暫免稅契，前經本部院奏准在案，該牧應明白出示，無論清丈案内暨民間尋常交易，契稅一律停徵，以免書吏影射。章程第四條所稱各情，但以目前地色爲衡，不以歷來糧額爲斷，以一人之創見，改二百餘年之舊章，殊駭聽聞，必致紛擾。苦墾地都在山坡，晋省山地或以晌計，或以崗計，勢難一概按畝起徵。查解州辦法，於苦墾地向不徵糧，悉仍其舊。大抵無糧地畝，其本係有糧，由於隱匿者應嚴以清釐，其從未升科由於開墾者，應寬以酌辦。既經清丈查出漏糧隱地，儘可彌補老荒，必專注於苦墾地一項，窒礙轉多。該牧肯任其難，本部院原不限以成法，惟此一條大有關繫，究應酌量删改。如業經宣示，急宜設法斡旋，不得徑情率辦。另稟社、義倉穀，責成清丈局紳勸辦，所擬條欵妥善可行，准即如稟辦理。至於勸種桑棉，愚民慮始爲難，要在地方官率作興事，應將如何辦法專案詳細具覆。

批署薩廳鄭景福稟請減白鹽釐則 光緒十年三月十一日

該處白鹽價賤，貧民買食者多，若照紅鹽一律抽收，民間必至食貴。所請酌量減收一節，原無不可。惟是籌辦鹽釐，係爲調劑潞鹽而設，若將此項白鹽不爲分別，入口不入口輒即一律議減，儻奸販以口外民食爲由，影射透漏，入口行銷，又復何以示別。

仰總運局飛速轉飭該署丞確核情形，分别應減不應減，及如何可以杜絶入口影射之處，妥速議詳核奪。

批陽城縣劉邵安禀擬請變通社倉辦法

光緒十年三月十一日

義、社各倉，顧名思義，自以捐穀爲不易之法。若以金布而不以穀，以縣而不以鄉，以官吏而不以鄉人士君子，朱子於金華社倉記中已極言其弊。國朝名宦成規俱在，美不勝收，雖各有卓見，而捐及銀錢，實所罕覯。利不百不變法。該署令所陳利少弊多，試爲歷歷言之。來禀請以糧銀一兩，隨捐社穀價一錢，核與定章地至三十畝以下概不書捐之意相背。如此則畸零瘠地，無告窮民，無一遺漏，是歉年未定稱貸之多，富歲先受追呼之累。按畝捐銀一分，晰言之數不爲多，然此較糧額已屬十而加一。況隨糧銀投櫃，以錢合銀，價有不止於一分者。現在穀賤傷農，捐穀則取諸其懷，捐銀則出納之吝，尤勢所必然。該署令之意，以爲糧捐併徵，決無抗欠。不知社倉一事，不得繩以官法，例有專條，且不捐社穀，自難違衆論之公，不納糧銀，轉藉口加賦之舉。上累正供，下起謗言，誰任其咎。至其中黠者於糧不留蒂欠，於捐不名一錢，該令將照民欠比追乎，抑再向敦勸乎。穀由紳買，糧價銀估隨時長落，一轉移間可以糴賤報貴，甚將已穀充數，高其價以報銷，是亦或有之事。另摺所録公呈，首列者即在城社首，是否城鄉兩便，衆議僉同，尤難盡信。該署令即使確有把握，自信無弊，有如此簡便省事之法，各屬皆援以爲例，又安能盡如該署令之應手，所請礙難照准。仰仍按照本部院章程，悉心議辦。如因該縣從前被災較重，實在爲難，不妨將捐穀等差遞爲酌減，或緩至秋成後收捐，另行具覆請核可也。

批籌餉局詳報收支各欵清摺

光緒十年三月十九日

查該局每月詳報收支各欵四柱清摺，以此次所列較爲清楚。惟一詳之内共附二十四摺，實覺太繁，自應分晰更正，作爲兩詳。以一詳專報司道庫息欵，列十四摺：一、銅本生息。應叙明發商年分、州縣及本銀息銀數目，以下各摺均仿此。二、籌備晉陽書院膏火生息。應叙明本銀係屬兩欵。三、晉陽書院膏火生息。應注明即晉陽書院二次加增息銀。四、續發晉陽書院膏火生息。應注明即晉陽書院三次加徵息銀。五、崇修書院膏火生息。六、五臺公用生息。七、臺山歲修生息。應注明即五臺續增公用生息。八、臺山弁兵盤費生息。九、滿營公費生息。應叙明本銀係屬兩欵。十、提發辦銅生息。應注明即營路速戰陣生息。十一、故員柩資生息。十二、粥厰棉衣生息。十三、發商生息制錢。應名爲三營准房生息，仍注明即發商生息制錢，並叙明本銀係屬兩欵。十四、道庫各欵生息。一、普育二堂生息，二、晉陽書院加添膏火生息，三、道署書吏飯銀生息。以上十四摺，作爲一詳。其清摺之首，各將原案、發商年分、州縣處所以及本銀息銀數目，分晰叙明，按月通報，月月清摺皆須照式裝叙。以一詳專報抵攤新舊息及津貼、備支、寄儲一切新欵，列十三摺。應以生息公用爲第一摺。仍叙明發商年分、州縣及本銀息銀數目，以下各摺均仿此。抵補攤捐生息應改爲光緒六年抵攤十一欵舊生息。爲第二摺。歸、汾八處抵攤生息、應改爲歸、汾八處改定抵攤舊息。歸綏道裁攤新息、平太祁裁攤新息、河東科場經費生息、應改爲河東科場經費舊息。河東籌抵攤捐生息應改爲河東裁攤新息。爲第三摺。京餉幫費、部磧解費新息爲第四摺。三營運米脚價、緑營加增公費爲第五摺。河東歸闗津貼應改爲歸河協濟省局薪水。爲第六摺。鳳臺、陵川、霍州鹽本新息爲第七摺。院改津貼爲第八摺。存半供支爲第九摺。司道府供支銀兩動用數目并應列入。封存河東備欵暨備欵尾數爲第十摺。應以六千兩爲舊管，注明某某欵借墊若干。寄儲營務處申平爲第十一摺。湘平、申平銀兩本飭營務處存儲，現據該處聲請援照鐵絹局存欵，仍行寄儲餉局，應准照辦。寄儲鐵局各欵爲第十二摺。應將寄存現銀並非發生息商號分晰開明，並太、汾、潞、澤、平佐雜抵攤息銀一併列入。三營製造存錢爲第十三摺。以上十三摺作爲一詳，摺首亦將原案發商年分、州縣處所、本銀息銀數目，以及動撥寄儲一切案據，分晰叙明，按月通報，月月清摺皆須照式裝叙。大抵司道庫息一詳爲各有專欵之案，公用等各項新舊息一詳爲統籌抵攤之案。如此分作兩詳，各有取義，以類相從。尤要在案據聲叙明晰，俾衆周知，不獨該局大小委員從此便於會計，且使欠者易於催提，贏者無處侵蝕，自本部院衙門以及司道各官皆可統核盈虚，了然心目，不至有茫昧之艱。此實綜理度支之要義也。至該局月報本係一律通詳，藩司專理庫儲，有承上啓下之責，尤應於此案詳加審慎。以後應定爲此項月報到司，由藩司核明，一面照録各摺，轉詳本部院衙門查核，以便與餉局原報互相稽察，以防流弊。一面照録各摺，札付庫官、庫吏分别登簿存記，仍與司庫原存各息欵併計，庶内外胥爲一氣。司庫生息各欵由局收放，與在司庫收放無異，仍由本部院暨藩司每年盤查一次，方爲經久不敝之道。除行布政司、清源局查明各欵原案，轉飭該局外，仰即遵照辦理。

批汾州府禀陳文峪支河形勢及施工次序 光緒十年四月初五日

文峪河議開新道者，爲其放上窪積水以至下窪，更放下窪積水以入文峪正河也。先治下游水工，不易之理。下游積水漸消，則是上游興工之候也。若去者不去，而來者已來，豈非引賊入室乎。據禀文峪全河利害，以下游西河堡尾閭能否暢消爲關鍵，語頗扼要。惟霍家莊爲下游之下游，若以上策言之，自應從此著手，節節上遡，則西河堡無虞壅閼，即上游無虞泛濫。若如該府所禀，則是去年所謂暢消，不過冬令水涸，并非疏濬得法，自不得不酌停上游無益之工，併力下游。張守等來禀含糊，幾至誤事。其應如何分段加工，移緩就急，必收得尺得寸之效。仰該府親加復勘，一面飛速動工，一面詳細禀報。仍會同張守等妥議辦理。

批瓊州鎮道禀瓊防布置情形 光緒十年七月十五日

據禀籌備各情均悉。法人貪悖殘毒，疊據閩電，法人將長門、金牌各礮臺全行擊壞，於初十日各船全出閩口。前日接閩電，法船又來四艘，泊長門濳珠港，然大隊確已離閩口。昨日據港探，有法兵船三艘向澳門一路西去。此説如確，難保不窺伺瓊防，急宜加意速備。如果法船犯境，務即相機攻擊，勿稍遲疑落後，坐失事機。福建初開仗時，敵人狡詐先發，我軍還礮不及，以致兵船七艘被寇擊沉，敵船傷而未壞，船廠旋即被燬，正坐未肯先發之故。前車之鑒，必當早計也。敵人船礮固猛，然聞瓊州口內巨艦難入，若與之鬬於狹河深淖之中，連岡叢林之內，亦未必無制勝之道。近奉電旨，敕於陸戰妥籌勝算，當即恭録行知。屢問自瓊來人，具言該署鎮、道布置嚴整，深慰。數日前，法船有擾粵之説，昨日有兩艘到港，雖或云修整，或云護彼公司船，未能確定，要之其爲阻我出香港之船路無疑。日來省城亦已嚴備，海南懸隔，鞭長莫及，本署部堂深歉於懷，惟恃該署鎮、道長才老手，協力爲之。文報無方可速，以後要件，遣人附商船較捷。發去賞格三百二十張，速行張貼，不敷照刊。文昌晴藍港水深，聞由此登陸至府城，山箐難行，確否。此節速即稟覆，目前情形速稟，以紓馳繫。

批南澳鎮等稟請撥兵防守要隘光緒十年七月十六日

南澳荒瘠，非法夷所垂涎。省防方急，撥營發餉勢有難行。陸勇在據險不在多，礮臺在得法不在大，舊式斷不合用，不如因山傍阜，隨便位置一礮一處爲妙，取其足以發礮足矣，正不必巍然一臺，爲敵礮樹的也。漁團甚有益，衹可就地竭力爲之。今營兵、民團、漁團共得數千人，亦不爲少，鼓以重賞，尚可一戰，雖不能擊其船，能殲其登岸之人可矣。省城刊有賞格，獎勵甚優，已驛發，照刊廣布，必有興者。

批潮州鎮道稟請撥水雷軍火并委水雷員弁赴潮光緒十年七月二十六日

據稟已悉。火藥槍彈，省中雖已兼工趕造，一遇事機緊迫，尚不敷各營領用。所請各項軍火，急切無可籌撥，該府防務需用，可即自行設局製造。至水雷一項，省局製造無多，且水雷理法甚精，諳習施放之人，省中亦屬無幾。現在虎門、黄埔一帶正在安設，緊要之際，一時未能分派潮州。一切防務及各縣勸捐事宜，仰即遵照疊次札行事理，分催速辦，不爲遥制。

批高州鎮稟廉防情形光緒十年八月初六日

潿洲墩客民本係從前設法安插，現在遷居北海既有多人，無論是否教民，均應隨時稽查，嚴密防範。都司蔣大觀所解餉銀、軍裝，早經飭局籌備，因無輪船可撥，再三商酌，始將餉銀由綏靖輪船搭運至瓊，該都司自坐拖船押解軍裝就道，今已半月，計程當已抵廉。前請添募礮勇一營，業經批准，何以尚未接到。所陳廉防各節，均屬實在情形，惟鐵甲兵輪，省防并無此等利器。廣屬伏莽可慮，亦與廉州相同，惟勇營稍多，居重馭輕，有不得不然之勢。本署部堂通籌全局，旰夕靡遑，廉、欽接壤越疆，醜類窺伺，時廑於懷，豈有膜視之理。法虜志在繁區，目前尚不致大股擾廉。餉已籌撥，勇亦准添，大礮一項省防尚屬不敷，何從撥解。現已派員赴惠州等處采辦，俟購到時，當擇大者撥解十餘尊。槍礮不足，衹有多製火箭、火彈等物，藉資守禦。聞北海商船皆有礮位，可即隨時收買，以爲輔助。該鎮體念時艱，必能設法籌辦也。該處餉運艱難，文報亦復不易，現已設法租覓輪船，發往備用，仰即知照。

法虜豈有大股擾廉州之理。餉可撥，兵可增，大礮不能彈指造成，并不能唾手買得，衹有催惠州購礮委員速辦，辦到時擇大者運數十尊往。然衹土礮，且運道亦不易耳。

批廣州協稟覆配齊礮手光緒十年八月初七日

獅山、魚山礮臺均已配齊礮手，分別優給口糧，辦理尚屬妥協。務飭各礮手認真習練，精益求精，果能克敵立功，定必從優奏獎。另單所陳團丁接仗、醫調撫恤一節，該團丁既已調防，即與兵勇無異，一切賞恤自當酌兵勇章程一律議給，必不歧視也。

批廉州府稟北海情形光緒十年八月初八日

潿洲墩等處教民約二三百名同至北海，情形大屬可疑，務宜察看蹤跡，嚴行防備。該守等派往練勇，現據龍門協副將梁正源、委員許如騶稟報，合浦楊令到日悉已撤回，是否別有緣由，即行查明稟覆。至廉、欽與越南接壤，本部堂時廑於懷，全局所關，豈能膜視。昨接高州張鎮請撥輪船、大礮之稟，當以餉運艱難，現已設法租覓輪船，發往備用，大礮一項，省防尚屬不敷，俟采買到時，再行撥解，批飭該鎮知照在案。仰即會商妥籌，是爲至要。

批廉州釐務兼洋務委員許如騶稟遣送教士出境光緒十年八月初九日

北海地方教民由潿洲、廣西西場騾來三百餘人，先據高州張鎮、龍門協梁副將稟報，已批行妥辦在案。茲據稟，會同合浦楊令面見英領事官，通知法教士，先將告示送看，隨將教堂什物點封，法教士在該處者定期出境，在内地傳教者趕回出口，教民騾聚者均已聞風散去，民疑盡釋。該員辦事甚有斟酌，措置極當，深堪嘉尚。仰即知照。

批合浦縣稟籌辦防務光緒十年八月十七日

北海教民散去，已據洋務委員許倅稟報矣。冠頭嶺爲該縣要隘，務宜督率紳團設法防守。挖山安礮自是上策，惟不得其法，仍爲無用。至德國十八生特鋼礮，價銀甚昂，數尊即需數萬兩，且購自外洋，並須預先定造，非一年半載所能運到。所稱籌集捐項，再行請示購辦，如此鬆緩，應屆何時請示耶。所有冠頭嶺防守，仰即會商黄都司而行，就地購覓洋裝大礮，擇要安設，一面會督紳團實力籌辦。紳局果能籌集巨資，再行稟知本部堂，電致出使德國大臣代購可也。

批陸豐縣張振鏞稟報教民被搶光緒十年八月二十五日

民教不能相安，由來已久。該屬民情浮動，尤應加意嚴防。據稟河婆地方張、蔡、劉、黄各姓教民滋事，河田之在教者紛紛搬移，土人與教人不睦，乘間搶奪，以致螺溪上下砂教人潛往河婆黏田壩地方盤聚，修械置礮，現已彈壓追拏等情。究竟河婆張、蔡、劉、黄各姓教民因何滋事，土人之乘間搶奪者究係何村之人，螺溪上下砂係在別村，因何亦往河婆黏田壩盤聚。披閱所稟，情節殊未分明。若因民教不睦，藉圖分類糾鬭，該令應即澈查藉搶情由，速爲剖晰究追，但分曲直，不分民教，方不致釀成事端。如稍涉含糊，恐不逞之徒煽動滋鬧。該令有地方之責，未便掩飾游移。至該屬法教堂若干，各國教堂若干，現稟并未聲叙，亟應分別查封保護，勿任牽混毀搶，并干重咎。

批高州鎮稟法船窺探海口情形 光緒十年八月二十五日

法人既至竹山口一帶窺探，又復延接教民，其心叵測。該鎮務宜多發偵探，激勵所部，聯絡民團，嚴密守禦，如有竄擾，奮勇攻擊，果能保境禦敵，不吝優獎。所需大礮，自以就地購買爲便，前已疊次批令設法，或洋行，或商船，多方購覓，何以尚未接到，至今始憶及之乎。該鎮應即遵照，迅速籌辦。需價若干，核實赴善後海防局請領。購辦果能核實，本部堂自有見聞，決不致令該鎮受累也。

批高州鎮、廉州府會稟建立鋭勇右營 光緒十年八月二十八日

據稟已悉。料敵甚爲明澈，籌畫亦頗詳實，深堪嘉慰。兹將應行答覆各條，臚書於左。

新營紮神開港，與乾體中營聯絡，亦通北海聲氣，甚妥，比冠頭嶺孤危無援者自勝。然此爲少兵無礮而言，則不得不如此耳。若購求得巨礮二三十尊，分布嶺上，勿聚一處，因山爲臺，穴地伏兵，募膽勇精熟之礮勇數百人守之，或於控制北海之義有合。

神開港、高德、乾體三處形勢若何，有高岡阜否，有林麓、河汊、水田否，即詳作圖説，飛寄察閲。

所論法夷短長，交戰宜忌，俱極允當。洋兵整肅堅鷙而遲鈍重笨，槍礮致遠有準而逼近則披靡，必須智取計誘，是矣。然智力兩字，相輔而行，若無形勢可守之壘，命中及敵之礮，猛悍敢死之士，雖有計，何從施乎。僅憑肉薄，未可恃也。

法夷不涎廉州，但慮嗾客匪、教民牽綴我軍，極是。若謂法如來犯斷不止千人，則未必。法虜遠來，陸兵不多。此次雞籠、淡水猛攻苦戰，登岸亦止千人，劉爵帥來電所説如此。該鎮能教練所部敗得真法夷一千，便操勝算矣。

用計出奇，原在因地因時，臨機變化，非可預定執一，該鎮自必胸儲勝算。惟分番擾敵，耗其子藥，黑夜攻敵，疲其兵力，令彼火器無從取準，大約施之各處皆可。西人閲歷之言，幸勿忽之。

所添礮隊一營，因目下情形少鬆，暫緩招募，具見體念時艱，撙節餉糈，辦事核實，可嘉之至，難得之至。該處團練能戰否，切實稟覆。

采買舊礮自是禦急之策。即使省垣有礮，運往亦難。本部堂早思及此，故於六月二十一日、七月二十四日、八月二十五日三次批稟，皆諄諄以此爲告，何以至今第一次批答尚未接到。仰即一面設法購覓，無論西洋新式，以及花旗、紅毛、新州、安南各礮皆好，即土礮大者亦勝於無，一面備文赴省領欵，已經飭局，文到照發。

批潮州鎮、道會稟潮防情形 光緒十年八月二十九日

據稟查驗礮位礮勇并海口河道辦理團練各情，均悉。青嶼既不可恃，錢岡作水栅，內港南北岸作兩臺，雙溪嘴作一臺，移舊礮安置各條，甚妥。鷗汀、外砂等鄉已挑出團勇一千五百名，發給口糧，每月操練，以爲汕頭並各礮臺援應，辦理亦合機宜。潮

州密邇閩疆，尤爲喫重，務宜多方偵探，相機設防。該鎮、道等既能熟習情形，潮民又樂於戰鬬，如果有事，曉以大義，鼓以重賞，必能衆志成城，同心禦侮。外洋鋼礟非急切所能購，致能穿鐵艦者，省防亦止數尊。此時禦敵之法，惟有相度地勢，避其所長，庶幾可操勝算。至籌資一節，最爲緊要之事。潮俗紳富頗知好義急公，應即督飭地方官設法勸諭，以資接濟。詳閲來禀，該鎮、道條理分明，籌計詳實，洵爲能事之員，甚不易得。仰即知照。

批東善後局詳請截緝闈姓 光緒十年九月初四日

禁民爲非，理財正道。闈姓一事果能實在禁斷，國家豈利此數百萬金錢。惟查歷年來澳酋包庇，法網難行，禁止一層有名無實，徒使葡人增兵購艦，資助强鄰，藉寇兵而賫盜糧，誠有如原禀來詳所云者。目前法患方張，省防愈亟，欽奉諭旨，嚴斷接濟，妥防澳門，是該商承緝充餉一節於籌餉固屬鉅欵，於制澳尤爲要圖。安攘兼資，未嘗非權宜救時之策。且從此移其澳門之窟穴，然後禁令乃可徐施。既據該司道等轉據廣州府率同南、番兩縣，邀集公正大紳周諮熟議，僉以爲然，水陸兩提督會銜咨呈，請予照辦，復經疊次會商彭部堂、撫部院，均謂可行。當此時艱孔亟，公論攸同，本部堂亦何忍顧惜浮言，坐誤大計。應准據情入奏，請旨試辦。惟仍當隨時體察，如有流弊，即行奏請停止。此乃不得已之舉，必須將中飽積弊剗除凈盡，不得有私費一毫。倘日後查出仍有使費等名目，惟該司道等是問。并須傳集該商，諭令加繳巨數，方可准行。仰再行妥議辦理，詳候核奪。仍候彭部堂、撫部院批示。

批左江道禀上思州敵情 光緒十年九月二十一日

禀圖均悉。上思州南接越境，東界欽、廉，實爲西省西南門户。而教堂盤踞山徑，會平密邇芒街，法船易到，以後邊防永無已時。該道務須督率印委各員，審察險要，力辦團練，密以教民，稽察防營，籌畫經久之計。惟教堂勢難拔除，祇宜妥爲警備，不得輕聽訛傳，鹵莽生事，轉致反側不安也。

批廉州府禀覆北海遣散教民情形 光緒十年九月二十一日

驅遣外來教民，查封法國教堂，原不宜孟浪用武。惟當日若無練勇鎮懾，該教士豈肯束裝疾行，甘聽查封。此項潿洲墩教民自係爲法人召往越地助亂，然使看透北海空虛無備，無人敢與角力，必且益萌窺伺。該令一到，遽將練勇撤退，實爲無識，現已撤任矣。

批署雷瓊道王之春禀請發餉項軍火 光緒十年十月初十日

瓊島孤懸，軍火餉糈自應從寬籌備。所請發給四箇月餉銀，係爲慎重起見。現飭善後局如數籌撥，分別抵撥瓊屬地丁、海口税項等欵，以資軍食。軍火一項，先已飭軍裝局撥交來弁領解。至屯糧自以積穀爲主，無虞黴敗，仍仰勸諭紳民廣爲儲備。仰即遵照。

批總兵柏正才稟請添練舢板防守河港

光緒十年十月十九日

所陳舢板能禦敵船於内河共有八端，頗爲通達中理，甚與本部堂意合。惟格林礮如何抵禦，未經籌及，亦須思得一策爲要。西洋戰船皆有格林礮多尊，一名哈乞連珠礮，每礮十管，口徑寸許，放小開花子疾如風雨，專爲擊敵人雷艇而設。假如在粵造舢板，約每隻尺寸長廣幾何，上載幾人，每隻工料幾何，造成百隻須若干日，若欲省費速就，或取本地何種船改造，若左扒、蝦笱之類。式樣應否較長江舢板略爲變通，仰該總兵再行精思博考，約略估計工費稟覆，以備察度。

批署雷瓊道王之春稟軍火安抵瓊防光緒十年十月二十二日

據稟軍火礮位安抵瓊防，爲慰。仰即會同劉署鎮相機布置，勤加操練。各械須善爲存儲，隨時檢點經理，不然徒有利器，無益也。積穀已得若干，并廣勸紳商農民多儲少賣是要。情形若何，便中稟覆。瓊州總以自製火藥爲上策，此次李令船不能帶磺，下次船來，可多領磺斤，並備造藥器具、工匠前往，至要。海島漸寒，該鎮、道防務勤勞，甚念。

臺灣九月來無戰事，惟封口後通信息、寄餉械甚艱耳。餉械亦間有達者，苦不能多。劉爵帥及臺灣劉道自本月初一日後無信來，然偶有商船、漁艇來，道無事。越事桂軍相持，僅足自守，滇軍、劉軍在宣光數戰，或勝或敗，大舉深入尚不易耳。島中罕聞遠事，並以告。又批。

瓊防團紳若何情形，是否和衷盡心。近奉旨發粵差委之陳主事彝謙，由瓊到省，其在籍時已議及團務否。署儋州黄湘林聞與該道素熟，其人若何，均稟覆。又批。

批臺灣道劉璈稟雞籠情形光緒十年十一月初二日

雞籠不守，臺北岌岌可虞，全臺人心皆爲震動，自以速圖恢復爲要。該道函商朱道，請仍以曹軍扼獅球嶺，孫軍以六營扼滬，章、蘇二軍隨大帥駐郡，兼顧雞、滬兩路，深得犄角互援之勢，想劉爵部院必能采酌辦理。至臺南湧浪已平，法艘踵至，尤當聯絡民團，以補兵力之不足。餉械一切，本部堂已密籌接濟，另有密函知照，仰即遵照疊次札飭函件事理籌辦。如有員弁運解餉械得達臺南，該道務即派人飛速妥解劉爵帥大營，勿稍疎延，并隨時密通信息爲要。再，該道本月初一日稟彭部堂一件已閱悉，具見保障勤勞，志氣堅壯，深爲嘉慰。至臺南稅短餉絀，南中兩路三十餘營支持甚已不易，接濟臺北自屬爲難，然一臺南北，同處重圍，吴越同舟，猶且相救，況一院一道，不啻指臂之捍頭目乎。該道公忠素矢，爲國干城，定能深明輕重，力爲其難也。勸捐借餉，非該道之久任臺陽，習地得民，斷不能辦。援帥保境，他日朝廷自有懋賞酬庸。勉之望之。

批潯州府何昭然稟請示保護法國教堂辦法光緒十年十一月初五日

傳教各國載在條約，從無如達國之名。既有法領事官争論文帖可據，其爲法國教士變已名目可知。前經奏明，法國教堂暫行封禁，安分教民一體保護，教士護送出境，已通飭各屬遵照在案。現在法人背約搆釁，兵端已開，東省各屬法教士均已護送出境，西省傳教之富於道、賴保理、陳永康、司立修、羅惠良等五人是否全係法人，抑有華人，該府即督縣查明。如係法人，應護送出境，並傳諭該教士不必驚疑。其不願出境者，即由縣妥爲看管，勿令出外滋生事端，致素有仇釁之家無故戕害。該教堂即一律查封，所藏槍械均令呈繳，此爲一定辦法。至武、貴等縣匪徒鬬案，似與教民無涉，亟應分別捕拏嚴懲，以靖地方。

批署雷瓊道王之春稟請派兵襲取海防

光緒十年十一月初九日

兩稟并圖摺均悉。襲海防以扼敵吭，乃今日救臺制法第一上策，極奇極正，此本部堂所日夜往來於胸中，正與僚屬諸將切切計畫者也。該道詳探敵情，建爲此議，志壯謀深，洵堪嘉尚。惟所策固是，而欲以瓊軍任此，則目前尚非其時。現經奏派前西提馮軍門率十營由欽州右江，王鎮率八營由內地，均赴龍州出關，入越會勦。海軍即責以廣安一路。所以舍遵海之直捷，爲踰山之迂遠者，取其轉運文報，後路無阻，兼與桂軍合勢，越人國，攻前敵，非可以偏師僥倖也。此時西軍尚單，東軍未集，海防爲法虜出入門户，自必加意守備。即如該道屢次密探所説，譏禁如此之嚴，兵輪四五，礮艇十餘，恐非三五營所能一鼓而下。而瓊軍遠涉，敵詗早知。省防已抽八營，不能移調。劉鎮即許募補，猝難成軍，萬一敵船回救，徑襲瓊島，守備疏虞，豈不可危。目前若遽增海南屯戍之兵，備抽兵襲遠之舉，餉力方困，實有所難。昨署欽州參將莫善喜上稟，自願率師襲越。適會馮、王兩軍西行之議已定，因飭令陰爲部勒，俟東軍得手，赴機出奇。該道此時宜密爲規畫，選定將卒，精加訓練，備齊裝械，籌定渡船，仍須多發密探，並與莫將秘計商酌。大約須待臘月半後，雲軍已克宣光，桂軍已過諒江，東軍已薄廣安，在越之虜內救不遑，彼時該道即可調發數營，渡海而至東興，卷甲裹糧，襲其要害，水陸併舉，或與莫軍合力，或與莫軍分道，俱無不可。克則據之，不克則全師而退，以圖再舉。彼方保越之不暇，豈暇謀我瓊乎。彼時一面稟聞，一面進取，不必候批，不爲遥制。臨時用費，無論何欵，暫挪墊發，事後准其開銷，如此較穩較活，該道以爲何如。六響槍、雷氣炸藥等件，存儲安得如來摺之多，當飭局設法上緊購製發解。瓊防十四營，勇數不爲不多，參將陳榮輝既云東莞悍黨方可有用，何不即募此等驍勇健兒，乃令疲弱無用者，坐糜錢糧乎。仰即嚴飭各營迅速汰弱募强，務使遇有戰事時，人人皆精悍可用，是爲至要。千總張大林、把總梁玉陞即飭往，嚴備待時。深謀疾舉，勉立奇功，引領望之。

籌辦情形隨時稟聞。又批。

批雷局稟查看安雷電房 光緒十年十一月二十一日

據稟并另摺均閲悉。所稟各節，逐條批示於後。一、稟稱學生假期每月定以七天，逾期照扣膏火，係爲勉勵學生起見，應即照行。一、蕭部二弁並散放水勇口糧，已另札飭遵。一、各處電房、雷勇由就近駐臺官稽查，該道與局員不時考驗雷身電綫，思患預防，可即照辦。一、副將劉寶春所帶護雷三板三十號，即飭會同該道按段分護水雷，如魚珠、沙路一帶水雷再有碰壞，定惟該副將是問。魚雷練船，亦酌派三板應用。沙角、威遠等臺，應由赤溪協吴迪文派船巡護。有警時加插竹標，以僞亂真，尤爲要著，應即照辦。一、所請關防，應由營務處即行刊發，文曰總辦廣東水雷魚雷局之關防。一、另摺内稱沙角、蒲洲、威遠、沙路碰壞水雷，迅即取出修好。一、所擬沙角電燈房、大角電鐘房避彈防礮之法是否可用，營務處議覆核奪。龍穴三板洲安放沉雷二三十箇有無益處，即速會同該提督暨委統領勘明妥布，機器房亦即行修整。一、沙路電鐘兵房改用磚瓦，魚珠電鐘房後添兵房二間，善後局即分别委員估造。威遠礮臺電鐘房即行加築。一、白土岡需用皮帳、水龍、木桶一具，即飭機器局添置。一、中流砥柱近在省河，船隻往來如織，安放沉浮雷有無窒礙，應由營務處查覆。一、繫雷應否安放，速會同方提督察看覆奪。一、練船、魚雷船所需礮位能否照撥，軍裝局查明備移遵照。一、所擬告示，由營務處核定出示。

批署雷瓊道王之春稟抽營赴越助勦 光緒十年十一月二十五日

據稟將以陳榮輝一營、該道部下抽舊募新合一營，以爲擣敵奇兵各節，均悉。該參將如此勇往堅決，十分難得。該道極意經畫，捐貲撥隊，奬成此舉，深爲可嘉。該道及該參將有此壯志，不可負也。仰即密速部署，乘便赴機，已商明彭部堂，派合字前營渡瓊填紮矣。法虜縱横臺海，吞噬越疆，狂悖已極，各省各軍但有抵禦之方，更無攻討之力，此實中華之恥，文武將吏軍民之所共憤。該道等建議出師，輕兵涉險，無論他日功效若何，總足以震懾敵膽。且現在虜方增兵來越，力攻桂軍，若後路被襲，其前驅鋭犯之勢亦可稍解。惟海防爲敵之咽喉，兩營太單，據守卻甚不易。王軍此時方到南甯，大約王鎮到防須臘月初五前後，其全軍到防，須臘月十五前後。馮軍門全隊到龍州，亦須臘月初五前後，出關之期，尚未據籌定報到。軍係新募，亦須略整齊部勒，方可赴敵。至所請續募八營，雖已批准，惟目前海道未便，軍火内地運往須臘底到。該道所擬由王、馮之軍就近移紮，尚非其時。此時法虜在郎甲、船頭一路者，步步進逼，節節梗阻，王軍正須協助桂軍，且部下多淮勇。淮軍素性持重，恐未能卷甲深入。馮軍亦必須獲一大捷後方能疾趨廣安，焉能踰敵境而至海防乎。若該道自信瓊防無慮，或即再抽一營，共三營偕往，兵力略敷調撥。入虎穴得虎子，祇可如此，一聽該道等斟酌可也。莫軍已密檄部署，惟軍火亦須臘月解到，此一枝尚切近可恃耳。計瓊師若出，亦須臘月半到欽，彼時無妨與馮軍通信商約，遥爲呼應。廣安、海防本是脣齒，有機則先發，獨進無便則待時并舉，能攻能守固是上策，能進能退亦不失爲奇兵。慎之，勉之。軍情萬變，不必豫定。成功之後，無論何項經費俱准開銷。餘面告李令。

龍州電，十八、九等日，王藩司軍與法戰於豐谷，敗退紮板峒，法仍回船頭等語，并飭知之。初五日，宣光虜出城撲營，官軍小勝。近日宣光、臺灣俱無戰事。并及。

批示瓊州鎮飭查陳榮輝陳請各節 光緒十年十二月初一日

該參將勇往可嘉，而籌畫未能切實，已於雷瓊王道兩稟批示并手函詳示矣。東莞悍勇即行選募，但須實在精能出色，不准含糊充數。募成後，由署瓊州鎮劉鎮認真點驗爲要。該將所部兩營，即係東莞新安勇，何以平日不即募此等悍勇，而以疲弱充數耶。並即轉飭該將，將該兩營一律選汰挑募，令其一律精强。詳察該將稟函，大約志向尚好而未更兵事，一切不甚了然。即如請募東莞悍勇，乃欲令紳耆約束，此語謬極。團練保甲方可責成紳耆，募軍渡海豈亦令紳耆隨行耶。又所請白炸藥十箱，查白藥性最猛，價最貴，力過常藥數百倍，十箱須值兩萬餘金，無論局存無多，香港亦無從遽購此數，且亦何需如此之多耶。該鎮并即詳切考究該參將是否切實可用，密速稟覆，如非其人，即不必輕舉僨事，是爲至要。此批即轉示王道，并屬將本部堂批函密送該鎮一閱。

批高州鎮張得禄稟法船游弋情形并請舉辦水師添設陸兵 光緒十年十二月十五日

法虜此時在越境下游者，分紮郎甲、船頭一帶，以全力拒我廣西官軍。在上游者，正聚兵端雄府、家喻關一帶，以拒滇軍、劉軍，目前斷無遽行窺伺廉州之理。明春若果續添兵船來華，或來數艘游弋恫喝，亦未可知，然亦必待桂軍、馮軍皆不能支，始敢如此。不然，彼方禦我之不暇，兵力仍不能分，雖有兵船兩三艘，若不多載陸兵，豈能登岸深入乎。該鎮平日議論風生，頭頭是道，今一有警信，所稟盡皆浮游支飾之詞，與從前歷次稟陳條議頓爾改易，殊不可解。請設水師責成水師提鎮一節，最爲紕繆。紅單拖船豈能與洋輪相敵，一炸礮，一火箭，立即沉燬，即使有用，又豈能咄嗟可辦。明係故設虛誕難行之説，希圖卸責，竟乃謂海氛外來，偏重水師而輕陸兵之責，此語豈該鎮所宜言耶。至礮臺前稟請建於冠頭嶺，此稟忽又請退紮北海墟另行擇地，何任意變更，毫無定見如此。不思礮臺之設，所以防敵船近岸，必須依山臨水始爲有益。有礮臺以護海口，有陸營以策應礮臺，即使我礮力未足，不能擊壞敵輪，鐵甲則尋常礮力不能，若木殼兵輪，仍可擊燬也。而礮臺與陸兵相輔，足可沉其鬼板，禁其登岸。今若退入數里，而海口置之不問，寇已登岸，蹤横無阻，彼且將踞嶺安礮，下擊陸營，更無驅之使去之策，臺北、雞籠是其炯鑒。假使另擇平地作臺，適足受彼嶺上之礮，如何能守。即使能守，岸上平衍，彼可任意游行，有礮又將誰擊乎。今已將礮臺經費五千兩飭發，本部堂已爲設法購覓後膛巨礮不久可到，務即仍將兩臺照原議地勢式様興築，趕速動工，一面作臺，一面就目前力量，選擇便利地勢，修礮隄、掘地營，如需民夫，知照地方官派夫撥團，併工集事。設目前猝有敵警，亦當因時設謀，竭力防禦，戰守相資，阻其登岸。兩月以後，臺成礮到，仍須力守嶺上之臺。所請挑集練兵，准即選調精鋭，合成一營，照練兵定章給餉。所需軍火，現已飭局選擇各種利器，從豐發給，交游擊劉幹清携回，其中皆係洋製精品，務須講求操練，珍惜慎用。至所云團練無械一節，亦經購覓洋槍兩千枝，即日解往，并發去兩萬金交廉州府存儲，以備急需。平時月餉照舊於釐税撥發，團練經費責成府縣就地籌欵，不得擅動。新與莫參將添三營，有事足可援應，輔以團練、陸隊，已不爲少，但少將才耳。如所云北海須勇四五千，郡城各屬須勇二千，此語荒率而未中肯，不特餉力萬辦不到也。雞籠登岸之法兵至今不過七八百人，據劉爵帥來電。法即寇廉，斷無大股，陸兵決無逾千人之事。能戰則該鎮勇四營、練兵一營、莫善喜新募三營四千人足矣。不能戰，雖多奚爲乎。仰即遵照上項指陳戰守各節，竭力籌辦，凝心鼓氣，確探密籌，激勵軍民，優懸獎賞，會同李鎮、府縣整備團練，静以待之。梁副將情形極練，素所稔知，本任雖在龍門，彼處港道淺狹，易於防範，如北海有事，該副將能籌海濱制敵之法，亦應協力合辦。并即知照該副將暨莫參將可也。

批署欽州營參將莫善喜稟請率師擣越

光緒十年十二月十五日

桂軍北來，雲軍西下，惟有東路尚無官軍。此時自宜急出勁旅，攻襲越東，上之可立得名城，次之亦可爲滇、桂兩軍稍分敵勢。此爲今日救臺制法之奇兵，實爲規越出師之正道。本部堂籌計累月，審度事勢，必當如此，是以奏派馮提督率十營、王鎮孝祺率八營分道出關。甫經議定檄行，而該參將自請擣越之稟至，所論分趨船頭、廣安兩路，正與現在派撥兩軍辦法若合符節。該將慷慨奮發，建此奇謀，自願身爲前驅，深堪嘉許。此時既已有馮、王兩軍前往，該將正可別作計畫。海防爲法虜咽喉，我扼其吭，彼虜殆將無從措手。特是此時彼固已極意護之，將來彼亦必以全力争之。東軍未出之先自難議及，今其時矣。兹特解去銀三萬兩，交欽州存庫，專備該將規越之用。該將可即密爲籌畫，速募健勇千五百人，分爲三營，務選十分驍悍敢死之士，密爲部勒，豫將旗幟、號衣等物製備，以代馮軍召募爲名，并將本部兩營上緊操練，一俟馮軍進逼廣安，攻勦得手，即率此新舊五營間道疾趨，逕襲海防，當可有功。尤須懸賞設法布置内應，多遣間諜，確探敵情，庶乎有益。轉運、裹糧亦須籌及，應需軍火現已趕緊籌備，數日内即當解發後膛槍五百枝、前膛槍一千枝，并洋藥、銅帽前往。聞龍門協副將梁正源辦事老練，熟習越情，可將用間諜設内應諸事，與之密商妥辦爲要。署雷瓊王道、海口營參將陳榮輝亦有所見與該將略同，已飭整備五營，部署待時，與該將商辦。彼時或合力，或分道，均准相機商酌，不必勉强。若瓊軍不出，該將即自任之，萬勿等候牽制，以致泄誤。大約臘月下旬，桂軍過諒江，雲軍克宣光，廣軍圍廣安，此進兵之時也。此舉宜壯、宜密、宜隱、宜速，勉之。并將此批密示梁副將。

批署雷瓊道王之春稟派營潛襲海防及辦理情形

光緒十年十二月三十日

據稟陳榮輝等三營起程日期均悉。昨接廉州來電，瓊軍已於二十四日到龍門矣。似係約略之詞。此舉總以約内應爲要義。至進兵道路，務宜與莫參將妥商，或分道或合軍，均不拘執，惟必宜和衷籌畫，互通聲氣爲要。若人數本少，不相救應而欲建立奇功，難矣。務飭該參將謀定而行，勿存貪功之念，他日儻有成效，該參將自在上賞之列。近日關外消息不佳，自二十至二十二，法大股撲犯，聞盡調河内、北寧、廣安之兵前往。蘇軍鏖戰三日，不支敗退。現聞蘇軍紮威坡，距諒五十里。他軍亦俱撤退。王藩司德榜軍紮那陽，馮軍門八營紮峒樸，距那陽四十里，距諒五十里，王鎮在諒助剿，虜漸前進，諒防吃緊。若莫參將由廣安，陳將由海防猛襲其後，敵正空虛，當可得志。即敵人驚擾，還軍自救，亦可抽緩敵勢。勉力圖之。該道所墊餉，已飭局速發。

光緒十一年

批江蘇丹徒縣附生王弼堯禀代呈火龍圖説光緒十一年二月二十日

京口駐防驍騎校萬選所編火龍圖説，該生不遠數千里，航海來粤呈遞，以同仇之義，求制敵之方，該驍騎校之潛心研慮，該生之踴躍急公，均堪嘉尚。惟本部堂詳閲來圖，大抵采摭火龍經、火攻紀要等書之意，與目前海防情形未甚切合。法人輪艦駛行迅速，火龍以人力鼓輪，轉折遲緩，安能如意圍繞，令其停船受焚。原圖火龍内踏輪兵士，火發以後絶未籌及走避之策，亦未盡善。如果且恐敵人先用炸彈、火箭擊射，此龍不待薄敵，已成灰燼。如果該驍騎校有志報國，必須多見外洋船礮機器，考究造法用法，需以歲月，精益求精，庶可觸類引伸，别期心得，有厚望焉。另禀川費不敷，念因公遠來，已飭局發給矣。

再書示丹徒王生光緒十一年二月二十四日

萬選所製火龍利病，本部堂昨已按圖據理批答，惟既經該驍騎校思索創造，但有可采之處，尚可變通求精。不加考驗，長短不見，雖欲增改，無從下手。可就近赴兩江督轅曾宫保處具禀，請予試驗。萬一尚可酌改利用，庶不負該校之壯志苦心，及該生之誠悃跋涉也。

批蔣金鏞等禀議覆火龍圖説光緒十一年二月二十四日

果如所説，法船萬無與戰之理矣。何以長門中一礮而敵船停，鎮海中數礮而三艦立時避退乎。且非崩山之物，不能與敵船戰，世間斷無此物。該員等俱司製造，藍開祥所造之礮子，蔣金鏞所造之箭雷等物，皆係無用者矣。不解該員等終日孳孳，造之何爲乎。

批王藩司禀會同各軍攻克驅驢、諒山等處光緒十一年二月二十七日

該軍自由隘抄擊法寇，出敵不意，已操勝算。洎南關大捷，逆膽更落。驅驢一戰，諸軍合勢，斃酋奪壘，盪決無前，諒山堅城因之恢復，洵足上伸天討，下快人心，本部堂無任嘉獎。除飛咨蘇督辦、李護院查核具奏外，仰即知照。

批記名提督劉永福禀奉撤回關謹陳爲難各節光緒十一年四月二十四日

據禀遵旨調粤，但位置維艱，請示遵行，并清摺謹陳六事等語，暨另單禀稱越民苦留，該軍緩撤等情，均悉。該提督謹遵朝命，入捍邊陲，深堪嘉尚。逐條批答如左：

一、該軍舊部勁旅，自應率領同來。惟左育戰後，聞部衆或經裁汰，或已離散。此次貴提督入關，准帶二千人，但必須精鋭慣戰之士。如舊部不敷此數，衹帶千人尤善，由貴提督自酌，斷不必勉强湊數。俟貴提督入關後，仍准添募精鋭，足成全軍，當令統帶五營，每營五百人，以資得力，餉械均由粤給。内地無籍游勇太多，衹可聽其在彼自謀生理。三猛十州，爲地甚廣，耕墾足可自給，貴提督不宜概行招携入關，徒致滋累。

一、該軍家屬，孤寡多家，患難相依，歷年仰給，此次内徙，自難恝然。准賞給銀二萬兩，以爲安置家屬之費。但保勝距粤太遠，或量予偕行，或安置越地，令謀生理，斷不必全行携帶入關，應由貴提督妥酌。

一、貴提督之子通判劉成良請留保勝一節，諸多不便。保勝爲由越入滇要道，法所必争，越中官紳義民近年經岑部堂給械編營，團結自衛，歷年滇粤游勇嘯聚越地者甚多，將來法人難免不與此輩義民游勇搆衅。若貴提督之子留越，以後凡越人作梗，法人必歸咎於貴提督主使，無從辨析。務即率領該通判暨貴提督一應親丁眷屬，一同入關。

一、貴提督所部將士歷年征勦法匪出力傷亡各員弁兵勇，自應給予獎恤，以昭激勸。現經奏准，由本部堂具奏，請予獎恤。貴提督到粤後，可開單禀請，即當代爲奏懇聖恩。

一、保勝地險瘴毒，實爲雲南屏蔽，本部堂素所深知。惟此時中朝已許法人由越至滇境通商，貴提督已經内徙，保勝事體貴提督衹可置之不論。至土人服法與否，法人兵力能通與否，聽之越人可也。

一、貴提督起家軍旅，不諳因應事宜，自係實情，本部堂自能深察，諸予周全

一、所請給發關防一節，自應准行。現已飭局刊刻記名提督統領福字全軍關防一顆，發至龍州存廣西李護撫部院處，待貴提督到粤，即發給祗領，以昭信守而資統率。并刊發管帶福軍中左

右前後各營營官關防共五顆，一併存儲龍州，交貴提督轉給領用。

一、貴提督與法仇衅素深，此時已授中朝之職，移屯内地，法人自不得尋仇再論，已經本部堂奏准，若貴提督恪遵節制，彼族自無從藉口。

一、本部堂現經購辦上等後膛洋槍洋礮甚多，其餘軍械鉛藥尤屬饒裕，該軍來粤，自當擇上等利器發給充足，以資防守。龍州現存有前發該軍後膛精槍一千枝，現尚源源解運。保勝所存笨重礮械等物，千萬不必帶來，以免搬運累滯，耗費太多。

一、貴提督所需餉項及安置部衆家屬各費，現已電咨岑部堂，將收存該軍餉項三萬兩全行發給，以資目前應用，貴提督即可安排起程。龍州轉運局尚存有截留該軍餉銀三萬五千兩，專待東來。至去年到今賞項餉項已領到若干，應補領若干，祇可俟到粤再爲核算，應給者必當補給。本部堂於貴提督諸加優禮，諒所深信，勿因與岑部堂處核計餉數，致有耽延。

一、越民久苦法人殘虐，此次滇桂官軍既已凱撤，貴提督又復内徙，法人必致逞兵荼毒，越民請留該軍，以資保衛，自係實在情形。本部堂曾經奏請總理衙門約禁法酋，令其勿得妄殺彼族，能否篤守信義，殊未可知。惟撤兵入境，業已奉有明文，未便爽約改計。越官越民能否自行捍衛，祇可聽之越人自計而已。

以上十一條，貴提督務即切實遵照，妥速料理起程，懍遵四月十八日電旨，先撤至雲境，再轉至廣西龍州，聽候酌定駐紮處所。前經總署與法人約定，五月初二日雲軍皆撤入關，此時已趕不及，惟接到此批後，務即作速布置成行，不可延緩，一面將料理情形、起程日期飛報岑部堂電達粤省，并徑行飛禀本部堂考察。

批善後、營務、轉運各局詳請截留改撥轉運舢板光緒十一年四月二十四日

所造西江轉運扒船六十號，目前軍務雖竣，而龍州防軍將成久戍之局，若以此船撥歸西省，來往南甯上下，供各防營采運巡緝之用，亦甚有益。候即咨商西撫部院，再行定議。危丞等所造廣安水軍舢板一百號，原爲巡防五門内河而設，取其便捷適用，自當裁汰他項紅單船，改募此項水勇。已與彭部堂籌商定議，即遵照另檄辦理。

批右江鎮王孝祺禀關、諒戰狀與摺不符懇由東省請獎光緒十一年五月二十二日

此次南關、諒山之捷，萃、勤兩軍極爲出力，迥非他軍可比。朝廷特降璽書，厚頒珍賞，殊榮異數，同列所無。聞本月望日恩旨已降，所以策殊勳而勵戰士者，定當不薄。受之者祇宜師馮異之不伐，效晋帥之遜功，雍容行間，揖讓樽俎，庶可避國人屬目之嫌，收異地同心之助。兹閲來禀，尚多歉然。夫軍營章奏最難持平。該鎮久歷戎行，何事不曉，況合廣、桂、淮、楚數十營之兵力，以成此功，秉筆叙事者豈能銖兩悉稱。其間或欲爲上文斡旋，或欲爲同列救過，難免無之。李護院調和行列，甚費苦心，愛憎賞罰，并無私曲，此次亦非其主持，雖所録戰狀間有參差，而釐定功次，必非有意上下其手。該軍文員王壽民等身係書生，親冒礮火，本部堂所周知，此案未與，自係一時掛漏，或因官階較小，以待彙案續奬，亦未可知。事後論功，均得補列。關、諒戰功，奉旨令李、蘇保奏，故出力各軍，概咨西省辦理，東省豈

便攙越瀆告。該軍應得奬賞若干員，迅即詳具稟摺，呈報李、蘇二帥，自可悉邀甄録，不至核減。仍一面呈報本部堂，自當代爲咨達，力屬從優。至該鎮任西省之閫職，備西省之邊防，將來與李、蘇兩帥共事之日方長，尤須審處善全，方爲乃心公家之道。素稔該鎮深穩明達，必能領會也。聞關前之戰暨克諒之日，諸軍或因誤傷，或因争執，幾釀事端，賴該鎮解之而止，本部堂聞之甚喜，以爲胸有權略，可當大受，何此稟亦復悻悻耶。想係因將士憤鬱，該鎮不能不代之一爲傾吐。静言思之，必且爽然。至所需功牌，本部堂即日檄發數百道，給該營備賞。摺稿存。

批南韶連道華祝三稟舊病時發懇請開缺光緒十一年九月十七日

該道以舊證時發，遽乞還山，固見深明止足，素懷澹曠。惟是該道老成明練，吏服民宜，即其意度言論，亦遠勝時流數倍。在粤省今日已爲靈光本科，提調文闈，始終縝密整肅。屢次接見，察其精力甚屬聰强。方今時事多艱，粤中吏道龐雜，本部堂方欲倚該道以匡拂闕失，典型後進，開缺之請，未便允行。

批江蘇協賑紳士嚴作霖稟散放賑欵及善後情形光緒十一年十月初六日

披閲四稟並章程一件，均悉。該紳分查臨靈、興義災户，按大小名口，核給銀兩，審户不遺不濫，發欵不雜不虚，減次貧加極貧，以不均爲均，實心實力，不負此行，已深慰佩。復以餘欵爲開典備荒，設局借貸，儲欵修道諸善舉，利人濟物，計及久遠，其規畫精密，洵能裕先圖而杜後患，於西省邊瘠地方尤宜，甚堪嘉尚。應就近稟請西護院核飭立案，次第施行。惟平樂開道一節，據稱需欵十萬，請於釐金項下酌提一二成及公費閒欵中酌撥辦理。西省諸事支絀，是否尚能籌畫之處，仰候咨商護西撫院裁酌辦理。再，東省發往賑銀，聞尚略有餘欵，擬以添補開興安斗河、修平樂緯路之用。現經電飭委員薛守等與該紳商酌辦理，并即知照。

批潮州鎮、道會稟汕頭港口添築礮臺并抽撥防守情形光緒十一年十月二十日

據稟在汕頭港口南北岸之崎碌、蘇安兩處，添築土礮臺二座，將新購及舊存洋鋼礮安置臺内，並抽撥防勇，派弁管帶，分駐兩臺防守練習，辦理尚屬周妥。現雖防務已解，而汕口爲全潮門户，地當扼要，自應於無事之時講求守禦，以期有備無患。仰俟兩臺工竣，即由該鎮、道約會南澳李鎮同往驗收，議定章程稟報，並照該鎮、道六月二十三日來稟暨此次來稟，設法籌備經久之費，是爲至要。

批肇羅道稟督修基圍情形光緒十一年十一月初六日

此次築隄，專擇最衝最要，前此檄行并向該道面語，俱極明切。查肇慶所屬高要，以景福、豐樂兩圍爲最衝，高明以高要西岸羅秀圍及該縣三洲圍爲最衝。羅秀捍上游之水，三洲受倒灌之災，亟宜大修，以衛全境。秀麗圍次之，但羅秀地段則屬高要，水患則歸高明，該圍經費應動何縣之欵，該道酌核辦理。本部堂

之意，擬撥高要五千、高明五千，該道以爲妥否。四會以倉豐圍爲最衝，馬鞍、大興兩圍次之，工費應分别最次，先併力於倉豐一圍，不可一律勻攤。至姚沙、隆伏兩圍較緩，衹可酌量津補。總之，物力止有此數，專注則得尺得寸，貪多則俱成敷衍。即如南海、三水、清遠各圍，皆係批定止修頭等最衝，其次則姑置不議，事理固然。該道於各縣圍工務體此意，庶有實濟也。應即定議將最衝之景福、豐樂、羅秀、三洲、倉豐五圍，次衝之秀麗、馬鞍、大興、姚沙、隆伏五圍，共計十圍，分别差等，大舉興修。至經費一節，查廣東圍隄向係民捐民辦，從無官工。今年本部堂與撫院、司道等念横流較甚，欲謀豫防經久之策，不惜力籌倡辦，以奠民生。適值防餉支絀之秋，省局零星羅掘，實非容易。若如該道所禀，高要圍工止令民捐三分之一，官籌三分之二，已恐不敷。而景福、豐樂兩圍且止認六千，並不及三分之一，殊堪詫異。該業户身家利害所關，何得自昧本圖，過存希冀。試思通省圍田數千區，隄工數十萬丈，官長雖欲概行博濟，其將能乎。今與各圍紳民約，務宜竭通力合作之忱，謀一勞永逸之計。應修各圍，定爲民捐官助，官民各半，民捐一萬，官亦一萬，民捐三萬，官亦三萬。即使民財艱難，民力豈亦無有。或助人夫，或助牛力，或助船艇，或助物料，或助工飯，或工役減價受雇，俱准計值算費，務與官欵相當。勸諭督工出力之紳董，當發給功牌扁額示獎。但使各圍紳民能捐到之數，本部堂必當百計悉索，以副所求。如必推諉仰成，視剥膚之近災同越人之肥瘠，則官欵亦斷不能多發，是該圍紳民之自誤也。以後雖欲興修，恐官府斷難籌此巨欵相助，悔何及乎。仰該道督率府縣印委等，一面傳知紳民，開導勸諭，一面趁此冬晴水涸，併日速修，其中工程辦法如有應行增減變通之處，一面禀報，一面酌辦，勿候批答。現經籌備各欵，高要四萬兩，係連羅秀圍在内。高明一萬五千兩，四會一萬五千兩。就欵籌辦，勿逾此數。兹即飭局即日先發銀二萬兩，交該道領用，餘欵接續解往。各隄均須底闊身厚，作坦坡式，不得植立如墻，即前檄所謂須有收分。收分者，底寬頂窄之謂也。至其間有無應用石基、月隄處所，各就地勢水性辦理，惟衝激最甚處，必不能不用三合灰沙堅築，加以夯硪，僅資畚築土泥，萬不可恃。其迎溜掃灣處，挑水壩亦在所必須。均應細心審度，斟酌爲之，不得習常因陋。蓋一隅多費，則全局無憂，如此方有實濟，不可省也。所請添撥安勇五十名監修四會圍工，已咨照鄭署提督速辦矣。該道奉批後，即將目前勸捐開工情形、委員銜名、地段分晰馳報，并附圖説一一注明，勿延。

光緒十二年

批南海縣稟三江墟糧局被劫請飭營務處提犯訊辦 光緒十二年正月初五日

糧局爲國賦存儲重地，衆目昭彰。盜犯黄亞九等九名輒敢糾衆十八人，執持火器，夥劫得贓，拒傷差役四名。無論所劫是否糧銀，即此兇横情形，可謂案情重大，正合部章就地正法之條。查例載拒捕傷差，罪應斬梟。此乃粤東舊例專條，明白顯著，何以該令稟稱照律斬決，并不援引此例，殊不可解。且經本部堂傳詢該縣張令開呈原單，實係劫去糧銀四十五兩，餘贓甚多尚不在内，實屬不法已極。既據兵役當場拏獲，訊認前情不諱，亟應照章先行懲辦，以免稽誅。查上年十二月即有夥盜劫奪三江糧銀四千餘兩之案，是此地匪徒習爲藐法，慣劫糧銀，確有明徵，尤不可再爲姑息釀亂。仰東按察司會同營務處司道立提該犯黄亞九等，復加研訊。如果犯供確鑿，情罪允當，即開具供摺，稟請批飭，就地正法，以昭炯戒。仍候撫部院批示。

批南海縣續稟三江墟糧局被劫 光緒十二年正月初八日

州縣審理盜案，報憑初呈，犯憑初供。此案盧令初報盜匪夥劫糧局，兵差團勇水陸截拏，拒格互傷，驗明給奬，案情何等切實。營汛初報盜匪還礮拒捕，獲有洋槍，汛弁帶傷，差勇多傷，賊鋒何等兇横。當時立取確供懲辦，各盜早已明正典刑。乃歷任南海縣一味玩延，任其狡供拖展，甚至危署令忽改劫贓爲書識梁秀銀物，置糧銀於不問。如非糧銀，則張令開呈單内何贓。張令又改放槍爲施放竹銃，置槍礮於不顧。如非洋槍，則廣協稟列所獲何槍。爲首糾邀者坐之溺斃之蔡亞勝一人，槍械拒捕者屬之格斃、溺斃、瘐斃之蔡亞勝、蔡亞洪、王亞中、黄亞亨、羅亞信五犯，洗刷避就惡套，無情無理。似此兵練差役水陸合捕，槍礮對擊，衆目共覩，當場現獲之盜淹斃不計已有十七名之衆，拒傷弁差四五人之多，訊明盜夥十八九人不等，落膝初供十一犯已定，竟至事隔兩年，前臬司、廣州府讞局、南海縣不能早日訊辦。聽斷之乖，惡習之深，坐令兇横干紀之徒避就稽誅，大堪痛恨，以致盜風恣肆，近於上年十二月間，三江司復有搶劫糧銀四千餘兩之事。若再不懲前毖後，貽禍何窮。危署令接任歷限最久，疲懦已極，張令接任亦將一年，前後稟辦亦多膚飾。仰東按察司移會布政司，先將前署縣危丞記大過二次。張令姑念尚不始終掩飾，從寬免其記過。一面會同營務處司道，仍遵前批辦理。各屬蒙混積壓盜案正復不少，即由該司嚴札通飭，以儆其後。妥立稽核督催章程，將各屬稽延盜案按限清釐，捏報諱飾案情隨案查卷駁正。倘仍犯各項積弊，即行據實詳參，毋稍姑息，以免廣東釀成大亂，致蹈道光末年廣西覆轍也。并候撫部院批示。

批釐務局詳酌加釐廠比較 光緒十二年二月初三日

據詳後瀝、白沙、菉蘭、新塘、北海、欽州、雷州、赤墈、江門、横門各廠，當時定額尚少，核計上年收數均屬有長，請酌加等情，自係爲裕餉起見。惟比較定額，在詳考該廠歷來之情形，不在一年之收數。若以上年長收作爲本年定額，其短收及僅敷比較者概置不問，是長收者爲分所宜然，廉潔勤奮者無所勸，短收者亦勢所應爾，營私曠職者無所懲。其因長收而加額者，以後難免不或有短絀，而僅僅敷衍，無所短長者既無比較之加，轉覺辦公之易，必致各廠相率效尤，不復以多徵旺收爲務，釐務安有起色。且新加釐額比較數萬金，並不詳候核定，遽由局徑札各處，亦屬非是。仰再詳察各廠情形，通盤籌畫，再行酌定比較數目，詳候核飭通行。以後准此以考核功過，庶長收各員有所勸勉而實力稽徵，短收各員知所儆畏而不敢侵蝕，以昭覈實而示公允。是爲至要。

批廉州府李璲禀查明靈山盜案光緒十二年三月初五日

鄧令諸事整頓，請兵請員，力懲盜匪，斷不致有縱賊之事，本部堂可爲深信。李永清既係事後控指攀誣，自應昭雪開釋。蓋匪類則千百亦不妨誅，良民則纖毫亦不可枉。仁義並用，方爲用法之平。現經奏明，咨請馮督辦派撥勇營查辦廉屬匪鄉，靈山首宜速辦。仰東按察司即飭廉州府轉飭靈山縣，迅將施廷瑚一案現獲各犯趕緊審明，無論劈門行劫，或係臨時行强，均在不赦。即行解交廉州府復訊，録供，禀請批飭正法。并由府嚴飭所屬各州縣，查明以前未報劫搶、擄贖、械鬭各案共有若干起，作速據實報補，以憑乘此兵威，次第查辦。其有擄捉婦女勒贖之案，務即據實具報，以憑核辦，勿得任聽避就，改擄爲拐，以及（迴）［迴］護前禀。此外命盜各案，如有曾經通禀漏未通詳者，亦即查明補詳，未經審結者迅速提訊明確，分別照例照章擬辦。該府有督率之責，并即實力查催。

批善後局、魚雷局詳酌議魚雷學堂雷艇章程光緒十二年三月十七日

魚雷功用極繁，事理極細。開設內外學堂，原爲講求機器、演習駕駛起見。凡學生已在練船及水雷學堂者，由該司道等督飭教習挑選其水師營弁，候本部堂會同東撫部院檄飭四營，將遴選年力精壯、姿質靈敏者十餘人，撥入學堂學習，至多以四十人爲限。一月後分別等差，酌給膏火。三月後嚴加甄別，心靈手敏者量加獎勵，心粗氣暴者裁汰另選。至雷艇開支數目，當此庫欵支絀，定造九艇節次將到，該弁兵等技藝未熟，操演需時，不得不撙節以期持久，每艇人浮於事，亦應核減，仰該司道等再行會議另詳。餘俱如詳辦理。

批廉州府李璲禀酌擬查辦匪鄉章程光緒十二年三月二十六日

據禀查辦匪鄉章程八條，如查開案匪、勒交逸犯、免予詳解、出示招告、派員審案、緝匪宜密、紳耆管束各事，條分縷晰，具見辦事實心。惟發府審辦一條，核與本部堂會奏不甚符合。查原奏係責成道府督率委員，將捕獲綑送各匪調核案卷，研究是非，其情節較重、素行不法、有擄殺糾匪實據者，即予正法，餘則分別究釋，原期便宜從事。若如所請，將罪應斬絞者先禀馮督辦覆

核允協，再行通稟請示辦理，轉多周折稽延。所有各匪應正法者，即照奏案由該府就近稟請馮督辦核定批行，就地正法，一面由府摘叙簡明罪由供摺，及正法日期，分別彙案通報。其罪不至死或有誤拏誣攀者，該府訊明後，應發該管州縣，擬辦者速辦，應釋放者立釋。總之，各匪辦法祇分正法、礅禁、枷責三等，以期無縱無枉，并無拖累。一切悉聽該府稟商馮督辦酌量妥辦，總以除暴安良爲主，不必拘牽舊例。三月十二日會咨會札一件，業已明白詳盡，應即查照辦理。酌罰花會一節，爲不得已之舉。從前潮州、東莞等處辦鄉，即係如此辦法。應由該府斟酌妥辦，總以體察情形，不致擾累爲先，光明正大，官吏不經手、不沾染爲主。餘俱如稟辦理。

批寶華公司稟請招商納釐鼓鑄制錢 光緒十二年三月　日

鼓鑄制錢，上繫國家利權，下關民間生計。該商等稟請招商集股，開鑄納釐，實屬謬妄。其弊有五：以輕爲利，愈趨濫惡，一也。少則利微，多則壅滯，二也。百物昂貴，病商病民，三也。私鑄競利，獄訟繁滋，四也。充斥鄰省，詬責交集，五也。成本必虧，釐於何有。民間大擾，安論富強。所陳五便，皆屬虛誕無實，斷不可行。假如倖邀准行，該商等破家被罪，可立而待。且洋銅洋鉛取資甚便，不此之買，乃欲遠運川黔銅鉛，顯係藉此估販長江，走漏釐稅。此等妄想，本部堂豈受其愚。乃不候批准，竟敢刊章招股，尤爲玩法。除批駁立案不准外，仍嚴行申飭。

批鑛政局詳酌議開辦章程 光緒十二年四月初七日

所議章程均尚周妥，仰即如詳辦理。惟近年各省開辦鑛務，皆未能延請真正鑛師，遂致坐耗巨資，毫無起色。現在應飭商人延聘精於化學之鑛師，尋求善地，考驗分質，庶免虧耗。如果能詳細講求，實力辦理，本部堂自當逾格獎勵，以資鼓舞。尚有未盡事宜，亦即由局詳加酌度，隨時申請核奪。一面出示曉諭，招商承辦，頒發章程，以廣招徠，而資遵守。一俟開辦有效，本部堂即當奏咨立案。

批道員盛宣懷稟請開九龍商埠 光緒十二年四月二十四日

所議九龍開埠，免税招商，實爲力保利權，馴致富強之論，具徵識議宏遠，深堪嘉許。惟事關創辦，利弊先宜熟籌，仰候札飭東布、按、運三司、督糧道，會同迅速核議詳覆，以憑具奏。

批東安縣文博稟查覆西甯縣稟請撥兵辦匪各節 光緒十二年五月二十五日

據稟西江一帶河道，無非陳定邦窩聚匪盜，陳定邦已獲，黨與四散，殊屬臆度之詞。核察西江情形，未必止陳定邦一人窩盜。該臬司札飭，原期該縣與德慶、西甯州縣合力密查，以清盜藪。該縣不能悉心領會，但以歷次獲盜多名，尚無大夥盜匪横行，已有廣安水軍震懾，無煩兵力。殊不知陳定邦盜夥衆多，該縣連界河面，未必即能安定。謂不煩重兵則可，若謂匪黨四散，閭里已安，無庸再事搜捕則不可。本部堂現委總兵侯勉忠署理羅定協副將，兼辦東安、西甯兩屬水陸緝捕，副將黃榮華署理水師營參將，仍統率廣安水軍，與巡船聯絡，協同辦理捕務。該縣當乘此聲威，迅速密查境内盜竊及水陸緩急情形，會合搜拏，以收一勞永逸之效。勿仍拘牽地段，狃於積習，自貽後患。

批惠州府夏獻銘稟酌擬匪鄉辦法光緒十二年六月二十日

據稟匪鄉辦法，貴乎核實，所見甚是。惟所稱有終身爲不善，而其罪不可指名以附於法者等語，殊屬費解。如積年兇暴，素行不法，有擄殺、糾匪實據，無論主糾聽糾，皆可名之爲土匪。土匪即法所應辦，斷無終身爲不善，而其罪不可指名之理。法生於名，故周秦諸子名家與法家意指類多貫通，史漢亦稱刑名。至不可指名，則究坐何罪，又并未爲惡，而名在丹書，實係被人擇噬一語。丹書係指已定讞而言，但被人一呈、一狀、一稟、一揭，均不得謂丹書。如被人誣告，更不得謂名在丹書。果係並未爲惡，即當隨時審明，隨審更正，亦斷無并未爲惡，而聽其名在丹書之理。至不必論其所犯之有案不有案，但論其爲匪不爲匪二語，殊有語病。因其有犯，故名爲匪。果身犯爲匪之事，雖或因人畏凶悍不敢告發，或已經到官狡脱倖免，當此查辦匪鄉之際，或被害之家控訴，或紳耆鄉鄰呈首，查審得實，即當懲辦，是昔雖無案而今有案矣。若始終無人控首傳審，又無情節，又何從斷之爲匪而誅之乎。蓋被控之案，審實則成案，審虛即不成案。爲匪之案，審實則爲匪，審虛即不爲匪，此理甚明。該府既稱巨憝必誅，誣告必辦，宜言凡實係爲匪，即舊例罪名稍輕，必究實照章嚴辦。若并未爲匪，即被人控攀有名，必審明立雪其誣，方爲明白了當，斯不致善惡不分，枉縱失平矣。昨據署廉州府李守議稟，已分條核行，即使各屬大同小異，亦不妨參酌辦理。仰東臬司轉飭遵照。

批運司詳查明緝私各廠鹽務公所及首領衙門入欵酌提歸公光緒十二年七月二十日

所議各節，均屬妥協。惟窮員津貼，擬以每年每員支銀六十兩，以一百員爲率一節，不如即就此欵改爲按月考課，酌量等第，分別給領，尤足以昭核實而厲人材。仰即將此節妥議章程，另詳核奪。至向來窮員本有津貼，係按三節酌給，此後或仍其舊，或併入此項考課欵項内辦理。并即議覆。

批釐務局詳商人包承火柴釐金光緒十二年七月二十四日

據詳商人黃慶和包承火柴釐金并摺開章程，閱之不勝駭異。查該商認繳之數，每月僅得銀七百兩，乃於省、佛、汕頭、北海、海口、汲水門、馬溜洲、佛頭洲、長洲、九龍、前山、榕樹灣、關閘、神泉、甲子、惠州、淡水等十七處設立廠卡，壟斷罔利，已於商民有妨。該商猶以爲未饜，且申之曰洋來或到別埠土造，或遷別處，准商等隨時添設廠所，而又船隻、巡役、器械紛紜，未盡事宜，尚須隨時稟請舉辦。試代該商思之，每月廠費若干，雜支若干，必須抽收若干，然後能繳此七百兩之餉，其必騷擾苛索，多方取盈可知。以家人日用束緼乞火之微物，而令通省水陸立專卡、設巡船、頒鈐記、封鋪户，幾與監榷銅官相等，傳之海內，鮮不駭笑者矣。至奸商影射取巧，藉洋人爲護符，誠所不免。以每月七百兩之故，致令中外交涉增出無數葛藤，地方官固將應接不遑，該司道亦將日不暇給。種種窒礙，利少弊多。誠使給諭開辦，不及一月，全省驛騷，該局豈能職此重咎。乃謂逐一核正，尚屬可行，一何輕率乃爾。況粵省籌餉雖急，尤須刻刻以恤商安民爲本。本部堂與該司道等言之諄切，幾於舌敝脣焦。從前舉辦牙捐，歲認鉅金，猶不准其攔河設卡。成案具在，該局胡竟忘之。倘該局確見此項火柴認真抽收於餉有濟，則詳定釐則，責令現設各廠帶抽，未爲不可，所得容或不止此數，何必身任煩擾，爲奸商創必不可開之利源乎。此舉有乖政體，無裨餉需，應勿庸議。仰即酌議收數，補入釐則，飭令各廠一律帶抽。仍將辦理情形具報。

批兼署運同朱丙壽禀請帶抽閩釐并酌減成數各節 光緒十二年十一月二十四日

行鹽省分代抽鄰省釐金，定數包解，最爲善法，有四川前督部堂丁、貴州前署撫部院李歷次所陳川鹽邊引包完黔釐各奏案可據。福建汀州府牙釐局誤招土棍，包收鹽釐，以致商怨運滯，大礙潮橋正餉。該兼署運同擬將汀、杭、永、連等埠釐金，改由埠中帶抽完繳，並照福建西路邵武等縣鹽釐成案，一體於已減二成外再減二成，係爲廣銷引鹽起見。且閩鹽就近運銷，成本自省，粵鹽自潮橋運至該四埠，道遠費重，閩鹽之釐既經再減，粵鹽之釐何獨照抽。所請該四埠鹽釐由粵帶抽包解，於閩有益無損，且應照案減釐，方爲公允。應即咨商閩省，必須籌一妥善辦法。摺開長汀埠遞年支送地方文武衙門官規，據請查照銷鹽票數按成計送一節。官規名目，非公牘所宜言。姑念隔省陋習相沿，不遽禁革，且地方官協力緝私，不無所費。然使銷出鹽價至不足以供規項，則虧缺課餉，誰實致之，該地方官亦不能坐視也。所請即以額銷一百二十票計算，每銷十二票爲一成，尚屬平允。至汀州各埠，擬由閩招商認辦一節。查甯化、歸化、清流、武平四埠，閩近而水，粵遠而陸，以致閩販行鹽，粵省賠餉，實非平允之道。惟閩省是否肯認，應候咨商。仰鹽運司即將帶抽閩釐、酌減釐數、按成給規、劃埠歸閩各節，及一切未盡事宜，查案迅速妥議詳覆，以憑分別咨商具奏。

光緒十三年

批瓊州府謙貴稟華商請辦瓊洋輪船光緒十三年三月初五日

此事前准粵海關監督咨行駁飭在案。第商人陳大盛稟請造辦小火輪船，專走瓊洋十三屬地方及過海安、雷州等處，專以渡人爲事等語。本部堂察核所稟情形，此舉於商民未嘗無益，緣瓊洋十三屬濱臨大海，風濤甚惡，非設立輪船濟渡，難免冒險之虞。至條約所載非通商口岸不准輪船來往一條，自係專指洋商而言。今該商係華商非洋人，與外國條約無干。且長江、沿海，商局輪船通行已非一處，此舉尚應再爲從長計議。惟雷、瓊一帶洋面二千餘里，該商雖以渡人爲名，必兼搭客帶貨，若令税關釐卡無從稽查，抽收不無窒礙。查該商本係民人，所置輪船仍係民船生業，其應完常税、釐金，仍應向常關、釐廠完納，方爲完善無弊。果能嚴定章程，重其罰欵，於粵海關税及各廠釐金不致漏越，當可再爲咨商辦理。至該商所請專走瓊洋十三屬及過海安、雷州等處，究竟擬設輪船若干艘，如何分段往來，行期有何定限，應即迅飭該商妥擬章程，詳列領照報貨、完納税釐以及罰懲漏越之法。稟復到日，由地方官核明雷、瓊兩屬共有税關釐卡若干處，酌定稽查罰懲各辦法，稟請核奪，勿庸由税務司經理，以示華輪洋輪區別。大約往來有定處，開行有定期，稽查較易。惟有客無客，均須依期開行，於船户不甚合算。若以三數艘隨意往來十三屬及雷、瓊各處，則稽查難遍，更恐洋商輪船朦混影射，流弊必多。或令該商擇定貿易繁盛之區，定期來往，先行試辦，俟有成效，再行逐漸推廣，均須由該府確切查明稟核。仰即遵照飭議稟覆，以憑咨商核辦。

批西藩司等會詳據委員稟查覆鬱林釐卡弊端光緒十三年六月初三日

釐廠弊端本屬繁多，而近來巧詐尤甚，不但各卡附近墟船路擔託名廠用，抽收入己，且有名爲讓釐，實則抽費，以及不填釐票，并將每日自收數目亦不存留實據，以期滅迹者。術雖不同，其爲以多報少則一也。前經委員密查，鬱林、博白兩卡弊端較甚，飭經該總局委派周令克堃前往確查。該令宜如何破除情面，切實指陳，冀除積弊，兹閲稟覆各條，俱屬空言敷衍。即如原單所陳鬱林總卡、博白分卡兩處每年各收釐錢四萬餘千串，而報解僅有二萬餘千串，是其所收數目，與所報數目不符遠甚，故須派員往查。兹該令但稱總局原存該正分各卡收數册報有案，調查自當瞭然等語。如果册報之數可信爲實，又何用該令確查爲耶。該令又稱合以歷年比較，大致不差等語。查比較之法，原欲令各卡爭自振奮，爲之記功給奬，并非示以限制，不計盈餘。無如各卡員恃有比較，轉若以此爲限，約計不致短絀，餘即概入私囊。此乃各處通弊，正須力加整頓。而該令乃謂比較無差，便欲爲無弊之據，已屬含混無理。況該令既已查出鬱林總卡光緒三、五等年確收各卡釐錢四萬餘串，四、六、七等年亦收三萬串，博白分卡光緒三、四、五等年收錢三萬串有奇，六年收錢二萬二千串有奇，何以近年鬱林正卡僅收二萬六七千串，博白分卡僅收一萬七八千串。該令所謂比較無差者，豈將指最絀之年以爲定限耶，尤爲謬極。查鬱林地方偏僻，民間常年來往貨物略有定數，斷不致大相出入，而釐金日見其少，謂非弊竇而何，豈得以近來米穀不出，洋單又進，遂爲藉口之資。鬱林多係旱道，米穀出境最少，本部堂豈不知之。至於洋單進口，惟廣東爲最多，何以東省釐金經本部堂疊加整頓，近來日有增益耶。至於各卡收釐無票者，據稱已有數處，難保不相率效尤，甚且將大宗貨物亦復漸不給票。此等弊竇，殊駭聽聞，乃反謂弊端已少，尤不可解。在該令罔識大體，惟知見好同寅，不敢盡言招怨，僅於各條中毛舉細故，以圖搪塞，固屬可恨。而該司道等雖係暫時署理，亦宜振刷精神，互相講求，共濟時艱，何得竟聽該令空言敷衍了事，殊非本部堂責成考察之意。仰即將鬱林各卡比較之數切實加增，查明自光緒元年起至上年止，所收各年釐金數目，以最旺次旺之年合併酌中計算，定爲比較，毋令仍蹈故轍，稍有侵虧。其餘一切弊端，一概嚴行禁革。自經此次加增比較，倘該卡員等再有私抽入己情事，本部堂一經查出，定即立予撤參，決不曲爲寬貸。該令周克堃奉委查事不實，含混稟覆，應記大過一次，停委一年，即移會西藩司注册，并將批行各節分飭遵照，暨將加增比較數目具報查核。此外南甯、百色各卡弊端，亦即確查，分別辦理。均毋違延。

批東藩司會詳議給各州縣津貼考費銀兩

光緒十三年九月十六日

歲科兩試經費爲數浩繁，州縣要差賠累，自應體恤。前因餉需緊迫，局欵各有待用專欵，是以停給津貼，令由各該州縣另行籌畫。現經飭令善後局查出弛禁商人有浮收二一水等項，議令加繳餉項。此係新增之欵，尚可酌量提充公用，以後此項加餉雖不能照初次之數認捐，亦斷不能全行減免。該司道等議提銀二萬兩津貼本年承考各縣，此外亦應一律議及，通籌勻給，方免偏枯。應即查照光緒九年司局詳請津貼考費原案，於弛禁加餉項下三年内共提銀四萬八千兩，以充羅定、嘉應、歸善、茂名、高要、海陽、合浦、海康、瓊山九州縣津貼歲科兩試經費之用。仰東布政司會同善後、交代各局，督飭廣州府詳查各州縣辦考應用細數，并外屬每届解到公捐考費實數，大略依據舊案勻給之數，斟酌損益，務令平允。就中海康一縣同屬既少，地方尤爲瘠苦，應較原數酌增，擬議數目，詳候本部堂會同撫部院核定，并將以上九棚外屬各州縣向章應解公捐考費體察情形，各就力所能及，酌定一數，開單詳明，分飭各該府州縣照數解足，不得因省局籌有津貼，遞減取巧，以期經久。經此次籌發巨欵，以後如再有虧挪情事，務即嚴查詳參。

批委員陳瀛藻等稟請發轟開險灘炸藥等件暨所需工費

光緒十三年九月二十六日

昨經札飭該員等赴西省轟開險灘，已飭軍械局撥發炸藥三百磅，并飭善後局發給薪水等項矣。兹據稟，未開之灘尚多，請發黄炸藥一千磅、英煤十頓，及雙單頭電綫、印度膠、印度帶、白金絲等件，均屬可行。至所需經費，春間所開十四灘用過銀一千五百兩，現查應開尚有二十九處，均係水深石硬，工程較難，所請經費三千兩亦即照准。該員等務須撙節支用，俟工竣連前次所領銀兩，一併據實造册報銷，毋得稍涉冒濫。其電綫等件購運甚難，慎毋稍有損失。此外擬購船隻，添雇機器匠、泅水人夫，添購入水衣袴零星等項，津貼工匠衣服銀兩，均由善後局核明酌量擬給具報。至沿途各縣營所派兵役照料護送，彈壓巡船，准即札飭照派。本部堂不惜重費，惟期一勞永逸，利及商民。此次務須一律開竣，方准銷差，勿得曠日糜費，仍留一簣之虧也。

批雷瓊道、府稟請發經費籌辦疏濬水道各節 光緒十三年十月十二日

瓊州善後應辦之事甚多，顧事理有緩急，籌辦有次第。若如所稟疏水道、通溝洫、增閘壩、造船設筏各節，及他稟建營硐、設屯田、興義學、創官市等事，遽請一概撥給經費，併騖兼營，五稟共請發銀十六萬兩，未免駭人聽聞。微特粵省無此財力，該道府等亦無此力量包舉靡遺，目前亦無如許人才足供器使。若不量力而爲，必致顧此失彼，旋作旋輟，有糜費而無實際矣。所有五稟應辦事宜，已飭局統發經費銀二萬兩，解交該道切實辦理，撙節動用，核實支銷。

批雷瓊道、府稟請酌發經費修補井字路 光緒十三年十月十二日

增修各路工，乃防營勇丁應辦之事，量雇土黎幫同作工，所費有限，總於撫黎經費内開支。當此冬令瘴消，正宜派員督率深入，分段認真修甃培補。餘事已於該道府請疏濬水道稟内詳細批示矣。

批雷瓊道、府稟請撥經費建築營硐 光緒十三年十月十二日

建築營壘，皆防營所宜，有事豈能另給經費。瓊地營房不過用竹木椰葉之屬，足資棲止，山中取材甚便，不費一錢。黎人甚弱，硐卡但取其可以駐軍防守，不比金川碉樓，必須雄峻深固，狀如高臺堅城也。所需陶瓦，該道、府擬於黎境擇地開窰，備造磚瓦應用，事屬可行，但所費無多，應即統在撫黎經費内開支。

批雷瓊道、府稟請撥經費設屯田義學 光緒十三年十月十二日

屯田爲備邊之良規，非撫黎之切務，繁重而無實用。至籌建義學鄉塾，前准馮督辦電稱，各屬查辦客黎叛産甚多，擬請以半變價，以半招耕，爲修造義學及常年經費等語。該道、府等應即督同各屬遵照，清釐舉辦。此等事全賴地方官率作興事，若悉仗公帑經營，豈有濟耶。黎地義學不過先令其學習漢語漢文，認識村書雜字，宣講聖諭廣訓。如是而止，不必求深。

批雷瓊道、府稟請撥經費創設官市 光緒十三年十月十二日

撫黎自以開通利源爲先務，然如采木設市等事，官爲倡始，祇可建造屋寮，招徠商賈，防護劫奪，平定價值，減免釐税，聽其自然趨赴，久之自能成聚成都。吾聞因民之利而利，不聞奪民

之利以爲利也。據稟創設官市，建立廛舍，收買貨物轉售而又取約券，權子母，是直奪商利而斂之官，甚非政體。且利之所在，經理一不得人，賠折則累及官帑，獲利則徒飽私囊，必然之勢。古來官辦商務，除劉晏一人外，有利無弊者更無所聞，其難可知。查荔枝園地方，據周令林、伍令蓉等電稟，已建屋開市，民黎受廛列肆者甚爲踴躍，他處即可仿照辦理。惟所稟目前冰片登場，此乃黎貨大宗，姑先由該道派員采辦行銷，藉以考核黎貨盈虛，商利多少。准借撥銀三千兩，交該道試辦，選派妥員經理，看其有無成效，據實稟聞，此項即在撫黎經費内借撥支用。至設墟造房，所費不能甚多，應統在撫黎經費内開支，核實動用具報。

批前山同知蕭丙堃稟籌議整頓前山暨蜑民陸居各情形光緒十三年十月十五日

該署丞所需水陸勇丁，暨添設拖船四號各項薪糧經費，已於另稟批行遵照，由善後局支領，并撥利涉、健鋭輪船兩隻，均聽該署丞調遣矣。兹請撥前泊黄埔快扒二艘，候飭釐務局發給應用，俟船隻到齊，即飭派勇丁分紮水陸，阨要巡防。寨城日久坍塌，易土以磚，尚爲合宜，應逐漸設法籌修。所有魚欄捐欵是否可行，應即妥爲辦理，務令商民樂從，勿使畏沮。關閘汛原有把總，望厦汛原有外委，久經展轉遷移，應候察看情形，逐漸移回，無庸驟舉，以免疑論。廣東蜑户舊俗雖不陸居，若海島官荒，令其置屋，自屬無礙，該署丞即可隨時招徠。應俟文物漸興，再行請給學額，現在尚無居人，不必先行入告。其餘應辦事宜陸續妥籌辦理，具報查核。

光緒十四年

批運司詳鐵斤鐵器出口擬令仍納地税

光緒十四年二月二十日

上年奏開海禁，原爲暢土貨以惠工商，敵侵銷以收利權。據該前司會同釐務局司道議，將起、驗兩釐改爲地税，一次併徵。兹據詳，内地行銷，仍照章免其加抽地税，如係告運出洋，再納地税，於旗票注明等語。是無旗票者未能隨意營運，商販仍多不便。蓋出洋之貨，轉相販運者多，逕行告運者少，一經限制，難冀暢行，殊非奏開海禁之本意。查旗票一事，乃從前例禁嚴時限界銷售而設，今既開禁，則鐵器亦與尋常貨物無異，尚何庸問其所往。所有從前之旗票告運等項，自應一併停止，以免牽掣。至於開設鑪座，分别大鑪、土鑪，應交鑪餉與販運鐵器完納税釐係屬兩事。現當開禁伊始，正宜多方利導，俾令暢行，所有鐵斤鐵器税釐，均毋庸改爲地税，并將軍監牙加斤弔等税暫行寬免。其有向來派累鑪商之處，亦即一併裁禁。統俟出洋暢旺，再將應納税釐從輕酌定抽收，以期因時制宜，變通盡善。業經另行具奏，仰即遵照辦理。

批廣福堂呈創立會欵光緒十四年三月初一日

闈姓一項，因爲杜塞漏卮始准開辦，此外别項賭博非可設法效尤也。該職員所呈各節專爲誘賭，希圖抽頭，與開設花會、白鴿標等類何異，豈有此等政體。任意妄瀆，殊屬謬妄，應嚴飭。

批藩司詳請月課候補人員并呈考課章程光緒十四年三月十二日

據禀擬月課同通州縣佐貳、雜職，於保甲團防經費項下按月撥銀奬賞，藉以識拔人才，用意甚美。并據續呈考課章程，兩院及兩司按月輪考，應即照辦。其餘各條，均屬周妥。至考課之地，應俟臨時察看人數多少，隨時酌定，不必拘定一所。其需欵即在新籌保甲團防經費項下餘欵動支。惟文藝、吏才，究屬兩事，未必兼長。至委派優差，自應按其才具勞績，酌量器使。若屢考前列者，自必屢得優奬，已足鼓勵體恤，未便即予優差，以示限制，庶幾政事、文學兩無偏廢。餘俱如所擬章程辦理。

批潮州鎮鄧安邦等禀堵塞福隆等圍決口酌議湊捐章程光緒十四年四月初六日

東莞地方素稱繁盛，福隆等圍向係官督民修，按鄉派工，立有刊石章程，原不必官爲籌欵。惟此次春水斗發，爲數十年所僅見，誠恐派工需時，夏漲踵至，潰決愈寬。據禀福隆、司馬兩圍，約需經費萬餘金。茲特飭東善後局籌撥銀三千兩，俾資倡率。此乃因該圍今年被水過重，傷損甚多，格外體恤，他圍不得援以爲例。仰該鎮即便赴局承領，並勸令紳董業户踴躍捐足，上緊興修。至所發之欵，何圍應給若干，即由該鎮體察民力，分別被水輕重情形，酌量分給，務令實惠同霑。并即先將決口設法堵塞，一面商同局紳趕緊辦料興工。嗣後歲修章程應如何分段保守，各專責成，該鎮即會同東莞王令妥行籌議，禀候察奪。

批儋州客籍紳耆呈控酷吏虐民逃丁滋事請飭密查光緒十四年四月十五日

儋、臨客匪屢撫屢叛，爲患已久。光緒十一年冬、十二年春，匪首黃鄒保等勾結新老各客數千人，攻破澄邁之金江司等處，擾害數百里，焚掠百餘村，戕害良民七八百人，擄去婦女百餘口，所到財物搶劫一空，府城震擾，拒敵官兵，民恨客匪痛入骨髓。疊據馮督辦及方道封送土民呈詞數十紙，情詞迫切，慘不忍聞。本部堂查悉情形，奏派大員統兵前往辦理。本部堂深恐大兵一到，臨村圍捕，誅戮必多，是以勒兵不動，但令土紳將悍匪自行繳送，前後通計禀報懲辦者不過百人，且照准方道所禀，令土、客各清各匪，嗣後客勢雖戢，餘匪尚多，民憤未平，呈控不已。本部堂上體皇仁，特籌安插之方，曲示保全之意，疊經飭諭雷瓊道遵辦。該道以番嶇地方有田可墾，將土紳指控單開有名客匪貸其一死，責令入山墾田，免其應死之罪，予以謀生之資。既可開荒謀食，兼免逼處尋仇。凡此種種，法外施仁，所以爲客民計者至矣。人數既衆，該委員自不能不以兵法部勒，以便化其桀驁，課其勤惰。如果委員所設章程實有窒礙難行之處，該客衆憚於力作之勞，儘可就近呈明該管道府，量予變通，何至擅焚棚寮，私行逃逸，皆由積匪藁有等包藏禍心，造言煽惑，希圖激衆生事，情殊可惡。該紳等不知感恩悔禍，約束客衆，一味畏難苟安，所呈各情不免張大其詞，冀圖聳聽。惟既稱客民有不便之處，虛實均應立予查辦，斷不强以所難。除業經電飭雷瓊道立將所有不便章程即日停止更正，并將該委員撤差離瓊，會同撫部院另委方道前往查明確實情形稟覆，分別良莠，妥爲辦理外，仰東按察司會同布政司，迅速移行瓊州道府妥爲撫輯，飭諭該紳耆等安分守法，約束客衆，勿惑浮言，聽候方道查明妥辦。至造言生事、怙惡不悛之匪徒，應由方道會同朱道查明勒拏，務獲懲辦。罪在真匪，不得株累平民。

批雷瓊道稟查辦臨邑客匪編屯開墾情形 光緒十四年四月十六日

開墾之與屯田，截然兩事。瓊屬但須招墾，毋庸置屯。前經屢次電飭，并於該道具報設屯田、義學稟内詳晰批示，不啻再三誥誡，舌敝唇焦。兹來稟轉據徐革倅所陳辦法，仍係編丁設屯，所擬章程繁碎難行。當此開墾伊始，正宜輕徭薄賦，以廣招徠。該革倅乃以積匪充屯，限以五年，始獲役滿，墾熟之田仍須還官，五年之中，納租自五成以至二成，賦役之重，無過於此。每丁僅墾十畝，勤者勉足自食，而謂准其妻子依屯以居，將令何所仰給耶。至於四時編册，出入有假，似此苛細，豈能見諸施行。試問責令開荒而不令其永爲世業，且又重租倍於什一，拘束同於編管，誰肯爲之。至稱繳匪一名隨繳食米二石，未知此米出自何人。若該匪則無米可繳，若令交匪之紳耆代繳，則是累及無辜，尤爲紕繆無理。本部堂於瓊事惟圖匪戢民安，屢費鉅欵，豈惜此千餘石之米耶。該匪等皆積慣兇横，野性未除，平時尚宜設法破散其黨，而乃聚數百頑獷之徒，施一切難堪之政，逞兇横決，自在意中。此等重要創辦事體章程，該革倅不候批准，偏執己見，率行開辦，實屬可怪。所稟應毋庸議。

批河源縣稟請於小江地方移駐汛防彈壓 光緒十四年五月初八日

該縣小江適中地方添設文武員弁，因司汛并建衙署，汛防經費不敷中止，該前升府李守議撥銀兩，亦未具領。該縣現請以副城守移駐小江順天墟，歸龍汛移駐小江船塘墟，各就附近村墟分隸管轄，原設額兵一併隨行，兵餉均各歸本營支領，應造汛署營房，即由前項府庫充撥銀兩修造等由，係爲綏靖地方起見，候札東藩司會同臬司核議詳辦，并咨署陸路提督查照。至稟内以城市求其無訟而不能，匪鄉求其好訟而不得，立論奇創而甚有理。誠以官不足取信於民，故匪鄉鬭而不訟耳。但須實有父母斯民之心，誠懇足以孚之，操守足以信之，聽斷足以平之，執法嚴明足以懾服之，則鬭既止而訟亦息矣。該縣有志求治，其强勉而力行之。

批澄邁紳士陳彝謙等稟陳瓊民疾苦 光緒十四年六月初二日

徐革倅於開屯事體辦理未協，不與土客曲直相涉，已經撤差，應勿庸議。至瓊屬民受客害，已非一日。前兩年澄邁、金江一帶數百里，殺掠慘毒，神人共憤，本部堂久已深悉，曾經詳晰奏聞，捕斬兇渠悍黨不少。目前已飭瓊州道、府將善後事宜妥爲斟酌，認真籌辦。本部堂爲民興利除害，一秉至公至平之道，毫無偏倚。瓊民疾苦，刻刻在念，大要總以去莠安良爲公，以抑强扶弱爲平。此後客村中如敢再有梗頑滋事之匪徒，定必嚴拏重辦，使悍黨不敢横行，然後土客可相安無事，斷不肯縱匪殃民，亦不因委員更换，遂致因噎廢食也。

批嘉應州稟查明官山煤窿請招商承辦光緒十四年七月十四日

煤者窮民生計，等諸柴炭。柴炭不招商承辦，何獨於煤必令招商耶。上年鑛政局議詳章程第一條内，將煤與五金併列，不過縷舉應行開辦之地利，并未言必應歸官招商辦理。若令繳費給照，則煤利甚微，豈有與五金同繳照費一千元之理。至章程第五條所稱煤鐵爲軍火大宗，應先開采，以收利權等語，本欲令民多行開采，免向外洋購買，收外洋之利以歸於華，非謂收民之利以歸於官。該署牧不善體會，謂須由官開辦，實屬大謬。又章程第七條内稱煤一百斤，抽銀一分。不過議及抽收，亦非令報承繳費也。若如來稟所擬，勒令報承，即是民業亦應繳契給價，聽官招商承辦等情，必致藉端擾累，釀成事端，無怪乎紳民之難遵也。該署牧不知政體，粗謬已極，應即嚴加申飭。至百斤抽銀一分，亦屬過重。此項煤斤應如何酌量抽收，仰善後局會同鑛政局核明飭遵具報。至前次該局所詳章程，如有擬議未協、聲叙未清之處，併即再加核酌，妥協籌議，迅速詳請更正，以免牽混。

批理事同知貴璋等稟民人被旗人砍傷、録報民人供詞光緒十四年七月二十六日

查辦理案牘，兇犯既經到案，即應將兩造供詞備細録稟，以憑查核情節，指示研審，從無止録一造單詞之理。若止録一造單詞，試問孰虚孰實，從何考核。玆該廳等稟報此案情形，止録受傷民人焦弼父子及地保供詞，於兇犯供詞不録一字，一似崇俊籍隸旗營，本部堂可無庸聽其供詞者。然則該廳等又何必多此一舉，稟報本部堂爲耶。是將來審結定案之時，該廳等亦止須録報焦弼單詞，便令本部堂批准定罪，而不必再視崇俊之供詞矣，有是理乎，辦案有此供招體式乎，照此咨部能不干駁詰乎。至於人命事件，何等重大，而來稟乃謂崇俊另有傷斃人命情事，已赴該廳審辦等語，一似崇俊殺人斃命，該廳竟可專主其事，本部堂又可無庸過問者，殊屬可駭。本部堂近在同城，凡重大事體，皆應稟知。即使崇俊所殺係屬旗人，該廳既經通稟，即應將案情詳細稟明，斷無省城旗兵殺傷五人，而同城督撫並不稟報之理。假如朝廷問及，亦可諉爲并無聞知乎。況崇俊所殺之人是旗是民，來稟并未分晰，何以見本部堂便不應預聞耶。此種含混稟牘，不諳政體，荒謬已極。仰東按察司將該同知嚴行申飭，令將全案先行稟覆，并令提犯崇俊，究明因何傷斃人命，死者係屬何人，務將姓名案情詳細稟陳，以憑查核。至於焦弼之案，因何啟衅被崇俊砍傷，務取崇俊確供，一併通稟，毋再率意妄行，致干未便。

批肇慶府稟設局修理圍基光緒十四年十一月二十八日

據稟高要、高明、四會各縣，應行修築圍基，已由該府捐廉，印辦圍册，俾各圍情形按册可悉，不致漫無稽考，辦理甚善。於築基之法，亦能認真講求，頗有發明。本年春夏連次滂溢，民力甚爲艱困，除南海、三水外，該府屬高明、四會兩縣被水較重，

忌苛細。榛榛狉狉，豈可遽語禮教。造蠱毒符咒，斷宜嚴禁。男女混雜，可加勸導者也。婚姻不合禮，不必深管者也。黎山產牛最多，牛肥而瘦，農民宰牛饕餮，無關緊要，亦不必管也。若五弓七弓黎人不和，尋仇報復，此則亟宜分別勸懲，嚴切究辦，以消亂萌。王丕由可開導，令出設法安插，果係安心投誠，即不可再誅之矣。通商設墟，尤富民安黎要策。閔村既經開市，他處宜逐漸添設。即稟商雷瓊道籌給經費，因地設墟，輕減房屋租賃，平定貨物價值，以廣招徠。商賈集則道路通，貿易盛則民黎富。當務之急，無過於此。以上各節，該署令果能實事求是，次第舉辦，克踐其言，胥有成效可覩，本部堂定當破格優獎，以爲實心任事者勸。除通飭瓊屬各州縣查照該署令所禀，將地方應辦事宜詳切禀陳外，仰即遵照。

批瓊州鎮、道等會禀遵辦練兵 光緒十五年八月初四日

查瓊屬各營兵餉批解延欠，兵丁困苦不堪。前經該鎮禀懇設法籌墊，毋庸撥兑，各州縣就近支放，當經照准飭司議行在案。兹改練伊始，該鎮會禀爲各兵乞恩，復請將原底餉米照舊由各州縣發給，前後自相矛盾。推原其故，該兵丁等希冀留此餉米就近支放，實欲爲將來沿襲缺底之根蒂。本部堂優恤兵丁，練兵每名給實銀三兩，務從其厚，原期化弱爲强，一洗陸營積習。若缺底之弊未除，將來老弱頂充等弊仍不能免，練如不練，此則斷不准行者也。至老弱各兵有經此次革退者，所有光緒十五年以前積欠餉米，一概清給，其馬兵改練及步戰各兵不能歸練、降爲守兵者，從前所欠馬料、米折等銀一併清給，已故者給予家屬，以示格外體恤。每營請添設教習一名、機器匠一名，應即照准。另摺請給軍火、帳棚等項，查原定奏案，各營均令搭蓋營房居住，即以每年應領帳棚經費抵作工料、修葺之用。其軍火器械，由軍械局照章核給。至鑼鍋鍬鋤各項均爲開辦營盤必需用之物，並准照給。所有各兵實餉并應發給紋銀，如發洋銀，每兩照加八紋水加給。馬兵儘數歸練，陸軍不論馬步，原有之馬匹每營酌留若干匹，該鎮并即妥議禀辦。其請添每營哨長四名，及加給降步留守當差各兵銀兩，應俟該鎮禀覆，再行核奪。前電飭自八月初一起練，現在該鎮來省面禀一切，應改自九月初一日起。左右兩營先行抽練精整，其餘接續抽練。水軍尤關緊要，除原有拖船二號外，奏定先行整頓七號，應候飭局迅速酌量購租駛往，配撥兵丁，刻日成軍。前據司詳，由釐金項下撥銀四萬兩，爲墊放瓊屬兵餉之用，候飭司即將此項銀兩迅速措解，以便清給各營兵積欠餉米。本部堂體恤各兵無微不至，該鎮務當督飭各將弁激發天良，認真抽練，掃除陸營積弊，並曉諭各兵，俾知瓊郡巖疆，强敵外瞰，若練兵精强，屹成重鎮，足以消弭外患，鞏固邊陲，衛國即以自衛也。至各州縣清還各兵積欠米石，則應照向來章程，或每石實折銀若干，或實給米一石，均照各該州縣舊案，照時價約定一適中之價，每石折銀若干，除去解費，全數解交善後局凑解練餉，以杜取巧，該鎮并即會同朱道、顧道妥議禀辦。除分別飭行司局外，仰即遵照。

批運使詳請派菊坡精舍學長光緒十五年九月二十一日

據詳菊坡精舍學長劉昌齡病故，請以番禺學生員沈葆和充補等情。本可照准，惟查菊坡精舍自陳京卿故後，改設學長六人，有缺由餘人公推，係仿照阮前部堂學海堂學長章程，原本鄉舉里選之法。然曰舉曰選，則非止一人可知。考之周禮，鄉先論士之秀者升諸司徒，曰選士。司徒論選士之秀者而升諸學，曰俊士。假使鄉論士之秀者止有一人，則司徒亦何從而論之。必須寬以求之，嚴以取之。鄉黨有舉人之責，官長操用人之權，立法方爲周備。若有額止舉一人，則無所謂去取，無所謂選擇，但學長公請一人補額可矣，亦何必監院董事具禀、該司轉詳候批辦理。學海堂學長現經本部堂改立章程，以後有缺，仍由學長公舉數人，不必限定，至少以二人爲率，由本部堂擇用一人，著爲定章，永遠遵守，精舍亦應一律照辦。該司即便轉飭該監院等轉告學長公舉數人，由該監院禀覆該司，即日具詳，以憑核批飭遵。

批欽州營參將梁振基禀請撥兵赴邊防守光緒十五年十月十八日

據禀已悉，候即分別電飭、札飭龍門協將應撥兵丁趕緊派赴東興，分配邊界各汛，以資防守。至白龍營新設之兵丁一百名，前經奏明應予廣州等處緝捕、輪扒各船所配練兵内裁併移撥，係爲移撥餉數，非必移駐原兵，仰該將即飭現署白龍營都司陶烈武將此項新設兵丁一百名迅速召募如額，務須一律精壯，不准以老弱疲惰之人充數，尤不准一名缺額。成軍之日，該將點驗後，即飛速電禀，自十一月初一日起支糧餉。省河即將緝捕、輪扒各船練兵照應行裁撥之數，裁額停餉。其一切修建營房、駐紥要隘、發給軍裝各事宜，即由該將督飭該都司妥籌議定，會商欽州李牧，會同飛禀核辦。該將務須嚴飭該都司常駐汛地，認真操防，不得散處四遠鄉村，有名無實，致干軍紀。此時該將須親赴白龍尾籌度一切，以後尤須不時親往查看，督同料理。是爲至要。

批南海縣禀請撥欵修理監羈光緒十五年十月二十日

查該縣監羈，本部堂夏間派人前往密查，羈所枷房過形窄小，人犯幾無容身之地，自應寬買民房，拆造改建。據禀修監、造羈、買屋三項，共需銀二萬餘兩。除該縣捐銀五千兩，又籌銀數千兩外，尚短銀一萬餘兩。本部堂前次捐銀三萬兩，原爲修造監羈之欵。該縣爲附郭首要之區，自應先行修造如法，爲各縣倡。仰東按察司會同東善後局，在前捐三萬兩内撥銀一萬三千兩，遴委妥員，會同該縣核實勘估，刻日興修，工竣禀候驗收，毋稍浮冒遲逾，并即轉飭知照。

批番禺縣禀請撥欵修理監羈光緒十五年十月二十日

據禀已悉。該縣監獄羈所，既據估計需銀三千五百二十六兩，由該縣捐廉給發銀一千五百二十六兩，其餘二千兩，准由東善後局在於本部堂所捐監羈經費三萬兩内撥給。務即趕緊興修，以爲各屬之倡。仰東按察司會同東善後局照撥飭遵，并派員會同該縣認真修理，工竣稟候驗收。

批南、番兩縣會稟遷善所經費不敷請籌常欵光緒十五年十月二十日

據稟遷善所經費不敷，請籌常欵等情已悉。遷善所以衝繁之區爲最要，省城爲九府、五直隸州之首，倘在省者尚因陋就簡，更安望外府州之核實籌建耶。查本部堂前次捐修監羈銀三萬兩，原爲矜恤獄囚而設，自應先其所急，自近及遠，酌提銀一萬五千兩，分交該縣等發商生息，爲遷善所常年經費。仰東按察司會同善後局遵照，并轉飭該縣等務宜激發天良，核實支給，俾礅犯等衣食居止均可從容，而其要尤在爲之寬籌工本，俾得學成手藝，方於遷善之義有合，毋任有名無實。是爲至要。

光緒十六年

批江、漢兩縣會稟遵議供支章程光緒十六年閏二月十三日

查禁革通省陋規，裁減差務浮費，本部堂於撫晉督粤時，均經奏明另籌閒欵抵補，清吏治之本源，除州縣之鉅累，官民稱便。鄂省庫儲支絀，無欵可籌，兩院、司道各署到任及常年工程役食，及置備官物等費，向皆取給於江夏、漢陽兩縣。供支既繁，擾累無底，實非政體。且一年内外即望調劑，任首縣者固皆視如傳舍，吏治民生大有妨礙。前經飭諭該縣等籌議辦法，兹據稟議，於通省上缺、中缺之四十四州縣，分别等差，酌提税羨銀一萬兩，復提江夏漕羨銀四千兩，並撥還釐局申欵津貼銀二千兩，再於善後局商捐項下酌撥銀二千兩，共銀一萬八千兩，爲省會各署到任及常年供支之需各等語。查羨税充公，各省多有奏案。湖北省各州縣税契一項，中上各缺贏餘不少，以充公用，自屬可行，且爲數無多，衆擎易舉。至江夏漕折之數，較他縣爲獨優，在前撫院胡文忠公改定折漕時，斟酌妥善，具有深意，自係爲體恤首縣差務繁多之故。合由該縣捐出漕羨四千兩，以備差務，亦與原定折漕之案本意相符。從此江、漢兩縣供支浮費概予删除，自不得以苦累藉口，膜視地方政務，於吏治官方不無裨益。至所擬分别提解數目，及供支各章程是否允協，應如何派員經理收支，及各州縣

應如何提解，不令拖欠，暨學院衙門供支應如何一併妥議之處，仰北布、按二司會同糧、鹽二道，善後、牙釐各局，分晰妥議，詳候核定，奏咨辦理。仍候撫部院批示。

批辰沅永靖道稟臚陳地方情形 光緒十六年閏二月二十三日

鎮筸鎮兵素稱精悍，若能訓練得法，教以新式後膛槍礟，自可悉成勁旅。崧署鎮治軍有方，將才難得，本部堂自當存記，留爲夾袋之儲。邊地苦瘠，該署道意在培養民生，當以開濬利源，暢銷土貨爲先務。煤鐵既爲辰沅出産大宗，現在鄂省購置機爐，開廠煉鐵，日需煤斤數百噸，多而且亟。該道速將芷江、麻陽、辰谿等處所産各種煤樣專差送鄂考驗。向來該處每石若干斤，每百斤價值及運鄂船價若干，確查開呈。大率鐵之能否多采多銷，全視乎該處有無佳煤，及窖内煤層厚薄，開掘難易，能否供用爲斷，故煤比鐵爲尤要。若煤産果佳而且多，即使不煉鐵，運至漢口，行銷沿江、上海，亦屬大利。應如何采買及核准一定不易之價，應如何設法鼓舞商民踴躍開采，轆轤轉運之處，悉心籌議，稟候核辦。其煤鐵並産之區，煤鑛與鐵鑛相距若干里，出産旺否，其煤能否煉鐵，應否煉成枯塊，或本質即可煉鐵，該處冶坊必有知此者，并詳詢明晰，縷稟察核。是爲至要。

批司道詳籌議整頓錢法 光緒十六年三月初五日

所議整頓錢法各條，尚屬妥協。所有輪船、夾板船裝運制錢出口，應即由江漢關道查照約章，核實辦理，民船即由牙釐局分飭各局卡認真查禁。其錢店、銅鋪稽查章程及查拏私銷私鑄，暨州縣丁漕局卡釐金抽收辦法，即由司局嚴飭遵辦。實事求是，毋得徒託空言。至市面交易准用銀元一節，以銀佐錢之缺，自是一策。查中國開鑄銀元，前經本部堂在兩廣任内奏請在粵省錢局開造，奉旨准行在案。惟銀模經部議改正式樣，已寄外洋改換鋼模，月内即可寄到開鑄。應俟粵省銀元局鑄出，即行咨商粵省，籌備銀兩，委員赴粵購運，以濟民用。應購元數多寡，臨時酌定飭遵。

批司道詳各署供支擬於各漕稅項下提辦 光緒十六年三月十三日

據詳已悉，仰即遴委妥員經理試辦。至督院衙門供支一欵，本部堂前在兩廣總督任内并不需首縣供支，一切均由自備。今來楚省，仍與從前辦法一律，即署内工程皆係捐廉修理。此次核定章程，專爲整頓吏治經久可行起見。此項在本部堂無所用之，該縣等所議本衙門常年供支銀二千兩，本部堂任内概不支用，可即如數提存善後局，以充公用。

批沔陽州稟請籌專欵爲馮姓河隄歲修經費 光緒十六年三月十五日

據稟請飭江陵、監利二縣，或籌公欵，或提土方畝費，湊銀千兩生息，爲馮姓河南岸防護之資。查該牧議開馮姓古河歲事，頻年水患，五州縣均如常安堵，未嘗再啟衅端，已著成效，以後自應籌備歲修專欵，永固河隄。惟監、江二邑各有隄工土費，則自給弗遑，公欵則一時難措於事，仍屬無補。且千金息欵爲數無多，難兼防守歲修之用。仰該司即在賑捐欵内提撥錢四千串，飭州具領，發典生息，永爲馮姓河隄防護歲修專欵，認真經理，不准挪移，藉資保衛，永息爭端。每年仍將收支數目具報查考。江陵、監利二縣即毋庸另籌，一面由司具詳立案。馮姓河開成固好，然漢陽溝、新灘、沌口各工尤要。尾閭不暢，馮河雖通無益也。未竣各工，務須俟秋間迅速切實接辦，如此時能趕辦幾分亦好。其添派礮船巡禁魚簺一節，查魚簺一事，最爲湖北惡習，妨害水道，亟宜認真禁止，候即札飭籌議辦法，通行嚴禁。

批天門縣禀籌辦育嬰養濟等事光緒十六年四月十七日

古人云：治世以大德，不以小惠。州縣循良，譬之慈父母。所謂慈父母者，謂舉一家之子孫而皆撫育之、保護之、教督之，如此方可稱爲慈。若鄉里老嫗於大男衆婦繞膝孫曾全無恩恤，利害漠不相關，但知憐愛襁褓中之幼女，如此可謂慈乎。濱江、濱漢各州縣連年水患，禾稼田廬疊遭傷害。天門即係被水之區，近年來隄潰河決，防築疏通又復耗費無算。官帑已空，民力亦困。上年散賑修工，籌欵勸捐甚非易事。今該印委等議以按糧每銀一兩，抽捐三百文，是每兩加銀二錢有奇矣。試思設堂育嬰、收養溺女等事，乃係地方義舉，迥非隄工土方畝費可比，何至履畝而捐，累及闔縣。如果民情樂輸鉅欵，何不以之修隄疏河，興辦水利，使該州縣全境之内永遠變澤國爲樂土耶。今不救一州一縣之溺，而救一家一嬰之溺，籌此大舉鉅欵，舍其急而圖其緩，遺其重而務其輕，可謂不知政體者矣。至地方義舉，應由該紳商富户自行量力集貲，斷無按糧派捐辦法。縣志本屬不急之務，況省志近已修成，更不宜爲此派捐，顯係該縣託名收捐，藉圖挪用，實屬大謬。仰北布政司即飭該印委遵照，如本地紳富自願辦理育嬰拯溺等事，自行集欵好善，極屬可嘉，地方官可爲之立案照辦，并先捐廉倡助可也。惟現議此項捐欵以之興修本縣水利隄工，實於國計民生兩有裨益。既稱民皆樂從，即令照收租多寡，酌定等差，妥勸捐收，專欵存儲，爲本地修工防患之需，不准絲毫挪作別用。發交殷商代存，遴派公正紳士經理，由地方官隨時督率稽察，不許吏胥經手。其零星小户及應協本年鍾隄借欵之區，應予劃出免捐。應如何另議辦法，該縣籌擬妥善章程，禀候核奪。并飭委員余永清以後所到之處，只可會同地方官勸導紳富酌籌閒欵，俾資善舉，不得倡此謬議，致干未便。

批天門縣紳戴兆科等禀請疏濬襄河光緒十六年四月二十四日

疏河暢流，使水性順則無旁溢漫決之患，是爲治水上策，古人論之詳矣。襄河綿亘千里，當年有支派消納水勢，藉以分瀉。今則支流盡塞，湖瀦淤爲平陸。襄樊而下，土薄沙鬆，逐浪隨波，河岸此坍彼長，河勢日見曲折紆迴。每值漢水盛漲，節節梗阻，泥積沙停，今日濬之，明日淤之，未必能一勞永逸。鉅費急切難籌，大舉誠非易事。既據禀陳，仰北布政司分飭沿河地方官相度形勢，各抒所見，以陳詞發。

批武昌府稟辦理拆額公橋始末情形光緒十六年五月十五日

據稟各節，虛飾支離，多不可解。本部堂涖鄂數月以來，所辦無非利國利民之事，不憚焦思，不惜鉅欵，辦工辦賑，爲士爲民，事體多端，該府皆所經手，皆所深悉。即如奉旨開辦鐵廠一事，即爲民興利之一大端，豈有轉令於民生有害之理。如果於民間真有不便，自無難虛己以聽，立即改作。乃該府身爲民牧，於此舉之無礙地方，刁民之漸不可長，并不實心審度。若不明晰批示，必致滋浮議而長澆風，關係吏治人心，非細故也。查鐵廠雖有設在湯生湖濱、由鮎魚套入口之議，然湖水來源何處，及濱湖高下、轉運機器煤鐵是否利便，冬令是否凍冰，尚須探測，始可定議，是以暫拆額公橋中段，以便派輪前往測量審度，如不合用，即當再另覓他所。是此項廠地本係未定之局，絕不使於民情稍有妨礙。鐵廠前擬設塘角，後改金雞坑，疊經札行司局，傳諭辦工各員弁，該府豈罔聞知。即如該府所稟，初六日諸令已以拆橋告之該府，初八日又有人以開河具呈該府。如果關心民瘼，自當迅速預籌妥善，以免臨時周章，即當即刻稟見本部堂，詢叩原委，以便斟酌利害，權度行止。乃初八日接呈，猶復藉口未奉明文，置之高閣。至初十日，因他事傳見該府，僅據該府面稱有人稟請另開金沙洲舊河，免拆此橋，業經該府開導明白，該紳欣然而去等語，并未言及民情不便，亦未將所收稟詞地圖呈閱。彭紳來函，注明初十日燈下，何得諉爲十一日已刻始行接到。是日拆橋，適值平湖門外失火，橋上往來人衆愈聚愈多，痞棍乘間恃衆滋鬧。該府并不前往彈壓，亦并不來轅稟陳。直至是日晚間傳到該府詢問，始行陳説。此其不可解者一也。本部堂於十一、十二兩日兩次面告該府縣，橋墩尚不拆去，并無將鮎魚套河開寬之説，無論如何辦法，斷不使民田被淹。如築閘不便，即不作閘，冬春停運亦可，另擇他地亦可。諄諄千百言，可謂透澈確實。其時橋上如有聚集閒人，該府身任地方，疊承本部堂面飭，即當親往曉諭解散，出示曉諭並無開河之説，將來決無有礙水道之事，以釋羣疑，查拏爲首滋事之人，以儆刁頑，方爲正辦。乃該府均不出此。遲至十三日，始行將前呈批發，而猶謂批示有次第，經理有先後。此其不可解者二也。鐵廠係奉旨飭辦之事，工鉅期迫。鄂省外江內湖，高燥之地甚不易得。今拆橋乃勘地之始，而以一抗之故遽止不拆，以後創辦之事正多，將復何所措手。且不特此一端，即通省各項政事，皆將無從辦理。十一日滋事後，紳耆皆知悔懼，情願自拆贖罪。十五日，旋即拆開，其乘間滋鬧、煽惑救火人衆者，實係痞棍游民，正宜嚴拏懲辦。乃該府獨請停拆，謂一誤不宜再誤。此其不可解者三也。尤不可解者，紳民已經定議十五日拆橋自贖，該府忽於十四日午刻請假十日。如果實心任事，即力疾猶可從公。乃該府一面請假，一面仍赴撫轅稟見，其非真病可知。本部堂接待僚屬，開誠布公，該府近在同城，何事不可面談，何時不可進見。既是關繫地方緊要之事，當面直陳，何等迅捷。而乃繕遞稟牘，多費筆墨，無謂耽延，專爲卸責沽名占地步起見，尤屬可怪。不知安良民、除莠民、教愚民，方是好官。縱容刁民，非好官也。任事而又能息事，方可得美名。避事誤事，不能得美名也。本部堂自問德薄能鮮，任大責重，夙夜兢兢，若諸葛公之集思廣益，每事十反，王文成之求通民情，願聞己過，敬之慕之，時時事事皆欲效法之。若僚屬中有忠清正直，實心爲國爲民之員，本部堂樂何如之，豈獨引爲諍友，雖奉爲良師，固所願也。至於爲政大經，如子産之養民以惠，使民以義，不競不絿，不偏不倚，聖人所謂君子之道，不敢不勉。若違道干譽之舉，本部堂實恥之。甚至縱莠長刁，致使國家之政事廢格不行，通省之官吏皆爲刁徒地棍所挾持，通省之安分良民皆沾染惡劣習氣，以致無事生風，陷於罪戾，且釀隱憂，本部堂實懼之戒之，并不願該府等蹈之。該府既能援引書史，可再取古來名臣循吏事實詳考而深思之。現在橋已拆開，可見小民不盡愚頑，實由地方官之化導不力。此事若在他人，即應予以懲儆。姑念該府平日辦事尚好，此舉特出一時謬見，姑從寬行司嚴加申飭，免其記過。以後務須擴充學識，明大體，求實濟，庶可勉爲循良也。

批岳常澧道等會稟勘擬南洲畫疆設官各節 光緒十六年五月十七日

南洲畫疆而理，清丈升科，原期息鬬争而弭水患。來稟擬將後來新生之洲概作官荒，不准墾田築圍，期於讓地與水，自係扼要之論。惟議塞藕池口一節，則恐窒礙難行。以三十年分流巨口一旦堵塞，荆民必然羣起相争。且該道等議塞藕池，原謂虎渡、調絃二口可以分洩江水也。不知二口淤塞已久，豈倉卒所能開濬。即使疏通該二口，亦係消湖入江之時多，分江入湖之時少。考之阮文達公荆州窖金洲考，及現在調絃口水勢情形，顯然可見。必須另籌一南北無礙之法，方可舉辦。查上年江水向北衝開一道，直趨東北，不繞楊發腦、沙洲，水勢徑直其前，由藕池口南下之水已減其半。從來天道、水道通變無常，數年以後，安知不全溜東行乎。所議設官分汛，裁改抽撥，及畫界升科各節，是否周密，此外有無未盡事宜，應即詳籌妥辦。至建置一切經費，自應就地籌辦。惟查該洲地方縱二百里，横一百二十里，一望平衍饒沃，以畝法計之，豈止十三萬畝，必應切實清丈，認真籌辦，方於將來正賦實有裨益。仰南布、按二司會同查照稟摺各節，及批飭事理，悉心籌議周妥，詳請會核具奏。其建置經費能否先由釐金借撥墊辦之處，並即會商釐局妥議詳辦。至撥營分汛各節，俟詳覆後再行咨商南提軍門核議辦理。

批澧州稟藍家垸民築隄争鬬酌擬辦法 光緒十六年五月二十三日

據稟藍家上下兩垸民人因挖築横隄，争鬬頻仍，擬將下垸利、貞兩總遷往南洲，以絶禍端，自係探源之論。惟南洲是否有此閒田隙地可以安設該垸人衆，尚未可知。且南洲居民方以争佔啟衅，若將該垸民人遷往，多樹一敵，豈非嫁禍於鄰。所議是否可行，有無别項弭患之方，仰岳常澧道遵照核明妥議，詳覆裁奪。

批雲夢縣稟體察種棉情形 光緒十六年七月二十八日

本部堂現在鄂省創設織布局，日需棉花十萬斤左右，先儘本省所産購買，若不足再購外省之花。廠中設有軋花機器，所購無需彈成之棉，惟種棉須覓佳種，鋤耨宜勤，出棉始肥，紡成紗縷始能細熟且長。本年節候已過，開春應由該縣設法購辦江南通州、上海等處棉種，勸民墾闢荒蕪，講求種植，以擴地利而阜民財。

届時本部堂自當飭發告示，剴切勸諭，毋庸由司出示。該縣務當認真督率勸導，實事求是，勿得徒託空言。

批永順府稟整頓書院光緒十六年八月初一日

永順府地處邊僻，守土者素未留心教化。張前守因靈溪書院關係闔郡文風，先延在籍黄太史主講，自應常川在館，俾諸生得以朝夕請業，詎受聘而不到院。嗣經籌增束修，仍復足音杳然。該前守乃親自督課，捐廉爲倡，改修齋房，添購書籍，章程秩然。郡守月必數至，而院長之裹足如故。後該前守將以迴避去任，諸生慮乏人主持，亦欲散歸，始改延張廣文主講，以慰諸生之心。張廣文於今正到館，盡心教導，生徒蒸蒸嚮學，院試時生童多列前茅。是固由該前守認真督課，定章周詳，而張廣文常川住院，訓迪有方之效，亦於此可見，何得於停課暫歸之時，一經該生胡發溶等飾詞揑稟，即議更張。該代理府奉到學院批示，即應體察士論，據實稟陳。乃竟率爾别延他人，致張廣文到府後，重復折回。且張前守去任未幾，前定章程遽行墮廢，府縣月捐大半不解，獨不思守土者無論實署久暫，其有教士之責則一。似此有美莫繼，不逾時而即隳壞無形，自問何以謝鄉校之議。肄業者既常川宿齋，主講者何得不常川住院。各處院規皆係如此，何以於該府而獨不然。今反舍去常川住院、衆心信服之山長，而重延從不到院、與諸生漠不相關之人，亦可謂顛倒之甚者矣。仰現任永順府即日函請張廣文到院開講，其束修一百六十千文，膳金一百千文，照數致送。黄太史既係由學院推薦，且業經該代理府備關重延，酌量由府年送乾脯一百六十千文，無須另送膳金，姑以完此局面。惟院中經費本儉，并即由該府設法籌議，再籌常年經費二三百金，稟明辦理，俾院中各項用度充然有餘，方能經久不敝。至書院既著有成效，所有原定章程即不容稍有更動，捐欵尤須按月照解。該府才識素優，於地方事宜向能整頓，以後當勉力切實爲之，必能身爲提倡，不致各縣相率觀望也。

批沔陽州稟防汛情形光緒十六年八月初六日

該州北岸水勢危急，得紳首鄉民等衆力搶堵，現已一律保固，閱稟稍慰。南岸議築沔地進水諸口，既可救本處之災黎，亟應嚴禁吴口之妄舉，藉工代賑，尤爲周妥。所有槍椿、竹木、硪杵之需，准先提借存典公欵通融辦理。迅速督率，認真興修。其此次北岸所需之槍椿既係賒欠耽承，所用數目若干，即先於提欵内墊還，再另具稟籌補，以免久欠累商。至東荆河隄，最關潛、沔各邑利害，沔陽尤當其衝。查東岸之陳家嘴、李家灘各隄接年堵築，旋修旋潰，上年冬工甫經完竣，又爲春水沖決，業經本部堂專飭江陵縣先將上年借撥釐錢，議由荆州府將土費墊還之一萬串移緩就急，剋速認真興修，并申明不得因本境已成廢坑，無關痛癢，仍前膜視，爲壑鄰邦各在案。兹據來稟，三縣地段潰口經該牧勘明，移請各邑覆核舉辦，並另單所議協助江陵防汛各節，均屬通籌全局之計。惟各潰口情形，如即令江陵、監利、潛江三縣各就本境潰口勒限培築，照章辦理，恐仍不免虚應故事，難資補救。該牧既已勘明，自能了然心目，亟須面詢情形，再分飭該三縣會商，通籌大舉，以期一勞永逸。仰即剋日來省，以憑面詢辦理，勿遲。

批漢川縣稟援案示禁藉險拆搶[一] 光緒十六年八月十四日

據稟，該縣垸衆人夫藉端拆搶隄户房屋，并不幫同搶護隄工，以致隄户遇有危險，不敢鳴鑼催集人夫，任其潰決，貽害地方。此等惡習，亟應嚴申禁令，查拏究辦以保隄防而儆刁惡。除會同撫部院出示申禁外，仰北布政司會同按察司，轉飭該縣勒拏拆搶刁徒，究出爲首之人，訊明照土匪例就地正法懲辦，勿稍疏縱。現當秋汛之時，一面督率隄長人等認真防護，務保無虞，切切。

批北善後局詳漢陽縣紳蔡元吉等捐修兩湖書院經費 光緒十六年八月十八日

據詳疊據署漢陽縣知縣朱滋澤詳稱，漢口鎮紳商候選道蔡元吉捐銀二萬兩，分發試用道萬航捐銀六千兩，願充作修建兩湖書院經費等情。該紳等見義勇爲，均堪嘉許，應俟書院落成，併案奏請獎叙。繳到銀票，該局即送北鹽道彙存，飭由書院工程委員隨時稟請撥用。除另札飭遵外，仰即遵照，并飭朱令知照。

批來鳳土藥分局稟借支庫紋支用各欵 光緒十六年八月二十二日

據稟及清摺均悉。查該卡土販經過湖南者，可免粘印花，行鄂省者，仍應粘貼印花，應行分別辦理。前已據稟批飭宜昌土藥總局查明核議具覆。其川省繞越湖南之路，前已電飭吴道轉飭查覆。該倅即迅速詳細查明稟覆。該局設在來鳳西關，其南關及陡坎子兩處爲驗票而設，局中何需司事二十人之多。前據羅鎮來稟，擬于來鳳局卡派兵勇四五十名彈壓巡緝，則巡丁可不必多募。其司巡各項應否裁減，以及所有開辦各項用欵及應支局用是否核實，仰宜昌總局吴道酌核，飭遵具報。至借支藩庫及野三關銀錢應否准其報銷之處，候另行北布政司會同牙釐總局核議辦理。

批澧州稟擒獲會匪情形 光緒十六年八月二十三日

已據稟由五百里飛札振字營唐鎮，并飭岳常澧道，無論水陸營勇及練軍，尤爲近便之處，酌量咨調，厚集兵力，協同兜拏。一面飛飭澧州營參將，調集營汛，回顧州城，扼要防緝，并飭常德協副將嚴密防範，相機協緝矣。仰即嚴密布置防範，并即提已獲之匪首劉顯澤等復審確情，迅速開具供折稟辦，以免久稽顯戮。仍將近日拏辦情形，隨時稟報查考。

批荆宜施道稟重慶洋關應辦各節 光緒十六年八月二十七日

據稟及清摺均悉。重慶設關，該道前呈豫籌宜關應辦事宜四條，業已據情函商總理衙門核議，見覆在案。現據摺開續議四條，其第一條擬在宜拆换改包之貨，照洋貨報運内地向章，令在宜關完納半税。查重慶既准作爲通商口岸，則由宜至渝，與報運内地者不同，况新約有准其拆動另裝明文，但須遵守一切規則，便可改運至渝。欲令先完半税，殊無把握。其餘三條，與前議詞意稍有增減，大旨則同。業已函商總署，應候核覆飭遵，毋庸再行咨

[一] 以下六件録自抄本《督楚公牘》。

商，仰即遵照。

批徐建寅禀傳集士民宣講機器 光緒十六年八月二十八日

據禀，殊堪詫异。前因湘省多産佳煤，需用甚切，外洋鑛師不便赴湘，因該道素通鑛學，是以電商海軍衙門飭調該道來鄂，專爲赴湘勘煤、安機而設。乃昨經札委該道前赴衡、永復勘煤鑛，體察應用何等機器，何處仍用舊窿，何處宜開新井，原係用其所長，令該道身履日驗，因地籌度。今該道所禀請自住衡州，而分飭他委員復勘各煤鑛，并擬傳調各屬舉貢生監，宣講機器、化學、地學各書，未免横生枝節。查此次札内并另單所開各煤，皆係已經鄂局洋鑛師化煉合用者。此時但需相度用機開井之法，故特委該道前往。若各委員均能曉用機開井之法，何必遠調該道來鄂耶。若不爲籌度機器開采，則各煤已經化煉合用，又何必再勘耶。至于傳集諸生講授西法，令其通曉，甚至帶赴津、滬各廠練習機器，夫豈一年數月所能辦之事。方今鐵廠需煤緊要，俟委員復勘后，或能用機器，或只能采買，均須及早定奪趕辦，豈能待湘省士民全通西法之后，再議采煤，斷斷無此辦法。將來自應在鄂省鐵局内開設學堂，徐圖造就人材，與此次赴湘開煤，殊不相涉。至札内所謂曉諭，亦只就附近煤窿之處而言，只須曉以機器開采，不奪人工之利益，令其不至阻撓足矣，豈能從容與之講解化學、地學之精微耶。況無故各縣傳集生徒，紛紛傳播，更難免訛言擾動，於湘省尤不相宜。所禀各節，種種思之，不得其解，與本部堂委查湘煤之意顯然相背，與從前電請海署飭調原案亦不相符，礙難照辦。該道既不身歷其境，即可勿庸前往，俟另派通曉鑛學之學生前往可也。

批江夏縣紳陳慶溥等禀願將湖塘捐入書院 光緒十六年九月初二日

據禀舊買都司湖塘，願捐入新建兩湖書院，以資創造等情。該紳等誦芬述德，詢謀僉同。昔以此湖屬之義莊，贍一家之子姓。今以此湖歸之書院，振兩省之人文，具徵世胄識量之宏，先澤留貽之遠，善繼善述，可勸可風，本部堂實深嘉許。似此崇儒尚義，豈惟勒石，兼擬揚廷。特此嘉獎。

批漢陽府禀整頓新關税務并撙節各費解充經費〔一〕 光緒十六年九月初三日

據禀及另單清摺均悉。該府辦理新關税務四閲月，諸事認真，積弊一清，收數暢旺。該關向有罰欵、火耗、篷斧各項銀錢，前任逢守任意浮開，率多虚冒。該府力求撙節，自四月起，七月止，扣存罰欵、火耗等銀六千六百餘兩，篷斧錢二千五百二十餘串，及逢守移交罰欵銀二千餘兩，一律解充公用。操守廉潔，毫無瞻徇，尤屬難能可貴。查該關正税經此番整頓，繼之者照章認真徵收，定可有盈無絀。所繳各項雜欵既已悉數歸公，此后該府每年僅有公費二千八百餘兩，應由該府查明該關詳細情形，據實禀明，當爲酌核，明定限制，撥給津貼，以期整頓良法經久遵循，免致

〔一〕以下十一件録自抄本《督楚公牘》。

后難爲繼。此次該府實力稽征，正税收數加多，又首先將各項雜欵撙節充公，具見克己奉公之誠。惟查三五耗銀一欵，前任逄守全係自行支用。此次該守解來之三五耗銀一千四百餘兩，應予撥還該府，作爲津貼，以示獎勵而資辦公。其工巡應得篷斧錢文，并如所請，照舊發給。至節賞、滿貫賞之類，既爲鄂省各局卡所無，應即一律停止。如每届正税盈餘收數足額，能再有盈餘，應如何犒賞鼓勵之處，該府并即妥擬稟辦。其每届工書赴京報銷費一千二百兩，應准於罰欵項下報明動支。科場經費銀三百兩，届時由善后局酌撥，該關并即停解。

批安陸府稟遵飭督縣妥議鍾陘章程光緒十六年九月初九日

據稟已悉。所擬歲修章程甚屬切實周密，深堪采取。惟第五條内有各歸各任報銷一節，是否妥協，仰北布政司核明，飭遵具報。餘俱照所擬辦理，立案遵行。并飭該府縣恪守定章，認真督理，勿稍瞻徇疏忽，托之空言，是爲至要。另單稟委員駐工既多窒礙，即可毋庸置議。現在節近霜降，所有應修各工，迅速履勘核辦，勿延。切切。

批北鹽道詳李牧稟河、樊兩局現辦情形光緒十六年九月初十日

如詳辦理，并准由宜昌川鹽局酌量借撥。通計原領增借各欵不得逾九萬兩之數，仍於半年内陸續繳還，仰即移行遵照。再，樊城現當開辦官運分局之始，添撥官本，原以資周轉而暢運銷。該局員應認真籌畫經營，不可任分辦各員及司巡人等暗中騰挪，營私貿易，以致官本不敷，銷數不增，徒致有名無實。該道務須嚴飭司員，并責成該道實力稽查。如有弊端，從嚴稟請撤參，勿稍回護，是爲至要。緝私日久廢弛，即由道分飭嚴緊堵緝。所議勸懲章程尚屬允協，即令恪守定章辦理，勿違。

批宜昌土藥總局吴道稟請從優撥還羅鎮兩次巡山夫馬各費光緒十六年九月十一日

據稟已悉。羅鎮親歷南北兩路，查明土藥走私要隘，周密詳盡，備極勤勞，所有兩次夫馬暨一切賞犒各費，速由該道查明，在罰欵項下從優撥還。緝私營哨官蕭總兵賞謙，在來鳳防次積勞病故，殊堪憫惻，并由局優給恤銀具報。

批興國州稟質鋪減息、書院經費不敷請撥土藥捐欵光緒十六年九月十二日

案查湖北武昌省城暨漢陽、漢口地方各質鋪典當，均因利息過重，飭據各該府縣稟覆，該當商等遵諭，一律減爲常年二分取息。當經飭局刊刷告示，徑發江夏、漢陽兩縣，迅即在於省城廂内外及漢陽縣屬漢口各地方張貼曉諭，并將各署局存典生息公欵一律減爲五厘，分別通飭各司道局遵照轉飭。所刊發告示亦已申明武昌省城當店仁昌、和昌等十二家暨漢陽、漢口東福昌等二十三家，一律遵諭減息等因各在案。遍查原案，并無飭武、漢兩府屬州縣當店一體減息之文。兹據大冶縣、興國州稟稱：奉該府轉奉北藩司札，并抄發告示一紙，飭令一體遵照，且稱公欵生息

不敷支給，請撥欵彌補各等情，閲禀殊堪詫异。查外州縣情形不同，非武昌省城、漢陽、漢口可比。既未飭該府轉飭所屬州縣查明典當質鋪家數，勸諭遵減於前，又未印發告示通飭一體照辦於後，何以興國、大冶兩州、縣有奉飭一體遵照，貿然出示曉諭之舉，實不可解。似此顢頇從事，尚復成何政體。除録批行查各司、道、局外，仰武昌府將因何錯誤抄示通飭緣由，刻日明白禀覆。所有該府屬已出示曉諭及尚未出示之處應如何通飭更正，另行諭知。該府一面設法趕緊另飭更正，仍照舊章辦理，勿再錯誤遲延。

批羅鎮禀襄、鄖走私添設局卡情形光緒十六年九月十三日

據禀及清摺圖説均悉。該鎮親歷當、遠、房、保、南暨二竹七屬地方，不憚險遠，周覽土藥走私要隘，指陳圖繪，深切著明。拏獲私土充公，以儆奸商，辦理亦合機宜。應設分卡處所，如南漳之馬良坪，保康之歇馬河、歐家店、馬家口、台口等處，均李牧紹遠前禀所未及。又，竹山官渡河應設分局，亦與李牧之説異。李牧頃呈説貼，已發交司局核議，應即將該鎮道等所呈清摺圖説并交司局會議，飭傳李牧，詳細咨詢，妥議辦理。李牧到差尚早，分布開辦約在兩閲月以後。此兩三月中繞漏即係鉅欵，豈有任聽走私、不行稽征之理。該鎮道等前派往房、竹填票之收税員弁，暫可勿庸撤回，其税銀即暫歸該道局内經收。俟李牧委員到卡，再行飭令銷差。除札北布政司、牙釐總局遵辦外，仰即遵照。

批吴道禀内地奸商乘間在川産土州縣拉行子口税銀光緒十六年九月十四日

據禀已悉。洋藥税釐併徵，每百斤納税銀三十兩，釐銀八十兩，立有專條，原與土藥辦法各不相同，未可比擬。惟海關章程，土藥每百斤徵税銀三十兩，熟膏徵税銀六十兩，按照土貨辦法，完一正税，加一復進口半税，共銀四十五兩，則通商各口無分遠近，皆可任便販運。又，洋商運土貨准領子口單徑赴内地采買，只完正半兩税，不納釐金。運到上海，照章再將一半税存在銀號，限内出口，存銀交還。如在上海銷賣，即將所存半税入賬，作爲復進口之税。是洋商完一正税、兩半税，共銀六十兩，即可由出土之區，運至上海銷售，自川至滬，概可免釐，殊與現辦整頓土藥税務大有關礙。該鎮道等所禀内地奸商欲乘間在川中産土州縣拉行子口，事非無因。應如何辦法，使内地税釐不至無着，或禁洋商子口單，或仿洋藥辦法海關加徵釐銀八十兩，抑别有妥善之策，使奸商無從覬覦，税釐不至減色，仰北牙釐局會同北藩司、江漢關道悉心籌議，詳候咨商總理衙門核辦。

批劉守禀卸交野三關税務接辦沙市稽查局光緒十六年九月十六日

據禀及清摺均悉。野三關土藥税係由現定新章添派緝私弁勇核實稽徵，收數自較從前加增，且三月底會辦趙令亦經到局。乃該守輒援前兩年收數，引爲一己長收之功，殊屬誕妄無謂。應飭現在調辦沙市稽查局，商販偷漏百出，該處稽查亦屬緊要。仰北布政局、牙釐局轉飭督率司巡認真籌辦，毋得坐糜經費。切切。

批李牧稟請委局卡各員并酌領經費飭地方文武協助光緒十六年九月十六日

據稟及清摺均悉。所請派委正佐雜職各員，均即照准。專局幫辦及分局分卡正佐委員，應由司局會委，并分別刊給木質關防，一切經費，已飭從寬借撥銀四千兩，交該牧帶往備用。需用軍火器械及秤平等件，分別由司局如數照給。其副哨弁隊長加餉，應否由勇數内改撥，及酌用司事人等數目是否核實，并由局核覆飭遵，餘如所議辦理。所有應設局卡地方各營縣，應候另檄該文武員弁等會同認真彈壓巡緝。此次檄委該牧專辦北路土藥，業已優給薪水，假以事權，資之兵力，倚任不可謂不專，亟應振刷精神，督率各員，悉心籌辦，務使效成利見，方爲不負委任。仰北布政司會同牙釐總局分别飭委核議，并移善后局照數撥發，飭遵具報。并飭李牧紹遠迅速起程，前往開辦。

批黄岡縣稟廣泰等質鋪懇准官項援例減息光緒十六年九月十八日

據稟該縣質店廣泰等十四家，呈請援照武、漢核減存典官息等情。查武昌省會之區，漢鎮五方雜處，情形與外屬迥不相同。前此令減當息，自應將發典生息官本一律議減。惟官息有關地方緊要公事之需，本部堂飭據司道多方籌畫彌補，以紓民困而恤商情。該縣廣泰等號從前公議一律常年減爲二分，自係該商等深知窮民困苦，出於樂善之誠。所有官息，歷年仍能照舊交納，具見慕義急公，自是該商等力所能及。此時所存官本，自應照前認息。且原案并無議及外屬，更未便因該商等前已自議酌減當利，今因武、漢准減官息，希冀援照辦理，致令他屬引爲口實，紛紛效尤。仰北布政司轉行黄岡縣飭令各該商等官息照前交納，以符原案。

批武昌府江夏縣稟移建既濟宫飭委員估修光緒十六年九月二十二日

據稟請在都司湖西文昌宫之右官地舊屋，移建既濟宫，奉祀火神等情。本年火災疊見，爲歷年之所無，故址自不得謂爲盡善，所擬移地安神，尚屬妥協，應即照辦。仰北布政司會同善後局，即飭工程委員史守悠慶等勘估興修，務臻閎整。新基後面，正對湖心，較之舊廟偏在一隅者，形勢頗勝。其前面湖濱餘地，應即酌量挑濬開寬，以期水勢暢旺，益收既濟之效。其陸姓捐入江蘇會館屋價，應即如數撥給，并飭該府、縣等遵照。仍候撫部院批示。

批江漢關道詳澧州教士置産一案光緒十六年九月二十二日

查教士趙本篤於光緒十二年間赴澧州界溪橋地方傳教，人不信從，致肇釁端，經裕前部堂札飭該關道照會法領事官轉飭該教士，勸令勿再前往在案。本年該教士復到澧州傳教，民情仍前疑阻，謠言四起，經地方官切實彈壓，幸未滋生事端。可見該處人心尚未信教，勉强行之，終屬無益。仰即照會領事官勸令該教士勿再前往，以息事端。至印契一節，查契内所寫係永租字樣，而文内則稱價買，語涉含混，地方官自未便爲其蓋印。如果賣爲該處天主堂公産，賣業之人於未賣之先，應照章報明地方官，請示應否准其賣給，由官酌定，方准照辦。如有私行賣給者，查出立加懲處。此案是賣是租，該業户曾否先行報明，應由澧州核明，照章辦理。除咨明南撫部院轉飭遵照辦理，并徑札澧州稟覆外，仰即知照。

批江漢關道詳法領事請保護澧州教士已徑札飭辦 光緒十六年九月二十二日

澧州民情强悍，素不與洋人相習，勉强傳教，徒增紛擾，終無濟事。光緒十二年間肇釁一案，可爲前鑒。經裕前部堂勸令勿再前往，原爲息事相安起見。該教士明知其不可行，乃欲自投危險，故意作難，殊太無謂。至於齊團聚議殺逐教士、教民之言，如果實有其事，地方官責任攸關，豈能漫無覺察，任其妄爲。該教士以危言聳聽，領事官率行請詳本部堂咨札澧州查辦，而該道輒以鄂省道員徑札隔省并非所屬之澧州查辦出示并契紙等事，大屬不合，應行申飭。以後遇有此等事件，只可詳請本部堂咨明南撫部院轉飭辦理，或由本部堂酌核徑札該管道、府、州、縣辦理，該道不得徑札鄰省地方官，以符定制。印契一事，已另案批發矣。

批宜昌關詳接收英商立德棧房或作煤局修理請示〔一〕 光緒十六年十月初三日

據詳已悉。該處棧房基地估修完竣，約需錢二千一二百串文，應俟定議作何項公用，再行撥欵修理。仰即遵照，派勇看守，毋任剥蝕朽壞可也。

批董事稟夾板船聯塞襄河有礙民船 光緒十六年十月初十日

前據該職等稟，夾板船停泊大別山一帶，有礙民船往來，請飭令遷泊沙包等情。當經前督部堂批：據江漢關道詳稱，一再籌商，委勘沙包地方爲輪船往來之所。每年春夏之間，更有裝茶輪船二十餘號，聯檣停泊。民船往來，亦須經過沙包，萬不能再停夾板等船。至大別山一帶，向停夾板上下貨物，有由襄河用船起卸者，有徑由漢陽江邊棧房就近起卸者，設關至今二十餘年，相安稱便，今若改令遠泊沙包，運剥貨物，諸多不便，委屬窒礙難行。擬仍准夾板等船照舊停泊中間，留去寬檔，不准亂抛開錨，以便民船上下。當經批飭照辦在案。兹據該董事等兩次聯稟，以所留寬檔無一定界限，水漲即仍前擁塞，進口船隻不能行至檣内。若如粘圖所開，夾板船直迫襄河口，民船下駛繞避，即沖入漩流，措手不及，必至碰於輪船。如果屬實，亟應設法騰展，立定界限，務使民船往來無礙，方爲妥善。至華船張挂外國旗號，久經嚴禁有案，如有此種情弊，務即查拏嚴辦，俾知警戒。仰江漢關道即便遵照指飭事理妥辦申覆立案。詞粘并發。

批土藥局稟夔、巫等處訪查土藥販運各情形 光緒十六年十月十四日

據稟已悉。黎令所查，近因湘省有無釐歧路，兩廣、湖南、

〔一〕以下七件録自抄本《督楚公牘》。

江西各商徑改由酉陽屬之苗疆繞道入湘，川境近北各商均改由綏定府屬陸路出子午谷至漢中，分途運赴陝西、河南等處。雖經勸諭遵照，而奸商趨利，亟須認真堵緝，以免偷越。他省如何辦法，固難過問，湘省無釐歧路應如何查明巡緝，候咨商南撫部院，再爲酌核。仰布政司會同牙釐總局轉行遵照。

批江漢關詳楚勝輪船派員看守將舵工收管請示光緒十六年十月十八日

據詳已悉。輪船擅入内地，無論華商洋商，照章皆應查拏充公。此案楚勝輪船冒稱兩湖新添官輪，經過蕪湖，并不停輪候驗，衝翻坐划，溺斃人命。又復鼓輪直上，闖入湖南境内，其情節尤爲可惡。現已獲押，仰即派員提訊舵工、水手人等，録取確供。該船係何人之業，有何牌照，何人主使令其闖關直上，衝翻坐划緣何不停輪救護，是否故意衝撞，務得確情，擬議辦法，詳候核奪。

批江漢關詳楚勝輪經過蕪湖并未停輪鄂省查無此船請示光緒十六年十月十九日

據詳已悉。該輪冒稱官船，擅入内地，衝翻坐划，溺斃人命，情節甚重，亟應從嚴懲辦，以儆效尤。現已派弁將該輪截獲，仰即遵照另批事理，訊取確供，擬議辦法，詳候核奪，并移蕪湖關道知照。

批荆門州稟上届河工抽捐章程按包扣錢光緒十六年十月二十日

據稟沙洋川運商販認捐緝私等費，若照斤數抽收，恐增多較少，臨時必多周折。擬請照沙洋疏濬内河等捐欵，按每包重二百斤，仍照鹽本輕重抽收，以歸簡便而免争執等情，仰北鹽法道并議具覆，酌核飭遵。

批沔陽州稟查沙市川販照淮章酌捐緝私光緒十六年十月二十一日

據稟沙洋川運商販限定包數，既無力認承，而在官領銷又不免遲疑觀望，仍請不限包數，聽商自運。至私鹽充斥，以致川運滯銷，該商販等請援鄂岸淮商公捐緝私等費。該牧等擬請按（釐）［鹽］本之輕重，定抽捐之數目。倘此后川鹽本價過高，北、潞二私益加浸灌，行銷遲滯，緝費無多，如何設法變通，臨時制宜，未便預擬各等情。并據另單稟稱，該商等稟求請免東津灣行用，俾免上行鹽價再昂，暨襄樊以下，除岳口已設官店外，其襄河兩岸，免添官店各節，有無窒礙，是否可行，仰北鹽法道妥爲核議詳覆，核奪飭遵。

批六幫茶商稟懇整頓茶務積弊光緒十六年十月二十一日

紅茶爲土貨大宗，關係兩湖商民生計，年來出産漸少，折閲愈多。本部堂莅楚以來，博訪周諮，頗知致弊之由，亟欲及時整頓，以維商務。現稟所陳十弊，自係實在情形。粘摺所開章程八條，大致尚屬平允。惟事關華商與洋商交涉，其間果否一無窒礙，必須籌度周詳。仰江漢關道妥速覆議，詳候核奪。

批大冶縣生員張海等呈漳源口隄閘工程懇請提訊擅動經費者〔一〕光緒十六年十月二十三日

查該縣漳源口隄閘，前因委勘工程，據該縣衛等稟，需費九千餘串，就地僅能派費四千餘串。本部堂體念民艱，而隄閘實關田廬保障，當飭司籌撥三千串，飭縣具領，津貼趕修。乃衛正光等奉該縣印領，并不如數領回繳案，竟敢擅專，半途動用數百金，其平日之專擅把持，概可想見。據該生等所控衛正光等斂費肥己，借隄閘爲利藪等情，雖詞出一面，難以遽信，若以伊等擅動領欵一節證之，其所控之情斷不能盡屬子虚。且前據大冶縣梅令稟覆，本部堂飭查此項隄閘工程，稟稱先已動工兩處，僅用錢數百串，即以水大爲詞停工未修等情。既先據稟就地可得派費四千餘串，即領欵未到，何以不將就地可得之費實力趕修，能搶修一分，即受一分之益。乃因循輾轉，致誤事機。該隄紳等其中之不實不盡之處，已可概見。此項派費，向來如何經收，如何支用，衛正光等有無侵蝕虚糜，查調署該縣陸牧不久到任，仰北布政司迅即轉飭陸署令認真澈查歷年收支，核對明確。如有弊端，即迅速據實稟覆，酌核嚴革。趁此冬令水涸之時，妥籌辦法，修理完固，以除蠹弊而衛田廬，切勿瞻徇粉飾，坐視每年淹浸，聽其自然也。

批北鹽道詳准予殷户領帖添開鹽行光緒十六年十月二十三日

據詳已悉。行帖已久，其中頂冒朋充，自應澈底查明。惟清查牙帖與鹽行之應否增添，判然兩事，當飭該道電商宜局。兹據陳道汝蕃電覆：查沙市鹽行，從前銷數多，鹽行僅十二家。近年銷數少，鹽行有十五家，往往虧塌客本，故裕守稟請止帖。并詢據該商等稱，現在官、商兩幫，僅存十三家，業已行多於商，若再添帖，恐致争攬各等情。自應仍照裕前部堂批定原案，十年爲限，不准再添。仰即轉飭該局遵照十年之案，斷不准其再添，以紓商力而防倒塌。一面清釐行帖，若無真實資本，又無商錢各號爲之具保，此等頂冒行户，即勒令將經手課釐賬目繳清，追帖另募補充。該行户儻敢抗違，及有托持壟斷等情，即隨時移交地方官，照例究懲。餘如詳辦理，并移宜昌川鹽局遵照。

批襄陽府稟裁革路差出示曉諭光緒十六年十月二十六日

查路差假催糧爲名，凡詞訟案件，遇事指詐，高下其手，種種弊端，實爲民間大害。州縣經徵錢糧定例，花户自封投櫃，本不准假手書吏，但零星小户，距城窵遠，一切飯食費用，轉多於正項。該府所擬量地遠近，分設鄉櫃數處，選派司事，分撥書吏，比對簿册，裁給板串各節，自係爲便民起見。惟其間章程應如何方臻妥協，應由司妥爲核議詳覆，并即將路差名目，永遠革除。

〔一〕以下六件録自抄本《督楚公牘》。

命盜詞訟案件，照例票差，緝拏拘傳。儻仍冒路差名色，借案詐索，一經指控，即行嚴究。仰北布政司會同按察司一并出示，頒發張貼曉諭，務使民間周知路差業經裁革，不致仍前受其欺混，并飭該縣遵照。

批北鹽道詳核覆沙洋川販擬就釐局按包收錢光緒十六年十一月初二日

據詳已悉。所擬該商等援照鄂岸淮商章程公捐緝私等費，酌中定數，以免畸輕畸重各節，均尚允協，應如詳辦理。前項捐欵即暫歸沙洋釐局就近抽收，隨時解道，以備撥用，并責成該州會同稽查。至各該營縣身任地方緝私，責無旁貸，疊經本部堂嚴飭認真堵緝在案。據稱，邊地遼闊，巡緝難周，擬請派一武職大員幫同局員等巡緝，自係爲講求鹺政起見。既據稱候補副將錢永林熟悉襄陽情形，候即檄委赴襄，會同巡緝，以期私梟斂迹，官引暢銷，仰該道即便分飭遵照。餘如詳辦理。即録報撫部院暨候批示。

批安陸府稟會勘鍾隄險要情形擬估請示光緒十六年十一月初三日

據稟鍾隄本屆歲修，擬將三工内幫、四工月隄加築外幫，較之水工稍有把握等情。查前此水工，夏秋皆辦防搶，虛糜多金，工不可恃，已可概見。現在岸陡水深，何從下樁立脚，且所用料物多少，工費虛糜，亦屬茫無考校。四工爲全隄至險最要，所議月隄加築外幫，自是正辦。至十六工頭二兩道石磯，現均矬損，該處借御回溜，亦屬最要之工。據估計三、四、十六等工，共需萬緡，自應先盡此緊要土工，迅速興修。其餘應修零工，并即隨時勘修粘補。船釐項下，應即先撥土工之用。至水工不如土工情形，本部堂今年親臨閲勘，業已確知其詳。以後該府縣務當堅持定見，勿爲無識委員、首事之言所惑。仰北布政司轉飭該府、縣遵照，核實勘估，督同隄紳等趕緊舉辦，認真經理，務使工堅料實，切勿怠忽，至要。仍飭將覆勘動工興辦情形，具報查考。即録報撫部院暨候批示。

批北牙釐局詳荆郡等處銷土甚鉅飭局會同抽收光緒十六年十一月初六日

如詳辦理。仰即轉飭荆州府督飭江陵、枝江兩縣，會同各局卡委員妥爲開辦。并先由府局出示，分晰曉諭商販及土店，俾知遵辦。餘均如所議辦理，并移善後局知照。仍候撫部院批示。

批北藩司詳開辦學治館章程光緒十六年十一月十二日

天下人材皆出於學。近來官場風氣，書生馴謹而每暗於事，俗吏敏干而或謬於理，欲令事理明達，體用兼備，舍學何由。兹據詳設立學治館，令丞倅州縣入館學習治理，深得爲政之本。所擬章程均屬周妥，仰即如詳辦理，俾各員端其趣向，增其識力，循良輩出，有厚望焉。仍候撫部院批示。

批大冶縣稟鐵山運道情形光緒十六年十一月十六日

據稟深堪詫異。查鐵山運道自黄石港至張家墻，前據鍾倅天緯等帶同洋匠查勘山路，并無險峻之處，惟地勢稍低，須築高隄，取土稍難，若就山路興修，去高填低，施工較易。并據該縣前令孫克勤稟稱，民情均屬相安，初無異議等情在案。只以該署令素稱能事，調署斯篆，兼委幫辦提調鐵政局務，以專責成，一切事宜檄飭隨時稟商總辦蔡道，悉心籌辦此路，飭令測量，并未刻日興工。如果工巨費繁，别查有省便之水路，盡可會商委員具稟蔡道，從長計議，斟酌請示。乃該署令既不討論事理，又未測量道路，忽稱鳥道羊腸，較黔、蜀山程更爲險窄，炸藥攻山，驚駭物情等語。危詞聳聽，遽行具禀，阻撓大局，摇惑衆聽，誠不解是何居心。且山路既云崎嶇，人烟何得稠密。炸藥最多用至數兩，僅止炸去礙路頑石數塊，并非將青山全行炸裂，何至驚駭物情。點放係用電綫遠引，何至稍有傷殘。即如該署令所稟漳源口水道亦可通行，而每日能運鑛若干，冬春能否通行，漳源閘口能否無阻，若須盤壩，勞費無算，如何可行。此等處全未計及，疏略已極。查鐵廠每日需鑛砂、灰石、煤斤共六百餘噸，内港及南湖開濬淤淺必須四時能通千石内外之船出江，便于輪拖，方可濟用。總之，鐵山運道無論由陸由水，均須詳切測量，妥議辦法，方可定局。該署令心粗氣浮，一味自是，全不講求。據洋匠畢盎希稟稱，時維禮欲測量，該署令輒以恐致鬧事，不任責成等語恐嚇，不令測量，尤爲可恨。應先行嚴加申飭，仍責成會同張令飛鵬、黄令建藩等帶領洋匠，將黄石港運道詳細測量，繪具圖説，再行會同委員帶領洋匠前往鐵山鋪，將南湖至漳源口一帶水道測量，并將李灣橋、漳源口沿河一帶是否能修造鐵路運道，一併測量繪圖貼説，會同委員來省面陳一切。儻或滋生事端，即係該令煽播謬説，明知姑縱，借以回護前説，阻撓大局，定即撤參不貸。懔之。

批江夏縣詳南漳縣訟棍張理純在押逃逸〔一〕光緒十六年十一月二十日

據稟實堪駭異。查張理純係刁惡訟棍，前據武昌府詳，已飭留省審辦。昨據襄陽府稟，又經批飭查明張理純功名，先行詳革，嚴加管押，提訊究辦，勿使疏脱網漏，貽害地方各在案。該縣於奉發管押訟棍，并不責成妥役，嚴緊收管，竟至脱逃。雖據稱是日該縣赴鄉勘隄，實屬疏忽，咎無可辭。以屢次嚴飭審辦之犯，若聽其從此逃逸漏網，尚復成何事體。仰北按察司即移布政司，將江夏縣記大過一次，以示懲儆。一面將張理純功名詳請咨革，飭令該縣懸示重賞，購覓眼綫，勒限密行嚴拏，務獲究辦。并關鄰封營邑及該犯原籍，一體協緝，解省審辦，切速，并轉飭武昌府遵照。仍候撫部院批示。

批江夏縣等會稟兩湖書院工程遵繪圖式勘估工呈核光緒十六年十一月二十一日

據稟及圖式清摺均悉。兩湖書院工程，該守等迅即選購堅好

〔一〕以下二件録自抄本《督楚公牘》。

木石各料，多添工匠，督率趕造，務須於明年四月落成。所有填高地基，尤宜硪築堅實。一切工料，隨時切實稽核。務須如式修造，一律堅固整齊，勿稍草率偷減，更易原式，是爲至要。其工費不敷之欵，已據北善後局詳請，將沙市及省外等處土藥、善後經費，除劃補官欵當息外，餘悉撥解書院工費，業經照准飭遵在案。該守等應即隨時稟請，飭由北鹽道催解動撥可也。

批澧州稟請飭照會調回教士光緒十六年十一月二十一日

此案前據該州來稟，即經詳晰札飭江漢關道照會領事，轉飭教士遵照前案，勿再往澧屬，以息事端。旋據該領事照覆，曉曉置辯，仍請保護印契等情，復經該道照會，仍照前案勸令該教士毋庸前往。至買屋稅契各節，亦應暫緩置議，俟將來該處民情安貼，教士可以前往傳教，再行核辦，蓋不啻三令五申。乃該教士又復前往界溪橋修造教堂，一若條約准其傳教，地方有保護之責，遂置性命於不顧，自有人任其責成，其情實爲狡譎。該州既知其房屋未經印契，賣主又未照章先期報明，應即曉諭紳民工匠阻其興工，一面拘傳賣主，立加懲處，方是正辦，且亦并不甚難。彼族即有嘵瀆，在我總有辭可以折服。乃興工數月以來，并不切實設一妥善之法，竟聽其興工落成，然后追究包工經理之人，坐失事機，已落後著，徒以一稟請飭照會禁阻了事。今麾之既不肯去，聽之將滋事端。彼以落成之屋一旦棄之，情必不甘，只可責成該州就地勸令紳民籌欵，將教堂工費補回，買來拆毀，使彼無所繫戀，或能就我範圍。此事總由該地方官不慎之於始，以致諸多棘手，補救爲難。仰候咨商南撫部院妥商籌覆，再行札飭江漢關道照會領事妥辦。仰南布政司轉飭遵照。

批河南南陽府稟鄧、内等處鹽店賬目甚多請寬限撤退〔一〕光緒十六年十一月二十三日

據稟鄧、内等處鹽店開設多年，往來賬目一時遽難清理，請寬限至光緒十七年二月底止，飭令一律撤退，尚屬實在情形，姑准照辦。除咨河南撫部院飭遵外，仰北鹽法道轉飭均、光各州縣，緩俟來年二月底，遵照前檄，會同鄧、内等縣，務將孟家樓、葉家樓鹽店，照例一律撤退三十里。届時儻復藉延不撤，即由各該州、縣設法拏辦，以示懲儆。并知照河南南陽府濮守遵照辦理。

批鄖陽縣稟修礀岸經費不敷請於賑捐酌撥光緒十六年十一月二十三日

據稟已悉。查前據該府因護城礀岸修費不敷，稟請撥欵津貼，以工代賑，當飭據該前司議詳，司庫無欵可籌，行令該府就地挪墊，即將鄖屬所收賑捐酌留幾成歸還等因各在案。兹據該府稟稱，續坍礀岸，工程緊要，需費濟用，請將奉派鄖縣捐欵全數撥用。其外五縣所派捐數，仍由該府嚴催報解等情。查前議飭將鄖屬賑欵酌留幾成構濟工用，原係寓賑於工之意。今據請除外五縣派捐嚴催報解外，僅將鄖縣奉派之數全撥該郡城礀岸工程之用，所稟能否照辦，仰北布政司核議詳覆飭遵。

〔一〕以下三件録自抄本《督楚公牘》。

批北藩司等會詳逢守餘存關税及石頭關經費充公光緒十六年十一月二十五日

據詳已悉。查逢守潤古新關餘存銀一萬二千五百六十七兩有奇，究係所收何項，此欵已據該守報解善後局，該司局應作何欵列收，及撥充何項公用之處，仰即會同飭令逢守明白稟覆，核議會詳辦理。其浮支石頭關二兩火耗銀八千五百餘兩，應即勒限飭令繳解。仍候撫部院批示。

批應城鹽課務委員稟鹽滯課絀請示辦法光緒十六年十一月二十六日

淮鹽爲兩江引餉大宗，固當力爲疏暢。第應鹽爲鄂省地方出産，貧民生計所資。其源本於石膏，膏出鹽隨，膏税頗重，全賴峒鹽貼補，始能無虧，斷無專顧鄰省鹽課，不顧本省民生之理。而膏税一項，乃本省報部正額錢糧所關，不容短絀。况案經奏定，准於應城、京山、天門三縣行銷應鹽。復經前兩江鹽院曾爵督部堂會同裕前部堂出示曉諭，除長江埠一隅爲淮鹽運德必由之路，原設一倉外，其餘三縣境内各處聽憑應鹽設店開棧等因在案。其爲柬應益淮之計，已不爲不周。且長江埠只爲轉運設倉，示文甚明。今應鹽并未越出三縣之界，而淮鹽既於應城各集市每月派銷九十餘引，天門地方又復不許假道前往，是并不爲應鹽留一銷路，顯與奏案不符，該縣商民必不能甘，且亦無此政體。本部堂權衡大局，淮銷甚廣，應祇一隅。事理既貴持平，奏案尤宜遵守。且本部堂於堵緝北私、潞私等事嚴加整頓，不遺餘力，數月以來已有成效，淮鹽受益之處已多。蓋緝私以顧淮綱則可，若絶本地貧民生計以顧淮綱，則理勢俱有不能。此後應鹽應如何留一實在銷路，淮鹽應如何恪遵定章辦理，其天門一路應否准如該峒商所請假道運往之處，仰北鹽道會同淮鹽北督銷局妥議，詳覆核奪。

批麻城徐步階等呈院費、賓興兩欵生息久懸懇示給領[一]光緒十六年十一月二十九日

此案業經另飭荆宜施道督飭荆州府暨原派委員徐守集案，再行詳加覆訊，持平妥擬通稟，由司核議擬結，會詳銷案，并咨明北撫部院查核各在案。兹據呈稱，江陵縣業已出示停租等情，閱之實堪詫異。查該二比構訟多年，本部堂與撫部院無非欲令其早日完案，衡情酌理，兩造遵依，借息訟端，好安生業。即撫部院前批，所有公産租息，暫令江陵縣先爲收存，或出示停止收取，此係兩層辦法。該縣如謂尚未奉本部堂飭回另行之件，亦將此兩層如何擬辦爲妥，先通稟請示，何得貿然即出示停止收取，大屬不合。仰北布政司迅即轉移荆宜施道查明，速飭江陵縣明白稟覆。一面先將告示更正，仍令照常收租，候覆訊詳奉批准結案之日，再行遵照辦理。至所該麻邑賓興及萃英堂項下本息銀兩，前已據該府等查訊明確，有賬據可憑，斷令會館公還，限以歲收租息，按年分繳。是該會館中執紅契向各户收應交之租息，分還麻邑應歸之借欵，無論案情如何定斷，收租何人經理，斷不能聽伊等因争訟停收租息，引爲口實，任意吞蝕推賴也。

[一] 以下五件録自抄本《督楚公牘》。

批織布局稟建造廠屋由局核定開摺請示光緒十六年十二月初三日

據稟及清摺均悉。該匠首廣祥利承辦建造布局機器大廠，既能遵諭依期，於明年十二月一律完工，不得稍有遲逾，應即准其承造。仰該道等即便督飭局員監工趕造，飭令該匠首搭蓋篷廠，多雇工匠，一切工料務須精堅閎整，如式修造，不准稍有偷減草率，萬勿遲逾，是爲至要。果能依限完工，一切如法，雖格外加賞，亦所不惜。餘并如所議辦理。

批江陵縣稟會勘李家灘等處工段丈尺開摺呈核光緒十六年十二月初九日

據稟估勘李家灘等處，挽月統需工費一萬四千餘串。除遵飭仍將荆州應墊還上年借撥釐錢一萬串，在於減存土費内提出，移緩就急，爲此項工用外，尚不敷四千串，請將該縣本年應還釐局之借欵四千串，仍撥歸工用等情。查前據該縣稟府欵僅能撥出三四千串，李家灘等工不敷，請將該縣借欵四千串凑用，展緩來年徵土歸還。當批飭仍該府應墊還之一千串，全數挪用，以濟要工。該縣之借釐四千串，即無庸挪凑，依限歸還，以重釐欵各在案。釐金正欵攸關，因念李家灘等處潰口，關係監、沔、潛各屬，急須修復，不得不先其所急。飭將該府應還之一萬串，轉移補救，核實撙節之外，不敷者自應就地設法，於土費内挪凑，再行徵還，豈能再請緩還該縣之四千串，以致久懸釐欵。仰北布政司會同牙釐總局，速分飭該印委等，盡此一萬串動用，須處處任勞任怨，核實經理，督率紳委等痛除積習，認真舉辦，較原估撙節。如實不敷若干，即就土費内酌量挪凑，該縣不得借詞再請緩還之借釐四千串，并飭遵照前批依限歸還，以重釐金正欵。另單并悉。仰即會商潛江縣從長計議如何修復上下二口門之處，妥爲辦理，另稟覆核。

批岳州府稟拏獲會匪會督營縣訊供光緒十六年十二月十四日

據稟已悉。湘省游勇會匪，借端滋事，案犯甚多，自應嚴密拏辦。兹據拏獲李春陽即李典供稱，將謝廷玉交存僞印飄布分散二百餘張，得錢四千文，實屬不法已極。惟查稟摺内叙，據該犯呈有印片，係留甘總兵，又係武生。究竟何年取進武學，何案保此官階，有無其事，有無獎札呈驗，供摺并未訊叙。又，該犯另開山堂四箇，散出飄布六萬餘張，亦僅據劉鵬搏不知虛實之供，該犯亦未供明，其中恐有隱飾，亟須查訊確切懲辦。既據該府稟起獲僞印飄板并飄布已呈該司，仰南按察司查核，迅速委員會同該守提犯復訊，研鞫確情，録供稟候核辦，毋稍遲延。切切。并候撫部院批示。

批漢陽鎮稟已故前兵部尚書彭、陝甘總督楊建立專祠應如何籌欵修造光緒十六年十二月十五日

據稟該鎮所屬水師，均係前兵部尚書彭、陝甘總督楊[一]舊

[一] 指彭玉麟、楊昌濬。

部。現據各將弁禀請，擬捐助俸廉銀二千兩爲敕建專祠之費等因。應如何繳存，俟籌捐之欵集有成數，指撥動用之處，仰北布政司核議，具覆飭遵。仍候撫部院批示。

批江漢關道詳核議茶商整頓茶務章程光緒十六年十二月十七日

漢口茶市禁售樣箱，設立公磅，歷據該幫商棧公同議定章程，禀經該關各前道批准出示曉諭在案。近年茶務疲滯，華商急欲求售，不能堅守定章，以致弊竇叢生，日形虧累，而洋商亦因茶不對樣，借端挑剔。若不及時整頓，實與中外商情均爲未便。現在該商等衆謀僉同，創設公棧，既便查色樣攙雜之弊，并可免風濤停泊之虞，洵屬扼要良圖，維持商務至計，應即准行。惟建棧必需鉅款，經理尤貴得人，仰江漢關道迅即選舉六幫公正殷實紳首數人以董其事。應如何籌墊建棧之欵及按箱酌抽經費，分年歸還。大約抽費不宜過多，年限不妨稍久，務使茶價不至驟貴，致礙市面。飭令確切妥議，再呈該關道復核，分别給諭出示，庶足以資經久而杜流弊。至落盤、過磅、轉箱、交價各節，如何明定限期，係屬華洋貿易之事，應再按照條約妥籌辦法禀明辦理。其倉房司事、茶棧經紀人等果有播弄勒索情事，准其隨時禀官究懲，以儆刁儈。仰即轉飭遵照。

批廣東提督蔡金章等禀沙路安設鐵樁情形〔一〕光緒十六年十二月二十三日

據禀及圖摺均悉。查沙路木樁之外，水過石攔，過而復出，其力較大。現將鐵樁改設木樁之内，自屬妥善。惟慮敵船用繩牽拔，則殊有未然。鐵樁悉用螺絲旋入河底，深至一丈三尺，豈繩力所能牽拔，且各路礮臺遠擊近攻，均能防護，豈有坐視敵船任令用繩牽拔之理。至所下十餘攢，巨物撞擊，微覺撼動，自係未加鐵鏈維繫之故。若加鏈之後，自無此弊。仰即隨時禀請兩廣督部堂核示，會同督飭員匠，妥慎安設，俾臻鞏固。是爲至要。

批樊城藥土局禀擬設分卡應添司事各情形光緒十六年十二月二十五日

據禀樊城土藥分局開辦情形，尚屬妥協。另禀各節，亦有見地。擬設東津灣、龍坑、茨河兼查太平店、小河兼查歐家廟、雙溝、呂堰、丁家集、河下等八處分卡，應即准其照議試辦，即由該令揀派妥實司事，分投前往經理，明白開導商販，只要照章完稅，并無留難阻滯。除電飭該令并會札飭遵外，仰北布政司會同牙釐總局，迅即飛速轉飭，遵照辦理。其餘所稱陝甘各營弁勇所帶土藥，擬請稍事區别，及雲貴火牌禁止夾帶私土各節，該司局并即妥議詳辦。并録報撫部院暨候批示。

批黄梅縣典商呈典當艱窘情形懇照舊章免息光緒十六年十二月二十六日

案查前據黄梅縣查覆，該縣典當只爾長春一家，孔壠鎮同茂一家，所領生息官項，僅官渡經費本銀四百兩，以九釐繳息，計

〔一〕以下三件録自抄本《督楚公牘》。

數無幾，此外并無捐輸等費。該典商開設多年，獲利已厚，與他處情形各異，自應將當息減爲常年二分，以紓民力。官項生息，爲數甚微，仍令照常交納，不得借詞請減。情形既有不同，辦理自須區别，無慮他處借口。案已批行，該商等生理殷富，自當體念貧户艱苦，深思戒貪知足之理，共抒輕財樂善之忱，遵照辦理，勿庸再瀆。仰北布政司轉行該縣飭遵。

批岳州府鍾英稟到任後察看地方情形

光緒十六年十二月二十七日

稟内擬辦之事條目太多。該府初膺外任，即使才力優長，亦恐難一一辦到。爲政貴得其要，舉綱領、切時勢，所謂要也。岳州訟風素熾，所稟拏辦訟師、蠹役、痞棍、土豪，此層最好。誣告必須反坐，架訟必須嚴辦，可即切實爲之。然此等事須有力量，有方略，殊不易易也。聯絡水陸武營嚴查會匪，亦爲今日切務。岳州所屬多係濱湖，隄垸、淤洲等事必須時常注意於此，此民生詞訟本原。所在郡城義倉積谷如能隨時勸諭推廣，積儲以備緩急，更爲有益。命盜案督催速辦，極是。至府控親提一節，總以審結爲主，須自度案情能了與否。如不能結，不如不提，免致徒增小民之拖累而啟州縣之玩易也。其餘如封烟館、逐流娼、禁賭博等事，乃州縣及縣佐等官所爲，郡守表率各屬，職任不在於此。該府擇要核實爲之可也。

批卸署漢陽縣朱滋澤稟懇領津貼銀兩

光緒十六年十二月二十八日

此項津貼既經詳定章程，黄岡等十州縣均應分攤完解。如解不足數，即在十州縣司庫領款内扣收給領在案。該縣缺苦差繁，該令現已丁憂，所有未領之津貼三千七百餘兩自應催解支領，以示體恤。仰北布政司即查案籌議，此十州縣現又解到若干，其未足數者，即由司查明於各該州縣領款内坐扣。惟以後漢陽縣此項津貼攤解斷難如數，扣抵亦恐不敷。爲州縣者令其常年以賠累爲憂，以卸代爲願，成何事體，尚能言吏治民生乎。漢陽列爲首縣，地衝政繁，必須擇人久任，斷不可一年更調一次，致將政事付之傳舍。以後應如何妥籌長策，删除虚數，確給實款，俾得盡心辦公之處，并飭該司局一并議覆核奪。

批通山縣職員呈民船桅帆之害過慘懇設救生官輪[一]

光緒十六年十二月二十九日

該職此稟，大意謂江湖風浪甚險，桅帆無益，欲多設輪船，以救生耳。閃爍其詞，殊屬無謂。今日如於湖濱多設救生官輪，自是善舉，惟籌款不易耳。如江河通行，貧民操舟爲業者過多，礙難推廣也。救生酌保，係專指海洋而言，礙難援案。

批甯遠縣稟擬摘録民間易犯之事刊示門牌

光緒十六年十二月二十九日

保甲門牌之設，專藉以查户口、清盜賊，非可恃以爲教民之具也。州縣官化民治民，自有正道。盡心教化，則自有移風易俗之功，彰癉明則，亦有令行禁止之效，豈一紙門牌刊示例禁，遂

[一] 録自抄本《督楚公牘》。

足以化莠爲良。且該縣牌内所列各條，無論智愚賢否，孰不知爲犯法之事。其犯者或由性頑俗敝，罔知禮教，或由有司官廢弛縱容，執法不力耳，豈真不知此爲國法應禁之事哉。從來身陷刑戮者，其到官訊供之時，若非推賴不承，即曰爲勢所迫，曷嘗有一人自謂由於未讀律例之故，自謂凶悖邪盗爲分所應爲者哉。試思一部律例所載各條，何一非當禁者，安得以一牌逐條而書之。且民之秉彝天下所同，梟獍不道之行，豈得指爲易犯之事。今乃比户連門悉揭以忤逆不孝之條，標以斬絞凌遲之罪，非特無以彰德教而厚風俗，亦殊覺駭人觀聽，大非盛世所宜。吾聞以孝弟、力田、睦姻、任恤爲教，未聞以臚列罪名爲教也。古人云郅治之世，比户可封。若如該縣牌式所列，通都大邑，窮鄉僻壤，光天化日之下，觸目皆是此等惡逆之名，不祥之事，不幾比户可誅乎。該縣所稟怪謬已極，抑且毫無實濟，所請通飭各屬照辦之處，應毋庸議。

光緒十七年

批輿圖局詳籌議開辦事宜光緒十七年正月十一日

測地首重經緯，經緯非實測不真。省城而外，其餘各府、廳、州、縣治所，舊志雖有經緯之數，大都以道里約略定之，不盡出於實測，故形勢部位多有差誤。然測量儀器必須極精，又必須有通曉善用之人，若器上分杪畫分稍有不匀不準，置器測量之時稍有不平不正，則節氣日景之幾刻幾分皆不能確，在天度即差數十分，在地即差百余里或數十里矣。今欲悉用精器通人，處處實測，巨細畢舉，非曠日持久不能竣事。該司道所議令各州縣按照局中自制儀式，將八方疆域之交界山之周邊、水之支干，以及堡鎮、關驛、營汛、隄塍，按定方向，審其距城遠近，人行里數，限三個月測繪成圖，雖未必盡能詳密，要自勝於舊圖，應即如詳辦理。但須嚴飭各州縣須選派明白細心誠實耐煩之人測之，不得僅派工房差役數人草率塞責，俟其匯繳到局后再行復核參定。現距春分日爲期甚迫，所擬自制儀式及測量之法，應即趕速制就，呈候察核，飭發遵辦。擬派提調、知縣劉翰藻，即如詳派委，其餘測繪員生應即多方物色，精選明習地學之人，隨時稟請核定，酌量添派。以後測繪詳細章程，隨時稟候核定辦理。

批江漢關稟嗣後洋商雇用民船裝制錢運往内地辦茶驗照放行〔一〕光緒十七年正月十八日

據稟已悉。該洋商此次所運往江西義甯州買茶應用制錢，業已開行三船，已據該關道具詳批准，并札飭通省牙釐總局轉飭放行在案。所有該商續運之錢，即如稟由該關道查明確數，繕給護照，一面與英、俄兩國領事妥商，嗣後如確係運往内地買茶之錢，隨時知照該關道，核給護照。經過各局卡查驗，蓋戳放行。惟護照查驗後，務令計限繳案核銷，免致該船户人等假冒影射，以杜奸商而重圜法。除并行通省牙釐總局轉飭外，仰即遵照辦理。仍候撫部院批示。

批江漢關詳阜昌商人運制錢買茶被黄州釐局扣留光緒十七年正月十八日

據詳已悉。該洋商此次所運制錢，係往義甯州買茶之用，尚非販運牟利，亦非運至九江通商口岸者可比，應准放行，以示體恤。除即札行通省牙釐總局轉飭樊口、武穴各局卡一體遵照放行外，仰即遵照辦理。仍候撫部院批示。

批宜昌鎮稟勘估峽路工程光緒十七年正月十九日

開修峽路需集鉅欵，自應一律開寬，連攔石以一丈爲度。高處因地制宜，均以一丈爲率，期於轎馬併行、縴路高低皆便，四時無阻，商旅永賴，方爲不虛此舉。所估南北兩岸縴路、轎路等工經費銀十五萬六千餘兩，是否敷用，尚難預定。據該鎮面稟，因經費難籌，係從撙節估計等語。此等經久鉅工，萬不可存省事惜費之念，致有遷就，上年臘月電飭甚明，仰即再將工費詳切覆估，分晰稟辦。至石拱橋易爲山水沖塌，川路已有明徵，自應另籌良法。山溪應設渡船，一併估計在内。查潘令誦捷所估路工均在大水則之上，據稱平水枯水或涸出山脚灘石，或舊有窄小縴路，船夫均可行走。若就低修鑿，水漲路淹，諸多阻滯。川路雖就高處，仍有大水可淹之處等語，不爲無見。又據稱，路難概就船縴，川江險灘羅布，舟行相度上挽，南北岸因時變更，若陸行頻於渡江，溯流艱險，故所估路工，惟至巴東縣治過江一次等語。查該鎮圖式，過江七次，是否於縴轎兩便，并即查照妥議辦法，稟候核奪。

批漢陽府、縣稟勘估漢鎮集稼嘴磡岸工程〔二〕光緒十七年正月二十五日

據稟勘估該處北岸工程尤爲重要，不能與南岸兩工並舉，致延時日，自應先其所急。據估經費一萬六千餘串，能否再加撙節核減。除再委員候補知府史守悠慶前往復估外，仰通省牙釐總局如稟先將存儲公欵撥領五千串，以濟急需而免躭延。其南岸應修之工，准俟北岸工竣後，再體察水勢情形勘辦可也。另單擬請免釐一節，前此漢陽江工，物料有無免釐，此項河工經費，即係江工改撥，應否援免，該局并即查照章程妥議覆奪。并録報撫部院

〔一〕以下二件録自抄本《督楚公牘》。

〔二〕録自抄本《督楚公牘》。

暨候批示。

批黃岡縣稟修理隄塍情形光緒十七年正月二十六日

隄防爲地方保障，無論何項工程，均應責成該州縣督率催令及時興修，剋期完竣，藉保民命田廬。前札已將借欵、津貼、專欵、畝費各層分晰申明，垸隄由民自集，工資亦是公同攤派畝費修築，地方官豈能因未領借公欵，遂不過問乎。然則湖北一省，除荆州江隄之外，皆是民隄，地方官督勸民間修隄防患，皆爲多事矣。委員查驗，有何不可，豈省委皆必有騷擾乎。來稟云云，殊屬非是。仰北布政司即飭該縣遵照，所有各區隄塍被水漫潰沖刷應修之工，趕緊督催該紳首一律剋期修築完固，稟報查考。

批湘陰縣詳請奏加王真人封號[一] 光緒十七年正月二十八日

查前准禮部通行光緒十五年三月十八日奉上諭：神靈禦災捍患，理宜崇報。惟近來各省奏請頒發扁額，敕加封號者甚多，未免煩瀆。著各直省將軍、都統、督撫接奉此旨後，遇有此等事件，確實有徵者，分季彙題請旨，毋庸專摺具奏等因，欽此。欽遵咨行遵照。上年湖北長陽縣稟請奏加城隍神封號，當經本部堂核無實在靈蹟，查照部行批駁各在案。據詳該縣王真人靈應各節，查志乘所載，神靈事蹟必須援據精審，信而有徵，方爲確實。今王真人僅名載志乘，其靈異事蹟并未詳縣志，從何徵信。事實册所稱作霧迷匪及在營供奉神牌助戰避疫等事，多涉渺茫，必干部駁。且事隔多年，若果靈蹟昭著，當時何以無人陳請。其水旱祈報及保護隄防，均無實在靈蹟，亦恐不免附會。所請奏加封號之處，應毋庸議。仰南布政司轉飭遵照，並録報撫部院暨候批示。

批北藩司詳鶴峰州春荒請於宜郡酌撥倉穀平糶光緒十七年正月廿九日

據詳已悉。查宜昌距鶴峰州六百餘里，山路崎嶇，陸行非八日不能到。由郡城撥穀五百石，即碾成米三百石，亦需運費三四百金。此項將從何出，作何彌補，未據籌及。惟該州當青黄不接之時，自須趕籌接濟。其應如何變通籌補之處，仰即速飭宜昌府就近酌量辦理，以濟民艱，并飭將遵辦情形具報。仍候撫部院批示。

批吴道稟黎令奉委赴川頗著勤勞可否飭回本任光緒十七年正月二十九日

據稟及另單均悉。查黎令堺赴川勸諭土藥商販遵章納税，卓著成效。前因訪聞川土改道，由漢中分運陝豫，於鄂税大損，業經本部堂電飭該令赴漢中詳查走私路徑，并飭赴陝省稟商鹿[二]撫部院酌辦一切。該令往返跋涉數千里，勞瘁不辭，俟其回鄂，自應優予奬勵。應否飭赴竹谿本任，抑另行酌委他缺之處，應飭司先行存記，屆時再行酌核辦理。至來鳳入湘之土藥，現已改由湘省永綏廳之吉峒坪入湘，來鳳應否改爲稽查補抽分卡，應俟三

[一] 以下三件録自抄本《督楚公牘》。
[二] 指鹿傳霖。抄本《督楚公牘》誤為「庇」。

行出示曉諭，解散黨與，妥爲彈壓，勿致別滋事端，並令選派妥紳前往開導，速將糾聚游勇遣散，聽候查辦，並飛咨南撫部院派委大員，馳往查辦，就近調撥防營，會同彈壓，相機查拏究辦各在案。茲據禀稱，唐本有復糾人持械，續搶席匯湘南口莊穀，且敢於住宅聚集多人，擬先派妥紳前往開導，解散附和之人，辦理甚是。仰南按察司速飭該縣會同防營實力彈壓，一面遵照前批，相機辦理，嚴加防範，勿致釀成鉅禍。仍將查辦情形隨時密釘飛禀查核。切切。

批北藩司詳黃梅縣典當減息情形光緒十七年四月初八日

此案前據黃梅縣舉人何錫紱等以長春典泥利殃民等情，來轅具控，當飭據該前縣查明該縣僅止長春一典、孔壠鎮同茂一典所領官項，僅有官渡經費四百金，繳息甚微，此外并無別項捐輸等費等情，禀覆前來。本部堂復查黃梅地方瘠苦，該典商等開設多年，獲利既厚，官息無幾，并無別項捐輸等費，民情既屬困苦，商力並非不及，核與他處情形不同，自應損此益彼，援照武漢章程減息，他處不得藉詞援以爲例，批飭遵辦。嗣後該商具呈，亦經明白批飭開導各在案。茲據詳稱，奉撫部院批，據該縣舉人何錫紱等呈稱，該商等資本充裕，力能周轉，批司飭縣查覆等因。查來詳聲稱黃梅縣轉據該典商具呈分季遵減各情，是商力尚非竭蹷，亦尚能體恤貧民。惟既據該縣紳士公呈赴撫部院衙門聲稱該商資本充裕，自應仍遵前案，減爲常年二分取息，自本年正月初一日爲始，一律遵減。既紓民力，更足見該商等好義輕利之善心矣。仰即轉飭該縣曉諭，遵照辦理。并録報撫部院暨候批示，一併飭遵。

批鄖縣孀婦楊張氏呈控逆子楊茂增背母私娶光緒十七年四月十三日

此案前據該氏以傾家充公以助義舉等情，來轅具控，當批飭鄖陽府提審究斷在案。茲復據呈稱曾燦章等謀害心堅，不敢長途回郡投審，楊茂增現在霸産逐佃各節，并將契約各件呈懇分斷，核其情詞迫切，殊屬可憫。查楊張氏一家始受户族欺淩，頻年搆訟，繼遭生員曾燦章以女許嫁楊茂增爲妻，遂從中教唆播弄。至楊茂增與其庶母張氏結訟成仇，固由於曾燦章啓衅，而楊茂增自襁褓之中，經該氏撫養成人，當户族欺淩、争訟之時，該氏多方護持，爲之捍患禦侮，疊次匍匐公堂，受盡拖累，又引避京城，依氏婿余姓同居，爲茂增延師課讀，撫育教誨，不啻己出。乃楊茂增獨不念於該氏既有庶母之分，又蒙顧復之恩，實非尋常庶母可比，不思力盡孝道，以慰張氏之心，竟敢背母成婚，聽從外親曾燦章唆使，捏誣浮詞，迭與該氏仇訟，專圖吞據財産，實屬冥頑悖謬，大乖倫紀。曾燦章身列膠庠，不知自愛，無非覬覦楊氏遺産，所以爲其婿争者即所以爲自謀之計，尤屬貪鄙狠毒，可惡已極。若不將曾燦章功名先行斥革提審，則案無結日，累無底止。仰北布政司迅飭鄖陽府，先將生員曾燦章衣頂詳請斥革，一面查照前後控情，勒提曾燦章、楊茂增及應訊緊要人證全案卷宗，委員迅速解省發審斷結究辦，以全苦嫠而斷訟根。該氏呈繳契約九紙，隨帶老約一紙，據稱捐充善舉等情，此等争訟絶産，公家不宜受其捐輸。且案未訊結，其應如何分別留爲該氏養贍之資，及楊茂增資生之計，應候定案分別辦理。所有斷歸該氏養贍之一分，將來該氏身故，除祭葬之費外，令歸入該縣節孝堂充公。楊茂增及楊萬年、楊茂榮以及楊姓族人，不得再行干預。至楊文彩已有本族楊萬年、楊茂榮承繼爲嗣子嗣孫，楊茂增係外人抱養，即不應令其承繼，且又向楊張氏肆行狂悖，本應逐出。姑念現尚有承繼之名，且與該氏母子名分已久，該氏之心亦必有所不忍。應候到案時察看楊茂增能否悔悟，由官酌量斷給田産若干可也。又，查楊萬年前次捏控該氏各節，并據該氏呈訴楊萬年迭次欺害，楊茂增圖佔家産，核其控情，楊萬年已極昧良刁詐。迨經前部堂裕批飭該縣傳審，又復抗不到案，避匿陝西，以致無從質審，尤爲狡譎玩法。以後如再敢暗中助唆生事，即由該府縣詳請斥革懲辦。兹將原繳契據九紙、老約一紙暨粘件隨批并發，又抄楊張氏前呈及本部堂前批隨發該司一并查核。仍將奉到日期具報查考。該氏即在省城歇家候案，勿得遠離。

批宜昌土藥局稟安陸、沙洋等分卡需索苛刻 光緒十七年四月十七日

據稟已悉。已會札將沙洋土藥分卡裁撤。其安陸分卡，仍責成該委員洪士綱妥慎辦理，專管驗票，不准藉詞重抽，小秤勒補，需索零費。除電飭及札遵外，仰即知照。

批北藩司、牙釐局會詳北路土藥局稟擬設棧代收税項請飭吴道妥議稟辦 光緒十七年四月十八日

據詳請飭查詢南路新土稽徵辦法，當經電詢吴道。兹據電覆，稱施宜所産新土恐水氣未乾，擬分新陳，憲意爲體恤經久之圖，但本地産土不多，川新同有水氣，小分别不足招徠，大分别川必藉口後水氣乾，又須擬加章。二弊生，目前不苛刻并無難色。羅鎮意同，似照舊劃一爲妥等語。該處新土自係曬乾成餅，販運過卡，再行抽税。南路新土既無分别抽收辦法，自應就北路情形，令其斟酌試辦。查北路襄、鄖各屬産土之處甚多，散漫難稽，販運四出，走漏不一而足，與南路土藥素少，又，野三關、平善壩水陸各有要隘者不同。南北情形既殊，辦法自難一致。該司局既稱不能懸擬，惟有先飭李牧就所擬章程試辦。所有辦法，務從簡易。應如來詳所擬，凡新出土藥，碗鉢所盛，未及成餅，不能粘貼印花者，皆係土人自食，不在抽税之例。必須成餅成團，能貼印花，始行照章收税。既經成餅成團，便可販運出境，發商牟利，一律抽收，不必再分新陳等差。至或責成行棧，或責成紳董，統由該牧妥酌。其行棧行用，每百錢只准取錢二文，作爲行用。如有苛索浮收及陷匿不報者，查出重懲。除另行會札飭令李牧妥議章程試辦外，仰即知照。

批宜昌土藥局吴道稟北路荆門州分局苛索情形 光緒十七年四月十八日

據稟及另單均悉。已會札飭將荆門土藥分卡裁撤，并飭荆門

州牧速籌一簡易妥善之法稽查漏税矣。仰即知照。仍候撫部院批示。

批蘄水縣稟紳耆預懇籌辦學田書院光緒十七年四月二十二日

創辦學田，代籌印卷，最爲盛舉。既足以恤寒儒之困苦，尤可以勵學官之廉隅。至修復書院，培植人材，均係地方要政，據稟已悉。籌置學田書院，添補印卷各節，既據該舉人聞璜暨在籍主事高錫恩等先後在縣稟稱情願合力樂輸，凑成鉅欵，不費公家，不累貧户，秉公籌辦，實屬可嘉。應如何定章開辦、核實集捐支用之處，仰北布政司核明轉飭妥爲辦理。

批鄖陽鎮總兵稟操防營務處及營哨官弁兵丁可否酌裁歸正光緒十七年四月三十日

據稟該鎮標操防擬請歸併馬步二營，裁減哨弁，添給薪水及加添什長糧銀，暨裁撤營務處一員各節，自係爲整飭練軍起見。其哨弁内實缺千、把令回本任，遴委候補之弁接管，於遴選人材亦屬有益。惟此係緑營練軍，與防勇不同，遺出哨缺，必須本省歸標候補之弁接管，不得用外省員弁充當。其實缺千、把，似亦應酌給津貼。至擬裁馬兵或步兵二十名，及步隊合成一營，由該鎮兼帶各節，查各標操防營制暨薪糧公費，一切均關奏咨之案。所請改章將來如何開報，於營制報銷有無室礙，及以後能否核實有益之處，仰北善後局司道迅即妥議，詳覆核辦。守備朱元度如稟暫留管帶，以觀後效，即移該鎮遵照。至前稟請添撥洋鎗，已據稟批示矣。

批天門縣稟接收邵令移交徵收水利積穀錢文光緒十七年五月初一日

查此案前據該前縣邵令稟，當經本部堂批飭該司轉飭立案，永遠遵辦在案。兹據已收水利積穀兩項捐欵足錢六千九百三十七串零，除邵令任内撥修街溝工錢，及該令續發扣存溝工外，現實存九八錢六千零二十餘串各情，仰北布政司飭即督率紳首，迅將街溝各工程趕緊分别疏築完竣，造册出結，稟報查核，毋稍延誤。此係該縣民捐自行備災備荒之欵，其發典生息、秋間購穀存儲各節，均即隨時核實妥辦稟報，不可稍有挪移，至爲緊要，切切。仍候撫部院批示。

批天門縣稟擬按照邵令捐收積穀章程接辦光緒十七年五月初一日

據稟接辦水利、積穀捐欵已悉，務須核實妥辦，以爲該縣備災備荒之計。至欠收之欵，正供既經緩徵，捐欵自宜寬免，以紓民力。仰北布政司轉飭遵照辦理。仍候撫部院批示。

批廣濟縣稟詳陳武穴教案情形光緒十七年五月初八日

查武穴匪徒焚搶教堂，毆斃洋人，前據江漢關道轉據武穴總卡委員華聘三稟稱，匪徒往圍福音堂，龍坪巡檢彈壓前門，匪徒即在後門放火等語。該縣事後往查，自應詳查確稟，何得云門尚未開，不知屋内如何起火，作此游移惝怳之詞，實堪詫異。此案已派知府裕守會同黄州府馳往查辦，該縣所獲之犯十名，自應就近交委員等訊明懲辦。若解省審辦，相距過遠，查傳質證及與續獲之犯質訊，諸多未便。應即押解黄州府，交裕守、李守等研訊確供，分别稟辦，但須審明實係滋事放火逞兇之匪，不得以事後搶取零物之人，充數塞責。武穴既爲匪徒聚集之所，首犯未獲，必仍匿該處，應即責成該縣親赴武穴，勒限五日購拏真實爲首糾衆逞兇之犯，務獲嚴辦，逾限不獲，致令遠颺，定干撤參。此後應如何綏靖地方，及擬結此案事宜，分别速由裕守、李守等督同該縣妥議稟辦。保甲本爲清查奸宄而設，聞該處保甲紳士動輒挾制，并由裕守等查明，妥議章程，認真整頓，稟明辦理。

批郴州稟查禁械鬬收繳兇器擬辦情形〔一〕光緒十七年五月二十一日

查繳例禁軍器，自係照例辦理之事。該州鬬風素熾，此節頗爲有益。惟地方官須斟酌妥辦，不可稍有擾累，勿令刁徒抗匿，良善徒手，尤爲至要。仰南按察司轉飭遵照。仍候撫部院批示。

批督標中軍等會詳遵諭查明劉天雲告退緣由請將該營哨官記過光緒十七年五月二十三日

據詳已悉。查前署參將劉天雲，以親故頂補糧缺，致令兵丁不服，實屬大負委任。現已交卸離任，仍記大過一次，停委一年。至該營兵丁如有不平，盡可具稟聽候查辦，何以罔知法紀，聚衆懇求，駭人觀聽。本應嚴懲，姑念事出有因，此次該弁兵等既經出具切結，永不滋事，從寬暫免深究，准如所擬，將爲首兵丁查明責革，并將該營幫帶官方順，哨官吴宗愷、吴錫龍等，各記大過三次，以示薄懲。該副將等應即申明軍律，嚴飭該營弁兵等痛除積習，恪守營規，曉以有勇知方之大義，以後儻敢仍蹈故轍，查有聚衆要挾情事，即按軍法懲辦，決不姑寬，勿謂言之不預也。該署參將尤須正己率下，遇事秉公，庶令兵丁悦服，無從藉口，是爲至要。仰即遵照辦理。

批乾州廳稟嚴禁械鬬并收繳例禁兇器暨禁止制造辦理情形光緒十七年五月二十三日

據稟已悉。查繳例禁兇器，自係弭亂深意，該廳自應遵照南撫部院札飭，妥爲辦理。惟查民間私藏私造軍器，律有應禁及不在禁限之文。至近山濱海地方，必應存留鳥槍守御者，例准報明地方官，鏨刻姓名，編號存案，例文甚爲明晰。湘省歷年遣回之勇、曾練之團，未繳之器械固多，而良民用以防盗守田刀矛等類，亦復到處皆有。今查辦收繳，若挨户搜索，恐强者違抗，黠者隱匿，徒啟差保人等嚇詐之端，良民受其擾累，仍無實濟。至此事全在地方官詳慎分别妥辦，總期有利無弊，不可鹵莽從事，是爲至要。仰南按察司即轉飭遵照。仍候撫部院批示。

〔一〕以下三件録自抄本《督楚公牘》。

批湘鄉縣稟收繳兇器光緒十七年五月二十三日

地方匪徒慣賊，本處紳團習與相處，自可知其行徑。該令擇城鄉紳耆之篤實可靠者，推誠相與，令其查實，隨時密稟，立即拏辦，此亦寓有清查保甲、連環保結之意，可與相輔而行，但必須公正誠篤之紳耆任之，方免有挾誣之害，即斟酌行之可也。至查繳例禁兇器，自係弭亂深意，該縣自應遵照南撫部院札飭，妥爲辦理。惟律例所載，民間私藏、私造軍器，本有應禁不應禁之别。至近山濱海應需鳥槍守禦，例准報官編號，例文本甚明晰。查湘省歷年遣回之勇，曾練之團，未繳之器械固多，而良民防盜守田，亦需器械，不獨紳商家始有之也。今令都團各總分途收繳，豈能挨户搜索。横者違抗，黠者隱匿，恐仍無實濟，而良善徒受擾累，胥役藉端嚇詐，流弊甚多。即使真能收繳浄盡，設有潛伏之匪徒竊發，鄰境之寇盗竄至，深山之苗猺出劫，豈能處處皆有重兵防衛，鄉民人皆徒手，何以禦之。此事全在地方官詳慎妥辦，總期有利無弊，不可鹵莽從事，是爲至要。

批荆門州稟查明教士招釁原委光緒十七年五月二十三日

主教、教士，分有尊卑，而自中國視之，同爲傳教之人，並非職官，何得妄用緑轎，從人百餘，掌號放槍，么呵不輟。似此騷擾地方，已屬不應。又復縱容教民祝保誠誣攀良民，婪索各費。種種荒謬，實出情理之外。除札飭江漢關道照會法領事嚴禁各教士不准僭乘緑轎，驚駭觀聽，自招衆怒，縱容教民婪索舞弊外，該牧即便查取祝保誠職名，詳請參辦，以儆效尤。該鎮紳耆既已籌欵賠轎，應將爲首滋事之蔣天壽懲責完案。以後凡有教案，應由官與領事妥議辦結，不准教士教民從中干預。仰即遵照。

批知縣楊鈞稟采運銅鑛情形光緒十七年五月二十三日

所查各節，尚屬詳晰。旋據該令解到銅鑛、毛銅，飭局分别化驗。據報銅鑛每百分内有浄銅二十六七分，毛銅每百分内有浄銅七十八分。照分數科算，此鑛苗質尚佳，自屬可以開采。惟所稱運費由九臺山至省，每擔需錢一千四百文，若在山鎔成毛銅運省，費可從省。兩相比較，是運鑛砂不如運毛銅之爲合算。若更查有運道捷徑，益屬合宜。續據該令面呈清摺，内開九臺山、燕子峽二處試辦經費及該二處得銅斤數，詳細核算，每日需錢七十六千五百三十七文，可得毛銅七百二十斤，相爲乘除，應不至糜費無成，入不償出。且所按算者，係就現在試辦而言，若得大脈，加添砂夫，所獲者自當不止此數。現當廣開地利之際，有此鑛産，自不宜任其廢棄，應准於九臺山、燕子峽二處先行試辦，一切事宜即照摺開各條辦理。若果實有利益，然後續謀推廣。所得毛銅，即陸續解省暫存，俟積有成數，再行籌議設爐提煉。仰鐵政局即先發銀五千兩，發交楊令領往接辦，撙節動用，迅速開工，如有不敷，仍准隨後據實稟明，核給具領。并由局刊刻木質鈐記一顆，文曰采辦銅鑛委員鈐記，交楊令領用，以資信守。至開鑛及運道所經各州縣釐卡，并候分札飭遵免釐，俾輕成本。該令務須實力爲之，期於有利無弊，是爲至要。

批田鎮營副將稟奉飭酌撥礮船馳往武穴會同密拏滋事匪犯情形[一] 光緒十七年五月二十三日

據稟已悉。仰即督飭哨弁認真巡緝，遇有造言生事之人，即行查拏，移送地方官究辦。查來稟内有毆斃手持刀棍之洋人二名等語。此案毆斃之洋人，一係税司扦子手，一係金姓教士，究係何人持刀，何人持棍，抑係二人并持有刀棍，曾否確傷有人，該營千總屈昌宧、把總胡家吉等既經在場，必知其詳。案關中外交涉，不得捏無爲有，亦不得掩有爲無。該副將即迅速確切查明，據實稟覆，毋稍含糊。

批宜昌府稟保護地方并訪聞四川會匪滋事各情形 光緒十七年五月二十九日

據稟及另單均悉。宜昌爲通商口岸，與四川萬縣一水可通，尤須嚴加防範。仰宜昌關道會同羅鎮督飭該府縣營汛，派撥兵役，加意稽查，認真保護，并將萬縣逸匪嚴密查拏。如有潛竄境内者，務即拏獲，稟明懲辦，以免滋蔓流毒，是爲至要。

批益陽縣稟訪獲匪徒放飄結會訊供議擬請示 光緒十七年六月初三日

據稟拏獲放飄結會之會匪胡少卿，訊據供認，經吴忠給與飄布二十張，囑令分糾夥黨，先后誘令周賢佐等入夥等情。該犯領受飄布，斷不止二十張，此語殊不足信。即使屬實，既已分糾夥黨，即係頭目。此等會匪，明係散布黨羽，潛謀爲亂，何嘗僅爲魚肉鄉民起見耶。所供乃避就之詞，何得遽爲所蒙，率置輕典。現值各省游、會各匪伺隙蠢動之時，亟應從嚴懲辦，以遏亂萌。據該縣擬請監禁五年，尚屬太輕。即量予末減，亦須永遠監禁。仰南按察司嚴飭該縣，再行嚴審。該會總頭目何人，該犯已放飄布實有若干張，并各處會匪大夥者共有若干堂，最大之頭目係何處何人，令其詳晰供吐，或可稍從寬減。訊明后據實稟覆，另行妥擬，以憑飭司核議詳辦。

批黔陽縣稟遵札講求捕務清查保甲情形 光緒十七年六月初七日

據稟該縣已實力舉行保甲，會督巡防，現在宵小似覺斂跡等情均悉。查近來游、會各匪不時竊發，搶劫滋事，務須加意豫防，認真查緝，隨時嚴懲。惟會匪拏不勝拏，豈能遽絶，要在查有放飄糾夥之匪，必須密拏重辦，萬勿令其漏網，匪首除則餘匪不能爲患矣。切勿以目前地方尚稱安謐，稍事疎懈。仰南按察司轉飭遵照。

批江陵縣申報奉撥墊還釐金支銷程儀等項 光緒十七年六月二十一日

據該縣申報，該縣直路河、李家灘、張家嘴等處工程，奉撥墊還釐金錢文内，有由該縣經手支銷委員程儀酬勞等項等語，實

[一] 以下十三件録自抄本《督楚公牘》。

溶川家傭工，初供先被李谷臣邀約開門，該犯未允後，李谷臣臨時定要邀約該犯，口邊應允，雖無開門惡跡，而謀盜情形，該犯不能推爲不知，按律亦應科罪。既因事主以袁二向來穩重一言，遂從寬免，是袁二初供，乃係畏刑誣認耳。袁二被門閂外扣，不能出救，李五被綑縛塞口，不能出聲，情節一律。然則李五之是否誣服，殊難臆斷。想該印委等屢經研鞫，必有確情可信之處，罪名生死攸關，自當不厭詳慎。仰該司再行詳切查詢該印委，如情節毫無疑義，并非苦刑自誣，别有確鑿證據，原稟内尚有未及詳叙之處，果係該印委可以信心，該司復察屬實，即由該司就近稟請撫部院核示遵辦，録報本部堂衙門可也。

批江夏縣稟拿獲行劫正犯訊明録供請照章懲辦 光緒十七年六月三十日

此案首犯羅糠銀，起意糾伙執持洋槍，撞門行劫得贜，陳德潰係游勇，携帶洋槍，聽從上盜，聞捕得敢放槍嚇禁，實屬大干法紀。若照光緒十三年通行强劫之案，但有一人執持洋槍，在場者不論曾否傷人，不分首從，均擬斬梟章程擬辦，則此案已獲之羅糠銀、陳德潰、李四知三犯，并無區别，當均擬以照章正法。惟又查光緒九年湖北省奏定盜案持械聚衆至五人以上、拒傷事主章程，則此案首伙不及五人，在羅糠銀、陳德潰二犯，均持洋槍，或起意行劫，或放槍禁嚇，罪惡顯著，法無可逭。而李四知一犯，所執係扁擔，乃民間常用之物，聽從行劫荒野孤廟所得贜物，不過補綻衣被、串余毛錢，雖劫盜例不計贜，但核其情節，似與行劫通衢住户多贜、濟惡助勢者，略有强弱之别，與例章所謂凶暴衆著者微屬有間。李四知一犯，核其情罪較輕於羅、陳二名，而首伙既不及五人，應否分别擬辦，仰北按察司速飭武昌府提犯，悉心復審，録供另擬，稟候核辦，以期無枉無縱，是爲至要。仍飭嚴拏逸犯鄢世金，務獲究報。并録報撫部院暨候批示。

批岳常澧道等稟擬督勇赴鄉勒交禍首 光緒十七年七月初一日

昨據該道州營將等會稟密訪首禍，已有端倪，惟地廣人衆，一處聞拏，各處蠢動，惟有購綫密拏。若將兵勇久駐鎮市，衆團更相團結，已暫行撤隊回城，當以辦理深合機宜，批行照辦在案。兹據稟稱各鄉游團逼近城外，俟各營調齊，該參將督兵留城防衛。該道、州等即督帶營勇親赴各團，勒交首禍。儻其怙惡不悛，不得不圍捕兜拏，以肅法紀等語。團衆無知妄作，殊堪駭異。惟體察情形，固屬狂悍，究係昏愚，在該道、州等請調水陸兵勇，藉資彈壓，自不可少。惟查電綫工料早運赴澧，辦理已非一日，現忽四鄉一時併起，紛紛聚衆，此自係沿江教堂多事，傳播至湘，適有好事之徒刊布歌謡、圖畫，鼓動各處與洋人爲難，以致奸徒痞匪從中煽惑滋鬧，竟將電綫指爲洋人所設，鄉愚無識，中外不分，是非不辨，適逢其會，以致如此，與尋常聚衆抗官稍有不同。當地謡傳未息，人心浮動，若遽行督勇赴團勒交首禍，人人硬横一惡洋人、禁洋綫之見，于胸中方自以爲理直氣壯，必不甘心縛獻，勢不得不行圍捕，各團反得借口官逼激成事變，致墮奸徒狡計。若攻城劫犯，雖悍妄尚不致此。太凡匪徒鼓衆混鬧，急之則合，緩之則離，應即迅傳城鄉及各團明理曉事之紳耆，諭以電工已停，紛紛聚衆，意欲何爲，令即迅速解散，免罹法網。總須先將端緒理清，勿令其將阻電綫與拒洋人之心混爲一事。彼久聚無謂，舉事無名，自然解散。俟謡傳盡息、民心大定之後，或應購緝，或應勒交，從容籌辦，方能有益。譬如醉人妄言妄爲，豈能與之説理，必須俟其清醒以後方能與之論其是非耳。仰該道、州等務即處以鎮静，相機因應，萬勿遽行用武，輕率捕拏，致墮奸謀而生事端。該道諸事尤須與該署州裕守詳商妥酌，是爲至要。

再，聞近日澧州一帶散布各種詆駡洋人之匿名帖甚多，每紙賣錢兩文，并即查收數紙，飛送來轅呈閲。

批岳常澧道稟青泥潭糾衆團營擬派重兵震懾 光緒十七年七月初一日

據稟已悉。查調勇彈壓，自不可少。青泥潭鄰近各團衆，近城游行，自係匪徒句結所致，然究係團衆爲多，豈肯甘心叛逆，此時即不臨之以兵，豈有遽露反形之理。所謂禍遲適大，究屬過慮。即臨之以兵，此時團衆亦豈肯甘心捆送首惡，呈繳軍械。如或抗拒，必須剿捕，各團有所借口，必致激成事端，墮彼狡謀。此時兵力不妨厚集，仍須處以鎮静，張貼告示，傳諭團首，以迅速解散黨羽爲先務。俟將端緒理清，惡黨之勢已懈，方可相機辦理，切不可遽行帶勇前往，致滋驚擾。該道任事勇往，固屬難得，但此事膠葛太多，不能不出以從容耳，尤須與裕守妥商辦理爲要。一切已於會稟内詳悉批示，仰即遵照。

批南藩、臬司詳遵議整頓捕務章程 光緒十七年七月初二日

章程四端，尚屬周妥。該司等能實力舉行，信賞必罰，各該地方官必能鼓舞摩厲，治盜緝匪各事必有起色。惟本部堂前札所謂寬其文法、假以事權者，尚不僅如該司等所云免開參准就地懲辦等事。如情罪應行重辦者，既有新章可引，即不必牽引舊例，吹求駁詰，致多窒礙而無實際。或例章輕重頗難吻合，而情節確實可惡，衆論僉同者，或作爲外辦，予以監禁及鎖繫鐵桿石墩，勿令輒減爲流徒，以致旋即逃回生事。此所謂寬其文法也。假以事權者，各州、縣出有盜匪，即可一面移知防緑各營飛速會拏。如推諉故縱者，准其據實通稟，立予撤懲。又，盜風過盛之處，必係商民繁盛之區，是否令該地方官就地籌欵，養勇數十名，以資彈壓而供驅策，目前籌措稍難，而地方永遠安静，禍亂不作，受益甚大。此所謂假以事權也。此兩條是否有益，有無窒礙，應再妥議，一併叙入此詳，核定通飭遵辦。如此詳已奉南撫部院批准通行，即速另行詳議可也。

批辰州府稟溆浦縣會匪聚衆劫獄焚署傷斃官役現飭縣緝拏由[一] 光緒十七年七月初六日

據稟溆浦縣會匪滋事等情。又同日接據該縣暨辰谿縣等稟同前由，均悉。該匪等膽敢聚衆劫獄，焚搶衙署，拒傷汛官，殺斃

[一] 録自抄本《督楚公牘》。

録報撫部院暨候批示。

批興山縣稟萬家坪等處鑛山可否給札開采光緒十七年十月十六日

據稟該縣查勘險橋河、萬家坪兩處鑛山，鐵苗暢旺，實係該紳等先年給價購買，與民間并無轇轕，亦無關礙風水田園廬墓。興山地瘠民貧，生計狹隘，既有可開之鑛，應即由縣給諭，准其試辦開采，以興地利而惠窮民。限試辦兩年，察看有無成效，再行酌定税課。惟興山向聞亦産銅鑛，該紳等不得借名鐵鑛，影射開銅。果有可開銅鑛，尤於地方有益，原可准其開采，惟須據實稟明核辦，勿任蒙混取巧，并由該縣隨時稽察彈壓，勿令致啟争端爲要。仍將開辦情形隨時稟報。仰鐵政局轉飭遵照。仍候撫部院批示。

批通城縣稟訪聞巴陵所屬匪徒滋事會營防堵光緒十七年十月十六日

據稟湘境鷄鳴山地方匪徒滋事，該縣招募鄉勇，協同團練，於交界各要隘巡防堵截，匪徒未至闌入等情，辦理尚屬周密。現接據岳州府、縣暨防營來稟，該處匪徒業經會同捕拏，餘匪逃散等情。查該縣緊接巴陵，各屬境地，匪徒飄忽靡常，時虞竄匿，亟應嚴密巡防堵緝。惟省防重要，現在營勇無多，近又派往沙市巡緝會匪，不敷分布。查羊樓峒彈壓茶市營勇，現在無事，應照案撤防。既已據該縣函商，候即飭該營統帶宋提督德鴻，無論已未撤回，即匀撥四十名，派弁管帶，馳往駐紥，以資彈壓。仰北按察司會同善後局移行遵照，會同實力防範巡緝，勿得疏懈。并録報撫部院暨候批示。

批岳州府稟風聞巴陵縣屬聚匪搶奪會營、縣拏辦光緒十七年十月十六日

據稟已悉。查該府縣等前稟大雲山匪徒搶奪查辦情形，業經批示在案。兹據稟，巴陵縣屬小眉飛鳴山又有游匪句結滋事，并同日接到巴陵縣陳令稟同前由。先於本月初十日接據余鎮虎恩稟稱，九月三十日，該縣屬小眉地方哥匪聚衆，將邑紳彭小舫家焚掠，經該營哨攻拏，格傷賊匪三名，因傷重即予正法。又初四日該匪復聚萬峰山，當經該營官陶國安會同城守營捕拏，擊斃數名。并稱此次匪徒不過七八十名，幸逃者無幾各等情，該文武等辦理尚屬迅速。查現尚未接據該府縣續稟會辦情形，前此大雲山匪目汪殿臣在逃未獲。余鎮稟内云汪殿臣存亡亦未可知，仍應訪查捕拏。至格傷三名，即予正法。查該縣陳令在鄉會辦，自已訊有供情，及初四日萬峰山圍捕情形，應飭該府等録供詳晰，稟報查考。仰南按察司速飭遵照辦理，并會營督團，認真巡防彈壓，勿稍疏懈爲要。仍候撫部院批示。

批保康縣稟籌議育嬰經費助養章程請示光緒十七年十月十六日

據稟及所擬章程均悉。筒捐及田房中人代筆捐、六文捐各條，准其酌量情形，妥爲勸辦。至鋪户計賬收捐，是否妥協，并轉飭鄖陽府詳查情形，督同該縣再爲妥議辦理具報。仰北布政司轉飭

遵照。仍候撫部院批示。

批沅州府會稟復訊匪犯審明後病重擬辦光緒十七年十月十六日

據稟已悉。該犯吴半仙等六名，既據該府縣委員等研訊供認結會放飄，制造軍械，并有僞號，抗官拒捕各情，與原審相符，實屬枉悖藐法。該犯等現患病甚重，復審後即予正法，所辦尚妥。聶宏友等或係先前拒殺勇丁，入會爲匪，强竊多次，或奸占婦女，捉人勒贖，均屬凶惡昭著。既已復訊，情罪相符，亦應將聶宏友、彭毛大皮二犯，即予就地正法，以昭炯戒。仰南按察司轉飭遵照辦理。其犯婦袁七妹娘應否貸其一死，永遠監禁，及陳順麻子等十三犯所擬監禁年限，并即妥核議詳飭遵。仍候撫部院批示。

批南臬司詳覆議懲辦會匪章程光緒十七年十月十八日

所擬懲辦會匪章程，欽遵諭旨，繳票自首、密報首匪姓名，拏獲，均宥其既往，准予自新，概免治罪。此外分别三等辦法，其供獲匪首者，仍從重給賞。所議均屬妥協，仰即如詳通飭各府廳州縣，嗣後均須遵照定章，審明擬辦。該地方文武員弁如能訪獲會匪首犯，消患未萌，遵旨照異常勞績，隨案請給優奬。如妄拏無辜，擾累閭閻，亦即嚴行參處。總期實力查緝，詳慎審辦，以清伏莽而安善良，是爲至要，并飭遵照。仍候撫部院復核，會同具奏。

批漢陽府等會稟遵查漢鎮商捐現辦情形〔一〕光緒十七年十一月初一日

據稟及清摺均悉。查此項商捐，漢鎮各行户向係九九扣捐，通省商民，皆知本部堂查出行户刻本及收捐票據在案。現經該府查明，每年約扣收各商銀十四萬餘兩，皆有釐局收數，可以稽核印證。該行户等歷年侵蝕，爲數甚鉅，實屬不成事體。且此捐自光緒五年改章，專爲認繳善後經費而設，豈得借口各項捐輸及各善堂一切經費，悉皆取給於此。至各省賑捐，係臨時由各殷商分别書寫，多少有無，并無一定，照銀數核給奬叙，與賣客一律零星扣收者何涉，何得藉詞牽混搪塞，若按籍清查，應行追繳之數何止百餘兩。姑念積弊相沿，經手非一人一時之事，儻使澈底清算，該行户等豈能當此重咎。本部堂前經會飭查辦，申明舊章，原期除中飽而紓商力，寬既往以策將來，一切均從寬議，應即准如所稟，各行户從前欠繳捐欵，概免追繳。單開各幫每年認繳捐數，尚屬平允，應即照准立案。自本年十月初一日起，按月如數照繳，仍照舊案解歸善後局，另欵存儲，聽候撥用，專供餉項要需。經收之員，即派委漢陽府沈守專司其事。所有按月收解章程，即由該府縣等妥議，一面迅速舉行，一面通稟核辦。此係格外從寬辦理，每年認繳銀六萬四千兩，各行分幫照繳。其水客收回及行户餘潤，仍然如故，爲數已多，商力盡有餘裕。該行商等當能感體寬政，共圖急公，務須按月繳足，不得稍有拖延短少。如敢宕欠，即由該府等稟請追帖押繳。其善堂捐欵每年六千兩，并如

〔一〕録自抄本《督楚公牘》。

所議，由該紳首等自行經收支用，仍按月列欵附報，以憑查核。至擢摸經紀既於牙帖定例有害，候即出示嚴行禁革。除另札飭遵外，仰北布政司會同善後局轉飭該府縣、委員等遵照。仍候撫部院批示。

批荊宜施道稟籌欵募勇 光緒十七年十一月十三日

沙市各紳商就地籌欵，每月約可捐錢千串，以餉數計之，可募勇二百名，尚有盈餘，可充哨官薪水雜用。若僅募百名，盈餘尤多，何以稟稱招募四十名，先俟此欵收齊，分别支應，能否敷用，尚未可知等語，殊未明晰。沙市向有保甲局，其員紳稽查薪費油燭，向來自有開支。至更夫、棚欄、門牌、紙張，所需無多，豈有以闤鎮月捐鉅欵，徒供雜項零支之理。查沙市地居衝要，關係極重，上接宜昌，南通湖南岳州，素爲游勇會匪往來出没之區，向無營勇駐紮，頗形空虚，以致爲匪徒窺伺，蓄謀思逞。此次幸將匪首拏獲，逆謀敗露，故得早爲之防，未致釀成鉅患。此次籌防備豫，極爲要著。省防緊要營勇，豈能常行調撥，分防荊沙。自應就地籌欵，募練勁旅，以衛地方而弭亂萌。該道前議募勇三百名，洵爲必不可緩之舉。現每月捐欵既有千串，應即由該道就此欵遴選得力哨弁，先行挑募精壯勇丁二百名，編成營制，責令認真操練巡緝，以收實效。此營即名爲沙防營，歸荊宜施道節制調遣。將來如能添籌數百串，即再募五十名，足成一底營之數。仍分五哨，設一營官，較爲整齊，聲威亦壯。至門牌雜費，應由地方官另籌，不得動用此欵。仰即督同荊州府、縣遵照批飭事理，再行妥爲籌商，迅速稟覆，認真舉辦。

批北路土税局稟對調卡員請添勇餉〔一〕 光緒十七年十一月二十日

據稟已悉。查安陸、荊門等處應抽土藥落地釐金及善後經費，前據司局議覆，照章抽收，業經批准飭辦，以昭劃一而杜偷漏。至回幫之土販，既非行銷本省，自應准其酌量變通辦理，以廣招徠。惟須與行銷本境之土藥，判爲兩事，以免影射牽混。應如何示以區别，應即妥籌速覆。天氣嚴寒，所有各卡勇丁，准其自十月起至臘月止，每月加給口糧銀四錢，以示體恤。餘均如所議辦理。除電飭外，仰北布政司迅即轉飭遵照。仍候撫部院批示。

批谷城縣稟試種茶子另捐廉購給領種 光緒十七年十一月二十六日

據稟及清摺均悉。所擬種茶及采制之法，頗中竅要。因地制宜，甚屬可嘉。仰北布政司轉飭遵照，一俟茶子購回到縣，即行分給領種，務須認真督率經理，以收實效，是爲至要。仍候撫部院批示。

批江漢關道詳請將非約章所准停船之處禁止停泊 光緒十七年十一月二十九日

據詳已悉。查煙臺會議條欵，內載沿江安徽之大通、安慶，江西之湖口，湖廣之武穴、陸溪口、沙市等處，輪船暫准停泊，上下客商貨物，皆用民船起卸，仍照內地定章辦理等語。查閲招

〔一〕以下二件録自抄本《督楚公牘》。

商局禀開商輪停泊處所，計少湖口、陸溪口兩處，而添出金陵下關、通州、江陰、天星橋、十二圩、黄石港、黄州、新隄、荆河口共九處，皆非約章所准，惟行之已久，未經禁阻。今年來沿江各省迭起教案，匪徒往來竄擾，皆溷跡於停輪之處，防不勝防。在商船僅能搭客，獲利甚微而貽害甚鉅，稽查匪徒又多掣肘。應如所議，咨商總理衙門照會各國駐京大臣轉飭各口領事，諭令洋商嗣後輪船只准在長江通商口岸，及會議條款所指之大通、安慶、湖口、武穴、陸溪口、沙市六處停泊，此外無論何處，概不准私行停輪搭客，以符約章而免滋弊。仰即遵照。仍候南洋大臣、撫部院批示。

批李紹遠禀變通北路土税招徠回幫以裕經費[一]

光緒十七年十二月初二日

據禀已悉。查回幫販運土藥，既向係假道鄂省地方行銷他省，則均屬過境之土，自應與行銷者示以區別，不得聽其繞越，坐棄鉅欵。前據鄖陽文署鎮查明，該土販等繞越陜境，每挑須多費錢五串餘文，若能令出故道，則既有資斧，又免險遠及意外之虞。鄂省現在查匪緝私，於北路襄河一帶整頓水師，查拏會匪，添募馬隊，巡緝北、潞兩私，需用浩繁，亟應於此項過境之土藥，量予變通，酌抽捐項，於籌欵之中兼寓恤商之意。應如何設法招徠，變通收捐，及應否另行專派委員經理之處，仰北布政司會同善後局，迅即核議詳辦，毋稍稽延。仍候撫部院批示。

批武黄同知、廣濟縣會禀遵飭籌欵募勇

光緒十七年十二月十五日

據禀已悉。一俟開春，該丞等趕即會同飭傳各幫紳商，剴切勸諭，曉以利害，捐集經費，招募勇丁。務須籌議一經久不敝之法，以靖地方。水師田鎮營礮船既係停泊武穴，遇有痞匪聚衆滋事，自應合力協拏，即另檄飭遵辦。至武穴船捐一項，已飭局議覆批准，留作該處養勇之費，但爲數不多，仍須就地另籌爲要。仰即遵照。

批北臬司等會詳獲匪首要各員弁請奏奬[二]

光緒十七年十二月十七日

據詳已悉。查詳内聲叙所獲長江各匪首要供情尚略，已查照各犯供詞，將緊要情節添叙具奏，并將漏叙襄河所獲各匪首要補入。擬奬清摺内尚有隨同龍令兆霖拏獲首匪葉坤山之署沙市巡檢陸顯仁，未經列入，已據荆州府詳及龍令來電補入請奬。其鞠老五一犯，因該犯并未認供，批飭復訊詳辦。其李得勝一犯，批飭暫行緩辦，以便質證該犯等因各在案。該二犯應俟復訊明確，分別懲辦後，匯入下次奏案辦理。除據詳核明，會奏抄稿，另札行知外，其外奬各員，應即如詳辦理。仰即遵照。仍候撫部院批示。

[一] 録自抄本《督楚公牘》。

[二] 以下二件録自抄本《督楚公牘》。

批代辦北路土藥專局張國蘭禀籌北路稅釐布置一切情形光緒十七年十二月二十五日

據禀已悉。鄖郡分卡，應如禀准添查河司事一名，以資得力。至招徠回幫事宜，業經會委該令另行設局，抽收防緝經費。所有核桃園及房縣花家埡等局卡，應如何布置，聯絡一氣，均即查照會札事理，妥速籌議，飛禀察核。谷城屯積私土甚多，川鹽局委員、巡檢謝鈞熟悉情形，開辦落地釐費既有成效，應如所禀，准令兼辦，每月加給薪水錢八串，并准添司事一名，幫同經理。餘均如所議辦理。仰北布政司轉飭遵照。仍候撫部院批示。

光緒十八年

批北善後局核銷鳳字營用過川費口糧[一]光緒十八年正月二十二日

據禀已悉。所有開招用費清册，仰北善後局查照章程核銷。至該營開招馬隊借支善後局銀一千七百兩，除支用外，餘銀六百七十餘兩，擬請三月起於月餉内每月扣銀六十兩歸欵，是否可行，該局并即遵照核明，行知該副將遵辦具報。

批鳳字營預備出防并領餉項賬房銀兩

光緒十八年正月二十二日

據禀已悉。該營防所距省三百餘里，往返不過八日，每月餉銀一千數百兩，若派四五騎來省請領，一馬豈不能帶數百金乎。若一領兩三月，豈不更形累重，所請應毋庸議。其賬房銀兩應即照章給領。至出防之期，一俟該營部署齊備，即行迅速馳往，以重緝務，勿得延緩。仰北善後局即轉行該副將遵照。

批嘉魚縣無驛差船過境需索水脚滋事

光緒十八年正月二十八日

驛站差務，各省皆有舊章。嘉魚如非廣西學政過境應行經由

[一] 以下五件録自抄本《督楚公牘》。

之路，江夏縣何以溜知，該縣歷年何以均由此路行走。今據稱廣西學院趙過境，家丁需索水脚銀一百九十餘兩等情。查首站溜單，大率皆查照舊章成案，且州縣應差辦法，凡單開水脚銀一兩者，向來不過實給錢二三百文，該縣向來遇有此類過境差使，止應付錢數十串，即可接送出境，何得謬寫虚數，欺矇聳聽。且查該縣并未應付，何至遽行通禀。即該家丁等彼此争較，又何至因支應過往差使，致將管押人犯脱逃，何以又旋即捕獲。即使脱逃，與過境差務何涉，顯係添砌栽誣。似此捏造多詞，任意妄禀，種種虚誕險譎，實屬謬妄已極，居心殊不可問。究竟江夏縣向章如何溜知，嘉魚向來如何應付，及該家丁有無騷擾，亟應澈底查明。至所請札飭由巴陵徑達江夏一帶，是否可行，并仰北按察司即飭武昌府轉飭江夏縣，并委員分别迅速確查，據實禀覆核辦，勿延。

批代辦北路土藥專局張國蘭禀會商招徠回幫情形光緒十八年二月初八日

據禀及另單均悉。安、荆等府州應設土藥補抽分局分卡，并抽土藥落地釐善後經費，應即如禀分别派委正、佐各員前往開辦。另單所議匀減巡勇口糧、添募勇丁五十名，及月給襄陽通判津貼二十金即由正月起支之處，并即照准。除會札飭遵外，仰北布政司會同善後局飛速轉飭北路土藥税務專局遵照，并飭張令知照。并録報撫部院暨候批示。

批代辦北路土藥專局張國蘭禀開辦回幫土藥情形光緒十八年二月初八日

據禀及另單均悉。查北路防緝經費局前據該令禀請改設均州，已經照准，批行司局轉飭遵照在案。千總馬德新既稱得力，應即如禀派委該局幫辦，另候會札飭遵。鄖陽鎮操防馬隊營管帶，應候檄飭文署鎮揀派該管哨官代爲照料，無庸另委。印花并如所議，勿庸粘貼。其漢幫、武幫、黄幫、西幫赴豫行銷之土藥，應准其一并收捐防緝經費。惟須查明確係過境之土藥，方准一律收捐，并妥議禁絶影射及倒灌鄂境之弊，不致牽動南路大局，是爲至要。總之，該令爲本部堂倚任之人，一切事宜，該令相機妥辦，擇其善者而行之，惟期弊絶風清，不爲遥制。至告示一節，前據徐守面禀，可以無庸出示。且查核該令近日來禀回幫業已復歸故道，亦不必再行曉諭。如該令體察情形必須示諭，隨時由電請示辦理。其安、荆落地釐税，已如禀遴員前往開辦矣。除電飭及另札飭遵外，仰善後局同北布政司轉飭遵照。

批江陵縣禀查明旗、民鬭毆情形光緒十八年二月十八日

前據該道、府單禀此案情形，查核所叙含糊，當已明白批司轉行，并先後電飭該道、府、縣等迅即詳細確查，先行電覆。復經本部堂會同撫部院檄委裕守庚馳往查辦各在案。查此案有關旗、民搆衅，毆斃民人二命，旗、民各有受傷，案情重要，地方官應將起衅鬭毆細情詳叙，豈能仍照尋常命案，通報大概情形。茲閱該縣回署後禀報，并不查明起衅鬭毆各細情，及旗、民各受傷若

干人，詳晰聲叙，一味含糊，實屬不知輕重，率謬已極。查旗丁受傷輕重人數，俱已經將軍奏報，咨送奏稿。民人受傷輕重人數，自亦必須詳晰叙奏，方足以示核實而昭平允。此次旗、民鬭毆，旗丁傷至四十餘人之多，民人受傷亦必不少。昨據該道、府等電覆，仍只叙重傷者四人，其傷輕者究有若干人，又未查叙。如該縣此次草草稟報，皆含糊不實之詞，豈能率行具奏。即輕傷現經平復，亦須確查驗明，注單立案，將來審辦，可期持平，用以折服兩造之心。總之，此案旗、民搆衅，必須至公至平，妥爲審辦。本部堂一秉至公，於旗、民視同一體，毫無偏袒，惟期處斷平允，無枉無縱，庶可免再釀巨衅，俾旗、民以後永遠相安。仰北按察司迅飭該縣查照先後電飭暨此次批示，逐細查訊，據實詳晰飛稟，以憑會同撫部院核奏，勿再删減案情，草率遲延，致干參咎。至受傷民人確查驗訊後，即日保釋，勿使拖累。一面嚴切示諭城鄉居民，如敢擅行報復，即是亂民，定行嚴拏重辦。迅即稟商將軍妥籌辦法，查究正兇，嚴拏首要到案，會同理事同知秉公研訊，分別持平定擬詳辦。仍候撫部院批示。

批新關沈守稟關税尾徵請另提充餉以濟要需由[一] 光緒十八年二月二十七日

據稟已悉。查該關本届正税，按照部額實溢收銀一萬餘兩，具見該府稽徵得力。其餘逐月尾收之欵，除照章提賞外，尚多銀一萬四千八百餘兩。當此庫儲支絀，本省要需待用孔殷，該府擬請另欵提存，以濟餉需，涓滴均屬歸公，毫無虛耗，且據稱與道光年間所奉諭旨相符，應即如稟辦理。仰北善後局即便遵照，并飭該府知照。

批朱錦章等稟呈擬請收銷硝磺設局承辦 光緒十八年三月初五日

據稟及清摺均悉。查采辦硝磺，貴州、臺灣等省均在鄂省地方設局招商承辦，臺灣委員且欲在荆宜施等府分設專局、子局，假緝私之名，爲影射之計。本部堂當以湖廣各屬出産甚旺，豈有不銷自有之硝磺，而任令他省商儈包攬壟斷之理，業經檄行善後、鐵政等局飭查出産銷數，妥籌詳辦在案。兹據該職員等稟請自備資本，設局收售，由善後局發給三聯票以資考核，按石繳納經費等情。所擬各節，如果毫無窒礙，既可行銷本省土産之貨，於餉需亦不無裨益。且查湖北一省每年所用硝磺，爲數豈止一千數百(名)[石]，乃歷年請領司票運銷者，每年不過五六十張，明係影射販私，積弊已深，不可究詰。若歸一商承辦，自必較有稽考。惟向章係發給司票，此後有何變通之法，有無他項窒礙，銷數應如何稽查，亟應飭議詳覆，以憑核辦。至預繳經費二千兩一節，殊可不必。如此事議行，當令其仿照先課後引辦法，隨照繳費，自無虧欠，勿庸分季呈繳。仰北善後局會同布政司遵照批飭事理，悉心妥爲核議，迅速詳覆核奪，毋延。

批江陵縣稟明草市地方旗、民争毆一案情形 光緒十八年三月十六日

據稟已悉。查旗丁夥衆持械重往草市報復，前閲該縣致司道稟函内稱，係數百人，此稟但稱旗丁在滿城邀約多人，執持刀槍。

[一] 以下三件録自抄本《督楚公牘》。

嗣據該縣二月二十六日電禀稱，查卷内保正原禀，旗丁回營，統領數百人，各執刀槍，出隊草市，該縣連日訊供并差查，亦與保正原禀相符等語。既經查訊與保正原禀相符，自應以此電爲憑。又查先據該道、府電禀，有當地地保收獲旗丁鬬刀一把繳縣，旗丁亦奪獲民人鐵叉一把。今來禀僅稱旗丁鬬刀繳封存庫，而旗丁奪獲民人鐵叉一把及曾否繳案，亦漏未叙出。此案關涉旗、民構釁鬬毆互傷并致斃民人二命，情節重大，須奏明辦理，若不將案内緊要關鍵據實叙出，如何能澈底訊出確情。該縣此禀諸多率漏，殊屬不合，仰北按察司轉行申飭。至另單所稱旗丁生傷并未照章會驗，及旗丁復紮東門朋毆民人各情，已詳晰咨明將軍并另札分行在案。該司并飭遵照另檄迅速辦理，切切。仍候撫部院批示。

批代理天門縣周守典禀徵存水利積穀捐數光緒十八年三月二十二日

天門隄工水利，最關緊要，是以本部堂於該縣邵令前年議收租捐時，飭將不急之務及尋常善舉，提開另籌，專以此項捐欵，留作隄工水利之需。旋經邵令禀定章程，劃分七段，計高阜各團爲一段，作爲該紳耆等願辦積穀之需。腹裏爲一段，作爲應幫鍾隄之費。餘五段各按地勢，任以本邑隄工水利之事。查邵令經徵水利捐錢四千二百餘串，該代理縣周令接徵錢四千一百餘串。其積穀一項，該令等先後計徵存錢三千六百餘串。除據周令前禀先後撥修街溝各工錢一千零串外，兩項計應共存錢一萬一千串有奇。積存之欵，已有成數可觀，若年歲豐稔，接續勸辦，數年之後，日積日多，隄鞏倉盈，尚何憂哉。惟此事辦成不易，已收之欵不可絲毫耗蝕，續辦之捐苟非萬不得已，勿得遽停。此時積之以漸，而日後受益無窮，庶幾該縣民生永享樂利。所有積穀之欵，自應提歸積穀之用。其水利一項，須照案存儲，永作該縣隄工水利專欵。如遇隄工需用，必須先行查明，估勘具禀後，方准動支撥用，以重專欵而杜虚縻。仰北布政司即飭督率公正紳董，發典生息，專備隄防水利及積穀各本欵之用，無論何項公事，均不准擅自挪移。并飭將遵辦情形，禀報查考。

批瀏陽縣等禀會訊匪黨録供擬辦光緒十八年三月二十四日

此案供詞，逆跡顯露，該印委等復以愚懵無知，誤入迷途，尚非甘心爲匪等詞，曲爲之解，誠不知是何居心。試思該犯等喫血酒，開客寓，約期行事，陰謀詭秘，豈得謂之愚懵無知。李朝富上年三月即開設客寓，陳裕和等來往住宿，豈得謂之甫經入會數日。用紅黄旗先佔縣城，邀集兄弟殺官佔城，所謀何事，豈得謂之誤入迷途，尚無謀爲不軌，尚非甘心爲匪。然則必如何而後，可謂之不軌、爲匪乎。現在長沙謠言未息，藥局失鎖，足徵該犯等黨羽衆多，逆謀深險，可爲寒心。設非先事破獲，爲患何堪設想。該印委等猶以尋常未經滋事之會匪，强爲比擬，且律載年未及歲，分别情罪辦理，并無二十餘歲不辦重罪之條。據禀李朝富年僅二十六歲，冀爲開脱，尤爲謬妄。此等重犯尚不嚴辦，以後團紳誰敢拏匪送官乎。仰南按察司先將該印委等嚴行申飭，飭即復訊確供，由司照章核議，速覆飭遵。廖鴻基輕縱巨匪，厥咎實無可辭。推究其故，皆由該縣平日并不嚴辦會匪，養癰貽患，是以該守備懼有報復，不敢認真。應再嚴飭該守備將陳裕和拏獲，以贖前愆，并飭該縣設法購綫，嚴拏務獲，并將此外著匪及早查拏，以息亂萌。儻再泄延縱匪，以致釀成大事，試問該縣能當此重咎否。

批武昌府李方豫稟擬辦張金亭、龍海亭二犯[一] 光緒十八年三月三十日

據稟已悉。該犯龍海亭即龍海騰、張金亭即張慶庭等，訊明均屬會匪頭目，亟應即予懲辦。惟據龍海亭所供，前在福建與會中大頭目彭清泉、翦煌、匡世明等相識，見翦煌等與洋人往來，商囑翦煌等作爲内應，購備外洋軍火接濟等情。案查前獲各匪犯供指匪首或稱匡世明，或稱匡時明、匡生明，其爲匡姓之匪，確係一人無疑。據龍海亭所供雖係光緒十年之事，而去年盤獲洋人梅生販運軍火一案，即有匡生明在内，是匡世明、翦煌、彭清泉等皆係串通洋人，蓄謀已久，若能捕獲一二犯到案研訊，當可究出會匪逆謀始末情形，緊要關鍵，但必須有人質證，方有綫索可導。至龍松年、吴有楚等犯皆爲會匪鉅憝，前已分别咨行嚴拏在案，將來就獲時，亦須有與對質之人，以免狡展。張金亭既認三峽做會在場，其爲會中鉅匪無疑，但堅不肯供吐會中密謀，狡譎尤甚，惟有俟續獲匪犯，庶可互相質證，研訊詳情。除分别飛咨兩江、閩浙、江西、安徽、臺灣、湖南各省一體嚴密查拏翦煌、匡世明即匡生明、彭清泉務獲，并先録批咨覆江西撫部院查照外，仰北按察司轉飭該府張金亭、龍海亭二犯姑予牢固監禁，暫留待質，俟各犯有就獲到案，提同質證后再行稟辦。如日久各犯無獲，再當酌量辦理可也。并即密飭沿江各地方官，會同營汛水陸防營一體密拏務獲，毋任漏網爲要。并録報撫部院暨候批示。

批北鹽道詳賫收支數目各册 光緒十八年四月初五日

查湖北鹽務外銷五成雜欵、公費兩項，歷年不敷甚鉅，大率習而不察。本部堂於到任三月之後，即經檄飭該道設法撙節，籌議抵補。續據該道遵議抵補章程五條，詳經批准。又以善後局爲用欵總匯，復經檄飭該局將内銷外銷各欵，分别查清，酌定節省、開支、撥正、籌補四策。因善後局之欵有應撥歸鹽道開支者，以致鹽道庫又增出欵。茲據該道統核正雜各項歲入歲出數目，截至光緒十七年底止，所有外銷五成雜欵不敷之數，自前年籌議彌補後，不敷尚多。雖據稱均爲地方辦公所必需，無可裁節，然必須設法籌畫，一面籌欵彌補，一面截住續虧，核定用欵，不准再有溢支，方爲長策正辦。除江漢、經心兩書院每年經費不敷銀約六千七百餘兩，應聽候另檄籌撥專欵備支外，其餘所擬添籌、撥補、撥正、節省各欵辦法，尚屬妥協，具見盡心籌畫，均即照准。經此次議定批准以後，該道務須堅持定見，確守力行，月月鉤稽，事事省察，積久不摇，方有成效可覩。其每年用欵，即以十七年各項支用之數定爲限制，不准再有加增。其詳定彌補前虧之數，須俟虧項還清，如有盈餘，始准因别項公用借撥。若常年支欵有逾定額，即在文武大小衙門應支辦公經費項下按成扣補，不得稍

[一] 録自抄本《督楚公牘》。

有瞻顧，以重課餉而塞漏卮。該道仍應隨時悉心籌畫，儻能於三年内還清前虧，尤爲盡善。務須勉力爲之。

批副將劉恩榮等禀會議淮鹽緝私情形

光緒十八年四月十四日

據禀會同查明楚豫邊境形勢，籌議緝私疏銷、聯絡整頓各情形，均悉。向來緝私之弊，總由於見有大夥梟販，則畏避不遑，專尋窮民小户零星夾帶數斤或數十斤者，聊以塞責，於私鹽來路銷路，毫無所損，徒致結怨村民，助私仇官，轉爲私梟引導庇匿。此次經本部堂將緝私馬隊三營極力整頓，人馬足額，器械精利，並添撥鴻字營步勇，以輔鼎字營之不及。若再不能捕截大夥梟販，成何隊伍，惟有將馬步緝私各營概行裁撤，以節餉需而已。來禀所云零星私鹽亦須拏辦，殊屬無聊搪塞，不合機宜。本部堂當隨時派人密查，如有持械大夥而坐視避讓，不敢截拏，則是庸懦無能，定惟該汛地將弁是問。至本地票頭之句引，村鎮棍徒之庇囤，最爲大害。内患不清，外梟難絶。此事專責成該州、縣清查嚴懲。弁勇如查知，即告之地方官，密拏務獲。前已刊發告示，通飭營縣應即遵照，認真查禁，不得違道干譽，見好奸民。來禀所云嚴諭紳保調集各店鋪賬簿，嚴加比較，不准短銷，自係疏銷官引之策。惟以何數爲比較，若何即爲長銷，若何即爲短銷，并未叙明辦法，是否實在，無憑考察，應即切實詳晰禀覆。至行棧窩囤，立即封閉究懲，及營勇差役疏縱舞弊，文武互相關會懲辦，均屬要務，但須實力奉行，勿以空言一禀了事。總之，扼要在入境大夥、本地票頭、窩囤地棍三事，必將此三項痛加懲創，然後可望起色，全在該文武印委等努力爲之。三箇月以後，本部堂但據銷數以責成效可也。

批漢陽府辦理黄陂縣劉明啟呈誣詐兩據舞弊朦保案[一]

光緒十八年五月二十九日

查此案前據江起龍疊控，該職昧騙已故總兵劉宏發前在伊犁兵變賞銀供項，占據劉宏發家資，并該職朦保顯秩，在家安享厚利、盤剥窮民各等情，并據粘抄伊犁將軍金給賞札文暨伊犁將軍錫咨湖北撫院文等件。案情甚重，當經批飭漢陽府提案集訊，并批司飭催速訊究斷具報在案。兹迭據該職呈稱，江起龍係口外逃軍，冒充督隊，詭稱勦變有功，軍憲賞銀三千，統領謝銀三千。軍中向例只保加階，從未破格賞銀，并歷陳該職襄贊軍務，開疆拓土，叠蒙伊犁金將軍保舉，不次超擢，特旨召見，適因丁艱不果入都等情。兩造情詞各執，惟既據稱江起龍詭言勦變，軍中并無賞銀之事，及該職叠蒙優保有奉旨召見之案，亟應移咨伊犁將軍查案咨覆，再行核辦，以昭折服。咨查往復需時，應暫准該職等取保候訊，不得遠離。仰漢陽府迅即遵照辦理，并將訊取該職及江起龍、劉銀高各供録報，及調取江起龍呈出之印文呈驗，以憑核咨。一面飭縣查明該職等歷年争控案據，迅速抄案申繳查核，均毋稍延。

〔一〕以下五件録自抄本《督楚公牘》。

批湖北茶商籍稟生李慶恩等勢處兩難懇存體恤呈光緒十八年閏六月初五日

查兩湖書院茶商籍課額，因茶商輸捐而增設，現以停捐而裁撤，乃事理之當然，何關榮辱。該生等應課如以文字見擯，乃覺可耻，此之裁撤，非戰之罪，且茶商籍應裁多人，豈止該生兩名。據呈廉耻所在，不知何地自容等語，措詞尤屬不倫。至所控之祝潤經等，飭查漢商籍内課實有其人，并非祝森畹等冒名，且應試諸生冒名項替，自有考察杜弊之法，該生等勿庸多瀆。仰兩湖書院提調轉飭遵照。

批署漢陽府沈保祥等稟遵札會同查辦漢陽外河米捐情形光緒十八年七月初八日

據稟會同查辦漢陽外河米捐，酌量增減定案等情。查核所擬，尚屬平允，應即如稟辦理。查米穀關係民食，且所減商販二錢，乃去冬行户私自增加，此舉乃復向章，并非減少，如有別商藉口援案請減，該府縣即嚴行批駁立案不行。至輪船運米銷行下江，本係另爲一事，前經沈守查出，派委員紳試辦，現既查明銷數甚旺，所收行户、輪船米捐自應另作專欵。所請撥歸漢陽鳳山書院五千兩發商生息，應即照准。此外所收無論多少，概歸兩湖書院經費專欵，解交鹽道庫存儲備用。惟鳳山書院經費尚有不敷，擬再請在於兩湖書院專欵項下歲提二三百金支給等情，亦准如稟立案，每年必由善後局、鹽道撥給三百金，以資膏火。仰北布政司會同善後局轉飭該印委等遵照辦理，并分移北鹽法道遵照。

批荆宜施道周懋琦稟沙防營應否去留光緒十八年七月初九日

據稟及另單均悉。查沙防營既與地方不甚浹洽，疊據該商等稟懇裁撤，應即俯順輿情，盡本月爲限，一律裁撤，照章給發回籍川資，責成該幫帶官暨哨官等妥爲遣散。惟查招募此營，善後墊欵尚多，現尚虛懸，即此次遣散勇丁及樊故鎮生前身後所虧之項，亦皆無著。查此項勇營前經奏明俟至本年年底止酌量裁留在案。所有此項應捐經費應截至何月底止，以清各欵之處，應即飭由善後局妥議詳覆飭遵。至另單所稱荆宜重鎮，水陸交衝，無營駐紥，倉猝有事，無人調遣，實屬爲難，自係實在情形。惟酌留沙防營勇百名牽前掣後，不免轇轕，必須截清界限，俟此次裁撤後，體察地方情形，如果必需勇力稽察彈壓，再由該道督同府縣籌議詳辦，一切省中不爲遥制，以一事權。除檄行北善後局速議詳覆外，仰即遵照辦理。仍候撫部院批示。

批鳳字中營稟訴卡員妄稟哨弁情形光緒十八年七月初九日

查據該副將所稟，廣水驛緝私委員唐吉光查尋私販，例規向該營哨婉商通融辦理，獲多報少，省繳釐費營卡均分各弊，因不遂其私，無端妄稟等情，并據抄呈該委員具稟督銷局底稿。查核兩稟，情節迥異，互稱有弊，斷無中立之理。亟應澈底查明核辦，以重鹺政。仰北鹽法道即會商督銷局各遴委妥員一員，前往按照所稟情節會同確查，孰是孰非，據實稟覆核辦，不得稍有徇隱。仍將委員銜名報查。原稟及抄呈該委員稟稿一併抄發查閱。

批道員李謙等稟擬辦臨湘善後事宜光緒十八年七月二十八日

擬辦善後事宜，尚屬切實，應即照准，由該令督飭認真籌辦，開誠佈公，切諭紳團勿得事過輒忘，又滋萌蘖。巴陵未獲積匪首要，尚有十七名之多，該道已赴巴陵，務即會同岳州府，督飭陳令、周令等撥勇購綫，分道嚴拏，嚴飭各鄉團紳查實指名稟報。其向來多匪之鄉村，臨以兵威，勒令將積年著匪交出，以免官軍搜捕，株連受累。惟巴陵、臨湘一帶，會匪蓄謀盤結多年，兩年以來，大雲山、小湄飛鳴山、漁角亭三次蠢動起事。且據該道前次稟稱，巴陵、臨湘兩縣屬有十數鄉，幾於無地不會，無人不匪，此次會稟亦大略相同。巴陵應辦積匪，斷不止一二十名，臨湘亦必仍不少，其單內未經開列者，如查有悍黨積匪，應一併嚴拏勒交重辦，以絶根株。是爲至要。

批江漢關道照會法領事襄陽楊崗等處教民房屋焚搶事[一] 光緒十八年七月二十九日

查此案本月初間疊據襄陽道、府電稟襄、谷一帶疫盛謡興，匪徒乘機煽惑。當經電飭該道、府、營、縣等分派兵勇四出，查拿彈壓，已將放火之犯拏獲兩名正法，懸賞購拏造謡揭帖等犯，并委陳道汝蕃暨派撥鐵字營勇馳往襄樊駐紮彈壓，電飭襄陽朱道暨提標中軍蒯參將前往谷城巡視，督飭地方營汛認真查緝，并電明總署各在案。近來該處謡風已息，地方漸臻静謐，仍飭該營縣查拏造謡放火各犯，務獲究辦。教堂所在，并飭認真保護。據詳前情，仰即照會法領事知照可也。仍候撫部院批示。

批道員李謙等稟焚毀窩匪廟宇光緒十八年八月二十日

據稟已悉。查該道自移駐楊林以來，督飭勇團先後拏獲著匪李溪臣、李潤明等八犯，并將大雲山向來窩匪之廟宇六所，一律焚燬，該廟田畝、山地悉數充入至公團作爲公業，由縣立案，以垂久遠。滌瑕蕩穢，永杜亂萌，辦理甚爲得力。以後永不准於該處私建廟宇，起蓋棚廠，及有盜買公産情事。應即遵批速於該山立石刊碑，垂爲厲禁，并責成楊林縣丞就近稽查，如有在山起屋窩匪等事，隨時牒縣稟府嚴辦。其一切善後事宜，即由該道會督府、縣勸導紳耆切實籌辦，爲一勞永逸之計。再，本部堂訪聞該府團紳急公慕義、保衛鄉閭者，隨在多有其人。間有一二刁生劣監，包庇匪徒，盜竊團紳多名投遞公呈，希圖保釋，顛倒是非，淆惑衆聽，甚或搜括匪徒財物，縱令遠颺。庇匪殃民，實堪痛恨，亟應飭該府縣認真訪查，破除情面，稟明從嚴懲辦，以儆效尤。仰即會同遵照分别辦理。

批襄陽縣稟拏獲楊家崗放火燒毀教民房屋一案[二] 光緒十八年八月二十三日

據稟及供摺已悉。查楊家崗燒毀教民房屋一案，前經電詢獲犯劉四五等俱係何村人及燒毀各情形。疊接該縣電覆稱，劉四五，劉家崗人，離楊家崗三里。李、李、陳三犯住朱家坡，均在彼傭

[一] 録自抄本《督楚公牘》。
[二] 以下八件録自抄本《督楚公牘》。

工，距楊家崗十二里各等語。兹既據該縣提犯隔别研訊，劉四五係屬案内正犯，放火燒毁教民房屋。查當時襄陽各屬謡風四起，正值人心惶擾，紛紛遷移之際，該犯膽敢放火倡亂，以致火案疊出，不法已極，實與尋常放火之案不同。李發子既住在距楊家崗十二里之外，當楊家崗火起之時，該犯糾邀李四九、陳貴有等，并誘脅胡七星同行至楊家崗，走進草房，搜掠木櫃錢文，又復放火，故燒楊姓空房，實與匪徒糾劫無異，核與劉四五所犯厥罪惟均。此等案情應照土匪章程懲辦，不得以尋常放火及因火乘機搶奪論。劉四五、李發子二犯，均屬法無可逭，亟應就地正法梟示，以昭炯戒而遏亂萌。仰北按察司速即轉飭該縣遵照辦理。胡七星係被誘脅同行，并無放火重情，即由該縣酌量懲儆。并飭會營嚴拏各逸犯，務獲究辦，勿稍縱延。來往電四件，抄發存案。仍録報撫部院暨候批示。

批林佐禀大冶運道各工告竣 光緒十八年八月二十六日

據禀已悉。查鐵山運道、橋溝、隄路、安軌、鋪板各工雖已告竣，而建設車站、平廠、報房、局屋，及開築起運鑛石馬頭，出置開鑛機器一切工程，緊要繁重，均未就緒。該令身當重任，經手鉅欵，自應始終其事，一律告成，方爲不負委任，豈得遽請驗收，即行交代回省。仰鐵政局迅飭該令務將關係運道各工認真督飭興修，如法完備，毋稍草率疏漏，是爲至要。

批安陸府史書青禀陳瑜瑛誣禀司事 光緒十八年八月二十六日

據禀已悉。查辦理釐金有無弊端，當以查考收數盈絀爲先務。安陸船釐自設巡船稽查以來，專就下水論，比較去年上半年已多收錢二千餘串，著有成效。且巡船專司稽查，并不收錢，何從作弊。陳令架詞誣罔，果如該守所禀各節，居心實不可問。查船釐乃鍾祥隄工奏定專欵，關係數縣民命、田廬。若稽核稍不認真，但圖瞻徇見好，任聽釐局委員弊混，以致短收，將來貽誤隄工，咎將誰歸。此事關繫甚大，仰牙釐局會同布政司迅飭陳令按照史守所禀，逐欵明白禀覆，毋稍含混稽延，并飭史守知照。仍候撫部院批示。

批署澧州裕慶禀因病請假請委員接任 光緒十八年八月三十日

查該守兩權澧州篆務，情形熟悉，盡心民事，官聲甚好，深資得力。據禀感患濕氣泄瀉等證，深爲繫念。至請假交卸回省一節，仰南布政司飭候撫部院查核辦理可也。

批嘉魚縣禀會勘港口隄閘事 光緒十八年九月初一日

據禀會勘該處港頭口形勢，口内如無江水倒灌，則百餘莊無虞淹害，數萬糧田可冀全收。且決口以後，内則悉被淹没，外則僅消數寸，其爲無關消泄，已有明證。又查徵册計算，隄内應完地丁正銀七百六十餘兩，糧米一百九十餘石，蜀茶、兩湖漁課實僅五十餘兩。且口內應分完二十餘兩等情，核與黎令等前稟情形相同。如此形勢，自惟有修隄建閘，以時啟閉，庶於國賦民命均有裨益。不然兩造互訟互鬥，年年構禍，永無休息，雖每次必拿辦數人，亦無益也。該處漁業自宜酌議代課幫貼辦法，以示體恤。據稱隄外爲首之李濟川等既已在省候審，仰北布政司會同按察司將該處建築隄閘一節妥核定議飭遵，并飭發審局提集查訊應如何酌令代課幫貼，速即持平斷結，趁此冬令水退，隄閘趕緊籌辦，以資保衛，切切。仍候撫部院批示。

批武昌府稟訊會匪郭生雲等 光緒十八年九月初四日

據稟已悉。郭生雲、賀良果、陳大才開堂放飄，糾約入會，飄布內載口號語多狂悖，實屬罪惡昭著。鞠老五已據復審供認開堂放飄收徒等情，李得勝前已供認入會爲匪，係久經審定供詞之犯，均應照章懲辦。仰北按察司轉飭，將該匪郭生雲、賀良果、陳大才、鞠老五、李得勝五犯即行正法，分別梟示犯事處所，以昭炯戒。王幅堂一犯，據該府此稟所叙，賀良果係副龍頭，王幅堂亦自認新輔分位，後在武穴刷印飄布三百餘張到處散放等語，似係統指賀良果、王幅堂而言。查核供摺內，王幅堂供認聽從邀約入會，到賀良果家是晚敬香，因在船支更，實未到場，亦未得受飄布。陳幅林、賀良果散了多少，該犯實在不知等供，并無後在武穴刷印飄布三百餘張、到處散放之供。前據署漢陽縣陳令稟呈獲訊各匪供摺，賀良果供稱該匪向在龍坪，本是王幅堂供應火食，唐春亭、張春生均供賀良果爲正頭目，王幅堂爲副頭目等語。此稟內概未叙及，是否未經賀良果等三匪當面質證，抑係該犯狡不承認，亟應令再行詳細研審確情，勿任狡展，稟覆核奪，以昭核實。再，唐春亭、張春生二匪，係賀良果等同會之匪，經漢陽縣訊供，業經供認，一認轉放飄布，一認薦人入會，親手斬香盟誓。此次稟摺，何以未經叙及，是否供情翻異，應飭一并速即審訊確實，録供稟辦，并録報撫部院暨候批示。

批當陽縣稟質審金配菴接充龍頭不能指出實據 光緒十八年九月初六日

查該犯金配菴前在鍾祥縣供認接充匪首，自行書寫口號暨各處會匪姓名，并經該縣搜獲飄布。迨解省發審，輒又翻異。原供係供認充當聖賢老二，茲據該縣委等提同金占魁質訊，據金占魁供，該犯接充會內龍頭匪首，不能指出確據，惟所稱憑地鄰紳保毁飄改過一節，如果屬實，何以被鍾祥縣獲有飄布，且該縣獲訊解省時，何以無紳士赴縣具保，所言殊難憑信。總之，該犯即非充當龍頭，其爲會匪無疑。應如何酌予年限監禁待質之處，仰北按察司核議，詳覆飭遵。仍候撫部院批示。

批宜昌土藥税局稟可否優獎各局出力人員 光緒十八年九月初八日

據稟已悉。查開辦新章土藥税務以來，督率整頓有效之員，自應照章獎勵。惟開辦之吴道、羅道業經病故，野三關委員更换不常，近來收數不旺，後效難期，奏獎礙難聲叙。該道務須督飭該局大小各員勉力爲之，俟明年六月一日届滿期時，開辦已歷三年，如果税收暢旺，再行稟請，定當奏請優獎也。仰北布政司會同善後、槍礮兩局轉移遵照。

批江漢關道詳法領事請辦襄陽匪犯光緒十八年九月二十二日

兩詳及抄摺均悉。查襄陽光化、穀城一帶，六、閏、七等月時疫盛行，傳染頗多，死亡相繼，民間謡言四起，訛傳有人置毒井中，互相猜疑，動輒尋毆，甚至有淹斃人命之事。匪徒從中煽惑，指爲洋人放毒，該處教堂教士岌岌可危。經本部堂電飭文武大員巡防彈壓，極力保護，是以真正教堂無一處被毁，外國教士無一人被害，此即按約保護之明徵，該教士等所當知感者也。至於匪徒乘機放火，焚殺無辜，良民教民同被擾害，地方官前後拏獲匪首四名，稟經批飭就地正法，梟首示衆在案。是襄陽一帶放火滋事之匪首，已經拏獲重辦，豈能株連不休。此係内地之事，并不與洋人相涉，其間雖亦有教民屋舍被燒，并焚斃人命，然教民即中國之民，房産乃教民之業，地方官惟分良莠，不分民教。如有教民被害被搶，自應與良民一律赴縣報案請驗。如果確知匪首姓名，何難赴縣指實稟究，聽候拘傳質證，實懲虚坐，以符定例，而（照）［昭］公允，斷無全憑教士一面之詞，開列多名，目爲犯魁，不識事主，不見屍親，輒爲嚴拏究辦。非惟中國無此辦法，即外國亦未必有此情理。且教士只准傳教，不准干預地方公事。今觀該教士所爲，直欲爲教民包攬詞訟，此尤中國之所萬難准行者也。總而言之，地方官但能盡法懲暴，以安閭閻，民教無分畛域，即屬秉公正辦，例無所謂賠償。乃南教士欲爲教民計值索賠，殊失條約准其傳教之意，實屬越俎多事，所請應毋庸議。仰即遵照照覆法領事知照。

批武昌府稟審明蒲圻獲楊金榜等録供議擬請示〔一〕光緒十八年九月二十八日

據稟已悉。該匪首楊金榜即熊大丙，與已獲正法之汪殿臣夥商謀逆，定期祭旗起事，掌管軍令，并派人赴鄉催貢，雖止供認赴爲僞千總，核閱葉代賢等供詞，該匪與汪殿臣并坐共食，一同責打夥黨，其爲會中大頭目無疑，實屬逆謀昭著，與汪殿臣同惡相濟。王幅堂供認，與已獲正法之賀良果等夥開天順山堂，糾人入會，該匪充當刑堂，亦係會中渠魁，法無可逭，均應即行正法梟示，以昭炯戒。仰北按察司迅即轉飭遵照辦理具報。仍録報撫部院暨候批示。

批鐵政局擬博學堂章程等光緒十八年十月初一日

據詳及清摺均悉。所擬章程十條及開支經費數目，尚屬核實周妥，應即如議舉行。一面遴委管學委員常川駐院，分别延請品學兼優之專門教習，定期招考學生，迅速開辦。其未盡事宜及將來如何推廣辦理，并即隨時體察情形，稟候核奪。該學堂即定名爲自强書院，務須明年學規整齊嚴肅，督飭在院諸生潛心力學，自强不息，以期多得博通經（士）［世］之才，裨益時用，庶不負本部堂勸學儲才之至意。

〔一〕以下五件録自抄本《督楚公牘》。

批北布政司、善後局詳提司局官欵二十萬兩充布局經費 光緒十八年十月十三日

據詳已悉。該司、局籌撥布局經費，擬在司庫當捐存欵內提銀五萬兩，局中新案減平存欵內提銀九萬七千兩，又電報局借撥安設入滇電綫銀五萬三千兩，前經本部堂檄飭盛道照案歸結，俟其繳還，擬即全提三欵，共湊成銀二十萬兩，擬充布局經費，於司局兩庫正欵并無妨礙。俟二十萬全數撥清布局，應即照章起息，由該司局另文詳請奏咨。所籌均屬妥協，應即照議辦理，源源撥濟。仰即會同遵照，并移織布局知照。仍候撫部院批示。

批北路土藥局、防緝經費局稟謝委員已修工程及籌撥欵項 光緒十八年十月十三日

據稟及另單圖摺均悉。查長峽岩路，既於土挑鹽背有益，自應及時開修，以惠商旅，日後於地方大有裨益。目前經費，惟岩路六百六十餘丈，需費七千餘金，民夫口食尚不在內，所費過鉅，務即轉飭委員謝盛典設法撙節，迅速辦理。其餘路工，應俟長峽工竣，再行體察情形，稟請核辦。鹽釐應即准其支用。官渡河等處鹽釐一年共收若干，支銷若干，并即報明，以備查考。巡檢翟宗藩，准即派往幫同監工，并准加給夫馬六兩。餘并如所議辦理。除行知司局及北鹽法道外，仰即遵照辦理。

批大冶王三石煤局稟呈銀鉛鑛樣可以開采 光緒十八年十月十六日

據稟已悉。查大冶馬叫堡之三架山、莊橋之龍角山等處，據該令帶同鑛師勘驗，均有鉛鑛，苗旺質佳。詢據土人，既稱唐時曾經開采七處，其地自均係官山，亟應及時開采。查槍礮廠需用鉛斤，且可貼補鐵政局經費，阜民利用，兩有裨益。惟應如何購備機爐及開鑛機器，應於何處設爐，仰鐵政局迅將鑛樣化驗，一面揀派委員，帶同洋匠前往該處，將鑛脈確實情形，山地左近有無民業，詳細查勘，并將水陸運道及開采提煉辦法籌擬辦法，會同張令及鑛師巴庚生繪圖貼説，稟候核辦，毋稍刻延。

批江漢關道詳法領事請嚴辦襄陽各案 光緒十八年十月二十五日

據詳及抄摺均悉。襄陽一案，前經明晰批示，準情酌理，自係一定不易之辦法。今閱該領事置辯各端，殊堪詫異。查當日襄、穀等處匪徒造謠生事，民心惶擾，痞匪乘機嘯聚，若非飭派馬步各營及時彈壓，各教堂教士豈能安然無恙。前於八月間接見該領事，曾以及時彈壓，使匪徒不至蔓延爲禍，當面申謝。今乃謂不按約保護，何其自相矛盾乃爾。至於兵勇駐紮處所，有關機宜，惟當局者能知其扼要，豈外人所得攙預議論。如謂鞭長莫及，何以教士教堂皆已保護安全乎。所稱楊峝、茨河等處所燬堂屋，係教士措資構造管業等語。查教士不得在內地私行置業，如係教堂公產，無論華式洋式，應有地方官印契爲憑，須將契據繳驗，再行核辦。如無公産契據，無論是否該教士措資構造，皆不得以教

堂論，仍應照内地民産一律辦理。該領事將教民相提併論，亦屬不合。如果法國教士實有被害，身家不保，自爲該領事分内應辦之事。若教民被害，自有地方官申怨，初無交涉之可言。不惟教士不應干預，即該領事亦不應越俎，應聽地方官自行審辦。如審辦實有偏袒，故意縱民害教，斯謂交涉之事，教士方可稟請領事照會查辦。今襄郡之案，其初教民除雷姓外，并未赴縣呈控，僅由教士開列被殺被搶及犯魁姓名，報由領事照請嚴拏究辦。案關焚殺重罪，豈有事主屍親并未呈訴，徒憑教士一面之詞，輒爲嚴拏究辦之理。設有誣告，將誰抵坐。此同治元年正月諭單内所以聲明傳教士并非官員，不能干預公私事件。如謂教民赴縣控告，被匪徒設卡截阻，則具呈亦可，攔輿亦可，并可赴道府上控，豈匪徒之所能阻。至教士遇有切己之事，如應稟呈赴訊，確係理直之事，地方官按照向章，立予秉公辦理。此則通飭有案，地方官自能遵辦者也。至襄陽就地正法匪首四名，來文稱爲該四犯獲於漢口，於武昌正法等語，尤不可解。查襄陽懲辦朱苟、陳志道二犯，係疊據提督襄陽道、府、縣來電，城守營弁兵奉委赴楊家崗緝捕，見魏家冲魏姓草堆火起，登時擒獲之犯，訊明供摺，携有實劍，爲首放火。劉四五、李發子二犯，據襄陽縣訪拏到案訊明，供認氣忿洋教下藥，邀人燒燬楊家崗教民房屋，乘間抄掠。該犯等均係襄陽縣人，疊經襄陽府、縣訊明録供，稟經批飭正法，咨行并奏明在案。來文乃謂未辦一人，未懲一犯，豈地方官所辦之犯，有供有證，不足爲憑，必由教士所指，而後爲真實兇犯耶。至於教民被殺，房屋被燬，如其報案，應如何緝犯，追贓著賠，地方官自能照例懲辦，要無官爲賠償之理。來文所引約章，均屬牽強。總而言之，此次襄郡滋事，實因時疫盛行，羣懷疑懼，一聞水中置毒之謡，每遇形跡可疑之人，盤詰參差，輒有不及送官，而衆怒洶洶，混相毆擊者，初不分其爲民爲教。此等匪徒布散謡言，擅自焚殺，無論其所殺是教是民，俱應嚴切訪拏，訊明嚴辦，斷無因所殺係屬教民遂稍寬縱之理。但須被害之人自行赴控，驗明屍身，訊問供證，方能辦理。除已獲匪首四名正法外，現仍嚴飭地方文武，務將放火案内逸犯查拏嚴辦。該處被燒俱係教民房屋，據報并無教堂被焚之事，且未傷外國一人，自係内地之事，不與洋人相涉。查同治八年八月間，法國羅大臣因酉陽州教案照覆總理衙門内稱，所願辦者，係法國李教士被殺一案，若民教互鬪等事，非本大臣所應妄管等語。誠以按照條約，中國教民與平民，皆歸中國地方官管理，按其呈控情節，秉公查拏，照例審辦，俾民衆心服，庶以後傳教相安，方免後患。是襄郡之案，該領事、教士均不應干預，致蹈羅大臣所云妄管之譏。仰即遵照，照覆法領事知照。

批德安府等稟查勘銅古、黄金二山情形[一]

光緒十八年十一月十五日

據稟已悉。查銅鼓、黄金二山，銅鑛質佳産旺。既據查勘與民間田廬墳墓均無妨礙，亟應開采，以裕民生。惟據鐵政局總辦蔡道稟稱，據德安衛守備宗承烈面稟，該處山場均係軍地，該府等來稟何以漏未聲叙。果如所稟，該處銅鑛産在官地之内，應即改歸官辦，另行派員前往開采。仰該府督同安陸縣暨衛守備會同

[一] 以下三件録自抄本《督楚公牘》。

迅速查明銅古、黃金二山銅鑛是否實係軍地，有何界址確據，廣袤若干丈尺，軍地之外有無鑛苗。此外，有無他人侵佔蒙混，私行售買之處，亦應一併查明，據實迅速稟候核辦，毋稍徇延。

批北藩司、牙釐局核議安陸船釐局移設座船以便商旅光緒十八年十一月二十五日

據詳已悉。應如所議，即飭安陸船釐局委員移駐座船，與巡船同泊河西，以便商旅，并飭史守揀派得力司事，照舊認真查驗，不得稍有瞻顧，見好委員，並飭將遵辦情形具稟察核。至陳令瑜瑛所稟之暗碼條子，即史守稟設之號條，該令既聞船户之言查河驗票放船等事均歸巡船專辦，查得格外認真，可見毫無弊竇，且該令始終并未獲有條子確據。但因船户編給之語，并不查明，輒行揑詞聳聽，意在恐喝司事，冀改定章，藉以掩己從前短少之弊，而奪巡船以後稽查之權。查鍾祥隄工以船釐爲專欵，前年甫經本部堂會同撫部院奏定章程，核減浮收，此欵若稽徵得力，僅可敷用，若以後抽收稍有弊端，隄工必歸無著。該令挾私妄稟，實屬謬妄，本應予以參處。姑念現知引咎，稍予從寬，應即將該令陳瑜瑛記大過二次，停委二年，以示薄懲，即由司注册飭遵。仰即遵照分別辦理。

批襄陽城守游擊稟遵檄保護教堂光緒十八年十二月初三日

據稟防護該處教堂暨護送教士出境各情均悉。清查户口，爲舊章所有，但分良莠，不分民教。教民犯法，與平民同科，豈以食教爲民，便聽其爲匪而不問。所請教民另造煙册編列號次一節，事屬創舉，是否可行無弊，仰北按察司移行襄陽道府迅即妥議稟覆，務期妥洽無擾，不致另生枝節，覆到後再行酌核辦理。并轉移該游擊遵照。

光緒十九年

批安陸府稟安陸船釐擬加比較裁撤巡船改由該局自行稽查[一]

光緒十九年正月二十二日

據稟已悉。查安陸船釐，上年該府稟請設立巡船，由府稽查，收數日有起色，足見辦理認真，力祛積弊。茲據稟，擬請裁撤巡船，添給津貼，仍由委員自行稽查，以十八年所收定爲按月比較，如比較過短，即由府稟請撤换各節，在該府自係爲整頓釐務，籌濟隄工專欵起見，且免彼此諉過争執，似亦不爲無見。惟委員經理，由府考核，限以比較，與由府設立巡船稽查兩種辦法，究竟孰爲妥善。此係關繫鍾隄要需，甫經立定新章，著有成效，若更定章程，尤須萬全無弊，萬不可稍涉敷衍，致棄前功。仰北布政司會同牙釐總局悉心核議切實辦法，迅速詳覆核奪。

批荆門州稟奉查移解犯兵丁魯得元等被武舉蕭駿聲毆傷實情

光緒十九年正月二十二日

據稟已悉。此案武舉蕭駿聲雖未喝衆行兇，但兵丁魯得元等均身受有傷，該武舉亦自認毆打不諱，其平日恃符横行，已可概見。且此案起衅始末，該州僅據兩造一面之詞，別無當場質證，魯得元之稟詞固難全信，蕭駿聲之呈訴亦豈盡可憑。該州以傷係手足，擬笞納贖，固屬照平人相毆例辦理，然兵役解犯被毆，武舉、地痞兇横滋事，又豈可僅以傷痕論輕重耶，地方刁風斷不可長。此事已逾數月，姑免深究。應將該武舉蕭駿聲，責成該州嚴加管束，隨時稽察，如再有犯，即行詳革嚴辦，勿稍寬縱。以後如遇有此類事件，務須認真查究，按律持平斷擬，不得稍存成見，專圖彌縫了事，以致痞徒得意，以毆兵毆差爲慣技，於該州公事恐處處多有窒礙也。仰北按察司轉飭遵照，切實辦理。

批歐陽定果稟督修萬福閘工竭蹶情形

光緒十九年二月十六日

據稟已悉。查萬福閘工程，天、沔、川三邑按畝集費，早經該印委等議定章程，稟報興工在案。至天、沔兩邑三七分派，係邵令等會議定章，即云畝費分派未匀，或即照該直牧勸派沔陽二五、天門七五之數，由該牧令等督紳照數催收，設法籌墊，解濟工需，斷不能藉此争執推諉，致誤要工。現在春汛即臨，工程多未完竣，現據該直牧面稟，兩邑欠交之欵尚多，天門尤爲疲緩，儻或功敗垂成，深爲可惜。該直牧目覩要工，焦急無策等語。查天門田畝最多，此項閘工受益較厚，應繳工費本不應再有推延。惟天門濱臨漢水，除此閘外，目前應修之隄尚多，均須趕辦，應攤之費太多，民力亦實困絀，若因畝費不齊，致令七十二垸之民居、三十餘萬畝之麥稻悉付横流，實覺深可憫惜。惟庫欵十分支絀，只可暫行借給，隨即徵還，仰北布政司迅速籌撥錢八千串，

〔一〕以下九件録自抄本《督楚公牘》。

發交該直牧領用，作爲官借之欵，趕濟要工。一面責成天門、沔陽兩邑，迅將七十二垸田畝丈清，核明應派之數，先儘此項公欵趕緊徵還，不准稍事延宕。其餘原估之解之數，該兩州縣一并飭令如數催收，以資接濟。此係本部堂會大工一簣之虧，准予暫挪公欵，該令等身任地方，儻因恃有此次借撥之項，仍復任聽紳董業户爭執諉延，貽誤要工，定即從嚴懲處，決不姑寬。并録報撫部院暨候批示。

批天門縣稟老觀垸月隄工程力求撙節

光緒十九年二月二十一日

據稟及另單均悉。查老觀垸挽築月隄酌量幫費辦法，已於該縣前稟批示行司核飭遵照在案。兹據稟，現就原議形勢改彎爲直，并將新險之彭灘趕修趁幫，約可節省錢五六千串，工程可期應手等情，應即照此趕辦。至該縣所存水利一欵，前經本部堂核定籌備積存，正爲隄工緊急之用。其協幫之周河各垸，民力未裕，前已批飭酌提水利存欵，再有不敷，即令下游各垸幫貼，以竟全功。至該垸應還鍾隄借欵，如稟暫緩繳解，先其所急，仍不得久任延宕。其中黄沙、中洲各垸工程，均關緊要，如費難遽集，即由該縣體察情形，仍於水利存欵内隨時提撥稟報，以資津貼而顧要工。統由該縣體察情形，民力較裕者作爲借欵，民力甚絀者作爲幫欵。仰北布政司核飭遵照。仍飭該縣將應修各工，趕緊督率紳首集料興修，剋期完竣，毋得延緩誤事，致干咎戾。

批北藩司、善後局詳擬將藩庫解節省土藥局用公費銀兩借撥鐵局備用附單

光緒十九年三月初四日

如詳辦理。仰即分移遵照。仍候撫部院批示。

北藩司、善後局擬將藩庫咨解宜昌土藥局公費銀兩借撥鐵局備用

湖北布政使司、湖北善後總局為會議具詳事。案奉憲台札開：據鐵政局詳稱，該局需用浩繁，前經奏准在槍礮局經費項下騰挪匀撥應用。兹查光緒十九年槍礮局應收土稅、川淮鹽加抽各欵，收齊解到尚需時日，而鐵煤各廠正當趕辦工程之際，礙難停待，擬請札飭司、局先行設法籌墊銀五六萬兩，以濟要需等情。到本部堂。據此。合亟飭議。為此札仰該局即便會同北布政司遵照妥為籌議，有無現存無礙閒欵，能否設法騰挪，先行籌墊銀五六萬兩，以濟要需，迅即詳覆核奪勿違等因。奉此。伏查司庫各項，各有專支，未便挪墊。局庫近年雖有新籌雜欵，亦屬存項無多，不能匀撥。惟鐵政局正在趕辦工程之際，勢難停工待欵，再四籌商，局庫尚有上年年底藩庫咨解應行撥局之節省宜昌土藥局用公費等欵庫平沙紋銀五萬兩，又補色銀五百兩，傾工銀二百三十兩，現今尚未動用，擬即盡數暫行挪解鐵政局備用，一俟槍礮局應收川淮鹽斤加價收有餘存，即行撥還清欵。是否有當，理合詳請憲台俯賜查核批示祗遵。

批北鹽道詳宜課銀兩攤還成本請於官運局盈餘并緝費項下匀撥解還光緒十九年三月初五日

據詳已悉。官運局張倅所擬於盈餘并緝費項下，每年籌還前借官本一萬兩，其原定每年應解鹽庫暨提軍門緝費，仍照舊解足各節，甚屬妥善。如此辦法，則官本計日還清，而運局成效益見。該倅自委辦官運局以來，悉心籌畫，節省用費，銷路日暢，盈餘日增，除每年籌解各欵爲數甚鉅外，尚能設法清還借欵成本，并爲前數年委員清還借欵，洵屬籌辦得法，裨益公家，可嘉之至。仰即立案轉飭遵照辦理。務將新案舊案借欵，接續一律還清，此外應解各欵，照舊解足爲要。餘均如詳辦理。

批北藩司、善後局詳遵議局庫提銀七萬兩解布局備用俟撥清生息光緒十九年三月初七日

如詳借撥。仰即由司、局立案，照章生息。該司、局即移布局知照。仍候撫部院批示。

批北藩司、善後局詳遵飭議籌司局兩庫欵項十三萬兩解存布局備用俟撥清生息光緒十九年三月初七日

如詳辦理。仰即分别借撥移催，迅發布局應用。至當捐一欵，原以留備本省緩急之需，布局事機日形暢旺，無異存之外府，將來湖北地方如有緊要重務需用之時，即由該司局隨時與布局商酌辦理，總以不誤本省要需爲度。候即奏咨立案。并録報撫部院暨候批示。

批襄陽縣禀續獲楊家嵩燒燬教民房屋一案匪徒陳三元訊供光緒十九年三月初七日

據禀已悉。此案據查辦教案陳道汝蕃暨審案委員張牧茂時面禀，均稱該犯陳三元向係著名刀痞，於上年楊家嵩放火燒屋之案，本係爲首起意，先已謀定，允爲糾夥多人前往，臨時被族人阻止未行等語。論其形跡，雖與已經正法之劉四五稍有區别，惟查該犯既係著名刀痞，此次糾夥焚劫，意圖倡亂，情節最爲可惡，未便過從末減，應即永遠監禁。如能緝獲袁必祥等到案，質審明確，即予懲辦，即袁必祥始終無獲，亦即永遠監禁可也，仰北按察司轉飭遵照。至另禀稱訊明袁天真等與楊家嵩火案無涉，此外尚無不法實據，惟該犯等平日是否亦係匪徒，該營何以憑空將該犯等拏獲，固不能因教士南熙一面空言，致滋拖累，亦未便涉於疎縱。應俟丁署令到任後，復加查訊，體察情形，再行禀請核辦。并即由司轉飭遵照。

批北藩司詳委查松滋潰口情形光緒十九年三月十三日

查黃家鋪自同治十二年潰口以後，迄今逾二十餘年，地處荆州府城上游，久爲川江東流分殺水勢。近年虎渡口日形淤淺，上游江水已少分洩之方，若將黃家鋪與楊家腦一併修築鉅溜，驟添

建瓴下注，誠如來詳，與荆州萬城大隄顯有妨礙，自須通籌熟計，詳加測勘，籌有妥善辦法，務於南北兩岸均無妨礙，又須籌有的欵，方能奏明興工。若冒昧堵築，設荆州大隄或有不虞，誰執其咎。況口門相距三百九十丈之寬，中洪三丈五尺之深，幾與黄河潰決口門無異，縱費巨金，亦無把握。郭令原估十四萬串，恐尚未能敷用，況七萬串乎。該委員稟覆各節，未審今昔情形，豈能率議舉辦，尚不僅在籌費之難易也。

批石首縣稟獲會匪分别訊明擬辦開具供摺[一] 光緒十九年四月初一日

據稟已悉。查李連二、李思明、李謀准、李丙元四犯，俱聽從已獲正法之劉先祥邀約入會，代爲送信，定期領旗糾夥，情節甚爲可惡，本應均予駢誅。姑念華容既已安靖，從寬貸其一死。應如何分别酌定年限監禁，仰北按察司查核情節，酌議詳復核奪。仍候撫部院批示。

批棗陽縣等會稟提訊拏獲匪徒楊老三等供認事 光緒十九年五月十三日

據稟已悉。查楊老三等六犯，既據稟稱供認行劫多次，且訪係積年著名匪徒，自應盡法懲辦。惟查各犯所供搶過事主姓名，或并無姓名及行劫月日、地方，楚省固無從稽查，第就植陳氏一案而論，該犯等糾夥聚衆至四十餘人之多，當日會遇供有姓名者，亦多至二十餘人，大衆商同行劫，必先有約會附近齊集地方，今犯供皆稱僻處會齊，會齊之地且所不知，又何以約會耶。有會齊地名，斷無不知行劫地名之理，此層該牧等漏未研訊。且豫、楚交界州、縣毗連襄郡者，不過新野、唐、柏等數邑，植陳氏家上年正月被劫，爲時未久，如此重案，自當已報官勘緝，該地方官似亦不致諱匿不報，一經行查，則贓供皆確，即或小有參差，亦可借資印證，或移查河南鄰界各縣，此數匪平日有無凶暴聲名，曾否因他案涉及，或被人控告，亦可互相參證。至三盛質鋪暨唐李氏家被劫兩案，均在棗邑，前經獲犯稟辦，該犯李久姜等既係案内夥盜，其從前稟辦之犯是否與該犯等素識，曾否供出姓名，誠難懸揣。而劉學强、王達毛兩犯，現供有所分贓衣，更可檢查贓册案據，以期核實。案關重辟，不厭詳慎，仰北按察司飭再遵照指飭之處，分别行查提犯覆審明確，另稟核辦，抑或别有訪查參考，妥善辦法，并由該司即酌核飭遵具覆，以期無枉無縱。切切。仍録報撫部院暨候批示。

批仇時化稟呈承領采辦棉花兼銷紗布 光緒十九年六月初十日

查布局需棉，應由局自行收買，不准外人干預，借圖招摇包攬。前已飭行織布局，如再有妄行呈請者，嚴加駁斥在案。該職員屢行瀆稟，并妄言凑銀六十萬兩，希圖聳聽，尤爲荒謬。仰織布局即便遵照嚴飭，斷不准行。如敢揑詞在外招摇，定即拏辦。

[一] 以下四件録自抄本《督楚公牘》。

批黄陂縣下役王貴升等呈控一案光緒十九年六月二十三日

該役等如果藉案搜贜，肆行奸搶，所犯情罪甚重，必須訊有確據，方可擬辦。該局員何致不候質證，刑逼成招，所呈殊不足信。惟昨據臬司面禀，此案現據黄陂縣程署令續禀情形，尚多疑竇，并已飭調該令來省會審等語。自非先將馬家駉家贜賊窩頓究明，難成信讞。仰北按察司迅即札催程令趕緊勒集全案應訊人證，檢齊卷宗，一併親身押解來省，由武昌府督飭讞局委員暨程令，會同秉公虚衷研鞫，務得確情，按律詳辦，期無枉縱。切切。

批司道會詳嚴禁阻礙水道光緒十九年六月二十六日

簺壋暗樁有礙水道，疊經本部堂示禁在案。茲據稱各屬支河分港，麻簺林立，於商船水利均有妨礙，雖經嚴禁，未能更革。該司道等請出示曉諭，嚴禁并分飭印委將簺壋等項一律平毁，再派輪舟礮船巡查，其別項取魚無礙水道者，仍聽民便等情。利弊曉然，剴切詳實，應即分别照行，仰候會同撫部院撰擬告示，行司轉發。一面由該司道等詳派委員，分投會辦。務須嚴飭該印委等約束地保兵役，不得藉端訛索，稍滋擾累，是爲至要。至鄂省應完漁課，雖爲數無多，但此項關係正供。别項取魚無礙水道者既聽民便，是但禁簺壋，不禁取魚，豪棍自不能藉口。所擬令各州縣捐解，暨由該司道等籌欵彌補一節，轉恐非漁户所願，應勿庸議。此次重申禁令，惟在嚴加整頓，以期實力奉行。事非創舉，亦無須奏明立案。

批安襄鄖荆道禀教士在樊城買地修屋光緒十九年六月二十八日

查美約准在通商各港口設立禮拜堂，必須無礙民居，不關方向，方准起造，本無准在内地設立禮拜堂明文。嗣因内地設堂相沿已久，美國亦准通融援照辦理，然必無礙民居，不關方向，經賣主禀明地方官核准，方得動工興造。此案瑙美會私買地基，未經地方官核准，輒自興工起造，實與條約成案不符。旋經襄樊紳商士庶聯名公禀，有礙風水、方向、隄工，情詞懇切，均關緊要。丁令勉强調停，不過爲目前了事之計，日久終難相安。雖據稱與教士訂明隄工如有坍塌，應向内修，民人房屋讓地若干，伊等亦願照讓，此係一時權宜之言，將來教堂落成，欲其讓地築隄，實同虚語。教士函中言明上蓋樓房，高矮以本房合式爲度，尤屬含混，均難照准。應即查照紳商等所議，籌欵備價贖産，以杜葛藤，由該教士另行覓地，照章報明印税，方准興修。此案未經地方官核定印契，輒自鳩工興造，是其自誤，所有工料聽其自行變價，官不預聞。仍將私賣地基之孫錦蘭勒緝，務獲懲辦，以儆效尤。仰即遵照辦理。

批魏慶昭禀緝獲大幫私土[一]光緒十九年六月二十八日

據禀已悉。查商販游吉洪夥同帶稍張光浩偷漏土藥至四十餘挑之多，既經緝獲，本應全數充公，以儆效尤。姑念該商販貲本

[一] 以下五件録自抄本《督楚公牘》。

匪易，從寬照應充經費銀數加罰三倍，迅即放行，仰即遵照辦理。此係體恤商情，格外從寬，并即飭諭該商販等，以後如再有繞漏，一經緝獲，悉數充公，決不姑寬。再湘省茨巖塘增設之卡，已准南撫部院吴〔一〕函覆轉飭裁撤矣。除電知宜昌趙道轉飭外，合并鈔電飭知。仍候北撫部院批示。

批漢口各商幫等稟呈減緩商捐光緒十九年七月初一日

查此項商捐，原係行户扣之商人，該行商等歷年侵蝕甚鉅，前經申明舊章，會飭查辦，除中飽而歸實用，寬既往以策將來，一切均係從寬核定，各行户所得餘潤仍然如故，商力綽有餘裕，該行商等正立力體寬政，按限照繳。今年茶市雖偶不如前，而年穀以成，商貨流通，各行生理繁盛仍舊，何曰藉詞牽混，希圖減免，冀遂其專利營私之計。事關軍餉要需，按月立待支發，豈容稍有延欠短少，所呈斷不准行。仰漢陽府迅即遵照，催令各商幫照案依限繳足，不得稍有拖欠，如敢任意宕延，即由該府稟請追帖押繳，以儆效尤。

批北路土藥局稟目下川土價值及税捐稽查各情形光緒十九年七月初五日

據稟已悉。查川省土藥，據南路各局卡探訪，陳土儲存尚多。北路自五月以來，收數漸有起色，雖將來能否大旺，難以逆料，而招徠商販，稽察偷漏，該令等總須隨時督飭，認真辦理，不可稍涉疏懈。二竹路工現開修若干里，共費銀若干，尚需銀若干，應即詳切查明，分晰具稟察核。經費支絀，一切務力求撙節，是爲至要。餘均如所稟辦理，仰即遵照。

批常德府稟拏獲僞造洋人新文歌帖余文輝等光緒十九年七月初七日

近年教案迭出，上煩宸廑，皆由牽涉教堂，以致愚民訛傳生事。查地方游匪編造歌帖，疊經遵旨嚴飭查禁示禁，以防煽惑滋事，貽害地方。該犯余文輝輒敢故違禁令，編造刊播，展轉售賣，實屬藐法滋事，甚爲可惡。此等事體，並無成例舊案可援，亟應重責，嚴行監禁，以儆效尤。仰南按察司即便轉飭遵照，將該犯從重懲責，先行枷號示衆，并酌定年限，嚴行監禁。其張元壽一名，應即照擬量予責懲，并酌加枷號示衆，期滿後交保。并即由司飭遵具覆。仍録報撫部院暨候批示。

批湖南瀘溪縣稟土販被劫拒傷事主驗訊情形光緒十九年七月初九日

據稟及另單均悉，仰南按察司飭即會營督役，兼移鄰縣，一體設法勒緝。此案正盜張老紅等首夥各犯務獲究辦，毋稍延縱干咎。另單稟土販繞越情形，擬請於該縣地方設卡試抽漏税，所見甚是，已據稟札行南釐金總局迅速妥議詳辦，并咨詢南撫部院矣。

〔一〕指吴大澂。

批松滋縣禀借欵修隄按糧派還光緒十九年七月二十八日

查該縣應徵還修隄借欵并先後添派各項用費暨借欵利息，通共不過六千餘串。視經費以定派數，此一定辦法。該縣情形所派之費，徵齊誠屬不易，然高鄉派數已加用費一倍，明知不能全徵，預爲多派少收地步，地方紳民不知其中委曲。低鄉則有派無收，雖杜高鄉偏累之口，究不免派費之名，刁劣者反得有所藉口。地方公事，總期與民共信，此等按糧派費之舉，尤不可稍寓權術，若如現禀情形，則民不信從，辦法已自先掣肘，更何論刁抗者藉詞上控乎。據禀前情，應如何明定章程，將應還經費核實匀派，如果收不足數，或認真催繳，或限年帶徵，將來儘可酌量情形，據實禀明辦理。至歲修一欵先未議及，此時合計併徵，派數愈多，收數愈難，自應提出另籌。仰北布政司一併移行該管道、府就近體察情形，妥議禀覆核奪，并飭該縣知照。

批利川縣禀辦理教案情形光緒十九年八月十三日

內地設堂傳教，條約本無明文，惟相沿已久，驟難挽回。同治四年，經總理衙門與法使議定，如教士在內地買地爲建堂之用，其賣契內只可載明本處教堂公産，賣業之人須令先報明地方官請示，由官酌定，方准照辦，如私行賣給，查出立加懲處，通飭有案。原於通融辦理之中，仍寓補救挽回之意。若竟聽其買地收稞，私行置産，教士犯法，地方官照約無懲辦之權，教士又從而包庇教民，是內地之地，幾同化外之地，於情理固屬不協，於政體尤多窒礙。所賴力持大體，不憚煩難。民間不願賣者，分毫不得勉强。即民間所願意者，亦必體察民情，秉公酌定，抱定總署章程，任教士多方嘵舌，總不得出此範圍。即至領事誣捏，公使争辯，上司總署自有權衡，斷不惑於一邊之詞，漫加以辦理不善之咎。但須光明磊落，推誠布公，可者與之，不可者拒之，毋逆詐以資口實，毋通融以貽後患。尤必嚴行約束百姓，凡事由官主持，毋許滋生事端，是爲至要。仰宜昌關道迅飭遵照。

批棗陽縣會禀覆訊盜犯楊老三等〔一〕光緒十九年八月十八日

據禀已悉。查李久姜、劉學强兩犯，既據禀稱調查三盛正質舖具報被搶案內，獲犯常五榮等原供指有該犯等夥劫得贓在逃，現據供認前案不諱，即無夥劫植陳氏家一案，已屬罪無可逭。王達毛一犯，據禀前夥搶唐李氏家獲犯趙三等供指確鑿，現供所搶贓衣又與報册相符，其爲前案逸盜，自屬可信。仰北按察司即委襄陽縣丁署令就近調核縣卷，會同宋牧提犯分别復審，如果毫無疑義，即録供禀請，照章懲辦，以昭炯戒。至楊老三、葉建、李黑等三犯，雖據該牧禀稱亦爲夥搶植陳氏家正盜，究僅憑現訊該匪自供及各盜互指供詞。內如楊老三、葉建兩犯，據臬司呈閲該牧單禀，該牧前在棗陽任內，緝獲阮老么等六匪，供指聽從楊老三、李久姜、葉建等，糾約四十餘人，夥搶植陳氏得贓等情。至李黑則别無他項贓證案據。葉建處起出之小鐘、豹褥究係何案內之贓，來禀亦未聲叙明晰，未便遽予駢誅。應先將該犯等暫行牢

〔一〕以下八件録自抄本《督楚公牘》。

固監禁立案，永不釋放，并即將小鐘、豹褥情節查明，先行禀覆。仍一面詳加訪察，或俟緝獲案内夥盜，或訪有别項證據，再行質證禀辦，并由該司確核飭遵具覆。仍録報撫部院并候批示。

批朱滋澤禀督籌李士墩等處煤鑛兼查鐵山運道情形 光緒十九年八月十九日

據禀及另單均悉。籌畫詳切，條理分明，甚屬妥協，具見該守任事明決。所有該守籌定東鵝窿煤鑛開采辦法及擬請發專欵經費銀一千五百兩，暨擬留洋匠各節，均即照准。仰鐵政局轉飭該守認真上緊督辦，一掃積習，勿稍延曠，以濟要需，并飭會同大冶林令佐，將偷竊運道鐵板之匪徒從嚴訊追究辦，并督飭鴻字營弁勇嚴定章程，認真巡守，毋任怠忽干咎。

批督標中軍謝得龍詳改用洋槍需用洋藥等項 光緒十九年八月二十一日

現經本部堂飭令各營改用洋槍，所有各營藥價，只能照舊案核扣，其不敷之數，自應由善後局籌欵發給，以重軍實而恤營艱。仰北善後局會同布政司，遵照立案，各標營領有洋槍者，一律照此辦理，并移該將知照。

批岳州府等會禀查聶市民人毁棄茶樹箱一案實在情形 光緒十九年八月三十日

據禀及另單均悉。俄國百昌商人托人采買茶樹，被鄉民毁棄一案，現經該道等查明，實因經手之人未將江漢關道所發單照呈縣請驗出示，致該處鄉民疑爲私運茶樹出洋，恐絶生機，遂將茶樹毁棄，并無抗照别情。訊據吴松夫供稱，買辦茶樹以及雜用等項，共計錢四百八十餘串，既經該處紳耆籌賠銀三百一十四兩零，即可究此完結，應將繳到銀兩解交江漢關道，轉交俄領事發給百昌商人祇領。鄉民無知，實非有心違抗，情尚可原，惟予從寬發落。仰江漢關道即便遵照，摘録禀詞，照會俄領事轉飭百昌商人遵照。仍移行李道等知照。

批鍾祥縣監生呈捐局蒙蔽懇恩究追補足免誤捐賑 光緒十九年九月十七日

局紳黄毓賓有無蒙蔽侵蝕情弊，仰北布政司即飭鍾祥縣查傳訊究具覆。

批荆宜施道等禀築隄民情困苦援案懇借撥公欵委員督修 光緒十九年十月十三日

據禀修復大金横隄，關係江、公兩縣大局。現經委員佐勘，需工費錢四萬二千七百餘串，請借撥錢文興修，仍援鍾祥隄工借欵章程，由受益之區隨糧按年徵還等情。查本年楊家潭等處先後潰口，公安被災最重，修復大金横隄，係爲下游公安永杜水患，自應趕緊籌修，以資防護。惟現值庫欵支絀，京協各餉需緊要，省中無可挪移。至從前鍾祥隄工借用釐金，本系因災區較廣，一時權宜辦法，未便援照借撥。應仍由該道、府等就地設法另籌，即於沙市各鋪商認息挪借，或并酌量勸捐，即由江、公兩縣受益之區隨糧分年徵還歸欵，不准拖欠，庶要工克期可興，借欵亦可按年清理，不至失信商民。即由該道、府委員督修，勿庸由省另派委員，以節糜費。仰北布政司迅速移行籌議稟辦，及早興工，勿稍延誤。仍飭江陵縣勒拏熊明典等，務獲究辦。并候撫部院批示。

批荆宜施道等會稟查拏挖開邵家馬頭隄段爲首之劉級三等到案供摺 光緒十九年十一月二十日

此案劉級三等糾衆挖掘江隄，淹浸下游田園廬墓甚多，實屬兇横不法已極，亟應從嚴懲辦。惟所稟情形大略，亦無圖式，與該道致臬司函内所開事略及本部堂查詢該道委員張良弼面稟各情，均不相符。仰北按察司會同布政司，即委干員馳往荆州，會同該道、府原派承審委員秉公研審，務得確情，稟候核辦。仍候撫部院衙門批示。

批江漢關道詳查空鹽船不挂洋旗於真洋商無妨礙 光緒十九年十一月二十五日

據詳已悉。鄂案回空鹽船，經兩江督鹽部堂批令儀棧委員將鹽船編立字號，係專爲整頓兩淮鹽船起見。洋商雇用民船，盡可隨時另雇，與條約不相干涉。該英領事所請盜商之處，應毋庸議，仰即遵照。

批江漢關道詳俄領事在漢陽購地擬建屋避暑 光緒十九年十一月二十五日

外國人在内地置買私産，與條約不合，應行禁止。即賣作教堂公産，該賣業之人亦應先行報明地方官請示，由官酌定，方准照辦。如私行賣出，立加懲處，通行有案。此案俄國王領事官向民人金鑑堂等私買梅子山基地，坐落漢陽西關外，係屬内地，非通商口岸可比。該領事不得在此置産建屋，致違約章。所請蓋印管業一節，應毋庸議，仍勒令金鑑堂等退價銷契。該民人私行賣地與外國人，并不照章先行報明地方官請示，尤屬謬妄糊塗，應行嚴懲，以儆效尤。仰即遵照辦理。

批應山縣詳驗訊民人楊發元不知被藉攔北私勇丁何人槍傷身死〔一〕 光緒十九年十一月二十六日

據詳已悉。奸民夥同私梟販私拒捕，一經兵勇格傷，反行誣揑兵勇傷斃良民，此事最爲湖北東路沿邊一帶惡習。查楊發元實係梟夥販私，被槍擊斃，衆證確鑿，該尸屬亦已首悔。案經該署縣訊明詳報，批司核飭在案。仰北按察司會同鹽法道轉飭遵照，仍飭勒緝各梟販，務獲究辦。并候撫部院衙門批示。

〔一〕以下二件録自抄本《督楚公牘》。

批郎陽鎮稟請鎸發職標操防營務處暨馬步三營官關防四顆以示區别光緒十九年十二月初六日

據稟該鎮操防各營，現係實任遊都管帶，應辦公文册籍，均用本營關防，將來或更改候補官弁管帶，即無關防可用，請另刊木質關防四顆，轉發應用，以便更换不致掣肘等情。查各營將官兼帶操防兵丁，往往視爲本缺應兼差使，應得津貼，任意廢弛，毫無整頓，甚至以雜項人役厨丁轎夫頂名充數，虚糜鉅餉，實堪痛恨，亟應嚴行整飭，以挽積習。該鎮之意，係爲激勵各該將官俾知整頓起見，應即照准。仰北善後局迅即照刊木質關防四顆，移知具領，轉給開用。

批衡永郴桂道稟廣東土匪嘯聚豫籌防堵光緒十九年十二月十一日

據稟廣東陽山縣現有土匪滋事，該處與宜章縣接壤，如匪勢披猖，即商調兩路口親軍營馳往嚴防。并據郴州及桂陽縣稟，均稱粤境因搶匪日熾，派勇築碉，而匪黨竟有毁碉等事。桂陽緊接其邊，實虞竄越，請派郴防營勇彈壓，留防冬令，幫同巡緝。又據宜章營唐參將淦稟，廣東乳源、英德地方土匪嘯聚，官軍失利，粤匪逃入宜章轄境，居民騷動各等情。查廣東乳源、英德地方，伏莽素多，此次土匪滋事，並非大股，雖擾及陽山，斷不至遽然出境滋擾。惟現在既據探報粤省官軍失利，自應豫籌防範。宜章乃楚粤門户，平日游勇會匪出没其間，與廣東樂昌一帶之游匪往來句串，動輒生事，時露逆萌，前數年往往有之。現在此種游匪難保不因粤省有事，乘機嘯聚，滋擾兩省邊界地方，爲患非細，必宜速籌嚴防，勿令生心蠢動。蓋所慮者在本省界上之游匪，不在粤匪也。除飭統帶親軍正副右營饒丞崇恕迅速酌派勇隊，馳往宜章沿邊擇要嚴防，并咨南撫部院飛速轉飭饒丞外，仰即迅速移行沿邊文武，趕緊督率兵團，探明確情，一體妥爲防遏，鎮静彈壓，勿稍疏虞。仍將辦理情形，隨時馳報。

批江夏縣稟遵飭復勘鲇魚套江岸工程請委員撥欵興修[一]光緒十九年十二月十七日

鲇魚套江岸迫近城垣，關係甚重，近年日形坍刷，自應趕緊興修，即如稟飭委李令觀濤監修。至所需經費，亦准照原估數目，由善後局發給。仰北布政司會同善後局，速即分别飭委籌撥具報，并令務須趁此久晴，趕緊如式修竣，稟請驗收，毋稍延誤，亦不[得]草率塞責，切切。仍飭該縣、委將興工日期報查，并飭補稟撫部院衙門備案。

[一] 録自抄本《督楚公牘》。

光緒二十年

批武昌縣詳籌辦樊口閘工光緒二十年二月二十六日

樊口地方創建石閘，事關重大。前因各該縣紳耆意見不一，議論紛歧，疊經批司轉飭武昌、黄州二府，督飭各該縣傳集地方公正紳耆，詳查利弊，據實禀覆核辦在案。況李前部堂奏定章程，建閘應在中流，口門三座，各寬一丈二尺，以分水勢，經費必須先爲籌定，集有成數，方可興工，以免功廢半途。首士須各縣紳耆公舉，取具認保各狀等因。今來詳所稱之紳首魏履惠等，不由公保，又不將所需經費係如何攤派，現已集有若干，先行禀請各該管地方官會同詳細查明，妥籌禀辦，輒即擅自聚衆興工，並將應建中流之三座閘門，擬移其二建於樊山脚下等處，核與奏定章程種種不符。如此率意徑行，實屬謬妄，其非六縣、衛紳民公議，已屬顯然。該縣於差查後，始接其禀，并不嚴切駁飭，一面移催各縣會同博訪周諮，通籌全局，禀候核奪，遽憑一面之詞，爲之轉詳辦理，亦屬顢頇。仰北布、按三司會同嚴行申飭，并令迅即分别出示禁止，妥爲彈壓，毋再任其私築，有干咎戾。一面遴委幹員，馳往會同各縣，迅將樊口中流創建石閘。除武昌縣之西洋畈一隅外，其餘各鄉及黄岡、大冶、江夏等縣、衛所轄受益田畝實有若干，各業民情願出費若干，閘工告竣後，與未受益之附近各邑隄工水利有無窒礙，傳集公正紳耆，確切查明，悉心妥議，禀覆核辦。

批江漢關道詳議定洋商夾板船移泊處所光緒二十年二月二十七日

洋商夾板船灣泊漢陽大别山下一帶，適當襄河之衝，夏秋盛漲，江流迅急，民船往來，實多不便，且時有覆没情事，自應設法變通，以期保全民命。據詳擬令移泊晴川閣以上，自敦本堂碼頭起，至東嶽廟洋洋乎碼頭止，江面寬廣，水勢平緩，民船游泳其間，毫無危險，所議尚屬妥協，應即如詳辦理。各夾板船移泊後，仍須留出寬檔，勿得再礙民船往來，是爲至要。除咨明總理衙門備案外，仰即照會税務司，迅飭各夾板船早日移泊可也。

批江漢關道詳請阻止洋商設火油池光緒二十年二月二十七日

火油性烈有毒，設立油池，必無防護萬全之策。漢鎮五方雜處，人類不齊，遇事生風，易滋釁隙。油池失火固屬可虞，設或偶有滲漏，混入水中，長江之水爲數省億兆生靈汲飲之需，爲害豈可勝言，萬難聽其援案興辦。外間既有買地設池之説，自應先事阻止，消患未萌。仰即照會各國領事官，毋許洋商在漢口設立火油池。一面知照税務司，不准此項機器進口，以杜後患。

批道員莊賡良禀呈茶商條陳光緒二十年二月二十七日

漢口茶務連年疲累，自應力予維持。本部堂疊經札飭湖南、湖北兩藩司、江漢關道考求茶務利弊，轉飭南北兩省産茶各屬曉示民間，講求種植烘製之法，酌議地方官勸懲章程各在案。現經南撫部院吴奏派該道來鄂，籌辦茶務，力籌恤商之策。此舉關係南北兩省商務大局，自宜乘此籌定良策，兩省通力合作，即日切實舉辦。今年頭茶之市將畢，正可及此部署周妥，豫爲明年之計。近日疊據江漢關惲道禀呈與俄領事來往函牘各件，所有茶務事體，該關道正在極力辯論維持。兹據該商等擬請籌修公棧，懇請借欵三數萬兩以資經始，一面按箱抽費接濟，成功此舉，洵爲茶務要圖。應即准如所請，由官籌欵三萬，借與該商等公所，具結承領，分期抽還。南茶箱數較北茶多至一倍有餘，此項應由南省籌借二萬，北省籌借一萬。現已與南撫部院函商，意見相同。仰該道即傳知各商迅速籌議，一面議章抽費，一面購地舉辦。至其餘監督、過磅、抽提、辦箱、限日交銀、剔除水漬、整飭經紀通事各條，是否一律周妥可行，并候札飭江漢關道會同該道詳考茶務利弊，體察華洋商情，迅速核議，禀覆本部堂并南、北撫部院核奪。至茶商入山買茶，多用大稱，往往有加至三十二兩以外者，園户不堪抑勒賠本，不得不遲摘粗茶，并以攙雜水濕充數，希圖多壓斤兩。茶質不佳，茶價安得不賤。本源不清，其餘都是末節。是精茶色、恤園户兩條，尤爲根本，該道等應一併妥議辦法禀覆。

批衡州道、府等會禀請撥營勇堵截會匪 光緒二十年三月二十七日

湘、邵與衡陽接壤，各處匪徒同時起事，已據署永州鎮劉鎮及統帶親軍正副右營饒丞恭壽禀報，均各派勇馳往防勦。并據邵陽縣孫令禀稱，業經營團擊散。其由湘鄉竄入衡陽一股，據衡陽縣朱令續禀，亦經擊散，惟渠魁悍黨多未就獲。查衡、湘一帶，伏莽素多，此時各處蠭起，漸近腹地州縣，較之滋擾武岡偏僻一隅，情事迥不相同，必須及早撲滅，方免聞風響應，若各股會合以後，愈難收拾。如情形緊急，該署鎮自宜親往扼要督辦。惟衡湘情形，處處皆有萌動之匪，亦處處皆有可用之團。兵勇有限，奔馳難及，必須聯絡團練，各路兜擊。官軍專（繫）［擊］大股，購捕匪首，民團自清本鄉本團。已起者不令合股，未起者不令響應，方可早就肅清。仰該道、府等督飭各該縣，會同防緑各營，督飭兵團認真防遏，相機迎勦，懸立重賞，擒渠散脅，勿稍拘泥延緩，致成燎原，是爲緊要。

批江漢關道詳臨湘教堂被毁法領事請追賠、保護 光緒二十年五月二十八日

查法國條約内載任法國教士在各省租買田地，建造自便二語，於理不順，窒礙諸多。法文約内本無此語，總理衙門知之審矣。第以内地設堂，由來已久，果能民教相安，尚可無須禁阻，故於同治四年與法國公使議定，如買地爲建堂之用，其賣契内只可載明賣作本處教堂公産，賣業之人須報明地方官請示，由官酌定，方准照辦，如私行賣給，查出立加懲處，通飭有案。原於通融辦理之中，仍寓斟酌調護之意。蓋始基不慎，設堂必至於滋事，傳教適足以擾民。無論中國轄地之權不容外人滋擾，即揆之傳教勸善之道，亦豈得恃勢迫勒，强人所難。南撫部院前文援引約章，即本此意，無足爲異。此案汪昌太將房屋私賣與教士，并未呈報

地方官查勘，輒欲拆建教堂，以致激成衆怒。即照法領事文稱契内已照章寫明賣爲本處天主堂公産字様，賣主已經報明等語，查買受係去年五月十九日，而業主緩至二十五日始行報官，自是先賣後報，與定章不符。此即始基不慎，終難永久相安之明證。前准南撫部院咨轉據臨湘縣禀，汪昌太住屋被毁，已由該處紳民照舊賠修，失散衣物亦經查出給還，其房屋已飭汪培湘代爲看守，應令汪昌太速行回籍管業，并已嚴諭團保，不准别生事端，仍究明拆毁房屋之人，分别持平辦理。本部堂查該處民情强悍，不尚洋教，教士再往，必致再釀成事端，自應查照南撫部院來咨，照會法領事轉飭該教士，勿庸再往設堂，以免别生釁隙。仰即照會該領事知照。

批利川縣知縣黄世崇禀教士藉端脅制情形光緒二十年六月初三日

查咸豐十一年，總理衙門咨傳教諭單載，傳教士并非官員，故不能干預一切别項公私事件，亦不能保護習教人等。又稱，如有傳教士用禀呈赴該地方官，若確係理直之事，應即秉公辦理等語。是傳教士無論其爲主教，爲司鐸，爲神符，自中國視之，皆洋教士也。有事赴訴地方官，應用禀呈，間有用信函者，實出地方官之優待，非其分所應爾。至與地方官併坐公案，訊問供詞，體制所關，萬不容其僭越。該縣敷衍遷就，聽其並坐，實屬非是。教士係外國之人，其不諳中國體制，情或可恕，若教民更無分其爲司鐸，爲神符，皆與齊民等，地方官只有就案辦案，不計其爲教爲民。教民之不肖者有犯，由地方官差拏懲辦，不容外國教士庇護。向章如此，無待咨明總署，另定章程。據禀教民周良臣膽敢與金教士併坐地方官公案，語言傲慢，實屬悖謬糊塗，形同化外。若不嚴行懲逐，何以儆嚚頑而安善良。此案據倪黎氏供，周良臣係喝使綑毆之人，自應差拏。周良臣與倪黎氏對質，照例懲辦，該縣竟不出此，乃言恐蹈辦理不善之咎，未敢深問。該令向辦教案，具有膽識，本部堂方深嘉許。果能力持大體，事事踏實，何至遽加以辦理不善之名，何必過事顧慮。惟不准縱役滋擾，故意羅織。儻禀報不實，致外人有所藉口，定惟該縣是問。仰宜昌關道迅飭遵照。

批宜昌關道禀利川縣辦理教案情形光緒二十年六月初三日

利川縣地方深僻，界連川省，教堂蔓延其間，貽患匪淺。孫前令庸懦畏事，任聽教士購買田産，招教民耕佃，有犯不敢過問，於是桀驁不逞之徒，相率入教，以教士爲護符，甚至教民自稱爲欽命利川縣副司鐸，持帖拜謁縣令，教士、教民與地方官併坐公案。種種謬妄，實堪髮指。黄令抵任以來，力矯其弊，雖措置未能盡合機宜，而守正爲民，實足以挽頹風而維大體。該道熟諳洋務，宜隨時訓勉，以養其剛强堅定之氣，使不致苟且遷就，致貽無窮之後患。本部堂飭司免其調簾，亦即此意。若因教案齟齬，輒爲更動，適以長教士、教民之氣，而開委靡之習。應令久於其任，飭將未結各案趕緊辦結可也。

批施南府禀酌斷利川教案光緒二十年七月十八日

辦理民、教交涉事件，必須秉公持平，按律照約，情理允協，方能存政體，服民心，且免使民、教積成讎怨，一發難收，釀成鉅禍。固不可偏聽民人一面之詞，專歸咎於教堂，然更無不論是非曲直，一味遷就，曲徇教民之理。查外國傳教士按照約章，不得在内地置產收稞，迭經批飭查禁在案。此案倪黎氏膳業被革生倪贊揚盜賣，倪黎氏不允，控經利川縣黄令斷令照舊管業，追出倪太學、倪贊揚所領教堂業價墨票錢文存署，并諭飭教堂將紅約分關呈繳，領回原價，是業未成買，而向世可、周良臣等竟敢佔居倪黎氏房屋，屢催不遷，其平日之武斷兇横，已可概見。倪黎氏無可如何，以濁水淋潑，如果屬實，自屬不應，然亦向世可之蠻悍不法有以致之，乃竟將該氏綑毆，傷痕至九處之多，經該縣驗報有案，情節確鑿。廖令奉委澈查，乃不察本案之原委，不分情節之輕重，輒以兩免深究一語，希圖含糊結案，竟將毆傷倪黎氏在押之教民楊章才當堂提釋，面交金教士領去，復將黄令通禀有案、倪黎氏控不願賣之屋地，當堂立契，交業領價，并不具禀請示，又不查閲節次批牘，顢頇草率，但求了事，不顧大體，實屬昏謬已極。所稱向世可暫借堂屋，並非佔居，倪黎氏僅頭顱碰傷，其膳業因涉訟虧累，情願賣與天主堂作公產，并會同黄令核與地方無礙等語，查與黄令迭次所禀情節，種種不符，無非爲教民開脱罪名，以將順教士之意，尚復成何事體。且倪黎氏以窮老孀婦，被人盜賣膳產而不能保，被人毆傷而官不能究，且身傷產失，而其錢歸於作訟費。似此種種顛倒，闇無是非，以後良懦小民何以自存，奸民肆行無忌何所底止。該府漫不加察，遽爲轉請立案，亦屬謬誤。仰宜昌關道遴委幹員，馳往利川縣會同黄令將此案情節澈底查究，務將不法教民嚴拏懲辦，并籌議給還教堂原價，調銷契約辦法，禀候核奪。

批道員蔡錫勇禀請開各差光緒二十年十月初一日

查鐵、布、槍礮三廠，皆係該道一手辦成，諸臻周妥而公正廉退。鐵煤等局廠二十餘處，千端萬緒，出納分明，絲毫不苟，尤堪嘉尚。鐵廠、槍礮廠兩事本係一事，端緒繁重艱鉅，非該道不能勝任，自應仍責成該道辦理。兩廠均在漢陽，并加派江漢關惲道，就近會同該道認真籌辦，以期日起有功。至本部堂衙門洋務文案極爲重要，該道熟悉洋情，諳習條約，力持大體，尤非該道不能辦理，并應仍舊總辦洋務文案。其銀元局，該道前在廣東辦理已著成效。鄂省廠工已成，不日開鑄銀元，所有開鑄行用各事宜，關係重大，全賴該道督率籌辦，毋得固辭。至織布一局，本奏明與鐵廠通籌互濟，顧已辦有規模，他員尚可循照辦理。此外如輿圖、紡紗、繅絲各局，及自强學堂、洋務書局，祇以關涉機器、測量、算學等事，該道深悉其中奧竅，不得不令兼顧，既據禀稱事務過繁，難以分應，姑准免其兼辦。但雖另委有他員，他局管理遇有疑難緊要事體，仍應與該道詢商籌辦。除分別飭委咨行外，仰即遵照。

光緒二十一年

批鎮江關道禀洋商争論江灘光緒二十一年正月十三日

玉山漲灘，出自天生，係屬官地，不得以業户升科爲比。中國水陸土地、河道、海面、江面，豈有歸外國管轄之理。英領事所引公法，大屬謬誤。洋商在我中國即蓋造洋房之陸地，猶不過租地而居，何得牽混江中沙灘，妄請執業。且前經救生會南濡學舍繳價到官，核准有案。事關地方善舉，中外皆樂觀厥成，豈有奪此與彼，以便私圖之理。如果該領事有函來轅，自當據理拒絶。仰即知照。

光緒二十二年

批黄梅、宿松兩縣會禀隄工情形光緒二十二年三月初二日

該處隄工，爲江鄂皖三省田廬保障，向係通力合作。本部堂以該隄關係險要，昨經檄司委員，會勘妥議禀辦，并咨請江西、安徽撫院轉飭德化、宿松兩縣遵照會勘在案。兹據該縣等會禀，將該處退挽月隄一道，估需經費一萬二千餘兩，按照舊案，三省分籌，每省各應攤銀四千一百餘兩，自係正辦。第德化縣既不肯分修，推延日久，現值春汛早届，設有不虞，三省同害，萬不能再任延誤。除將鄂省應攤銀兩飭司先行籌給黄梅縣趕緊會委興修，以資抵禦，所有江、皖兩省應攤銀兩，分别飛咨江西、安徽撫院查照舊案，酌核辦理。如德化縣堅執該隄受益無多，江省不允撥欵分修，或撥欵有限，不敷匀攤之數，均即由鄂省代籌。至宿松隄費，自應由皖省如數籌撥。皖、鄂合力趕修，以期顧全大局，保衛民命，免致彼此推諉，有礙要工外，仰黄梅縣一俟委員到縣，立即會同查明應修工段，廣集人夫，上緊興修完固。仍將興工日期及辦理情形，隨時禀報查考，毋稍玩延。至另單所稱新洲當中尚有夾江，能否挑挖引溜，即由該印委各員確切勘明，繪圖貼説，禀賫核辦。并移宿松縣知照。

批上海爕昌洋火柴廠商董葉志國稟擬出資在漢口建廠製造洋火柴出售[一]

光緒二十二年四月初十日

據稟該商擬在漢口偏僻地方購基建廠，買辦機器，製造洋火柴出售，一切關税、釐金照章完納。每年需用洋硝、洋磺二種，該商廠在上海開設時，曾經稟請江海關道立案，照例一律完税，此次商廠分設漢口，仍由上海完税運漢，如湘、鄂内地硝磺試驗儻可合用，自當遵照本省章程購辦等情。查華商在漢口建廠製造洋火柴，自於商務有裨，惟硝磺事關軍火，該商由上海購辦洋硝洋磺，運漢完税進口，是否專供製造洋火柴之用，應如何稽查限制，如内地硝磺亦准照本省章程購辦，有無流弊。查洋硝洋磺，貨色較佳，已可取之不竭，何以又需内地硝磺，如添入此條，難保無影射牟利情事。至該商是否妥實，其資本有無洋股在内，均應確切查明，始可准其開設。仰江漢關道飭傳該商詳細查明，核議應否准其開設，稟覆核奪。

批黄安縣詳緝私營弁毆死張玉林傷聶萬受一案勘驗情形

光緒二十二年四月十四日

據詳已悉。此案據武威軍哨弁楊玉洪在該管帶及緝私委員處所稟，僅稱勇丁因緝私被私販吴耀太等拒傷，而置張玉林、聶萬受因何一死一傷情節於不言。該縣謂死傷之人果屬梟販，被勇格殺，該哨弁盡可據實稟報，何竟含糊其詞，固屬可疑。第張玉林等如非私販，勇丁究係因何越界至光山縣追捕。若有起釁別故，尸父張宗江等豈得不知，何以在縣報案僅稱不知因何各被緝私勇丁毆斃轟傷。該縣於驗訊時均未將各節切實根究，太屬簡略，案情出入甚鉅，亟應確查澈究，以憑核辦。仰北按察司會同鹽法道迅速遴派明幹之員馳往，會同該縣將威武軍勇丁究係如何緝私被拒受傷，緝獲私鹽如何交給吴惠生家收存，張玉林等因何被毆傷斃，光山縣監生王太來等有無扶同尸親捏稟各情，逐一確加訪查，究明實在起釁根由。一面關提王太來等，移營提到勇丁并勒限嚴拏吴耀太等務獲，傳同應訊人證，秉公研訊，務得確情，録供通詳核辦，勿稍偏徇。仍候撫部院批示。

批署衡山縣稟袁化鵬被劫案

光緒二十二年四月十六日

查前據衡州協轉據衡山汛把總祝得勝報獲此案盗犯文美和、王香仁二名，送縣訊認不諱，何以該縣來稟絶不言及。該縣現稱會營緝獲該犯周四朝，何以該營前報復不言及。且核文美和等與周四朝供指夥犯名各不同，是否營獲文美和等犯并非正盗，該縣如何訊供，均未聲叙，疑竇太多。至此案事主原報失贓甚多，現在既未起獲一物，且僅據該縣稟獲周四朝一犯，亦無别犯質證，所訊供情能否靠實，未便率行批辦。仰南按察司酌核或遴委妥幹之員，或飭衡州府委員馳赴該縣，提集各犯，秉公虛衷研鞫，務得確情，録供議擬通稟核辦，毋稍枉縱。仍録報撫部院暨候批示。

[一] 以下四件録自抄本《督楚公牘》。

批川鹽局彭道詳覆川鹽按包減折核算成案 光緒二十二年四月十八日

據詳及另單均悉。惟據稱該局徵收情形，業經前督辦川鹽局曹道南英于上年十一月間據實稟覆，所言已詳盡無遺。本部堂飭承詳細檢查，并無此稟，自係驛遞遺失，無憑查核。究竟曹道所稟，及該局現詳與前次抄行兩江督鹽部堂咨送加抽川釐局沈道稟陳情形是否相符，仰北鹽法道迅速查核明確，刻日敘詳呈候分咨。一面轉移該局將曹道原稟照録補賫來轅備查，勿稍延緩。切切。仍候撫部院批示。

批郎中余正裔稟請開炭山灣煤鑛 光緒二十二年四月十九日

稟悉。炭山灣煤鑛，迭據該紳稟稱煤層寬厚，火旺灰輕，煙微磺少，用處甚廣。現經集衆合議，共籌股本已有成數。擬用西法開挖大井，先購抽水、起重機器，鐵軌綫路暫緩舉辦，轉運煤斤仍由水道，由湖出港，淤淺地段擇要疏通，添購輪剥各船，以資利運。專請洋鑛師辦理鑛工，期有把握。新舊共集股銀十二萬兩，實係劉人祥等各商自己資本，情願親具甘結備案。遇事遵守律令，鑛務賠賺皆商股自理，不與官中干涉，毫無影射轇轕等情。查開鑛爲方今要務，迭奉諭旨飭辦。興國炭山灣煤産既旺，自應准其招集華商資本，購機開挖，大舉采運。惟向來集股，每易滋弊，且有雇用洋鑛師、購辦機器時與洋人交涉，自不能不嚴爲稽核，以維鑛務。據稟所集商股係劉人祥等自己資本，究竟共集若干股，在股董事姓名、籍貫，所具甘結有何殷實鋪户擔保，集股章程及如何分別辦法，所買鑛地四至丈尺若干，擬疏水道由何處起至何處止，於地方水利有無妨礙，雇用何國鑛師，合同條欵如何措詞，擬購輪剥若干艘，自須先行報關，照章驗明給照，以杜冒混。凡與洋人交涉購辦機器，必須將合同呈驗，隨時稟報備案，釐税自應照章完納。凡此數條，皆商局開辦之初所當詳晰議定，稟請立案，聽候飭查明確，然後批准興辦。將來如有轇轕不清，隱瞞影射情弊，定惟該紳及各董是問。仰鐵政局司道轉移該紳，按照批飭事理，逐一議明，稟候核奪，再行批飭遵辦。

批北督銷局稟黄安緝私拒捕釀命案情重大請委員會辦〔一〕 光緒二十二年四月二十二日

此案前據黄安縣通詳到院，當經本部堂查核詳叙武威軍哨弁楊玉洪在該管帶及緝私委員處所稟，僅稱勇丁因緝私被私販吴耀太等拒傷，而置張玉林、聶萬受因何一死一傷情節於不言。該縣謂死傷之人果屬梟販，被勇格殺，該哨弁盡可據實稟報，何竟含糊其詞，固屬可疑。第張玉林等如非私販，勇丁究係因何越界至光山縣追捕，若有起釁别故，尸父張宗江等豈得不知，何以在縣報案，僅稱不知因何各被緝私勇丁毆斃轟傷。該縣於驗訊時均未將各節切實根究，太屬簡略，案情出入甚巨，亟應確查澈究，以憑核辦，批飭北按察司會同鹽法道迅速遴派明幹之員馳往，會同該縣將威武軍勇丁究係如何緝私被拒受傷，緝獲私鹽如何交給吴惠生家收存，張玉林等因何被毆傷斃，光山縣監生王太來等有無

〔一〕録自抄本《督楚公牘》。

扶同尸親捏禀各情，逐一確加訪查，究明實在起釁根由。一面關提王太來等，移營提到勇丁并勒限嚴拏吴耀太等務獲，傳同應訊人證，秉公研訊，務得確情，録供通詳核辦，勿稍偏徇在案。兹據禀前情，除行北按察司會同鹽法道遵照前批，迅速遴派明幹之員馳往秉公會同查辦，并飭將黄安、光山界口地址遠近，及私販拒捕時日，先行分别勘訪明確，據實禀覆核辦，勿稍徇延外，仰即知照。仍候撫部院批示。

批署衡州協副將熊兆祥禀剔除積弊 光緒二十二年四月二十三日

據禀浮費、幫費、營債各情，以營兵有限之餉銀，供官弁、稿書無窮之剥削，積習相沿，實堪痛恨。該署將獨能認真整頓，力除攤扣營債積弊，殊堪嘉尚。惟幫費雖名義助，實係頂充之費。戰守各兵是否亦有幫費，未據言及。查每馬兵目兵書識一名，費至百餘千之多，甚至酒貲、鞾帽幫、各房稿案，種種名目，濫費虧餉，實堪駭異，必應嚴行禁革。即其中實係義助，亦應嚴查確核。該署將擬請減定數目，固爲示以限制起見，惟所請明定章程是否妥協無弊，仰續副將於回任後詳加籌酌，將相沿幫費，設法清釐。其酒貲、鞾帽各端嚴行禁革，務令與攤扣營債諸弊，一律剔除浄盡，立案永遠遵行，庶各兵得沾實惠。其操練小陣一節，衡營兵本無多，就現有之兵，習簡明之陣，事屬可行，仰續副將一併查照辦理。至裁兵應如何方臻妥善，俟彙案核辦飭遵。

批通山縣禀痞徒聚衆滋事并鬨鬧衙署〔一〕

光緒二十二年四月二十五日

查例載，不法之徒如乘地方歉收，夥衆搶奪，擾害善良，挾制官長，或因賑貸稍遲，搶奪村市，喧鬧公堂，應照光棍治罪，首從問擬斬絞。又查例載，刁民藉端聚衆至四五十人尚無鬨堂塞署者，亦照光棍例分别斬絞，禁令何等森嚴。今該縣痞徒藉糴穀爲由，竟敢聚衆千人，鬨鬧衙署，訛詐富户，實屬藐法已極，亟應嚴查拏辦，以儆刁風。仰北按察司即日遴委明幹大員，迅速馳往，督同該縣查明滋事實在情形，先行飛速禀覆，以憑酌核辦理。一面先行出示，嚴諭有穀富户，務須減價平糶，不准抬價囤積，以便貧民，而免藉口。如有鄙吝圖利，居心不仁，覩望抗違者，即行禀請懲辦。一面會營嚴拏首要各犯務獲，解省審辦，毋稍輕縱，并將奸徒藉災夥衆擾害喧鬨公堂等例罪名，剴切出示曉諭，俾衆周知，勿令愚民爲痞徒所煽惑，自蹈法網。切切。仍候撫部院批示。

批宜昌土藥局喬道聯寶禀請添設江、董等處分卡 光緒二十二年五月二十日

據禀江口、董市兩處地居沙市上游一百餘里，爲川船下駛過道停泊之區，多有私土，并間有該處出産之土灑賣，請添設委員分卡，以期周密各等情。查江口、董市原派有司巡，兹請於江口專設一員，就近稽查，董市更於洋溪添設分卡，委員補徵，係爲

〔一〕以下四件録自抄本《督楚公牘》。

稽查偷漏起見，應准如稟辦理。所有三卡經費，按月由沙市分局行用内開支具報。至所設分卡三處既經有委員督率，司巡即慮不敷查緝，該處原有緝私弁勇，儘可勻撥，督令認真堵緝，或於本卡經費内勻出口糧，酌添巡丁，自可毋庸另募巡勇，添委哨官，以節糜費。至沙市筲箕窪、玉河坪兩處應否添設分卡，應由劉令肇墀酌擬，迅即查明核奪，仰即轉飭遵照。仍候撫部院批示。

批宜昌土藥局喬道聯寶稟橋卡礙難盡改正税并擬定土藥五挑方准出境光緒二十二年六月初三日

此案前經野三關分局委員王令等稟橋梁坪分卡減折抽收，有礙收數，當批該局查明議覆在案。兹據稟，橋梁坪爲由施南入湘正路，零星土販樂於完納峽費，若改歸正税，誠恐商販另闢歧徑出境，所收峽費亦歸無著。擬定該卡所過土藥必在五挑以外，方准照完，過境給票，由懶板櫈卡驗明放行。不及五挑，即飭照納正税。至報完過境而仍往本省銷售者，在楊溪設卡堵截，以杜弊端各等情，均應照准。惟據稟土販已完過境仍在本省行銷，則橋卡縱未折收，土販避重就輕，多方弊混，野局所稟有礙收數，不爲無因。若野局、橋卡不能聯爲一氣，則收數短絀，野局轉可藉口卸責，於公事大屬有礙。此後應將橋卡改歸野局就近管轄，以專責成。若收數仍無起色，即責王令等以稽徵不力，彼自無所諉飾。其懶板櫈驗票分卡，即由該道派委妥人查驗放行，藉以互相稽考。月薪用費，均照舊在峽費開支。其打火廠地方既係土販繞越之所，即由該道酌派司巡駐紮稽查可也。仰即遵照辦理，並飭野三關分局查照。仍候撫部院批示。

批川商汪翰等稟請裁沙市緝費局准由商等在宜、沙各設衡鹽局專議市價光緒二十二年七月十八日

查川鹽濟楚税課，爲鄂餉大宗。上游襄、鄖二府向爲北潞二私浸灌，光化縣老河口所設官運局限於經費，不能暢銷敵私，是以凡由内河運往安、襄、鄖、荆之鹽，無論官商，每包抽收緝私經費錢二百四十文，以爲上游官運、緝私兩項經費，藉固邊界藩籬，使私鹽不得浸灌下游。近來官商各運，均屬暢銷，成效昭然。至外江並無私鹽浸入，自無須收費，事理判然各別。該職等率以内外皆河，何幸不幸比論，實不知抽收緝費本意。至請在宜昌、沙市各設衡鹽局别先後、定價值一節，川鹽既無定商，又無定引，非若淮鹽之可以輪銷，成本有貴賤，色粒有高下，市面定價自有公評，何能强持抑勒。況每斤收錢二文，内河則數增於緝費，外江無故加抽，成本益重，而反謂暢銷利商，殊不可解。細核所稟，陽託捐輸助餉之名，隱圖壟斷漁利之實，礙難准行，應毋庸議。惟該商等既稱行鹽沙市，何以稟中不具字號牌名，僅列川商職銜，難保非假冒混稟，希圖干預鹽務，把持行市。仰北鹽法道抄稟札飭荆州府就近查明，據實稟覆查核。

批江漢、宜昌兩關道會稟議覆峽江行輪章程光緒二十二年七月二十五日

據稟議覆峽江行輪章程各條均悉。川河險阻，盡人皆知，將

來會議時，自應引譬開導，以冀日人醒悟，暫作罷論。若彼堅持初議，不肯中止，惟有嚴定行駛章程，以杜争端。所議第一條，凡有碰損民船，所失船貨均責令輪船賠償，自是要著。惟既碰之後，所賠能有幾何，即使賠足，而小民之負累已不可勝言矣。仍應在行船免碰上著想，妥定章程，俾免相碰，防患於未然，尤爲切要。第二條，禁用縴夫。查縴路非輪船所需，自易商辦。惟輪船遇險，民划不得攏救，以免藉口一節，殊多未便。查外洋輪船失事，中國船隻自應救護，假如華輪在海面遇險，洋輪亦應救護，歷准總理衙門奏定章程，准將救護洋船人命出力者，照異常勞績請奬，久經通行辦理有案。此次日本條約，商船救護列有專條，豈能轉令民划不救。第三條，禁鑿灘石。第四條，禁載食鹽。內江水道非外人所能疏鑿，食鹽視同禁貨，各國條欵載有明文，均可無慮此事。緊要關鍵在實測峽江水面寬窄深淺，輪船能否行駛，上灘下灘應如何避讓，使民船得以暢行無礙，均應預先籌備，以便會議時妥爲斟酌。仰即會商税務司調派測繪水道洋員，沿途詳測，繪圖立説，以備考訂，是爲至要。

批方友升稟請改營名并遴員代理左營事務懇飭刊關防等事〔一〕光緒二十二年七月二十五日

據稟及另單均悉。此兩底營營名現經另改，飭局刊換關防，飭委該鎮統帶，并兼帶中營矣。仰北善後局轉移該鎮查照，另札遵行。至稱左營所紮營壘房屋傾圮，地勢低窪，應准該鎮督飭估工修造，所需經費，并即由局查照帳棚折價改造營房章程，核給錢文，以示體恤。又請分設隨員差官各一棚，現值餉絀難籌之際，本屬未便照准，姑念該員弁等遠戍年餘，尚屬得力，從寬准令該鎮挑留隨員差官十名，他營不得援以爲例。該局并即轉移遵照。

批大冶縣革生馬龍圖稟京控胞兄致死繼母案光緒二十二年十月二十七日

該革生馬龍圖以兄弟争産之故，興訟互訐，在縣三次願和不得，於是於繼母死已兩年之後，竟控其胞兄生員馬國蛟爲弑母，屢次呈請開棺檢驗，父族、母族、醫生皆具結力辨其誣，一無證據，問官豈能違例妄准。於是京控叩閽，任意攀引，信口詆誣。該革生果係哀痛迫切，真欲爲母伸寃，何以兩年有餘，始行控告，乃謂被堂叔馬逢源禁錮不行。馬逢源一尋常人耳，既無牢獄，又非盜巢，安能禁人。該革生有家屬，有雇工，有財産，且現在羈禁之中，尚能於數千里外京控叩閽，省城各衙門疊次訐控，何至受人禁錮，不能赴縣具呈，又何以自稱次春已經釋出，又遲至一年後始行指明具控，虛妄顯然。現據臬司詳以衆證確鑿，誣告屬實，該革生又復來轅具控，捏稱諭旨准飭檢驗，堅請開檢。又屢稱馬國蛟謀換母柩，以爲開檢無傷狡賴地步。其呈内大率皆係不根之語，無干之事，蔓引毒詈，幾如風狂。該革生不過騎虎不下，狂詈逞忿耳。試思叩閽之案，本應充軍。此時即使悔罪認誣，亦止坐以軍罪，尚可保全其母屍骸，則雖悖謬糊塗於先，而悔悟輸誠於後。搏膺請罪，尚可稍存天性，略贖前愆，不致終身爲惡逆

〔一〕録自抄本《督楚公牘》。

之人。若一經蒸檢，虛誣反坐，則該革生罪應處斬。既殘其母，又誣其兄，卒戕其身，身死之後莫洗惡名，何至冥頑若此。總之，此案啟衅僅止爲公債一千緡，公完錢糧數十兩，該革生不願分攤，其兄馬國蛟又不肯獨認，家庭婦女訴誶争鬧，因此互控生波，激成今日鉅案。檢查案卷，該革生兄弟父遺家産，共有田租一千三百石，此外尚略有貿易。無論兄還弟還，止多認五百緡，有何難事。且其兄管家多年，用費無節，致多虧欠，又有其弟婦奩資在内，若念鞠子之哀，自應力爲肩認。今搆訟四年，兄弟分繫監卡，拖累耗費，豈可勝言。大約其田産所存，已不多矣。即以争財而論，已屬大愚，况更因此釀成大獄乎。馬氏本屬紳士善良之家，不知有何冤孽，而致其母遭烹剥殘骸之慘，其子受惡逆莫大之刑。家産破敗，細弱顛連，波累親族，失業困苦。此案逞毒於馬龍圖，而召衅由於馬國蛟。其弟固屬狂悖，其兄亦屬下愚，不爲其身計，并不爲其祖父家聲計。兄弟、妯娌、叔姪攻擊吞噬，視如寇盗，全無一隙之明，甘蹈滔天之惡，戾氣鍾於一門，誠可爲痛傷慘惻者矣。尤可歎者，該革生呈詞中既已極口醜詈，欲得其兄而甘心，尚復稱引經傳，比擬聖賢，自稱道學，其兄馬國蛟呈詞中亦然。該革生兄弟俱列膠庠，而末流至於如此，尤可爲世運士風痛矣。將來此案定時，即使馬國蛟被控全虛，似此争財搆衅、薄於倫紀之生員，亦應斥革。古來名賢良吏，遇有民間不兄不弟、惡逆争訟者，每自咎教化不行，閉閤思過。若如該革生兄弟之昏愚搆禍，直如病狂人倫之變，天下罕有。本部堂自愧德化不孚，致部下有此等乖棄倫理之士民。披閲全卷，目不能睹，筆不忍下，既深悚疚，益用憫傷。此事已經司詳定案，該革生此呈本應駁斥不理，姑予再行詳切訊鞫，以期折服愚蒙，或有醒悟。令該革生兄弟清夜捫心，各思所以自處。除於北按察司詳内批飭按照駁斥該革生各節，再行飭訊詳辦外，特此剴切批示該革生知之，并令馬國蛟同看。

光緒二十三年

批峽路經費局委員侯昌錦禀呈賑荒條陳光緒二十三年正月初十日

所擬施屬賑荒條陳，具見關心民瘼。其首、二、三各條，應即由該令會商地方官查照妥辦，總期實事求是，澤及於民，毋稍滋弊爲要。除札飭北藩、臬兩司轉飭施南各屬實力辦理賑糶，妥爲安輯窮民。如有不肖之徒有藉荒劫奪滋事等情，即行嚴拏審辦，不得姑寬。并將該令第四條所論築塘修路、造渡修橋、以工代賑一節，由司轉飭各縣察看情形，勸諭紳富捐資擇地舉辦。其第五條所稱施屬處處皆有鑛産，其銅、鐵、鉛、硝磺等物擬請責成地方官勸諭富民設局收買各情，亦甚是救荒之策。其銅、鐵、鉛三項，應即准其開采，并暫准其自行售賣，勿庸官收。惟硝、磺兩種有關例禁，必須立有妥善章程，方免流弊。惟開采他項鑛産則甚難，若采取硝磺則甚易，當此救災緊迫之時，窮山僻遠之地，自不能不稍事變通。考之古來荒政，本有弛禁之條，所有采辦硝磺一節應如何設法稽查，俾可以拯災黎而防滋弊之處，亦由司即日會同迅速核議簡明章程詳覆，以憑飛飭遵辦。

批麻城縣黄承清禀覆各紳耆條議徵收章程及籌辦情形（一）光緒二十三年正月十三日

查前據該署縣黄令會同委員朱令，禀陳該縣錢糧辦法諸多未善，當經批飭該署縣另行妥議禀辦。茲閲黄令賫呈該縣紳耆條議徵收章程，首條仍照胡前撫院減定之章，每兩完錢二串六百文，其里書所立由單、印子等名目概行革除，不得多取分文，該令亦謂可行，殊屬可嘉，應即照辦。其餘各條，該令有謂可以照行者，有謂爲未善而另議者，事關錢糧利病，自當詳慎核定，以重賦課而恤民艱。仰北布政司即行按照所禀并章程，迅速確核妥議，詳覆飭遵。本年開徵在邇，務須早爲核定飭知，俾民間得以周知新章，該縣官吏有所遵守，勿稍延緩，切切。并移按察司知照。

批德安府徐家幹等禀會同查革員張源深禀訐汪守等案光緒二十三年正月十三日

禀摺均悉。查該革員張源深前在安陸縣任内，妄行遏糶，禁米出境，據該道府訪查，當時并未禀商汪守。嗣經汪守傳至詰責，該革員竟以辦理不善四字，該革員願當等語回答，是該革員性情昏愎，以致辦理謬誤。迨後釀成巨案參革，咎由自取。乃該革員輒以汪守賄串委員胡倅得立等毆贜兩諱，揑誤朦參各節禀訐。現經該道府按照所禀，逐一集證查訊，均係影響無據之詞，是該革員之被參，實無冤抑。仰北按察司會同布政司，即將該革員控案按照該道府所禀復加查核，議擬詳辦。仍録報撫部院暨候批示。

（一）以下七件録自抄本《督楚公牘》。

批石首縣劉邦道稟會勘羅城垸潰口工程土方細數 光緒二十三年正月二十三日

據稟該縣上年秋水異常泛漲，羅城垸被水冲潰多口，居民受災較重，其應修各口，工大費鉅，民力實有未逮，自係確情。該印委等所勘應需經費，除由民間凑錢一萬串外，尚不敷錢一萬九千二百餘串，爲數尚鉅。所估之數是否核實，能否在於荆州賑欵項下如數撥給，自應先量予津貼，以資工賑，再候核議飭遵。仰北布政司一面酌撥錢文暫資津貼，一面飛速移行荆州道、府，就近體察情形，妥議電稟飭遵，一面飛飭該縣先就潰口各工趕緊擇要修築，以免延誤。仍候撫部院批示。

批宜昌土税總局趙濱彦稟稽查西土辦法 光緒二十三年二月初五日

據稟已悉。查該道現議稽查西土，擬在漢口設立土藥緝私分卡，派員帶同司事、丁役駐紮各碼頭，常川梭巡稽查，自係爲益税防弊起見，應准照辦。除另行會委潘倅錫瑋開辦外，仰即查照另札轉飭遵照妥辦，不得生事擾商，一面將所設分局每月應支局用數目，及在何欵開支，迅速酌議章程，稟報查核。仍候撫部院批示。

批北籌賑局詳盧秉政捐助賑銀一萬兩請奏獎 光緒二十三年二月初七日

查湖北開辦賑捐，係援照直隸、山東之案辦理。檢查光緒十九年二月内准户部咨，奉旨：前據户部奏順直賑捐萬兩奏請優獎一條，先行停止，當經降旨允行。乃近來援案奏獎者，尚復不一而足，著再申諭各直省將軍、督撫，自本日降旨以後，於此項賑捐不得再行奏請等因。欽此。當經分行北、南兩省藩司移行遵照在案。是各省賑捐優獎一條，早經停止。查湖北省前年奏請開辦賑捐，上年奏請展辦賑捐，兩次奏稿，均無此語。兹據詳稱，已革即選道前廣東惠州府知府盧秉政捐助湖北賑銀一萬兩，殊爲可嘉。惟該司請援案奏請優獎，查無此項案據，礙難照准。究竟該司係援引何年何省成案，暨應如何辦理之處，仰再查明妥議，詳覆核辦。仍候撫部院批示。

批督沙洋官隄印委稟原估工用不敷懇撥欵以資修築 光緒二十三年二月初十日

據稟沙洋隄工，該牧等前次會勘，估需經費二萬五千餘串，業已領到撥銀一萬七千七百兩，以銀换錢，按原估之數，尚短錢三千三百餘串。仰北布政司即行查明，如果所撥不敷原估之數，應准照數撥足。至請另加撥錢七千串，查該牧等原估自宜核實，何至仍請加撥。此時各路工賑萬分緊急，庫欵久罄，實無欵可以再撥。沙洋隄費如有不敷，應即由州趕緊就地籌辦，不得全行仰給公欵，并飭遵照。仍候撫部院批示。

批洋操提調錢恂稟請購置急需操練器具并請給講堂經費 光緒二十三年二月十四日

查湖北洋操隊現經軍機處、總理衙門、户部會奏，飭令切實講求西法，認真操練，奉旨允准，咨行飭遵，自應力求實際。所有操練、測繪各器具，亟應迅速製備齊全，以期分別習練，計日程功，方不蹈近年洋操皮毛之陋習。兹據稟，護軍前後兩營操練，現已大有規模，所練礮、馬、步隊及工程隊待用各種器具甚急，擬擇其必不可緩者先行購備，開單請示，並請酌給講堂、經費等情，應即照准。仰北善後局按照單開物件，迅速委派妥員，分向上海、漢口等處陸續購辦齊全，給領應用，勿稍草率遲延。餘如稟辦理，并飭該守知照。

批保康縣稟辦理賑荒光緒二十三年二月十七日

該縣年歲荒歉，據稱購糧平糶，欵少運艱，僅能接濟近郊，不能及遠。其鄉間紳富經該署令諭令出賣餘糧，并出資助辦平糶，均皆不應，固屬慳吝不仁。該縣瘠苦，素所深知，籌款勸捐原非易事。惟該署令果真關心民瘼，瀝誠激勸，當不至無兩三家稍知大義，量力爲善者。至各倉社穀經各紳首侵虧，早應追繳還倉，預備荒賑。該署令先事并不切實查辦，遂致臨時不能繳還，以應急需。即如所稟籌辦難於措手，亦應即時飛速通稟，爲民請命，雖籌欵賑濟有待於上，地方官自當據實稟聞，以盡受牧求芻之職，何至不敢冒昧稟請，此語可謂至奇極謬。迨經本部堂訪聞電札查辦，始據該令具稟搪塞，仍屬毫無辦法，實屬昏憒玩忽。現經撥款飭委趙道、惲道辦理宜、施二府，及鄖陽屬之房縣、保康南境、附近宜昌各處賑務，仰北布政司迅移該道等刻日查明，分別妥辦。該令現經撤任，并由司飛飭鄖陽府，將前撥賑欵銀兩迅即酌發接署該縣新任陳令，妥速辦理賑撫，一面就地籌畫切實辦法，酌勸紳富捐資，量力賑糶，并令富户出賣餘糧，不得囤積居奇，違即究懲。仍嚴追各紳虧欠社穀還倉，俾濟民食，儻延不繳還，即行詳革究辦。仍飭將辦理情形飛稟查核。

批漢口釐局稟日商抗納釐金光緒二十三年二月二十日

查洋商運洋貨進通商口岸，雖有免進口釐金之條，然各國洋商在通商各口無論何國界内開設行棧，則應遵此國界内章程，捐納馬頭、工部等費。若在華商界内，則應遵納中國官所收落地釐金，以充地方之用。此項釐金與洋界馬頭等捐名異而實同，與進口釐金名同而實異。洋界工部局不於界外收捐，釐局亦不於租界内收釐，各於各界内抽收地方公項，兩不逾越，如是各界商人均無地方重徵之苦，亦無倖免之弊，法至善也。又查煙臺條欵第三端之一内云，所有現在通商各口岸，按前定各條約，有不應抽收洋貨釐金之界。兹由威大臣議請本國，准以各口租界作爲免收洋貨釐金之處，俾免漫無限制等語。日本通商新約第二十七欵内云，未定通商條規以前，應照中國與泰西各國現行條規，兩國一律遵辦等語。今東肥洋行不設在漢口各國界内，既不納馬頭等捐，而設在華商界内，在華商馬頭起貨，又不遵納落地釐金，已屬有違泰西各國通商條規，況復於貨入華商手後，包攬抗釐，豈非該行一家，將漢口華商各項釐金亦一網打盡耶，此端尤不可開。其應如何杜影射而絶流弊之處，仰牙釐總局會同江漢關道，查明洋界外各洋行向來辦法，迅速擬議，詳候核奪，並租界之外何以屢有開設洋行，歷任江漢關道俱未查明稟報禁阻，以後應如何更正限制之處，一併查明稟覆。

批湖北下游官運川鹽緝費局張賡颺稟緝費歷年積欠等情〔一〕光緒二十三年二月二十二日

據稟及另單均悉。緝費局歷年積欠各欵，現經該員設法騰挪劃還，應即照辦。其河口官運局買配川鹽，每届冬令請照，案由宜昌川鹽局借撥活欵銀二萬兩，開年分批繳還，並應照准，仰北鹽法道即飭遵照。至緝費局現須彌補歷年積欠各欵，請將本年緝費應解鹽庫之銀每月一千兩，自二月分起暫行停解五箇月一節，係爲結清前案起見，并即由道核明，如果可行，亦即照准，飭遵具覆。仍移宜昌川鹽總局知照，并候撫部院衙門批示。

批湖北下游官運川鹽緝費局張賡颺稟請裁下游官運還清官本節省緝費各情形光緒二十三年二月二十二日

查下游官運局及緝費局本爲敵私導商而設，而上下游各局，尤以沙市爲根本。該丞自創辦該兩局以來，殫心擘畫，上下兼籌，和衷共濟，裨益公欵甚多，洵爲卓著成效。現當商運已暢，擬請裁撤下游局店以節經費，將官本如數還清，以後皆係息中之息，自可措置裕如。所籌各節，均屬妥善，應即照准。仰北鹽法道即飭查照，妥爲辦理，并移宜昌川鹽局知照。

批革員張銘稟懇録行奏稿俾得明白了案光緒二十三年三月初三日

稟悉。此案早經本部堂審明議擬具奏。奉硃批：著照所請。該部知道。欽此。當經抄録奏稿，行令北按察司轉飭該革員遵照在案。今據該革員稟稱，諭旨久未行下，并請抄給奏稿前來，應准抄給。本部堂審辦此案，一秉至公，所有此案原委查訊情形，以及衡情依法，分別斷結各節，自應明白昭示，俾南北兩省官民周知。至該革員以爲所斷公允與否，聽之該革員可也。再，稟内稱席曜衡暗報公欵二十萬兩云云，可謂任意妄説，毫無情理。此時尚發此等謬論，有何益處。仰武昌府迅將發去奏稿轉給該革員張銘遵照。

批湖北下游官運川鹽緝費局張賡颺稟請飭天門、潛江兩縣催收鹽務賬項光緒二十三年三月初四日

前據該丞稟請裁撤下游官運，還清官本等情，當經批准飭遵在案。茲據稟前情，仰北鹽法道即行札飭天門、潛江兩縣，凡該局移追各欠户賬項，立即提案嚴行追繳，以期公項早結。事關官本庫欵，勿任抗延，各該縣亦不得意存膜視，以致貽累庫欵。

〔一〕以下十件録自抄本《督楚公牘》。

批安陸府稟請函致周紳駐工督辦唐心口合龍 光緒二十三年三月初五日

稟及再稟均悉。唐心口隄關係緊要，官紳均應同心協力，趕辦合龍，以資保護。仰北布政司即行飛速函致周紳，駐工督率所選紳士人等，會同印委，切實辦理。并飭該府、委等會督各官紳趕籌堵築之法，亦不得稍涉諉延。現在天氣已經晴明，欵項已經源源籌濟，萬勿畏難游移，以致延誤。

批湖北賑捐局詳委章守前往京都設局勸辦鄂賑 光緒二十三年三月初七日

據詳飭委章守嘉謀前往京都設局，勸辦鄂賑，請頒發備用咨文，以便就近填用，以期迅速，自係爲鼓舞捐輸起見，應即照准。仰將發來備用咨文五套查收，轉給章守祇領，前往京都設局，督同隨帶委員，認真勸辦。如章守回鄂後，應即責成委員妥慎辦理。務須收到實銀，方准填給實收，不得將此項文件展轉付之他人，致滋流弊，切切。仍飭將辦理情形隨時稟報，并候督部堂衙門批示。

批安陸府等稟孫家刓等隄工費不敷請續撥 光緒二十三年三月初八日

據稟該縣孫家刓等處隄費現領之欵不敷尚鉅，請仍撥給錢一萬六千八百餘串，或全作借欵，或照前議津貼、借欵各半，俾要工得以告成等情。查現在各路工賑繁鉅，捐項枯竭，撥欵萬分艱難。惟值桃汎在即，該隄工需關係緊急，民力既難籌集，修復不可再緩，所稟亦屬實在情形，雖不能如數照發，應准酌量加撥貼補，俾竟全功。仰北布政司迅速酌核，竭力籌撥欵項給領，逕飭遵照具覆，一面嚴飭該印委將工程竭力趕辦，以禦汎漲，毋稍延誤。切切。

批張國蘭稟交卸北路税釐經費兩局并借欵購米及懇加札添設小卡 光緒二十三年三月初十日

據稟已悉。查黃龍灘旱卡委員宋長偉既係稽徵得力，自應加委接辦。其鄖陽城分卡事務，已據趙道稟准飭委候補典史錢敬授接辦。至鄖境所屬南化地方，現既查爲西土入楚來路，關係頗要，自應添設分卡，俾資稽查，即委金壽榮前往試辦，作爲分卡委員，如能得力，即由陶令稟請加札。如該卡以後止須設一司事，勿庸委員，亦即由陶令體察情形，稟明辦理。至陶令前在趙道處所借銀二百兩，應准查照成案，支給銀一百兩以作川費，餘俱如該令所稟辦理。仰北路土税局陶令即行分別轉飭遵照，并報明宜昌土税總局趙道知照可也。

批宣恩縣洪錫爵稟民情困苦請開倉平糶 光緒二十三年三月十一日

據稟已悉。查宣、施兩府災賑，叠經撥發巨欵購運糧米，專派大員督辦在案。該縣現值青黃不接，民情困苦，自應賑糶兼施。仰北布政司即飭會同委員妥速賑撫，並行開倉平糶。仍督勸紳富辦理平糶，與官之賑糶并行，以資裨助，總期民困得蘇，勿得玩視。切切。仍候撫部院衙門批示。

批漢陽縣禀蒙允興修鐵廠外磯隄請迅撥欵濟工光緒二十三年三月十五日

據禀鐵廠濱臨襄河磯岸被水冲刷，日漸剗削，亟應趁此春令趕緊興修，以資保障。現經估需工料錢四千二百六十串文，請照撥應用等情。該磯岸關係地方利害，情形危險，自應照准。仰布政司迅速於工賑項下，照數籌撥給領，并將戴德隄垸津貼修費錢三百串文一併給領具報，飭令督飭分別修築完固，務須工堅料實，可期經久，毋任偷減草率，是爲至要。

批湘紳王先謙等禀請辦内河輪船光緒二十三年三月二十七日

内河行駛小輪，最爲利商便民，興旺地方之舉。特是體察時局，默驗民情，獨於湘省尤宜格外慎重。前經本部堂詳加籌度，曾將一切利害各情，函致南撫部院，布告湘省衆紳在案。兹據禀稱，請官督紳辦，置備由内河淺水輪船，專拖鑛産，兼搭行客等語。既係官督紳辦，專運鑛産，又兼利涉重湖，不拖别項貨物，他人不至藉口，自可准其舉辦。惟此項輪船必須統歸南善後局管轄，作爲善後局官輪，官督紳辦，不涉商人之事，庶他商不至覬覦。并須將各輪船船名、尺寸、馬力、噸數詳細開報，由江漢關給發船照，以憑稽核，方准駛來漢口。此項輪船只准專拖金、石兩類鑛産，如金、銀、銅、鉛、鐵、銻、石磺、礬石、觀音土之類。煤乃湖南土産大宗，亦屬鑛類，以及開鑛所需機器，應一併准其拖運，以惠民生。遇卡停輪，聽候查驗，照章完釐，不得闖越偷漏，不得夾帶他貨，其經過湘省之岳州、由湘入鄂經過之寶塔洲，均同一律。本部堂當專派巡船兵輪認真稽查，如有抗違不服盤查者，以及偷漏釐金者，夾帶他貨者，均即將該輪充公，仍行嚴辦。若由湖南拖運各鑛産煤斤來往沙市，亦可准行，統由江漢關給照，無江漢關執照者，至湖北境内即行扣留。又此輪係來往湖南、湖北兩省，歸宿全在漢口、沙市兩口，其行銷獲利，皆係湖北地方，其利益自應南北兩省公之。本部堂統轄兩省，惠民必須公溥，政令必須均平。所有湘省共備小輪若干艘來鄂，應即禀定數目，亦准湖北紳士照湘省小輪數目製備，作爲鄂省善後局官輪，駛行赴湘，所拖之物及搭載行客，均同一律，俾兩省紳民同霑利益，以昭公允。至此外於湘省民情、船户釐金有無窒礙，將來湘省紳民能否不至因行輪另生枝節，湘省地方官及各局卡如何稽察之法，應候咨明南撫部院轉飭司道府縣暨善後局，妥速籌議，并傳集各紳詢問詳確，取具切結，妥議章程，咨覆辦理，并候札飭湖北牙釐局、江漢關妥議稽察章程，禀覆核奪。至禀稱專拖湖北鐵廠所需煤斤一節，查漢鎮爲通商大埠，又爲鐵路所發端，需煤之事甚多。且武、漢一帶民間需煤尤復不少，鐵廠所需不過一端。湘省既運煤出售，若專指一項，轉嫌銷路不廣。此乃本部堂格外加惠湘民之舉，勿得自生枝節，轉多窒礙。其如何與該廠按期訂運若干之處，由湘紳自向該廠商議，不關行輪之事。仰即遵照。俟各項章程妥定後，再行會同南撫部院奏咨立案可也。

批麻城縣稟到任後辦理地方情形及錢糧改章辦法[一] 光緒二十三年四月十八日

稟摺閱悉。查該縣徵收錢糧，經該前署縣黄令稟呈紳耆籌議章程，已經飭據北藩司議詳核定飭遵在案，仰該司即行查照前詳飭遵。至該縣於徵收欵内提錢百文以作用費，必須實係應用之項。今該摺開上憲衙門規費并委員夫馬兩欵各需錢數百串，實屬謬極。究竟何衙門需此規費，何項委員需此用欵，何人所定章程，乃竟開入清摺耶。如該縣自願應酬委員，甘出規費，乃係該縣私事，該縣自有平餘等項入欵，何得於此區區提出津貼櫃書紳士一百文内開銷耶，用意尤不可解。并即由司查明，飭令核實删除，以清積習。仍飭該縣將地方一切應辦事宜，務須振刷精神，次第認真辦理，勿託空言爲要。

批宜昌鹽號天興成等公稟一案光緒二十三年四月二十三日

據呈已悉。查土藥税乃奏定槍礮局專欵，關係武備要需，近年日形短絀，自應認真整頓，力杜弊端。趙道屢飭各鹽號公同出具切結，乃係爲保護土税起見，並無不合。儻鹽號、船户串通作弊，於鹽包中夾帶私土，希圖蒙混偷漏，自不能不從嚴罰辦，使此後不敢效尤，以重要需。惟據該號商等稟，以自川至宜數千里，船中押載無人，祇能保本號之不營私，不能保船户之不圖利，恐致被其牽累，自應查究確實，分別辦理。究應如何責成號商暨船户等嚴禁夾帶，杜絶弊端，不令波及受累，亦不致藉詞推諉，以期周密而昭平允之處，仰北鹽法道秉公妥議章程，迅速稟覆核辦，並移宜昌土藥局、川鹽局知照，毋違。此呈據鹽道面稟，亦在該道衙門呈遞。

批安襄鄖荆道等會稟駐防穀城紫荆峒練軍擬懇加津貼光緒二十三年四月二十四日

據稟襄陽府屬外國教堂甚多，惟觀音堂等四處最爲緊要，請每處撥練兵二十名常川駐紥，彈壓保護。該練兵月餉不多，未能經久，擬每名月加銀一兩，哨官月加銀三兩，即在四成船釐項下動支給領。應否照准，仰北按察司會同布政司，善後、牙釐兩局妥速核議，詳覆飭遵。

批督辦宜、施賑務等稟黄仁黼辦理巴東轉運得力懇予録用光緒二十三年四月二十四日

據稟黄守仁黼前經該道等委赴巴東開辦轉運賑糧，悉心籌畫，妥協周詳，惟料理僅止一月，現在情形尚屬喫緊，該守未經始終其事，應予記大功一次，仰北布政司轉飭遵照。至所呈安的摩尼一包，已飭鐵政局熔化，據稱係鐵硫合質，并非安的摩尼鑛質，不甚可貴，應毋庸采辦，并即轉移傅鎮知照。

批宜昌土税局趙道濱彦稟鹽船夾帶私土一案查辦情形光緒二十三年四月二十四日

據稟已悉。近年土税日形短絀，如果鹽商、船户串同夾帶私

[一] 以下二十五件録自抄本《督楚公牘》。

土，自應嚴行懲罰。現據鹽號各商來轅具呈，業經批飭鹽道秉公妥議章程，稟覆核辦，并移該道知照在案。至該道嚴防夾私，勒令公具切結，屢次駁斥更換，自係爲保護土税，力杜諉卸起見。惟川省鹽號運船與兩淮鹽商運船實有不同，辦理必須持平，方可免藉口而期折服。至地方及他局印委，亦不宜肆口詆訶。蓋該道在土局則重土，淩道馮令在鹽局則重鹽，各爲局務公事起見。鹽號之肯具結與否，尤與東湖許令無涉。凡辦理公事，如有意見參差，我長彼短，只可正言辯駁，平心商量。乃該道事欠和衷，語多過當，且聞該道咨鹽局淩道之文，措詞尤屬支蔓淩轢，直與訶斥屬員無異，太不得體。至來稟所述札飭宜昌府丁守之文，竟有逐層推問東湖許令、委員馮令澈底根究之語，亦於體制不合。若與地方及他局交涉事件皆照此情形，以後地方印、委尚有人能與該道共事乎，轉恐於事無濟矣，以後務宜戒之。

批張道稟查明鄖屬災狀輕重暨現時籌賑情形 光緒二十三年四月二十五日

稟及另單均悉。鄖陽災情，以房、保、二竹〔一〕爲重，鄖西、鄖縣次之。現經該道將續撥賑銀二萬兩，飭令光化縣梁令等趕辦大批米糧，以千六百石分運房、保，與襄倉撥穀萬石相輔而賑，餘則解鄖，酌擬二竹，足資接濟，二鄖亦量撥襄穀。賑糶兼施，辦理尚屬周妥。惟房、保、二竹處萬山之中，徑路既險，堵河又船少灘多，運糧頗艱，務須竭力設法，嚴催趕運，有裨災黎。所冀渡過麥秋，新糧可接舊賑，毋令比時殘喘待哺無從。仍剴切勸諭紳富捐資助賑平糶，如有好義樂善者，將來由地方官分別稟請給獎匾額，勿昧任恤大義，勉之戒之。一切均由該道隨宜會督府縣印、委各員，認真辦理，行之以實，濟之以速，是爲至要。

批扎勒哈哩等稟查明現署黃梅縣李令被控各節 光緒二十三年四月二十五日

查李令現在黃梅縣署任，徵收錢糧如果並無浮勒情弊，何致被人訐控。核閱該道賫呈該令逐日徵收紅簿暨牌示銀價，每兩至多不過收錢一千四百八十文。該縣議章，銀價由錢店按旬呈報，於市價外共加錢一百六十文以資公費，李令牌示銀價，是否包此百六十文在内。又查抄呈議約内載錢店報價每兩高錢八十文，殊與加價一百六十文之數未符。究係何故，稟中均未詳叙，無憑懸揣。仰布政司會同按察司即飭該府查明稟覆，勿稍含混，并飭該令嗣後徵收錢糧，務須核實，嚴束丁役，不許舞弊，并將驛馬買補足額，儻再查有弊端，定干未便。懍切，懍切。并移扎道知照。

批蔡國楨稟三次議定償欵情形 光緒二十三年五月初三日

迭據來稟并清摺均悉。此案現經該員議定，應即與李令妥立約單完結，該員即一面赴襄稟商道、府，將欵籌給，稟請核示，一面隨同道、府將南漳、穀城所獲各犯提案，迅速訊明確供，分別妥擬罪名，通稟核辦，本部堂現另有洽、馬兩電分飭襄陽道、府暨該員查照矣。仰江漢關道會同北藩、臬兩司轉飭遵照。

〔一〕指竹山、竹谿。

批紡紗局禀撥存官欵銀八萬兩請改爲長年一分起息光緒二十三年五月初三日

據禀已悉。紡紗局官本項内移撥書院善堂經費銀八萬兩，應准援照布局成案，准自本年正月起改爲長年一分生息，以歸劃一而紓商力。仰即分移遵照。

批漢川縣禀各垸復被漫淹情形光緒二十三年五月初六日

查唐心口隄復潰，天門、漢川適當其衝，被災甚重，業經本部堂檄飭該兩縣籌辦隄工、平糶，或別籌辦法，飛禀核辦。并因災民有散在村市水面滋擾情事，札飭襄河水師營多派礮船彈壓拏辦在案。并飭司局立即撥發錢一萬串，解往應用矣。茲據禀前情，仰籌賑局司、道即飭查照前檄辦理，將隄工賑、平糶事宜，酌量妥速籌辦，并嚴禁災民借端騷擾强掠，以靖地方。仍設法將積澇廣籌消泄，以期趕早涸復，補種有收。并由該局移行水師營，迅撥礮船，擇要巡防彈壓，是爲至要。仍將災民實在情形及遵辦各節，隨時飛禀查核。

批天門縣禀近有游民痞徒乘災勾結滋事并地方被災困苦請予撥欵拯救光緒二十三年五月初六日

查唐心口隄復潰，天門、漢川適當其衝，被災甚重，業經本部堂檄飭該兩縣籌辦隄工、平糶，或別籌辦法，飛禀核辦，并因災民有散在村市水面滋擾情事，札飭襄河水師營多派礮船彈壓拏辦在案。茲據禀請撥款三萬串以資工賑，已飭司、局立即撥發錢二萬串解往應用矣。仰籌賑局司、道迅即轉飭該縣，體察情形，分別辦理工賑、平糶，嚴禁災民藉端騷擾强掠，以靖地方，并由該局移行襄河水師營，速派礮船，擇要巡防彈壓，是爲至要。仍將辦理情形隨時飛禀查核。

批繅絲局詳本局可否暫歸商辦一年光緒二十三年五月初八日

據禀招商租賃絲廠試辦一年，并該商董所擬章程八條，均悉。應如詳准其暫行接辦一年，惟每年廠租應定爲六千四百兩，如果該商董肯經續辦，行銷未暢，贏餘不敷此數，准由該局查核明確，禀請邀減，惟須向該商議定，如有虧折，與官絲毫無涉。至改用江蘇白繭，自可准行，已據另詳咨明南洋大臣，轉飭江海關道援案免税矣。餘俱照所議辦理。仰該道等即轉飭遵照，另繕章程，禀呈存案，并發交該商董遵辦。

批署漢川縣何致祥禀遵札籌議請頒發米石展辦平糶光緒二十三年五月十四日

該縣水災民困，業經飭令司局撥錢一萬串，解交該縣，以資工賑在案。茲據來禀，既謂該縣被淹，隄垸工無可施，前項錢文即可購米平糶，從輕收價，仍將糶獲價錢，循環購辦。爲民牧者，但求實心實力，認真辦理，毋任書役人等舞弊侵蝕，使窮黎咸沾實惠，虧折成本，在所不計。昨已面飭漢陽府余守代爲購米，由該縣雇船接運矣。至所稱在下游多籌消洩處所，以冀涸復補種，誠爲目前切要辦法。曹家口舊游河道既據該縣勘明可以開濬，應即趕緊傳集紳民，妥爲籌議，繪圖貼説，稟候核辦，以資工賑。一面會督營汛團紳，認真稽查巡緝，如有地痞游匪藉端滋事，立即嚴拏究辦。仰籌賑局轉飭遵照，妥速辦理。

批川鹽局凌道卿雲稟擬辦大概情形光緒二十三年五月十五日

稟悉。據稱三道坪官鹽店自彭道稟准完税加價，銷數不暢，店用照常，成本日虧，應准如該道所議，仍將鹽價酌減，節省店用，以免虧折，俟試辦三月後，察度情形，即行稟報查核。惟此項鹽斤是否仍在宜局一律完納税釐，必應確實查明，分晰稟報，勿稍含混，以免商人藉口。包繩虧欵歷年共計至一萬二千串餘之多，何以各前委道均置不問，殊屬不合。現經該道將各處津貼分別裁減給發，俾資彌補，所籌甚是，應即照辦。局房逼狹，自宜購地添造，惟欵非易籌，該道既經裁減各欵，每年所得足資增修，亦應照准。至部駁鹽課一案，前以該局前委彭道會議稟覆一切照舊，別無整頓考核之法，礙難奏咨，批令再行籌議在案。應由鹽道會同該局，遵照前批，妥速籌議辦法，詳請核奏。仰北鹽法道即速轉移遵照。

批建始縣職員譚邦達等稟地方饑饉擬請給照開鑛以資工賑光緒二十三年五月十七日

查施南被災，前經檄委宜昌傅鎮前往督辦賑務，并令災民開鑛修路，以資工賑在案，自應由該鎮相機察酌稟辦。該職等現擬辦法各條，皆係空言，并未將某處有何項鑛苗，是否官山抑係民業，現集何人資本若干金，擬先從某鑛試辦，一一分晰聲明，毫無一語著實，豈能遽行給照，令該職等承辦。至該職等向執何業，是否殷實可靠，亦須由地方官就近確查明晰，斷難由該職等自在武、漢覓保，遂以爲憑。該職等應即回籍，將以上指飭各節，切實呈由傅鎮督飭建始縣查明，妥速酌議稟覆，以憑核辦。仰鐵政洋務局會同北布政司，刻日飛速移知傅鎮及飭建始縣遵照。

批洋務委員蔡國楨稟復與教士議妥辦犯改輕并呈分派保護教堂單摺光緒二十三年五月十九日

已於續稟批示，仰北按察司會同布政司、江漢關道移飭襄陽道府及該委員一體知照。至摺開此次出力之署提標左營游擊姜成立等，并由道傳諭獎勉，其肇衅滋事之差役劉大勇，并即通飭各屬嚴拏，務獲究辦具報。

批洋務委員蔡國楨稟南漳縣教案簽字立約日期并密稟將守備羅心溶帶勇往紫荆峒分紥保護光緒二十三年五月十九日

此案既據來稟，已由該委員遵照本部堂馬電辦理完結，並經法國主教南熙等立約簽字，亟應將南漳、穀城兩縣先後所獲各犯趕緊訊明，議擬稟辦，并將所立約據照録清摺二分，賫候咨送總理衙門查核銷案。仰北按察司會同布政司、江漢關道移飭襄陽道府迅速督同該委員提犯研審明確，録供議擬，稟請核辦。張二猧子一犯，既據該委員訊明當日并未在場隨同鬧教，應准如稟辦理。至管帶襄陽緝勇守備羅心溶，現經本部堂札調移紮紫荆峒教堂一帶，分段駐紮，專司保護矣。仍候撫部院批示。

批恩施、建始縣附生徐鵬程、譚道隆稟請給照開辦銅鑛速資工賑光緒二十三年六月初四日

查前據建始縣職員譚邦達、龍則靈呈請開辦銅鑛，當經批飭該職等回籍，遵照批指各節，呈由督辦施南賑務傅鎮督飭建始縣查明，妥速酌議稟辦在案。茲據該生等續呈，應由傅鎮暨施南府額守察詢明確，如果並無窒礙，一面由該鎮、該守飭准試辦，一面稟覆查核。該生等應速回施，候示舉辦，不得在省逗遛。仰鐵政洋務局會同北布政司刻日飛速分別移行該鎮、該守遵照。

批繅絲局詳商擬試辦章程督局員會議抄呈備案光緒二十三年六月初四日

查閲該局議覆招商租辦章程九條，均屬妥協，仰即轉飭該商董迅速開辦。

批歐陽柄榮稟查明前册更正核銷餘欠飭瀏陽等縣嚴辦光緒二十三年六月初八日

已據稟札飭南布政司分飭瀏陽、醴陵兩縣追取窿户羅迪吾所欠之七百八十九串有奇，及船户李合林等所欠照數繳還歸欵矣。仰鐵政洋務局飭速會同萍鄉縣將各窿户所欠設法追取，勿任藉詞延宕，切切。

批武昌府知府等稟會勘移建候審所地基尅期興造光緒二十三年六月初九日

查移建候審所地基既經購定，亟應照估興工。仰北按察司即飭該府、該丞領欵，趕飭業主遷地，尅日興修，依限修竣，仍須一律完固具報。勿率勿延，切切。仍候撫部院批示。

批副將吴元愷稟武愷中營兼練礮隊請添經費光緒二十三年六月十九日

據稟武愷中營分撥開花鋼礮十一尊，操練命中裝卸各法，擬請援照左右兩底營章程，添設教習礮目機匠，月給薪糧并擦油費等情，自係爲講求武備軍械起見。仰北善後局會同營務處查明酌核，議詳核奪。仍候撫部院批示。

批副將劉盛國稟聶令縱差串矜騷擾良民并抄各案呈電光緒二十三年六月十九日

現據代理邵陽縣聶令稟，該令因拏辦犯賭營兵，致該協標挾嫌，嗣愛蓮義學齋夫鄭定雲被木匠龔遂發毆傷，控經該縣傳訊，供係營兵，其爭毆係弟龔興發即龔遂福，是否狡推，該縣將其收管，限交龔興發質究。該副將竟爲其下聳動，輒令標兵擁入縣署，

捉拿縣差闢禁毆打等情，如果屬實，是該副將大謬不合。來禀所指聶令劣迹各節，顯係挾私互詆。惟案關文武禀訐，亟應查訊明確，以憑核辦。應候咨請南撫部院就近派委大員確切查明，通禀核辦。仰南臬司轉移查照。

批邵陽縣聶家遂禀寶慶協標兵丁結會逞强聳動副將發令擁拏縣差毆打察核 光緒二十三年六月十九日

此案已於寶慶協副將禀内批示，仰南臬司查照飭遵。仍候撫部院批示。

批委辦宜施賑務趙道等禀長樂縣丞紳士留難辦運賑米夫騾飭府分別撤辦 光緒二十三年六月二十日

據禀長樂縣丞王逢吉及紳士孫俊峰留難辦運賑米夫騾，實屬不識緩急，玩視民瘼，該縣丞自應撤任示儆。惟該道等如因賑務緊要，應發電禀咨院司請予撤任，俟接到覆電後，再行札撤，方爲合宜。仰北布政司會同按察司轉移知照，一面遴員前往接署，并飭宜昌府確查該縣丞究係因何留難實情，并提孫俊峰到案訊究，禀覆核辦。仍候撫部院批示。

批德安府徐家幹禀漢東書院添修溳學祠 光緒二十三年六月二十日

據禀已悉。至該府現於書院講堂東北創建該郡先哲祠宇，以昭景行而資效法，用意甚善。至命名溳祠，應否從溳抑應從鄖一節，查古來郡縣皆以山水得名，經義所謂主名山川者也。鄖國之名正因有溳水而得耳，自應名溳學祠爲妥，且免與鄖陽府相混。仰即遵照。

批北藩司會詳南漳縣匠人等打教并殺傷身死案内各犯[一] 光緒二十三年六月二十四日

據詳已悉。此案既經該司道會議，李正中一犯，係因黄守恒曾勸伊父吃教不從，將伊父吊拷砍傷，欲報前仇，將黄守恒殺死，係屬仇殺，按照謀殺人至死律科斷，罪止斬監候，與土匪就地正法章程迥不相符，應即照例定擬解勘。總之，只能令其抵償，然必須合於律例。餘如所擬辦理。仰即移行襄陽道、府遵照，并飭南漳縣迅速將李正中依例妥擬，詳解勘轉毋延。仍候撫部院批示。

批副將馬朝龍呈遵飭裁兵按季開除造册呈核 光緒二十三年六月二十五日

查前通飭裁兵清單内載，黄州協營應裁兵丁二百七名，匀分五年遞減等因。該營此次按季裁減，既屬不合，且與各營造報不能一律，應令遵照通飭章程，按年匀裁，將每年應裁兵若干，節省餉米若干，詳晰造册具報查考。至此次已裁兵丁十一名，既已開額，自應照章發給餉米，以示體恤。仰北布政司查核辦理，并轉移遵照。

[一] 以下七件録自抄本《督楚公牘》。

批宜昌鎮傅廷臣稟來鳳恩令等用欵太多無法應付將全案抄呈核示 光緒二十三年六月二十五日

稟及抄案均悉。據稱侯令所訂銅、鉛、硝價，均較該鎮所收昂逾數倍，其南米價值折合施郡及宣、咸、來本地市價，亦復格外昂貴。并據另電稱，風聞侯令有在咸、宣購米之説。究竟米、鑛各價因何如此之昂，該令又何以在咸、宣購米，以及該令所用各欵辦理工賑平糶一切是否認真，均經本部堂札司、局轉飭署施南府魯守查覆矣。至該令應否再行購運南米，并工賑、平糶一切辦法，前經本部堂於該令遵辦施南荒政各情稟内明晰批示，並照行該鎮在案。現仍飭該令遵照前批妥切辦理，不可稍涉虚飾。至該鎮所呈抄案内，有前來鳳縣恩令所擬收買綿紗、蠶繭、柴薪，開挖龍峒救荒四條，多有可采，現在能否擇要舉行，亦飭該令相機酌辦，稟報查核矣。仰即遵照。

批天門縣生員鄭子揚呈控一案 光緒二十三年七月初一日

據控胡筠辦理工賑舞弊，究係如何情形，未據詳晰指明，惟閲粘抄撫院批示，已經飭縣查覆，仰北布政司即飭天門縣確查稟覆。至稱楊遠章侵蝕唐心口隄費，經該生獲有贓據控縣，何至并不受理，且既控經安陸府史守批准提訊，該生復何以并不候訊，輒行來省越瀆，其中不無可疑。惟案關浮冒隄工，虚實均應澈查，并即由司分飭府縣查明，具覆核奪。

批建始縣監生傅士剛呈經管社穀願照數捐穀還倉以作賑濟 光緒二十三年七月初一日

查該監生經管社穀，如無虧短，現值建始縣災荒，委員張渭高何至不允該監生發賑，轉將此穀給陳桂芳領去放利，復何至平空令該監生出錢五百串抵數，詞甚含混，不近情理，其中顯有別情，難保非該監生侵挪社穀被追，因而揑詞上控，且未在各衙門具呈，輒行來轅越訴，實屬不合。仰北籌賑局迅速轉飭施南府，速令建始縣確切查明辦理，稟覆查核毋延，并移北布政司查照。

批京山縣武延緒稟湖鄉各團被淹山鄉受旱情形 光緒二十三年七月初四日

據稟已悉。該縣湖鄉被水尚未涸復，山鄉禾苗又復苦旱，閲之殊深軫念。亟應妥爲安撫，極力補救。仰北布政司飭仍力修政事，竭誠祈禱，以冀渥霈甘霖，俾慰民望，并于被水災民隨時相機安撫，免致流亡，一俟秋後復勘輕重情形，開折繪圖，據實稟報核辦。武、漢近已得雨，想該縣亦同沾渥澤矣。即速稟報爲盼。仍候撫部院批示。

批巴東縣宗繼增詳民李謨福家夜深不知如何起火燒斃一家大小人命一案 光緒二十三年七月初十日

此案燒斃一家八命，實爲可慘，而情節甚屬支離，案情重大，亟應委員確查，以昭核實。仰北按察司即委妥員，迅速馳赴該縣，密加訪查，究竟是仇是盗，抑或另有别項情節，一一訪查明確，據實禀覆核辦。一面仍飭新委署巴東縣朱令切實訪查起火根由，并傳集屍親鄰證人等，訊明確情，録供詳報。仍録報撫部院暨候批示。

批鄂紳吴錦章等禀請會同湘紳合辦内河輪船 光緒二十三年七月十七日

内河行駛小輪，本爲利便商民，興旺地方之舉。惟事屬創始，流弊不可不防。前據湘紳王紳先謙等公禀置備内河淺水輪船，行駛湘、鄂一帶，請由官督紳辦，專運鑛産及機器，兼搭行客，不拖别項貨物等情，當經本部堂批飭，准其舉辦。惟此項輪船必須統歸南善後局管轄，作爲善後局官輪，官督紳辦，庶他商不至覬覦，并須將置備輪船數目及船名、尺寸、馬力、噸數詳細開報，由江漢關給發執照，以憑稽核，無江漢關執照者，到湖北境内即行扣留，批飭遵照在案。兹據湖北紳士、前湖南補用道吴道錦章等公禀，遵示興辦内河小輪，會同湘紳設局合辦等情。查南、北兩省小輪既係合辦，自應通力合作，章程畫一，利益均平，不可稍存畛域。南、北兩局每局應公舉南省、北省紳士各一人爲總董，此一局内南、北兩總董公同辦事，和衷共濟，互相稽查，毫無偏倚。如須添人協助，則一局之内，南、北兩省各派一副董亦可。所有賬目、禀報事件，南、北兩省一律通禀，以昭畫一而示均平。至所請分駛宜昌、襄河、沙市一帶一節，查湖南初次請行小輪，原禀但指漢口、長沙兩處。至沙市一埠，本湘紳原議所無，本部堂因沙市亦屬繁盛之區，是以推廣及之，已屬體恤優厚。至湘紳禀内所稱陸續駛行湘潭、益陽、常德、衡州等處，此各府縣皆有煤鐵，常德爲滇黔北上之衝途，行旅尤多，自可准其陸續通行。至宜昌距省遥遠，上水遲滯，若行小輪，於行旅未嘗無益。惟該處并非産鑛之區，亦非銷鑛之地，小輪專拖人載之船，誠恐不敷費用。若襄河則水勢湍急，沙綫無定，難於測量，行輪亦多不便。所請分駛宜昌、襄河兩處，應從緩議，以候體察情形，再爲續議酌辦。至輪船應完釐税，自應查明定章，嚴禁偷漏，前經札飭湖北牙釐局、江漢關妥議稽查章程，禀覆核奪在案。該紳等亦應自議稽查防弊妥善章程，禀候核定，用資遵守。惟吴紳錦章雖係領銜，該紳聞已赴湖南候補，不能親到鄂省籌辦一切，究有未便，自應就近派委得力可靠之紳，籌商勸辦一切。查有前陝西候補道黄紳嗣（端）［東］端謹不苟，才識老練，鄉評素洽，應即派委黄紳總司籌辦湖北行輪事宜，一切集股、用人、行船、查弊各章程，統由該紳會同吴道，會督各紳妥議舉辦，并即會商湘紳妥議，通禀南、北兩省，聽候核定。仰北善後局遵飭并移南善後局飭遵，并南紳士遵照。

批督辦施南賑務傅鎮禀辦理施屬賑鑛工運情形〔一〕 光緒二十三年七月二十八日

據禀及賫到各摺均悉，具見認真考核，籌畫精詳，事事切實入細，深爲嘉慰。查摺開宣恩縣貧民太多，米穀來源不旺，現已函知宜局加米接濟，此時宜局早已覆到，即趕緊酌量情形，飭令

〔一〕録自抄本《督楚公牘》。

該縣遵辦。其咸豐縣所辦賑捐均屬妥協，將來如須酌動倉穀，秋後應如何籌欵買還之處，由宜昌賑務局妥速籌議辦理。又據稱利川縣陳令前辦災賑固執己見，所陳各情尚未明晰，黄令現已回任，應令會同薛委員將該縣災情妥籌稟辦。建始縣趙令病故，業據藩司詳委即用知縣李祖蔭接署，應令該員會同委紳，將該縣灾情或賑或糶，隨時妥商稟辦。至賚到各項鑛質，候即飭令熔化，是否合宜，或采或停，再行電飭遵照。惟核來摺所陳施南銅錢奇缺，現擬專采銅鉛，就山開爐鼓鑄一節，已另檄飭委查勘路工委員候補知縣蔡國楨，會同署施南府魯守，查勘各處銅鉛鑛苗何處較爲暢旺，核計鑛價、運費、局用每錢一千約需成本若干，有無盈餘，鑄出之錢既難轉運出山，能否就地開設官錢局兑換便民，抑或别有行用之法，均令確切查勘明確，妥籌辦法，稟候批飭司局會議詳覆，再行核辦。如該鎮於以上各條確有考核，亦即各抒所見，條議稟陳，以備采擇。餘如所陳辦理。仰北籌賑局會同布政司迅即轉移遵照，并移宜昌賑務局查照。仍録報撫部院查照。

批郎中余正裔等稟呈鑛師合同 光緒二十三年

九月十二日

此案前據法國領事高樂待於七月間函送立興洋行商人法格呈遞稟詞，并擬訂章程，請准由該洋行出面招集華商股本十五萬兩，開辦興國州炭山灣煤鑛商局等情。當以中國内地，例不准洋人開鑛，查案批駁，飭由江漢關道轉行知照在案。兹察閱來稟，及與法格擬訂合同招股章程、買山鈔契各摺，名雖商局主持，實則洋行包攬，辦法殊未妥協。蓋華商鳩立公司，開辦鑛務，聘雇洋鑛師、鑛匠經理機器挖煤工作等事，原屬無妨。若遇有關涉地方官民事件，仍應由商局辦事紳董自行清理，庶不致横生枝節，動費周章。該紳所擬合同歸洋商法格總經理之處，應與申明界限，凡鑛山工作聽其籌度，以專責成，此外局中與官民關涉事件，一概不准干預。合同内應稱爲洋工師，不得稱爲洋商。設因招股未足之時，該洋行籌墊資本遇有虧折，祇能與商局核算，不得向官硬索賠償。十年之限，亦屬太久，應先酌訂二三年試辦，如果相處得宜，辦有成效，儘可展限，重訂合同，庶免外人挾持之患。仰即遵照以上所指各節，與該洋行重議酌改，另訂妥善合同，呈候察核。一面將保結内列名紳董開具籍貫、職銜、家業呈明，候行江漢關道確查稟覆無虚，再行批飭繕具華洋文合同，由該紳董呈送本衙門存案。其法領事衙門存案之合同，應由該洋行自行賚送該領事。至山契内并無丈尺四至，僅以界石爲憑，將來易啟争端，并飭邀同地主復勘細丈，繪具圖説，詳載四至，一併呈送備考。儻開辦後縱容經理人把持一切，措置乖方，定惟該紳董等是問。

批常德府等會稟河洑地方教堂被痞徒焚燒拆搶獲犯辦理請示〔一〕 光緒二十三年

九月二十一日

據稟已悉。河洑地方教堂既經該地方文武飭派員役巡防保護，乃痞徒輒復滋鬧，有焚燒搶毀之事，實屬彈壓不力，咎無可辭。查該員等此稟，已准南撫院咨明晰批示，將該文武等記過，嚴飭

〔一〕以下三件録自抄本《督楚公牘》。

拏犯究辦，復准續咨酌籌分成賠欵辦法，行飭遵辦，并先經往復電商。現准續電，已接該府縣稟，此案業經議結立約，賠償錢文交副主教羅安希手收。賠欵由疏防各員攤派，文七武三，如將來查得疏防實有可原，此項賠欵再照部章酌辦。并以慶字營駐防河洑，聞此次事起只有營兵十名，該統帶責有難辭，派欵應較綠營多攤，以示儆戒等因。除電覆南撫院就近核飭遵行外，應將駐防該處勇丁過少之慶字營統帶杜鎮嚴加申飭，并飭查彈壓不力之慶字營哨官銜名，摘去頂戴稟報，以示薄懲。仰南按察司會同布政司，即速分别移行該府縣并杜鎮等遵照辦理，并飭該府縣將現獲之犯嚴訊稟辦，一面會營嚴密查拏滋事首從各犯，按名弋獲，併訊究辦，毋稍輕縱，致令痞徒增長刁風，且非懲辦真犯，不能令教士心服也。

批署岳常澧道唐貞銓稟河洑教堂及教士等失物現定賠償立約議結光緒二十三年九月二十一日

據稟及另單均悉。河洑教堂無端被焚，搶失衣物，地方文武未能先事防維，咎無可辭。現經議結，昨准南撫部院咨，酌籌分成賠欵辦法，并將地方文武各記大過二次，以示薄懲。除電復南撫院就近核飭遵行在案，并應將駐防該處勇丁過少之慶字營統帶杜鎮嵩齡嚴加申飭，并飭查彈壓不力之營哨官銜名，摘去頂戴稟報，以示薄懲。仰南按察司會同布政司移行督飭於有教堂處所隨時認真防護，一面勒拏此次爲首滋事痞徒，務獲審明嚴辦，以儆將來，萬勿聽其漏網，亦不得以案外游民、地痞充數，致令教士借口，切切。仍候撫部院批示。

批武陵縣王紹鈞等會稟河洑教堂被焚及教士等失物現定賠償立約議結光緒二十三年九月二十一日

據稟已悉。河洑教堂無端被焚，搶失衣物，地方文武未能先事防維，殊屬不合。現經議結，昨准南撫部院咨，酌籌分成賠欵辦法，并將地方文武各記大過二次，以示薄懲，業經電覆南撫院就近核飭遵行在案，并應將駐防該處勇丁過少之慶字統帶杜鎮嵩齡嚴加申飭，并飭查彈壓不力之營哨官銜名，摘去頂戴稟報，以示薄懲。仰南按察司會同布政司即速轉飭於有教堂處所隨時認真防護，一面勒拏此次爲首滋事痞徒，務須緝獲真犯，審明嚴辦，以儆將來，萬勿聽其漏網，亦不得以案外游民、地痞充數，致令洋人借口，切切。仍候撫部院批示。

批郎中余正裔等稟改訂鑛師合同并聲明各節光緒二十三年十二月初二日

該紳董等所約股本十五萬兩，既據稱實皆集自華商，并無洋人入股，雇用洋匠、鑛師，議定鑛務賺賠將來只與商局紳董核算，不准向官需索賠償，不得以擬開之煤窿向洋人押借資本，致滋轇轕。查閱所訂合同，尚屬妥協。所購炭山灣地段圖説四至，亦尚明晰，自應准其開采，以興鑛務。惟炭山灣係興國轄境，該紳董等只可於炭山灣所購界内開井取煤，不得牽連别處。至合同内稱小駁、馬頭、出港運道，均與大冶縣連界，江邊拖駁馬頭又係蘄州轄境，各處營造工程，請飭知各地方官於興工時隨時彈壓保護，亦即照准札行，惟不得於大冶、蘄州境内購地開煤，以示限制。除行北布政司、鐵政洋務局暨江漢關轉飭遵照，并飭興國州、蘄州、大冶各地方官隨時保護彈壓，勿任地痞藉端滋事，另生枝節外，仰即遵照辦理。其詳細辦法章程，隨時禀候查奪，并將所訂合同分繕華洋文，令洋工師簽字，暨該煤鑛地名四至圖，具禀呈驗，并將合同、圖件分禀鐵政洋務局、江漢關道備案。

光緒二十四年

批繅絲局詳絲局商董林松唐禀請接辦一年[一]光緒二十四年二月初四日

據詳，該商董上年租賃絲廠，確因繭缺停工，曠閒日久，又復出絲太晚，積存未銷，棧租息金虧折不少。本年開辦在即，請援照上年禀定商章八條，准予林董松唐獨力籌欵，續行試辦一年等情，應如詳准令續辦一年。廠租照舊定爲每年六千四百兩，如將來贏餘實係不敷此數，准由該局查核明確，禀請酌量邀減，惟須先與該商議定，如有虧折，仍與官絲毫無涉。仰鐵政洋務局即轉飭遵照，迅速籌辦。至林商上年租辦既多虧折，三成折舊免其提解，應繳上年廠租當如何分年帶繳，以重官息之處，并由局妥議詳奪。

批副將吴元愷禀派員接管新改營應加餉摺光緒二十四年二月初七日

已據禀札委分省補用知縣、候選府經歷方悦魯管帶武愷左營，另札行知矣。所有新改中、左、右三底營應支薪餉及操礮加給月餉，自應按三底營給領，仰北善後局會同營務處核明飭遵。仍候

[一] 以下八件録自抄本《督楚公牘》。

撫部院批示。

批黃陂縣稟請移救濟銀兩修築緊要各隄以工代賑光緒二十四年三月初四日

據稟該縣被淹貧民請撥接濟銀四千兩修築緊要各隄，以工代賑等情，能否酌撥之處，仰北籌賑局會同布政司核議飭遵具覆。仍候撫部院批示。

批黃陵磯釐局稟沔陽州民攔河築壩商船不通請飭毁光緒二十四年三月初四日

據稟沔陽州民羅壽山等在鱔魚港網魚築壩，阻塞河道，以致商船不通，釐收頓減等情。攔河築壩，有干例禁，仰北布政司即飭沔陽州趕將羅壽山等私築河壩刨毁盡净，傳令具結，不准再行私築，以利舟行，并飭該局知照。仍候撫部院批示。

批襄陽縣稟迭降大雪地方受患深重現擬籌備請示光緒二十四年三月初四日

查該縣連年歉收，既遭淹没，又經大雪，小民困苦情形，深爲可憫。頃據安襄鄖荆道等會稟，已批飭於前准動撥倉穀八千石外，酌量加撥接濟。該縣所稟現議紳士商議或令殷商多辦米石，或勸富户量力捐資，設法就地籌糧籌欵，至借放積穀，已飭紳首趕緊查辦各節，所辦甚妥，務即趕緊切實辦理，是爲至要。仰北籌賑局會同布政司轉飭遵照。仍候撫部院批示。

批署施南府魯欲仁等會稟履勘利川各縣鑛廠分派收買暨估計銅鉛鼓鑄成本光緒二十四年三月十一日

據稟查勘利川等縣銅鉛各鑛，分别定價收買，煉出净銅净鉛，估計鑄錢工本將來尚有盈餘，刻下賑欵無存，懇撥的欵辦理等情。該處銅鉛各鑛既屬多有可采，此係以工代賑之事，自應酌撥欵項，收買鼓鑄，以惠山僻窮黎。惟局用及委員監工各費，名目太多，爲數亦鉅，應飭大加節省，仰籌賑局會同北布政司迅速籌議酌撥詳覆。至該守等稟需用中等抽水機器皮條，各局并無現存之物，所費不少。官局本係收買，斷無官發開鑛機器之理，自應由鑛商自行購買，并飭該守等知照。仍候撫部院批示。

批天門縣梁葆仁稟辦理賑糶情形光緒二十四年三月二十五日

據稟，該縣災黎困苦，賴賑存活，一經停糶，即無生理，計賑糶至新麥登場，共需錢六萬餘串，除前發給銀米暨捐借各欵外，尚不敷錢二萬餘串，懇再撥銀或一萬、或一萬五千兩接濟等情，閱之深爲憫惻。查昨據該縣職員蔣可琮等稟陳困苦情形，已批飭司局酌撥接續平糶在案，惟賑欵既已枯竭，而災黎又難膜視，仰北籌賑局迅即設法籌撥銀一萬兩，以資平糶。并候撫部院批示。

批僉厚安等呈修造馬路開支工料數目光緒二十四年閏三月十六日

據呈及清摺均悉。該署將等呈稱，修造馬路共領錢六千二百零五串八百八十二文，已竣各工總共用錢四千一百八十二串八百十八文，除用項外，尚餘錢二千零二十三串零六十四文。又續奉改修長街石馬路工料并疏砌明暗水溝，以及添造卡棚、水車、馬房工料、製購器物各項，共需費錢二千三百五十九串八百文，以領用餘欵開除，仍不敷錢三百三十六串七百三十六文，開摺呈請核銷，并看守馬路、棚卡將來兵丁、夫馬，約計月需辛工雜費錢三十八串四百文，應如何支給，請示等情前來。查閲摺開各項用欵，尚屬核實，應准照銷。其不敷錢三百三十六串七百三十六文，并看守馬路、棚卡兵丁、夫馬辛工雜費各項月需錢三十八串四百文，仰北善後局於新籌各欵内開支具報。該署將等務將未竣各工迅速修砌完固，其已竣各工，亦須隨時培補。并即由局移行遵照。仍録報撫部院暨候批示。

批鄂紳黃嗣東稟遵擬内河行輪章程 光緒二十四年閏三月

現准總理衙門咨：通商分省所有内河，無論華商、洋商，均准駛行小輪船。據總税務司酌議章程，奏准咨行各該關道查照辦理等因。當經轉行遵照辦理在案。其章程凡有赴關領小輪船之船牌者，除官辦之船内勿庸繳費外，其餘均應繳納牌費等語。從前南、北兩省議設小輪，擬作爲官局善堂所用，原爲豫防窺伺，自保利源起見，是以多方維持，以杜外人藉口。現在時局已變，内河小輪新章已行，華洋均無限制，情形自與上年不同。此時湘、鄂兩省紳商若願製造小輪，來往長江内河，搭客裝貨，均無不可。但只可與商輪一律辦理，未便作爲官輪，自應遵照新章，一律赴關領牌報税，以歸劃一而免葛藤。至楚寶、楚威二輪，係專爲官用之船，差務繁多，未便久作貿易之事，應准借給半年，先行試辦，其薪水暫由局發，以示體恤。煤油等費，仍由商局自發。仰北善後局轉移遵照辦理。

批知府趙毓楠等稟勘修江岸 光緒二十四年四月二十八日

查省城外沿江隄岸，連年不免盛漲淹浸，亟應墊築均平，修治齊整，俾免倒漾之虞，始足以衛城闉而安民生。其沿隄一帶各局所甚多，運機運貨之事甚繁，應即乘此築成馬路，一律平坦迅利，以便商民。茲據該守等稟，遵飭會勘江岸高低形勢，應購地基并修平官路，請撥欵委員估修等情。應即委該守會同該令督修，迅將地價議明購定，豫備工料，查照所繪圖說，北自製麻局起，南至繅絲局以東接官廳止，即日分段興工。務將岸工路工一律修築堅實，限於五月内完竣。所需經費估計若干，飭由藩司籌撥，統歸江夏縣隄岸工程内開支。該守等迅即具領，撙節應用。至修築馬路，其有應需兵勇等幫工之處，即由該守等移會本標中軍(俞)[僉]副將撥派。除札北布政司會同籌賑局迅即撥欵，轉飭該守等遵照外，仰即遵照。

批蔡甸釐局李令瑞榮稟澤口關卡商船太多請派水師舢板移駐彈壓[一] 光緒二十四年六月十一日

前據該令稟澤口分卡所需司巡辦公船隻，由該局哨船抽撥。

[一] 以下三件録自抄本《督楚公牘》。

現稟謂該口闖越貨船甚多，哨船不能阻止，請派水師舢板彈壓等情。查襄河水師礮船專爲巡緝而設，關係重要，例須來往巡緝，不能株守一處。且襄河地段遼闊，近日頗不安靖，礮船正患其少，未便派駐澤口專供守護釐卡之用，所請礙難照准，上年曾經批駁在案，此端斷不可開。查該令三月内來稟，據稱大宗貨船往來繞越，積成鉅欵，在澤口設立分卡，若天年順成，出産滋盛，釐收暢旺，亦可預決等語。該口既屬要津，設卡可增鉅欵，如扼守必須舢板方免商船闖越，應即由該局自行添設哨船，彈壓緝私，所需勇丁經費，即在多收之數開支。以添卡之溢欵，供添卡之礮船，實屬名正言順，不爲虚實。槍礮彈藥由善後局發給，以便長久巡護，自與釐務有裨。仰牙釐總局轉飭遵照。

批寶慶府等會稟迎護英教士及痞徒毁署搶銀情形 光緒二十四年七月二十六日

據稟已悉。查英教士管顯榮至寶慶游歷，甫至府署，而地方痞徒聚衆多人，擁入府署吼鬧數次，打毁大堂、二堂，該府縣親出彈壓，仍敢磚石飛毆，已屬膽大妄爲，目無法紀。乃復放火燒燬府署門房川堂，直入上房，抄搶銀物，劉副將盛國親督標兵赴救，亦被磚石擲傷，且受傷弁兵甚衆，實屬藐法逞凶，形同化外。此等亂民痞匪，藉端滋事，若不嚴行懲辦，地方將不可問。仰南按察司迅即移飭督同縣、營趕緊查拏爲首滋事匪徒，勒限緝獲，從嚴懲辦，勿稍疎縱。切切。仍候撫部院批示。

批管帶護軍前營游擊張彪稟工程營酌定人數餉數請派正副營官 光緒二十四年八月十九日

已據稟札委幫帶工程隊千總姚廣順管帶護軍工程營，另札行知矣。所遺幫帶准派原委工程隊正隊官把總劉温玉接充。摺開外委錢勝濟等六弁，均准派充各隊正隊官，即由該游擊傳知營官千總姚廣順分别飭委接充，仍歸該游擊兼轄。所有工程營官弁兵夫每月應支薪糧等項，應即按照摺開數目給領，仰北善后局核明轉行遵照。

批革員李光漢稟借欵築路 光緒二十四年八月二十一日

據稟及手摺、洋函均悉。自中國興辦鐵路以來，謬妄不安分之紳商紛紛謀辦鐵路，動云已籌有鉅欵，實則未籌分文，希圖僥倖蒙混，名爲借用洋債，實則全是洋東，不過欲藉經手承辦之名，以冀立致巨富，專意營私，不顧國家利害，最爲近日大患。查所呈洋函云，俟奉旨後當能市上銷售借票，是欵尚未借定，而稟内則竟云已籌集六千萬，該革員之欺誑不實，已可概見。不知滬上洋行本無鉅欵，只圖經手向外洋殷實富户轉借，而外洋斷不肯只聽中國荒唐紳商及貪圖行用之洋行一面之詞，必須先行查明擬辦之路，將來能獲利與否，所借之欵能保還本利與否，承辦之人殷實可靠與否，方肯出借鉅資。今北路已有奏定之盧漢一路，南路已有奏定之湘粤一路，且有山東一路，該革員復欲南達東粤，西至西隴添建一路，無論外洋富户揣知中國數路併行，不能獲利，必不借欵，即使爲該革員及經手洋行聳動，允借鉅資，所立合同必然種種要挾，占盡權利。設五年之後所收車費不敷抵還，試問六千萬鉅欵從何籌償。且查該革員前十餘年欠捐款尾數五千餘金，尚不能繳，致煩通緝，況六千萬之鉅欵耶。既無的欵以償，必致洋人藉口佔路，是直引外人踞我土地耳，此時雖將該革員懲辦，何補於事。聞該革員前在北洋攬辦鐵路，曾被北洋大臣王〔一〕駁斥。今復來此滋擾，希圖朦混，實屬謬妄。且禀内謂該革員已與洋人立約，未便中止，勢不能不上達天聰等語，尤屬狂妄，所請斷斷不能照准。該革員嗣後務須安分守己，慎勿再生妄想，自取罪戾。洋函擲還。此飭。

批北牙釐局詳遵札擬章整頓米穀、百貨釐金各條請示〔三〕光緒二十四年八月二十三日

據詳所擬章程十條，甚爲精密，仰即查照通飭遵辦。至嚴禁濫薦司巡一條，業經本部堂札飭，此后無論官、幕何人，概不准薦司事，以杜弊端，應照札文將此條修改，并即知照。

批管帶沙防營蔣聲耀呈請飭局發後膛快槍彈以資操防 光緒二十四年九月二十七日

據呈該營移紮沙市，未經領獲快搶，該處地當衝要，附近各處匪案疊出，請領後膛快槍以資操防等情，應即照准。仰北善後局照發大口十響毛瑟快槍二百枝，每枝配彈二百顆，行令速運回營，妥儲備用。平日操練，只可演習放槍各式、瞄準各法，務須愛惜子彈，不可妄用，切切。仍將發給日期具報。

批武備學堂提調徐家幹禀查明德領事接收學生等假函請核辦 光緒二十四年九月三十日

如禀將該生汪慶庸斥革，并候咨明學院，將該生注劣。該生捏造假函，徑投德領事，所犯情節甚重，本應褫革衣頂，此係從寬辦理。以後如再有不服考校，造言生事各情，應即咨革。其江人慶、劉靖、彭祖光等四名，亦屬不安本分，應一併開革出堂，以肅學規。仍將該生等原領軍裝收回，仰該提調曉諭在堂諸生，嚴加約束，其各循禮奉法，力學自愛。

批劉安濤等禀紗廠應還商本請咨催盛大臣在鐵路經費内劃撥付給 光緒二十四年十月初四日

已據禀咨明盛大臣在於部撥欵内撥還軌價應繳官本項下，劃撥銀十五萬兩，付給紗廠商人承領，仰紡紗局諭飭知照，仍俟盛大臣照給准覆後，即將股票發回該局塗銷。

批北牙釐總局詳遵諭酌擬米谷釐收各事宜 光緒二十四年十月二十四日

據詳酌定米穀釐金歲額，嚴立功過暨將新隄、黃花滂、天門、

〔一〕指直隸總督兼北洋通商大臣王文韶。
〔三〕以下六件録自抄本《督楚公牘》。

孝感等處向未抽收米穀釐金各局亦一律定額稽收，向來徵收未能足額之蘄州、仙鎮、金口各局酌量核減，悉臻周妥，均准照行。仍分別原收各局額數功過，以本年十一月爲始，新增及核減各局以奉文之日爲始，統照抽收百貨釐金盈絀，嚴核比較，以定功過，并候札飭漢陽、安陸兩府會同有局各州縣局委出示曉諭，嚴切辦理，無任抗違，致干懲究，切切。

再，原詳請以明年正月爲始，兹改於本年十一月爲始，并經將原詳改定發局照繕申賫備查，并即知照。仍報明督部堂衙門備案。

批曹南英稟請留司事隨同委員經理出售絲綢酌給月薪 光緒二十四年十一月初二日

既經減價，銷售自易。姑如稟准留經手司事二人，隨同委員經理變價事宜，只能酌給一箇月薪水伙食。仍限一箇月内將絲綢售竣造報，并將欠欵收回。如再不辦竣，亦不再發薪水伙食。仰工藝局轉移遵照。

批宜昌鎮稟請募勇巡防 光緒二十四年十一月初六日

查裁減緑營兵額，均係各汛零星散布之兵，本不足恃。兵力之厚薄，全與裁否無相關涉。來稟以宜營自經裁汰，兵力愈單，殊非切當事情之言。至現值餉源竭蹶，屢次欽奉諭旨，飭令裁兵裁勇，騰出餉項，精練洋操，尚屬難於措辦，所請添募建勇千名，本難照准。惟現在宜昌府屬匪徒鬧教，謠言紛起，該處地當衝要，不可無兵威鎮懾。已電飭該鎮募健勇五百名，不得以疲軟油滑之人充數。務須實力訓練，認真巡防彈壓，嚴拏匪首，解散黨羽脅從，以靖地方，是爲至要。仰即遵照。

批北藩司詳覆監、沔二州縣等會勘螺山閘情形〔一〕 光緒二十四年十二月十二日

據詳已悉。查開疏監利螺山閘河，既經印委會勘，并取具紳首切結，尚屬有利無弊。且係按畝派疏，并不仰給公欵，應如該司議詳，准其開疏，以順輿情。如將來鄰近下游各垸有實在受害不便之處，惟該州縣及該紳首等是問。仰即迅速轉飭遵照，責令妥爲修疏完工具報。仍飭將閘修固，照章啟閉，毋稍貽患。至以後修閘，斷不准請官發給經費，絲毫皆不能准，務須切實立案爲要。

〔一〕錄自抄本《督楚公牘》。

光緒二十五年

批北牙釐局詳前辦沙市局洪超等交卸月分短額數成擬按新章勒賠[一]

光緒二十五年正月十一日

據詳及清摺均悉。查前辦沙市專局洪守超、武穴下局華倅聘三、老河口局周令以翰、水口局歐陽炳、岳口局黃汝瀾等員，均於交卸月分比月額雖少收數成，而比較上年并未加少，且新委接辦，同在一月，亦復未見加多，應否照數罰賠，抑或稍從末減等語。查沙市自四月以后，正值川江盛漲之時，又兼重慶、沙市等處錢鋪倒閉，川匪余蠻滋事，商販梗阻，釐收短絀，尚在意中。惟交卸之月短收，即從寬按一成罰賠，亦應賠繳錢一千五百九十串，爲數亦復不少，應由該局迅即委員赴沙市確查洪守九月内抽收釐金有無弊端，據實稟覆，再行核奪。至華倅聘三、周令以翰、歐陽炳、黃汝瀾四員，均從寬按月額一成罰賠，華倅應賠四百七十五串，周令應賠二百六十六串，歐陽炳應賠五十串，黃汝瀾應賠十六串，以示區别而昭核實。仰即分别迅飭遵辦。

批牙釐局詳釐局委員收數短絀

光緒二十五年正月十一日

查該員洪守等已因短收撤差記過，又因交卸之月短收較多，罰賠一成，批示在案。釐局新章，半年短收已懲之以撤差，短收過鉅又懲之以記過、停委，若交卸之月短收至□成以上，又懲之以勒賠，立法已甚嚴密。然此爲僅止短收者而言。儻查出有確實侵吞、賣放等弊端，即應據實奏參，固不必待至半年，亦不止於罰賠而已。法如是，是亦足矣。若於短額撤差、交卸短收罰賠之外，又統計其半年短收之數，重疊勒賠，理既未協，勢亦不行。此章尚須詳酌另議。此詳所列洪守超、連守捷、周令以翰、英牧勳四員，一年半年比較，短絀之數，均即免其罰賠。如該局查出該員等確有舞弊之處，仍可補行詳請參處。總之，整頓釐務，惟在秉公擇人，信賞必罰，自可各知奮勉，有益徵收。否則，徒懸嚴章，亦無益也。

批北牙釐局司道詳前辦武穴上局委員連守捷交卸月報釐金短收八成應否勒賠[二]

光緒二十五年正月二十六日

向來釐局之弊，第一年收數大率有長，或數百串，或數十串，第二年期滿或自知必撤，則收數大率必短，或數百串，或數千串。至交卸之月，短絀尤甚，不可不力挽頹風。雖其中情節或有不同，然漫無限制，必致人人效尤借口，賠繳之法不行。茲據詳前辦武穴上釐局委員連守捷，自十月初一日起，至是月十五日交卸止，比較額收，短少八成一分九厘，照新章免賠二成外，尚應勒賠錢二千五百八十六串餘文，而接辦廖守正華下半月短收，亦復相似。且查連守在差六箇月，收數比額則短，而較之上年，亦僅少三百

[一][二] 録自抄本《督楚公牘》。

餘串，并非稽徵不力，更非挪後移前，以致交卸虧短，其情實爲可原，詳請核示等情前來。查該守前辦武穴上局半年，比歲額則短收頗巨，較之上届短絀，則僅三百餘串，惟交卸之半月，短收至三千四百餘串，雖與稽徵不力者有間，亦未便全行寬免，致紊定章而滋流弊，應即責令賠繳一成四百一十六串，以昭平允。仰北牙釐局轉飭遵照。并録報撫部院衙門備案。

批江夏職員傅啟浩等呈瀝陳修隄不便

光緒二十五年二月初六日

查省城望山門外白沙洲至金口，武勝門外紅關至青山，南北兩路沿江一帶，均有舊隄。白沙洲以南之隄爲前督部堂周文忠公所築，紅關以北之隄雖未能確考修建年月，而沿江綿亘隄址宛然高於平地數尺。前人苦心經營，豈容聽其湮廢。今舊隄年久殘缺，江水浸灌，以致隄内良田數十萬畝悉成湖蕩，坐棄膏腴，居民耕種失業，極形困苦。且有督標、撫標、馬廠各數十里，亦被淹没，畜牧無從，實於民田、官廠關係甚大。是以本部堂派員分别勘修，以復舊觀，并飭於鮎魚套暨蘭木廟在近修建兩閘，因時啟閉，蓄洩有資，永免泛濫之害。且涸出良田，可酌給湖濱窮民耕種，豈不勝於打魚爲生。兹該職民等以修隄種種有礙，究其指歸，不過恐湖涸致失魚利起見。殊不知修隄衛民，增田足穀，係爲大局統籌根本至計，斷不能因區區魚利，廢而不修。即使隄成以後，諸湖豈能盡涸，亦不至無魚可捕。且既建有閘，外可禦江水，内可放湖水，何以内田反致湮没，實屬顛倒無理。至舊案雖有禁止私築之案，乃因民間私築，恐將塘角以下之新河港口堵塞，商船無可停泊。查新河經本部堂於前八年飭令加工挑濬寬深，泊船日多，此次擬築之隄，乃在新河以内，與港口何涉。舊案又因民間只議築隄，未議建閘，故慮及湖水不能出江，湖田湮没。今既建閘，湖田止有涸復，豈反有被淹之理。是舊案不准私修江隄一節，與今日情形辦法種種不同，何得妄行牽引。又湖濱皆係零星貧民，青山小港不過水漲可通小船，何從得有釐金。至武昌省城外遇夏漲時，江水灌入鮎魚、青山兩港，四圍泛濫無涯，大船不能通行，鮎魚套則盛漲橋平，小船亦不能通，乃是省城因地勢受累之處，并非好事，豈可與天然河道環繞城郭，可以終年運商貨行兵船者比哉。況守城禦寇，水路各有機宜，從來未聞以城外常被災水淹浸爲保衛長策者。咸豐年間，胡文忠公克復武昌，乃係由洪山陸路進兵，何嘗藉青山磯一小港之力乎。況由武勝門外紅關以下一帶修造鐵路，直達湖南、廣東，乃奉旨飭辦之事，此項江隄豈能不修。呈内指爲馬路，尤屬謬誤。該職民挾私害公，混言阻撓，實屬愚謬。惟湖内漁户若干，漁課若干，每年取魚之利幾何，究竟修建隄閘與湖民損益如何，應即由縣查傳該職民等暨該處紳耆詳確查訊，剴切開諭，免致疑沮。并將詳細辦法妥籌議擬，稟覆核奪。

批江夏縣耆民鄭運亨等控呈一案〔一〕

光緒二十五年三月十八日

查前次勘修紅關至大王磯一帶江隄，該處紳耆亟望功成，向

〔一〕録自抄本《督楚公牘》。

委員等聲稱，謂修隄如有被壓田畝，均願勿論，如有受損未受益之户，由該紳耆等公議撥補等語。誠以沿江一帶，每年俱係澤國，此隄若成，涸出無數良田，占地甚少，益地實多，其利何止百倍，且早已籌及撥補，計慮可謂周詳。今該民等乃以田被隄壓，致將青苗拔去，呈請給價，殊屬可怪。查隄旁各户，情形各有不同，自應確查，分別辦理，如果有田地被堤全壓并無剩地，或一户之地除去隄身占壓，其剩地皆圈出隄外，或剩地雖在隄内，而被壓較多，剩地太少，無甚裨益。以上三等未受修隄之益，應准飭各紳耆確查公議，於隄内涸出受益田畝酌量撥補，不令偏枯。儻隄内隄外之地相等，或隄内之地雖少，而隄成以后，低窪盡變膏腴，損益足相抵補者，不得借口請撥，以示區別。應俟隄工成後，由江夏縣督飭紳首地保人等，將田地被壓各户，一一清查，調驗契據，確勘情形，分別損益，應否撥補，開具各户清摺，呈候查核飭遵。本部堂一視同仁，斷不令貧民受失地之累。惟此時江水漸漲，工程緊急，一刻千金，萬不能因查勘界址，籌議撥補，停工誤時。如有蒙混隱射，貪得無厭，借詞阻撓要工，即由隄工委員據實移知該縣嚴行究懲，勿稍寬貸。除行北布政司、江夏縣暨隄工各委員外，特此曉諭周知。此批。

批宜昌川鹽局稟川鹽未便加課并擬變通辦法

光緒二十五年三月二十八日

川鹽成本既重，税額迭加，現鄂省川鹽未便復議加課，自係實在情形。即欲議加，亦應與淮課同議加增，或可並行不悖。若徒加川而不加淮，則淮引從此暢銷，川鹽力不能敵，愈致疲滯不堪。不但加課之益未收，即欲如現在之課額，且不可保，勢所必至，有斷然者。至湖北所收此項川鹽課銀，關係各項餉需，甚爲緊要。現將鹽課抵還洋欵，而户部另指他欵撥補鹽欵類多無著之項，以致鄂省各餉無從籌撥。現正籌議川、淮併加，以充要餉。將來川課即能加額，鄂省亦不能不藉爲供撥各餉之需。仰北鹽法道俟川、淮併加一節定議後，再行詳咨四川督部堂核辦。

批荆宜施道等會稟審辦旗、民互毆一案

光緒二十五年四月十三日

此案前經欽奉諭旨，飭令秉公核辦，迅速斷結，其滿、漢文武各員，皆當仰體朝廷一視同仁之意，各弭嫌衅，以期兵民永遠相安等因，自應欽遵辦理。茲據訊得該犯烏勒興阿等在廠滋鬧，毆傷差役多人。迨經鍾丞、劉令等步行至右翼都統署中稟知情形，該犯等又復隨往嚷鬧，并直入署中，將該丞等毆傷。核其情節，與部民軍士犯事到官不遵審斷、挺身鬧堂逞兇傷官者無異。即使從寬不科以塞署毆官之條，豈能不坐以鬧堂傷官之罪。來稟僅按毆本管官原律，擬以爲從減等滿徒，殊覺未確。總之，案貴持平。既經欽奉諭旨，飭令秉公核辦，持平辦理，必須詳考律例，援引確當，固不可於例外加重，亦不得於例外減輕，致涉偏倚，況諭旨殷殷以兵民永遠相安爲念。此案不惟毆傷江陵縣，并毆傷本管之理事同知，將軍、都統彈壓，尚且不服，情節尤爲凶暴。若過於寬縱，以後風氣更將日趨囂凌，不惟兵民不能相安，即滿城内之旗丁各户，亦不能相安矣。至此案應議滿漢各員職名應如何妥爲聲叙，亦應隨詳議列，以憑核辦。仰北按察司會同布政司，迅

即轉行移飭該印委等詳考例案，妥爲議擬，叙具供招，另詳核辦，毋稍偏延。

批漢陽府禀限制開設錢店光緒二十五年五月二十一日

查漢鎮錢店既經定章捐銀之後，倒騙漸少，應仍照該府上年禀定章程，新開錢店除捐銀一千兩者，酌照賑捐章程請奬外，其在禮智汛者捐銀六百兩，在仁義汛者捐銀五百兩，在漢陽城内外及鸚鵡洲、南岸嘴者捐銀四百兩，取具同行切實保結，方許挂牌交易。惟錢鋪過多，最爲商民大害，自不能不酌定家數。據稱現在漢鎮錢店共一百零三家，已不爲少。應俟有三家停貿之後，即以百家爲額，必百家之中有一家歇業，始准一家新開，以示限制。至來禀所議不准私出花票一節，尤爲預杜倒塌扼要辦法。惟各該錢店果否一律遵行，有無陽奉陰違情事，應由該府一面禀覆，一面隨時認真查禁，不得稍涉含糊。仰北布政司轉飭遵照辦理。

批江漢關道禀匪首李春山在漢陽、漢口結黨放飄請飭查拏〔一〕光緒二十五年七月十六日

已據禀責成統帶武功營方鎮友升，并分飭襄河水師前營陶遊擊運亭，漢陽鎮、協，漢陽府、縣，夏口廳一體密購眼綫，會同在於漢口、漢陽等處嚴密查拏匪首李春山及各要犯，務獲禀辦，勿任漏網貽患，并行司轉飭矣。

批岳常澧道禀岳州設關榷釐應否照内港章程辦理光緒二十五年七月十七日

據禀已悉。現中國既自開岳州爲通商口岸，恐難仍舊作爲内港。所有長江貿易輪船由此口赴彼口者，祇可照長江通商章程辦理。但長江章程第五欵内載，凡願在長江常川貿易之輪船，不在漢口以下貿易，即在漢口换照等語，是則所有長江貿易輪船，將來當在漢口請領專照，而不在岳州請領專照。所有在岳州領照者，當是由岳州前往内港之輪船，自應照内港章程辦理，不得稍涉牽混。此項輪船即駛出長江，仍是内港。蓋江輪只能在長江章程内指定處所起卸貨物，上下搭客也。至如何設法限制江輪，使湘鄂釐税不至有虧，如何立法使内港小輪不至偷漏影射之處，仰該道與税務司悉心妥議，禀候核奪。是爲至要。

批北藩、臬二司等會詳新設漢口廳撫民同知與漢陽府相見儀注來往公牘體制案〔二〕光緒二十五年七月二十日

據詳新設漢口廳撫民同知與漢陽府相見禮節、往來文牘體制各條，大致尚和。惟查清摺第一條於府開屏門送轎下，應否加入該廳由旁門進，由中門乘轎出，下銜官民帖似應作下銜官銜拜帖，較爲明晰。第二條，文牘用墨筆照會，文内稱照飭廳中查照，封

〔一〕録自抄本《督楚公牘》。

〔二〕以下四件録自抄本《督楚公牘》。

面寫照會夏口廳開拆等語。查向來墨筆照會，封面與移文相同，且墨筆照會亦無稱照飭者，前後參差，殊有未協，且即硃筆照會，亦只稱照會某官、照行某官，至文内措詞叙事之處，間用飭字則可。第三條，其用紅白稟者用牒呈一語，牒呈二字應改爲紅白呈三字，其并用下銜官名帖一語删去。至以便批答而示區別之下，似應加如紅呈候批者，應將官銜與事由接寫，共爲一行，以示與紅稟手本稍有區别數語，方爲明晰。再，應加第四條，聲明夏口廳同知見他府知府，仍照通行向章。仰即再行妥速議詳，另開清摺，以憑飭遵。

批北藩、臬二司等詳議覆新設夏口廳撫民同知與漢陽府相見儀注及往來公牘體制光緒二十五年七月二十三日

據詳遵批續議新設夏口廳撫民同知與漢陽府相見禮節及往來一切文牘體制各條，均屬妥協。查原奏内開該同知所有刑名案件，仍歸漢陽府審轉，倉庫錢糧仍歸該府考核，一切治理統屬各事宜，均與所屬州縣無異，遇有洋務交涉、地方緊要事件，隨時稟承該管之江漢關道就近督率辦理，以期迅速而免貽誤等語。均相應遵照奏案辦理。仰即轉飭遵照。

批北鹽法道等核議整頓川鹽税收變通辦法光緒二十五年七月二十八日

詳及附稟均悉。查淩道前議整頓川鹽税收變通辦法四條，兹據該道等核議，其按號輪銷及不由鹽行銷售兩條，勢難遽行，應由各鹽商自行酌辦。又減税收銀一條，亦有未便，均毋庸議。惟設法抵淮一條，該道派員查訪，現擬於澧州津市地方設一稽查川鹽銷澧分局，委員先行試辦，商人運鹽到岸，由局照料出售，如有倒塌拖欠情事，委員即代經理追索，藉以暢銷川鹽，但能多銷一二萬包，即可加税五六萬串，且能杜由來鳳一帶入澧未經在宜納税之零星川私，應即照辦。所有委員設局情形，候即咨明湖南撫部院查照辦理。其設局詳細章程，即由該道等迅速會議，妥酌詳辦。至包解湘釐、減輕運澧鹽税兩層，如能舉行，鄂課必日見起色，第現在方擬設局試辦，一時似尚難遽議及此，且恐湘淮阻格，或以侵佔引地爲辭，應俟設局後由委員體察情形，妥籌辦法，稟由該局核詳，再行咨商湖南辦理可也。仰即遵照辦理。仍候撫部院批示。

批署利川縣蔡國楨稟訊明蠱犯崔成方實係匪徒楊宗國授藥圖利藉教避罪情形光緒二十五年八月二十八日

稟摺均悉。此案該縣訊據該犯崔成方供認，在四川奉節縣經賣草藥之楊宗國交給毒藥，令自奉節過河，由南坪赴利川一帶，沿途遇有水井，以藥放入，俟毒發後，可賣解藥獲利，如被拏到官，即稱係洋教士授藥毒害等情。查上年該縣匪徒藉川匪余蠻子之亂乘機起事，焚燬教堂，其後宜昌各屬奸匪蠭起鬧教，擾亂數縣，致煩兵力，始就平定，幾致釀成交涉鉅衅。現在此案據法領事照會，尚未一律完結，川省夔州府與利川交界各處，現正有萬

人團煽衆毁教之事，匪徒有破獲審實者，豈可不行嚴辦，以遏亂萌。兹該犯崔成方復爲川省奸匪楊宗國教令冒稱教士，施放毒藥，謡言煽動人心，以致羣情又復驚惶，幾致復釀鉅案。究竟此藥是否楊宗國所授，放毒是否即係該犯起意，均不可知，實屬煽亂奸匪，非尋常放蠱可比。查光緒十七年總理各國事務衙門奏奉上諭：近日焚燬教堂各案，其中顯有鉅匪潛謀勾煽，布散謡言，摇惑衆心，希圖乘機搶掠，動成巨案。著各督撫迅飭該管文武查拏首要各犯，訊明正法，以儆將來等因。欽此。該犯崔成方冒教放毒，圖利煽亂，造謡惑衆，與散謡圖搶者同一鬧教生事，情節無殊，該縣所擬監禁十年，殊屬輕縱。該犯崔成方現既經該縣訊明，案關交涉，應即從嚴懲辦，以安民教。除前已據電咨請四川督部堂轉飭奉節縣嚴拏奸匪楊宗國，出示曉諭外，仰北按察司飛飭該縣，即提該犯崔成方正法梟示具報，一面仍遵本部堂前電，剴切曉諭居民，傳令紳耆，明白開導，使以後不致爲謡言所惑，民教永泯嫌隙，地方可期静謐，是爲至要。仍飛關奉節縣一體嚴拏楊宗國、李永發等，務獲歸案審辦，毋任漏網。再，前據該縣勘電，團首拏獲崔雲章、崔成方兩伯姪，連藥包呈繳等語。續據陽電，崔雲章實不知情，以可否責釋請示。查崔雲章既與崔成方係屬伯姪，偕至利川，同時併獲，所稱并不知情斷不可信，該縣來電遽擬開釋，此次來禀并不提及崔雲章一犯，實不可解，并飭再提研訊確供禀辦，勿稍輕縱。仍録報撫部院暨候批示。

批安襄鄖荆道禀請設團保總局 光緒二十五年八月二十九日

保甲團練，最爲除莠安良要舉，惟此事甚不易言。乃本原細密工夫，既須得公正任事之紳，又須籌舉辦之費，各州縣能否辦到兩三分實際，已不可知，豈得謂爲可恃。該道請將樊城原有之保甲局設法擴充，名曰團保總局，爲各屬之表率，并飭所屬各州縣切實維持等情，自係爲弭盗戢匪，認真整頓起見，應即照辦。惟保甲乃地方官分内應辦之事，本部堂奏定章程，原令道、府督率舉辦，隨時考核。所有樊城團保局事宜，應即令襄陽府總辦，由該道酌委一員爲專辦，會同襄陽縣認真辦理，該道即爲督辦，勿庸另立督辦名目。仰北按察司會同布政司迅移該道，督同襄陽府及所屬各州縣查照奏定辦法，參酌地方情形，妥定章程，認真舉辦，務使匪戢民安。其餘地方應辦事宜，并即次第飭辦，勿託空言可也。

批北臬司詳議覆燒燬利川縣教堂要犯張庸山一案[一] 光緒二十五年八月三十日

查該犯張庸山即張安釗，經朱守督同蔡令復審，認從部金波冒充川匪余蠻子黨羽，製造旗幟號衣，糾衆燒燬教堂房屋，搶奪財物，并經起獲有贓，該司所擬正法，原屬罪有應得。惟前據委員黄令會審，該犯僅認聽從部金波同行，臨時畏懼，並未進堂燒搶，祇事後經部金波分給錢物等供，與蔡令原訊不符。曾據會禀，請將該犯監禁，俟拏獲部金波質審在案。查該犯前次供詞翻異，顯係狡供避就，其爲鬧教匪徒自無可疑。惟現在地方漸就安静，教案漸平，即多辦一人，亦無關輕重，姑暫將該犯監禁，如以後

[一] 以下七件録自抄本《督楚公牘》。

民教相安，匪徒潛戢，不敢再滋事端，即可貸其一死。如該縣仍有聚衆鬧教情事，即將該犯就地正法，以儆羣匪可也。該縣並可曉諭各鄉民知之，一面嚴拏部金波務獲，提同質究稟辦。仰即轉飭遵照。

批北藩司、善後局詳設法清釐整頓契稅章程 光緒二十五年九月初七日

據詳籌措餉欵，設法清釐契稅，由司印發三聯契紙，將舊契一律更换各情均悉。所籌辦法章程，均屬周妥。此係國家正稅，并非州縣應得陋規，歷年積弊，沾潤已多，此次免其追究，且各屬納稅之數，俱准仍照舊章，又於應解正稅額内再提一分，爲該地方官辦公之需，尤屬格外從寬從厚。平心而論，從此應稅之契，一無隱匿，在州縣私計，并不絀於往年，務宜激發天良，一掃積弊，以紓公家之急。仰候據詳會奏，一面由該司局出示曉諭，通飭各屬一律認真遵辦，一則不准狃於積習，瞻徇隱漏，二則嚴禁私用縣印，避匿正稅，三則自接到此札以後，司契紙未到以前，萬不可減價趕稅，倒填年月，致礙正欵，四則不准以賣作典，希圖免稅。該司局務須切實密查，如查有前項情弊，即行詳請從嚴參處，斷不姑寬。

批北善後局詳議加抽煙、酒、糖稅章程 光緒二十五年九月十九日

據詳已悉。查現在時勢日艱，餉需緊急，鄂省鹽釐既已抵還洋債，而京、甘、荆州各餉，部章嚴急。至本省籌餉練兵，亦屬不容稍緩。查煙、酒、糖三項，行銷甚廣，又非窮民日用所急需，縱輸稅較多，尚不至爲閭閻之累，是以從前部章曾飭加抽。今既據該司局體察情形，有裨軍餉，不病商民，自可量加推廣。所擬各州縣設立籌餉局及議抽煙、酒、糖三項出産落地稅章程，均屬妥協，應准照辦，候即據詳會奏。仰即剴切出示曉諭，一面通飭各州縣并詳委妥員選擇正紳設局妥辦。務須核實均平，萬不准吏胥等借端索賄，稍滋擾累，尤須嚴禁中飽弊混，是爲至要。仍候撫部院批示。

批北鹽道、川鹽局詳於湖南澧州設立分局委員并擬定局支用費 光緒二十五年十月十三日

據詳委員劉令岳鎮、縣丞黄授書前往澧州試辦稽查川鹽銷澧分局，并擬定局支用費數目，應准照辦。除咨南撫部院轉飭岳常澧道札行澧州各屬出示曉諭，以免無知之徒借端生事外，并飭善後局刊刻稽查川鹽銷澧分局關防一顆，飭發應用。仰該道等妥撰告示，發給該委員張貼曉諭，以期周知。仍飭該委員於到局後，將應辦事宜體察情形，隨時妥籌稟辦。

批署沅州府朱益濬等稟芷江縣屬碧涌匪徒滋事、毅字前旗什長伍紹英陣亡、顔鎮調勇助剿各情 光緒二十五年十一月十六日

稟及同日另稟均悉。芷江縣碧涌地方匪徒竪旗起事，勢甚猖

獗。毅字前旗截剿小挫，現經該府縣集團防剿，商請統帶毅字旗顔鎮由托口巡哨折回碧涌，并調駐紮廣平三旗後哨助剿，想早已逼賊巢。仰南按察司飛飭該府縣，并移知該統帶，督團會營，分路進剿，勿稍觀望，務須迅速撲滅。如兵力不敷，即速禀請護撫院添撥勁旅，星馳圍攻，一舉殲擒，勿令滋蔓爲患，切切。仍候護撫院批示。

批督帶護軍四營游擊張彪遵飭查明護軍四營需用行軍隊雨衣等項物件數目 光緒二十五年十一月二十五日

據申及清摺均悉。查該護軍四營操練行軍隊，應購雨衣二千件，背囊、鞍囊共二千箇，東洋制作靈便，價亦較廉，已飭錢守恂在東洋購辦。至馬鞍三十六副，飯盒、水瓶、雜囊各二千件，德人所制較爲合用，已飭汪守洪霆向德國購辦。其紫銅大飯鍋二十一箇，即由該營就近購用。仰北善後局即行遵照，俟該守等暨該營將各項購辦禀報時，該局即核明價值，分別照數匯寄，此欵在加價練軍裝械項下開支給領具報。

批漢陽府余肇康禀大冶縣革生馬龍圖京控一案供情狡執情形 光緒二十五年十一月二十九日

據禀已悉。查該革生馬龍圖與其兄馬國蛟因財産細故，架捏重情，彼此訐控不已，前經本部堂查核原案，按層駁斥，並札飭漢陽府確切審訊。經該府提訊數十堂，竭誠開導，乃該革生毫不悔悟，堅執如前，甚且在押任意滋鬧，實屬下愚不移。案經數載，屢經京控，迭准部咨行令迅速審結定案，未便任其狡執拖延。仰北按察司即將此案犯證卷宗提省，由該司親自提案，嚴切審訊，務得實情，照例擬辦，詳候本部堂會同撫部院提審覆核具奏，以昭折服而杜狡延。至所請將該革生馬龍圖及其兄馬國蛟分別收押之處，并即由司酌辦具報。仍候撫部院批示。

批江漢關道詳覆仍照向章設立公棧公磅茶務必有轉機 光緒二十五年十二月初一日

據詳已悉。茶務不講求種植製造，已非探源之策，其餘俱屬末節矣。惟洋商壓磅割價，半由華商衆心不齊，互相争競，甚或攙雜作僞，致爲洋人所乘，亦爲茶市之害。兹據詳，擬申明舊章，定過磅交價之期，使不能任意反復，創設公棧以免争競，嚴禁作僞以杜藉口，自亦屬維持茶務之要舉。仰該關道即派員督飭該商董等妥速籌議，認真舉辦，勿得空言搪塞。仍一面督飭印委各員以及衆商，隨時認真講求培植茶樹、製造茶葉之法，務使中國大利不致外溢，是爲至要。

批江夏縣禀招募緝捕勇丁欵項如何請領〔一〕 光緒二十五年十二月十三日

據禀已悉。查省城内外，地方遼闊，人烟稠密，盗賊最易潛踪。保甲局捕役無幾，巡緝難周，緝勇自不可少。應准該縣暫時

〔一〕録自抄本《督楚公牘》。

先行招募壯健勇丁四十名，認真操練技藝，專司緝捕。其薪糧及營房所需各欵，暫於煙酒糖税留存局用經費及猪市捐項下，凑集動支，俟各項捐辦有成效，再行指定專欵飭遵。仰北按察司會同布政司轉飭遵照。

光緒二十六年

批牙釐局、江漢關道會詳酌擬岳州關通商行輪章程 光緒二十六年正月十五日

據詳酌擬岳州關通商行輪條欵章程清摺均悉。查總署所定小輪章程，并無强分界限之説。若地段過促，且輪船指運及起卸處所并非都會及繁盛市鎮，商務安得暢旺，小輪安得通利，自以該關、局所議，通融展限江漢關領照之小輪准上至沙市、宜昌及湖南之常德、衡州，下至武穴爲止。岳州關領照之小輪，准下至漢口、上至湖北之宜昌、沙市、湖南之常德、衡州爲止，總以不出湖南、北境界爲斷，庶於兩省商民有益，於税釐亦不致有礙。抑或江漢關之小輪并令其在岳州關亦領一照，岳州關之小輪並令其在江漢關亦領一照，則南北通行，均可無礙。其餘各節均屬周妥，仰候咨商湖南撫部院查核，轉飭岳州關監督與税務司迅速切實籌議，妥訂章程覆鄂。

批興國州、大冶縣、蘄州衛會稟擬於四顧山建閘請借欵興修〔一〕 光緒二十六年二月十六日

據稟已悉。查漳源口之隄，乃損商益農之舉，當時本非必興

〔一〕録自抄本《督楚公牘》。

之工。惟既經堵築二十年，農田已享其利，此時勢難廢而不修。現既經會勘，籌議於四顧山改建隄閘，可期一勞永逸，且及時興工，舊隄不致再塌，老閘石料尚可起用一半，應即趕緊興修，其廟兒嘴廢隄不准再築，以免阻礙商旅。惟修隄建閘，據稱期以四月底告成，是否確有把握，必須明定限期，并須嚴定保固年限。至所需經費，大冶縣紳敖鎮天印既允慨捐錢三千串，應勸其從速措繳，工竣循例爲其奏請建坊，以示獎勵。下短之欵，據請借動釐金五千串一節，此等地方自願興辦之工，豈有仰給官欵之理。且餉項如此支絀，斷難照准。至借撥該州縣存當寶武局息本，尚無大礙，姑從寬准其分別借支，撙節動用，責成該州縣籌繳息錢，不得短欠，致誤寶武局本欵要需，并須豫行傳諭受益各鄉，將來必須捐費歸還，如或虧欠，即責成該州、縣、衛分賠。辦工首士，另選公正殷實紳耆二三人，責成領修，并如禀令敖鎮之子住隄監工，儻敢偷減延誤，即將所耗經費，著落該州、縣、衛及承辦首士分成賠繳，並仍須分別懲處，以儆虛糜。仰北布政司會同鹽法道飛飭遵照，妥速辦理，立將所派首士姓名，開工及立限告竣日期暨保固年限，先行通禀立案。現届仲春，江水漸漲，爲期緊迫，毋稍延誤。

批農務局總辦程儀洛禀呈浙、鄂兩省延訂洋教習合同 光緒二十六年二月二十一日

據禀并抄呈浙江蠶學館延訂東人合同均悉。該道辦事認真，遠索浙江所立合同與鄂省所立者推求比核，具見用心深密。溯自十餘年來，本部堂諭飭各學堂、局、廠延訂東西文武教習以及工師匠目，所立合同，無不詳商細酌，始飭酌定。其間亦有厚薄之殊，則悉准所訂之人之學術淺深、官階崇卑而定，固有不可以一概論者，然辦事不厭周詳。嗣後凡遇訂立合同，自應准照所請，諭在事各員益加慎密，勿涉大意。至謂浙館蠶師不蟬聯，皆因廉得鄂省合同太寬之故，殊非確論。浙省蠶館先經奉諭停辦，而在館員紳因廢棄可惜，勉强節費延辦，其中情形，本部堂亦有聞知，毫不與鄂省合同相涉。該道歸咎鄂省，雖係自行引咎，未免誤會。總之，各省延用洋人例或不同，不容藉口，即如北洋奏請給德商優等寶星，鄂無此例，而交易不因此而停。南洋奏給德武員寶星，鄂省先未援照，而德員不因此挾索。是彼亦知各省辦事不相沿襲，該道勿據傳聞爲典要可也。

批興山縣詳試辦鉛、鐵鑛務 光緒二十六年三月十五日

湖北歷辦鑛務，均不准有洋商合股，原所以嚴杜流弊。據該縣職員余珩等購買鉛峒坡鉛山、全峰埡鐵山設立强楚鑛廠開辦情形，本部堂訪聞有洋商合股在內，該縣并不確切查明，遽行出結，詳請試辦，實屬不合，應即嚴行禁止，所購山場不准税契，以絶弊端。仰北布政司會同商務局飛速嚴飭懔遵辦理具覆，儻復任聽本地奸商勾串洋商在縣購地税契，開設鑛廠，以致多生轇轕，定干參咎。懔之。

批北善後局詳釐定外銷支欵并擬撥欵抵補以清欵目[一] 光緒二十六年三月二十一日

據稟該局外銷各欵，每年收不敷支，挪墊甚鉅，現擬將應支電報報費及長江水師巡閱犒賞兩項，自本年起改歸官錢局盈餘項下動撥，并將例支各欵分別改撥裁減，總期以收抵支，足敷應用等情，係爲節省用欵起見，所籌尚屬周妥，應准照辦。應即照此立案，以後用欵只可減少，不可溢出，嚴定限制，永遠遵守，以免虧挪，是爲至要。至歷年不敷銀兩，并准在於官錢局盈餘及節省積存等欵内如數提撥歸還，以清欵目，仰即遵照辦理。仍候撫部院批示。

批余正裔稟請炭山灣鑛局所出煤斤按月按季包完釐金 光緒二十六年四月初五日

據稟炭山灣煤鑛將來大井告成，出煤暢旺，約計冬底春初每日可出煤二百噸。現經定購拖剥小輪一隻，行駛長江，以資運往上海分銷等情，事屬可行，候即咨明南洋大臣，轉飭江海關道查照。至該郎中請將煤斤按月按季包完釐金，現據牙釐局轉據漳源口釐局委員汪倅查覆，煤井工尚未竣，將來究竟每日出煤多寡不能預計，包釐亦難預定，且用輪船拖運，不由局查，誠恐夾帶別貨，流弊亦大，應仍照章抽釐等情，是包釐一節自毋庸議。仰牙釐總局會同商務局轉飭遵照，并行令該郎中俟大井告成，出煤之數有定，將應如何報效之處議定數目，稟候札知各該局核議詳咨。

批荆宜施道稟查明英兵被鄉民窘辱情形 光緒二十六年五月初六日

已據先後兩稟，咨呈總理衙門，以備辯論矣。查此事彼兵無照深入百里之外，未免冒昧。鄉民先僅驚疑拖船，繼復邀往禮待，即是已經認錯。我又緝拏生事之人，照例懲責，并爲出示儆戒將來，已是力顧邦交。兵船返楚無期，豈能將貧民羈押久候。至若罰一鄉之銀，累及無辜，既非條約所有，亦於情理不合，斷難照辦。惟地保赴船代認不是一節，尚可允從，或令公安縣王令作一函與兵船官，交領事轉達，言該縣鄉民愚魯，不應拖船上岸，洋兵不免勞苦，該縣深爲抱歉抱愧，特專函代鄉民謝過，并送洋酒、牛肉或他食物以犒洋兵。并言俟兵船回荆沙時，該縣當自赴沙市拜候該兵船等語。蓋地方官認過送禮，爲民免累，雖是顧全鄰誼，實則保護吾民，如此較爲得體可行。仍望切商英領事，妥爲了結。如彼不允，聽其申報英使可也。

批四川提奏道漆桐稟自集資本收買兩湖各種鑛砂設廠提煉[二] 光緒二十六年五月十九日

查前准鑛路總局奏定章程，請辦鑛地，祇准指定某縣一處，不准兼指數處及混指全府全縣。今閲來稟，聲稱收買湖廣鑛砂，請領關防，而所擬辦法章程内，則竟謂合湖北等處各鑛一律開采，

〔一〕以下二件録自抄本《督楚公牘》。
〔二〕録自抄本《督楚公牘》。

又稱買山開采，請湘局收税，餘聽自便，是一經准辦，即凡湖南、北各省鑛山，均可歸該道員任意開采，不特顯背定章，天下豈有如此辦法，實屬狂妄膽大。至據稱承辦五人，暫集資本二十萬兩，並不叙出合辦及入股官商姓名，更難保非勾串洋股，飾禀影射，藉端坑騙，尤屬險惡。該員官階並不確實，且素不安分，招摇妄爲，本部堂早已深知，所請斷不准行。仰北布政司會同江漢關道迅即傳諭該員，如再在漢口逗留生事，干預鑛務，定即扣留，奏參懲辦，決不姑貸。

批司局會詳酌擬開辦鋪捐章程光緒二十六年十二月初八日

本年北方不靖，募軍入衛，而湖北武、漢地方及沿江一帶，富有票匪句結各種會匪謀亂，其餘黄、德、荆、襄、宜、施所屬與湘邊、豫邊、蜀邊接界之境，時有匪徒滋擾，籌防增勇，數以萬計，需欵甚鉅。加以駐蹕西安，迭奉諭旨飭催各路餉需接濟軍費，籌運兵米，飭購賑糧，皆爲奉旨要需，斷難延緩。湖北庫欵支絀萬分，即新籌之煙、酒、糖税所收有限，不敷尚多。際此時艱用絀，自不能不另行籌措。該司道等擬請酌量查照咸同年間鄂省門市捐章程，并酌量仿照江蘇成案，酌定上、次、中、下四則，抽收鋪捐，以濟遵旨籌辦各項要需。所擬章程各條，尚屬妥協，應均照辦。先從繁盛市鎮辦起，其下則遞減至二百文爲止。本部堂深知近來商情困苦，物力亦非有餘，每遇勸捐籌欵等事，輒覺懸然不安，斷不願多累商民。惟奉旨催解各餉，及本省各路籌防，餉力萬萬不支，儻因饋運有缺，貽誤事機，則軍有譁潰之虞，匪動鴟張之念。設籌無計，保衛立窮，其害仍商民受之。權其輕重緩急，不能不勸諭輸將，藉資民力，果能地方安謐，則商業自可流通暢旺。且所定捐則，爲數無多，於商力不致有損。各商户急公好義，當能諒此萬不獲已之苦衷也。仰開辦地方迅速出示曉諭，仍嚴飭該員紳細心核實，妥慎辦理，務令公平允愜，俾免藉口。不得粗率苛擾，以裕餉項而順商情，是爲至要。

光緒二十七年

批北藩司等會詳遵擬税契嚴定處分請示飭遵[一] 光緒二十七年正月二十三日

查各州縣税契，於交卸時減價私税，名曰放礮，大干例禁。乃自改章後，不肖州縣仍有此項情弊，實屬不知自愛。應即如詳，責成該管道、府隨時嚴查，如有前項放礮情事，即行揭參。儻別經發覺，除將本任官撤參究追外，該管道、府亦議以失察之咎。并飭於新舊交接時，由後任查明實無減價放礮情弊，出具切結，交前任賫司，方准銷委，若查出結報不實，前任參追，後任詳撤，并罰賠貳成充公，以示懲儆，而飭官方。仰即會同移行遵照。仍候撫部院衙門批示。

批天門縣稟請積錢生息 光緒二十七年六月二十日

查該縣水鄉居多，隄防最爲急務。本部堂前因該前縣邵令世恩會同從九余永清具稟按畝抽捐，籌辦育嬰等事，當經詳切批示，飭以此項捐欵專爲水利隄工之用。旋據邵令籌議，以湖鄉捐水利，高鄉捐集穀等情具稟，復經批准飭司出示曉諭，迅速舉辦各在案。蓋隄防固則豐收可卜，積穀多則災歉無虞。水利、倉儲，分途併舉，水鄉山鄉既可互資挹注，較之積錢生息，又可免侵挪等弊。計該縣湖鄉捐有水利錢三萬餘串，加以連年典息，爲欵甚鉅。該縣隄工林立，如以此次講求水利增修隄閘，其應加高培厚者一律培補，可以變澤國爲樂土，年豐物阜，其爲美利，豈有津涯。若置而不講，任其低矮坍塌，一有漫決，其爲損失，又豈止此生息數萬串錢耶。查閱來稟，惟以積放生息，護持此項錢文爲務，其平日於境内水利隄工從未講求，已可概見。總之，此項捐欵乃爲積穀、修隄兩事起見，非爲積現錢圖利息起見。本部堂前批實爲飭修隄防籌集此欵所由起，接任人員類多不檢查成案，除録前批行司通飭有堤州縣遵照外，仰北布政司迅即轉飭天門縣，速將境内隄工何處應增修，何處應培補，分晰查明，妥議章程。其高鄉應如何建倉積穀，并即詳議，稟候核辦。

批自强學堂詳學生滋事各節 光緒二十七年七月初九日

學堂學生必須規矩嚴肅，行止端謹，始可範其聰明才力，造成有用之材。不獨不可有邪僻放肆之行，并不可有囂淩矜張之氣。此次所派各教習，乃本部堂向兩湖書院選取品學兼優之高等生，無非爲成就該堂學生學業之厚意。今自强學堂學生輒敢不服本部堂所派教習，竟將牌示挖毁棄置，實堪駭異。本部堂建立學堂，籌欵、章程不知費幾許心力，乃各生疊次滋事，有負培植之心，已屬愚妄。今且於所派教習竟敢不服，滋鬧并敢毁棄牌示，更屬藐法已極。充此舉動，實開犯上作亂之漸。如此而不加深儆，立此學堂何用。除咨明湖北學院將該兩生一併褫革外，仰即知照。

[一] 録自抄本《督楚公牘》。

批臨湘縣稟教士契買鑛地光緒二十七年八月初七日

查向例雖准教堂在内地製買房産，原因其添設分堂、醫院、學塾等所，皆係善舉，並非爲牟利起見，故格外通融辦理。若鑛務另有專章，斷非教士所能承買。該縣於龔教士契買縣屬汀畈南山鑛地投税一案，明知與例不符，輒因該教士虚詞恫嚇，並不稟請核示，擅予印税，實屬荒謬。此端一開，將來各國洋人影射，教堂出名，紛紛援例買置鑛山，到處開采，流弊伊於胡底。此案應責令該縣自行籌欵，設法向龔教士將所買汀畈南山鑛地退價收回充公。如再辦理不善，定惟該令是問。仰南洋務局會同布政司轉飭懔遵，一面通飭各屬，傳諭紳耆、地保、業户，凡有鑛苗山地，概不准私自賣與外國人及各教堂，如有擅違禁令者，即勒追賣價充公。其有教堂以鑛山契券投税請印者，概行駁回，儻含糊印税，定干嚴處。除咨明撫部院查照，暨行北布政司通飭湖北各屬遵辦外，仰即遵照。

批江漢關道詳税務司照會各口岸别衙門應徵之税歸税務司徵收〔一〕光緒二十七年十月初六日

據詳及摺呈税務司抄送公文均悉。查七月十六日，全權札總税司文云：有同一口岸，而貨税船料分歸數處衙門徵收者，試以天津一口作爲比樣。天津向有户、工、海三關，户關歸津海關監督管理，徵收各項貨税。工關歸通永道管理，專收木税及船料，與户關所收船料各不相妨。海關歸大關管理，專收航海民船米糧及數種雜貨。工、海兩關亦自有解部正項與應發要欵，税司所收常税，應專指監督向來所徵之税，其歸别衙門所徵者，應仍循舊歸别衙門經理。又云：須按常關税則，榷應税之貨，在常關應管地段，收應徵之税，循常關向來舊例，不侵礙其餘各關局之税項等語。是同一口岸之關，有應歸税司，有不應歸税司者。其不應歸税司者，税司不特不能兼管，且徵收税項，聲明不得侵礙其餘各關局也。又九月初八日札文内有云：通商口岸各常關應徵之税，與各省各處土税無涉。又云：釐金與常税不同，釐金與常税不能併而爲一，各等語。蓋恐税司誤涉及釐金與各關局之税也。其云其口岸各土税，本應專指海關監督兼管之常税，因以償欵爲重，即各該口之别衙門應徵之税，亦可允歸税司徵收者，蓋謂本專指監督之常關。然若有本口他衙門同類之常關，亦可從權併歸税司，以重償欵，非謂所有本口他衙門所收之税，均須歸税司也。至武昌廠關，向歸武昌府經管，係地方官所辦之事，是爲内地土税，與口岸常税及關道監督，絲毫無涉，正與全權札文所云同一口岸，而貨税船料分歸數處衙門徵收者，試以天津一口作爲比樣，應仍循舊歸别衙門經理等語，詞意相符，況武昌與漢口并不同一口岸乎。且武昌府衙門在武昌省城，與漢口隔一大江，武昌與漢陽各爲一府，斷不能指爲本口之别衙門，即全權札文内所解常關進欵明係通商口岸各常關應徵之税，與各省各處土税無涉者也。況查外務部、户部通行各省文内開列各處常關應歸税務司兼辦者，並無武昌廠關在内。江漢關税務司祇能就本分應盡之職，認真經理，

〔一〕以下二件録自抄本《督楚公牘》。

不必於界限外煩其越俎代謀。除分咨外務部、户部查照，轉飭總税務司遵照并另札飭知外，仰即照會該關盧署税司遵照。

批文童王志灝爲兄久羈懇恩憐釋 光緒二十七年十月初九日

查該童之兄王慕陶於富有票匪一案暱比匪人，情節甚重，故飭羈管，以待質訊。兹據禀，祖母卧病未起，孀母近又遘疾，兩地伶仃，扶持無人，呈懇鑒情開釋等語。情詞迫切，不無可憫。查王慕陶乃少年文人，祇以理解未清，誤聽亂黨熒惑，遂有牽絓。惟各省此類輕躁謬妄之文人甚多，但使稍有一綫可原，漸知悔悟，本部堂無不仰體朝廷寬大之恩，予以湔洗，則於王慕陶一人，又何難網開一面。應即從寬，准其飭發回籍，交地方官嚴加管束。此係本部堂格外體恤，曲予以自新之路。嗣後務須束身省過，勉爲良士，勿再自罹法網，是爲至要。除批挂發外，仰營務處會同北按察司，迅提王慕陶到案，取具悔過自新甘結，解交東湖縣飭取的保釋放，隨時嚴密稽察約束，勿任再與亂黨往來。仍將遵辦情形具報查考。

批大冶縣禀擬請圈購鑛山 光緒二十七年十月二十九日

據禀該縣鑛産最多，近聞開采之輩，大都地痞劣紳，架空圖騙，擾害地方，時常牽涉訟案，并無正紳殷商承辦。應准將縣屬鑛山一律由官圈購，應給山價暫由該縣墊給，赴善後局請領歸欵，以期迅速。俟圈購後，凡有鑛山均即勒刊官購山名，丈尺四至界限，不准私相買賣。嗣後如購山有開鑛之人，須先禀由該縣查明實係真正殷商，指購之山勘明并無窒礙，取具紳鄰山主甘結，由縣加具印結，禀請本部堂核定批准後，方准開采，庶可杜奸謀而絶虚妄。除行洋務局會同北布政司轉飭外，仰即遵照。

批北鹽法道詳請咨催湘省欠解近三年撥補宜昌鹽釐銀兩〔一〕 光緒二十七年十二月初一日

已據詳札飭南布政司、糧儲道、鹽法長寶道，迅將奉部撥補光緒二十五六七三年分宜昌鹽釐銀兩照案趕緊設法籌撥，交該委員轉解來鄂，以濟要需，并咨南撫部院分飭遵辦矣。仰即知照。仍候撫部院批示。

〔一〕録自抄本《督楚公牘》。

光緒二十八年

批北督銷局稟淮鹽銷數有關洋款并江、鄂兩省要需擬請飭各州縣認真疏緝[一] 光緒二十八年正月十九日

已據稟通飭武、漢、黄、德四府所屬各廳、州、縣，并飭武勝防緝營及緝私營認真查緝，嚴禁囤户并弁勇得規包庇賣放，另札行知矣。仰北鹽法道轉移遵照。仍候撫部院批示。

批北藩、臬司等會詳擬籌警察經費由官倡捐并酌擬章程按房分等抽捐請奏咨立案光緒二十八年四月二十六日

查湖北省城創辦警察，實爲吏治之實際，教養之初基。外洋各國及上海等處租界，皆抽房鋪各捐，以作警察經費。兹據該司、局籌擬收捐數目章程，均屬周妥。此項房捐，不以之充餉而以之專辦警察，最爲愜當。且外國凡衙署公所，皆不出警察捐欵。今鄂省章程先從各衙門公所倡捐，尤足以資鼓舞，應即照議辦理。仰即出示曉諭周知，督飭該局即日開辦，將稽察户口、保衛生理、清理街道、建造市亭、開通溝渠、防火救災、安良除暴諸要政，一一認真舉行。務使民生咸遂，民隱盡達，成效既彰，當以次推行通省，有厚望焉。即并案奏咨。仍録報撫部院暨候批示。

批北鹽道詳沙市恒升、致祥兩鹽行冒充把持請追帖歇業光緒二十八年六月十四日

據詳沙市恒升、致祥兩鹽行，均係鹽商冒開朋充，勒買阻賣，遇事取巧，把持誤公，近年鹽課不旺，悉由此弊。商人被鹽行盤削，貲本虧折，以致運商裹足，川鹽滯銷，自宜認真整頓。應將恒升、致祥兩鹽行勒令繳帖歇業，用儆效尤，庶可以保商業而暢銷路。該兩行冒充已久，獲利實多，前曾繳帖本銀一千兩，本應入官，兹特格外體恤，將帖本銀發還，俾資改業。仰即迅速轉飭江陵縣遵照，即將該兩行革除，追帖歇業，不准延違。仍候撫部院批示。

〔一〕以下三件録自抄本《督楚公牘》。

光緒三十年

批槍礮局詳籌擬添機加製辦法光緒三十年五月初九日

現在時局固以練兵爲急，而練兵尤以製械爲先。本部堂上年冬陛辭時面奉懿旨，諄諄以擴充漢陽槍礮廠垂訓，亟應欽遵籌畫，盡力圖維。查中國製造新式快槍快礮，僅恃滬、鄂兩廠。滬廠移建萍鄉，雖經議有辦法，經營尚在需時。鄂廠就已成之局量力擴充，程功較易。本部堂詳加體察，至少以每日能出槍一百枝、出彈十萬顆爲度。現在該廠機力每日僅能出槍五十枝，而出彈尤少，每日不過一萬二千顆。即連去冬續購之彈機併計，亦尚不足五萬顆。若不迅速添購新機，加工製造，將來有兵無械，仍與無兵同，失計莫此爲甚。茲據估計，添廠添機，并將舊日槍機改小口徑、添換機件一併估算在内，約需銀八十餘萬兩，自係必不可少之數，亟應籌提的欵，俾可及早興工。查土膏統捐溢收一項，前據朱道約計每年鄂省一半，約可增收銀五十萬兩，即應於此項土膏統捐項下，酌量提撥三十萬兩。應再於銅幣盈餘項下提撥銀三十萬兩，籌防捐項下提撥銀二十萬兩，迅即如數解交槍礮局兑收，以應急需。除分札飭遵外，仰即遵照，妥速向外洋名廠定購新機，一面添建廠屋，總期早一日成事，即可早一日出械。是爲至要。

批荆宜施道稟沙市洋商於大慈菴一帶設立躉船光緒三十年五月十九日

查沙市關開辦章程第一條，凡商船進口上下貨物之界，定在北岸之江面停泊，上自大慈菴界，下至下柳林鄧家淵界。其划艇、釣船、民船等亦須於本關指定處所停泊起下貨物，則洋商輪船更須由關指定處所停泊起下貨物可知。故自大慈菴至鄧家淵雖皆爲江面停泊之界，然必須聽我指定處所，擇其於地勢民情無妨礙者，方許起下貨物，則所謂民船亦須指定處所之亦字不可解矣。今沙市自開設商埸後，所有民船皆令移泊大慈菴一帶，是大慈菴一帶乃指定划此華、洋船所同也。如洋商輪船不須候我指定即可任意停泊起下艇、釣船、民船停泊處所。該處帆檣林立，已極擁擠，萬不能再令讓檔，致民船無停泊之所。至洋關馬頭以下，乃指定爲華、洋商輪停泊之所，故從前招商局、怡和公司及英商費格臣所購馬頭基地，均在洋關馬頭以下。蓋中外商人共知洋關馬頭以上，乃指定華船停泊之所也。此時若租與太古公司起造輪船馬頭，定設躉船，侵佔華船各幫停泊地段，各划艇、釣船、民船必致羣起相抗，難保不别搆衅端。現據十三幫首董紛紛稟請阻止，可見民情甚爲不願。沙市人心向來浮動，稍加强迫，誠恐激生事端，無從保護。據稟英商太古洋行所請在大慈菴一帶設立躉船之處，礙難允准。應由該關道於該關以下，擇其相宜地方指定一處，以爲該英商停泊起下貨物之地，以順輿情而符原章。除據稟咨呈外務部查照，并飭江漢關道照會駐漢各國領事轉飭各國商人查照外，仰即遵照辦理。

批製麻局稟請撥官本光緒三十年六月二十九日

查中國産麻最多，南北各省無處不宜，而製麻之所從未講求。外洋機器製麻，細如蠶絲，白如霜雪，柔如純綿，用以織成綢緞等料，售與中西各國，獲利無算。儻中國自能設廠製造，物産既豐，成本甚賤，獲利必優，其所以惠益南北各省農民者，其利殆不可思議。本部堂經營此局之意已逾十年，幸此局已經創辦有成，欲令遠近商民共見麻局之設，可以化粗爲精，化賤爲貴，用廣利博，爲十八省華商華工開此創辦之風氣，爲亞州闢此極大之利源，種種遠慮苦心，非僅如洋酒、洋皂等廠之比也。前購機器僅能製麻爲絲，而織機尚未全備，若不從速購機開織，徒致坐失事機。據估此項全備機器，約需價銀二十餘萬兩，若官商各半分認，商廠力有不及，亦係實在情形。現在屢奉諭旨，飭令各省振興商務，官爲維持，亟應欽遵辦理。該局此項全備機器，應即由官全數撥給，作爲官本，以期及早創興大利。應飭銀元局於盈餘項下撥銀十萬兩，鹽道於要政加價項下撥銀十萬兩，共成二十萬兩，交該道轉給鄧商，迅速購機開織，以暢内地之土貨，而開未有之利源。仰即遵照，妥速辦理。

批織布局稟請發還商股光緒三十年六月二十九日

據稟已悉。察核該股商等稟詞懇切，尚係實在情形。現當屢奉諭旨振興商務之際，自應設法體恤股商，務令衆情欣慰，庶以後勸辦商業，鳩集公司等事，易於鼓舞奮興。應准將布局商股五十萬兩、紗局商本十二萬兩、繅絲局商本二萬兩，共六十四萬兩，由官錢局在銅幣盈餘項下如數動撥發還，將所有股票一律收回。此後商廠承繳四局歲租，即徑解官錢局兑收歸墊，俟墊款收清後，再行改解善後局，分別清還各項官款。至該商等從前欠領五年息銀，并由籖捐局止兑紅票餘款項下，每年動撥銀二萬五千六百兩，解交官錢局，按商股年息四釐核明攤派，以五年爲限，以示本部堂格外體恤、維持商務之意。除札知善後、官錢、籖捐各局外，仰該道遵照辦理。

批荆宜施道稟請撥濟峽路工程光緒三十年八月初九日

峽江水道險阻，舟行上挽甚難，沿江縴路亟應一律修理，以利遄行。該道前次來省面稟，與本部堂意見相同。茲據稟稱，已經委員勘估明確，一俟水落，即行分段興工。惟所用經費過鉅，除藩司及該道捐助并舊存韓豫亨捐款外，不敷尚多，請於賑糶捐内撥銀二萬兩，以資應用。查此項賑糶米捐，現已全數改作粤漢及川漢鐵路專款，未便挪移。應即改由宜昌土税局於峽路經費項下提銀二萬兩，就近解交該道具領，以便及早開工。仰北布政司轉移該道知照，并移宜昌土税局遵照辦理。

批總兵黄忠浩稟擊敗桂匪情形光緒三十年九月初一日

該軍行抵粤西，即將同樂之賊擊敗，斬馘多名，兼有悍匪頭目在内，并奪獲器械等件，足徵謀勇兼施，士卒用命，辦理甚爲得手，可嘉之至。桂匪縱横蹂躪，已經一年有餘，該軍甫入桂境，桂匪凶鋒立時大挫，此後軍威已振，匪氣已奪，桂省諸軍亦皆氣壯，是該鎮此捷，實爲兵賊消長，全桂安危之樞紐，閱稟大爲欣慰。茲發去賞需銀一萬兩，以爲獎勵軍士及撫卹陣亡勇丁之用。已飭局委員即日解往，到日由該鎮酌量分給，以示鼓勵。現據辰沅永靖道來稟，收復龍圖、貫硐、八洛、浪泡等處後，前據梅寨之賊，現亦勢窮棄寨，竄歸老巢，是湘、黔邊防暫可解嚴。惟廣西賊勢散漫，該鎮務宜遵照諭旨，鼓勇前進，由懷遠一路節節進取，以期殲渠埽穴，迅奏膚功，是爲至盼。

批北藩司申報九月分米糧價值光緒三十年十月三十日

穀價貴賤關係民生商業，爲民牧者自應時常留意體察，不應全然不知。各州縣摺報縱不能絲毫不差，亦應與時下價值不甚相遠。此月摺開武昌府屬上米每倉石價銀一兩二錢二分，中米每倉石價銀一兩一錢一分，下米每倉石價銀一兩一分。無論近年米價決無如此賤值，且與漢陽府一江之隔，所報上、中、下米價值減至一倍，其餘兩相比較，太覺懸殊，實屬昏聵粗謬。此乃入奏之件，不惟漫不經心，直是并未經眼。設經朝廷詰問，如何答覆。各州縣每月申報、詳報應須入奏之件，斷不能有數十百件，何至輕率若此，深堪痛恨。各屬惟德安府屬所報，尚有斟酌。現在立等奏報，距省較遠各府不及往查，武、漢兩府近在咫尺，仰即轉飭查明目下時價，總須鄰近地方彼此相等。刻日呈覆，以憑核辦。一面札飭各屬，以後務須隨時考察市價，據實開報，即小有出入，總不得無情無理，任意揑報，萬不准薄爲例行公牘，任聽胥吏隨手填寫，是爲至要。儻再似此昏謬妄報，定干未便。

光緒三十一年

批荊宜施道稟宜昌江岸自建馬頭光緒三十一年正月二十二日

據稟及真電均悉。該道現於關前空地九十八方内一律修成磡岸，并自建之馬頭四處，以待應用，藉此抵制，現在英領事亦不再代太古議及在大慈菴設立躉船，辦理甚爲合宜。仰即督令趕於春汛前修竣，務須填築堅實，俾可持久，是爲至要。

批燮昌火柴公司稟湘省和豐公司冒牌混銷鄂漢事[一]光緒三十一年四月十七日

已據稟咨明南撫部院轉飭查明核辦，并行湖南農工商務局剴切開諭，嚴行查禁，不准和豐公司再行影射冒銷，亦不得强分界限，阻礙商貨行銷矣。仰漢口商務局諭飭知照。至所請飭夏口廳提永泰昌號蘇敬初到案究辦一節，并即轉飭夏口廳查核案情，秉公訊斷，勿稍偏袒。

[一] 以下三件録自抄本《督楚公牘》。

批漢口燮昌火柴公司稟懇咨請湘憲飭令和豐公司將雙猱捧球牌號改良另造具結永不再冒光緒三十一年四月十七日

查商務局專爲通達商情，保護商利而設，乃該局於永泰昌運銷湘省和豐公司冒牌貨物，并不爲本省燮昌公司設法根查追究，輒令燮昌公司自向和豐公司理論，不得與永泰昌爲難。夫商號互争，概令自行理論，然則奏設商務局果安所用耶。似此含糊草率，殊失事理之平。現經本部堂據燮昌公司來稟，咨行湘省，諭飭和豐公司不准再行影射牌號，亦不得强分界限，阻礙商貨行銷，另札飭遵矣。除牌示外，仰漢口商務局諭飭燮昌公司知照。

批沙市關道稟新修馬頭工將告成籌議大概辦法光緒三十一年五月初八日

據稟沙市關以下馬頭礄岸修理將次竣工，此舉原爲各國公司租賃停泊躉船而設，税務司擬以邀集各公司會議，簽掣地段分租，以免争執上下，固屬公平。惟沙市口岸係日本條約所開，自應先盡日商，爲日本先已有函定欲租第一馬頭，此意宜明告各國，自無異議。仰即酌核妥辦。至税務司商詢各節，應答均尚得宜，并即知照。

光緒三十二年

批荆宜道稟覆勘潰隄情形光緒三十二年三月二十四日

水利隄防，關係全局，必須通籌利害。近年荆州南岸虎渡淤墊日高，府城已有可慮可危之勢。如果修復虎渡東垸舊隄，不惟工鉅費繁，且必致北岸萬城大隄立形危險，萬不可行。至疏濬支河一節，使水直達重湖，事關兩省，舉辦非易，亦宜暫作緩圖。仰北布政司轉移該道知照，仍飭江陵縣體察南岸情形，隨時相機量力，勘酌補救，總期有益無損，方可舉行。

批武昌府黄以霖稟籌設農、工、商小學堂光緒三十二年四月初二日

振興實業爲富民强國之基，而農、工、商三門均先從初等實業入手，方免躐等之弊。用費無多，收效甚易，開中材之智識，拓淺近之利源，循序漸進，自然實效蒸蒸，不可限量。該守能見及此，具見教育實心，辦事有法，可嘉之至。兹經該守竭力籌畫，分擬章程，籌集欵項，并捐廉一千元以補不足，深堪奬許。前經面告該守，將新修之勺庭書院、改修之通判舊署，均撥給該府作爲初等工、商小學堂，并如所請農業學堂内附設初等農業小學堂。至籌集各欵，均准照議辦理。惟東洋車租一項，據稱每年收租錢一千八十串，刻下計積存錢一千五百串。查東洋車捐本撥充修理

路工之用，省城路工歷年損壞，創辦粗略，均所不免，此時應修補、應改造、應擴充之處甚多，經費正苦不敷。此項車捐除刻下積存之欵准其動支外，其年租一千八十串，自應仍解交本標中軍署，一律充作修補路工之費，以符名實而清眉目。三學堂每年需五千八百元，所籌之欵除去此項，應尚有六千數百串，似足敷用。如尚不敷，可即另行籌補禀報。至經營天興洲之費，應另設法妥籌。仰北學務局轉飭遵照，即將三學堂簡明章程録呈該處查核，并飭接任武昌府接續經理，以興要政。

批襄河水師營、光化縣禀會籌善後事宜

光緒三十二年四月初二日

據禀會籌善後事宜，除巡勇六十名，業經另札徑行由該局調遣，應即會同襄防右營隨時巡緝，以安商旅外，其禀請辦匪從重從權辦理一節，殊不可解。會匪頭目，湖北歷年奏定章程必應重辟，當場拒捕例應格殺，何所謂從權。至焚燬匪巢一節，尤屬無謂。匪巢房屋留之充公，尚可招人居住，如任意焚燒，則兵役與强盜何異，且難免延燒平民，尤爲大患。此等惡習，本部堂所深知深惡，務須嚴行禁絶。若禁止朝山賽會等事，所議誠是。第民習愚陋，相沿已久，操切驟禁則生事，令而不行則損政體，不如加意稽查，如查出實有聚匪爲惡情事，再行就此查辦嚴禁。仍一面詳加開導，令其漸次改革，庶可較有實際。仰北按察司會同布政司分别轉行遵照。

批職商宋煒臣等禀創辦漢口水電公司

光緒三十二年六月初四日

漢口地方，近年益形繁盛，應辦自來水、電氣燈兩項，弭災衛生，關係緊要。惟大利所在，疊經各國洋商懇請攬辦，本部堂以事關中國主權，概行推謝未允。其有華商出名而暗附外股、希冀朦允者，亦經本部堂查明，一概駁斥。且查水、電兩事，必須一商兼辦，利益方多，亦經派委錢道紹楨總辦事宜。疊據禀稱，各省商人禀請承辦者已有數家，本部堂正在查核斟酌間。兹據該職商等具禀創辦漢口水電既濟公司，在上海籌集資本銀一百萬元，在漢口招集股本銀五十萬元，另由漢鎮商民附股一百五十萬元，共集資三百萬元，擬訂章程呈核等情。查該商等資本素稱殷實，辦事已著成效，所稱集股情形，當不致别滋流弊。核閲所擬章程，大致尚屬妥協，應即准其承辦。惟此舉前經本部堂諭飭該商等由官提倡，應即籌撥官欵三十萬元作爲股本，其辦事計利各章程，應與商股各股一律辦理。專利一節，以上年九月准商部咨，先行報部備案，俟專利章程施行，再行核辦。至凡有關振興商業，挽回利權之舉，創辦公司者准予專辦，亦須指定地方，並咨部核明情形，分别辦理等語。是該公司所請除租界外，不得另設電燈、煤氣燈、自來水公司一節，其專辦地方，應專指漢口，而漢陽、武昌均不能包括在内。其專利年限，應俟商部專利章程施行，再行寬訂年限，准予專辦，或年限已滿准予續請展限。至於營業税一層，亦俟照外國公司章程再行參酌，咨商商部核定。現在已集之欵，應將建廠、購機暨雇用工程師各項事宜籌辦，未集之欵，仍應趕緊先行招齊，免至中輟。所有該公司一切事宜，無論華界、

租界水電兩端，與地方商店民户交涉之事極多，應即准如所請，由本部堂委派大員一員，總司管理該公司彈壓、保護、稽查三項事務，另札轉飭該公司知照。至公司内用人理財諸事，官不干涉，以清權限。月結年總出入欵目，應鈔録一分，呈由該管理大員詳報本部堂查核，以期周知商務盈絀，地方衰旺。其章程内未盡事宜，該商等亦應會商管理之員妥爲擬議，呈候核示。仰江漢關道會同商務局轉飭該公司遵照，俟該公司布置略有規模呈報，再行咨達商部察核，注册立案。

批漢陽縣禀請禁止囤買鐵路附近地畝

光緒三十二年七月初六日

漢陽縣屬之大軍山、小軍山，均與鐵路馬頭毘連，爲將來廠棧、車站及關係路工之官局、商務需用之地，自應禁止奸民私行囤買。兹既查有粤商韋紫封收買大軍山一帶熟地二百餘石，契載小均公司牌號，并無華人姓名，此外尚有零星買户，又有合昌公司集資數萬兩收小軍山地段。似此隱匿姓名，均難保無影射替購情弊，應即飭令該縣一概不予印税。一面由該關道迅速出示曉諭，該處并非租界通商之地，外人不得置購産業，止准華人買作己産，以保地權。契内買主，務須注明華人真正姓名，不准僅書某某公司、某某堂名字樣，并聲明此契實無外人股分，並不得將該契轉押洋商，及抵還洋商欠欵借欵並種種涉及洋商之事。嗣後轉賣，仍須華人接買，不准賣給外人。即華人接買，亦以印税爲準。如遇公家需用該地，仍即照時價收買，各業户不得抗誤。并由縣嚴訂章程，飭令買户遵章具結立案，方予印税。其出示以前，如有用某公司、某堂名私相交易之白契未經印税者，該契仍不能執以爲據，以免流弊。仰即迅速飭縣遵照，認真辦理，并將擬訂章程呈由該關道録報。仍摘録禀批，照會駐漢各國領事一併知照。

批隄工委員彭覺先等禀勘估隄工情形

光緒三十二年九月十六日

據禀及圖説均悉。潛江西灣八百八十弓月隄，毘連江陵棉條灣隄，潰口寬二百餘丈，擬退挽月隄，約長五百餘丈，估工需錢四萬串。又潛江永豐垸、荷葉潭等處，隄塍潰口刷寬一百六十餘丈，擬退挽月隄，約長六百丈，下段外幫，并須加築坦坡，估工需錢六萬餘串，合計共約需錢十萬串。當此庫帑支絀，似兹鉅欵本不易籌，惟該隄關係江、潛、監三縣大小四百餘垸民命田廬，自不能不趕籌修築，以期復業。惟被災各處民情困苦已極，似此工大費鉅，斷難照舊派費，應准設法撥欵，迅籌興築。工竣以後，再行體察情形，查照舊案，以幾成作爲發欵，幾成作爲借欵，由受益田畝分年攤還。仰北布政司即行遵照，如數籌撥應用。現已霜降水落，亟應興工。彭守現正患病，本部堂已經另札委員前往，會同該縣等迅速勘估興修。至賑欵銅元一萬串，除監利已領四千串賑撫貧民外，其餘六千串已批令江、潛兩縣分用，一併充作賑撫，散給極貧之户，并即飛速分飭各該守、令等知照。

批南布政司、學務處會詳整頓學務辦法

光緒三十二年十一月初一日

據詳已悉。湖南近來各學堂風氣，每因要求不遂，聚衆把持，

甚至挟制官長，鬨鬧滋事，皆由不法匪徒造作詖邪論説，煽惑少年無識學生，實爲學術之患，亟應欽遵本年七月十六日諭旨，切實整頓。該司、處所稱於法外之要求嚴行屏斥，法内之限制不少通融，慎擇師範，遴選牧令，研求德育、體育、知育三事，遇有踰規矩者立予斥退等語，實屬切要之圖。仰即照此數條，認真督率考察辦理，勿稍偏徇，致滋流弊。

光緒三十三年

批道員程祖福稟擬承辦水泥廠光緒三十三年

二月十一日

查湖北大冶縣黄石港，所産石質於造水泥爲宜，此實鄂省土貨上品。十年以前，即經本部堂將該料寄至德國，託出使大臣暨化學家疊次考驗精詳，招商承辦，以興地利。兹據稟，以大冶黄石港附近地名台子灣所産水泥原料極佳，擬由清華公司籌集股本銀三十萬兩，開辦湖北水泥廠，應准照辦。查照前次出示招商承辦水泥章程，准其在湖北境内專利十五年，并查明廠實在股本，由官保利五年。俟五年後獲利漸豐，由公司查照外洋公司通例，提酌餘利繳官，以爲報效。并即札飭地方官妥爲保護，俟招股開辦略有成議稟報後，即當咨明農工商部，并奏請免完釐税五年，以勵商情。即委該道爲該廠總辦，勿庸另派督辦。至廠中一切事宜，以及或盈或虧，均援照紗、布、絲、麻四局辦法，由商自行經理，官不與聞。其准借之官欵，俟該公司開辦時，隨時稟明，與官錢局高道商辦具報。至來稟所陳三十年後，機器廠屋全數報效歸官一節，殊可不必。本部堂意在提倡實業，暢銷湖北土貨，此條應勿庸議。仰北布政司會同商務局轉移遵照，妥速辦理。所請自備資斧赴日、美游歷考察，候即發給咨文護照，承領起程。惟此項工業只可華商附股，斷不准招集外國人股本，致滋糾葛，是爲至要。

批施南府施紀雲禀請擴充勸工所光緒三十三年二月二十一日

據禀該守創設勸工所，小有成效，將製出各物賫送商局陳列，并請在官錢局借撥一、二萬串以資接濟，分五年認還及暫免釐捐等語。該守提倡工商實業，就施郡土宜，製爲紗、麻、絲、木漆質、洋鐵等物各件，均經閱看，頗能精緻光潔，迥異山鄉拙工所爲。該守以荒瘠僻遠之區，爲民興利，殫心經營，確有成效，洵爲深知教養之本，甚屬可嘉。該教員、工師、學生亦能努力講求，均堪嘉獎。本部堂當即書扁額一面，發往懸之勸工所，以示優異。所請借撥官欵一節，鄂省現在公欵艱窘非常，官錢局能否照數籌撥，應飭該局酌量情形，禀覆核奪。至該守新製各物行銷武、漢、宜、沙等處，所有應完釐捐，應准暫免五年，以資鼓勵。新製各品既屬鄂省創見，又經免去釐捐，行銷必有餘利。總以招股興辦，相機擴業爲正義，一面隨時就地勸捐籌欵，以資添補。所望該守勉力爲之，將來施南實業日盛，商貨蕃滋，令施南民人歸美於該守，綢曰施綢，錦曰施錦，漆曰施漆，不亦美乎。除行北布政司、官錢局、牙釐局分别遵辦外，仰該守遵照妥辦，多方研究，精益求精，有厚望焉。

諭　示

光緒八年

禁種罌粟示 光緒八年十月

照得山西二十年來，煙土日多，糧食日少，占地妨農，上干天怒。光緒三、四等年，猝遇奇荒，餓莩無算。被禍之慘如此，自當疾首痛心，引爲前車之鑒。乃年來種植此物者仍復不少，不過因獲利較厚，是以始終執迷。此亦如酖酒止渴，漏脯救饑，雖一時醉飽，而死亡隨之，實屬愚昧可憫。加以種者愈多，吸者愈衆，士農工商，因此戕生失業。大率尫瘠藍縷，貧病交攻，將來生計日蹙，户口日耗，十年以後，豈堪設想。總由地方官全無憂民之心，坐視不救，甚至私收畝税，因以爲利，以致毒燄日熾，朝廷禁令視爲具文，可痛可恨。本部院有撫綏之責，豈忍坐視饑溺，畏難不辦。現經奏明，奉旨嚴行申禁。除將官員、士子、兵勇溺於吸煙者嚴查懲戒外，合行剴切示禁。爲此示諭一應地户，凡有地畝者，乘此尚未播種之時，早爲改計，一律種植五穀、蔬果、桑棉一切有用之物，不准再種罌粟一莖。儻敢故違，責成鄉保社首據實禀官，概行拔毁，照例懲辦，决不姑息。如鄉社徇隱不報，書差得錢包庇，紳富訟棍抗違煽惑者，從重治罪。地方官私收畝税及查禁不力者，嚴參不貸。本部院意在救良民之生，不惜斂莠民之怨。懍之，勿悔。

飭辦守助約示 光緒八年

照得山西近年盜風日熾，入冬尤甚。近接各路禀報，如徐溝、榆次、洪洞、孝義、解州、歸化城等處，城鄉被劫，事主受傷，皆由風氣怯弱，人情懈散，素無警備所致。除派兵巡緝，并飭州縣營汛捕拏外，爲此示仰通省城鄉居民人等遵照，務即舉行守助約，以資防衛。此舉并非爲人，實是爲己，既保身家，兼有重賞。若袖手旁觀，匪徒得意，必致日來日多，家家不得安枕。告示到日，即日舉辦，地方官督率勸諭，違者究治。條約開列於後。

一、城關村鎮自行聯絡，士農工商俱在約内。十家爲一牌，舉一人爲牌長。同在一社廟辦事者爲一社，向有一人爲社長，社長即爲約長。一村有數社，公舉一人爲總約長。孤村散户，附入近村。鰥寡孤獨，不必派及。

一、每丁壯一人，必備器械一件。每家必買銅鑼響器一件。約長按月查驗，無者罰。設鋪巡更，約長分派，不遵者罰。

一、約内如有窩留盜賊者，查出時窩家治罪，房屋入官，鄰右議罰。約長失察併究，知情重究。

一、無論日夜，如有盜劫，一家鳴鑼，四鄰應之，一街鳴鑼，闔村應之，每家出一人持械會拏。如街鄰聞警不鳴鑼，及鳴鑼而不往救者，約長查明，議罰禀究，約長不舉發者併究。

一、聞有鑼聲，便知本村有盜。約長急赴社廟鳴鐘，連撞不已。鄰村聞有鐘聲，便知此村有盜。鄰村約長亦急赴社廟，鳴鐘相應，即刻率本村丁壯一半，馳往會拏。各村凡聞鐘聲之處，皆須鳴鐘相應。如鄰村聞警不鳴鐘，及鳴鐘而不會拏者，約長查明，議罰稟究，約長不舉發者併究。

一、盜在近村，聞鐘即赴鄰村會拏。盜在遠村，聞鐘即赴要路攔截。如遠村聞警不鳴鐘，及鳴鐘而不攔截者，約長查明，議罰稟究，約長不舉發者併究。

一、本村有盜，鳴鐘連聲不斷。鄰村有盜，鳴鐘以三聲爲節。遠村有盜，鳴鐘以一聲爲節，盜近則改。

一、各村鳴鐘相應，頃刻之間，聲傳數十里。此數十里内必有城鎮，營汛、防兵、練勇立可知覺，辨其方向所在，官員弁目立即整頓兵役，近則馳往捕拏，遠則分截要路，已過則跟蹤追捕。如聞警不馳拏、不攔截、不追捕者，准約長稟控，官弁查參，兵役重辦。兵役賣放者，依軍法。

一、獲盜送官究治，如拒捕者，格殺勿論。

一、劫盜被獲到官，如係騎馬者、持火槍者、衆至十人以上者，即是馬賊、游勇、土匪，地方官訊供稟明，就地正法。

一、無論軍民，拏獲尋常劫盜一名，賞銀二十兩，盤獲者、報信者十兩。拏獲騎馬者、持火槍者、衆至十人以上者，每一名賞銀四十兩，盤獲者、報信者二十兩。在山西已經行劫有案者，加五倍賞。指名購拏匪首巨盜，加十倍賞。受傷者賞銀五十兩，被盜匪傷斃者恤銀一百兩。地方官立時發給，不准刻延，稟明本部院即日照數發給。

一、約長捕盜出力者賞扁額，軍民賞銀牌。無論約長、軍民，尤出力者賞功牌，獲鉅盜多名者保官職，官弁立予奏獎拔署。

一、劫盜不獲者，查其由何路逃逸，經過之營汛及防兵、巡勇、捕役地段，均即分別參辦。

一、開客店飯鋪者，遇有形跡可疑之人，一面設法截留，一面報知約長捕拏，有官地方并報官。如不報拏者，力能截留而不截留，治以通匪之罪。

一、煙館賭局最易藏奸，責成約長隨時稽查。有官弁地方，官弁督查，如容留形跡可疑之人，從重懲治，房屋入官。

一、所有河岸、渡口，如有劫盜從此過河，無論或來或去，查出將船户治罪。

一、守助約只爲捕盜，不編門牌，不點名，不派當別差，不准官吏斂錢。

一、約内中有庇匿案犯，尋讎挐鬬，藉端生事，聯名妄訟者，約長從重究辦。

光緒九年

停勸賑捐示光緒九年十月二十二日

照得前因山東、順直水災過重，札飭各屬勸諭紳民慨捐助賑，按照部章核給奬叙。原以山西大祲，山東捐濟四十餘萬，直隸捐濟三十五萬，有德必報，理所宜然。意欲晋省紳民，各發善心，恤鄰救患，以冀上感天和，普迓豐年，永無災患。此舉不獨爲鄰省謀，實所以爲晋民計，故於札發告示内，詳加指陳，隨心量力，不拘多少，嚴禁抑勒，通行在案。至於瘠苦州縣，中人之家，概不勸辦。凡批飭各屬來稟於稍形勉强者，必加嚴飭於捐數過多者，仍行發還。良以晋省物力未裕，不欲元氣稍傷。本部院於内外輕重之間，久已熟加權度，深防流弊。查近日各屬報到捐數，勉强足敷分撥，且訪聞南路各州縣，意欲求多，間有勒派情事。昨據絳縣貢生張熙和呈控，該縣强令書捐多金，當經嚴飭將已寫匯票發還。一縣如此，他處恐亦不免。似此奉行不善，大非本部院勸導樂輸之初心，亟應明示禁止。爲此，示仰捐户人等知悉，告示到日，勸捐一事即日停止。除自願積善樂施、已經呈交者不計外，未交者不必交，未寫者不必寫。總之，本部院意在勸晋民以爲善，決不肯强晋民以所難，該紳民等其深喻此意可也。

嚴禁文、汾兩縣村民阻撓河務示光緒九年十一月初三日

照得文峪河頻年泛溢，經本部院五次委員履勘，現經確切查明，實係東高西下，南高北下，非修治文峪現行之道，不能疏消災水，非疏消災水，不能拯救文、汾交界各村災民。是以籌定辦法，上自文水張家莊，下迄汾陽之西河堡，一律挑掘引河，乃係順水之性，殺水之勢，就文峪現行之道，爲因勢利導之計，至公至允，無偏無倚。惟本部院疊次訪聞，所有沿河向擅水利各村，不顧下游被災無從消洩，每藉開掘正河爲詞，煽惑阻撓，甚至賄通府縣各署吏胥，據爲利藪。此等惡習，深堪痛恨。查歷年以來，汾陽之蕭家莊、東遥莊、鄧槽頭、古賢莊、東陳家莊、唐興莊、城子莊、大會頭、青堆鎮、高家莊，文水之鄭家莊、南張家莊等村，截流賣水，獨占河利。此次挑掘引河，誠恐該村民等復狃積習，妄生異議，自應出示剴切曉諭該村民等一體遵照：爾等攔河築壩，久干例禁，本部院不究既往，實係法外施仁。須知各該縣上下游百姓，同係本部院子民，同一願得其所。惟除害急於興利，斷不能以爾數村灌溉私圖，致令上起東西宜亭，下至申家堡一帶二十餘村，田廬墳墓，淪於鉅浸之理。且現擬將上河頭一帶挑通，俾（瓦）［瓷］窑、白石等河均由西南斜入文峪正河。爾數村之水利并未盡失，儻爾村民有敢意存壟斷，互相煽惑，阻撓河務，定當從嚴按律治罪。本部院言出法隨，決不寬宥，各宜懔遵，勿貽後悔。

光緒十年

就捐辦團示光緒十年六月二十三日

照得練勇必先籌餉，設防尤重保民。粵省濱臨大海，港汊紛歧，自來籌粵防者，固以虎門爲首衝，然此外蕉門、横門、崖門、虎跳、磨刀等門，爲香山、順德、新會、東莞各縣之要口，即爲省城左右之屏蔽。此數縣生靈數百萬，貲産不知幾億萬，斷無視同膜外之理。特以形勢有緩急，布置有先後，若必紛紜兼顧，必致備多力分。爲今之計，兵力之不足則借資於民力，民財之可集，則仍歸於民用。粵東素稱殷富，道光以前，洋商之利甲於天下，一聞輸將之令，數十百萬咄嗟可辦。自軍興以來，商農疲耗，捐案稠疊，忝爲民上，怒然病之。現值省城大兵雲集，軍火礮械尚須接濟，他省無米之炊，人所共悉，捐輸之議，事非得已。通計合省捐輸，自以南、番、新、香、順、東爲大宗，而五口要隘，亦即以此數縣暨安、甯兩縣爲赤緊，是非實力辦團，不足以資守禦。惟平時之操練器械，臨事之口糧賞需，既非枵腹可以從公，亦非徒手可以集事。前者委員分往各縣，勸諭紳富捐輸，以充防餉，業經開辦在案。原係量捐給獎，并無絲毫抑勒。聞各縣慷慨樂輸，大率皆捐有成數。顧團練不能無費，富紳又復書捐，深恐杼軸酒漿，義心有餘而財力不逮，是又不能不於衛民之中，仍曲寓恤民之意者也。本署部堂下車伊始，體察情形，會同本部院通盤籌畫，既欲分省城之兵力顧及諸路而有所不能，惟冀就本縣之捐輸，聯絡民團，而庶幾可恃。溯查道光二十一年，三元里首倡義舉，聯及百有三鄉。二十三年，民團起義者九十六鄉，而佛山之義師踵至。二十六年，省河兩岸義勇雲集，力阻入城之舉，欽奉諭旨，商民深明大義，捐資禦侮，紳士實力匡襄，深蒙嘉悦。煌煌天語，至今榮之。值此時艱，同深義憤，食毛踐土，各具天良，同仇偕作，需用良多。今定以各縣紳富之捐，充各縣團練之費，集本縣之人，防本縣之境，藉本縣之財，供本縣之用，自捐自用，隨用隨捐。設海防未能遽撤，不能不陸續籌捐，以資保衛。幸而無事，即行停止。省城餉糈即屬萬分支絀，亦當另行設法羅掘，不復以各邑紳富之捐，提充省用。凡吾紳富商民，各有身家，各有性命，若不及早設備，强敵外至，土寇内訌，求保性命身家之不得，夫何有於資財。本署部堂、部院殷殷勸諭，開誠布公，無非爲吾民計。且海口有備，萬一聞警，省河兵力尚可分援，是又不僅爲各縣計，兼爲通省全局計也。吾民反覆思繹，必能深體本署部堂、部院衛民恤民之意，共矢急公親上之心，克展有勇知方之略，或糾衆摧鋒，或捐購船礮，或攔塞河道，或修築土臺，或毁其兵船，或斷其接濟。敵人散掠則鄉自爲守，人自爲戰，大股來犯則彼此聯絡，互相應援。其有擒斬鹵獲，仍按賞格優保重賞。惟須敵人犯境，方可奮力攻討，不准憑空生衅，妄殺無辜。所有辦團、辦捐事宜，責成地方官會同紳士籌辦。應由該縣會同邑紳，公舉辦事公正、鄉望素孚之紳士一二人，由善後團防局司道分别照會札飭，刊發關防，令充一縣總辦，其分辦即由該縣該紳會同選派，以前委勸紳富捐輸各員，即行調回。將來報銷核册，亦由地方官與紳經理。官任其事而不用其財，民出其資而自用其力，想亦吾民所稱便，抑亦吾民所樂從也。合亟剴切示諭南、番、東、順、新、香、安、甯各縣紳富商民人等知悉，爾等須知以捐辦團，祇是一事，務各竭誠效命，量力輸將，既非爲他人謀，即當早自爲計。此邦人士忠勇奮發，非他省所能及，亦敵人所深畏。上爲朝廷捍禦之資，下爲牖户綢繆之策，異日酬庸論賞，必有破格殊恩，本署部堂、部院有厚望焉。

嚴禁漢奸示 光緒十年七月初一日

照得法人違約啟衅，侵犯閩疆，難保不窺伺粵邊，意圖滋擾。查向來敵船犯境，必先句通漢奸人等，或帶領引水，指示沙綫道路，或串誘商販，售與食物軍火，甚且將緊要軍情暗中傳遞，造作謠言，惑亂人心，致良謀敗於垂成，寇虜縱於俄頃。負國殃民，莫此爲甚，亟宜嚴行禁止。爲此示諭軍民人等，爾等須知此次法人犯順，實敷天之公憤，覆載所不容，豈有生長中華，輸心敵國，以增燎原之焰，以危父母之邦。儻有私洩軍情，造謠惑衆，并串誘引水，私導法船進口及接濟軍火、牛羊、糧食、油水、煤炭等物，一經查出，即按謀叛已成律，除本犯盡法懲辦外，定將親屬一併連坐，決不姑寬。查獲漢奸，舉發出首者，從優獎賞。其各懔遵毋違。

懸賞示 光緒十年七月十一日

照得法人搆衅，自外生成，不感懷柔之德，不守萬國之法，窮兵黷武，背理違天。窺我邊疆，殘我屬國。聖德寬容，准予就欵。條約章章，旋即背棄。本年閏五月諒山觀音橋之役，彼先傷我差弁，又先開礮傷我官兵，我始還擊。其曲在彼，不知悔禍，反肆要求，婪索鉅資，擾犯海口，殘忍驕貪。天道不佑，環海萬國皆知其非。我粵士民，夙稱忠義，枕戈擐甲，久切同仇，因懔王章，未敢猝發。兹已衅開自彼，用特宣示軍民，衆志成城，同心戮力，論功行賞，決不食言。所有賞格，條列於後。

一、無論軍民人等，有能擒斬法國兵頭者，驗明憑據，賞銀一萬兩，保花翎游擊。擒斬七畫法官一名，驗明憑據，賞銀三千兩，保花翎都司。擒斬五畫法官一名，賞銀一千兩，保藍翎守備。三畫法官一名，賞銀五百兩，保藍翎千總。如係職官，另行加保，均先給札付。

一、無論軍民人等，有能擒斬真正法兵一名者，賞銀一百兩。擒斬法人所雇越人、華人打仗助逆者，賞銀五十兩。一人擒斬多名者，按名給賞外，仍保藍翎千、把總。惟均須驗明憑據，尤不准妄殺別國洋人。應保獎者，先給札付。

一、兵勇團練於法兵犯境之時，有能奪獲頭等鐵甲船一號者，賞銀十萬兩，次等鐵甲船一號賞銀八萬兩，頭等木輪船一號賞銀四萬兩，小木輪船一號賞銀二萬兩，洋舢板一號賞銀一百兩〔一〕。沉毀法人鐵船、木船、洋舢板者，減半給賞，仍予優保官階。惟不得妄奪妄毀別國船隻。至船上所有財物一切，盡給出力之人充賞。此外未經助力之官紳軍民人等，慨不許争論瓜分。惟敵兵尚未盡退，不顧追殺，先搶財物者，定以軍法從事。

一、無論軍民人等，有能奪繳法人萬斤以上大礮一尊者，賞銀三千兩，爲首出力之人，保花翎都司，先給札付。次等之礮，

〔一〕底本原文如此。似為「一萬兩」之誤。

以次酌減。

一、文武員弁、兵勇、鄉團、商民、練兵人等，如於法兵犯境之時有能出奇制勝、自帶奮勇、前後攻擊、大獲全勝者，賞銀三萬兩，按其官階功名，破格優保，成功之日，先給札付。

一、法兵犯境所到之處，該鄉紳團練丁有能於兵勇未到之前協力守禦，使彼族輪船、洋舢板或陸路大隊不能襲入内地，飛請官兵趕到救援、保全隘口者，臨時酌量從重優賞，自一萬兩至一千兩不等，併將首先出力諸人優保功名翎頂。

一、妄殺無辜冒賞者，定按軍法。

以上各項花紅賞銀，現已由藩運道三庫寬爲籌撥，提存善後局内，應給賞者，准赴善後局具報驗明，立時支給，隨到隨發，斷無折扣、稽遲。至保舉功名翎頂一項，當時給予札付，決不食言。

前開各條，係專指法國兵船而言，此外各國商民向來和好無嫌，不得藉端擾害，違者亦按軍法。

嚴禁毁壞教堂淩辱洋人示 光緒十年七月十九日

照得中外和好有年，本無猜嫌彼此。緣法人不道，背盟啟衅，侵犯閩疆，欽奉諭旨，與之決戰，是以懸示賞格，招募義憤之民，殺敵致果。蓋所仇者在法國，所指者法之兵頭、法之弁兵，於法之教士、商民無與，於他國更無與也。查本省海口現無法船，法領事等早已離粤，是雖忠義奮發，亦當待時而動，豈有不分皂白，妄肆欺淩於中華素敦交誼之德、英、美國及他國之傳習教士、安分之商民。任意淩辱，或值其出街大聲喊殺，或擁入教堂打毁什物。種種妄爲，決非良善。夫中華之人所以可貴者，以其循理也。理莫要於辨曲直、分良莠。洋人之曲者惟法國，此外講信修睦，皆直也。洋人之莠者惟法國，此外聯盟結好，皆良也。今釋曲者、莠者，而與直者、良者爲難，得毋誚其不循理乎。夫不能毁法國之兵船，而毁其寂然無人之教堂，是謂不明。不能擊法國鼓輪開礮之戰兵，而擊其手無寸鐵之教士，是謂不武。然則雖法國之教堂、教士，亦不應混行殘毁，只可静聽地方官辦理，候旨遵行，況波及局外之各國乎。是不惟爲各國之所譏，且適足爲勇夫之所笑矣。朝廷寬仁之量，侔於天地，一夫不獲，時廑於懷。各國教士、商民來遊中夏，雖在賓旅，莫非蒼生，苟有怵惕不安之情，必切容保如傷之念。疆吏奉宣德意，於中外交涉事件，辦理一以持平，詎肯昧曲直之分，混是非之辨，失國家之大信，啟詰問於鄰封。況各國未嘗失禮於我邦，凡解釋嫌隙，籌辦一切，甚有盡力之處。中朝嘉其欵誠，堅其和好，聘問久通，於累歲借助，尚在於將來，尤不容德怨異施，薰蕕一例，逞匹夫之私忿，誤經世之良謀，亟應嚴切示禁。除將佛山、石角等處毁壞教堂匪徒已經拏獲多名從重懲辦，未獲者嚴行查拏外，爲此示諭軍民諸色人等知悉：爾等須知德、英、美國及各國商民，向與法人無涉，何得無辜波及，有意欺淩。其傳教習教人士，併醫館義學，遵照總理衙門頒行條約，一體保護，不可淩虐。此尤載在盟府，約信彰彰，萬不容藉衆生端，自取罪戾。總之，臨陣殺法兵者則爲勇士，無故擾害外國人者則爲亂民。勇士有賞，亂民有刑，各不相假。爾等身家禍福所繫，亟須猛省回頭。各處城鄉不乏明理曉事之耆老生儒，務宜詳切解諭，無負本署部堂、部院拳拳告誡之心也。其各懔遵毋違。

諭沿海居民出洋華人立功優獎示 光緒十年

七月二十日

諭兩廣南北洋沿海居民、漁户、工商人等，越南西貢、新嘉坡、檳榔嶼等處華人知悉：法人無理，擾犯中國，殘害生靈，毁壞地方，天人共憤。爾等如有忠義報效者，由外洋雇備船隻，購置軍火，馳赴越南、閩、粤海面攔截法船，使其前後受敵。或佯受法人雇募，充當兵勇，便中毁其船械，焚其火藥。或充作工匠，爲之修理船隻則壞其機器，爲之帶水引路則引入礁淺絶地。或賣與飲食用物，則置放毒物，令其自斃。或受雇探信則顛倒真僞，誤其所往。或探其狡謀，洩其虚實，一一報知官軍。果有成功，驗明憑據，除按賞格給賞外，仍當會同沿海督撫大臣，奏明朝廷獎以不次之官。船資軍火，官補給價。其能自率一旅襲取西貢，奪據河内、海防等處者，定有封爵之賞。努力報國，本部堂、部院決不食言。

禁漢奸受雇當兵及爲法人修船示 光緒十年

七月二十三日

照得法人疊犯閩疆，戕害生靈，殘虐不道，天人共憤，凡有血氣之倫，莫不切同仇而思敵愾矣。惟聞香港、澳門一帶，向有漢奸串誘多人，給予厚值，或騙往雇工，或給爲服役，一經上船，便迫令爲兵，置之前驅，死亡夷傷多係此等。亦有兇悍悖逆之徒，貪圖重值，甘爲效力，尤屬異常悖謬。往事歷歷，何忍明言。更有向代外國修船工匠，遇敵船敗損，仍復潛往修理，致疲者得以振，弱者因以强。助逆負國，可恨孰甚，亟應嚴切示禁。爲此示諭沿海一帶居民及修船工匠人等知悉：爾等須深明中外之義，篤念父母之邦，若挺身應募，往助仇讎，則是以中華之人而害中華，以廣東之人而攻廣東，致爾之鄉井因爾而蕩爲邱墟，爾之親鄰爲爾而慘罹鋒鏑。清夜自思，忍乎否乎。况法人雇爾爲兵，即係置爾死地，衝鋒擋礮，百不存一，爲爾身計，亦豈有捨不貲之軀，而易有限之值，並爲千萬人所唾駡，而尚可爲乎。即他日倖免還家，鄉里親族人人不齒。但圖目前之小利，獨不計終身之衣食乎。如能棄邪歸正，暗中舉事，或梟其兵頭，或焚其軍火，協同官軍，内外攻擊，俾得掃盪無餘，本部堂、部院即當盡赦前愆，按格優賞，仍奏明朝廷獎以不次之官，以爲自拔來歸者勸。儻執迷不悟，始終助逆，除臨陣擒斬外，定當查拏該親屬盡法處治。其工匠人等罔顧禁令，仍爲修船，亦按謀叛律懲辦。各宜懔遵毋違。

禁藉端滋擾各國洋人及安分教民示 光緒十年七月二十四日

照得法人此次背約犯順，衅由彼開，是以本部堂、部院按照公例，飭令法國領事退出粤境，以免意外之虞，其法國教堂亦已一併查封候旨矣。至於此外各國，與中國素敦和好，誼應照約保護。其有中國民人曾入法人之教者，究屬我朝赤子，二百餘年食毛踐土，當亦各具天良。果其安静奉法，亦不得無故尋衅。訪聞南海、東莞等縣，有乘機鼓衆向教民驅逐搶掠，甚或有與别國教堂爲難情事，業經疊次示禁，并諭飭廣州府及南、番各縣出示嚴禁查拏，責成附近團練各局紳士隨時彈壓解散各在案。兹閲邸抄，光緒十年七月初四等日欽奉上諭：通商各國與中國訂約已久，毫無嫌隙，斷不可因法人之事有傷和好。著沿海各督撫嚴飭地方官及各營統領，將各國商民一律保護，即法國官、商、教民有願留内地安分守業者，亦當一律保衛。儻有干預軍事等情，一經察出，即照公例懲治。各該督撫即諭曉軍民人等知悉，儻有藉端滋擾情事，則是故違詔旨，妄生事端，我忠義兵民必不出此。此等匪徒，即著嚴拏正法，毋稍寬貸，用示朝廷保全大局至意等因。欽此。仰見天恩寬大，格外矜全，凡在臣民，允宜遵守。合亟恭録，剴切曉諭。爲此示仰軍民人等一體知悉：嗣後凡有通商各國，與中國素敦和好者，固須認真保護，斷不可因法人之事，無故波及。即曾入法教之民，在此安分營生，亦須照常看待。該教民等蒙此等浩蕩之皇恩，當亦知激發良心，不至干預軍事。儻經此次示諭之後，尚有無知匪徒膽敢仍蹈前轍，藉端滋事，即屬故違諭旨，定即嚴拏正法，決不寬貸。團練各局紳士爲閭閻表率，尤須隨時向居民人等切實開導，曉以大義，遇有不逞之徒聚衆滋事，立即多帶團丁，認真彈壓解散，以免匪徒乘機肆掠，貽累地方。毋違。

諭欽、廉教民速行解散示 光緒十年八月十一日

照得爾等從受法教有年，未嘗懸設厲禁，熙來攘往，各遂其生。緣法人滋擾越南，所在教民隨同作亂，抗拒官兵，是以一例攻勦，目爲教匪。至中國從教民人，初無悖逆形跡，雖值法人犯順，朝廷亦飭一律保護，不事疑猜。浩蕩天恩，各宜知感。茲聞廉州北海突來爾等教民數百人，屯聚不散，踪跡詭秘，遠近驚駭，僉謂必係法人句結作爲内應，復蹈越南故轍，各懷義憤，洶洶不平，誓與爾等爲難，疊據該府縣馳禀前來。本部堂、部院念爾等無故麕集多人，突來此地，難保不滋生事端。惟爾等雖入法國之教，究係中華之民，木本水源，詎無感動。若蹂踐父母之邦，屠戮鄉井之地，悖理妄爲，天決不佑。且法人侵犯各處，其本國兵士在後，而以爾等爲前驅，擋礮衝鋒，百不存一，是使中國之人自相屠殺，而彼收漁人之利，作壁上之觀。害理忍心，其疾視教民，正與華民無異，爾何尚執迷不悟，甘受驅使乎。甚至翦髮改裝，永爲異域之人，終身無復還鄉之望。代爲爾等思之，深可痛憫。如謂法人威逼，不得不然，乘此天戈所指，乘間來降，或梟其兵頭，或焚其軍械，除按格賞給外，仍當奏懇恩施，以爲自拔來歸者勸。利害具在，宜何適從。爲此，示諭廉、欽一帶從教人等知悉：爾等其速歸鄉里，同作良民，萬勿觀望遷延，希冀生事。儻經此番示諭，仍復句結多人，暗藏槍械，跧伏四處，其爲甘心叛逆，陰圖助敵無疑，即當懸示賞格，凡殺爾等助敵教民，與殺甘受法人雇募爲兵一例從重給賞。爾等在此不過數百人，豈能當數十萬人之義憤，身家性命立見滅亡，悔之晚矣。如各安生業，散歸故里，亦即一體撫育保護，決不因法人之故累及爾等，致有意外之虞。其各懍遵毋違。

曉諭中外曲直、指明商教利害示 光緒十年八月十二日

照得中外和好有年，商民相安，士庶樂業，貿易者利市十倍，傳教者視爲故常，無詐無虞，各蒙其福。我大皇帝之意，惟願與環海萬國共享昇平，不料有驕貪殘忍悖天理、蔑公法之法人，出而撓亂之也。越南者中國屬藩，未嘗開罪於法國。西貢被佔已久，

無故又陷其河內，侵其北圻，制其國政。法使寶海已經在津議約三條，法人忽又撤使翻悔。朝廷俯念前好，不欲興戎，惟飭滇、粵各軍扼守近邊之北甯等處，以清越匪而保邊陲。自李揚材作亂以來，我軍屯駐越境，已非一日，與法何涉。迨北甯防營無故被其撲犯，始添調勁旅赴援。此法之悖理違法，而我不與之較者一也。法總兵福祿諾在津議條約五欵，僉謂不可許。聖上以兵連禍結，有妨中外民生，特允所請，以保大局。法又背約，攻我觀音橋防營，首開槍礮。將士憤怒，力挫其鋒。諒江以南，雲集響應，咸思乘機進取，恢復越疆。朝廷以原約屆期，不肯黷武，諭令撤兵，退守邊界。此法之悖理違法，而我不與之較者二也。法不知感，婪索鉅費千餘萬，甘心開衅，其襲我雞籠，毁我礮。壘。在未經下旗之前，我待其在京謝公使如故。其兵輪盤踞閩江月餘，我未嘗先開一礮。迺突然轟我兵輪，燬我船廠，并傷我商船、渡船、民人無數，我仍照會在粵師領事，速挈其商民出省，免遭意外之虞，所遺教堂爲之封禁，所留教士爲之保護，可謂極力從寬從厚。此法之悖理違法，而我不與之較者三也。法既種種悖橫，自願決絶，欽奉諭旨嚴防海口，毋使法船得入。本部堂、部院值此邊事方殷，蒐討軍實，整飭武備，懸示賞格以激義勇，杜塞河道以遏敵衝，皆中國自主之權，防務中應辦之事。惟粵省及吴淞、福州、臺灣、天津等處，河水皆已先後酌量攔塞，輪船出入已多不便，設戰事日急，各口自必一律塞斷。查數月以來，海面不靖，人心風鶴，商賈蕭條，南北洋及閩、粵省口岸出口之貨不能暢旺，進口之貨不能速銷，中外商民同時交困。儻兵事久延，則生計可想。是則友邦商旅雖在局外，何異局中。粵省前准英國領事來文，有口門塞斷，所有本國食水較深之商船出進省河不能來往，如果省港輪船因此停駛，香港億萬之衆所需食物，無從取付等語，固屬實在情形。然粵果有戰事，防敵保境亦屬不得不然。至於各省教堂，相沿已久，歷年來雖小有齟齬，不難立時消弭。今因法人稱兵，於是鄉愚滋事，往往波及局外各國之教堂，雖明示屢下，有司嚴懲，無如教民自恐罹禍，紛紛遷移，行者扶老携幼，驚惶不安，居者停講閉門，終日防患。試思往日各邦商民教士，安居無驚，游歷無阻，今則寸步荆棘，日夕憂危，蕩析離居，誰爲此禍。將來戰爭不已，誠恐各省法國之教士與夫從法教之華民，更難晏然無恙。夫商務暢通，中外獲益。今各海口貿易如此滯礙，實本部堂、部院之所不願者也。無論民教，無論新教、舊教，從各國之教，果其安分營生，同爲中朝赤子。今令其流離失所，不樂其生，尤本部堂、部院之所不忍者也。伏讀七月初六日上諭：朝廷於此事審慎權衡，總因動衆興師，難免震驚百姓，故不輕於一發。此次法人背約失信，衆怒難平，不得已而用兵。至此外通商各國，與中國訂約已久，毫無嫌隙，斷不可因法人之事有傷和好。著沿海各督撫嚴飭地方官及各營統領，將各國商民一律保護。即法國官商教民有願留内地安分守業者，亦當一律保護等因。欽此。仰見聖恩寬大，於華洋官商民教一視同仁，絶無畛域。乃我國家包含徧覆，而法人首禍横行，荼毒生靈，毁壞地方，竟置各國諸色人等於不顧，并置法國之商民教士於不顧，真可謂上悖天理、下蔑公法者矣。爲此示諭沿海兵團工商居民人等，如遇法兵犯境，自必恪遵諭旨，敵愾同仇，共膺懋賞，不准接濟食用煤炭，帶水引路，受雇助惡，作匠當兵。至於向從法教之民，當念自己之父母鄉井，皇朝之格外天恩，如有法人迫令該教民當兵打仗，探聽軍情，萬不可受其煽惑。彼乃驅華民以餌華軍，專爲保護法兵起見，明明置該教民於死地。且一經薙髮改裝，永爲異域之人，終身更無還鄉之望，尤可痛憫。務即設謀相機，或臨陣倒戈，或暗報消息，成功之後，定當格外從優獎賞。此外各國商民教士，諒亦必謹守公法。惟是朝廷保全中外之宏仁，以及本部堂、部院體恤遠人之本意，不得不歷叙原委，推究利害，宣示周知。爲德爲怨，聽各國商民教士人等自思可也。

光緒十二年

查辦匪鄉示光緒十二年正月二十七日

照得稂莠弗除，則嘉禾不植。前以防務倥偬，未及清釐腹地。目前安内爲先，亟宜申刑亂用重之條，爲一勞永逸之計。大抵粤省莠民爲害地方，約有三類，一曰盜劫，一曰拜會，一曰械鬭。盜以搶擄，會以糾黨，鬭以焚殺，三者互相出入。會多則爲盜，盜强則助鬭，鬭久則招募，會盜各匪皆入其中。習俗相沿，蘖芽日盛，擾害農商，撓亂法紀。馴是不已，必至黨類益衆，仇殺益多，田地爲之荒蕪，行旅因而裹足，富庶之區漸成衰瘠耕鑿之壤，相尋干戈，甚非吾粤之福也。溯查同治七年，有查辦潮州匪鄉之案。十年，有查辦韶州、翁源等縣土匪，廣州東莞劫擄械鬭之案。十二年，有勦捕東西兩省交界高、廉等處伏莽之案。光緒三年，有查辦惠州匪鄉之案。無不調派兵勇，統以文武大員，馳往滋事地方，勒交匪犯礮械，一時兇徒爲之斂跡。近來匪類句煽較前滋多，現經本部堂、院會同奏明，分任文武大員，酌派營勇，查辦著名匪鄉，將會匪、盜匪、鬭匪一體澈底清釐。如敢抗庇，即行圍捕，翦除鉅憝，保全良善。奉旨：著照所請，該部知道。欽此。應即欽遵舉辦。業經咨會水師提督方，專辦惠州海豐、陸豐兩縣，其鄰近水師所轄者，附入此路辦理。該處悍鄉最多，匪徒最衆，竪旗倡亂已非一次，近日情形兇悍愈甚，亟應擇尤懲辦，以儆其餘。其惠、潮所屬各縣，屬陸路營汛所轄者，則由署陸路提督鄭會同辦理，并委署惠潮道、嘉益道會同查辦。又咨會鄭軍門，專辦廣州屬番禺、東莞、香山、新會、新甯、清遠、花縣、佛岡等處，督同署廣州協鄧副將辦理，韶州、肇慶兩府界連廣屬者，亦附入此路併辦。該處盜劫最夥，沿海、沿江幾於無日無之，甚至渡船勒其打單，團局敢於劫殺，道途荆棘，亟須翦除，村鎮交鬨，亦應拏究。其近海匪鄉，則有方軍門會同辦理，并委署督糧道李道會同查辦。涉及韶、肇兩屬者，并委南韶連道華道、肇陽羅道、潘道會同查辦。又咨會督辦欽、廉防務、前廣西提督馮，專辦廉州屬合浦、靈山、欽州等處。該處接壤高州，毗連桂邊，越境會匪最盛，盜劫亦多，强鄉則堅築寨墻，兇黨則擄質人口，抗官拒捕，亦若故常，亟應肅清伏莽，俾靖邊陲。其廉州一帶洋面盜匪，則飭陽江鎮黄鎮統帶兵輪，協同勦捕，并委署廉州府李守會同查辦。除分别咨行暨派營前往外，爲此示諭闔省軍民人等知悉：爾等須知此次奉旨查辦各屬匪鄉，係爲大局利害起見，若匪類一日不靖，則民生一日不安。應由三軍門統軍親臨，會同該管道府，曉諭各鄉勒交匪犯，督率委員研究是非，調核案卷，曉諭曲直，分别良莠。其情節較重、素行不法、有擄殺糾匪實據者，即予正法。餘則分别懲治、保釋，責令安分改業，斷不至稍有冤濫，亦不准兵勇稍有滋擾。爾等各鄉如有積年鉅惡，無論盜匪會匪，責成該族祠長紳衿、該鄉局紳首事查實捕獲，綑送軍前，或指名密禀到官，引往捕拏。其有仇讎報復，鬭殺不休，亦應將主謀始禍之人，幫鬭行凶之衆，和盤托出，縛獻引拏。所有擄捉人口、占踞田産，一律押放清還，私蓄礮械、强築臺寨，概行繳出平毁。惟不得誤拏無辜，挾讎誣害，頂兇賄放。儻敢抗庇不遵，即行督軍圍捕，孽由自作，刑誅勿赦。至於善後之法，略仿潮州章程，散姓之鄉設立約正、約副，大姓聚族之鄉，設立族正、族副，族丁過多、分布四境者，設立房正、房副，擇其端正謹飭、鄉望素孚者爲之。責成稽察勸導，給以札諭，令父兄約束子弟，紳耆勸諭小民，捐棄宿嫌，滌除舊惡，各具切結，永遠不敢滋事，違則公同綑送。有功名者奬以扁額，無職官者榮以頂帶，俾爲里閭矜式，族姓統率，庶幾永除囂陵之風，同享昇平之福，本部堂、部院有厚望焉。各該鄉一應人等慎勿助匪藏兇，貽害鄉里，藐法違示，自陷刑章，致負諄諄告誡之意。儻有劣紳豪棍保匪誣良，不遵國憲，不顧鄉評，造作蜚辭，摇撼大局，則本部堂、部院惟有執法從事，奏請嚴懲，決不顧惜浮言，亦必不能稍從寬貸也。各宜懔遵毋違。

黄江税廠改章革弊示 光緒十二年三月十五日

照得肇慶黄江廠徵收雜税，弊竇甚多，久爲商民之累，欽奉諭旨查辦。現經本部堂、部院確查議奏，仿照太平關章程，改派委員幫同該府辦理，駐廠稽徵，將該廠所有書吏、籤子手及官房、總房、散房各項名目一概革除，改用司事巡丁，不准幕友、書吏、家丁干預税務，并將該廠私收之各項浮費，及廠書繳官之各項陋規，永遠禁革，不准别立名目。至省内省外無論何衙門，向有季規、充規及一切規禮，一律嚴禁。統計裁革該廠私收浮費，約計共銀十二萬餘兩，從此一清積弊，永利商民。合將應革應裁應留各欵，并改訂章程，分别十條，明切曉諭。爲此，示仰該廠官吏丁役及經過商民，一體遵照後開條欵，切實遵行。如有不肖官吏違章勒索分文，或變名巧取，許商民等指名控告，查實分别揭參懲辦不貸。各宜懍遵毋違。

計開

一、現仿照奏改太平關章程，將黄江税廠遴委府廳一員前往幫辦，駐廠稽徵。

一、徵收税銀，刊給三聯印票，分別存發報查，按月開報。

一、該廠廠書、籤子手一概革除，書役充規永遠禁革，改用司事巡丁，隨時更换，不准幕友家丁干預税務，並不准再有官房、總房、散房各項名目，以清弊源。

一、該廠私收各項，所有辦用錢、官釐頭、額外加平、船頭錢、墟艇錢、黑錢、包攬錢共七欵，一概永遠禁革。

一、該廠繳官陋規，所有繳納府署之充規、節禮、堂禮、簰規、火燭等項共五款，一概永遠禁革。

一、肇慶府向有解繳藩司、肇羅道衙門之季規，廠書亦向有繳納藩司衙門之充規，近年均已久經停止，應予再行申禁，此後一概永遠禁革。此外無論省内省外何衙門，如向有規禮，一律禁革，違者以贓私論。

一、所收税項除正税、羡餘、加徵盈餘、橋羡四項，及隨同正税解司之院司養廉照額解足外，餘悉歸公。

一、簰租、簰夫、司事、巡丁薪工賞犒，扒船陸勇口糧等項，在所必需，應按所收税項之數，酌提一成，留充廠用。

一、商船過廠，向有花押小票錢，每貨船一隻收銀一錢，又有差船看船錢每船一百文，挂號錢每船一百文，收旗錢每船三十文，爲數甚微，准其仍舊存留，以作司巡人等飯食津貼之用。儻加收分文，並別立名目，違章私收，准商民等禀明，從嚴懲辦。

一、肇慶道府衙門辦公，以及肇慶地方各項公用，從前由該府籌備者，改在該廠向有三六補平水項下酌量提撥，不動正税。

以上十條，均經本部堂、部院詳核奏辦，官役商民永遠遵守。

梧州税廠裁革規費示 光緒十二年四月十四日

照得梧州府税廠，前因咸豐初年粤匪充斥，募勇護商，集商捐欵，爰於梧郡城内議設經費局，并由該廠帶抽。嗣軍務已平，道路安謐，募勇無多，分局雖次第裁併，而經費迄未減免，實屬有累商民。欽奉諭旨飭查，經本部堂、護部院欽遵，確切查明，會同覆奏，請將經費一欵，無論上水下水，概行免抽。又查出該廠私收各項，曰因頭，曰外費，曰現費，共三欵，永遠禁革，并永免書巡充規，革除廠書、算房、銀房、籤子手、尺手等名目，改用司事巡丁，以杜賄充把持、婪索陷漏等弊。惟該廠人數甚衆，辦公無資，應准按正税每兩收飯銀五分，以作司巡人等辦公之用。又貨船過廠，向有紅單錢，每單銀一錢，挂號錢上水每船收錢一百文，下水每船收錢二百文，收旗錢每船三十文。此三欵爲數甚微，准仍其舊，以作雜項人役津貼，不准於此外多取分文，亦不准別立名目。其柴規銀一欵，每束僅收錢一文，甚屬輕微。無税無費，不累商民，應盡數提解西善後局，以充公用。統計每年裁革經費暨浮收雜費各欵，約計共銀二十五萬餘兩。從此一清積弊，永利商民。合將裁革各款，逐條明切曉諭。爲此，示仰梧州府官吏人役及上下水經過商民一體遵照後開條欵，自告示張貼之日爲始，永遠奉行。如有不肖官吏額外多索分文，或變名巧取，許即指名控告，查實分別揭參懲辦不貸。各宜懍遵毋違。

計開

一、經費。無論上水下水，一切貨物概行免抽。城局關廠向收經費之處，即行裁撤。

一、因頭。無論水關、旱關、簰口，上水下水，概行禁革。

一、外費。無論水關、旱關、簰口，上水下水，概行禁革。

一、現費。無論上水下水，如爆竹、門錢、缸瓦、筆竹、魚苗、桂碎、桂子、瓜飏、雜木、木梢等類，凡係零星貨物，向不納税祇納現費者，永遠禁革。

一、充規。查梧州府税廠，向設經書七名，算書七名，銀房十名，巡役四十四名，一名籤子手，一名尺手，内正總四名，每值五年换充一次，俱有充費及茶果規銀。把持盤踞，最爲諸弊之根。今將充費、茶果、規銀禁革，其廠書、算書、銀房、籤子手、尺手各名目概行革除。所有查船核算收税繕寫等事，改用司事，並改募巡丁。如查有需索隱漏情事，隨時革换。

以上五欵，奏明革除，永遠遵守。

嚴禁白鴿標花會示光緒十二年五月十二日

照得粵省賭博名目甚多，其害民傷財，以白鴿標花會爲最甚。設總廠於市鎮，設分廠於通衢，設收標、跑把於各路各鄉。無論農工商賈，男婦老幼，往往貪其利多本少，用錢用銀，隨便猜買，且不出户庭，即可輸贏百變，雖典質告貸，蕩産傾家，在所不計，實民生風俗之大患。地方文武各官，恐亦難保無收受規費之事。粵省應行查禁事體甚多，然除弊以去其太甚爲先，立法以行之以漸爲貴。本部堂出令坊民務求實濟，亟應將此兩端嚴申禁令，以期循序推行。除咨行嚴革規費外，合亟牌示嚴禁。爲此，示仰闔省軍民諸色人等一體知悉，嗣後開設白鴿標花會及猜買者，一律嚴拏，按照定例，分别究懲，地方營縣受規隱徇，察出參辦。各宜懔遵毋違。

嚴禁收受攤館陋規示光緒十二年五月十六日

諭中、廣兩協知悉：本部堂自到任以來，所有本衙門自武巡捕官起，以及宅門内外各項丁役、轎夫人等，歷經嚴禁，從不准收受攤館陋規分文。疊次傳飭該將等遵辦，特恐未能周知，玆再明白曉示，如敢有影射冒名收受，除嚴行拏辦外，定惟該將暨西關都司是問。特示。

推廣查辦匪鄉示光緒十二年五月二十日

照得廣、惠、廉等府所屬匪鄉，現經奏准，分任水師提督方、署陸路提督鄭督辦。欽、廉防務，前廣西提督馮分往查辦，經疊通行示諭在案。惟匪衆滋蔓甚廣，不止廣、惠、廉等處，而清查積案，勦捕匪犯，籌辦善後，事體甚爲繁重。即就三郡而論，地段遼闊，亦非數月所能周徧。三軍門次第按行，甚需時日。凡在粵省境内，自應一視同仁，豈有此縣則亟爲掃除凶頑，彼縣則坐視良民受害。且使不同時舉辦，誠恐此拏彼竄，轉致以鄰爲壑，自應推廣，一律辦理，以期民生早臻安謐。除三軍門行臺所到隨地懲辦外，此外通省府廳州縣凡有害民匪徒，如盜匪、會匪、鬭匪等項合於原奏所指素行不法、有擄殺糾匪實據者，責成地方州縣、營汛一體查拏。但經拏獲審實，其本在三軍門現經查辦之地者，即就近禀報行營核辦。即非廣、惠、廉三府所屬而距行營較近者，亦即禀報三軍門，便宜從事，酌量核辦。如此外各府、廳、州，以及廣、惠、廉三府所屬距三軍門行營尚遠者，亦應隨時查拏，隨時通禀，各視地里遠近，犯數多少，或分解道府復審，或委員就地復審，禀候核批正法。若該州縣匪勢過盛，營縣威力不足者，准其飛禀請示，或檄飭附近鎮將酌帶官兵前往，或由省另行選派將弁調撥兵勇前往，會同地方文武彈壓勒緝，務令威足濟愛，澈底澄清，不得姑息敷衍。其各屬良民素受匪徒擾害者，務宜乘此大舉嚴辦之時，由各鄉公正紳耆，將該處向來積匪姓名、住址、夥黨蹤跡、所犯案據，逐一訪查明確，詳開清單，前赴該管文武衙門首告，以憑查拏，勿稍瞻顧。其有應行密拏者，即行開單密禀，但不得誣指妄控，致干重咎。除通行外，合亟示諭。爲此，示仰通省軍民人等一體遵照毋違。

光緒十三年

招撫瓊州峒黎示光緒十三年二月二十四日

照得瓊州一府，有黎人者十二州縣，蕃育滋生，幹年茲土，朝廷一視同仁。二百年來，於該黎未嘗稍有苛求，聽其伏處山箐，賦税不及，徭役不知，較之湘、蜀、滇、黔諸省瑶、倮、苗、僮[一]領以土司、供夫征調者，恩澤更爲浩蕩。該黎人宜如何感戴皇仁，各安生計，處深山者守穴居之舊，近内地者循互市之恒，方爲畏法安分。迺歷考乾隆、嘉慶、道光以來，盜兵搆亂，史不絶書。近年熟黎尤習狡黠，煽動生黎結隊攻剽戕害良民，歲必出擾數次。加之客匪、遊勇散入句結，出巢益數，爲亂日甚，疊經該道府派營勦辦，略加懲艾，未經掃穴覆巢，該黎益無忌憚，廣購火器，糾合莠徒，去冬至今，疊次焚擾定安、瓊山、萬州、陵水、會同、樂會之間，劫殺纍纍，冤毒滿野。兼以客匪不法，聞風響應，兵鋒四起，闔郡騷然，不安其生。本部堂職任兼圻，以誅暴救民爲事。當經奏調各路官軍，會合瓊州防營，大舉澈辦。疊次欽奉諭旨，與本督辦會商妥辦，勦撫兼施，敕將該黎等招徠化導，以爲一勞永逸之計，自應欽遵辦理。本督辦親督各軍，奉命渡海，入境伊始，詢問疾苦，知爾等黎人如儋、臨、昌、感，尚近馴良，定、萬、陵、崖，最易滋事。若即一律攻勦，則玉石

[一] 底本作「猺」、「狸」、「獞」。

俱焚，殊非奉行天討之意。當派中軍各營出定安、嶺門中路，先攻陳逆之老巢，分軍出萬州、長沙營東路，擊破九甲、西峒之援賊。什密既拔，移師南指，由陵及崖，馬嶺、廖弓相繼摧破，哮黎敗蹙，奔竄窮山，并派瓊軍出儋州、南豐西路，通白沙紅毛之道，受元門干脚之降，宣布恩威，咸能懽喻。四路黎峒，多願送册點驗，薙髮歸誠，足見爾黎人亦甚有悔罪畏法，深明順逆者。現在陳鍾明、陳鍾清、王打文、陳文中、那肥、那閃等稔惡已誅，黄清等窟穴已燬，凡擾害民生負固不服者，無不漸次剗除。大軍屢勝之後，破竹迎刃，一往無前。復經本部堂添調福軍六營，皆久在關外驍勇耐瘴之士，益以士勇數千，前驅開道，伐木運糧，必將深入五指、黎母、七指等老山，一闢數千年狉榛之境。儻仍有負嵎抗拒，梗我軍行，庇匪潛蹤，首鼠觀望，是爲自外生成。軍威所加，斷難寬貸。如其知機嚮化，本部堂、督辦業已申戒前敵將士，決不妄殺一人。兹特奏定條章，明白宣諭爾黎峒總管、頭人及一切熟黎、生黎、歧黎等，務宜深諭國家威德，互相傳布，展轉勸導，各率峒内諸黎，綑獻各匪，繳納軍械，造送户口清册，一律薙髮改裝，并須嚮導官軍，助工開道。本部堂、督辦仰體聖上如天之仁，必當善爲撫字，使爾生熟黎歧各得其所。總期除莠安良，永息寇亂，黎漢人等各安生業，興利阜財，立學施教，變易鄙俗，沐浴聖化，從此全瓊境内共享昇平。順逆禍福，一任該黎自取。所有招撫事宜，開列於後。

一、官軍此舉，專爲勦除亂黎，招撫良黎，決計開通十字大路，以期黎漢永遠相安。其良黎秋毫不擾，毋庸畏懼。

一、從前爲匪黎人，投誠者免，抗拒者誅。如能將逃匿黎漢各匪擒斬來獻者，重賞。

一、投誠各黎，無論生熟，一律薙髮，違者以抗拒論。

一、投誠黎首，須開送户口單册，綑獻匪徒，繳呈槍械，不得隱漏。

一、投誠黎衆，應隨大軍伐木開山，前驅嚮導，仍當按計里數，酌給賞犒。

一、將來開通十字大路後，選擇要地設官，撫治安營，彈壓各村。黎長助勦開路有功者，授爲土目，就中酌設總土目數人，散目給頂戴，總目授土弁，自爲約束，聽地方官選點，略仿滇黔各省土司之例，不令吏胥索擾。

一、開通後，黎人仍安生理，有主之田斷不强奪，惟抗拒者籍産入官，充官軍屯田之用。

一、開通後，田業三年内不收賦税，三年之外，務從輕則起徵，斷不苛斂。

一、開通後，黎境有鑛各山，由官商開采者給錢租賃，絶不强行占踞，黎、漢均享其利。

一、開通後，民人鹽布百貨，與黎地牛木糧藥等物，在各峒口設場互市，來往暢通，公平交易，嚴禁漢民訛賴盤剥，總令於黎人有益。

一、設立土目之後，應各具永不敢殺掠、抗官、藏匿匪徒切結存案，所屬有犯，責成該土目拏送到官，按律懲辦，不准隱匿迴護。

一、每數村仿内地設一義學，延請内地塾師，習學漢文，宣講聖諭廣訓，所需經費就地籌辦。

嚴禁擾害良黎示 光緒十三年六月

照得瓊州黎匪，自經本部堂奏明大舉潡辦，剿撫兼施，歷年稔惡逆黎，均已誅擒浄盡，所有被脅良黎，及投誠向化各峒生熟黎歧，悉令薙髮改裝，與之更始，田産生業，毋許侵占，開山通道，優給犒賞。前經出示曉諭各屬峒黎，不准胥役苛索擾累，嚴禁奸民訛詐盤剥，以期民黎永遠相安，并酌定章程十二條，刊刻傳布在案。兹准督辦馮軍門咨，據崖州北鄉團總雷震德禀稱，藤橋現有奸民揚言十二弓黎民多係亂黨，恐嚇訛詐，黎族惶恐等因。又據統領瓊軍方道，暨督帶福軍孫丞鴻勳，并各委員禀，嶺門局紳吴維垣、周慶齡、莫如琮等，帶勇屢入黎峒勒索牛隻銀錢，搜擄男女，毆砍良黎各等情前來。本部堂、部院查瓊郡各黎，業經改裝就撫，出力開路，無異良民，自不得復論從前，致滋疑懼。乃大兵甫撤，輒有奸民膽敢揚言擾害，藉故吹求，甚至劣紳强團任意苛派，擅自捉殺，實堪痛恨。除札東藩、臬兩司，雷瓊道通飭瓊州各屬，嗣後各黎民如無爲匪及另犯情事，不准妄拏誣陷，並嚴禁紳團苛索逞凶，立將貪劣團紳撤回懲辦外，合亟出示嚴禁。爲此，示仰瓊郡各州縣軍民漢黎人等知悉，各黎既經歸化，本部堂、部院一視同仁，自應令其安居樂業，彼此無異，不得復藉已往之事，恐嚇逼索。其墾田、開鑛、買賣交易等事，務須公平信實，勿得恃强欺騙，致釀事端。儻有不肖團紳苛索肆擾，强占黎産，奸商假借官勢，侵奪盤剥，准該黎民赴道府州縣衙門暨各防營喊禀，定即從嚴懲辦。如遇蠹役土棍、惡團游勇誣陷詐害、搶掠行凶，准其即行綑送地方文武各衙門暨各防營審辦。凡奸民誣害詐索，團勇擄掠行凶者，一經訊明，即由雷瓊道批飭正法示衆，以警刁頑而安良善。爾黎民亦當安分守法，毋啟争端，毋蹈覆轍，漢黎輯睦，永絶猜嫌，同享樂利。其各懔遵毋違。

招徠商民赴瓊州伐木、墾田示 光緒十三年十一月初十日

照得瓊州黎峒十字大路現已開通，生熟黎歧均已歸化，黎境暢行無阻。此次開通各路，皆從古未闢之境，山谷之中佳木林立，花梨、紫檀、香楠、鐵力之屬，多千數百年物，伽楠、沉香、冰片、朱藤、薯莨以及各種藥材，所産尤多。山内可用牛車，山外多通河道，運出不難。黎境除有名諸嶺外，多係陂陁平遠，土膏沃衍，一歲三熟，種植五穀以及甘蔗、藍靛、菸葉、番薯，無所不宜，遠勝瓊屬山外州縣。前經本部堂、部院奏明，招商伐木，移民開墾。惟是黎山初開，伐木墾田，工本均屬繁重。兹特寬定辦法，以惠商賈而利黎歧。查木料出口，向有關税、釐金。兹特酌定，由瓊州出口者，三年之内，所有關税、釐金全行寬免。官山則指定地方，限以四至，給予護照，准其開采。黎産則與黎人公平價買，三年後再行察看情形，量徵釐税，較他處力從輕減。至商賈入山，沿途均派兵役接遞護送，曉諭各村峒黎，勿得疑阻。此招徠伐木之章程也。黎山官荒，迭經派員查勘，各屬黎地，未開上腴何止數十萬畝，無論商民，聽其擇地認墾，分清經界，報官給照，三年内免其升科，三年之後，仍從輕則。其貧無力者，耕牛、農器、籽種，官爲量給。商民中有能集貲前往，雇募黎歧墾種，一人名下，認墾至千畝以上者，三年成熟，給以把總之職。開墾至萬畝以上成熟者，給以千總之職。三萬畝以上成熟者，從

優給以奬叙，以示鼓勵。儻有勢豪土棍侵占滋擾者，一經指告，重予懲處。此招商墾田之章程也。除奏明辦理外，合行出示曉諭閩省商民人等知悉。如有願往瓊州伐木、墾田者，速即前赴瓊州府城撫黎局報明領照，分投興辦。木料税釐既免，獲利必厚。墾田既有恒産，復得功名。爾等及早趨事赴功，切勿失此機會。勉之望之。

光緒十四年

開除鐵禁暫免税釐示 光緒十四年三月初三日

照得粤省鐵質之美，甲於天下，鑄造鐵器最爲精良。向例因恐接濟盜匪，不准下海，禁令極嚴。自通商以來，外洋鋼鐵每年入口不下數千萬斤，而中國土産之鐵，反以舊章束縛，銷路日滯。光緒十二年十二月，經本部堂援照山西成案，奏開廣東、廣西鐵器出洋之禁，奉旨准行在案。查粤省向章，凡有鉎鐵、鐵器在本境市鎮發賣，亦須赴運司衙門告運，給以本部堂旗票，依限繳銷，原慮其私行越境。今既准其出海，則内地行銷，更無關於弊竇。若仍令拘守旗程，商販必多不便。蓋出洋之貨，轉相售運者多，逕行告運者少，一經限制，將於旗程之外，跬步難行。查各屬鑪座既經完納鑪餉，立法已極周密。至於展轉販運，自宜從寬。現在奉旨大開海禁，則轉賣各口，通行外洋，任其所之，有何畛域可限。且販運各國所領旗票，更從何處繳銷。是出洋之鐵，礙難一一告運，即無所用其旗票。現經本部堂會同廣東撫部院吴、前護廣西撫部院李奏請一併弛禁，俾内地、外洋均得任便暢行。至於旗票之設，向有軍監、牙加、斤弔等税，現當開禁之初，所有此項鐵税及各卡釐金，亦經奏明自光緒十四年正月起，三年内暫行寬免。惟須考究數目，以便周知衰旺。應於出鑪起運之時，報明所過第一道釐廠，填給運票，以後各廠查驗放行。如無釐廠之處，即由府税廠。若又無府税廠，即由海關委員照章查驗，均無分毫規費，并嚴禁留難需索。每月將驗過鐵斤數目并掣過運票，彙齊具報，俾有稽核。統俟出洋暢旺，再從輕酌定抽收等情。奏奉硃批：著照所請。等因，欽此。除咨行欽遵外，合行出示曉諭廣東、廣西兩省商民知悉，嗣後爾等鐵器，除開設大鑪、土鑪仍照舊章，分別完納鑪餉外，如有販運鐵斤、鐵器，在於內地行銷或出外洋售賣，均可自聽其便，毋庸再行告運，亦毋庸請領旗票。所有販運銑鐵及鐵器各色稅項釐金，一併暫行寬免。其有向來派累鑪商之處，一切規費亦即概行裁禁，不准各衙門吏胥差役私立名目，藉端勒索。統俟出洋流通暢旺，再將應完稅釐，酌定章程，輕減併征，以便民生而廣利源。至鑪商完納稅餉，止係准其開設鑪座，并非准其壟斷專利，把持埠頭。從前限以旗程，有此疆彼界之分。此貨既不他往，自不能不杜彼貨之來。今既無須旗程，且又暫免稅釐，并裁禁派累，鑪商更屬無可藉口，則彼此之貨，均可擇便往來。所有銑鐵、鐵器，亦與尋常貨物無異，尚何庸禁其入境。況外洋鋼鐵竟來內地，商民争購，均無異言，則本境自有之鐵，更不得予以限制，致令難以暢行。自示之後，如有關吏留難、廠員需索，及各處奸商、土豪藉稱餉地，不准外來充銷，欲圖阻撓開禁情事，准即禀明，本部堂嚴行究辦不貸。

勸諭各屬紳耆酌提祠産周濟貧族示光緒十四年九月十六日

照得廣東各屬地方，民物殷阜，禮教昌明，鉅族豪宗，祠堂最盛，往往祖祠産業，動逾鉅萬，每年所入，輒累千金，祠內子孫之讀書、應試、出仕、經營者，類皆籌有資費，議有花紅。敦睦可風，遠逾他省。但於族中貧苦失業之人，尚未聞有議及專欵周濟之條者。揆諸嘉善矜不能之義，未免闕如。各該族子孫既衆，貧富難齊，賢愚不等，自應量爲拯恤，方合敬宗收族、建立祠堂本義。況族大人多，難保盡爲良善。衣食既足，廉恥自生。若任其迫於饑寒，則弱者轉於溝壑，强者流爲盜賊，不免擾害本鄉，盜竊同族。及至官司勒令交匪，甚至封祠查産，則仍須自出花紅購緝，既蒙庇匪之名，仍有費財之累，何如平日周濟貧宗，使其不流爲匪之爲愈乎。更有甚者，凡遇有械鬭，雇募凶徒，尋仇報復，則提祠産以供鬭費。遇有訟案，雇募訟師，纏控互訐，則提祠産以供訟費。夫以祖祠所積，不以備施濟親親之用，徒以供鬭訟犯法之資，顛倒甚矣。邇來各屬盜風尚熾，雖經本部堂飭屬嚴拏，仍未衰息。其中頑悍性成，愍不畏死者固不乏人，而窮迫無奈，致陷重辟者亦復不少。本部堂心甚閔之，近年以來，所有被災窮民出洋生計、開闢地利、教督工藝以及一切善舉，凡有可以培養元氣之處，無不飭屬舉辦，竭力籌維。但公家經費有常，勢難概行博濟。今擬勸諭各該族人等，於祖祠産業每年所入租息酌提若干，自議章程，查明本族極貧丁口，每年酌予拯濟。量其人之性情才力，或借給貲本，令其小販營生，或雇募工師，教其學習手藝，使人人有業可習，有食可謀，自不至相率爲匪。其祠産豐厚者，或酌提鉅資，另營家塾，以教聰穎之子弟，或設立恤嫠育嬰公所，以養孤寡之婦女、無依之童穉。年終將用過若干銀兩，施濟過本族若干丁口人數姓名榜示祠門之外。官吏但司督勸，經手仍由族紳。惟各族貧户，不得藉端訛詐，無厭要求。如已經周濟而無賴滋鬧不休，許該族紳指名禀官懲辦。各族紳能實力舉辦、著有成效者，本部堂定爲破格奏請旌獎，以示優異而昭激勸。再，各鄉神佛祠廟祀田產業亦復不少，其常年所入租息，有爲劣紳强宗首事值年人等把持侵蝕者，已往概不追問，惟應將現在所有租息公同查出，每年除香火、祭賽、宴會據實開銷外，餘欵尚多，酌提若干，以濟鄰里乏貧。除通飭各府廳州轉飭所屬盡心勸導外，合亟出示曉諭各屬紳耆知悉：爾等各有宗祠，宜就各鄉情形，祠産多少，量力準情，斟酌妥議章程，稟由地方官核明，詳請立案，即行開辦，不得支飾觀望。各該族長等均係深明禮義之人，一經曉諭，自當争相勸勉，以時舉行，庶財不外散，仍歸於本族，人有恒業，羣勉爲善良，永革鬭訟之風，力行施濟之事，睦婣任恤，可由此而類推。康樂和親，遂蒸成爲風俗，本部堂實有厚望焉。

光緒十五年

嚴禁復開白鴿票示光緒十五年二月二十四日

爲曉諭事。照得粤省白鴿票一項，爲害最烈，迭經嚴禁，無論如何嘗試，斷斷不許復開。乃近有不法棍徒及從前開票之人，在外招摇，多方設計，意在煽惑，變幻百出，殊堪痛恨。除飭府縣嚴密查拏外，合行出示曉諭軍民各色人等知悉：爾等須知白鴿票萬無再開之事，務宜各安本分，不可爲人所愚。如果有人撞騙，准其首告，定與重賞。儻仍串同營謀，一經拏獲，亦必從重懲辦。各宜懔遵毋違。

曉諭東省商民停徵鑪餉任便開鑄示光緒十五年二月三十日

照得廣東煽鑄鐵斤，向有大鑪、土鑪之分，均須充商完餉。查各屬鐵鑛甚旺，而鐵利不興，固與洋鐵充斥，亦因成本過重，官鑪獲利有限，多年停煽，惟藉名包庇私鑪，是以鑪餉仍不見旺，私鑪迄未禁絶。且釐税雖經本部堂奏免，并開除出海之禁，而各廠遇有銑鐵、鐵器，仍令照廢鐵完納。至前發裁革規費告示，地方員弁或不張貼，或旋貼旋毁。鐵鍋等物運至海口，汛兵差役均有抽收錢文。此類私自抽收，有妨商販，必須盡除積弊，始能大興利源。疊據委員查明，由東布政司、鹽運司、釐務局會核議詳前來。除通飭遵照外，合行出示曉諭各屬鑪商暨諸色人等知悉：

自光緒十五年起，所有大鑪、土鑪，各鑪餉一概奏明停徵，將從前大鑪、土鑪名目概行裁除，亦無私鑪之禁。無論何項人等，但有資本，即許開鑪煽鑄，地方官無庸查禁。從前文武衙門規費，一概豁免，毋庸交納。凡有販運鐵斤，惟用本部堂上年所發聯二運票。其大鑪、土鑪各商從前所領之印照印諭，以及用賸之旗票等項，一概注銷，就近繳由各州縣核銷詳繳，不准丁役人等需索退商費用。其有販運鐵器、鉎鐵、廢鐵，一律均照奏准前案，併免釐稅三年，統俟三年限滿，再將應完餉稅，由釐廠照章帶收。以上各節，皆所以輕成本而利行銷，免私收而歸實用。自示之後，儻有兵役人等藉查禁私鑪爲名，欲圖需索，或有鑪商繳銷印照、旗票，勒索退商費用，或有釐廠、稅廠將鉎鐵、鐵器仍令照廢鐵完納，或有地方官司不將告示張貼，希圖照舊收規，准該商販等來轅指名呈控，本部堂定當從嚴澈究懲辦，決不寬貸。

曉諭西省商民停徵鑪稅任便開鑄示 光緒十五年七月初九日

照得廣西鐵鑪、土鑪煽鑄鐵斤，應在西藩司完納鑪稅。正稅本屬無多，而陋規所費甚鉅，是以鐵鑛雖旺而鐵利不興，固由洋鐵充斥，亦因成本過重，官鑪獲利有限，多半停煽，惟藉名包庇私鑪，以致鑪稅短絀日甚，私鑪開鑄仍多。且釐稅雖經本部堂會同前護廣西撫部院李奏請暫免，并開除出海之禁，而東省各廠遇有鉎鐵、鐵器仍舊抽收，或令照廢鐵完納，西省各卡亦難免陽奉陰違。至前發裁革規費告示，地方員弁或不張貼，或旋貼旋毀，私自抽收，有妨商販，必須盡除積弊，始能大興利源。疊據委員查明，由西布政司、西釐金局會核議詳前來。除通飭遵照外，合就出示曉諭西省各屬鑪商暨諸色人等知悉：自光緒十五年起，所有廣西鐵鑪、土鑪稅，又經本部堂會同前廣西撫部院沈一概奏明停止，將從前鐵鑪、土鑪名目即行裁除，亦無私鑪之禁。無論何項人等，但有資本，即許開鑪煽鑄，地方官無庸查禁，從前文武衙門規費一概豁免，毋庸交納。凡有販運鐵斤，惟用本部堂上年所發聯二運票。其鐵鑪、土鑪各商從前所領之印照、印諭等項一概注銷，就近繳由各州縣核銷詳繳，不准丁役人等需索退商費用。其有販運鐵器、鉎鐵、廢鐵，一律均照奏准前案，併免釐稅三年，統俟三年限滿，再將應完餉稅由釐廠照章帶收。以上各節，皆所以輕成本而利行銷，免私收而歸實用。自示之後，儻有兵役人等藉查禁私鑪爲名，欲圖需索，或有鑪商繳銷印照勒索退商費用，或有釐廠、稅廠將鉎鐵、鐵器仍舊抽收或令照廢鐵完納，或有地方官司不將告示張貼，希圖照舊收規，准該商販等來轅指名呈控，本部堂、部院定當從嚴澈究懲辦，決不寬貸。

光緒十六年

典當減息示光緒十六年五月初八日

照得湖北武昌省城暨漢陽、漢口地方，自咸豐以來，元氣尚未盡復，近年又復水患頻仍，民生困苦，物力艱難，所恃以濟緩急通有無者，惟典當一門，尚可稍資周轉。而省城質當十餘家，均係三分取息。漢陽、漢口城鄉二十餘家，公典二分五釐取息，餘皆三分。利息過重，窮民深以爲苦。本部堂、部院軫念民艱，前飭司道暨各該府縣等剴切勸導，令各當店減息便民。復恐商力不支，數月以來，多方籌畫，不憚以損上益下之謀，爲恤商惠民之舉。茲據武昌、漢陽兩府，江夏、漢陽兩縣先後稟覆，省城仁昌、和昌等各當店十二家，漢陽、漢口樂福昌等各當店二十三家，均已遵諭，一律減爲常年二分取息，以便貧民，尚屬樂善好義。所有向來發商生息之官欵，無論原息或係一分，或係九釐，應即一律減爲五釐，並准將當店各項捐輸寬免十年，以示體恤，並飭各該地方官嚴禁吏役棍徒需索規費，俾安生業。違禁索擾者，准其稟官懲治，各該當店等亦不得藉詞勒價少當，刁難窮民，務期當、贖均平，商民兩便。其官欵息銀，歷年已久，本係備地方緊要公事及各項善舉之需，不能稍有短少。今一概減爲五釐，不敷甚鉅，應即以土藥店捐繳善後經費一欵抵補此項，以充公用。除分別飭遵立案外，合行出示曉諭軍民人等知悉：自本年六月初一日爲始，所有武、漢開設各當店，無論典當、質當，均一律定爲常年二分取息。其五月三十日以前所當之物，仍照從前利息取贖。六月初一日以後所當各物，均照二分取贖，所減官息，亦以六月爲始。各當店永遠奉行，不准藉詞續請增息。從此物力漸紓，商民均霑樂利，有厚望焉。

禁革巡捕規禮示光緒十六年七月十四日

示闔屬文武各員知悉：凡遇三節及本部堂生辰，暨各員到任，均不准致送巡捕官規禮、節禮等項。久經嚴飭禁革，合再申諭，如有私行致送及收受者，查出定干未便。

嚴禁漢川縣垸民藉險拆搶房屋告示[一]

光緒十六年九月初九日

案據湖北漢川縣知縣黄令稟稱：該縣地方内湖外河，全賴隄塍，以爲保障。各垸向章，無論河隄湖隄，凡居該垸之内，遇有工程，由隄户各修各隄。一旦出險，則隄户鳴鑼催集合垸衆業，并力搶顧，法至善也。乃近年以來，每值水勢盛漲，隄工危險之際，該搶顧人夫，并不幫同搶護，動輒將隄户房屋任意拆搶。是以一遇隄險，隄户不敢鳴鑼，以致顧隄無人，任其潰決。一垸之隄身既潰，衆垸多受牽潰之害。一垸之潰口未築，衆垸皆無補種之期，害稼殃民，莫此爲甚。推原其故，總由藉險拆搶之風，有以階之厲也。光緒十四年，經沔陽州陸牧詳請頒示嚴禁，兩年以來，此風稍戢。本年夏間，該縣襄南各水同時併漲，致將江西、

[一] 録自抄本《督楚公牘》。

麻埠、裙帶、六湖、太實、蓮子、打雁、朱龍、湘洋、細魚十官垸以及各民垸隄身先后漫潰。其實因水勢過大，隄難抵御者固多，而隄户不敢鳴鑼集衆搶顧，遂致潰決者，亦復不少。相習成風，牢不可破。維時雖經駐隄防護，并出示嚴行禁止，奈垸隄甚多，終難免顧此失彼。且現值秋汛，誠恐仍蹈故轍，稟懇援案出示嚴禁，俾刁民免拆搶之風，則隄户無畏顧之念等情，到本部堂、部院。據此。查江河隄塍如遇汛漲，出有險工，凡屬垸民，自應合力防護，共資保衛。若地方刁徒借防險爲名，動輒拆搶滋事，并不搶護隄防，以致潰決，貽害閭閻，實屬大干法紀。若不從嚴懲辦，何以儆刁惡而重隄工。除批飭該縣勒拏拆搶刁徒，究出爲首之人，訊明照土匪例就地正法懲辦外，合行出示嚴禁。爲此示仰漢川縣各垸圩業人等知悉：爾等須知隄塍爲田廬保障，如遇汛漲，務須遵照章程，預備守水器具，妥爲防護。設或出有險工，各垸業民，尤宜通力合作，趕緊搶築，庶免疏虞。自示之後，儻有不法刁徒，仍蹈前轍，拆搶滋事，一經拏獲，定即照土匪例就地正法，決不寬貸。其各凛遵毋違。特示。

曉諭商民開采煤鑛示 附單　光緒十六年十月初七日

照得本部堂恭承簡命，總制兩湖，首以爲全楚興地利、富民生爲務。現奉旨開辦煉鐵事宜，業經擇地於漢陽大別山下設廠興工。此舉爲中國開闢利源之要政，從此大冶、興國一帶鐵利大開，定可日臻蕃盛。至鐵廠需用煤斤甚多，一概不用洋煤，儘數購諸內地，以期增廣民間生計。前經派員分赴産煤地方認真履勘，內如湖北之荆門、當陽、歸州、興山等州縣，湖南之衡州、寶慶、永州三府，暨鄰境四川之奉節、巫山，江西之萍鄉等處，各有白煤、煙煤，業經采取煤樣，詳加考驗，其中均有佳者，堪供煉鐵及輪船之用。是湖北、湖南兩省地方既産佳鐵，又産佳煤，實爲楚省獨擅之地利，貧民無窮之生業。就目下官中需用數目核實，估計即煉鐵一廠，已日需白煤六七十萬斤，此外尚有織布局及槍礮廠用煤，數目大致相仿。至本省官輪船及招商局輪船所需者，尚不在內。若僅照目下零星開挖，所出之數，不敷甚鉅。查民間從前不願多開者，自因銷路不暢之故。現在煉鐵各廠均係百年經久之事，每日必需之物，但患出之不多，不患售之不盡。果係上好白煤、煙煤，無論每窿每日能開出數百萬斤，本部堂總能爲爾等力籌銷路。爲此示仰該商民等一體知照，各就向産好煤處所，選擇上等煤苗，或仍舊窿，或開新山，或合資夥辦，或獨力采取。向來煤窿開至深處，甫見好煤，即爲水阻，以至此窿即成廢棄，深爲可惜。若能購用抽水機器，則出煤愈多愈速，獲利愈厚。即開挖挑負之人夫，裝載轉運之船户，亦必增多數倍。此項機器每一分不過數千金，且不須雇用洋人亦能運用，均聽該處煤户自行酌辦。總須設法廣開，多備合用之煤，約於明年三四月間源源運致，臨時由鄂省鐵政局驗明煤樣，如果合用，即行收買，或按照時價，或議定價值，認定每月交煤若干擔，陸續運送，以便分應各局之用，斷無剋扣刁難之弊。四川夔、巫，江西萍鄉，與鄂省一水可通，若該處之煤運至漢口，亦即一體收買。務期各處煤斤源源而來，庶免再購洋煤，以致利爲所分。此舉專爲兩湖貧民多增恒産，各該州縣煤户鄉民各宜早籌資本，踴躍開采，以濬利源，毋得畏難自誤。切切。

茲將曾經考驗出産佳煤地名列左

計開

湖北

荆門州、當陽交界

窩子溝

當陽荆門州屬

大林堡　甯家溝　雙河口　金米觀石煤炭灰稍多，挖深當可合用。

興山宜昌府屬

屈家鋪　葛家山埡　沙坪　周家坡　林家山　回龍寺　上下堡　潘家河　響水峒　桑樹坪

歸州宜昌府屬

賈家店　羊毛坡　細密灘　梅光斗　王宗憲　梅庭治

巴東宜昌府屬

三種無土名

湖南

攸縣長沙府屬

烏井沖　樂家沖　陸家沖

瀏陽長沙府屬

神龍沖　大水灣　汪家坡　山田　豪基背　官山天壽堂

清泉衡州府屬

溧江走獅坪　西山　五里亭

耒陽衡州府屬

廟沖　三聳橋　抄箕埞　馬王塘　樂角樹下　四門洲　生嶺上　淝江

常甯衡州府屬

馬王塘　牛角塘　楓樹凹獅山腰　石子塘　豪猪隘　紅塘洲　紅陵塘

邵陽寶慶府屬

石橋鋪　牛馬司

新化寶慶府屬

大河　大河腰

祁陽永州府屬，多産上等油煤

四川

巫山夔州府屬

龍溪　羊耳山丁家灣

奉節夔州府屬

南鄉大河濱　北鄉楊柳榜　北鄉蘇金坡　弔葫蘆　北鄉萬向富　北鄉將軍廟　北鄉芭蕉灣

江西

萍鄉袁州府屬

石壁　安源　金玉

光緒十七年

示諭聽煽入會繳飄自首准予免罪、引拏匪首仍行給賞[一] 光緒十七年九月二十七日

照得近日會匪頗多，欽奉諭旨嚴拏重辦，並准自首免罪，迭經出示曉諭，并密派文武員弁兵勇分投查拏在案。數月以來，楚省沿江一帶，業將最爲著名之大頭目李典、葉坤山、高德華、楊清和、濮雲亭、陳花魁、李紫榮等拿獲懲辦。本部堂、部院深憫愚民無知，誤受匪首欺騙，希圖附和滋事，有利可圖。今該匪等皆係著名渠魁，擒獲正法，可見匪徒妄爲，難逃法網。爲此示仰軍民人等遵照，如有悞聽煽惑，曾經領飄入會者，迅速醒悟，各赴地方文武衙門或水陸營哨官處繳飄自首，准予免罪，決不食言。能指引拏獲匪首者，免罪外仍行給賞。如延不自首，經官拏獲，斷不輕縱。其各懔遵毋違。特示。

示諭過境土販捐輸峽路經費 光緒十七年十二月十一日

照得現據布政司、善後局議詳，所有自川省販運經過來鳳運入湖南等省行銷之土藥，應即予量加體恤，查明免其抽税，只令捐繳峽路及沿江一帶工程經費，每百斤捐銀十六兩，即予放行，不得留難。其自川省運入湖北本省沙市、漢口等處行銷者，仍按照部章收税，不准絲毫減折，以示區别而杜影射。特此示諭局卡、商民人等一體遵照。特示。

[一] 以下二件録自抄本《督楚公牘》。

光緒十八年

勸諭茶商講求采製各法示 光緒十八年二月初六日

照得茶葉爲中國商務大宗。中茶味性最佳，外洋英美各國所産皆不能及，洋商極肯出善價，俄國商人給價尤優，湖南、北及江西等幫，每年在漢口交易價銀至一千數百萬之多。然必須葉嫩味香，顔色光澤，製無煙氣，質無攙雜者，洋商方肯出高價購買，否則退盤割價，徒貽虧累。本部堂蒞楚以來，專意培養兩湖商民生計，熟察每年茶市情形，但患茶葉之不佳，不患銷路之不暢。至茶葉之佳，尤以采摘趁早爲第一要務。早則嫩，嫩則小。然葉愈小，而價愈貴。紅茶以葉小而嫩、上有白毛者爲佳，洋商最肯購買。此種嫩茶，必須穀雨以前采摘下山，方爲上品。若遲至穀雨以後，則葉老而色黄，茶粗而味淡，洋商即不肯出價。上年頭茶最爲得價，最優者遠勝向來頭茶，何也，此皆穀雨以前之茶也。總之，新茶上市成箱，或在穀雨以後，采茶必須穀雨以前。時不可失，此誠茶户茶商首宜講求者也。至製茶宜趁天晴，焙茶最忌煙氣，該茶户茶商等自悉其中竅要。惟製茶掌焙之人，須擇其諳練茶性、老成勤慎之人爲之，不可吝惜工價。揀茶尤宜精細，若稍有黄片夾雜，顔色不純，嫩茶亦因之減色。他若開莊宜禁陳茶，出箱宜防水濕，出售勿做樣茶，該茶商等均宜隨時考察，實事求是。大抵山户之弊，在於貪多、偷懶。商販之弊，在於僥倖牟利。不知洋商看茶最爲的確，買茶極爲認真，只在茶葉之好，不在斤兩之多。試思漢口自開市以來，因茶不對樣、貨不一色，退盤割價者，比比皆是，從無以陳茶、樣茶及燒邊黑井之茶僥倖售其欺者。此皆本部堂督飭江漢關道將歷年茶市行情詳查明確，並向外國領事、洋商反復考究而得者，故特明白剴切爲商民等言之。果能采茶早，製茶精，揀茶細，售茶真實不欺，自然得價，斷無退盤割價之事。至山户人等如有采摘不精，攙雜陳茶，水氣及貨色不一，斤兩不符等弊者，各商販自當公立禁約，從重罰辦。儻不受罰者，稟官究治。除札飭各該州縣認真稽察督勸外，合亟示諭各茶户茶商等知悉，爾等須知茶嫩則價自高，不必貪多。貨真則銷自暢，不必尤人。務須早采精製，必然獲利豐盈。有厚望焉。

光緒二十年

曉諭産茶各處示光緒二十年五月初七日

照得匿名揭帖，久干例禁，迭經本部堂恭録光緒十七年五月初七日欽奉諭旨，剴切出示曉諭，並通飭各屬州縣查拏造謡惑衆之匪徒懲辦在案。本年三月間，俄國百昌茶行商人達尼羅夫前赴羊樓峒辦茶，行至新店地方，被該處閒人圍繞，内有無知頑童擲石致傷，并於羊樓峒地方出有匿名揭帖等事。當經嚴札地方文武印委各員，妥爲彈壓，查禁拏辦。查洋商赴内地買茶，歷年已久，均極相安。乃近有無知之人，擲石滋事，并有游混匪徒妄造揭帖，謂中國茶務向來稱盛，近因洋人來此，以致虧累等語，實屬誤會訛傳，愚謬已極。查中外通商以來，惟有絲、茶兩端爲於中國最有益之事。試思咸豐以前，湖南、湖北兩省茶斤僅止售與西商，或運赴上海，銷數甚屬有限。自同治年間漢口通商以後，售者愈旺，種者愈多，年增一年。近來每年銷數將及銀一千萬兩，較之早年加至六七倍，而光緒六年至十五年銷數尤多，何得謂本來稱盛，因洋商而虧累乎。所以光緒十五年以後銷數較少者，乃因英國近年多用印度茶，買中國茶獨俄國，買茶日多，故銷數尚不甚懸遠。近年業茶者雖亦間有不盡獲利之時，乃因茶色有高下，外洋茶價亦有漲落。究之歷年以來，凡資本充足、茶色挑選極佳、毫無攙和潮濕者，無不得高價，獲厚利。不肯自行講求種植烘製之法，而徒歸咎於人，有何益處，豈非大愚。假如真能禁絶洋人來買漢口之茶，試問每年所産值銀一千萬兩之茶銷與何人。但使茶船漸稀，則銷路漸滯，安得善價。此皆由無業游匪只圖造言惑衆，擾亂地方，全不顧害及茶商，害及園户，實堪痛恨。此事關係中國商務、兩湖民間生計，均非淺鮮，合亟剴切明白曉諭。爲此，示仰軍民人等知悉：爾等須知洋商買茶，於爾等一方生計有關，正宜和平交易，豈可懷疑滋擾。況匿名揭帖，例禁綦嚴，爾等切勿誤聽奸匪訛言，無故生事，既蹈法網，亦誤生業。自示之後，務宜平心熟思，各安生理，見有買茶洋人，不得懷疑生事。儻敢造謡惑衆，滋生事端，定即嚴拏重懲。

光緒二十二年

行用銀元鈔票示光緒二十二年四月初二日

照得本部堂、部院前經奏明，於湖北武昌省城設立銀元局，開鑄銀元，通行各省。嗣因湖北省制錢缺乏，將銀元酌價，准其完納丁漕、關税、鹽課、釐金。旋經查明，各省皆有銀元，既准完納本省公欵，必須加鑄本省字樣，方免混淆滋弊，節經示諭在案。本部堂、部院慨念錢法日壞，亟圖補救之方。現飭司、局於省垣設立官錢局，權衡出入。查湖北省每年應收丁漕、釐税，爲數甚鉅，而銀錢之少，城鄉一律，民間百計購錢，竭蹶輸納，情形亦屬最苦，故調劑錢法之窮，必自公欵始。銀元所以代制錢，自應有劃一之錢價，方便行使。茲議定每新鑄之本省銀元一元，准作制錢一千文。該商民等照此價赴局購取，即照此價赴關卡、州縣完納，無絲毫增減，以昭大信。一面增購機器，添鑄對開、五開、十開、二十開小銀元，亦加鑄本省字樣，其價照一千文以次遞減，亦如制錢之可以零星使用。并刊發銀元官票，加蓋本省藩司印信，與善後局所發加蓋司印每張一千之錢票相輔而行，以期轉輸不竭。爲此示仰軍民人等知悉：爾等須知制錢雖一時短少，而新鑄本省銀元及銀元印票、官錢印票，實與制錢無異。三項充足流轉，民間自富商大賈，以至鄉曲編氓，凡持此項銀元及各印票赴官呈繳者，賦税可以早完，釐金可以速納。如有照章繳銀之欵，即照銀元定價之制錢一千文，核計市價高下，折算平色，取携既便，略無阻滯，則錢不足而自足。通行既久，錢價無有不平也。本部堂、部院更風聞民間於丁漕、釐税各項完納制錢，官吏司事不免有多方挑剔，甚至有索取規費之弊，深堪痛恨。今既有此本省銀元及銀元印票定爲一千之價，又有每張一千之官錢印票，務令隨到隨收，斷不准再有苛求。仍嚴札各關卡、州縣，如敢藉詞不收，或稍有留難需索，准該商民等赴轅呈控。一經查實，立即嚴參重辦。此舉乃整頓圜法，體恤商民之要政，法在必行，斷不容吏胥人等弊混梗阻。各宜懍遵毋違。

招考武備學生示附單　光緒二十二年九月初四日

照得本部堂前督兩廣，曾奏設水陸師學堂。去年權篆兩江，又奏設陸軍學堂。今湖廣爲長江上游南北樞紐，又將來鐵路所發端，尤爲用武之國，而士風之雄，冠絶諸省。當此時勢多艱，亟宜開設武備學堂，以儲將材而作士氣。查近時外洋各國，於兵事講求日精。器械既殊，營壘亦異，地圖、陣法、軍裝、醫藥，無一不窮極精微，籌備周密，以故軍謀戰具，均須因時制宜，各究專門，斷難株守成法。惟向來學堂所教，多係俊秀幼童及各營兵勇，文理既昧，氣質亦粗，斷難領會精要。且資地寒微，出身尚遠，數年之中，斷不能遽膺文武官職，安望其展轉倡率，廣開風氣。今鄂省學堂所教者，乃儲爲將領之才，專選文武舉貢生員及文監生、文武候補候選員弁，以及官紳世家子弟之有志向學者。緣上項諸人，皆科名仕宦中人，將來效用國家，引伸會通，展轉傳授，裨益較多，收效亦速。蓋兵事爲國之大政，古者學校中人無不先習射御，與我朝八旗文員兼習騎射之意相同，故卿士大夫，皆在行間，伍兩卒旅，悉入鄉校，從無不知書之材官，亦斷無不知兵之儒士。春秋傳云：雖有文事，必有武備，經義昭然。唐宋以後，文武分趨，殊失古人教士良法美意。泰西諸國，民皆爲兵，將皆入學，頗於古意有合。查學堂功課，分講堂、操場兩事。講堂以明其理，操場以盡其用。講堂功課，如軍械學、算學、測量繪圖學、槍礮機簧理法、槍礮諸件用法、子彈引信藥力理法、子彈引信各件用法、槍隊礮隊馬隊營陣之要、營壘橋道製造之法、山川險易攻守進退之機，故學生非文理已經明通者，斷不能指授領悟。操場功課，如操槍隊、操礮隊、操馬隊、操營壘工程隊、操行軍隊、打槍靶、打礮靶、操行軍礮臺、操行軍鐵路、演試測量、演習體操等事。諸生入學以後，講堂、操場必須兼習，始有實用，故學生非既通文理而又身體堅壯者，斷不能耐此勤勞。本部堂現已於武昌省城内購地一區，建造武備學堂，布置諸生講舍、住房及操場、打靶處所。設學生一百二十名，常川住堂。特電請出使德國大臣許〔一〕，向德國兵部商聘精通武學之二洋員，前來專司教習。又選津、粤學堂出身久充教習者數華員爲領班。學生照以上各種課程，禀承洋教習講説各條，譯成華文華語，轉相指授。其學堂未經造成之先，暫以保安門内大街大公館爲學生棲住之所，以鐵政局爲講授肄習之所。爲此出示曉諭，凡在鄂文武舉貢生員、文監生及文武員弁、官紳俊秀子弟，如有文理通暢而又身體堅壯願入本堂者，迅赴營務處報名候考。俟報名者約有成數，即行示期派員考試，再由本部堂親自核定，并察看其身體志趣，聽候録取挑選，入堂肄業。每月給贍銀四兩，火食另由學堂供給，月課、季課、年終大課，并按名次高下，酌給獎賞。惟在堂肄業者，不論何等功名，統爲學生，視同一律，均須恪遵總辦、提調、總稽查約束。教習所定課程，認真肄習。其有妄言妄爲、不遵學規者，立即屏除。如果三年學有成效者，本部堂必援照廣東、江南奏定學堂章程請奬，并擇委差缺，破格鼓勵。此舉乃爲造就人才而設，并非以膏火奬賞津貼貧員寒士，諸學生有志在勵學致用、虚心受教者，即來應選。若意存濫竽、僅圖膏奬者，斷斷不必投考，以免徒干甄別。另摘録招考章程五條於後。所期人材蔚起，共作國家干城，有厚望焉。

武備學堂招考學生章程

一、學生以一百二十名為額。凡文武舉貢生員及文監生暨文武候補候選員弁，以及官紳世家子弟，無論本省、外省，皆准其報名與考，惟姓名、籍貫、功名必須確實，若隱冒揑報，雖已收録，一經查出，仍即斥退。

一、學生必須有華文根柢，則講堂功課方能領會。此次挑取學生，其文員、文生、俊秀子弟，必須文理通暢之人，其武弁、武生亦必文理粗通，方堪與選。招考之時，文員、文生、俊秀子弟試論一道，武弁、武生試説帖一道，一律糊名考試，并由本部堂派員嚴密閲卷。其舉貢另為一日考試，作策問一道，不必糊名。

一、挑取學生除華文外，仍須體質堅壯，志氣樸誠，方足與武備之選。第一次考試華文，照定額倍取如一百二十名額挑取二百四十名。挑取以後，再行面試，并相其堅壯、樸誠而素行謹飭者，録取入堂。其有文字不符、身體柔脆、氣質浮囂者，概行剔去。

一、學生録取入堂，仍照額多取三四十名，俟入堂三月以後，

〔一〕指中國駐德公使許景澄。

再甄别一次，將不堪造就者剔去。不願學習者，亦准其於此三月内請假，仍照定額留堂學習。除火食另行由堂備給外，每月給贍銀四兩。蓋望其成材之切，不得不為擇取之嚴。

一、凡教西學，學堂定章最忌陸續增收學生，新舊攙雜，不能成班，致令教者窮於指授。現武備學生既經挑定以後，應即截止收録，其有留堂學生或因事撤退者，亦任令虚額，不得陸續收補。即使來堂求學者衆，亦祇能俟下届招考新生之日令其報考。新生另作新班教授，不得中道收補，攙入舊班。

推廣行用銀元及銀元票示光緒二十二年十月初二日

照得鄂省前因制錢缺乏，業經鑄造本省字樣銀元，定價作制錢一千文，并刊發司印銀元、制錢各票，准完納地丁、漕糧、關税、鹽課、釐金各公欵，以昭大信。本部堂、部院疊經出示曉諭，并飭將樣票札發各州縣、關局各在案。邇來附省各關局俱已陸續收解，惟外府各屬州縣，尚未以此項銀元票及本省銀元完納丁漕等項。推原其故，必緣距省遥遠，商民人等來省兑取不易，致未通行。兹特將本省字樣銀元及銀元票飭令司局札發各府州，分派各屬承領轉發各錢店、當鋪，宜昌兼發税鋪，以期流通。各錢店、當鋪承領，務照每元定價一千，公平交易，不准高抬抑勒。但商民人等兑换此項本省銀元及銀元票，除完納丁漕等欵外，設有别項應用必需制錢，應向就近各錢店隨時取錢，或掉换花票，或改兑銀兩，均可各從其便。且查各錢店於他店花票尚可互相出納，此項銀元官票尤應一律收受行使，庶商民得以均霑利益。即或市面緩急相需，省城官錢局儲有的欵，不妨持票赴省支取，決不稍有留難。除飭各府州遵照辦理外，合行示諭通省軍民人等知悉：須知此項本省銀元及銀元票以濟制錢之不足，各錢店、當鋪、税鋪係奉公領用，穩實可恃，斷不必遲疑觀望。儻錢店、當鋪、税鋪以及各鋪户不允支取掉换、贖取當件、購買貨物等情，即屬故爲留難，准喊禀各該地方官，治以把持行市、阻撓錢法之罪。本部堂、部院爲平減市價，體恤商民起見，務須一體遵行，毋得抗違干咎。

曉諭報考武備學生示光緒二十二年十月十一日

照得本部堂創設武備學堂，業經出示招考學生。兹計陸續報名投考，爲數已及四千，足見有志干城者，實不乏人，然亦難保無意存濫竽、僅圖膏獎者。查武備學生每日講堂、操場兩處功課，必須歷四時之久，即八點鐘，方有進益，似此心力俱勞，非質性聰明、身體壯健者，不能與選，亦無暇兼營他業。又本部堂期望極切，專選已有功名之人，或世家子弟、向多聞見之人入學，爲其受業較易，仕進較速，庶早日收得人之效。又初創規模未廣，定額祇百二十名，則取擇尤不得不嚴。除原報文童、武童、武監、軍功、功牌、頂戴若干名，本爲初次告示所未及，以及本人未有功名，又非祖、父、胞伯叔、胞兄確登仕版之人，均毋庸給卷考試，其年在四十以外之人，斷不能任此勞苦，亦毋庸給卷考試外，其餘舉人、五貢、廪增附生，應飭取具武昌、漢陽兩府縣學教官或在省各書院監院切結，籍隸他省者取具在鄂同鄉官切結，候補候選各員呈驗官照或各大憲委札、獎札等項，監生呈驗監照。無論何項人員，均開明三代履歷存案。緣學堂爲國家教育人材，今日學生之履歷，即他日官員之出身。儻經查出假冒頂替諸弊，定干究辦。又諸生有本肄業兩湖書院等處者，如有志武備，洵堪嘉許。惟既肄武備，即不能兼應他院之課，致疏武備功課，應將書院之課名開除。仰報名各員生即日赴營務處詳細呈報，以備擇期考試，毋負本部堂慎重人材之至意。

光緒二十三年

嚴禁攔河築壩示光緒二十三年二月初八日

照得現據藩、臬二司詳稱轉據潛江縣稟，以監、沔各屬刁民違禁，議在吴家改口等處建磯築壩，請分飭嚴拏究辦，并頒發示禁等情前來。查同治十三年，因沔陽刁民嚴士連創議在潛江縣屬吴家改口攔河築壩，有妨河道，斂費聚衆，抗官滋事，當經調派兵勇，將嚴士連捕獲，奏明就地正法，出示永遠嚴禁攔河築壩，免致壑害滋事。今該處刁徒乃敢句同監、沔痞棍，煽惑愚民，以爲處處修隄，民勞財費，不若仍於吴家改口築壩，總扼全河，以致鄉民受其愚弄，竟敢斂錢派費。聞已在改口附近之馬湖灘一帶測量深淺，詭稱已在省城及荆州稟准，擇期祀土開工。似此違禁妄爲，實屬藐法已極，若不嚴禁重懲，於全河大局，甚有關礙。爲此示仰潛江、監利、江陵、沔陽各州縣紳耆軍民人等一體知悉：爾等須知水道利害，必須統籌通省全局，不能專顧一隅。若利己損人，以鄰爲壑，既爲天理所不容，即爲國法所不宥。即如近兩年來，襄河、荆江附近州縣多有隄潰爲災，本部堂、部院疊經籌撥鉅欵數十萬緡，隨處修築，或以工代賑，或津貼民工，凡有關民生疾苦饑溺之端，無不竭力拯救。然只能捍災民之公患，不能徇刁民之私圖。爾等明白曉事者當不乏人，務各開導無知愚民，切勿在吴家改口附近之馬湖灘一帶建磯築壩。如有劣紳地痞膽敢顯違禁令，本部堂、部院現派水師礮船駐彼，并派委大員率帶弁字營勇前往，會同州縣營汛兵役立即查拏，送交地方官嚴行懲辦，決不姑寬。懔之。

鐵路兩旁田地嚴禁争買居奇示 光緒二十三年二月初九日

照得南北各省，現在欽奉諭旨，開造鐵路，經過地段所有佔用民業、田地、山場，應由委員會同地方官傳集業户，眼同勘丈，分别等則，按照民間常價，由官核定，酌中發給，不准居奇抬價。此地球萬國通例，我中華已辦之津榆、京津，現辦之蘆溝、保定各路，勘地給價，皆係照此酌定章程，一律辦妥，民間遵行，毫無異議。現在開辦幹路，南端由漢口、漢陽迤邐而北，誠恐該處紳商民户未悉定章，或多人争買，或業户居奇，以致地價騰貴，大工難於速成。查興辦鐵路，乃朝廷利民經國之要政，美利所及，必須公溥。國家創此盛舉，自當使各項商民一體受益，斷無任令賣地之家獨專大利之理。且鐵路雖設公司，内有户部奏明借撥鉅款，經費盈絀，皆須隨時核計，奏明舉辦，豈容地棍市儈壟斷挾持，阻撓要政。合亟剴切示諭，仰官吏紳商軍民人等一體知悉：凡鐵路經過之處，兩旁田地嚴禁私相買賣，及倒填年月、高抬時價等弊，並飭各地方官六箇月之内不准印契，以免影射轇轕，聽候洋工程師勘明鐵路、車站應用之地，插標釘樁，分段丈量，照章由官給價，用杜争執而重要工。如敢違章牟利，致有私售倒填、影射把持、朦混印契諸弊，查出定將契約作廢，仍行懲罰。懔遵勿違。

招考自强學堂學生示 附單 光緒二十三年三月初八日

照得本部堂於光緒十九年十月奏設自强學堂於武昌省城，分方言、算學、格致、商務四齋，惟方言一齋住堂肄業，其餘三齋按月考課，歷年循辦在案。誠以爾時兩湖風氣未開，姑以四者開其先路。惟自强之道，貴乎周知情僞，取人所長，若非精曉洋文，即不能自讀西書，必無從會通博采。兹經本部堂詳加酌核，更定自强學堂章程。其算學一門，中國古法及新譯西書、西籍較多，可不假道西文，業經於上年五月改歸兩湖書院，另行講習。其格致、商務兩門，中國既少專書，津滬諸局、西人學館譯出諸編，不過略舉大概，教者學者無從深求。現將格致、商務兩門停課，先行統課方言，以爲一切西學之階梯，將來格致、商務即可自行誦繹探討。查京師同文館分設英文、法文、德文、俄文等館，規模大備，惟一館學生勢不能應中外之求，此外各省堂局學習洋文，多係專習一事，取法一國。查西人學業，各國雖大致相同，而專長兼長，實非一致。辦理交涉，尤貴因應咸宜，此英、法、德、俄四國語言文字必須分門指授之意也。本部堂意在造就通材，所期遠大。欲使學者皆能自讀西書，自研西法，則可深窺立法之本原，并可曲闡旁通之新義，既不必讀展轉傳譯之書，免致得粗而遺精，亦不至墨守西師一人之説，免致所知之有限。將來學成以後，通殊方之學，察鄰國之政，功用甚宏，實基於此。此必須資性穎悟、身家清白、先通華文、先讀儒書、義理明通、志趣端正，方能與選。今分立英、法、德、俄語言文字四門，每門學生以三十名爲額，四門共一百二十名。英文、法文各省傳習較久，目下初學始基，即派華員爲教習。俄文、德文通習素罕，分派俄員、德員爲教習，輔以華員協同課授。現已委員購地，刻期添造誦堂并學生所住齋舍，合行出示招考學生。至堂内原有英文學生，其未通華文者，應行汰除，統計應行招足一百二十名之額。目下誦堂、住舍尚未造成，先行每門招十五名入堂肄業，其餘十五名俟誦堂、齋舍造齊，再行來堂。除該生飯食、書籍、紙筆等均由學堂備辦外，每名每月給膏火銀五元，以資安心學習。爲此示仰各省舉貢生監職員、官紳子弟人等知悉：凡有華文清通，年在二十四歲以内、十五歲以外者，無論本省、外省，悉准報名與考，聽候本部堂派員考試録取，復試挑選，入堂學習。凡入堂學生，不論何項人員，均須恪遵規矩，聽受教習及管學各員約束。如不守學規，即行斥退，斷不姑容。自出示之日起，以十五日爲限，迅赴自强學堂報名，慎毋觀望自誤。并開列簡明章程十二條於後。

一、自强學堂以一百二十名為額，分習英、法、德、俄四國語言文字，每門三十名，分四堂課授。

一、學生必須年在二十四歲以内、十五歲以外者，口齒較靈，志趣漸定，若過二十四歲或不及十五歲，均不收録。

一、學生必須以華文為根柢，以聖道為準繩。儒書既通，則指授西文亦可得收事半功倍之效。此次挑取學生，非華文清通、義理明白、根基已立者，斷不收録。

一、吸食洋煙者斷不收録，勿庸投考。

一、挑取學生，先考華文一次，照定額加倍挑取，再行面試，並相其器宇端正、口齒靈敏、體質壯實、確無嗜好者録取入堂，并於定額之外備取三四十名，俟入堂三月以後，甄别一次，將不堪造就者剔去，乃照定額留堂學習。

一、學生有年齒稍長或已列膠庠者，必已通曉儒書，每日除西文功課外，儘可自温舊業。其年齒稍稺、華文較淺之學生，另於該學堂設立華文教習，於西文之暇課授儒書華文，並作論説，庶幾中外兼通，不至忘本。

一、在堂學生，宜專心致志習學堂講授諸課，不准在堂作時文試帖，亦不准並應各書院課試，以致兩誤。

一、學生凡已入學者，准其請假以應鄉試，其一切歲科小試，概不准請假。

一、學堂以五年為畢業。學生留堂以後，即為官學生，其未畢業以前，若非實有緊要正事，不得自行請假。若藉端求去，改習卑下之業，甚或不自愛惜，受洋行雇充繙譯，須將其歷年薪水、火食及本身一切用費追繳。責成該學堂於學生挑選留堂之日，即將其家世考詢明確，並須有同鄉官員誠實可靠之人出具保結。

一、教授西文，最忌陸續增收學生，新舊攙雜，不能成班，令教者窮於指授。該堂學生既經挑定以後，即應截止收録。至已留堂學生或有因事撤退者，只可任令虚額，不能陸續收補。即使來堂求學者衆，亦止能俟下届招考新生之時，令其報考，另作新班教授，不得中道收補，攙入舊班。

一、學生凡在誦堂聽華、洋教習約束，凡在齋舍或飯廳聽提調、總稽查並管學委員約束。如有犯規者，在誦堂即由教習酌量儆戒，在齋舍由提調酌量儆戒，不率教者斥退。

一、課程學規條目，糊牌懸挂堂内。

自强學堂不給膏火示 光緒二十三年四月十九日

照得自强學堂教習方言學生，業經出示招考在案。此項學堂原爲儲備通材，俾能自讀各國之書，以備濟時之用，相期遠大，不僅以傳譯語言見長，自非有志之士，不與斯選。查環球各國學堂，章程大致相同，每年官出帑項恒數千萬金，然除下等學堂專爲領有家貧憑據者准入堂不取資外，其餘無論上、中、下三等學堂，以及各項專門學堂、師範學堂，每國無慮數千百區，凡學生來學，自七歲爲始以至成材，莫不酌令學生按歲納資，歸入堂用。夫以官出鉅欵設立之學堂，豈必恃學生所納微資以爲補助，良以學堂規模務臻美備，即如建造房屋，聘請名師，置備各種學術圖器、書籍等事，豈一人一家、數人數家之力所能舉辦。然使官出全資，又恐啟無志向學、專圖口腹者濫厠之弊，故令學生酌納微資，雖不足以供堂用，然可以覘來學者之誠心與否。其中斟酌，頗稱盡善。今中國官設學堂以開風氣，目下雖不能盡照西法令學生出資，然亦宜略參其意，爲將來天下各省、各府州縣徧設學堂張本。本部堂設立此項學堂，原不同書院，相沿舊章，以膏火爲津貼寒士之計。所有建造學堂工費、華洋教習薪水、委員吏役薪工、學生飯食、書本、洋紙筆墨，以及學習各種學問器具圖籍，概由官備創造之費，合計已屬不貲。常年經費，每年尤需鉅欵，已爲向來書院之所無，豈復吝惜幾微。惟體察士情，參酌西法，必須不發膏火，方有真才實效。所有前次出示原擬學生每月給發膏火銀五元之處，兹特改定章程，此項膏火銀五元勿庸發給，惟由學堂備給飯食及以上應用各器具。在有志之士就學情殷，本不以膏火之有無爲進退，儻有名爲嚮學、實圖膏火者，自必廢然而返，變計不來，則入學之人皆係有志求益之士，學堂規矩更形嚴肅。仍按月比較華洋文字、進境分數，分别甲乙，給予獎賞，以資鼓勵。在國家既欵不妄費，在學生亦取不傷廉，庶與本部堂選求志士之深心相合。爲此示仰各考生知悉，凡有考取入自强學堂肄業之學生，皆不發膏火銀元，止按月擇尤獎賞，以選真才而收實效。聽各生自酌行止可也。

開辦鐵路收買漢口民地示 附單 光緒二十三年五月十五日

照得漢口爲東南各省商埠總匯之區，現經欽奉諭旨，興辦蘆漢鐵路，上關國計，下利民生。應用修建車路地段以及埠頭等地，無論公私業産，均皆給價購買，不准居奇違抗，業經本部堂、部院出示曉諭在案。現本部院、部堂、大臣飭派委員，會同漢陽縣查明民間平常買賣價值，分别高下，擬定官價，由洋工程司勘定地界，插立標桿。凡在標桿以内之地，一律給價收買。爲此，示仰該地各業户一體知悉：爾等地畝如在標桿以内，應即持契赴就近官局報明，該局員司隨到隨同丈量，按畝遵照後開官價，算明錢數，填給領錢聯票，聽赴發錢處領取，并無絲毫留難，所定官價亦照民間常價加優。如有房屋，亦由委員勘估，寬給價值，一併收買。該業户等須知興造鐵路，乃國家通籌大局之要政，一經鐵路通行，僻地均成鬧市，凡民間工作生計、商貨貿遷，莫不異常繁盛，十分便利。富民强國，兼而有之，上下交益，其利甚普。凡我臣民，均當仰體朝廷富國利民之至意，同心協力，成此盛舉。而況普天之下，莫非王土，寬價收買，實沐皇仁。想爾等食毛踐土，具有天良，必當奉上急公，踴躍遵照，斷不致藉端居奇，自干違抗之咎。儻有刁徒從中阻撓，定即拏案嚴行懲辦，決不姑寬。各宜懍遵毋違。

計開

一、通濟門外下至萬家廟民地，每畝給官價制錢十千文。

一、萬家廟以下至灄口漢陽屬界民地，每畝給官價制錢八千文，其不能種麥沙地，每畝給官價制錢四千文。

一、通濟門上至大智門民地，每畝給官價制錢十千文，其不能種植湖地，每畝給官價制錢四千文，内有開熟菜園，由委員查看地勢高低，酌加津貼。

一、大智門上至玉帶門民地，每畝給官價制錢八千文，其不能種植湖地，每畝給官價制錢四千文。

一、玉帶門外至皇經堂以上民地，每畝給官價制錢十三千文，内有菜園，由委員查明，酌加津貼。

一、宗關一帶民地，每畝給官價制錢二十千文。

一、地内如有房屋，由委員估勘定價給買，有願拆遷者，酌給搬家費，聽自拆遷。

光緒二十四年

招考農務、工藝學生示 光緒二十四年閏三月十六日

照得富國之本，耕農與工藝併重。近來泰西各國，農務最爲興盛，由於格致理化之學日益精深，知地力之無盡藏，於辨土宜、察物性、廣種植、厚培壅諸事，講求不遺餘力。美國尤以農致富，且製器造物，翻陳出新，務求利用，亦皆學有專門，精心考究，用能行銷廣遠，阜裕民生。中國地處温帶，原隰沃衍，甲於環球。乃因農學不講，坐使天然美利壅閼不彰，此農學不講之故也。至於工藝，尤爲西國擅長。中華物産富饒，五材備足，而百工樸拙，相因沿習，舊藝祇就已知已能，各謀生理，執業小工既困苦畢生，無暇考究，搢紳士夫復專攻文學，不屑講求。即有欲學之人，又無門徑可尋，以致民智日拙，游惰日多，洋貨充斥，漏卮日甚。此工學不講之故也。查湖北生齒較繁，兼之連年水旱，歲收歉薄，民生困苦。本部堂、部院蒿目時艱，凡有當務之學，莫不亟圖倡導。勸農惠工，並爲養民根本。邇來迭奉諭旨，飭令廣種植、興製造，亟宜剋日開辦，以期惠養民生。本部堂、部院前聘美國農學教習早經到華，所購西式農具、果木佳種即日亦可運到。現暫借保安門内公所爲農務學堂，仍俟另建學堂落成遷居，一面在省城内清查官地，租用民田，興辦農學，講求相土辨種之方、炭養〔一〕相資之理，兼及各項畜牧事宜。又於省城洋務局内設立工

〔一〕「炭養」，即碳氧。

藝學堂，選募華洋教習，專教筆算、理化之學，汽機重動之功，以明其體，并選中國、東洋各項工藝匠首，分教專門之法，以達其用。兹特招選紳商士庶子弟，或有志講求農學者，或有志講求工學者，分別入農、工兩學堂肄業，庶教導既專，心智自啟，將來成效漸著，收回利權，富强之基，實有賴焉。查西國無論何種學堂，均由學生自納費用，爲數頗鉅。今設立農務、工藝各學堂，凡一切建堂租地、購種置器、教習員司薪水，概由官給，數已不貲。其學生火食、油燭、筆墨零用等項，酌令學生每人每月納銀元四枚，稍資貼補。在國家既設學堂，豈復吝此區區費用，惟令學生納貲，正是勸學深意。爲此示諭官紳商聰穎子弟知悉，如有有志講求農學、工學者，分赴各學堂報名，聽候選擇，定期開學，毋稍觀望。

招考工藝學生示附單　光緒二十四年十一月二十一日

照得中國材産富饒，人物靈秀，甲於五洲，而開物成務，實較各國爲最早。惟近數百年來，機器之靈巧，製造之精美，中國轉遜於外人。蓋由洋人工藝各有專門，悉本格致、理化、測算諸學，精益求精，日新月盛。而中國士人皆不屑講求，凡諸百工，類多目不識丁之人，沿習舊業，不特不能自出心裁，創物製器，即繼述前人，尚多失其真傳精意，以致土貨日就窳陋，洋貨日見充斥，民智日拙，游惰日多，亟應設法勸導振興，以挽風氣而塞漏卮。是以本部堂於設武備、自强、農務諸學堂之外，復奏設工藝學堂於湖北省城，選紳商士人子弟肄業其中，擇中東匠首、教習分授工藝十數門，兼課理化、算繪諸學，使生徒熟習各項工藝之法，兼探機器製造立法之本。原庶三年學成之後，既明其理，復達其用，旁通十餘門之製造，根基既立，中人以上，隨時加工講求，或可創製新奇，即中人以下，亦不致流爲無業游民。現已擇定舊日蠶桑局房屋改爲工藝局，已飭趕緊修改房屋，購備器具，剋日開學。兹特招選各省紳商士人聰穎子弟曾讀四書、識字、十二歲以上十六歲以下者，入堂肄業。均須身家清白，有官紳殷商具保。除該生飯食、書籍、紙筆均由學堂備辦外，不另發給膏火。爲此，示仰各省紳商士人子弟知悉，如有志講求工學者，即於十一月内赴工藝局報名，聽候選擇，定期開學，毋稍觀望自誤。切切。

工藝學堂招考學生章程

一、工藝學堂以六十名為額，分習汽機、車床、繪圖、翻沙、打鐵、打銅、木作、漆器、竹器、洋蠟、玻璃各門工藝。學習三年為畢業，初兩年各學專門，第三年兼學各項工藝。

一、學生必須身家清白，十二歲以上十六歲以下，天資靈敏，氣體充實，讀過四書，能認二千字者，方能收録。

一、學生入堂，必須聽委員因材分派各門學習，不能自行揀擇。

一、各項工藝，必須親手操作，方能切實通曉。各生均須聽各門匠首、教習教導指揮，實力操作，不准袖手旁觀。

一、學生每日工作四點鐘，讀格致、化學、算繪諸書四點鐘，晚間仍須讀中國書。每日由各教習分别勤惰，逐名核記分數，每月統計榜示甲乙一次，使各父母親屬周知。其有不堪造就、不受約束、屢犯堂規者，隨時斥革。

一、學生入堂後，如無要事，不准請假外出，一切親朋非稟明委員，不准探視。

一、學生選定後，必須有紳商具保，方能收録。儻以後不遵約束，故犯堂規，或未畢業私自離堂者，惟保人是問，將該生歷年火食費用全數追繳。

光緒二十六年

示諭槍廠匠目車成槍件交收驗所用樣板比較不合剔退另造[一] 光緒二十六年五月二十三日

照得製造須用機器，原期所造一律，而又必用樣板比較，以防尚有參差。東西洋各槍礮局所講求機器，不遺餘力，所造之槍礮雖日加堅固靈捷，總無不由機器製造而成，鉗匠用人無多，不過藉資裝配，造成之件，無一不驗以樣板，故精美甲於天下。湖北槍礮廠開辦未久，其初偏重鉗匠，車牀所造不過粗坯，全藉鉗匠鎈光，故不能符合樣板。今據總辦槍礮局瞿藩司、沈道賫成槍廠匠目祁獻廷等公稟，内稱願遵照洋匠章程，自本年六月初一日起，逐日造槍二十五枝，逐件經機器車成後，即交收驗所用樣板比較，不合剔退另造。至明年正月開工起，逐月加造一枝，以二十五箇月，加至日造五十枝之數，並由各車牀領首具結前來。既悟已往之非，必收將來之效。除飭總辦槍礮局司道督飭廠中員司認真考核外，合行出示曉諭。爲此示仰槍廠匠目領首工匠人等知悉：汝等既經具結在案，車成之槍件，務即交收驗所用樣板比較，不合剔退另造。本部堂仍隨時派員赴該廠將造成之各零件用樣板考核，以驗其是否實力奉行。如有不合，即惟該領首等是問，並

〔一〕録自抄本《督楚公牘》。

將收驗所司事工匠究革，以爲瞻徇者戒。至機器匠得力之後，鉗匠應裁者多，何者應留，何者應裁，何者應准其赴車牀學習，以免向隅，即著駐廠總辦認真分别辦理，隨時彙報。總期工作日精，費不虚糜，是爲至要。切切。特示。

遵旨保衛地方示 光緒二十六年六月初四日

照得北方因匪徒滋事，以致各國生衅，人心摇動，大局攸關。本部堂、部院奉到五月二十九日、三十等日寄諭，有現在京城仍極力保護各國使館，及各省督撫務須相機審勢，保守疆土等語，自當欽遵此次諭旨，設法辦理。已會同兩江督部堂劉詳加籌畫，將東南各省均行一律保全。現與各國領事商定，但使各國水師艦隊不入長江，則内地各省所有各國人口、産業，均歸地方官極力保護，業經妥議辦法，電奏在案。此乃保衛地方百姓身家性命之至計，誠恐民間未知此次奏明辦法，土匪莠民藉端騷擾，致害全局，爲此亟行出示，曉諭一切軍民人等知悉：爾等須知此次北方戰事，本非朝廷意料所及。此次諭旨現在京城仍保護使館，與各省現在仍遵照歷年頒行約章，保護租界、教堂，同爲保全大局起見。現在各國既願歸我保護，水師艦隊不擾長江，則居民商務均可安静如常，土匪不致乘機作亂，其所以保全沿江内地各省百姓之身家性命者，裨益良多，斷不宜輕啟衅端，庶可仰體朝廷顧全大局之意。紳耆人等尤當剴切開導，如此所以保安國家完善之疆土，即所以益彰聖朝如天之至仁。既經此次示諭之後，如有捏造謡言，煽惑人心及聚衆擾及租界、教堂者，定即嚴密查拏，按照土匪會匪懲辦。其有匪徒藉端騷擾、意圖蠢動者，各處均已駐有重兵，立行痛剿。如兵勇差役有滋事擾害者，即照軍法懲辦。務使商民安業，地方平靖，以仰副諭旨相機審勢、保守疆土之意。各宜懔遵勿違。

嚴禁造謡揭帖示 光緒二十六年七月二十七日

照得近日武、漢地方，竟有匪徒到處徧張揭帖，内稱庚子義神拳、戊寅紅燈照等語，并敢捏造謡言，謂北方拳匪已由河南至襄陽，指日即至武、漢等語。查自北方拳匪肇衅之初，節經本部堂、部院會同各省督部堂、撫部院奏明，此係邪教亂民，請旨痛剿。嗣於六月二十一、七月初八等日迭次欽奉諭旨，飭令各省剿辦土匪亂民，以靖亂源。聖諭煌煌，早經恭録宣布在案。現在北方拳匪自云邪法已破，毫無伎倆，大半死於礮火及爲官軍所擊殺，其僅存者早已解去包頭號帶，四散潛匿。其平日焚殺刼掠，久爲良民所切齒，正恐爲團練官軍所捕，奔避不遑，如何能糾衆竄至黄河以南，更何能遠來楚境。至湖北襄陽一帶，派有重兵扼紮，地方平靖，民教相安，即河南南陽各屬，偶有匪徒滋事，亦經河南撫部院飭屬嚴拏懲辦，目下已皆安堵。即使真有豫省匪徒自稱拳匪，擾及楚邊，本部堂、部院惟有恪遵疊次諭旨，痛加剿辦，斷不容其入境擾亂。至武、漢爲省會重地，本部堂、部院布置籌防，尤爲周密。乃以影響全無之事，以訛傳訛，愚民無知，自相驚恐，甚至有移家遷避者，顯係本地土匪會匪造言揭帖，煽惑人心，冀於商民紛擾之時，乘機刼掠。包藏禍心，實堪痛恨。除飭地方文武暨防練各營密訪會拏造謡之匪徒，立時訊明正法外，亟應出示嚴切諭禁，仰軍民人等一體知悉：爾等須知此等揭帖謡言，全係匪徒狡謀捏造，切勿誤聽妄動，反自驚擾，致遭劫掠之災，追悔無及。儻有仍敢造言恫喝，搖惑人心者，此人必係匪徒，立即拏獲正法，決不寬貸。各宜懔遵。

查拏自立會匪示 光緒二十六年閏八月初十日

照得沿江沿海一帶，現有自立會匪，在上海設立國會總會，在漢口設立中國國會分會，其會名曰自立會，其軍名曰自立軍。仿照哥老會票布辦法，在上海石印紙票，名曰富有票，到處散放，句煽三江兩湖哥老會匪糾衆謀逆，定期在武昌、漢口、漢陽同日起事。其時，安徽大通，湖南臨湘，湖北蒲圻，新隄會匪，已經紛起焚掠，均查出富有票。當在漢口李慎德堂及寶順里內，拏獲兩湖分會總匪首唐才常，匪首林圭、李虎生等二十餘名。當時在唐才常寓所，起獲軍械、火藥、僞印、僞札、僞示、富有票多張，及入會各匪姓名簿。又購買洋槍刀械用欵，雇募奸細分往各城各營各局充當內應月支薪水用欵，招募會匪，自稱發餉用欵各項賬簿。又各省匪黨往來逆信，又洋文規條，皆在唐才常屋內搜獲。並同時在漢口、漢陽拏獲同夥謀逆之哥老會匪首瞿河清、向聯陞等，發交營務處司道、武昌府、江夏縣公同審訊。該匪等供認開設自立會，句結哥老會，散放富有票，同夥謀逆不諱，當即將該匪首唐才常等正法示儆。旋在嘉魚縣拏獲匪黨蔣國才，搜獲富有票、黃旗及各匪口號名單，暨正會長康有爲、副會長梁啟超僞諭僞通飭等件。續據湖南拏獲會匪頭目李英、譚翥等供稱，康有爲在上海開富有山，正龍頭係康有爲、唐才常、梁啟超等。唐才常派爲上海總糧臺，聽説康有爲、孫文派人會合大刀會，孫文已到山東。此事是康有爲爲總，康有爲以唐才常爲總，各糧臺之錢均是康有爲接濟等語。查蔣國才匪單內係康有爲爲正龍頭，梁啟超爲副龍頭。並據唐才常供，上海國會總會頭目係廣東人容閎。此外各處所獲哥老會匪供詞，供出康有爲、唐才常爲首者不計其數。旋准大學士、直隸爵閣督部堂李電咨，查出康有爲、梁啟超、唐才常、容閎等句聯會匪、私運外洋軍火，圖擾亂三江、兩湖、兩廣各省，情形大略相同。並准兩江督部堂劉、安徽撫部院王、湖南撫部院俞咨富有票匪擾亂長江，派兵勦捕，起獲匪票僞示各情形，與鄂省所查皆相符合。查此項自立會匪唐才常等，以康逆死黨窟穴上海設立總會，自爲總糧臺，往來沿江沿海各處，廣散銀錢，購誘會匪，計謀凶狡，黨夥紛繁。其匪黨往來書信大指，因北方有警，乘此煽動沿江沿海各省各種會匪同時作亂。其同謀句結之人，各省皆有。其購械、募匪之欵，查簿內存欵，計洋銀一萬五千餘元，用去已將及萬元。所散放之富有票，就兩湖地方查出供出者，已有兩萬餘張。事發後數日，尚有人向李慎德堂投遞匪黨逆信，經税務司郵政局拏獲數起。其僞札有曰指定東南各行省爲新造自立之國，其華、洋文規條內，有曰不認滿洲爲國家，其僞印文曰中國國會分會駐漢之印，又曰中國國會督辦南部各省總會之關防，又曰中國國會督辦南部各路軍務處之關防，又曰統帶中國國會自立軍中、左、右、後等營各關防。其唐才常身邊小篋內，搜出規條，有曰焚燬各衙署，劫掠局庫，佔踞城池，焚戮三日，封刀安民。其逆信內有曰沿途亦可劫掠。其開用僞關防札稿內，有曰業經報明滬會篆刻關防一顆，內刊中國國會督辦南部各省總會字樣，於庚子年七月初八日開用語。唐才常等到案，一一供認不諱。至其平空造言，捏誣狂吠，詆毀兩宮，悖逆凶悍，令人髮指。該會匪等以自立爲名號，以焚戮劫掠爲條規，以富有票爲引誘，意欲使天下人心同時摇動，天下民生同時糜爛，實爲凶毒已極。又查僞札，有云本國會深懔危亡等語，可謂狡詐膽妄。該匪首倡爲國會，造此詭辭，冀以誑誘少年躁妄之文士，鼓動昏迷無知之愚民，尤爲可惡。方今時事雖棘，上下同心，力圖振作，尚可勉籌補救之方。若該會匪各省蠭起，則中國真將有危亡之勢矣。該會匪明明亂國，而反託名保國。試思該會匪既已自稱爲新造之國，公然自立，不認國家，是已明言不爲我皇上之臣子矣。乃尚敢託保國之名，以逞其亂國之謀，不獨中國忠義臣民不受其欺也，凡各國明理曉事之人，恐亦不受其欺也。又查康有爲、梁啟超會銜通飭，有日本會長開設自立會，欲圖自立，必先自借尊皇權始。明言借字，實爲可駭，可見康逆所開保皇會，不過借名作亂。其狡謀既已自行吐露，若文人才士尚爲所愚，亦大惑可哀之甚矣。近日安徽大通焚劫慘殺之會匪，湖南沅潭焚劫慘殺之會匪，湖北新隄、蒲圻、嘉魚、監利劫掠之會匪，查其逆信票據，皆即係自立會匪之同夥，均經領有富有票者。其合夥約期，濟械助費，分據地方，安排接應，均係確有實據。查各種會匪向來專以劫掠焚殺爲事，今該自立會匪用爲黨羽，假使此輩得志，必致各省糜爛，塗炭生靈，中西商民同受其害。試問外國國會，乃國家所設下議院之稱，豈此等會匪之所可冒充乎。查李慎德堂前門在英租界之内，當日查拏各匪之時，係由英領事簽字，派巡捕協同往拏，當場眼同起獲各種謀逆作亂器械憑據，華、洋人等衆目共覩，因此各國領事皆深知此輩實係與哥老會合夥，同爲盜賊土匪，毫無可疑，必應查拏，以免擾害地方。各國領事因予一公同簽字之據，如以後查有匪徒藏匿租界，即可往拏。若唐才常等非真係亂匪，安能如此辦理乎。除湖南、湖北兩省隨時密查嚴拏外，此外沿江、沿海各省，皆有分會，其往來於上海者尤多，應由各省自行查拏。已將先後疊次查出、供出緊要各匪首姓名、籍貫，陸續開單分咨各省，一體嚴密懸賞查拏，務獲懲辦，以懲亂逆而安大局。至唐才常供出同會、同謀之人甚多，凡係尚未查出實據者，本部堂、部院概不株連。其軍民人等誤領富有票者，准其向官司、營局、團紳、首士繳票銷燬，即免追究，予以自新。若觀望藏匿不繳者，查獲匪票，定行重辦。誠恐該匪等逆亂實情確據外間未能周知，合亟摘叙緊要情節，出示曉諭士商軍民人等一體知悉，已入會者及早悔悟，未入會者永爲善良，勿信邪説，勿負國家，勿蒙逆惡之名，勿蹈亂賊之誅。懔之望之。

光緒二十七年

清丈涸出洲湖各地示光緒二十七年三月二十日

照得望山門外南路白沙洲等處，北自白沙洲，西南至金口，東南至紙坊，東至油坊嶺一帶，地面遼闊，從前多被江水淹没。往歲經本部堂籌撥鉅欵，築隄修閘，涸出洲湖各地不下十餘萬畝，以後江水無漫溢之患，内水有宣洩之方，使彌望汙萊，盡成沃壤。一切捍患興利，原係爲民生起見，惟涸出之地，自應劃清界限，分别等次，每年飭繳補修隄閘經費，庶可永免沈菑，長享樂利。且使民間畛域各分，始可永杜釁端，彼此無從争攘。現在委員設局，會同江夏縣辦理清丈。所有金沙洲、白沙洲、長湖、蕎麥屯、黄家湖、石嘴、青林湖、老軍屯、道士湖、野湖、周家港、神山湖、郭家湖、龍船磯、西湖、杜家澥、夜泊山、紗帽山、鳳凰山、張公渡、紙坊、五里界、紙坊湖、寶和臺、廟山湖、迴龍山、柏木嶺、湯生湖、李家橋、油坊嶺、魯家巷、南湖、長虹橋、賽湖等處一帶地方，不分荒熟田地，均應一律清釐。凡耕管各户，實有光緒二十五年九月以前之的確紅契，契註界内荒熟田地，自屬有據之業。其餘田地，應以無據論。不得以廢約他契及光緒二十五年九月以後僞造朦税之紅契，執以爲據。或有前五年本户之糧串，甲里無訛，其所載糧課輕重又與田地弓畝多寡相符者，亦作有據之業，其餘田地均以無據論。不得以他户别業之糧串朦混其間。該户各將契串依限繳局驗明，隨給驗單。無契無串者，亦必先期赴局據實報明耕管地段界限弓畝，隨給報單，俟由官履勘丈量核對，給單註册後，仍將驗報聯單繳局，换領清丈執照，以執照填註之有據無據，即定繳歲修隄費之多寡。有據者每畝繳錢二百文，無據者每畝飭繳錢四百文，均於每年秋收八月内一律完繳。農民既得仍安舊業，而歲修隄閘亦不至經費無出。至荒蕪無主之業，暨督標、馬廠原屬官地，另行給單招墾，領照納租，不在此例。所有此次開辦清丈事宜，除札委員及江夏縣會同遵照辦理外，合行示諭該處紳耆軍民人等一體知悉：當此清丈之時，由局示期，爾耕管各户有據者繳局呈驗，無據者赴局報明，以便分别給單勘丈。儻逾限不遵，至丈時無單對核，凡清出之荒熟田地，無論多寡，一概收作官地，另行招佃，以爲抗玩者戒。爾等紳民具有天良，應知大義，當思此後連村比户，共慶安居，實由本部堂力籌鉅欵，修隄築閘，始能開拓地利，田宅不慮汙萊，農民多受利益。至此次清丈地畝，以有據無據，按畝分别飭繳歲時補修隄閘經費，蓋期事垂久遠，預籌善後之謀。該紳民等飲水思源，自當踴躍從公，輸將恐後。儻有不法衿棍妄生疑議，從中阻撓，一經查覺，定即從嚴懲辦，決不姑寬。各宜懍遵毋違。

光緒二十八年

招考師範學堂學生示[一] 光緒二十八年四月二十六日

爲招考師範學堂學生事。所有如何録取各條，開示於後。

一、此次所教師範學生，預備將來爲本省各府州縣小學堂教習之用，必須性情純謹，文理清通，身體强健，方准投考。

一、學生全録本省人。已在各書院學堂者，不再甄録。

一、學生全録廩增附生，取定後查核學册、年貌、籍貫，不符者退出。

一、學生年限定用二十四歲以上、三十歲以下。

一、出示後，限四月二十八日至五月初四日截止，在安徽會館報名。館在大朝街南頭東巷内。

一、定於五月初六日、初七日、初八日、初九日共四日，在安徽會館考驗學生。每日約考多少人數，先期貼示姓名。

一、考日每人作史學題文一首，師範科目各科題文一首。

一、考日報名學生務於五點鐘到齊安徽會館，各戴紅帽，聽候點名。

一、考取後，先行榜示，各生聽候分日傳見。

一、傳見後，議定人數，示期傳知到堂。

行用銅元示 光緒二十八[二]年七月十二日

照得光緒二十七年十二月二十四日欽奉諭旨，飭令各省開鑄銅元，以補制錢之不足。查廣東、福建、江南等省，均已仿照香港銅仙、日本銅幣式様，製造當五、當十銅元，與舊鑄制錢相輔而行，民皆稱便。鄂省錢缺民艱，當經飭局仿造此項銅元，現已如式鑄就，凡有官商士庶，自應遵旨一律通行，周流無滯，庶足以維圜法而利民生。除已通飭各州縣、關卡、釐局，無論丁漕、關税、鹽課、釐金及一切官欵凡向用制錢者，但係湖北本省所鑄銅元，均應准其完納收用外，合行示諭紳商軍民人等一體知悉：此項銅元係奉旨鑄造通行，本爲便民利用而設，無論大小各項買賣，自應照制錢一律行使，當十銅元一百枚即抵九八制錢一千文，不准稍有遏抑，亦不准任意折減。儻敢有意阻撓，如係官吏不收，准商民據實控告，查明參處。如係奸商惡儈把持不用，又或收用時從中折扣，一經發覺，即由地方官拏案懲辦，決不姑寬。

[一] 録自抄本《督楚公牘》。

[二] 底本《張文襄公全集》誤置於光緒二十六年，現據抄本《督楚公牘》改正為光緒二十八年。該年七月十二日尚有行用銅元札飭一通，見本集公牘·咨札類，可資佐證。

光緒三十年

通行一兩銀幣示光緒三十年十二月十八日

照得中國向來官民行用，俱係生銀，各處平碼參差，並不一律遵用庫平，其成色紛歧，名目繁亂，以致錢商市儈得以上下其手，操縱漁利，於商務民用均有窒礙。現與各國訂立商約，均有中國自行釐定國家一律通用之國幣一條。約内聲明將全國貨幣俱歸劃一，即以此定爲合例之國幣，中外人民應在中國境内遵用，以完納各項税課及别項用欵，惟完納關税，仍以關平核計等語。自應及早釐定劃一銀幣，以期全國通行。兹經本部堂奏請，就湖北省鑄造庫平一兩重銀幣，先行試用，文曰大清銀幣，清文居中，漢文環之，其餘洋文及各省名、年分、計重若干，皆列其上。其一面四圍環以龍紋，中鑄一兩字樣，取其易於辨識。無論收發，皆照湖北藩庫三六庫平核算，出入均作爲十成紋銀。欽奉硃批允准，自應及早開辦，以尊國體而便商民。現已飭局鑄成，發交湖北官錢局經理，行用收發皆照湖北藩庫三六庫平核算，作爲十成紋銀，斷不准有絲毫增減，以期各省通行，永遠遵守。凡民間完納錢糧正賦及關税、釐金一切捐項，暨州縣、局卡報解司道局庫一應欵項，均照湖北藩署三六庫平一律折算，與向章并無妨礙。如有向章於庫紋正項之外應解各項雜費名曰平餘、火耗、解費等項者，除銀幣作爲庫平十成紋銀計算外，仍照舊數另行解交。蓋州縣向係於庫紋正項之外，照案另徵，則解交司道各庫，自應於庫紋正項之外，照案另解，俾向來雜費用欵不致無著，惟不准勒令將此項銀幣再補平色絲毫。其向章本無雜費者，自更不得藉口稍有增補。總之，於解欵者毫無所增，於收欵者毫無所減，以免吏胥挑剔。如欲向官錢局兑换制錢、銅元及别項生銀及舊日銀元，均照三六庫平十成紋銀核算，毫無折減增補。其舊日各省所鑄庫平七錢二分之銀元，從前本係仿照外國銀錢鑄造，乃係一時權宜之計，尚非經久劃一之規。以後舊日銀元即作爲生銀，仍聽民間照常行用，隨市價漲落，不得視爲國幣。查舊日銀元式樣、文字既與此項劃一銀幣各不相同，大小輕重又復迥異，斷不可混淆爲一，以昭國幣及雜項生銀之區别。除通飭司道、關局及各州縣釐金税捐局一體遵照收納外，合行示諭商賈軍民人等一體知悉：爾等須知此項庫平一兩重銀幣，係屬國家通用合例之國幣，無論公私欵項，官民行用，均作爲湖北藩庫三六庫平之十足紋銀一兩，收發統歸一律，較諸他項生銀兑换時常有短平、貼水之弊，市儈吏胥可以上下其手，以致種種喫虧者，判然不同，實爲便商利民之要端。儻民間完納賦税等項，各該官吏有藉端挑剔、抑勒不收及不照三六庫平足紋核算者，一經告發或被訪聞，定即奏明從嚴懲處。錢莊、典肆、牙行、商鋪收發此項銀幣敢有畸輕畸重、操縱漁利者，亦必照例嚴懲，決不寬貸。如有奸徒仿式私鑄，擾亂國家幣制，拏獲到官，立置重典。各宜懔遵。

光緒三十一年

招商承辦製呢等廠示光緒三十一年四月十二日

照得機器製造，各國日新月盛，往往原料購諸中國，製成貨品，仍復運銷中國，獲利甚優。中國富有原料而不能自行製造，視良材爲棄物，擲鉅金於漏巵，此商務之所以不競也。本部堂有鑒於此，特於湖北創設紡紗、織布、繅絲、製麻各廠，由官倡導於前，由商承辦於後，經營累年，日有起色。惟以後武漢鐵路日通，口岸愈旺，講求利民塞漏之道，尤不可緩。查大呢、絨氊、毛毯，大致以羊毛織成，其上等大呢氊毯，工夫細密，初辦或難仿造，其中等大呢氊毯質地較爲粗厚，爲軍用最繁之品。又，皮革一項，凡機器廠所用機輪皮帶，軍營所用背囊、彈盒、皮帶、皮韡、皮鞋，礮隊馬隊所用馱鞍、騎鞍之類，取用甚廣，相需尤亟，必應自行仿製。又，各種紙張，湖北風氣日開，文學日盛，需用紙貨日漸加增。又，水泥一項，即塞門德土，隄工、鐵路、機器各局廠需用尤多，以中國之銀，買外洋之土，喫虧孰甚焉，可恥孰甚焉。湖北大冶縣石灰窯一帶所産土石，質性極於製造水泥相宜，前於光緒二十年，本部堂曾將泥料寄至外洋考驗，許爲上等合用質料，即與上海信義洋行訂立合同，募用洋員李德，撥欵開辦，旋以該洋員因事回國中止，此後屢議募用外國工師訂章興辦，終以有損利權，未克定議。兹本部堂擬於武勝門外營坊口地方，開設製大呢氊毯廠一所及造紙廠一所，基地均屬購備，地段均已寬平，又復近水利運。資本從寬估計，購置製呢、製氊、製毯新式機器全副及建造廠屋，約需成本銀五十萬兩。購備材料一切廠用，約需活本銀三十萬兩，共計八十萬兩。其製造皮革一事，現已於保安門外天平架地方造有製皮革廠，並已向德國訂購機器，雇定工師，下半年即可開辦。此廠一切在内，約需成本銀五十萬兩。又製造紙貨，購機建廠及活本約共需銀五十萬兩。其水泥質料，大冶出産甚富，自應就該處石灰窯一帶度地建廠，購機開辦，約需成本不過銀二十萬兩。此等工業事屬創辦，獲利必豐。況鄂省軍營、學堂、民户之需用大呢氊毯及各種皮革，學堂、商民之需用紙張，鐵路、隄工、局廠之需用水泥，其數日多，有加無已。但能將上項各物製成，不患銷路不暢。惟官辦不如商辦，實惠尤易及民。而商辦必須鳩集公司，方有衆擎易舉之益。向來公司辦法，官不過問，往往流弊叢生，不得持久，以致殷實之家以公司爲戒，不願附股。今本部堂奬勸工商，不惜維持之勞，冀收遠大之效。用特酌定新章，力爲保護。如有殷商能集合公司，承辦湖北製大呢氊毯廠者，或承辦湖北製皮革廠者，或承辦湖北造紙廠者，或承辦湖北製水泥廠者，均准其專利十五年，并由官爲保利五年。官利定爲五釐儻創辦前五年公司所獲盈餘不足官利五釐者，由官撥欵補助，必令足五釐之數，決不食言。俟五年後獲利漸豐，由該公司查照外洋公司通例，酌提紅利繳官，以爲報效。製成之貨但能合用，官中所需必向該公司定購，此外銷路亦必代籌暢通之法。至公司賬目，應由官派員隨時稽核，以防流弊。爲此示仰各省紳商人等一體知悉：此次湖北擬設大呢氊毯廠及皮革廠、紙廠、水泥廠，無論何省之人，果係身家殷實，聲望素孚，能鳩集鉅大股本，來鄂呈請承辦者，速即來轅具禀，酌擬辦法，呈候本部堂核定，給札開辦。凡有需官力提倡保護之處，必當盡力維持，以興地利而勸商民。從此土貨日廣，實業日興，本部堂有厚望焉。

改辦統捐示附單　光緒三十一年五月十五日

照得釐捐之設，所以養兵衛民，本國家萬不得已之政。且近年地方新政義舉，亦多取給於此，仍係以取之於民者，還之於民。無如奉行既久，弊竇日滋。局卡繁密，司巡苛暴，查驗則到處留難，浮費則有加無已，以致商利日薄，民生日艱，本部堂惄然憂之。兹經本部堂督飭司局通盤籌畫，挈領提綱，應將內地之鮎魚套、法泗洲、黄陵磯、湘口、坪坊、黄花澇、縣河口、天門縣、黄陂縣、孝感縣、岐亭、武安堰，沿長江之蘄州、漳源口、下巴河、樊口北卡、江口、郝穴、宜都縣，沿襄河之漢川縣、岳口、沙洋、東津灣，鄖陽府及襄陽府船釐、張家灣船釐二十六局，及下新河、宗關、沌口三查卡，一併裁撤。其應收百貨釐者，酌於長江、襄河及內河共留大小二十一局，一律改爲統捐。此外若鸚鵡洲竹木捐、長江埠土布捐、河溶絲捐、應城石膏捐、黄石港石料捐、安陸船捐，各有專門，不抽百貨。其河溶、應城、黄石港三局向來兼抽百貨者，俱行停免。所有全省收捐章程，略分三項。外省客貨，徵之於入境第一卡。本省土貨，徵之於由產地運出內河第一卡，計其指運地方沿途經過幾局卡，將向章應完釐數合併計算，統於此第一卡徵一次，以後概不重徵。其本省銷售落地之貨，徵之於最大市鎮，以後轉運他處，除經過各局應補統捐外，該貨行抵轉運銷售之地，其落地捐概不重徵。此三項仍照各局向章完釐之數，概不加增。如有指近運遠者，及串通司巡繞漏賣放者，前途查出時，仍令將朦免之數補完，并加重罰。凡從前成案稟明之掛號、照票、灰印三項陋規，以及划子錢、提艙錢等一切陋規暨隨時勒索各費，全行革除。在商民於向來應完釐捐，毫未加增，而沿途查驗留難、節次索擾，蠲除淨盡。現已分飭各局遵照統捐新章，於五月二十日開辦，并將應裁各局卡，飭於統捐開辦之日一律裁撤。所有在五月二十日以前經過第一卡尚未完納統捐者，應即於前途或出境總口，或入襄河總口，或落地捐局，查明照章補完，以昭公允。除飭北布政司、牙釐總局遵照外，合亟示諭湖北全省商民人等一體知悉：須知改辦統捐，專爲恤商惠民起見，爾等受益已多，凡有販運外省進口客貨、本省出產土貨，務當遵照現定新章，投局完納，不得繞越偷漏，致干罰究。如有委員縱容司巡違背新章，浮收勒索，藉口留難，一經查出，或被人告發，審實定即嚴拏懲辦。從此商旅寬舒，民生暢遂，有厚望焉。

計開統捐章程十條

一、改辦統捐，原所以體恤商民，所有各局從前成案稟明之照票、掛號、灰印三項陋規，以及划子錢、提艙錢等一切陋規，暨隨時勒索各費，概行禁革，不准再有留難需索。

一、宜昌為四川貨物進口，寶塔洲及太平口為湖南貨物進口，老河口為陝西貨物進口，張家灣為河南貨物進口，武穴（有）［為］江西貨物進口，均定為抽收進口統捐局，并查驗出口統捐。各該局有向收落地捐者，仍照舊辦理。如遇貨物進口時在各該局報明指運何處，或係經過鄂境，或係在鄂行銷，即照此次所定統捐章程完納統捐，由各該局填給統捐票收執。過此以往，在鄂省境内如非起坡銷售向來應完落地捐之處，及逾於捐票指運之處，概不重徵。現定捐票之式，計共四聯。第一聯為收執票，交商人收執。第二聯為查驗票，由經過前途第一局截留，彙繳總局查考。第三聯為繳核票，由填票之局申繳總局。第四聯為存根票，留局備案。其出境之外省貨物，經過出口之局，應查明曾否完足進口之統捐。如有統捐票已驗，即將收執一聯上蓋一某局查驗訖戳記，仍交還商人收執，將查驗一聯截留，彙繳總局查考。如無統捐票呈驗，即係繞越偷漏賣放，應照章補收，并加罰五倍，以示儆戒。

一、本省出産貨物，止於内河出江各河口扼要抽收。現以金口、沙口、樊口之南卡、鵝公頸、富池口、蔡甸、清灘口、沌口為抽收産地土貨由内河運出長江統捐局。凡商人運貨至各該口出江，報明指運何處，應行經過幾局，即照各局現行章程，統於此一局抽收。出江以後，如非向來應完落地捐及逾於捐票指運之處，概不重徵。惟土客各貨運進以上各口者，各該局應查明已否完足應納之統捐。如有統捐票呈驗，即將收執一聯上蓋一某局查驗訖戳記，仍交還商人收執，將查驗一聯截留，彙繳總局。如無統捐票呈驗，即係繞越偷漏賣放，應照章補收，并加罰五倍。

一、府河口定為抽收産地土貨往來内河上下水過境統捐局，計其經過内地局卡，釐數併收。如僅運銷内地，不出長江，不出襄河，自不重徵。其運出長江、襄河者，亦令指明運銷何處，照收統捐，比照金口、沙口等内河出江之貨，一律辦理，完足統捐者放行，朦漏統捐者，補抽徵罰。

一、襄河以内出産貨物運出長江者，現已定為由蔡甸、沌口、青灘口三局抽收。惟上下游一千四百餘里，向章經過兩局、三局、四局不等，若統照舊章抽收，則附近貨物未免偏累，若分別遠近，又恐取巧影射，難於稽查。茲參酌襄河現行章程，襄河以内出産，定為照向章兩道釐金之數，併作一次統捐。

一、漢口、石馬頭、沙市、新隄、仙桃鎮，均定為抽收落地百貨捐局。襄陽從前係抽收過境百貨捐局，今改為抽收落地百貨捐局。各該局於外省、本省貨物到埠時，如商人有統捐票呈驗，即將收執一聯上蓋一某局查驗訖戳記，仍交還商人收執，照向來落地章程，收捐一次，將查驗一聯截留，彙繳總局。如無統捐票呈驗，查係繞越偷漏賣放，應照章補抽，并加罰五倍。

一、漢口向有過載釐金一項，即係各局所收之過境釐，其釐章較落地釐減半抽收。現在改辦統捐，凡上下游貨物報運之地必須經過漢口者，應將此項過境釐在第一卡一併核計統收。其在漢口落地銷售者，仍由漢口局照章辦理。如實係在漢口過境之貨，商人朦稱在漢口落地，未經在第一卡統收過境釐金者，應由漢口局查明補收。他處向有過載釐金者，亦照過境釐金一律辦理。

一、貨物運至所指之地，復又轉運他埠者，約分二類。一係已完落地捐後，或轉易商人，或分撥發售，又欲轉運出本口者，除前途經過幾局併計應完（糧）[釐]數於轉運出本口時補足統捐外，無論該貨轉運何處，行抵銷售之地後，其落地捐概不重徵。一係尚未起坡、未完落地捐，因行情不合改運他處者，應驗明原領捐票，與過載貨物一律辦理，以後經過各局，呈驗統捐大票，一律查驗放行，不再重徵。

一、長江埠定為專收出産土布統捐局，河溶定為專收出産絲絹統捐局，應城定為專收出産石膏統捐局，黄石港改為專收出産石料、石灰統捐局，安陸船釐改為抽收上下水船隻統捐局，將襄陽、張家灣向來所收船釐彙總核算，統歸安陸抽收。

一、各局從前加抽之雜糧、石餅、籌防、船捐、賑捐等捐，係供本省新政要需專款，應仍照舊附於統捐辦理。

光緒三十二年

後湖地畝酌收新租示附單 光緒三十二年九月十九日

照得漢鎮後湖地方，本係一片汪洋，每值夏秋盛漲，即堡垣以内亦苦沉災。自本部堂於上年籌墊鉅款，創築長隄，始得化沮洳爲沃壤，凡在隄内受益地畝，利賴實無既極。查各國通例，凡地方重大工程有關公益者，均於受益之户酌量收捐，藉資補助。此次後湖隄工需費至鉅，自應就受益地畝酌定新租，按年抽收，以便歸還墊款。前經飭令後湖清丈局傳集各該段紳首，按照現時賣買價值，分别地段，列作九等，又另列最上、最下兩等，共十一等，酌中核估地價，或按方計，或按畝計，或按石計，視地價之貴賤，分别等差，均從其輕者以爲準則。兹經酌定，照地價抽收千分之五分，作爲新租。以後每年清查一次，如地價增漲，應照市估值，分等酌加。惟合計所收，總以不逾時價千分之五分爲準。各該户既經完納新租，所有舊日應完錢糧，即予豁免，以示格外體恤。除鐵路内地應另行分别核辦外，合將章程等則刊單曉諭，仰後湖隄内受益各業户一體遵照。

漢口後湖隄内地畝分等酌收新租章程 十條

一、後湖一帶本係汪洋澤國，每值夏秋水汛，即堡垣以内亦苦沉災。自上年籌墊鉅款，創築長隄，凡隄内地畝，利賴實無既極。除鐵路内各地應另行分别核辦外，查隄内鐵路外之地，約計十萬餘畝。茲區分九等，並列最上、最下二等，按年酌收新租。

一、自何家二墩至華景街頭，又何家大墩九十六畝，屬最上等。牛路口馬路邊居址深二十餘丈、寬百餘丈，又鐵路至毬廠連馬路，又上至何家墩，下至馬廠，又黄家大墩鐵路邊地一百八十畝，屬上上等。胡家墩、傅家墩、王家墩等處前半，又永清寺鐵路邊地一百八十畝，又土名沙包地二百四十畝，又黄家大墩居址前後地四百八十畝，屬上中等。瀟湘湖、謝家地，又何家墩去鐵路五十丈外，又跑馬廠隙地八百畝，又永清寺居址前後地一百九十二畝，屬上下等。黄金堂至雙墩，又黄家地東，又莘墩，又胡家墩、傅家墩、王家墩等處後半，又土名頭帳、尖弔尾、立興下一百八十畝，屬中上等。裕風院、張楊墩，又獨墩、魏家墩、光墩、教化墩、小院等，又各户牧場前，又羅家新墩等處，又三眼橋北首，又毬廠至唐家墩，又九里墩至鄔家涇，又土名頭帳尖二百四十畝，又土名二帳尖二百四十畝，又土名三帳尖一百二十畝，又丹水池上上地，又土名長湖，又土名舊湖等處，屬中中等。長碼頭、韓家墩，又長隄邊趙家廟、黄家灣，又舵葉地西，又各户牧場後，又魏家墩、後廟墩、姚家墩，又胡家墩、鰓子湖前後嶺等處，又三眼橋北連石路，又鐵路至洪廣園，又唐家墩至三眼橋，又後襄河等處，又跑馬廠以北六百畝，又土名牛角尖、南北帳、鼻梁地約三百畝，又土名深泥湖、雞坡居、線扒地約三百畝，又土名大甲口、王家帳、菜子地、巫家帳約三百畝，又丹水池上中地，屬中下等。各户牧場東，又牯牛洲及左右地，又觀音寺水田，又老店前後水田，又洪廣園至柴桑墩，又至三眼橋，又丹水池中地及中下地，又大小潦湖，又五行地等處，屬下上等。鄔家墩前後，又回龍寺，又石橋東南條山、鯉魚洲至鯽魚湖均草地，又土橋上首大尖山等處，又三眼橋至地尾子一帶，又鯉子湖前後麥地，又龍骨溝等處，屬下中等。洋水湖南首、羅家大山、青泉嘴等處，又石橋上首，又地盧家涇麥地花地及蒲蘆涇等處，又季子崗地，又塘湖，又條上至南長港一帶，又余家墩向西一帶稍高地，又土名劉姓草場一百八十畝，又土名黄家大帳湖地二千畝，又路南湖，又戴家山東北等處，屬下下等。余華林，又懶牛湖、又鯉子湖，又大小金壇、帶甲山約地二百石，又丹水池下下地，又戴家山西南等處，屬最下等。

一、隄内地畝最上等暨上、中六等，按方數收租。下三等按畝數收租。最下等按石數收租。現時估值抽收，最上等每方酌收銀二錢五分，上上等每方酌收銀一錢，上中等每方酌收銀四分，上下等每方酌收銀二分五釐，中上等每方酌收銀一分五釐，中中等每方酌收銀一分，中下等每方酌收銀五釐，下上等每畝酌收銀一錢五分，下中等每畝酌收銀一錢，下下等每畝酌收銀五分，最下等每石酌收銀一錢。

一、新租既分九等，并列最上、最下二等，本年應完銀兩，應於業户呈繳契紙、段員覆丈之時，查照第二條所指地段，及另圖所劃四至界址，按照等則，用紅戳蓋明契上，後湖丈量總局即據段員所蓋某等，按方按畝按石核算，填給准單，由業户持赴夏口廳糧櫃兼收新租處，照數完銀，掣取印收，呈由丈量總局驗明，方准給予板契。其自行耕種者，亦於未經發給執照之時，照章繳租，辦法與更換契紙同。

一、新租分等指明地段，應按照另圖所劃四至界址，該段員不得上下其手，稍滋弊混。如實有第二條所開某段某等，與該地現在時價間有未確者，准由段員報明，聽候派員覆勘，隨時酌奪。

一、隄内受益地畝收租之多寡既分等則，即地勢之衰旺各有不同，繁盛漸增，價值陡漲，嗣後分年查明時價。如實在該處地畝所值昂貴，仍應照市估值，分等酌加。惟合計所收新租，總不得逾時價所值千分之五分。

一、隄内劃分九等，并列最上、最下二等，酌抽新租，無論中外，但係業户享受此隄利益者，均應一律照繳，不得違背遷延。將來如有買賣過户，應以後湖丈量局准單及每年納租印收，連同板契或執照，為該業户管業之據。

一、隄内自行耕種管業之户願遵清丈印税章程第四條，以一半充公，准其買賣抵押者，其一半充公之地，業户免繳新租。至賣出一半地畝，仍應照章完繳，并由後湖丈量局於税契之時，先時换給准單，以昭核實。

一、此項應完新租，除本年應於更换板契或給執照之前，各業户照章預繳外，嗣後每年酌分兩季抽收，以紓民力。春季自二月朔起，至四月底止，作為正限。秋季自八月朔起，至十月底止，作為正限。儻正限以内不赴夏口廳完繳，即由該廳派差催收，仍留餘限一月，以示體恤。惟春季不得逾五月底，秋季不得逾十一月底，違者由該廳傳案究追。如欠至一年以外延不清繳，即將該地畝由官召賣，除劃完應繳新租外，餘價儘數仍發還原業。

一、新租銀兩平色，照清丈局現行税契章程，歸九八五平足紋完繳。每正銀一兩，隨收書工、紙、飯、印紅經費銀五分，此外不准索取毫釐，亦不准有單錢名目。凡紋銀、銀元、制錢、銅元以及官錢局銀票、錢票、銀幣等項，均照市價如數劃收，不准有挑剔抑勒情事。儻有前項情弊，以及格外需索，准業主指名稟究。

光緒三十三年

手諭停止興修示光緒三十三年八月初一日

手書傳示學務公所、營務處知悉：昨閲漢口各報，見有各學堂師生及各營將佐弁兵建造屋宇，以備安設本閣部堂石象銅象之事，不勝驚異。本閣部堂治楚有年，并無功德及民。且因同心難得，事機多阻，往往志有餘而力不逮，所能辦到者，不過意中十分之二三耳。抱疚之處，不可殫述。各學各營此舉，徒增愧歉。嘗考欒公立社，張詠畫象，此亦古人所有。但或出於鄉民不約之同情，或出於本官去後之思慕。俟他年本閣部堂罷官去鄂以後，毁譽祝詛，一切聽士民所爲。若此時爲之，則是以俗吏相待，不以君子相期，萬萬不可。該公所、該處迅即傳知遵照，將一切興作停止。點綴名勝，眺覽江山，大是佳事，何必專爲區區一迂儒病翁乎。

電牘

光緒十年

致總署 光緒十年六月初七日發

奏借匯豐償欵百萬，收及半。刻需甚急，又向香港寶源行即湊打先借定五十萬兩，利較輕，湊足奏案之數。寶源係英商，巴〔一〕來詢，請答云粵已告鈞署。陽。

致總署 光緒十年六月二十四日發

聞法又圖臺，此中國之利也。即有竄擾，內地不驚，一。土人頗强，兵食足用，二。瘴熱崎嶇，主利客否，三。非戰無策，軍民并力，四。法雖增兵大舉，斷不能深入全臺。鈍兵久奮，數月必困。外兵援閩，勢有不及。敵注臺則閩解，他海口亦舒矣。擬請敕劉督辦〔二〕設法誘之、怒之，優旨懸賞，激勵軍民，力戰固守，能使敵牽留於臺，即以爲功。昔鄭成功逐荷蘭，乃臺能勝夷證據。前旨詢出奇牽制之策，止此是困敵之方。遵旨再陳，請代懇采擇，當否請酌。通州電綫宜速接至京，至要。敬。

致天津李中堂〔三〕 光緒十年六月二十六日戌刻發

港報言法調兵千八百，或言六百，未敢信。德領事云，海防調兵千，不知何往，當確。又西人云，法令吕宋備兵三千聽用。臺報阻不便，宜設法租雇商船通文報。內議如何，錫、廖在津否。瓊綫覆電來，速示。臺綫歸本計亦便。公重臣，宜主持成之。

致總署 光緒十年六月二十七日發

岑〔四〕咨稱，閏五月十一日電旨，遵飭各營仍紮保勝。至保勝下游文盤州、大灘，上廿前派粵勇二千五百，協劉團駐防，因未奉旨調回，現仍紮該處。請轉電覆陳等因。謹轉達。沁。

致總署〔五〕 光緒十年七月初二日發

據龔藩電，英沙面案叠與律政司會審，原索十萬八千七百三十九元一角八毫，兹以十三萬六千五百元完結。衛林森、韓仕特諭英商允結回國。沙案均定，只税司焚物未結等語。謹聞。

致總署 光緒十年七月初八日發

香港探員報，英暗助法軍火，連日夜間在對海火藥局運出軍火，用小船裝至港心，不知所往。丢環地方火藥房數年不動，前數夜運出許多，閩會辦張電亦同，大違公法。請鈞署婉與英巴使言之，勸勿助法，但可露閩語，勿洩港語，至要。或令駐英曾欽

〔一〕指英國駐華公使巴夏禮。
〔二〕指劉銘傳。本年閏五月初四日，賞劉銘傳巡撫銜，督辦臺灣軍務。
〔三〕指李鴻章。録自顧廷龍、葉亞廉主編《李鴻章全集·電稿一》，第二三五頁，原題為「粵督張來電」，上海人民出版社一九八五年版。
〔四〕指雲貴總督岑毓英。
〔五〕録自苑書義等主編《張之洞全集》第七册，第四九二八頁，河北人民出版社一九九八年版。

使〔一〕籌阻之，尤要。庚。

致總署 光緒十年七月初十日發

粵新營缺械，洞在晋定購格林礮十尊，哈乞開司槍二千支、子彈百萬，雲者士槍五百、子二十五萬。礮甫到津，槍月半可到。晋綏無用，此項槍礮擬改撥粵。津已電商，允付價，尚有三分之二未付，約七八萬兩。懇電飭北洋速運滬，并飭邵道在關照數向洋行付銀。取貨務慎密，免在途爲法人所得。蒸。

致龍州潘撫台〔二〕 光緒十年八月初一日子刻發

敵勢盛衰如何，劉接仗否，黄廷經輩助華否。昨聞法又攻閩金牌營，挫。今日滬電謂係謡傳。現六船在香港，鐵二。新到一船，號稱載兵千，聞將遣一兩艘來窺探。以後尊處軍事電奏，望示大略，免入奏歧複。朗卿願出關一戰，固所禱也。前説因疊稟求去而發，無他意。唐軍能一戰否，密示。請就近指揮。朔。

致總署 光緒十年八月初一日發

香港現在法船六，二鐵四木，四泊港内，二巡港外攔我官船，護彼商船。別有雷艇三，不在此數。其一鐵甲，修未竣。其一兵輪，自越來，號稱載兵千。其一接滬領事李梅者。聞日内遣一二兵船來虎門探虛實，英電令香港晝夜趕修礮臺，顯防法犯粵，致港被擾。法在港製兵衣六千，聞備所雇越人華人之用，麟、洞親見其一衣。英種種助法，在港修理采辦。昨法南洋、蘇芝兩商船，恐華兵截奪，已換英旗，此兩船兼運法火食者。我與港亦小有通融，不敢力詰，詰之必不能禁，徒自困。澳門接濟意中久，照會覆云守局外，難信。玉麟、樹聲、之洞、文蔚同肅。朔。

致福州何制台、張欽差〔三〕 光緒十年八月初二日酉刻發

前日聞金牌又被法擾，數日未得尊電，懸繫勝負何如。法船意欲何爲，長門、馬尾各營穩固否，黄軍門、方道、方恭、張凱臣各紮何處，幼帥駐何所，速示。沃。

致天津李中堂 光緒十年八月初三日未刻發

金牌無的耗，電詢閩未復，祈示。左相過津有何成算，津募德弁幾人，皆陸路否，幾時到，訂幾年。港報善將軍慶亦防津，確否。法擾，中外商務大壞，公能設策説衆商否，至要。江。

致柏林李欽差〔四〕 光緒十年八月初三日申刻發

請募德將一、弁二，弁水陸各一，須出色有據者，何時到，北洋所募已來否。四礮全買，船架可移臺上否。江。

致龍州潘撫台 光緒十年八月初八日酉刻發

總署初五日來電，本日奉旨：粵東海口河道紛歧，著彭玉麟

〔一〕指中国驻英国公使曾纪泽。

〔二〕指廣西巡撫潘鼎新。

〔三〕指閩浙總督何璟、會辦福建海防大臣張佩綸。

〔四〕指中國駐德國公使李鳳苞。

等妥籌布置，扼要嚴防，務臻周密。潘鼎新電稱，蘇元春軍已出瘴地，即著督飭各軍，迅速進取。諒山一役，既係黄玉賢所統八營出力，即著查明該營出力員弁保奏。劉永福部將黄守忠等，打仗奮勇，著岑毓英傳知該提督，於具摺謝恩時，從優酌保官員，由該督代奏，候旨施恩。越官黄廷經，收衆自保，著潘鼎新察看，如果得效，當聯絡激勵，以壯聲援。此旨著張之洞轉電潘鼎新，由該撫速咨岑毓英一體遵照。欽此。謹轉達。港綫斷六日，連日皆船送，故此旨到遲，刻已修好。庚。

致天津李中堂光緒十年八月初九日丑刻發

魚、齊兩電悉。魚雷無艇無用，祈問崔琳有何權宜用法，他船可改造否。雷頭望設法運粵，或代租一船運來，租期聽便。丹人有長技者，即代訂。法造船廿五，雇兵六千，早有聞，查不確。法年來常在港造小輪，皆赴越，前日在港買兩小輪赴閩，聞有粵民受雇，登舟翦髮，故罕往。或云在越雇客匪教民，尚未齊。西報法增兵三艘，將到華，共二千數百名。西人密告，内一船載掘煤機器，注意雞籠，得煤久駐，再圖分擾。港船七日内陸續皆赴閩，其傷鐵甲未修竣，亦行港綫，斷八日甫修好。非法阻，滬商求解，港商推諉。佳。

致總署光緒十年八月初九日酉刻發

朔、庚兩電悉。前遵旨懸賞激勵四衔示云：諭兩廣、南北洋沿海居民及越南、西貢、新嘉坡、檳榔嶼等處華人，法犯中國，有忠義報效者，雇船置械，馳赴越南、閩、粤海面，攔截法船，充兵毁其械，充匠壞其器，帶水引礁綫，賣食置毒物，有功奏獎語，張貼沿海。此乃諭我華民，令其在中國海面禦敵，非令其在外國舉事，文義甚明。并無不合。食物置毒不過禁接濟之意。前接英領事照會，即以此覆。至新嘉［坡］等處布宣，當係往來商旅傳播，雖傳至倫敦、巴黎亦所難料。此豈華官之責，亦非英國之羞。請照覆巴使，該處乃英轄地，去粤遥遠，當日萬無遣員持示布宣之事，此時亦斷無代爲另行曉諭之法。既係英境，聽英官自行設法剴切曉諭可也。示稿賞格，當即咨署查閲。佳。

致虎門方軍門、婁軍門光緒十年八月初九日戌刻發

已催營務處發運礮具，到即速移海東。船無用，擬將其礮移沙角舊臺上，如舊臺低，或置較高處以與威遠相助，兼護水雷。望速商擇一善地趕辦，令司徒華管此礮。海鏡礮不能起，當別籌泊處。何薦尼利臣，乃美國人，當可用，宜催來，如虎門不用，遣之來省。横擋水雷何日安畢，沙角發電房地勢妥否，速覆。初九。

致龍州潘撫台光緒十年八月初九日戌刻發

陸電二千里，勘路、購料、成工須十箇月，費亦鉅。西報法東京增兵，八月底到齊，分擾諒山、高孟、老街三路，先用火船至宣泰，再用淺水船至老街等語。芒街教匪之説亦聞之。廉州北海七月底突來教民三百餘，團至而散。香港法船陸續赴閩，今閩口外船七八，雞籠船四，餘未詳，詭極。前數日兩船在港澳之間游弋，截官船，無旗號，亦無定在。佳。

致總署光緒十年八月初十日亥刻發

西報法增兵船三，將到華，共兵二千六百，一船載取煤機器，力注雞籠，據煤分擾。港船七日内陸續行，分赴閩口、雞籠。有二船在香港澳門之間游弋，無旗幟，無定在。頃據報，法煽越教匪，給械窺廉郡之北海，欽州邊界之竹山、芒街，已飭嚴防。越地法兵陸拒桂軍者，屯涌球，水拒雲軍者，屯館司，中多教匪，法不肯遠水，我不能近水。蒸。

致龍州潘撫台光緒十年八月十二日亥刻發

總署八月十二日來電，本日奉旨：現在法船尚集閩口，意極叵測，必須雲、粵兩軍合力進規北圻，以爲牽制。著岑毓英、潘鼎新督率各營，趁此秋高瘴減，迅速進兵，并激勵劉永福奮勇圖功，攻克太原各城，使法人回救不及。再據李鴻章探聞，法兵有抄我後路之説，岑毓英等務當加意嚴備，勿墮詭計。此旨即著潘鼎新速咨岑毓英一體遵照。欽此。希即電潘等因。謹轉達。竊揣後路或係教匪。關外軍情祈示慰。文。

致臺北劉爵帥厦門彭提台轉寄　光緒十年八月十三日亥刻發

初十電悉。餉已到臺郡交訖，械現已解臺。法添船三，共兵二千七百，不日到。聞内一船載掘煤機器，又聞續調船二，到尚早。北洋接丹崖電，法廷議兵到，全力擾雞籠。聞煤鑛已飭毁，尚能取否，赴煤廠之路能扼否，失煤則法窮。越地未戰，法不離水，我不近水。十三。

致長洲吴統領、方軍門、婁統領光緒十年八月十四日酉刻發

閩電法船大隊均南行等語，未言所往，粵不可不備，請轉知各營嚴防。十四。

致臺北劉爵帥光緒十年八月十六日子刻發

法虜併力擾雞籠，雄才必能破敵，惟軍火接濟甚艱，萬一洋槍礮子藥不繼，可慮。臺産磺，似可飭地方文武趕速多造土藥，備土槍，爲持久計。譯洋報，法船帶越南西貢工匠及救火人，不解。并聞。十六。

致龍州潘撫台光緒十年八月十七日辰刻發

總署十六日來電，本日奉旨：昨據李鴻章電稱，閩口法船大隊南行，今復有基隆失守之信。法人兇狡，惟有攻其必救，直逼西貢等處，庶使分兵西援，臺灣乃可稍鬆。前諭令岑毓英、潘鼎新合力進兵，著即迅速前進，并激勵劉永福率軍進剿，先攻克太原、北甯各城。越南義民如有可爲内應，務當設法聯絡，内外夾攻，使法人無可駐足，自可直達南圻，以期牽制。欽此。即轉電潘知照岑。等因。霰。

致天津盛道台[一]光緒十年八月十七日亥刻發

瓊綫總不如與大東商搭港至越綫，既速且省，重費不惜。緣

[一] 指天津電報局總辦盛宣懷。

瓊至廉旱綫三百餘里，費約兩萬，内外海綫六十里，費亦鉅，成須五六箇月，不濟急，設局巡修，人多事繁。法歲貼費四萬二千，我暫照此數貼之，亦無妨。事定再詳議，或減貼，或自造，速商覆。行營綫造百中里即可，海綫每中里費若干，并示。

致龍州潘撫台 光緒十年八月十八日亥刻發

滬電望日法奪踞雞籠，東北石寮島未全失。又分攻淡水，塞河口處被轟，亦未失。西電則謂十三日法登雞籠岸，華軍敗退，踞山巔，水陸分攻淡水。上意急欲越境進兵牽制，而文電所云多棘手，如何。目前敵情、軍情速示。西報并謂法得雞籠，將圖瓊。巧。

致龍州潘撫台 光緒十年八月二十一日戌刻發

總署二十日來電，本日奉旨：據岑毓英電稱，飭令劉永福進兵，有藉詞求緩之語。現在進規北圻，全在用人得宜，著岑毓英激勵該提督奮勉立功，并妥爲籠絡，務令感恩畏威，毫無猜疑。儻駕馭失宜，惟該督是問。前令酌保黄守忠等，并飭速行奏請，候旨施恩。潘鼎新染瘴支持，殊深廑念。該督撫務當同心協力，以奏膚功。此旨著張之洞電知潘鼎新，轉咨岑毓英遵照。欽此。謹轉達。馬。

致龍州潘撫台 光緒十年八月二十一日戌刻發

霰電蘇軍獲勝，欣悉。得省帥十七電：十四日法到十三船，千人登岸，戰竟日未分勝負，傷亡多，淡水告急，棄雞籠回援後路。滬電十四至二十礮不絶，我軍入壘堅守。西電淡水法船不能進，只燬口外一礮臺。并聞。馬。

致天津盛道台 光緒十年八月二十五日未刻發

與王副將議，瓊海綫須至徐聞縣城方妥。徐聞南距瓊之海口一百八十中里，北距廉之北海，陸行約四百中里。海安所太近大洋，防毀。由瓊至廉，水陸兩綫并設局，約需七萬兩。瓊之海口水綫徑達廉之北海，一百零八英里，北司〔一〕索價三萬磅，計十萬兩，當可行。查海口北海俱商岸，商報必多，不如令北司自作，官報免費，餌以此利，或可允。其利有三：省鉅費一，速成二，不勞保護修理三。即我每年酌貼費亦便宜。已囑王與商，請閣下在津與北司商之，速覆感荷。定議須電達總署。如北司必不肯自作此海綫，或徑奏請援案撥出使經費，我自作之。不知出使一項尚有存欵否，并示。請并禀商伯相。有。

致天津李中堂〔二〕 光緒十年八月二十五日未刻

淡水消息速示。丹弁募幾人，何時到，氣礮願分購，鉅欵容籌，有眉目奉覆。二十四萬二千零，是否系三十尊之價？詳示。瓊州造綫事，電托盛觀察，祈取閲賜教。有。

〔一〕指丹麥大北電訊公司。

〔二〕録自顧廷龍、葉亞廉主編《李鴻章全集·電稿一》，第三〇一頁，原題爲「粤督張來電」，上海人民出版社一九八五年版。

致天津李中堂光緒十年八月二十六日巳刻發

氣礮粵定買三十尊，內撥瓊防十尊。鄙意不如徑定百尊，各口分用。除粵三十尊外，擬并爲入越西軍定十尊，爲閩定十尊。數月內法不能舉全臺，宜爲臺亦定十尊，津二十尊，旅順、山海各十尊。配足彈子，多募礮弁同來，陸續趕運，向美國借欵付之。聞美借欵修火車路，或先以此欵撥用，能另借更善。如爲兵事不借，以河工賑務爲詞。大局甚急，惟有瀝奏懇恩允借，各關認還。各省數百營，此不須一月餉即足辦，有人無械何益，當邀俞允。公如以爲然，請挈銜名會電奏，一面電蔡參贊先將五十尊定妥，內不借即外籌，粵可勉爲。速裁覆。宥。

致龍州潘撫台光緒十年八月二十六日酉刻發

那陽一路接仗否，懸繫。前聞楊玉科乞病，自是彼不願留，然此君究驍勇有魄力，如事急需才，何不籠絡用之，妄論請酌。聞津存林明敦槍子甚多，已電詢索。省帥廿三電，廿日法千人登淡水岸，孫開華敗之，殺敵二三百，我軍傷亡百餘，非常惡戰，臺局危迫。附聞。宥。

致淡水劉爵帥光緒十年八月二十七日未刻發

漾電滬尾苦戰獲勝，欣佩。洋報謂法大敗，似已氣奪。再擾否。傳聞十七夜雞籠大捷，確否。雞籠留幾營，淡水能就地籌捐募勇助戰否。馳繫，賜覆。沁。

致華盛頓代辦中國欽差蔡參贊光緒十年八月二十八日戌刻發

請代粵定購氣礮三十尊，八寸徑、六寸徑各半，彈藥配足，連北洋共訂五十尊。教習粵需四人，如人少請告該公司在美國擇好礮手教之，一月可成。應先匯若干，示覆照辦。勘。

致天津李中堂光緒十年八月二十九日戌刻發

昨日法大兵船一，自越到港。洋報德相畢士馬赴巴黎，結法圖華，冀與英、法、美在華同有租界，望屬崔琳確探。商例洞素不諳，德與他國何分親疏，以此餌德，當可助我制法，多一德租界，於我何損。此策可行否，速示。英厦脅總署鈐制粵官，圖法、俄干預保護。倭借長崎旁地屯法水師，并助三戰艦。諸番合縱，中華孤立，不急結援將危。請籌。豔。

致天津盛道台光緒十年八月二十九日戌刻發

瓊廉綫妥否，懸繫。無論北司、東司〔一〕皆可。王副將三策，想已悉，一、彼自造，我貼費，廿年爲限。一、五年加利歸本。一、華本洋造。聞北洋借洋欵三百萬，南洋二百萬，皆一分息，確否。豔。

致柏林李欽差光緒十年九月初一日辰刻發

九生礮暫緩定，祈設法再覓廿一生、廿四生大礮數尊。無論

〔一〕指英國大東公司。

水陸將弁，有精曉塞河火攻之法者，募兩員。西報畢相赴法都，約助法圖華，冀與英、法、美同有在華租界，確否。如許德租界，彼能感而助我否。朔。

致龍州潘撫台 光緒十年九月初一日未刻發

逕、勘電悉。兩路苦戰大捷，深佩調度。北洋廿九電，已撥林明敦槍子一百四十萬，雇帆船寄，月餘到廣。瓊防無猛將，焦急。楊雲階軍門在西，既無事，擬調來東，付以此任，請函囑速行。朗卿出關否，防何路。唐軍以會劉〔一〕爲主，若頓兵牧馬，恐道梗更不能達，既失本意，且有寄劉餉。劉軍饑困甚，盼望調他營防牧馬。切禱。東。

致龍州唐主政〔二〕 光緒十年九月初一日申刻發

貴部以會劉爲主，牧馬不宜久留，仍須速進。西軍尚多，豈在此四營，若頓兵不進，設有梗阻，於會劉本意全失，且劉盼餉甚急，已電琴帥催他軍往紮。劉此次授官，并敕保所部將弁，乃洞疏請，非敢居功，欲勵之耳。頃接劉禀，瀝訴艱難屈抑，餉械缺乏，戰功未達。請告劉，如竭力報國，洞必能代達聖聰，奬其功，恤其困，軍火粵當力濟。現有旨催朗卿前進，毋逗留。省帥電廿日淡水陸戰獲勝，殺敵二百，逐之歸船。據西報所言情形，敵頗奪氣。東。

唐主政來電 光緒十年八月二十八日辰刻到

崧廿七日抵牧馬，正料理前進，接奉琴帥示，船頭連日接仗，調右路軍往助，令卑部屯牧馬，顧後路，俟楚軍到再行等因。未云勝負，諒必喫緊。右軍移牧馬虛，只合暫留。崧。迴。

致天津盛道台 光緒十年九月初一日酉刻發

海綫總以西人自作、我貼費爲妥。此時放綫尚慮劫，臨戰豈不慮毁，若敵據瓊岸綫房，此物廢矣。北司尤善。英恐有妨，丹無所圖。聞北司有附俄股，然俄與瓊廉無涉。外國回信來否，望催問。朔。

致總署 光緒十年九月初二日戌刻發

敬、儉兩電悉。粵省民、教素仇，屢經嚴示遵旨保護法教士，法堂查封看守，擾各國教堂者懲。官吏防患息事，不遺餘力。惟自法攻閩後，衆怒勃發，法堂頗有被損，間累池魚。潮州、揭陽、佛山皆據禀報，民鬨教堂，極力彈壓，斷無官驅兵助之事。茲又嚴飭查懲妥辦，容後詳達。至雇人毁法公司船，係虛妄，洞曾與署提方耀密有布置，然力禁在港生事，且專備法兵船，商船不與。此譌言，且亦非三千金所能辦。沃。

致總署〔三〕 光緒十年九月初四日發

西報法議籌餉三十七兆佛郎，又稱添調鐵甲來華，又稱德相

〔一〕指劉永福，時率所部黑旗軍駐越南保勝。
〔二〕指唐景崧。
〔三〕録自苑書義等主編《張之洞全集》第七册，第四九四三頁，河北人民出版社一九九八年版。

畢士馬克赴法都，約助法國，欲在華與英、美、法三國同在租界。今俄來華鐵船三，日本亦來華船三，二十四者，澳門忽來一大兵輪。諸國和縱，大局可慮。竊思添一德國租界，於我無損，彼有大益，以此餌德，懇其派兵助我。可否與駐京德使密議，或飭駐德使臣探之。請酌。

致龍州潘撫台 光緒十年九月初六日巳刻發

卅、江電悉。敵悍器精，我軍日勝日傷，持久難繼。聞關外散勇嗜利，願包打某處，成功領賞，盍懸重賞姑妄用之。此輩勝則前驅，敗亦不惜，請酌。西報廿日桂軍傷其副提尼記拉足甚重。前云赴東京之兵船，三洛改赴雞籠。英力助法，無渡兵援臺事。魚。

致天津李中堂 光緒十年九月初六日亥刻發

省帥電廿日後無戰事，法分四船擾臺南，法船共二十艘，法封全臺口，已見港官明示。譯洋報，雞籠岸法止二千人，未進攻。煤鑛距雞籠廿餘里，距雞籠八九里，有華多兵紮山上。煤鑛距雞籠廿餘里，隔小河，法未得，候增兵增械再進兵。魚。

致天津盛道台 光緒十年九月初六日亥刻發

公司瓊綫有意刁難，只可一面辦雷瓊水綫，一面作雷廉旱綫，請即飭速辦，敵損須防。擬作成後賣與北司，仿招商局故智可否。如不能賣，或能將購自洋商之水陸綫各機器暫賒欠，約期籌還，亦可稍紓鉅費。可否，請酌。魚。

致龍州王藩台[一] 光緒十年九月初八日亥刻發

兩函悉。諒山急，貴部宜速援琴帥，隨調即赴。若止兩營駐關，恐嚴旨詰問，洞無辭以對。庚。

致龍州營務處李、同知蔡 光緒十年九月初十日酉刻發

日來敵情若何，黃廷經、謝現輩能自保否，散勇有若干，在何處，自掠乎，助我乎。黃守忠屯何處。有衆幾何，聞不歸劉統，確否。關外西省軍共幾營，湘勇、淮勇、粵勇各若干，軍行到處能否因糧。河内、北甯、山西、海防等處商務何如，法夷收貨稅、人口稅旺否。分晰速覆。蒸。

致淡水劉爵帥 厦門彭軍門轉寄 光緒十年九月十一日辰刻發

全臺封口，焦急。此間力籌軍火，苦無船往。管見四條備采。一、宜速製土藥持久。磺本臺產，舊塼鹽鹵皆可取硝。一、敵登岸，惟有多募團勇，晝夜分番擾之，耗其子藥，疲其兵力，然後勁旅乘之，庶精鋭少傷。一、雞籠附近之官軍不可移，以此綴敵，自不能全力攻淡水。一、請朝廷破格爵賞，以勵臺人，如糾團成功之豪紳，封五等爵，捐餉減成獎叙，事定，全臺免錢糧一年等事，洞曾奏，不知准行否。公自電奏，必蒙允。總宜自籌辦法，請旨行之，徒告急無益。臺有當商家閩、粵者，祈與商匯兑濟餉。

[一] 指廣西布政使王之春。

有何口可進小船。聞煤鏪已爲法踞，修赴淡水路確否。均示，盼切。真。

致天津李中堂 光緒十年九月十一日巳刻發

法虜雖封各口，兵有限，再添不過兩千，斷不能舉全臺。惟通信最要，否則詐稱踞城覆軍以脅，我必受紿矣。現正在設法并籌匯餉事。津將凍，滬局外南北洋今冬必無事，兩局所製行仗礮、後門槍頗多，能撥好槍礮并彈若干，以濟雲桂兩軍否。局可造補。此時惟有力攻越南，若得東京，可以相敵。雲、桂皆缺械，琴帥屢電極憂。崔琳赴京議欵事，祈詳示。若臺不保，越不勝，八十兆有增無減。昨日有一大法鐵船自西貢來港。真。

致臺灣劉道台[一] 光緒十年九月十二日辰刻發

敵船到臺南幾艘，已開仗否。西報謂臺南法船故意於我礮臺力所不到處游行，誘我空擊耗子藥。奉聞備采。海口到郡有無險阻，船能至何處，土槍土藥多少，土勇是否能戰。似宜覓工熬硝，速造土藥，備持久。欲濟械通信有何法，有便即示數語爲慰。尊意如有保臺良策奇計，祈示。能代謀者，必竭力。十二。

致龍州潘撫台 光緒十年九月十二日酉刻發

佳電悉。朗卿宿將重兵，然成軍年餘，糜餉五十餘萬，從未一戰。今抗尊檄遷延，來稟飾詞防龍州後路。請轉告朗卿，如再諉避，洞即劾之，勿罪。蘇軍力戰可敬，甚願資之，籌得辦法，即奉聞。文。

致龍州潘撫台 光緒十年九月十二日酉刻發

前數日總署電詢關外軍情，已酌覆，當無舛誤。望轉告前敵諸統領，如有大事及得敵情，函告敝處爲要，并飭貴軍營務處，隨時擇要電東亦好。再，粵東解桂關外餉，路遠過遲，竊擬一法，請公電檄梧州守，梧關尚充裕，先由梧關解銀七八萬，存龍州糧臺，俟東餉到梧，梧即電龍，一面先行撥解，一面由梧收東餉歸欵，隨即預解龍州，補足存數，如此可速月餘。現有賞劉五萬，濟蘇二萬，五日内解，如以爲可，望電梧飭辦。文。

致天津盛道台 光緒十年九月十四日午刻發

霽、隊兩電悉。爲期尚速，價當照籌。惟安綫時尚不保戰險，事已難成，有警更不得其用，衆議不願。擬我出工料費代北司造，將瓊至雷海綫、由雷至廉旱綫，全讓與北司，餌以商報之利，我并貼費歲數千元，三五年後我再贖回，與以此大便宜，當可允，但圖北司應名敵不毁而已。瓊海上岸處須作地綫，暗達城内，或於瓊口左近另擇隱僻處上岸，迂途多費無妨，惟洋綫例不准上岸，能思一變通名目立約，聲明他國不得援例否。若只將瓊雷海綫讓北司，雷廉旱綫我自造更佳。但雷非口岸，無商利耳。望籌商速覆，并達伯相。鹽。

致龍州唐主政 光緒十年九月十五日午刻發

佳電悉。聞黄守忠與劉分，劉餉尚肯濟黄否，欲濟以餉械，

[一] 指劉璈。

如何辦法，在劉内乎外乎。請告守忠，若力戰有功，當奏聞。咸。

致龍州蘇軍門[一]光緒十年九月十五日戌刻發

屢捷勞苦，欽佩。聞琴帥道貴部餉缺，謹以便宜撥二萬解麾下。東餉甚絀，月濟雖不能，遇急洞必籌之，惟力是視，努力破虜。望。

致天津李中堂光緒十年九月十六日丑刻發

詔船援臺，津撥幾艘，何日行。江海異，楊不習，鹿港難達，横截彼運兵煤糧船則可。程周何調度，鮑指何餉，均示。鮑四十餘營，湊衆涉遠，防後患，能奏飭募半，餘出關就地募否，籌示。岑師十月始出法萃。桂軍糧亦缺，可危。潘病憤思退，理不可，勢不能，望慰解。諫。

致總署光緒十年九月十六日丑刻發

前定借匯豐、寶源各五十萬之欵，匯豐已借五十萬，寶源議不成，亦並歸匯豐，共一百萬，以符前案。又沙面償欵二十萬元，茲不借太古，亦向匯豐借定，請告巴使轉行匯豐。諫。

致柏林李欽差光緒十年九月二十日亥刻發

請購毛瑟二萬枝、彈各五百出，包送黄浦、上海兩處，兩月内到。數雖鉅，各省分用。前詢廿四生臺礮有否，廿一生亦好。七八九生車礮再購數十，有無均速覆。望詳告竹筠，閣下行後可託辦，行期即示。號。

致龍州唐主政光緒十年九月二十一日戌刻發

計程當達宣光，敵情速示。聞館司法水陸軍退興化，似是懾劉。賞劉五萬并濟黄守忠餉五千，明日行，先聞。嗣後望間日發一電。臺無戰事，初五封全臺口，初七後無信來。法新增兵千餘往，旨派南、北洋九艘援臺。馬。

唐主政來電光緒十年九月三十日到

法在宣光聞我軍將到，水陸增兵固守，城下二輪船一鬼板。黄守忠距城八里，隔河而壘，屢暗襲明攻，俱未得手。崧前右後三營俱發左大，距宣百餘里。至則後路布置完善，念六日前進，更會滇軍謝有功一營，劉軍吴鳳典四營，紮山西端雄府上游，與宣接壤。廿二日。

唐主政來電光緒十年十月十四日到

已抵霑化，即開隊進紮三江口，距宣省二十里，劉又派李唐、劉肇經、練忠和三營助擊宣光。自言營雖多而人數少，擬再添募。黄守忠、吴鳳典等在宣光下游，念三至念七等日迭與敵來船接戰，奪獲鬼板七隻，斬擒共二十餘名，所得洋槍、逼碼、麵餅頗多，此外敵接濟内敵船也。念七日諜旋見黑旗尚未收隊。初一日。

唐主政來電光緒十年十月十五日到

前擊敗法夷宣光救兵，黄、吴等塞斷下游，景營圍住上游，城鬼堅伏不出，河下法輪二艘擱淺難動，揚兵而前，始猶開礮，

[一] 指廣西提督蘇元春。

今已寂然，當已受困。急攻恐中計，不日應下。初五日。

唐主政來電 光緒十年十月二十二日到

初二日戰，滇將張世榮五營、劉將吴鳳典三營截擊於宣光之下游左玉地方，失利拔退。敵五艘駛上省河。守忠四營近上游，收卒而止，現移三江口會合。我軍下游張、吴中為敵隔，未通消息。我軍及黄軍俟保樂米到始可進攻。初八日。

唐主政來電 光緒十年十月二十三日到

得劉書，知張、吴軍紮宣光下之連山，總屬我軍往會，但嚮渡河恐敵截不可行，且我軍儲來自上游，軍往下紮，中隔宣省，恐斷接濟。宣光西有地曰中門總，不甚近河，守忠前駐營，初二日焚去，今派卑部挑健鋭偕黄軍力據此地，則各軍路通，去省八里。敵新增必出戰，黄軍助以軍火，給以犒賞，期其踴躍。崧與劉各在後籌糧，未晤。昨奉豔示，宣光磚城，虜本三百，助以教匪。據劉報，新增千餘，又客匪千，船泊二。劉尚應黄餉未分。初二日戰，劉憤甚，欲裁舊募新，告以人不如故，前苦乏餉，今得餉勿吝，舊卒自奮。給劉槍千，屬分黄三百，崧以五百還西。黄不足，崧再分。黄與張盛高等尚睦，自謂路熟，我軍宜聽指點，彼此通融糧械。由宣至龍山路難行，馬不能馳，夜多虎，故遲。再懇者，四營不足分布，現龍局募勇四十名，牧馬十名護送餉械。保樂十名護糧局，自備口糧。左營以一哨接護蘇街至霑化軍需，以一哨坐護霑化軍需，以中哨為親兵，接仗僅兩哨，而員弁四出辦公，又於兩哨中各帶去數名，實恃三營打仗耳。無親兵營是無爪牙，無礮不能攻堅，無礮隊營不敢用礮助劉。原非獨立，然必先足以自立，而後可助人，擬乞增一中營，一礮隊營。慮餉難，且未見功，遲未敢請，今揆情勢不得不然，准否伏候電示。初十日。

唐主政來電 光緒十年十月　日到

崧本日親赴隆安防營，在三江口上，由江口轉向西十餘里，即中門總。我軍十三日挑隊往，十六日進兵城下。敵據陴而守，不施槍礮。我軍初到，未能測透虛實，斂隊回。崧於明日親往中門督攻。十七日。

唐主政來電 光緒十年十一月　日到

劉至浪泊，距中門二十餘里，張盛高等已往見。我軍會黄軍偪壘宣城，昨敵來四輪。崧在隆安，見所留弁勇多病。敵可由省北徑達，此處精壯在中門，乃省南，不能捍隆安。崧暫駐督防，彦帥派丁、何兩鎮來助擊，勇亦多病，未至。崧與劉相去數十里，各慮朝夕，有警不敢離防，未及會，信常通。十九日。

唐主政來電 光緒十年十一月　日到

初五日卯刻虜開城，大隊往撲吴鳳典營，卑部右營管帶談敬德率隊馳援，前後營繼進。虜與敬德接戰，槍礮極密，萬難衝撲。敬德身先陷陣，揮兵驟進，法虜中槍紛紛倒斃。開花礮護搶屍身，不能斬馘。守忠派隊出，敬德押令直前，虜敗奔城。敬德追至城下半里，血戰一日，申刻收隊。此戰敬德極勇，救全實多。一將難求，可否乞恩勵衆。右營勇亡四名，傷六名，前營傷一名，後營傷二名，容再驛稟。敵乘輪調兵，將有大戰。崧與永福晤，同在營，慎[一]督戰。初六日。

[一] 底本《張文襄公集》此「慎」字下注有「原電誤」三字。

致龍州潘撫台光緒十年九月二十二日午刻發

擬遵示出偏師助桂軍，騰出兵力攻西路。欲屬馮軍門子材募十營，由欽州經上思州入越境，出那陽規廣安。馮雖老，聞未衰，舊部多，成軍易，由欽往，到越速，在越久，水土習，用土人，補遣便。將才難得，節取用之。惟此舉是否有益，進兵應由何道，轉運局應設何所，或上思或亦在龍州爲總匯，那陽與諒山聲息易通否，此路有糧否，險易若何，祈詳籌示，幸勿遷就。養。

致總署〔一〕光緒十年十月十一日發

龍州電，船頭添輪，郎甲添壘，又密探本月初七日，法兵船一到越。前月自法來兵船三，每船各裝兵千人，以三分之二赴越，餘赴臺，約十一月半到雲。此時桂軍尚與雲軍未合，唯有增兵攻其東路，以收犄角。今派在籍前廣西提督馮子材募十營，由欽赴龍，出關攻廣安一路，以圖海防。派本任廣西右江鎮總兵王孝祺統率一軍，赴越協剿。

致總署光緒十年十一月初六日發

據龔司稟，汕案六月前原定議地由中國收回，交與招商局收管，由招商局繳官價，外貼補魯麟用費及原價。至地方官錯處及派兵上岸之咎，兩國併究。嗣因招商局另接不能承受，故此案未結，非因法事中止。刻郭繼棻將投案，事有可成，當與德領事妥商，俟結即報。魚。

致總署光緒十年十一月初八日發

岑督電，十月三十日進紮館司，派提督何秀林帶三千六百人助劉永福截援寇，派同知潘德繼募勇千二百人，撥與唐主事兼統。丁槐所部三千六百人攻宣光，派提督楊國發帶千五百人，紮道岸、浪泊，斷家喻關、端雄府援寇。招得粵人王珠，於十一月初七日夜在河內多士屯焚法營一座，斬三畫一名，礮匪三名，奪礮彈等物，帶八十餘人來至山西省屬之羈良鄉。現發賞號軍火，繞道送往。一面派營駐紮緬旺過十洲，號召聯絡進取云。庚。

致總署光緒十年十一月十二日發

近運兩次臺餉，一三萬兩，一二萬兩，均由布袋港登岸奏聞，又由華商分三起匯銀五萬元。至軍火乃派員弁四出於汕、澳、泉、厦一帶設法，船難而小，現起解者兩批已到。越之法新兵止一千一百，舊兵病斃過半，兩法酋甚惶急。文。

致總署光緒十年十一月二十六日發

雲桂借欵，洞聲明由各海關認還，奉旨依議行。原以粵關撥欵太多，且他省軍用，粵難獨任，因係在粵訂借合同，只能寫由粵關承認償還，用粵關一處之印。但各關認還已蒙恩准，應請飭部酌核分派，屆期預解粵關彙還，周年息八厘半，三年還清。此事甚艱難，今日甫立合同，請鈞署催巴使速電寶源，可以提銀。宥。

〔一〕録自苑書義等主編《張之洞全集》第七冊，第四九五三頁，河北人民出版社一九九八年版。

致總署光緒十年十二月初二日發

粵防日急，營餉械、台壘、守具動須鉅欵，帑匱籌艱。洞前在後邠務釐金、北捐務釐金、鑪捐銅本，按月生息，公存備用，且四五釐至一分不等，各商多諉避。竊思與其借洋商，不如借華商，與其利息歸商，不如歸官。知晉力未充，不敢請協撥，擬請向晉借善後欵金二百萬兩，粵認利息，按季解晉，匯費粵出，或另指他欵，派息多少，統由晉定。此舉解粵之危，亦晉之利，伏望迅飭署晉撫奎斌速籌，匯解津轉匯爲感。冬。

致龍州潘撫台、王鎮台〔一〕光緒十年十二月二十一日子刻發

今日王軍裝械當已到齊。法虜現有分犯確信，速挑四營赴諒山之東，擇要屯紮助戰。有何可紮之地，速覆。馬。

致龍州潘撫台、馮軍門〔二〕光緒十年十二月二十一日子刻發

法虜有分犯確信，應速援。馮部八營，可速趨車里附近，擇險屯紮。敵來以抄襲爲上策，或宜紮叫谷，或宜紮板山，妥酌。激厲將士，努力一戰。馬。

致總署光緒十年十二月二十一日發

疊據前敵報，本月十一日，粵軍唐景崧與雲軍總兵丁槐，謀攻宣光南門外賊寨。寨爲賊要路。是日五鼓，槐分軍兩路攻寨，黎明毀墻而進，雲軍別營左右抄擊，賊潰。城賊開東門大隊出援，粵軍當之。景崧身督戰，以兩營迎擊，以兩營擊南門礮臺之賊。敵於山巔、城上、船中三面環施槍礮，雲粵兩軍無一稍卻。丁軍奪得賊寨，賊多乘竹舟遁，粵軍擊沉，紛紛溺斃。雲軍提督何秀林率營到，合擊血戰一日，殺賊甚多。粵軍營官遊擊談敬德猛進，礮傷猶不肯卻，復中飛礮陣亡。營官盧貴重傷，王寶華受兩傷，哨官劉太清、鄒全鴻俱受傷。雲軍哨官馬聯桂陣亡，營官謝有功、楊春標俱受傷。兩軍亡卒百餘。劉永福率黄守忠沿河截援賊，得竹舟二，板船一。十二日粵軍復攻其東門，十三日雲粵兩軍滚草進攻，三日内晝夜苦鬭未收隊，兵少不能更番休息，實爲惡戰，擊斃甚多，偷渡溺河尤衆。敵受此大創，兩軍俱偪城口，樵汲已斷，賊勢蹙，惜南門礮臺爲梗，官軍無利礮等語。談敬德最饒勇，極可惜。現飭焚毀城邊賊壘，懸重賞優保，以期速克，謹代陳。毓英、之洞同肅。馬。再，總署咸電雲軍鈞光獲勝，奉懿旨賞内帑等因。查唐係粵軍，丁、何等係雲軍，劉永福所部係劉軍，三枝不同，明旨未能遽到，鈞電不敢擅改，似宜分晰，免將士疑惑。

致龍州潘撫台、王鎮台光緒十年十二月二十三日丑刻發

前來電謂廿一、廿二裝械到，刻想完備，可迅挑四營精鋭兼程馳赴諒山，以前援應。閣下即率全隊繼進，駐諒山。前令貴部

〔一〕指總兵王孝祺。
〔二〕指原廣西提督馮子材。

出東路，意在作奇兵。今賊已從中路來，宜迎剿。至貴部或應出板峒，或應出觀音橋，或應出他路，統聽潘帥號令。多日未接閣下電，不解其故。前知裝械未到，故不催。今械齊，敵警不可稍緩。即刻電覆。漾。

致龍州潘撫台、馮軍門光緒十年十二月二十三日丑刻發

本日三電悉。九營馳援，極是。進兵宜由何路，相機速剿，不爲遥制，大約總以出奇爲上。板山、叫谷地勢扼要否，距王方伯軍幾里，王方伯軍接仗否，桂軍勝負如何，即刻電覆。漾。

致龍州馮軍門光緒十年十二月二十五日未刻發

兩電悉。前敵甚緊，八營援諒，甚是。那陽到諒九十里，今日當可到，務須激勵諸軍一戰。聞諒山平衍無險，各軍擬在何處備戰，速示。能向前助蘇軍門夾攻抄擊，豈不勝於在平原坐待乎。統聽斟酌。有。

致龍州潘撫台、李臬台、西營務處李守、王鎮台、轉運局唐州判光緒十年十二月二十五日發

王鎮到龍二十日，何至四營亦不能挑，又不言裝械何日到齊，殊堪駭異。仍遵前電速派馳赴諒山備戰，餘四營亦速整備。如再有急報，須親率全隊馳往。糧械一切責成西營務處李守並唐鏡沅設法通融速濟。至一切進止，或應四營往，或應全隊往，以及應紮何處，悉聽潘撫院酌量調度。看此情形，大約餘四營并未募足。久派唐州判辦糧以待，何至無數營十日之糧，乃欲向百色采買。飾詞無理，如再延誤，有軍律在。有。

李臬司來電光緒十年十二月二十六日戌刻到

有電敬悉。前敵大局稍定，王軍已拔四營出關，商請再以兩營出關，駐文淵，防敵抄諒山後。餘兩營暫留龍，分駐并凍、甯明，顧龍後户，兼查散勇。唐州判在龍辦糧並無一夫，王軍出關乏食，已飭李守設法於海村南關兩局匀撥。王鎮已專赴百色雇馱馬，急難濟用，仍飭唐州判速籌辦運。秉衡謹電。宥。

致龍州潘撫台、馮軍門、王鎮台、西營務處光緒十年十二月二十八日丑刻發

諒防急，王鎮即刻親身率隊馳援，不准刻延。馮軍門速飭八營抄襲，勿誤。如諒山見賊，而兩軍未接仗，兩君之責也。切囑。頃電分悉。勘。

致龍州潘撫台、李臬台、西營務處馮軍門、王鎮台、王藩台光緒十年十二月二十八日發

趁賊壘未定，無論湘、淮、廣、桂各軍，能出奇兵奪回谷松者，賞銀四萬兩，由東省籌欵給。如派營護屯梅，仍據觀音橋較妥，是否可行，請琴帥裁酌。客匪務宜設法招徠，率衆投誠者，頭目優保二三品官，餘衆重賞，編爲義勇。望采擇速行，并示覆。勘。

致龍州馮軍門、王鎮台、西營務處光緒十年十二月二十九日發

諒防甚急，王鎮想已行。馮軍門如能出關親督戰，士卒必更奮勇，請酌。聞法寇尚在船頭，此來犯諒者，皆教匪客匪，尤堪髮指。客教不過亦粵人耳，若并客教不能擊破之，粵軍之恥也。諸君努力。豔。

致龍州潘撫台、馮軍門、王鎮台、西營務處光緒十年十二月二十九日發

西人教我軍與法人戰有三要義，一低槍，一散隊，一夜戰。曾告劉省帥，近來書言行之有效。末一策尤善，月來屢勝，斬獲皆夜戰也，務望采納。總宜夜襲至要，我路熟，彼生疏，且西人夜必熟睡，分番擾之，使不得息，自困矣。豔。

致龍州潘撫台光緒十年十二月三十日酉刻發

屢嚴飭王鎮援諒，又嚴催馮軍進戰，又令由峒樸兼顧諒，均係遵照尊示。昨又催馮親出關，兼以重賞嚴責，無非督其進戰，一切由公調派。如諉避者，請公劾之。至馮紮車里助王，乃聞虜止不進時之語，今情形不同，斷不遥制。除日。

致龍州潘撫台、馮軍門、王鎮台、西營務處光緒十年十二月三十日酉刻發

軍火不足，先借撥解劉、唐械濟急。馮、王兩軍悉聽潘撫院調度，迅速援諒。王鎮各營及馮軍峒樸八營，屢經飭催，何以廿九日未到，殊堪詫異。馮軍門務宜出關督戰，如兩軍有不接仗者，照軍律嚴參。目前軍情即刻電聞。除日。

馮軍門來電光緒十一年正月初二日未刻到

本日酉據探報。廿七法至威坡，官兵迎敵，包抄已勝，法即退。詎琴帥將龍字五營調回諒山，威坡兵心寒力薄，率以退，法跟進。廿八夜，琴帥進南關，蘇軍門未知去向。廿九午，諒山失守。材現飛調萃字左右兩軍，由派站、愛簞趕回，取道思陵、甯明、憑祥一帶馳進，住紮南關，以固重地。惟路徑太遠，往返約須十日，能否速到，尚未可知。其愛簞各隘，材已飛請王方伯移營扼紮。材。除夕。

王鎮來電光緒十一年正月初二日亥刻到

二十九，祺至憑祥，聞諒山失。卅日，親率七成隊至南關，琴帥已退關上。祺前派四營在諒接應，因桂軍潰，勢難紮，亦退入關。關無糧，琴帥令退守憑祥。王藩司聞由那陽退上思州。楊提督聞亦在觀音橋無退步。蘇軍門帶數十人在文淵，部下不知何在。孝祺。稟。

光緒十一年

致龍州王鎮台光緒十一年正月初二日發

諒山不守，貴部并無一營趕到，可憤可怪。兩日亦未接來電，豈將藉助守南關爲詞耶。勞師糜餉，所爲何事，若再不出關一戰，必干朝廷震怒。總之，三日内勤軍無接戰報至，即當發電劾奏矣。冬。

致龍州馮軍門光緒十一年正月初二日發

諒山不守，何以貴部八營并未趕到抄擊，實堪驚異，憤急。法意在全占越境，斷不輕入華界。且守關乃桂軍之責。貴部成軍月餘，未接一仗，今又退回南關，株守東路，藩籬盡撤，朗軍無繼，亦必全退，何以上對朝廷，且亦何以對桂軍。務即飛飭八營，相機横截賊腰，奮力一戰。應由何路，聽閣下斟酌，無論勝敗，俱有可原。即使不利，由旁路收兵，賊亦不能四路追逐。若仍不戰入關，定將該營官按軍法奏參治罪，并恐閣下亦不能免朝廷嚴責也。冬。

致龍州潘撫台光緒十一年正月初二日發

諒山不保，焦急萬狀。刻下公駐何處，諸軍如何布置，速示。法欲逐官軍出越，似不至輕犯華界。馮電調八營回南關，大謬，如此則關外無兵，東路藩籬盡撤矣。朗軍聽公調度，馮軍鄙意萬不准不戰而入關，已嚴電止之，但懇飭各處設法濟糧。特奉聞。馮軍回駐關是尊意否，并示。冬。

致輪墩曾欽差〔一〕光緒十一年正月初二日發

東司借款不諧，海防棘手，譁潰尤危，窘極。其實十年本息兼還，利亦不少。懇神力玉成此事，令照津原議，豈惟洞，實大局之幸。總債誠佳，但各省難會商，只可各就本省籌畫。冬。

曾欽差來電

東司因滙豐、旗昌搶辦，無力與争，徑廢約。

致龍州馮幫辦〔二〕光緒十一年正月初五日發

〔缺文〕

馮幫辦來電光緒十一年正月二十一日申刻到

奉歌電，虜新得諒，布置未定，去船頭已遠，若乘此時合擊，必有一路得手等因。此策甚妙，惟彼時材距關已二百餘里，照辦不及，且即在關而敝部各營未集，他軍呼應不靈，亦難舉行。自來兵分權雜，未易圖功，想我公祖亦必以為然也。材覆。十九。

致總署光緒十一年正月初六日發

上年八月朔，會彭、倪電奏香港接濟，我與港有通融，不敢力詰，詰之必不能禁，禁之徒自困等語。十一月望，接曾電，責

〔一〕指中國駐英國公使曾紀澤。底本未署來電時間。

〔二〕本年正月初三日，命馮子材幫辦廣西關外軍務。

港守局外例。洞亦以不可自困，電覆阻止，乃曾不聽，逕向英外部議妥。港遂出示禁軍火。今法告各國搜漏華軍械，如此則海防無從措手矣。港明不濟法，其實法已租賃英、德數商船代運，且至今法兵船仍向港行，但不准多，并不曾禁。即彼真禁，彼自西貢運付，或日本采買，稍遲數日，於彼何損。洞購外洋軍火槍彈甚多，爲粵省及分濟各軍之用。若不能來，大局不堪設想。宣越及各軍日來急盼苦求，無非軍火缺乏。中法戰事若有洋欵可借，則洋軍火可買，雖相持一年亦無慮，台越各省口岸俱可維持。若無洋軍火，實難制勝，槍無彈皆棄物矣。曾意雖善，但見其一不見其二，未免自生荆棘。伏望鈞署速電北洋妥籌一策，責成曾紀澤并許景澄、李鳳苞設法，言法未宣戰，軍械斷不准搜，至煤糧等亦不必查問，我尚較便。此乃中外戰事第一關鍵，乞酌裁速行。魚。

致總署光緒十一年正月十三日

粵用、台用、鮑用三次新借匯豐欵，共約合銀五百萬，兩次奉電允准，刻倫敦電催限今日定方可成。懇即催巴使電港，萬緊。元。

致龍州馮幫辦光緒十一年正月十四日發

十三日電旨甚嚴，惟有遵旨援剿，聽潘調度八字爲要義，洞絶不牽掣。至貴軍以前並非玩延情形，洞自當奏陳。大局爲重，萬勿憤鬱，將來破敵終賴麾下。刻下貴軍紮何處，距關若干里，距諒若干里，即示覆。鹽。

總署來電光緒十一年正月十三日到

本日奉旨：潘鼎新疊次電奏諒山失守并法衆犯鎮南關等語，所請治罪之處，著潘鼎新即將詳細情形具摺馳奏，再降諭旨，并著該撫戴罪圖功，督飭各軍擇要扼紮，竭力守禦。儻該撫及各統領不能妥籌防剿，再有退挫，致敵蹤深入邊境，定即從重治罪。蘇元春連日鏖戰獲勝，現雖退紮幕府，軍勢尚可復振，務當與潘鼎新扼險屯軍，力圖堵剿。李秉衡近在龍州，著隨同該撫籌辦軍事。馮子材、王德榜經潘鼎新飛催不至，可恨已極，著張之洞、潘鼎新傳旨嚴催援剿。儻再玩延，即照軍法從事。欽此。元。

馮幫辦來電光緒十一年正月十九日亥刻到

琴帥奏材飛催不至，甚誣。去年十二月廿二谷松鏖戰，諸軍請逼碼，緩日始給，以致子藥告竭，敗回威坡。廿七法來犯，尚可戰，因琴帥撤龍字等五營回諒，廿八法再來，軍單遂潰。是夜琴帥退回南關。廿九午諒失，衆怨沸騰，又怨餉緩給。材聞諒失關危，飛調派站八營回關固守。材初一率中軍左營，由龍赴關。初三至琴帥，以守關無須萃軍，面飭仍顧東路。時八營已抵甯明界，復同各營初十仍至派站。十一關警，則十二兼程赴援，十五抵憑祥。聞琴帥恐關受攻，初五先退幕府二十里，初九又退憑祥二十里，復宵遁海村六十里。徵調已屬紛更，退回更滋摇惑，諒在鑒中。材謹啟。

致龍州潘撫台、馮幫辦、王鎮、李臬司、西營務處黄守光緒十一年正月十七日發

自除夕至今日，連致馮軍十餘電，皆屬聽琴帥調度，不爲遥

制。至王鎮聽命琴帥，奏咨電飭，歷歷具在。乃十六日接馮電，云送來電均碼數未悉等語。本日接王鎮稟，稱琴帥令守九封，候洞批示等語，實堪駭異。從前各電多已并達琴帥，請琴帥查出，飭李臬速鈔知照兩軍爲要。此時洞所告馮、王兩軍者，惟有遵旨援剿，聽潘調度八字，若有電而不閱，閱而不遵，仍復譯稟請示，將來邊事大壞，戰守不力，必將以遥制掣肘四字爲藉口歸咎鄙人，實不敢受其咎，特此詳切奉告。霰。

致總署光緒十一年正月十八日

臺北臘月十一二三惡戰三日夜，互有殺傷，我軍奪回月眉山云。巧。

致龍州潘撫台、李臬台、馮軍門、王鎮台、蘇軍門、王藩台光緒十一年正月十九日未刻發

三枝各具奇正，分道合攻，同時接仗，不到者罪之，是極，請即酌辦。應出何路，悉聽尊裁，申嚴賞罰，洞當爲助。公能設一策令諸將彼此相愛，則此戰必捷矣。皓。

致龍州李臬台光緒十一年正月十九日發

法聞我南洋五兵船將出，分臺北六艘來尋我船，内鐵甲二。正月初一日遇我二船於浙洋石浦，均爲彼魚雷所毁。十五，攻三船於鎮海，戰三刻，招寶山礮臺助之。臺船共中敵五六礮，敵退，我軍亡二，賊斃二十七。十七日又來攻礮臺，擊傷彼一艘，立退，餘船皆中我礮，亦退，分泊舟山、銅沙、金堂一帶，我船無恙。請李臬台分致潘、岑兩帥，唐主政及諸軍。皓。

致龍州岑宫保、唐主政光緒十一年正月十九日發

法求救三書，令學生石紹祖譯出，先告大略：一索快槍二百，一索手槍四百，一索火箭十千。發書者係守備逐德，皆寄德蘭街，礮臺最要者。有路引一條，云由榆越大路尋界牌，上有魯德比利等字，由此進到敝軍，不過二千步等語，是榆越爲賊援來路。速掘斷伏地雷以殲之，并致丁鎮。石紹祖已發往唐營，今日行。皓。

致龍州岑宫保、唐主政光緒十一年正月十九日發

漾、江、支、微四電悉。傳檄事緩急，統聽斟酌，由雲主稿爲便，設將來有捷報，萬不可先列敝銜，必爲朝廷詫異。若不肯，即不必會銜，切切。浙餉又電仲帥，劉餉擬由粤解二三萬。初擬四萬，繼思不如匀給，後難再借，雲或給一萬，請裁定，必由雲給餉，公指揮自更如意耳，雲餉盡時當可續籌。皓。

岑宫保來電光緒十一年正月十四日亥刻到

越事仰賴明公主謀，助兵助餉，始克有濟。報捷奏摺，應首列尊銜，英早有是心，俟宣城全得即照辦。匯借雲餉已函商張中丞傳各商號酌議，尚未覆信，蒙慨允代還，感甚佩甚。劉餉應由粤給若干，滇給若干，請酌示。英謹電。微。

岑宫保來電光緒十一年正月十七日戌刻到

奉旨傳檄責問越，囑擬稿，應遵辦，惟查越藩非甘心從賊，其臣亦有忠義，但為賊勢所迫，不能自拔來歸。擬俟克宣光後出

奇兵，取甯平，進紮廣平關，越都自有響應。此時路阻，檄文難達，似可緩。請酌核示遵。英謹電。支。

致龍州岑宫保光緒十一年正月十九日發

援賊集端雄確否，尊意此時淵亭宜助攻速拔乎，宜專扼援寇乎，請卓奪。從來新出之軍，最忌攻城，易於挫銳誤機。此潘、劉、唐、丁發軔之始，適遇堅巢，無乃有天意乎。悶悶。皓。

致龍州唐主政光緒十一年正月十九日發

事急矣，若十日無雨無援，宣光必克。此時劉淵亭宜率黄守忠等力遏援賊，若賊不能驟到，或催淵亭督隊來助，尅期三日内拔此城，城破賊自沮。此時尤以多穿地道發雷爲貴，缺口寬，大隊入矣，請與彦帥、淵亭酌之，幾不可失。此電速轉岑、劉。皓。

唐主政來電光緒十一年正月二十四日亥刻到

援虜三千已至左育厩，劉營數超此句原電字誤，今夕四鼓，崧親率精鋭四百前往會戰。各軍及劉軍俱乏糧，急切無術，奈何。十六日。

致龍州潘撫台光緒十一年正月十九日發

馮、王兩軍，朝廷命公調度，若行文會銜，是教以權不專屬也，萬萬不可。尊處電奏代轉則可，尤不應會銜，朝廷必責洞干預。兩事皆望鑒允。皓。

致龍州李臬台、唐州判、南甯左江道彭光緒十一年正月二十一日發

龍州既警，南甯亦恐，商號有銀必思遷移。道途不靖，可速向龍、邕各號議，所有欲寄回粤省佛山、梧州、南甯之銀，無論多少，隨時統交東省轉運局唐判收用，電達粤省，如數匯交。匯費宜輕，無費尤允。以後可永遠照辦。如數多，即分作桂餉。即刻覆。馬。

致龍州潘撫台、李臬台光緒十一年正月二十二日發

龍州既警，南甯、潯、梧一帶人心不定，左江鎮道、潯協、梧守俱來問計請兵，東省戒嚴，各營難動。日來與蔣道熟商，何守昭然聞有才幹，如飭回南甯府本任，令募勇兩三營，并令劉鎮光裕挑本鎮練兵一營，足資彈壓。南甯爲滇桂後路，粤東上游，最衝最要，此處穩固，大局無虞。雖稍增餉，謹當飭司力籌。請琴帥裁奪，并與鑑堂廉訪妥商速辦。至何守能帶幾營，潯守應用何員，請量才酌辦。是否合宜，即覆。養。

致龍州潘撫台光緒十一年正月二十二日發

强敵逼關而處，龍州根本，必求穩固，無論或戰或守，軍心方定。李鑑堂廉訪責在後路，素諳軍事，此時似可令鑑堂速募數營，收戢潰卒，彈壓伏莽。其零散隊伍，現無主將者，併作數營，歸其統帶，亦可整齊調理，公無後顧之憂，便可從容籌策。旬日來請東省派兵鎮撫上游者，紛紜不絶。無論東軍無可再抽，即使

派往，客兵生將，亦無大益，轉滋驚擾，何如就現有之人材本分之職任而用之乎。管見備采，即請酌示。養。

致龍州李臬台光緒十一年正月二十二日發

號電悉。馮軍既願以本部剋期進戰，甚好，自應聽其相機下手，往返函商，必誤事機，琴帥必已允許。如獲大勝，准賞。閣下有籌辦軍事之責，此時宜募數營以鎮後路。若龍邕揺動而待東軍往助，緩不濟急矣。望稟商早辦。養。

李臬台來電光緒十一年正月二十一日午刻到

昨得馮函：十八日午刻督九營抵板山，來日即紮幕府。竊謂用衆不如用謀，法槍礮利，用謀自可制勝。文淵緊接南關，必先戰方可見諒，幸有機可乘。惟奉旨進剿須與琴帥商辦，無奈軍情頃刻變動，必待緘商，不免坐失機宜。已暗中布置，擬獨用敝部剋期進戰。昨接香帥來電，能復諒山，賞銀三萬。今文淵非重地，但開辦始若不許重賞，不足鼓勵將來。現允給大賞，并密商琴帥，嗣後事機可否便宜行事，免延誤云云。敢密以聞。秉衡謹電。號。

致龍州潘撫台光緒十一年正月二十二日發

效電悉。馮軍自請攻文淵，既云有機可乘，自應許之。發軔之始，懸賞勵士，無所不可。養。

致龍州馮幫辦光緒十一年正月二十二日發

十一電併悉。貴軍距琴帥營甚遠，兵機瞬變，函商必誤，自是至理。但此層宜向琴帥剴切陳明方可，想無不允。進兵時須預將大略密達琴帥。養。

致北海李守光緒十一年正月二十四日午刻發

欽、廉防務喫緊，莫、陳、方三軍應如何聯絡扼守，副將梁正源才具若何，張鎮布置若何，即刻據實電覆。敬。

李守來電光緒十一年正月二十五日酉刻到

電諭敬悉。張鎮布置甚妥，北海平沙三面皆海，地閣、冠頭兩山築臺當港口，甚為扼要，惜無大礮。南路平沙直達北海，此處方軍分紮，如三板到來，不令其上岸。欽州一路，莫軍紮東興，不宜再進。陳軍勇薄，宜駐欽輔防。梁副將駐龍門，聞其人老練結實。惟北海為廉州門户，兵單，方軍宜長駐守。愚見現在大局只宜固守，不可浪戰，相持日久，必有效驗。李璲謹稟。

致北海張鎮台光緒十一年正月二十四日發

法封北海，法酋已電港，但云將海防至北海之海面堵塞，法船往來等語，不言意欲何爲，惟有聯絡諸軍嚴防穩紮，静以待之。陸路總以地營爲要，莫軍宜顧欽州，不可紮出太遠，防彼由龍門登岸截後路。一切事宜該鎮與梁副將會商相機酌辦。陳榮輝三營現紮何處，速覆。

張鎮來電光緒十一年正月二十四日丑刻到

今早有法輪二隻，由西南來，未停車，繞口圍洲墩去。該處客、教淵藪，瓊州大路，不知其意何如。惟北海商民搬遷一空，可見民團不可恃。禄。漾。

致北海梁副將，莫、陳、方三將，張鎮台光緒十一年正月二十四日發

欽、廉防急，諸軍不可無統。莫善喜五營，陳榮輝瓊軍三營，方沿五營，俱歸副將梁正源統率調度，以一事權，應如何防備戰守，統由該副將妥籌辦理。此電即由張鎮飛速傳知。梁副將暨莫、陳、方三將劄已由驛發。敬。

致北海李守、張鎮台光緒十一年正月二十六日發

北海港口速堵塞，即動存欵。宥。

張鎮、李守來電光緒十一年正月二十六日子刻到

塞北海港口，已由職鎮具稟請示，尚未奉覆。法船前日由此赴圍洲墩，在途倩漁船帶路，查探虛實，似此情形不得不防。擬將府庫存銀二千兩，及時堵塞，將來領銀歸欵，候諭遵。禄、璲叩。徑。

致北海李守、張鎮台、梁副將光緒十一年正月二十六日發

廉、欽併警，此時以保境爲主，各軍宜聯絡穩紮，水守港口，陸守邊隘，據險設伏，静以待之，敵來則戰。北海龍門港口設法攔塞，嚴飭莫、陳兩將不准越境輕動，陳軍不可距欽州過遠。若孟浪挑戰，引敵過東興，欽州有警，廉州復急，首尾不能兼顧，萬萬不可。飛傳梁、莫、陳、方四將遵照，令各即刻電覆勿延。麟、洞、蔚。宥。

致龍州唐主政光緒十一年正月二十六日發

十九電悉，頓足歎恨天不殄夷，夫復何言。貴部自以保牧馬爲是，可與桂軍聯絡，且餉械後路較便，再圖後舉。惟以後雲軍、劉軍信息均難通，能改籌一路設站否，但更迂遠，如何。黄守忠能招之來牧馬尤好，速圖之。不知彼須候劉檄否。貴軍一切可便宜從事。宥。

唐主政來電光緒十一年正月二十六日辰刻到

十六，援虜五六千犯左育，劉用地雷轟斃百餘，槍斃百餘。虜拚命衝撲，奪吴鳳典營、李唐營。黄守忠包抄不及，崧率隊馳援，未至劉軍已潰，永福走浪泊，守忠走寒猛二里。崧函丁鎮議戰守法，奈兩軍圍攻月餘，無日不戰，傷亡頗多。援虜大股新來，乘我瘡痍，腹背受敵，而先鋒營零星逼紮城根，可攻内不可禦外，恐遭挫損。五鼓丁先鋒營撤下，黎明崧亦撤先鋒營。十七，各退老營。適各軍無糧，又聞教匪擾及三江口，斷我糧道。丁、何、曹、崧彼此函商，均稱圍攻計窮力竭，援賊已至，劉團又潰，勢難猝争，不如全師暫退。申刻，崧、曹、丁率所部從容退紮十餘里，何秀林在清水溝，計亦退。十八，崧軍至北涌，丁軍至寒猛，距宣四五十里，無險可扼。北涌無糧，崧就糧至霑化，隊仍整，軍裝全，惟惜功敗垂成。劉難驟振，遇守忠，屬其出牧馬，并函約劉出牧馬，黄允之，謂奉崧檄始敢行。左育失，驛不通報，彦帥及劉函不卜達否，恐雲軍不攻宣，劉又潰，崧軍單，後路且阻，孤懸霑化無益，擬趨牧馬，顧粤右臂。牧馬失，保樂必陷，歸順鎮安繼危，更不勝防守。何營彈將盡，新解餉彈已走百色，擬急則赴歸順，固右邊，再作後圖。稟命必遲，請便宜從事。十九日。

致龍州潘撫台、蘇軍門、李臬台光緒十一年正月二十六日發

聞各勇在關内外肆掠，甚苦民，多怨訴，是驅之助敵也，務望嚴戢，切禱。再，諸事以實情上達，朝廷必能俯鑒，若稍不確，將來爲人指摘，更爲不妥，旁人亦難爲力。狂瞽之言，務希鑒察。宥。

致總署光緒十一年正月二十六日

法已電港，自二十二日起封北海港，沿海商民匿徙一空。二十三辰，法輪二過北海，未停，向東去。聞法陸兵已到芒街，廉、欽水陸並急。頃西電，法新兵萬餘已到新嘉坡，將由廉進兵，斷桂軍後，兼攻瓊。北海自去冬飭作礮台，工未竣，亦無大礮，已飭諸軍於陸路静以待動，相機戰守。玉麟、之洞、文蔚同肅。宥。

致彭宫保[一]光緒十一年正月二十七日辰刻發

廉、欽緊急，防營新集，方在廉，莫、陳在欽，分紮力單，又無宿將鎮撫，省無大員可派，設敵至，斷難恃。擬奏調馮軍門率十營回顧廉、欽，留八營助桂。馮軍自救鄉里，當可得力。若不撤回，廉、欽有變，軍心必摇，禁之不止。東軍宜先保東境爲上，廉郡視龍州尤要。管見如此，請速酌定，以便即時會三銜電奏。二十七。

彭宫保來電光緒十一年正月二十七日申刻到

欽、廉緊急，尊意調馮十營回顧其桑梓，必得力。麟昕夕焦思，不得善法，有此一著為慰，宜即速會奏，但慮在越八營喫不住主帥耳。可商均調回，此時家中有急，未便舍己從人，琴帥亦當體恤酌之。麟覆。

致南甯岑宫保由左江道密封飛遞光緒十一年正月二十七日未刻發

總署廿六日電稱，本日奉旨：岑毓英電稱雲軍糧餉艱難，鮑超一軍到開化，宜出保樂，往防牧馬，保樂糧多，如桂軍出攻諒山，亦可夾擊等語。所籌甚妥，著岑毓英飛咨鮑超，迅由開化東趨保樂，力顧牧馬一路，使桂軍與宣光城外各軍聲息相通，并以截斷援賊。應如何相機進兵，著岑毓英、潘鼎新隨時酌定，知會鮑超辦理。欽此。即轉電雲督、桂撫等因。謹轉。沁。

致龍州馮幫辦、潘撫台、李臬台光緒十一年正月二十七日申刻發

北海二十二日法電封港，二十三有法兩輪過，未停即去，後無續到。西報法欲攻廉，以斷桂軍後路。莫、陳、方諸營兵新將小，分防力單，無人統攝，敵至難恃。擬請麾下率十營回援廉、欽，以八營紮思陵隘口，東西相機策應。張鎮、梁、莫、陳、方十餘營，均歸麾下統率調度，既固東省門户，兼保西軍後路，似爲兩益。南關尚有王鎮八營相助，琴帥想當鑒諒。已奏，俟奉准即電達。至貴軍拔隊回廉，應遲應速，到廉後應紮何處，八營應否紮思陵，轉運局或移太平，或仍在龍州，統聽斟酌。即覆。麟、

[一] 指彭玉麟，曾授兵部尚書，未任。

洞、蔚同啟。沁。

王鎮來電 光緒十一年二月初一日亥刻到

聞馮軍調回救廉，軍民皆驚。因龍游勇太多，馮留兩營守龍始行斂迹，若馮全軍走後，恐游勇滋擾，百姓不能安業，或留一二營仍紮龍州，或另有安頓，庶可保全大局。潘撫所留在龍兩營僅二三百人，雖非游勇，亦與游勇無異，恐不能為後路根本。西臬司亦非不計及此，然諸事總未免掣肘耳。祺。念九。

致龍州岑宮保 光緒十一年正月二十七日發

援至劉挫，宣圍竟解，頓足歎恨。不審尊意如何布置，或再進，或緩攻。雲軍令紮何處。連日龍電，寇將攻九封，圖牧馬。唐軍糧彈俱乏，薇卿恐後路斷，請回防牧馬，徐圖再舉，所慮自是實情。惟前敵情形，洞未深悉，已屬請公示，祈飛速酌定飭遵。即覆。沁。

致龍州唐主政 唐州判飛遞 光緒十一年正月二十七日發

二十電悉。此時宣光自難再攻，然寇亦無縱橫四出之理。雲軍尚有同安、寒猛，丁欲到中門，似距宣均不遠，貴軍遽撤至牧馬，必為雲軍藉口歸咎，務宜暫駐霑化，縷陳苦情，飛請彥帥示，方可遠撤，要緊要緊。霑化距保樂較近，糧當可暫支，設有急時，迂途可歸。此時斷不責孤軍以浪戰，一俟議定，即當調還牧馬也。同安、寒猛、霑化距宣各若干里，并即覆。沁。

致彭宮保 光緒十一年正月三十日發

頃奉電旨：敵勢凶狡，粵西兵單，馮軍能否調回，著彭等與潘會商妥辦等因。欽此。查今日張、方電，北海已到法船二隻，升紅旗。紅係開仗旗，情形緊急，若商潘必不肯遣，電信往返須三日，恐誤事。擬即電潘、馮，催拔數營先行，一面電奏，奉准再將全軍拔回，庶可應急。裁酌速覆。三十。

致輪墩曾欽差，柏林許欽差[一]、李欽差 光緒十一年正月三十日發

英忽電港戒嚴，想慮粵戰被擾。傳聞英、俄爭阿富汗，將搆兵，并與法衅，德亦助英。英拒俄自確，英、德攻法恐妄。懇即示，如有端倪，望速籌聯合英、德之策。豔。

曾欽差來電 光緒十一年二月初一日辰刻到

俄不至戰，德、英亦不和。

許欽差來電 光緒十一年二月初二日午刻到

德、法會議剛果後，外面尚睦。英船兩被法扣，又争禁米未決，未聞他衅，容再探。[阿]富汗事將解。澄。先。

致北海李守、張鎮台 光緒十一年正月三十日發

總署來電，法封北海，令保護各國商民。務即派妥員彈壓曉示，不可累及局外，切要。豔。

[一] 指新任中國駐德國公使許景澄，代李鳳苞。

致龍州唐主政光緒十一年正月三十日發

法在文淵築臺，南關尚緩，牧馬可危。聞艽葑已有賊蹤，貴部可速一面報知岑帥，一面拔隊回援牧馬，出賊不意，必有奇功。三十。

致龍州岑宮保、潘撫台、馮幫辦、李臬台光緒十一年二月初一日發

總署二十九日電，稱本日奉旨：彭玉麟等電奏欽、廉防務緊要，請急調馮子材率十營回援欽、廉，以八營紮上思州隘口，相機策應等語。又據李鴻章電稱接龍州電，聞法進紮扣波，擬由翹葑進窺牧馬，欲盡取越境等語。敵勢凶狡，粤西兵單，馮子材一軍能否調回，著彭玉麟等與潘鼎新會商妥辦。前有旨令鮑超迅由開化東趨保樂，力顧牧馬一路。著岑毓英飛咨該提督兼程前進，擇要扼防，毋稍延緩。聞法救宣光，劉永福等軍潰退，丁槐等軍亦退紮，尚未據岑毓英電報，殊深懸系，著即確查速奏，并飭各統領扼要堅守，與潘鼎新各軍力顧邊疆門户，勿稍疏虞。欽此。即轉電雲督、桂撫。豔。等因。謹轉。朔。

致龍州潘撫台、馮幫辦、李臬台光緒十一年二月初一日發

頃電旨并前鈔送致馮電，想已達。二十八、二十九，法兩輪到北海，泊南萬，距岸三里，至今不去，捉漁船問防營虛實。屢接西報，法將由廉襲上思、南甯，斷桂軍後。廉郡海防北海、龍門，陸防芒街，共三路。莫在東興，距廉五百餘，陳在防城，距廉二百餘，力薄勢分，無統難恃，故請馮軍回援，留八營紮上思隘口，東西策應，既固東省門户，兼防西軍後路。此不得已之舉，非當日奏馮規越本意也。南關有蘇、陳、方、魏、龍、鼎等軍，又有二王，合計五十餘營，馬盛治及楊舊部不在內，似兵不爲少，現又調唐回援牧馬。惟頃聞艽葑已擾，馮軍能否移動，難臆斷。如不能移，或遣將帶兩營速赴廉，聲言馮不日親到，以壯軍心。或併此兩營，亦整裝緩發，看以後南關、北海緩急再定。均請琴帥裁酌，速覆，并請馮軍門通籌龍防、廉防情形，以何爲妥，亦併速覆。麟、洞、蔚同啟。朔。

致龍州馮幫辦、北海張鎮台光緒十一年二月初二日發

無論馮軍門能否回廉，撥營與否，此時廉防張鎮、李守、梁、莫、陳、方四將，所部兵勇團練，均歸馮軍門統率調度，一切機宜，該鎮等電達請示馮軍門，電飭遵辦，已另咨行。麟、洞、蔚同啟。冬。

馮幫辦來電光緒十一年二月初五日酉刻到

初三申，據南官阮廷現、農文爵稟，法匪增千餘，又分黨伏截要路。北甯夫運到乾餅、逼碼甚多，言本月初八九合戰，入關取龍等情。同日酉，奉、朔、冬四電均悉。查南官所報似屬實情，惟現在蘇軍收潰卒、補軍械未備，朗軍被挫之餘難資得力。現僅萃、勤兩軍扼坳防守，而萃軍已調六營赴扣波，兩營新成軍，一營護餉均尚在龍，僅有九營紮關前坳，若目下再抽兩營回廉，此間兵力愈單，恐難搘拄。茲先飛文出示欽、廉，聲言不日材親率

數十營即到，飭三廉文武將弁認真堵禦，并飭各紳民大起團練，協助官軍，虛張聲勢，以定人心。材軍仍穩據長墻，整備以待。材覆。初三。

致南甯岑宫保、龍州潘撫台光緒十一年二月初三日發

總署初二電，本日奉旨：岑毓英、張之洞電奏已悉。官軍攻宣數月，血戰多次，將士損傷，卒爲援寇所撓，實堪憤恨。現在各軍退紮，岑毓英當飭統領等擇要扼守，竭力維持整頓。俟有機再圖進取。張之洞電稱唐景崧軍宜速回牧馬助桂，著該督等妥籌進止。馮子材軍應否調回，仍遵前旨與潘鼎新商辦。欽此。即轉電岑、潘。冬。等因。謹轉。江。

致北海張鎮、李守、梁署鎮光緒十一年二月初六日午刻發

催梁署鎮速到任辦防。芒街陸路，法不易來，東興無須多營，莫參將須多留兩三營顧欽州。即覆。魚。

致龍州潘撫台、李臬台、馮幫辦光緒十一年二月十一日午刻發

初八捷音悉，准如數給賞。東省運局宜設龍。前據張守稱，設太平係李廉訪意，故允之。茲已電張守，并飭速解軍火，可飛檄催之，暫向琴帥借用。真。

馮幫辦來電光緒十一年二月初五日午刻到

昨據南官密稟，芁葑法騎俱已退回文淵。材現函商琴帥，並致蘇提，如芁葑已無賊蹤，請蘇軍迅速回兵，以重南關一路。又面商王鎮，令勤軍扼要築營，在關前坳之西邱奇山、韶山下亦紮數營，以資防守。敝軍謹當整肅以待環示。正肅電間，據探文淵法匪先本無多，初一又添數百，紮進南關等情。同時琴帥到王鎮勤營，并親到長墻營壘踏看。材往晤談，商及進取，琴帥云士氣未復。琴帥即回。材。初二。

馮幫辦來電光緒十一年二月初八日午刻到

初一，法數騎來探路，我軍開隊，法騎飛遁。初二，法三十餘騎由坤達山馳來，前軍中左兩營巡哨至谷利山，見法騎，即放礮抄擊，各營起隊接應。該匪等策馬穿林飛遁，我軍窮追十里，至茶店。該處離文淵十餘里，天色已晚，未便再追。拾獲法匪帽一頂，法匪衣一件，收隊回營。材。初四。

馮幫辦來電光緒十一年二月初八日未刻到

材因法匪聲言初八、九合戰入關取龍、思，為先發計，初五戌，調萃九營出五成隊，夜襲文淵，並約勤軍後應，朗軍自由隘會擊。四更，抵文淵，詎法於兩旁高山伏賊數千，嶺頂三壘。我軍已破其二，惟蘖山高頂一壘堅甚未破。伏兵四起，槍礮雨密，萃、勤兩軍分隊力敵，猛撲數十次，法匪傷亡不少，官軍亦有傷亡，萃、勤兩軍愈戰愈奮。初六卯後，并分隊由山後而上，賊始駭散。因時未刻，軍饑，均各暫收隊，相機再取。是日巳後，蘇軍亦來應援。計萃、勤兩軍各有傷亡，弁勇均獲法匪槍械。又初五戌，派弁持令飛赴扣波，督催萃前軍中、左、右三營，亦於是日辰次扣波，攻文淵，賊□原稿缺一字西。次辰至午，擊斃法匪頗多，獲勝，因路遠勇饑，收隊回波。朗軍午後始到山頭。此初五

戌刻、初六未［刻］與法相戰情形。後戰如何再報。材。初六。

馮幫辦來電 光緒十一年二月十一日戌刻到

初六，飭敵左軍中、左兩營前赴横坡嶺築壘二箇，尚未築成，初七巳，法遽來攻，飭令毋庸再築，出隊先擊。法酋避槍下馬，我軍槍斃二名，奪獲洋馬一匹。該匪隨分三路進攻，萃、勤六軍齊出長墻，分投迎戰，槍礮如雨，斃法數百，我軍俱有傷亡。材見法匪衆多，飛請蘇軍援應。未刻後蘇軍到，適法分兵繞上長墻東嶺，蘇軍即上嶺頭拒敵。法大股又逼攻長墻，材與王鎮立懸重賞，指揮奮擊。自巳至酉，槍礮不息。戰至初更，法始收退，我軍亦各收隊食飯，仍連夜登山據墻扼守。本日辰刻，萃、勤、蘇三軍又分投前往開仗，容後再報。惟張守解來軍火先到龍，又回報各營赴太請領，稽延時日。現在大急等槍子藥缺，已向琴帥借用，未諗能速到否。材。初八。

馮幫辦來電 光緒十一年二月十一日戌刻到

本日發電後，適材昨添調楊、麥兩督帶由摩沙抄勦，及知會王方伯從由隘抄擊，先後齊到，大戰數時，均有斬擒。午後，法匪分路猛撲我軍，所用開花礮何止盈千，山岳震動。萃、勤、蘇各軍亦即分隊力擊。自辰至午，槍礮雨密。詎法匪另股直登左山最高東嶺，又派大隊逕撲長墻。蘇軍防備東嶺，材親在長墻來往指揮奮擊，各勇愈戰愈奮，跳出墻外，縱横盪決，斃匪千餘，斬首數百，已獲全勝，我軍亦有傷亡。現在法匪均已擊退出南關，尚在文淵駐紮。本日惡戰較昨加倍，除俟點明法級繳解琴帥察收外，嗣後情形容再飛報，合先報聞。再，初七，法來戰，勢甚猛，材會商王共蘇，懸賞二萬兩，各營奮勇，果於初八擊敗出關。此起賞銀可否照給，以示鼓勵，祈卓裁示覆。材。初八。

王鎮台來電 光緒十一年二月十三日午刻到

初五夜，祺奉馮幫辦令，調八營七成隊會破文淵。二鼓，祺派卑營務處潘鎮先率四營同進。四鼓後，又親率四營前去接應。黎明，經南關外兩旁高山，遇夷伏兵數千，槍彈如雨，軍不能進，祺坐馬傷，各營勇受重傷者三十五人，又陣亡哨弁一、親兵正勇十，槍斃該夷匪亦約百餘。自本日卯初戰至未刻，該夷堅拒要隘，將我前後截斷。軍饑疲甚，乃懸千金重賞，令所部新前、新正、副三營，各率精鋭由後山攻奪山頂，夷敗退，當獲洋衣帽、槍械數十，并焚燬木石匪壘三所。申末始收隊回。孝祺稟。魚。

王鎮台來電 光緒十一年二月十一日戌刻到

初七辰初，法逆在南關架礮，漸進關前隘，有衆萬餘。祺會馮軍迎擊，槍彈落地寸餘。午後直撲我軍新築長城山頂，賊礮無虛發，戰至酉中，馮軍未整，蘇軍甫至，祺親冒火彈，帶奮勇小隊百人，由僻徑穿敵後，令卑部各營分三面仰攻，槍斃敵約數百。山頂敵見，開礮接應。力不支，退下。戌初，仍同馮、蘇二軍接戰，敵益奮力猛攻，卑部八營未收隊。當夜查陣亡弁勇百餘，受重傷者數十，容續册報。孝祺稟。庚。

王鎮台來電 光緒十一年二月十三日午刻到

初八晨，敵逼幕府前二里，祺奮不顧身，率部堵禦。長城外數里，四山皆敵，燃礮轟天，彼此鏖戰三點鐘之久，突有真法鬼千百餘人當衝直犯，將次闖入長城。祺當派卑部新前、右、新正三營，挑選精鋭力遏凶鋒，陣斬一畫一、二畫二、三畫八、西貢匪數十，槍斃無算，奪獲槍械衣物甚夥。此戰亡哨弁二，勇數十，受傷弁勇亦多，容再開單呈報。本日自晨至申，卑部各營每槍打三百餘碼，槍熱如煉，間有轟開無用者。長城東首高山頭九，連日敵奪去三，午後卑部二營與王、蘇二軍合力進攻，數得數失。酉末，祺親自抄敵後路，各軍齊上，全數奪回。山坳餘虜仍堅拒，經各軍猛力勇進，傷其頭目，退出南關。刻下彼礮聲已漸稀漸遠，祺仍率各營追擊，續捷再容報。孝祺稟。庚。

致龍州潘撫台、蘇軍門 光緒十一年二月十二日亥刻發

大捷欣賀。毛瑟一千，彈五十萬，即日解。文。

馮幫辦來電 光緒十一年二月十六日未刻到

初十午刻，材親率萃字中、前、右三軍共十營出關追勦，法匪大股齊出文淵拒戰，我兵四面環攻，槍礮雨密。該匪因初八大敗，被我軍連日擒斬槍斃甚多，心膽早裂，本日開礮數十輪，對敵不過，頓即潰走。未刻，材親率大隊湧入文淵州，勤、蘇兩軍繼至。材現派兵分路追擊。材。初十。

致龍州潘撫台、蘇督辦、李護撫台[一] 光緒十一年二月十四日發

總署十三日電稱，本日奉旨：據潘鼎新電稱初七、八日勝仗，本日已降旨宣示，所獲象隻准其解京，出力各員，蘇元春、李秉衡查明請獎。王德榜東路獲勝情形，并著查奏。該軍已飭歸蘇元春接統，如敵軍東犯，各軍應如何互相援應，力保巖疆，著蘇元春調和將士，悉心布置，毋稍疏虞，欽此。即轉電督辦蘇、護撫李。元。等因。謹轉。寒。

致龍州蘇督辦、李護撫台、馮幫辦 光緒十一年二月十五日午刻發

初九日上諭：廣西關外各軍，上年十二月及本年正月間迭有挫失，巡撫潘鼎新身爲統帥，雖經身臨前敵并受槍傷，惟未能策勵諸軍力圖堵禦，實屬調度乖方，潘鼎新著即行革職。前福建布政使王德榜赴防最早，未立寸功。前在豐谷遇敵，挫退南關，事後又未能迅速赴援，實屬恇怯無能，著即革職，聽候查辦。蘇元春屢著戰功，任事勇往，著督辦廣西軍務。廣西巡撫著李秉衡暫行護理。欽此。

李護撫台來電 光緒十一年二月十七日丑刻到

蘇督辦慶得人，關口捷，諒山復，王德榜均抄殺，截軍火，賴以勝，甚有功。此番法疑馮有內應，自向前，故斬真鬼獨多，麻稭教匪多有散去。微馮初五夜襲文淵以倡之，諸軍合力以應之，亦不至斯。愚見蘇之勇、馮之望缺一不可，以和以慎為主。暫護已竭蹶，代者遲至，必不勝任，伏乞鈞示。秉衡稟。諫。

石倅來電 光緒十一年二月十八日酉刻到

昨聞電至，李臬台護院，軍人無不歡聲雷動，惟蘇為督辦，人心稍有未洽，因教匪多為馮用，故皆願馮為督辦也。鎮稟。

[一] 指護理廣西巡撫李秉衡。

致龍州岑宮保光緒十一年二月十五日發

黃守忠敗，咎有應得，公劾之甚當。薇卿援桂，賊急兵單，倉卒無他軍可撥，擬調守忠率所部隨唐軍破虜自贖。劉、黃水火，強合將裂，得此一激，當可出力。已電奏，懇公檄黃赴唐軍效用，至感。咸。

致龍州岑宮保光緒十一年二月十五日發

西電左育之戰，真法兵斃四百六十七、兵官二十五，黑兵、越匪不在內，河内醫傷院不能容。劉雖敗，法大創，擬俟援兵五千到再上犯，請嚴備，并飭劉提南關既勝，聞諒山亦克，西擾必無暇，公如飭丁、何諸良將率精鋭激劉軍察端雄等處，擇一較虛者疾攻之，趁援寇未到，出敵不意，必得志。軍威既振，宣光焉往。頓兵堅城本非策，前已與公論之，管見是否，請酌。咸。

岑宮保來電光緒十一年三月十五日丑刻到

兩奉咸電，示以擇將先攻端雄，洵屬老謀。日内已將近端雄之扶甯縣象山各賊營攻克，惟近左域一帶尚有賊營數座，亦將次第得手，擬派大隊前往端雄屯紮。惟餽糧由保勝路太遥，恐難繼。河陽運路水陡，常損船，前後漂失糧米數十萬，以此躊躇。粤軍獲勝前進，霆軍已赴牧馬，俟其軍規太原，滇軍自可與之會合。目下山西、河内、甯平、南定越民紛紛投誠，即遣丁槐出奇兵渡河，往各省招撫，設營清野。黃已遵示札調赴景字營効力，惟劉退紮陸安不能振，在此無益，明公能調赴粤營，深感。英謹電。東。

致龍州蘇督辦、李護撫台、潘撫台、馮幫辦光緒十一年二月十六日亥刻發

十三日上諭：潘鼎新奏各軍鏖戰大獲勝仗等語。本月初七、初八兩日，敵兵在鎮南關外分路進攻。馮子材、王孝祺兩軍立即迎擊，蘇元春與蔣宗漢率師馳援，各軍合力堵剿，大獲勝仗，殺傷千餘名，奪獲象、馬並槍礮多件，當將敵兵擊退，將士奮勇可嘉，著蘇元春、李秉衡優給奬賞，以示鼓勵。欽此。謹轉。諫。

致柏林許欽差、李欽差光緒十一年二月十六日發

募德弁四人，請定合同，飭速來，須精方可，薪費聽酌。諫。

致北海梁署鎮、張鎮，莫、陳兩將，李道、李守、余牧光緒十一年二月十六日發

自初九日關前大捷，以後屢勝。十三日馮軍攻克諒山，法潰退。連接法、英、德電，法人頗餒。此時廣安之守必虛，斷無陸兵攻廉，機不可失，一面多發密探。莫陳兩將、李道光炯速選精鋭，帶利械，疾趨襲廣安，成功優保重賞。張鎮如願攻越立功，准帶舊部鋭勇兩營同往。李守、余牧籌後路。軍行宜速宜密，能由間道不走芒街更好，如不能得手，繞道往依馮軍。諸軍部署略定，省解餉械當亦到，即可進兵。速會議電覆，并飛遞張鎮。十六。

致龍州馮幫辦光緒十一年二月十六日發

屢電屢捷，欣賀。克復諒山，麾下當爲首功。寇退何處，幾營追勦。連接法、英、德電，法因諒破，援宣法兵多死，衆議譁然，主戰之相花利已辭職，法氣已餒，此時宜乘勝追擊，但須飭諸軍防伏兵，約援應，禁妄殺，安越民，至要。賞已飭運局發，并致王萠卿。諫。

馮幫辦來電光緒十一年二月十六日申刻到

昨曾將與法打仗情形肅函具報。收隊後，材暗派前軍楊督帶親率所部，乘夜渡河，至五更併力攻城，法匪因連被我軍擊敗，心膽早寒。猛攻兩時許，楊督帶瑞山、劉管帶汝奇，奮不顧身，於槍礮雨密中首先登城，萃各營員弁兵勇蟻附而登，劈開城門，兵刃交下，法匪錯愕，向後潰竄，我軍追趕，擒斬纍纍。本日辰刻立將諒山省城克復，所獲鉅礮、子藥以千萬計。該匪均向北甯而逃，我軍現在分隊跟追。材。十三。

馮幫辦來電光緒十一年二月二十三日戌刻到

初五夜襲文淵，初六、初七連日鏖戰，初八關前隘大戰獲勝，初十材出關克文淵，十三萃前軍復諒省，十四夜萃後軍克長慶府，十五收復觀音橋。現定廿一日親督萃部，帶同勤軍進攻郎甲，繞襲北甯，并規取太原一帶。謹先肅布。蘇朗廣武軍昨攻谷松，已克。因擊船頭未下，撤紮威坡。合併附陳。材。十九。

致龍州李護撫台光緒十一年二月十六日發

克諒賞三萬，速發勿遲。西餉支絀，動東省欵。法確退至何處，關前、文淵、巴坪、驅驢、諒山各處，連日攻戰情形，諒城何軍先入，請據實速電示。諫。

李護撫台來電光緒十一年二月二十三日午刻到

諸軍力戰，克驅驢，法遂敗棄諒山，故入諒之軍難分先後。關門之戰，馮倡之，勤輔之，蘇、陳力援，蔣向前，王抄擊甚力，亦不可掩。前敵在觀音橋、谷松一帶，必先固此門户，再圖進取。法恥敗，必有惡戰，我軍非同心，莫能濟，必加慎，方免患。秉衡謹電。效。

致龍州李護撫台光緒十一年二月十七日發

和、慎兩義，一字千金，請諄屬諸軍力行之。關前、文淵、諒山三捷，賞項共需幾何，酌辦。昨拙電只言諒賞，舉其大者言，不必泥。霰。

致龍州岑宫保、蘇督辦、李護撫台、馮幫辦、王藩台、王鎮台、唐主政，南甯岑宫保、鮑爵帥光緒十一年二月十八日發

總署十七日來電，本日奉旨：據張之洞電陳左育接仗各情，並稱黄守忠驍勇等語，黄守忠著准其隨同唐景崧助勦。現在諒山已克，法受大創，必圖報復。新嘉坡電報有法船運水陸兵往東京之信。我軍必應穩紮穩守，蘇元春等不得恃勝輕進，致有挫失。鮑超由開化趨保樂，著岑毓英、蘇元春互相知照，一俟鮑超到防，何路喫緊即會商援勦。總期彼此策應，自立於不敗之地，再圖進取。欽此。即轉岑、蘇等語。請彥帥、子熙、鑑堂、萃亭、朗卿、

薇卿、茀臣即將現在情形分別飛速電覆。至要。巧。

岑宮保來電光緒十一年二月十九日戌刻到

圖越一舉，蒙籌兵籌餉，煞費苦心，英急欲圖效尺寸，以副厚望。乃宣光拔在旦夕，粵軍潰，賊援至，功墮垂成，憤慚交集。滇軍現紮老營，離宣光城八里十里不等。賊受地雷之創於前，迄今未敢來攻。英惟有竭力圖維，相機辦理。唐軍回牧馬，擬繞赴歸順顧粵邊。鮑軍因乏糧，欲改援龍州，現請旨。北甯、山西、太原、興化、甯平、南定各屬紳民，先後來營求發槍械，前驅助剿，求借數千桿濟急。禱盼之至。英謹電。齊。

致龍州岑宮保、蘇督辦、李護撫台，南甯岑宮保、鮑爵帥光緒十一年二月十八日發

總署十七日來電，本日奉旨：今日鮑超奏請由廣西出關，抑或仍由廣安赴保樂等語。已照前旨寄諭，該提督到開化即出保樂，擇要駐紮，相機援勦，以通滇粵兩軍聲氣，不必取道龍州，轉致迂折。即著岑毓英、蘇元春、李秉衡迅速知照鮑超，懔遵辦理。欽此。即轉岑、蘇、李等語。謹轉。巧。

致龍州李護撫台光緒十一年二月十九日寅刻發

刻下諸軍擬如何攻守，賊蹤退至何所，蘇督辦、馮幫辦、陳、蔣、二王各駐何處，琴帥駐何處，均詳示。關外軍事緊要，近屢奉電旨，倶係責成蘇、李，且有令閣下具奏之件，不知琴帥與子熙閣下如何商酌。此時諸事何人主持，日來軍情豈可無人電奏，懸悶焦急，望即刻示覆。效。

李護撫台來電光緒十一年二月二十五日申刻到

效電謹悉。琴帥現住海村，前敵各軍，據探蘇、馮均在諒山，陳在谷松，馮之前軍紮長慶府觀音橋一帶。蘇擬親赴谷松，蔣勤方在諒山之前扼守，鄂軍在文淵，均擬備齊子藥，即行進攻。王軍仍紮由隘，王藩司因病回龍就醫，遲日再催回營。敵之大隊退踞船頭一帶，尚無動靜。聞蘇、馮各軍皆有鋭進之意，似宜布置妥協，再圖進取。奈彼既有所見，亦惟當婉致。遵旨覆奏之件，頃已稟請憲台、李中堂轉奏。秉衡謹稟。漾。

致龍州蘇督辦、李護撫台光緒十一年二月十九日發

總署十八日來電，本日奉旨：彭玉麟等電奏十三日攻克諒山等語。將士奮勇進剿，甚屬可嘉，軍事功罪賞罰，必期允當。此次獲勝係何軍出力，并連日攻戰情形，著李秉衡據實秉公電奏。前因王德榜上年派署提督，竟不遵旨受篆，豐谷挫敗，大損軍威，并催援南關不至，是以降旨革職，并寄諭李秉衡查辦。該藩司豐谷之敗，由於猛進失利及無後門槍等情，潘鼎新前已奏及，雖非怯退，其爲僨事則一。惟潘鼎新奏稱戒令王德榜不可輕進，該司不待期會，遽行進紮，該督則稱桂軍失期未至。諒山之役，潘鼎新奏稱催援罔應，該督則謂徵調屢更，彼此互異。著蘇元春會同李秉衡將以上各節迅即確查具奏，毋稍徇隱。欽此。嘯。即轉電蘇、李等語。謹轉。效。

致龍州蘇督辦光緒十一年二月十九日發

貴軍暨馮、陳、蔣、二王現紮何處，賊蹤退至何所，日來戰守情形若何，琴帥駐何處。數日未接確電，焦急之甚，均詳示。此時軍事何人主持。近屢奉電旨，俱責成閣下及鑑堂。尊意如何布置，即覆。效。

蘇督辦來電光緒十一年二月二十九日申刻到

奉電諭，具感垂念邊情。前飭陳嘉率鎮南十營，扼紮谷松。其地較闊，復派親部毅新八營助守，令方友陞兩營紮谷松之後分水坳，馮幫辦飭萃軍十二營紮觀音橋，王鎮率勤軍八營守貴門關。那陽一路尚空，王藩司前回由隘，今催率所部前往那陽，以顧東路。蔣提督廣武十營及馮幫辦率六營、魏道楚勇四營，留紮諒山。鼎字七營經琴帥併為四營，交魏道統，均催來諒駐紮。根本重地。非有廿餘營不能周布，設遇何路喫緊，隨時策應。廿四接左侯相電，法人增兵八千來東京，竊料逆由船頭攻谷松，爭諒城。聞鮑軍已抵歸順，離此數日程，已飛請來助。現與馮幫辦等嚴飭各軍，深溝高壘，先守後戰，一俟軍火軍用稍充，與鮑軍會同相機進取。琴帥廿七在海村卸篆，春與馮幫辦同住諒城，朝夕晤商。李護院原辦後路事宜，關心前敵，多雇馱馬夫役轉運軍糧軍火，以資接濟。際此時艱，惟當和衷共濟，勉竭血忱，上報恩遇。春。宥。

致龍州蘇督辦、李護撫台、馮幫辦、王藩台、王鎮台、唐主政、岑宫保

光緒十一年二月十九日發

英、德來電：法籌餉五十兆佛郎，添兵八千援越。法提尼格禮已傷斃，飭在華越兵務馬力攻戰，以雪諒山之恥等語。祈徧致諸軍嚴備。龍州到諒山須設急遞送要電專人，或專限五箇時辰到李護院。速辦。效。

致龍州蘇督辦、馮幫辦、王藩台、李護撫台、王鎮台光緒十一年二月二十一日發

諸軍屢捷，摧寇克城，欣賀。谷松、觀音橋復後，敵退何處，現擬如何戰守，速示。此時要義有六，一宜和衷讓功，一宜遠探嚴備，一不可殺掠越民，一宜約定永遠互相援應，功則同功，過則同過，一宜多備騾馬、手車運糧，一宜多覓內外科醫士，儲配良藥，以備治傷、治瘴、治疫，並恤斂陣亡將弁，掩埋戰地骸骨。其犒賞、車騾、醫藥、掩埋各費，俱可先於東省轉運局挪用。如餉械缺乏及艱苦屈抑不能上達者，洞當任之。如各懷意見及奏報不實者，洞亦不敢不聞諸朝廷。望諸軍爲國破虜，成功受賞，即請籌議示覆。馬。

馮幫辦來電光緒十一年二月二十六日亥刻到

寇退郎甲船頭，敝部現紮屯美門、觀音橋一帶，因前途米少，須待內地糧到方可進兵。法逆挫敗膽虛，材料其廣安守兵必無志，已囑廉、欽各鎮將守牧等密商，合力往襲。廣安或能得手，亦未可定。材啟。廿一。

馮幫辦來電光緒十一年二月二十六日亥刻到

近據甯、太探報，法自諒山敗後，麕聚甯、太，客教各黨，稍有離散。法匪屢受大創，膽怯心驚，趁此機會迅速進兵，或可得手，已定廿五率隊前往。廿二奉電諭：法往新加坡搬匪報復，

各軍穩紮穩守，不得輕進等因，欽此。自應欽遵。惟查法匪如果再來，必以大隊直趨一路，我軍分紮散漫，勢必難支。如果得勝固佳，儻若再敗，未易收拾。且守多日，法得預備，再以重利勾誘客教，又添新加坡大股，其勢太重，恐難抵敵。材淺見，不如趁匪未到，穩守莫若速戰。近接鮑軍信，前隊不久可到龍州，材擬廿九率兵進，先取郎甲，後規甯、太，儻可得該兩省，鮑軍到時，地利不熟，即請分隊代為固守，材率全部直搗海陽，鑄造礮位，嚴防道，大河以北全行恢復，相機再勦，法匪雖到亦不足慮。時不可失，守不足恃，非貪功浪進也。春水將發，亦屬可虞，趁此天時人事，材到郎甲體察形勢，能否進取，相機妥辦。一片愚誠，尚祈鑒諒。材啟。廿三。

致龍州馮幫辦 光緒十一年二月二十一日發

來電言克諒得巨礮及軍火甚多，此當是我軍遺棄者，其中是否有法虜好礮，此項軍械今歸何營用，即覆。號。

馮幫辦來電 光緒十一年三月初八日寅刻到

所獲巨礮軍火雖多，皆不合用，現存諒山。法匪礮局内或有江南二字，或無字，未知係法人所棄抑係我軍所遺，難辨認。材。先。

致龍州馮幫辦 光緒十一年二月二十二日辰刻發

前聞貴軍擬紮觀音橋，蘇軍擬紮谷松，是否已定議。觀音橋在西，谷松在東，貴部專進西路，將來於東省餉械文報慮阻隔否，祈示覆。號。

馮幫辦來電 光緒十一年三月初八日寅刻到

號電悉。敝軍專進西路，因近北甯故耳。欲取北甯後，得以就糧，再分兵東下，(距)［踞］海陽，截河口，則東京已在掌中。餉械文報并無阻隔，惜今成畫餅矣。材。東。

致北海廉州莫參將、陳參將、劉倅、李道光炯、梁署鎮 光緒十一年二月二十二日發

諒山捷後，法提尼格里傷斃，觀音橋、屯梅、谷松俱已克復。頃接西人密報，海防來電，北甯危急，調該處兵數百名前往救護等語。此必是馮軍進攻北甯，正可乘虛攻廣安。該將該道等迅速進兵，廉州必無事。頭批軍火當已到，無論係解何營者，先儘攻越之軍挪用。機不可失，勉之。劉倅如願往，即派經理莫、陳兩將營務，速行。廿二。

致龍州馮幫辦 光緒十一年二月二十二日發

接密電，法因北甯危急，調海防兵數百往救等語。又電法外部花利辭職，新換外部又辭職，似甚震恐。攻北甯者當是貴軍，務望多派數營往助，多運軍火接濟，後路要緊。兵機正利，不可遲緩，亦不可輕敵，切要。克北甯賞十萬。養。

馮幫辦來電 光緒十一年二月二十九日戌刻到

養電悉。克諒後本擬十五親往進攻，為琴帥所阻。廿一欲往，因缺糧不果去。又定廿五必往，適有疾，且得警報，暫遲數日。查前奉電緘，克北甯賞十萬，保三品官，材已密許。北甯官民暗

中布置，俟我軍到郎甲，彼即内應。現萃攻郎甲，蘇攻船頭，惟俟郎甲船頭攻拔，即長驅直進，攻取北甯。材覆。廿五。

致總署光緒十一年二月二十二日

梧州綫阻，前敵自十六後無信來，惟前接馮電，法遁北甯，分軍追剿，此必是馮軍進攻北甯。馮三次出關，威惠素孚，越官民多爲之耳目，近大勝後，越人必多響應。連日西電均言法願就欵，均照津約，不知確否。萬一實有其事，伏望詳酌。總之，非有諒山，龍州無險不能守也。養。

致龍州唐主政光緒十一年二月二十二日發

法遁北甯，越地大震。頃已得越中密電，閣下速進兵，應出何路，請酌。即用黄守忠爲前驅，克北甯賞十萬。淵亭願歸粤用，甚好。傳鄙意，令東來與閣下一見定議。速募五千人，粤給餉械，趁賊衰怯，速擣一路立奇功，以洗前恥。養。

致龍州馮幫辦、右江鎮王光緒十一年二月二十三日發

奉廿二日電旨：和約業經允定，三月初一日停戰，十一撤兵。惟條欵未定之前，恐挾詐背盟，仍著嚴備等因。兵機方利，我撤則敵進，險失氣沮，設有反復，必蹈去年覆轍。現已奏請緩撤，俟奉旨再飛達。萃、勤兩軍已攻北甯，如能乘初一以前迅速攻克，法不能藉口，和議更易成，可少要挾，功在大局，將士優保重賞，望萃亭、苐臣兩君速圖之。即覆。漾。

致龍州蘇督辦、馮幫辦、李護撫台、王藩台、王鎮台、西轉運局、唐主政、岑宫保，南甯鮑爵帥、岑宫保，雲南張撫台光緒十一年二月二十四日發

頃接總署廿二日來電，本日奉旨：法人現來請和，於津約外别無要求。業經允其所請，約定越南宣光以東三月初一日停戰，十一日華兵拔隊撤回，二十一日齊抵廣西邊界，宣光以西三月十一日停戰，二十一日華兵拔隊撤回，四月二十二日齊抵雲南邊界。臺灣定於三月初一日停戰，法國即開各處封口。已由李鴻章分電沿海、雲、桂各督撫，如約遵行矣。惟條欵未定之前，仍恐彼族挾詐背盟，伺隙猝發，不可不嚴加防範。著傳諭沿海各省將軍、督撫并雲南、廣西督撫及各路統兵大臣，督飭防軍，隨時加意探察，嚴密整備，毋稍疏懈，是爲至要。欽此。養。即轉電雲、桂等語。謹轉。敬。

馮幫辦來電光緒十一年三月初一日子刻到

廿六奉漾電，已飭遵，但期迫路遠，能否再報。又敬電中法議和，飭停戰。查我勝法敗，乘勢可平甯、河兩省，材已布置，不久可復西貢。内應四十萬已約定，若以餉絀，再一年諒無慮。材一事權，年左右可得手，勿墮奸謀，失此機會。去歲上諭議和者誅，請上摺誅議和之人，士氣可奮，法可除，越可復，後患可免。祈早圖之。材。沁。

致總署光緒十一年二月二十四日

蘇提二十一電稱，奉王德榜東路獲勝，如何情形，即請獎各

節，已由潘於南關、文淵、諒山擇尤請奬案内詳奏，其餘出力，俟會撫查奬。自克諒後，馮軍分出觀音橋，擬同王孝祺軍取新省，陳嘉等軍追至堅老，擒一畫一名，一畫二名，谷松得糧械不少。谷松地散漫，已飭鎮南營回扼谷松之徼，陳嘉、蔣宗漢分紮諒山後高嶠，方友升紮杓驟，擬令王德榜、魏綱仍出那陽，俟聯絡越民，布置各隘，運足糧械，共進取等語。謹轉達。敬。

致龍州李護撫台、蘇督辦、王藩台光緒十一年二月二十四日發

頃奉議和停戰撤兵之旨，轉達。竊思條欵未定，撤兵必墮狡謀，已奏請緩撤，俟奉旨即飛達。蘇軍、朗軍刻下情形若何，能於初一以前再立奇功否，請即覆。盼禱。敬。

李護撫台來電光緒十一年二月二十八日巳刻到

漾電謹悉。大勢終歸和欵，非戰勝必不堅久。今既大勝，敵欲就欵，以我兵力足憚也。再勝似無所加，少挫或仍啟輕心。法實强敵，正可就此整軍已約，以竟全功。儻彼仍思逞，我兵未撤，鮑、唐復分應於西，儘可惟力是視，敬求鈞裁。秉衡禀。有。

蘇督辦來電光緒十一年二月二十九日戌刻到

奉垂詢能否初一前再立奇功，深佩藎謀。法屢受創，由海防、宣光分黨來船頭嚴備。現郎甲有機可乘，萃軍擬即進攻，已飭陳嘉牽制船頭，如條議未成，俟鮑軍到諒會商，大舉進取。春。沁。

致南甯岑宫保、龍州唐主政光緒十一年二月二十四日發

頃接總署二十二日來電，本日奉旨：本日已將停戰日期諭知岑毓英矣。現距撤兵期近，劉永福一軍必須妥爲安插，將來或在邊界屯軍，抑或别籌調度，該督務須熟思審處，先行奏聞，候旨定奪，欽此。即轉電岑等語。洞謹轉。查劉事前接彦帥電，並咨已遵飭永福赴桂邊，募勇助剿，電知薇卿。現在彦帥如何辦法，務請電示。鄙意此人萬不可棄以快敵，爲粵捍邊亦甚好，或欽州，或思州，或龍州，均有用。擬詢劉所願，是否妥協。請彦帥卓裁，即明覆，薇卿亦即酌覆。敬。

岑宫保來電光緒十一年（三）〔二〕月二十一日未刻到

諭旨班師，當欽遵辦理。丁槐將渡河，已截止。惟前招越地各省義民，由英發給餉械，編列成營，共八九千人，屯紮緬旺、廣威、不拔、美良、臨洮一帶，均倚我軍為重，勢頗振。我師既撤，越營當作何安置，應請旨飭下辦理。劉永福更宜早為位置，可否仰懇天恩，於閩、粵總兵各缺，酌用該提督前往。若留在北圻，弭患不足，啟釁有餘，英不勝憂慮，請挈銜電奏。英謹電。佳。

致龍州馮幫辦、王鎮台光緒十一年二月二十五日發

貴軍與勤軍若攻北甯，宜懸重賞募越人先斷其電綫，使其與東京、海防之信不通，要緊要緊。并購募越民各路響應相助，方能成功。有。

致龍州李護撫台、岑宫保，南甯岑宫保、鮑爵帥，雲南張撫台光緒十一年二月二十五日發

總署廿四來電，本日奉旨：鮑超奏粤邊喫緊，於二月初五日

由臨安馳赴廣西等語。諒山已復，法人議和，業已定期停戰，鮑超一軍毋庸出關。著於雲、粵邊界適中地方擇要駐紮，勤加訓練，聽候諭旨。此旨著李鴻章電知張之洞速電雲、桂督撫，一體轉咨該提督遵照。欽此。敬。等因。即請鮑爵帥欽遵，岑制台、張撫台、李護院飛咨。有。

致總署光緒十一年二月二十五日

厦、泉、浦、蘭綫阻，如有電旨，務請速飭由上海以南由大北、大東洋綫傳達，庶可早奉。有。

致福州左中堂、楊制台[一]，厦門彭提台光緒十一年二月二十五日發

頃得密報：西四月三號，法攻淡水，兩次登岸俱失利，五晝兵總死傷各一，法兵死者一千二百六十八名，兵船拉泥付被重傷等語。查三號即二月十八日，此報素有根據，似不虛妄，請速探示。有。

致龍州蘇督辦、李護撫台光緒十一年二月二十五日發

總署十九日來電，本日奉旨：左宗棠等電奏，龍州來電，初八王德榜出隊至甫谷密探，馮子材失兩壘，關前隘各營危急。比分隊四出，一趨文淵，一截賊糧軍火，一援馮子材，自督一隊策應，當與蘇元春軍合力將馮子材所失奪回，斃賊數百，並法酋數名，生擒法酋一名，奪獲騾馬、軍械頗多等語。前據潘鼎新電報，初七八日馮子材等四軍奪回礮臺，大獲勝仗，并無王德榜一軍在内，惟稱該員在東路，聞亦獲勝，尚未報到。又據張之洞電稱，王德榜曾在由隘截賊，亦未叙此次戰狀。軍事功罪必須確鑿分明，有功不可没，無功不可冒。著蘇元春、李秉衡將南關之勝，王德榜是否身在行間，東路獲勝是否確實，一併確查電奏，毋稍徇隱。欽此。即轉電蘇、李等語。此電本日午後始到，當因閩、浙綫斷。有。

蘇督辦、李護撫台來電光緒十一年三月初八日申刻到

請轉電總署，奉旨飭將南關王德榜是否身在行間，東路獲勝是否確實，一併查明電奏。遵查初八日關前隘之役，元春與馮子材督軍鏖戰之際，王德榜督隊從東路甫谷分抄敵後，奮命截擊，奪獲馱馬軍火，并擒斬法酋法兵甚多，敵遂不支，大獲勝仗，實係身在行間。當時因報到稍遲，故潘鼎新未即將東路獲勝詳細聲叙。至復文淵，克驅驢、諒山、谷松，王德榜均尤為出力。秉衡前於查復何軍出力電奏内業已陳明。元春、秉衡謹電。歌。

致天津李中堂光緒十一年二月二十五日發

連日雷雨，省至梧、梧至横電綫斷數處，屢修未好，止一洋匠，不能徧到斷處，須專差送，多日未接前敵軍報，可查而知。岑軍距龍二十五站，洞前令唐軍、劉軍專設臺站，通雲、桂軍報。宣光撤圍，左育被擾，臺站已斷。宣光東西，初一、十一停戰之

[一] 指督辦福建軍務大臣左宗棠、閩浙總督楊昌濬。

期太近，前敵斷不能徧傳，人力所窮，洞實無他策。設誤期限，中國不能任其咎，特先聲明。請即具奏，并與法國、赫德言明，至要。有。

李中堂來電光緒十一年二月二十七日寅刻到

有電悉。適晤法領事林椿，節録告知，屬轉電法廷。但已畫押定期停戰，必須遵旨辦理，不可失信。法新執政與議院商定，若不照津約，即集餉二百兆佛郎，添兵大戰。全局利害所關，未便狃於偏隅偶勝。鴻。宥。

致龍州馮幫辦、王鎮台、蘇督辦、李護撫台、唐主政、劉提督永福，南甯岑宫保光緒十一年二月二十六日發

洞三次電奏，請暫緩撤兵，嚴旨不准。貴軍即欽遵二十二日電旨，依限停戰撤兵，勿誤。宥。

馮幫辦來電光緒十一年三月初十日申刻到

材圖取北甯，暗中布置，屢經電達。緣北甯義士黄廷經等人數不少，自願立忠義五大團，請建萃軍旗號助剿。廿四給諭後，廿五接停戰撤兵之電，即飛差飭遵，因阻水且途隔四日，伊未知。頃據報，廿九伊等約衆繞道而進，另分股挑漿飯導我軍攻郎甲，賊壘甚堅，未破。各營依限現皆停戰。但此義士深入重地，無兵接應，必受法害，一再思之，誠堪憫惜。材。冬。

王鎮台來電光緒十一年三月十五日戌刻到

祺在貴門關前築土城，修木栅，極堅固，惜和議定未前攻。十一遵撤回諒，蘇帥面諭留守幕府，但辦糧難。春雨過多，運道甚滯。昨法領事轉送照會至。探船頭夷兵無幾，桂軍五六十營防邊，當無他患。孝祺稟。元。

致北海李守、劉倅，莫、陳、方三將，梁署鎮，欽州余牧光緒十一年二月二十六日發

奉旨和議，已定三月初一日停戰，莫善喜、陳榮輝不可進兵。初一日以前仍須嚴防。法寇若不登岸，不必挑戰，切要。廿六。

致龍州蘇督辦、李護撫台光緒十一年二月二十六日發

(按)[接]王司電，稱折傷就醫，聽候查辦，全軍請撤等情，聞之大駭。勁敵近在船頭，新兵不日即到。淮軍近已遣撤，若又將定邊軍十營散去，兵勢愈單，寇再犯諒，大局可危。桂軍除蘇軍陳、蔣外，其餘畸零新集，萬不足恃，望善慰朗卿，拊循士卒，從容調理，是非功罪，上有聖明，斷無枉抑。子熙既奉旨接統，務望善爲統馭，慰勞各營，勿令遽歸。如軍士不願，或與朗卿熟商，令其暫管數日，統聽子熙裁酌。總之，此軍不宜遽散，尤須擇要屯紮，以備不虞。朗卿大員，幸勿負氣，大局所關，懇子熙、鑑堂兩君維持之，至要。宥。

致龍州李護撫台光緒十一年二月二十六日發

總署廿五來電，本日奉旨：撤兵載在津約，現既允照津約，兩國畫押，斷難失信。現在桂甫復諒，法即據澎，馮、王若不乘

勝即收，不惟全局敗壞，且孤軍深入，戰事益無把握，縱再有進步，越地終非我有，而全臺隸我版圖，援斷餉絶，一失難復，彼時和戰兩難，更將何以爲計。且該督前於我軍失利時，奏稱只可保境堅守，此時得勝，何又不圖收束耶。著該督遵旨亟電各營，如電綫不到之處，即發急遞飛達，如期停戰撤兵，倘有違誤，致生他變，惟該督是問。欽此。即轉電粵督，等因。所有雲、粵各軍，停戰撤兵日期，均望恪遵廿二日電旨辦理，請李護院速發急遞，飛致蘇、馮、王、唐、劉、岑欽遵。接此電後即賜覆爲要。宥。

致龍州李護撫台、蘇督辦、馮幫辦、王藩台、王鎮台光緒十一年二月二十八日辰刻發

探報法定二十八日三路攻諒。無論蘇、馮、二王、陳、蔣及廣西各軍，務須互相援應，併力擊賊，力保諒山。如有不接仗者，洞即據實奏劾。切要。勘。

致天津李中堂光緒十一年二月二十八日發

馮電探報法定廿八日復攻諒山，停戰期近，此殊可怪。我軍已電令遵旨初一日停戰，請速令赫德、林椿電越南法酋，勿進兵爲要。勘。

李中堂來電光緒十一年二月二十九日酉刻到

勘電悉。法提督恥南關、諒山之敗，前本欲移西路兵剋期復取諒山，茲法廷已電允定期停戰，且謂越兵官可代我致信前敵，馮探似不確。鴻。豔。

致龍州李護撫台、蘇督辦、馮幫辦光緒十一年三月初二日辰刻發

總署初一日來電，本日奉旨：張之洞電奏馮子材探法新兵到，定廿八日大舉攻諒，虛實難測，請訓示諸將進止機宜等語。停戰期前法如進犯，自應盡力堵剿，停戰期後如彼前來攻撲，該防營偵探確實，即由將領照會法兵官，告以現已停戰，毋再進兵。倘彼置若罔聞，仍來撲犯，即行實力剿辦，一面將照會原文即電總署存案，庶不令藉口我先開戰，別生枝節，欽此。朔。等因。請即飛致各營欽遵。沃。

致龍州李護撫台、唐主政、蘇督辦、馮幫辦，南甯岑宮保、鮑爵帥光緒十一年三月初三日巳刻發

總署初一來電：停戰撤兵，已令赫、林電越傳信。赫又派雷汶石由滬赴宣光，爲中法各營彼此傳信，以免誤會，約初十可到，并希電知桂軍。東。等語。赫者總稅司赫德，林者駐津法領事林椿也。總署恐內地電綫驛遞阻滯，故又屬法官傳達。請轉咨岑、鮑，並知會劉提督永福。江。

致天津李中堂光緒十一年三月初三日酉刻發

雞籠、澎湖約定何日退出，津約第一條中國南界毗連北圻云云，均應保全護助，均字之義，是否中法公同保護，祈速示。江。

致龍州唐主政光緒十一年三月初五日子刻發

欵局雖定，邊防難撤。貴部所添四營仍速招，如有願用良將而在他營者，可向李護院求之。洞已電致黄守忠，速調率所部來。有旨令籌安插劉永福，洞奏請令屯思欽一帶，統三千人捍邊，歸馮調遣，粤給餉械，望速催東來。緣此次和議，我兵止於邊界，劉若在越亦必爲法併，官軍不便援助，惟有附粤屬馮爲長策，永爲國家守邊大將，亦甚壯偉。可屬淵亭率所部來桂邊，募足此數，詳議屯紮處所。正發電間，已奉電旨允准，速達岑、劉。即覆。歌。

唐主政來電光緒十一年三月十九日午刻到

崧初慨時事，有歸志，且六營不足當一路，故請紮上凍，取其就近，易鎮即守，亦不煩多營也。今准增四營，知不可辭，得十營可任西路，并可省廣西兵力，不然則桂軍當另籌一大枝防西路也。本日抵龍謁商護院，以為然，蘇來函意見相同。限期已迫，即飛令各營速移歸順及鎮安廳界上，請再籌中路、東路可也。我不甘和，敵更不甘和，必仍圖犯我勝我而索償。計期亦恐不遠，愚見如是。崧。諫。

致龍州唐主政光緒十一年三月初五日丑刻發

官軍入邊，梁正理輩若何安置，梁俊秀有何用法。遊勇太多，以後恐常爲邊患，望籌復臺站，俟劉、黄輩到越後，再撤不遲。頃總署令委員赴越，諭雲軍、劉軍撤回界，洞遣州判孫鴻勳往諭劉，事畢後即偕劉入粤。先奉聞。歌。

唐主政來電光緒十一年三月二十一日未刻到

開鑛安置遊勇，梁俊秀一力承當，以為可行，此事南官主持最善。今日要議，在將帥有遠謨宏量，任大事勿讓，遇小節勿争，反是，難語濟非常之變，可慮者不僅在劉、黄一節也。崧。皓。

致欽州電局委員周丞冕光緒十一年三月初五日寅刻發

越軍雖撤，龍防永遠不撤，可作電綫自龍抵關前隘大營，速往勘造。歌。

致龍州李護撫台、蘇督辦、馮幫辦、唐主政光緒十一年三月初五日未刻發

津約五條，擇要電達備考。第一欵，中國南界毗連北圻，法國約明，無論遇何機會，並或有他人侵犯情事，均應保全助護。第二欵，中國南界既經法國與以實在憑據，不虞有侵佔滋擾之事，中國約明，將所駐北圻各防營即行調回邊界。第三欵，法國不向中國索賠償費，中國亦宜許以毗連越南北圻之邊界所有法越與内地貨物聽憑運銷，日後議定詳細商約税則，務須格外和衷，期於法國商務極爲有益。第四欵，法國約明，現與越南議改條約之内，決不插入傷礙中國威望體面字樣。第五欵，限三月後，悉照以上所定各節，會議詳細條欵等語。歌。

致龍州唐主政、岑宫保、李護撫台、馮幫辦，南甯岑宫保光緒十一年三月初六日丑刻發

總署初五日來電，本日奉旨：張之洞電奏，擬令劉永福統軍

屯紮思欽一帶等語，所籌尚是。著該督與岑毓英商辦。欽此。轉電雲督等語。請彥帥妥籌，指示辦法并檄劉速來。請薇卿速遞彥帥，善致淵亭。魚。

岑宫保來電光緒十一年四月十一日戌刻到

奉魚電，當即傳來面詢，劉初意頗不願遷，再三開導始允從，惟欲帶四營，已准先帶二營。劉防兵添二營，意在多求盤費營餉。惟劉性情反覆，現雖應允北徙，有無更變，尚不可知，請斟酌代奏。英謹電。敬。

致總署[一]光緒十一年三月初九日辰刻發

諸軍均遵撤，皆有覆電來。庚。

致龍州李護撫台光緒十一年三月初十日亥刻發

桂餉八萬已解。生擒法酋不可誅，須妥看，約定應釋回。甌脱電極是，已轉奏，恐不易爭。諸軍分紮處所，請商蘇、馮酌辦。唐軍自願駐下凍，距龍近，餉械文報便，可允之，歸順太遠。以後各軍去留，請預計妥籌。公已握疆符，無再勞運局理。關防交提調張守會唐判辦，大事請公示。蒸。

致龍州馮幫辦光緒十一年三月初十日亥刻發

詳約未定，越防未解，貴軍自應撤至龍，或紮憑祥，或紮幕府，請酌辦。諒山惟有暫諭越官駐守，以後事體當聽朝命，未敢臆度，請與子熙、鑑堂商。官軍雖撤，越人仍宜撫慰，以備將來。此電轉送蘇、李同閱。蒸。

致龍州馮幫辦光緒十一年三月初十日亥刻發

前因尊電諒警，知貴部前軍遠在觀音橋外，他軍分屯，勢散心懈，甚或退駐近關，或旁趨閒地，寇若來必致貴部獨當敵，大局可虞。故勘電嚴戒諸軍不接仗奏劾之語，爲他軍非爲萃軍也。麾下方欲掃清全越，何憂不接仗哉。事急祇能發一公電，且必統戒諸軍，方得體。至霰電和衷讓功云云，更可心照。麾下不諒苦衷，接鄙電總不善會意，令人焦急。蒸。

致龍州唐主政光緒十一年三月初十日亥刻發

貴軍即駐下凍爲宜，四營照前議速招，防邊仍須屯軍，留精汰冗，未嘗非計，鄙意期閣下者遠大。黄守忠到否，用黄恐劉不悦，望勸解之。淵亭現在何處，屬遵限撤兵，不可違旨，到粵邊後使屬馮幫辦，馮必優待，洞必維持，慎勿疑慮。梁梓、何謝輩若何安置，務須善撫。目前事未大定，若需津費，不可省免，邊患且備萬一。并達李護院、馮幫辦商酌。蒸。

致北海梁署鎮、劉倅，廉州李守光緒十一年三月十一日申刻發

歌、麻兩電悉。梁署鎮速發照會與法船兵官，言中法已講和停戰，約定彼開各處封口，問彼來何意，戒彼勿妄動，若接照會

[一] 録自顧廷龍、葉亞廉主編《李鴻章全集·電稿一》，第四八七頁，原題為「粤督張寄譯署」，上海人民出版社一九八五年版。

後置若罔聞，有開礮登岸事，仍即剿辦。萬不可挑敵開衅，切要。揣其意仍是阻查軍火，不至開戰。十一。

致福州左中堂、楊制台，江甯曾宫保、武昌卞制台光緒十一年三月十三日亥刻發

粵軍馮、蘇、二王，二月初八大破法於鎮南關，斃法提尼格里，十一克文淵州，十三克諒山，十五克長慶府，進規北甯。雲軍亦二月初八大破法於臨洮府，二十、廿一、廿三屢捷，奪梅枝關，克廣威府，逼興化而賊軍退入城。越地東至北甯、太原、河內，西至興化、甯平、南定、山西，官民響應，助戰供糧，客教畔散。此數戰殺真法虜以千計，六畫以下百計，鹵獲無算。法人惶懼，斂各路兵入河内城距守。自道光間華、洋用兵以來，未有如今日越寇之創困者。廿三日奉旨停戰撤兵，蓋議約畫押時，內未悉越狀，北洋亦未詢及。廿二日洞微聞有欵議，急奏請詳酌，已無及。嗣三奏緩撤兵，竟難挽回。粵軍遵撤，雲軍當已奉旨。河内法酋勃里也，日發急電與巴德諾，林椿、赫德責津粵近華洋員，赴越傳撤兵旨。乘勝結束，廟謨至當。惟臺澎之寇未撤，封口未開，昨法電新兵仍令來越已行，法又禁濟臺兵械，以勢揆之，越兵再進，臺船自遁。洞復屢進芻言，不審有無可采。我軍先退，議約由人，越全屬法，邊患無已，藎臣必有良謀，乞速賜教。元。

左中堂、楊制台來電光緒十一年三月十七日未刻到

粵、雲各軍捷狀早悉。軍事順手，忽議撤兵，可歎。棠等奉旨後，隨電詢基隆、彭湖是否退還，總署及北洋均稱詳約定後定局。棠又奏西省宜慎防、兵難撤一疏，容另鈔寄覽。十三，據厦門電，法兵將基隆大礮運去，退兵是實。又總署電，平安輪船被拏，已由法使電囑不得凌虐，稍遲放回等語。臺寇未撤，封口未開，又禁濟兵械，可疑慮。越事可電商北洋全權，毋為法所欺，挾欵議梗，不難再戰。俄、英新失和，法助俄，俄已敗，必無鬭志。然否，乞察示。棠、濬。諫。

致龍州李護撫台、唐主政、岑宫保，南甯岑宫保光緒十一年三月十四日午刻發

總署十三日來電，本日奉旨：張之洞電奏歷陳邊軍出力情形。官軍圍攻宣光，雖未克復，而疊次奮勇進剿，勞績足録。著岑毓英仍遵前旨，將十一月初五之捷出力員弁查明保奏，并將雲、粵各軍宣光攻戰出力者，與臨洮勝仗案一同保獎，候旨施恩。欽此。即轉電岑。元。等語。請鑑堂、薇卿速遞彥帥，洞電奏稿即飛咨。願。

致龍州李護撫台光緒十一年三月十五日子刻發

槍彈機器已到廣，此真急需也。桂防無了期，機器局宜設邕。即飭解匠到續遣，欵可設法。象事是大臣語，到則多擾，不到無味。已將尊電轉北洋。望。

致總署、天津李中堂光緒十一年三月十五日亥刻發

十二日法兵船架橋，連裝水桶三百六十具、帳棚八十塊，赴雞籠。此陸營所用，可疑。十三日又來二艦，駐北海口，均違約，請詰問。望。

致南甯鮑爵帥光緒十一年三月十六日未刻發

頃接江電改道歸順就糧，已轉奏。今和議成，更不宜深入，似宜擇寬大、多穀地暫駐爲便。函委借欵，粵東情形今非昔比，且已停戰，祇可緩圖。諫。

致北海李守、梁署鎮、劉倅光緒十一年三月十六日亥刻發

欵議雖見明文，法船仍然封口，仍應嚴備，且將來廉、欽海防永無了期，所有修臺、築壘、製雷、造藥、練兵、聯團諸事宜，務宜乘此衆情振奮之時認真籌辦，不可懈弛。事體繁重，即派劉倅隨同梁署鎮、李守幫辦廉、欽防務，另札行。諫。

致北海梁署鎮、李守、劉倅光緒十一年三月十八日子刻發

法照會無理已極，但我無大礮可以擊其船，不必挑之，我徒喫虧也。劉爵帥電，初三日法營已挂白旗，停槍礮，孤拔照會有勿修礮臺語。霰。

致龍州馮幫辦光緒十一年三月十八日未刻發

北海法船乃阻軍火，俟詳約定乃去，斷不登岸。已飭梁嚴備靜待，不可挑。敵商輪已常到北海口，貴部宜暫駐龍，俟大局定後，洞再籌商。巧。

馮幫辦來電光緒十一年三月十八日午刻到

十四回文淵，接梁鎮等電，北海法船去來不定等語。法既屬意於越，或將肆毒於廉。萃勇關前坳之戰，見過大敵，法施開花礮數百，該勇等或跳墻斬殺，或開門撲剿，呼聲震地，全無懼怯，亦屬可用。今蘇軍共有七十餘營，守邊有餘，可否調材全部馳防欽、廉，或均遣散，以節糜費，祈速覆。材。咸。

致龍州李護撫台光緒十一年三月十九日未刻發

自南關失守，内地動摇，大局將壞，恃馮萃亭一人安根本，鎮游勇，扼關前，散賊黨，首倡出關擊賊，身先陷陣，轉敗爲功。閣下屢電盛稱馮之功不容於口，關外各員探禀電報亦無不推馮爲首功。乃此次覆奏，不曰馮、蘇，而曰蘇、馮，何也。且於馮并不專下一語，願示其故。鄙人於關外戰事不肯具奏者，以有閣下主持公道故也。此次旨令閣下據實秉公電奏，乃洞所奏請也。邊事軍心全在賞罰公明，幸惟鑒察，即望電覆。效。

李護撫台來電光緒十一年三月二十三日亥刻到

馮績已附片稿，自擬較切實，當附禀遞呈。秉衡謹電。效。

致天津李中堂光緒十一年三月十九日亥刻發

雲桂併捷，欵議驟成，稍一堅持，臺口開矣。我兵既退，諸事難商。公老於戎行，何不慮此。今議詳約，萬望力爭。天下責望，惟在公也。近狀速示，以便籌備。效。

李中堂來電光緒十一年三月二十一日子刻到

欵議始終由内主持，專倚二赤〔一〕，雖予全權，不過奉文畫

〔一〕「二赤」，指中國海關總税司英人赫德。

諾，公徒責望，似未深知。月内外續約當成，臺、澎兵退，我亦必議裁遣。鴻。號。

致南甯、龍州岑宫保光緒十一年三月十九日亥刻發

養電、巧函悉。洞許劉月餉四萬者，鄙意備大戰半年，令募足萬人，以三萬充餉，一萬軍火、雜費。今時局變，如來越邊爲將，自當照章核數，以前宜稍寬之，似難盡繩以法。至從前餉項，擬姑作三千人計，不必深求每月萬金。自去年九月接仗起至今年二月底停戰，止共六箇月，應六萬，通計解過十五萬五千兩，内二萬薇卿已轉交，十萬五千解雲轉交，又三萬本解雲，已抵南甯，聞劉將來，改解龍待劉。除賞項五萬，洞與倪中丞捐犒師五千應全給，不在餉内。計正餉十萬，將月餉六萬核發清，餘四萬，令到龍後議定人數章程給發。惟二月廿七日電撥劉五萬作雲餉，其時以爲劉即來粤，今既未來，此五萬仍歸劉，以便速遣，餘一萬酌給劉，或按三千月萬核數給，或渾言令到粤再算。其雲餉五萬仍另解，五日内行。至雲協五千似可即作公犒賞，不必併計。其部衆戴公德，於雲邊有益。公如以爲妥，即諭劉照辦，如不妥，速裁覆，并致薇卿。效。

致龍州李護撫台光緒十一年三月二十一日酉刻發

唐軍萬不可屯歸順，太遠，與東隔氣，如有變局，則東路重，百營不嫌多，如無事，豈能沿邊長駐多營。薇卿意殆不願歸他人統，今以屬公，請飛達薇卿，勿過慮，或下凍或他處均可，歸順則不可，總以近龍爲主。箇。

致天津李中堂、盛道台光緒十一年三月二十二日未刻發

赫若充使，華之利也，令兼税司爲妙。洋例領事可兼此，可援例，或令赫黨接管，令赫照料，分費數成，總税之利，公使之榮，一身三窟，永不肯舍，則華、英之交固矣。此六國用蘇秦意，能贊成之否。固英親德，防俄禦法，明拒倭奴，勝倭則各國懾矣。洞迂人而好奇計，望裁之。密探孤拔病危。養。

致天津李中堂、盛道台光緒十一年三月二十二日未刻發

聞津議詳約，原擬二十日定局，何以寂然，近狀祈示。兩廣最爲切膚，不敢不早計也。惟鑒船廠先期開礮，能責賠否，留作讓價何如。養。

李中堂來電光緒十一年四月初六日亥刻到

詳約有眉目，未定。甌脱争數次，不允。鴻。微。

致天津盛道台光緒十一年三月二十二日未刻發

南甯抵馬白綫，本是要義，鄙人謀之久矣。若借官本，商局如何還法，此官本何省出。籌復此費，雲貴必不願出。政府如果鋭意越防，洞當籌之。時局如此，自以省事節用爲主，洞不敢兜攬也。養。

致南甯岑宫保光緒十一年三月二十二日亥刻發

廿二日接總署廿一日來電，本日奉旨：張之洞疊次電奏均悉。

據稱劉永福可調思欽，不願從者，假名字者，我恐難問。官軍入界，諒山暫交越官看守，所籌均是。至所稱邊外游勇無算，黑黃旗近雲境者尤多，議以高平等處開墾自給，設頭目，受約束，資以軍火等語，此則必不可行。官軍撤回邊界，隨營勇丁安分可用者，自應隨同入邊，邊防正須重兵，即可募補入伍。至游手無賴之徒，既不願從，豈受約束，予以軍火，適爲助亂之資，必因此多生枝節，擾邊、擾越、擾法，均足爲害。晝寬甌脱，現飭籌議，如果議定，亦豈能安插此輩。防軍撤回後，此等游勇我自可置之不問。前諭岑毓英將劉永福一軍妥籌安插，嗣據張之洞奏，請令屯紮思欽一帶，復諭令與岑毓英商辦，現尚未據岑毓英覆奏。劉永福現紮陸安州，該督前奏僅餘五百人，著即飭令督率所部隨同入關，遵照前旨辦理。至其餘未盡事宜，應如何措置妥協，以期慎固邊防，無貽後患，岑毓英親駐邊外，自必詳悉情形，著即熟籌速奏。欽此。轉電雲督岑。箇。等語。前屢電商處劉法，未接覆。昨來咨劉、黃二千餘人，請籌覆，并示劉近日部衆情形。養。

岑宫保來電光緒十一年四月十八日亥刻到

劉已遵允入關，其部衆葉成林、陸東環輩仍居北圻，自當遵旨辦理。宣光東西地作甌脱，誠善策。英奏請宣興以西地附入滇疆，非務拓土。查滇東路以道岸總、安平府、安隆縣、陸安州、渭川縣、永綏縣為要隘，中路以保勝、文盤、大灘、鎮安縣之館司為要隘，西路以三猛、十洲為要隘。越民經招徠，皆效順，聞和議成，氣沮喪。英暫令安置各地，若不早圖，地利、民心兩失。今彼未開臺澎廉之口，我兵豈能盡撤。英仍暫留粵勇七千，分紮越地各隘，如反覆，當由猛羅出奇入佔清化，各省待秋涼出兵進剿圖之。惟和戰總須有一定之局，甫戰即和，則失民心，既和復戰，又亂兵心。樞議定，乞速示。英謹電。魚。

致龍州王鎮台光緒十一年三月二十三日丑刻發

勤軍到防後，首從馮軍，文淵嘗敵，繼援南關，轉敗爲勝，又攻諒壘，拔幟先登，三戰之功偉矣。閣下易騎督戰，尤可佩服，部下傷亡獨多，足見血戰艱苦，深爲閔惜。近悉戰狀，特此奉致慰勞，部下將士均代致鄙意獎問。漾。

致龍州馮幫辦光緒十一年三月二十三日辰刻發

貴部自克諒後，聲威遠震，義民響應，旬日之間，北甯可拔。當令唐軍攻太原、莫軍攻廣安，以爲公羽翼。時值岑軍亦捷，劉軍東來，鮑軍踵至，數路進攻，不過數月，北圻復矣。事權不一，洞能請之，需餉需械，洞能籌之。班師迫促，盡棄前功，已得越疆，仍還法虜。事機可惜，邊患何窮。麾下忠憤填膺，自不待言，洞屢次電奏，力争不得。近日苦争條約，大處終恐難挽。既忿中國爲狡虜所愚，又愧無以對此吞敵之將士，助順之越民。肝逆頭眩，心血已枯，事定後亦將乞罷矣。漾。

致龍州馮幫辦光緒十一年三月二十四日亥刻發

貴部現分屯何處，勤軍屯何處，均示。聞麾下旋龍之日，軍民歡迎，香燈、爆竹數十里，聞之欣快。敬。

致龍州李護撫台、馮督辦、蘇督辦、岑宮保、唐主政，南甯岑宮保、鮑爵帥 光緒十一年三月二十六日酉刻發

總署二十五日來電，本日奉旨：彭玉麟、張之洞十九日電陳各節均悉。前因蘇元春屢著戰功，張之洞亦稱爲良將，特派督辦廣西軍務。其時馮子材一軍先經彭玉麟等請調欽、廉辦防，本未令歸蘇元春調度。馮子材威望素孚，即著督辦欽、廉一帶防務，蘇元春仍督辦廣西邊防，一切善後事宜，著李秉衡與馮子材、蘇元春會商妥籌，奏明辦理。數月來滇、桂各軍奮勇打仗，疊獲大捷，深堪嘉尚。岑毓英等仍當督率各營，嚴申儆備，勿稍鬆懈。其粵東、西各軍，著張之洞調和將帥，以資得力，如有齟齬貽誤等情，惟張之洞是問。劉永福一軍著即調紮思欽一帶。該軍到防後，人數餉數，張之洞酌定具奏。越地義民，岑毓英、李秉衡隨宜措置，朝廷不爲遥制。鮑超一軍著暫在馬白關紮營訓練，以備不虞，俟岑毓英撤兵時，一同入關。屆時作何調遣，聽候諭旨。欽此。即轉電岑、李、馮、蘇、鮑。敬。等語。即請轉咨各處，並摘劉永福至具奏一段，飛速行知劉提督。謹轉。宥。

致龍州馮督辦 光緒十一年四月初一日子刻發

越全屬法以後，欽、廉水陸與法接壤，爲華洋第一重門户。北海長城，非公不可，事體博大，從容籌商。目前仍須辦桂防，至廉防乃日後事，非此時即移軍欽、廉也，幸勿誤會。朔。

致福州左中堂 光緒十一年四月初一日子刻發

朗卿老將，又立新功，桂防未解，留作長城，不得遽歸江南也。其中委曲，洞當疏通之。李鑑堂賢者，聞與朗卿水乳，必能維持。餉未到，到即運。朔。

致汕頭陳牧、馬鴻圖 光緒十一年四月初一日子刻發

有旨停運渡臺軍火，暫勿運，稍俟之。和約成則運，欵局敗亦運。朔。

致龍州李護院、梧州西藩台張 梧州府飛遞 光緒十一年四月初一日未刻發

凌道彝銘，有守之士，有用之官，斷不可令其告病，已批還其禀，慰留之。聞甚累，當籌位置。請李護院、張方伯轉致。朔。

致龍州李護撫台、馮督辦、唐主政 光緒十一年四月初一日未刻發

劉淵亭已奏准調屯思、欽，請萃帥、鑑帥、薇卿均作函檄飛催速來，本部有用者，願來者，務須帶來，少則數百，多則二千均可。但須核實數，遵營規，將來點驗照章給餉，廣東供餉供械，歸洞及馮督辦調度，駐紮處所，到後酌定，大約在上思州一帶。得力將弁，如吴鳳典、李唐等，務須勸諭隨來，洞當爲奏懇聖恩，各授實缺，淵亭更不待言，中華一鎮，遠勝南越三宣矣。此時和議已定，若仍在越，法必不相容，雲亦不能庇。早來粵境，上建捍邊報國之功，下有衣錦還鄉之樂。舊壘不必戀，機會不可失，

若有後患，洞敢保之，不必疑慮遲迴。黃守忠亦請鑑帥、薇卿催調，率本部來，不容遲緩，萬一有變，此枝可當選鋒。請照辦。咨岑。三君以爲然否，并希分別賜覆。朔。

致龍州唐主政光緒十一年四月初一日亥刻發

沁電悉。吳、李飭其緩募。本日電云少數百、多二千者，爲現有之本部言也，若新募則不必，須到龍再議。屯地俟來時妥商，似思州爲有用，地在桂境，應兼屬李護院調度，檄劉應補叙。劉惶懼，當是無戀越抗法之志矣。詳詢吳、李。示覆。朔。

唐主政來電光緒十一年四月初一日酉刻到

劉部將吳鳳典、李唐入關募勇，現抵龍州。接劉書，聞停戰撤兵，情甚惶懼，乞為婉懇安置，尚未知公奏置欽、思也。論者謂宜仍在保勝，但此後保勝豈復為劉有。如以欽、思為未便，永置於歸順，左右人較僻遠，何如。現仍飭其赴粵。吳、李飭其緩募，俟劉到再議商。崧，沁。

致龍州李護撫台光緒十一年四月初一日亥刻發

劣將懦兵，無事耗餉，有事受累，均宜早汰。鍾二即裁，魏四遣歸，極是。朗卿十營，地漸熟，敵漸習，老將立新功，遠勝庸庸，且有專餉，何爲裁之。事大定再議，能久羈縻，桂之利也。鄂軍公可徑遣附奏，不必專電。朔。

致龍州李護撫台、馮督辦、蘇督辦光緒十一年四月初一日亥刻發

廿四日電旨當已奉到。萃老督廉防，此爲經久計，非目前即回軍欽、廉也。旨云善後事李與馮、蘇會商奏辦，仍指桂防，語意甚明，幸勿誤會，以後宜三帥會銜。洞與雪帥原奏有云東軍馮調，西軍蘇調，統歸李裁定，旨意似係照准，特此奉達。王鎮軍、唐吏部均附萃老，有要事三帥公商，不分畛域。朝廷命洞調和，竊謂兩廣本是一家，三賢同辦一事，必無齟齬，似可不勞宸慮矣。朔。

致龍州李護撫台、馮督辦、蘇督辦、王藩台、唐主政光緒十一年四月初二日丑刻發

聞法虜進兵踞諒，荼毒義民，頓足痛憤。洞先後十六次電奏，爭撤兵，爭地界，爭條約，爭濟臺，竟未聞有所挽救。藩封永棄，邊防日蹙，此次和議，皆赫德一人播弄，中國甘受其愚，可爲痛哭流涕。近日河内賊酋勃里也日驅岑帥撤兵，諸軍已撤至館司，因軍裝累重，夫馬艱少，欲稍緩抵界日期，酋亦不允。全越一旦盡屬於法，西路越民屠戮亦當不遠。津議詳約秘不得聞，不過待官軍盡撤，越疆全踞，然後肆其要挾耳。事已如此，夫復何言，惟恨無以對此數萬裹創喋血之戰士，輸忠受害之越民耳。恨恨。蕭。

唐主政來電光緒十一年四月十一日亥刻到

全越已棄，劉何敢抗法戀越。其惶懼者，求位置所耳。幸荷矜全，計必赴粵。牧馬撤師，越官民求隨入者甚衆。梁俊秀暨各府縣紛紛稟請軍火，自衛地方，詞極哀迫。三讀朔電，感憤涕零。崧。虞。

致龍州李護撫台光緒十一年四月初四日酉刻發

片稿悉，足以彰萃老之勳矣。諸軍悉賴調和，已備知。龍州惶擾之日，非閣下持危定亂，勵將恤軍，諸將安得成功哉。支。

致龍州李護撫台、馮督辦、蘇督辦光緒十一年四月初四日戌刻發

法虜近有何舉動，速示。龍防永無了期，擬接電綫至幕府，此是將來大將屯駐之所，已遣同知周冕自潯州采料往。特奉聞。支。

致龍州李護撫台光緒十一年四月初四日戌刻發

屯防之軍，散紮力分，扼要勢活，尊見精當，與鄙見合。請即與諸軍商辦，王鎮願屯彬橋，利其水土佳，且與馮軍聯絡，是否相宜，酌妥飭遵。支。

致龍州李護撫台、馮督辦、蘇督辦、唐主政光緒十一年四月初四日亥刻發

前電致津約五條，想已達。洋人所謂保護者，乃主其政令，得以用兵攻勦之謂，非美事也。諸軍殆誤，以爲法真欲保全護庇越南耶。越地法人舉動，如進兵殘殺等事，似應隨時知照岑帥。支。

致龍州李護撫台、馮督辦、蘇督辦、唐主政，南甯岑宫保光緒十一年四月初四日亥刻發

中國豈利越土，惟必留甌脱，庶紓邊患，且保義民耳。然不乘勝兵壓境而議之，彼豈肯聽。去冬赫德即出調停和議，彼兵方勝，不允。至二月初八日，雲、桂兩軍同時大捷，桂趨北甯，雲逼興化，虜之精鋭已盡，新兵未來，客教畔散，響應官軍。法舉國惶懼，歸咎外部，花利勒令辭職，急浼赫德乞和。不知赫德如何飭詞聳聽，草草定議。赫急發電至法都，立草約，限定撤兵還界期，令其黨金登幹在法畫押，而欵議成矣。詳約皆赫往來傳達，聞亦將定甌脱，恐無望矣。廷議因澎失臺，急俯從法請，不知臺、越互相劫制，我重臺，彼尤重越。去年洞屢奏陳緩臺在急越，又云河内急則臺灣解，又云半年法不能踞全臺。今諒山克而法已請和，若北甯、興化克，臺北雖失，亦必還我，況不失乎。撤兵而後議約，悔之晚矣。支。

致南甯岑宫保光緒十一年四月初四日亥刻發

昨接李、蘇、馮電，廿三日，法一由福勝至牛墟，一由谷松至諒山，沿途殺害越民，嬰孩亦不免。諒撫呂春葳避入山，凡隘口均築臺安礮。甯明州、關前隘一帶，越民逃入甚多，各路探電，見薙髮者即殺，忠義團尤甚，嬰孩亦剖其腹，慘酷已極，聞之髮指眦裂。洞苦争撤兵請留甌脱，竟不能挽救一二。赫德一手承攬，中國坐受其愚，邊民絶望，邊防日蹙，可爲痛哭流涕。雲軍入關，越西義民，公有何良策可以安置保全，速賜教。支。

岑宫保來電

光緒十一年五月二十三日申刻到

奉支電，蓋謀甌脱，已不見用，則英請宣、興以西之地，恐更難望。承詢安置越民之策，地不歸轄，民豈能歸撫。現在界約未定，從戰越民暫令紮夏和、清波、錦涇各地，仍以粵勇七千餘人分屯館司、文盤、大潼、安隆、安平、白木、河陽、渭川各地，以護衛之。現有薙髮易服者不少，將來有願入關者，再請旨安置。昨奉電旨，飭查越土司刁文撑等果係誠心内附，即令隨同入關。查該土司始願以地來歸，若令舍其土地人民，隻身内徙，非其所願矣。英謹電。勘。

致龍州馮督辦、李護撫台

光緒十一年四月初六日卯刻發

蕭電言欲拔營回欽，大誤。命公督廉防者，乃欲以督辦之名，優其禮，重其權耳，此朝廷調和將帥之意。欽、廉現安静無事，回軍何爲。旨内明言善後事李、馮、蘇會商奏辦，此指廣西邊事言，善後事體甚長，豈有不俟奏辦遽拔隊回東之理。會商奏辦者，乃令與李、蘇會銜奏事之意。初一曾電達，正是慮公誤會，望即刻折回龍州，各營俱不可移，要緊。李護院飛遞萃帥，并飭各軍勿動。魚。

致龍州李護撫台、馮督辦、蘇督辦

光緒十一年四月初六日亥刻發

總署初五日來電，李、蘇所述法害越民等情，即囑赫德轉詰阻止。越民逃入粵境，希轉電李、蘇查明，實係良民，妥爲安撫。馮照會禁殺禁踞一節，無益於事，轉滋口實，應毋庸議等語，請即照辦。馮照會云云。乃洞意，擬請由馮照會法人，禁其進兵殘殺，庶於朝廷無礙也。署未允，自可不論。魚。

致福州左中堂

光緒十一年四月十五日發

電奏稿深佩。閲孤拔示，頓足大駭。孤明言華所得東京地，華兵暫守，約定再撤。赫德媚法，脅我先撤，種種失算，氣憤欲死。法殘義民，逃訴累累。總署、北洋據赫説以爲游勇假冒，夫復何言。望。

致福州左中堂

光緒十一年四月十五日發

聞詳約十條，數日内即畫押，無非利法害華之事。洞請發沿海沿邊疆臣籌議，不報。洞前後電奏二十二次矣，三争撤兵，餘争條約、地界、商務、劉軍、義民。初則切責，後則不報，人微言輕，無術挽救。若再草草畫押，後悔曷追。公有回天之力，幸速圖之，但勿道洞言，切禱。望。

致天津李中堂

光緒十一年四月十五日發

畫押宜慎，關繫國家萬年之計。赫德不足論，仍須公主持，勿貽後悔。望。

李中堂來電

光緒十一年四月十七日申刻到

赫前電法已議定，字句仍在商改。畫諾無期，事由中制，非鴻所能主持。諫。

致龍州李護撫台、蘇督辦、王藩台、唐主政 光緒十一年四月十六日發

石紹祖請建臺、開溝、擇地、算繪，此要義請鑑堂、子熙、朗卿、薇卿會商速辦。諫。

致龍州唐主政 光緒十一年四月十六日發

黄守忠奏明歸貴部，應稱景字新左、新右營。須選精鋭，立營餉規照東章，點名支餉，未成營前給小口糧。械由貴營勻給，再發精者補還。一應軍需各物與官軍同。或稱督帶，或稱管帶，薪水、公費及補賞若干，請酌辦，關防貴處刊給。諫。

致龍州唐主政 光緒十一年四月十六日發

前令貴軍屬李，以免寄坡公籬下耳。鑑帥謙沖解事，後云附馮者，因旨有馮本不歸蘇調，語未及他軍，故急補明附字，輕妙可想，并無節制調度字，亦別無文牘，萃老何至孟浪。此軍不能無所繫屬，有事就近由李奏報，仍是鄙人裁酌。無論何等局面，總是客卿。鄙人種種苦衷，明者鑒之。諫。

致欽州馮督辦 光緒十一年四月十七日申刻發

寒、咸三電悉。付公以兩省之邊寄，任公以南洋之首衝，可謂殊恩重任。歸李裁定，乃解圍之法，裁定猶言商定，非節制調度之謂也，善後事豈有不商督撫者乎。請公爲督辦者，所以重公之任。請歸李裁定者，所以移蘇之權。請會商會奏者，所以使公得有奏事之明文。請公督東、蘇督西者，所以泯易帥之痕迹。成命難改，廉防爲名，善後、邊防只是一事。三銜會奏，蘇次居三，電旨次第，輕重顯然。李雖居首，文武兩不相妨，即潘撫尚在，豈有指揮督辦之理，況鑑堂之謙沖解事乎。在洞與雪帥可謂苦心斡旋，在朝廷可謂明察曲體。此次電旨，俱係照准原奏，明言桂防。原旨令籌善後，不宜誤會。爲今之計，惟有於謝恩疏內，略言莫稟芒街告警，梁稟廉舶移近，趁此龍州稍定，赴欽一行，略加部署，仍即回龍熟籌善後，先調數營回廉，以便將來就近裁撤，臣仍往來龍、欽之間，何處有急，即當親赴。以上俱係實情，當免上詰，統候裁酌。公赤忠血勇，功在國家。桂邊苟安，後患方大，經畫久計，非公而誰。廉防實亦緊要，所望兼顧詳籌，幸速圖之。令鄙人爲難可也，令朝廷爲難不可也。原奏電達，閲之自悉。霰。

致南甯岑宫保 光緒十一年四月十七日發

雲軍保案萬不可列敝銜，於義未協，切禱。洞才性遲鈍，餉既備而戰停，械大集而兵罷，軍入敵境而約成，有千里之心，無十步之效，致使公與萃老不能成恢越之勳，厚帥、孫、吴不能殲踞臺之虜。彈指出血，疚責方深。至於籌運餉械，各員不能濟急，何勞之有，公如俯獎，候大咨到再酌。霰。

致南甯岑宫保 光緒十一年四月十九日發

接北洋轉總署十八來電，本日奉旨：李鴻章奏，法電稱吴税司言雲督不肯退兵回界，謂須奉旨全退，方可欽遵等語。其言固不足據，但撤兵之期早經約定，且雲軍路遠，已議展十日。現在

條款不日畫押，爽約之衅，豈可自我而開。岑毓英惟當懍遵疊次諭旨，將全軍按期速撤至界，并與張之洞嚴催劉永福一軍如期撤回滇界，再赴思、欽。中外交涉惟以信義爲主，況中旨屢降，大計攸關，在遠疆自未能深悉情形，何得於事及垂成，再生異議，將來設有貽誤，致蹈上年覆轍，該督等豈能當此重咎耶。岑毓英接奉此旨後，即將起程及何時抵界日期速行電聞。欽此。即轉電雲督、粤督等因。乞密電吴税司速送岑督爲要。鴻。巧。等語。洞已奏明准永福帶兩千人，如得力舊部少，亦不必勉强湊數，入內地後必令其帶四五營。又求安置部衆孤寡眷屬，可許給一兩萬金。除尊處存三萬全給外，如不敷，許到粤補。總望妥爲勸慰，俾安心速行。至禱。效。

致龍州唐主政光緒十一年四月十九日發

新到精槍兩萬餘枝，大率毛瑟、黎意兩種，擬將東軍各營盡改用此槍，以歸一律，已解往。所有貴軍原領前膛槍及後膛士乃得等槍，皆不甚精，可全給桂邊安分團練應用，但萬不可給游勇及越人，免爲法人藉口。並告萃老。效。

致南甯岑宫保，龍州唐主政、李護撫台光緒十一年四月二十日發

委員孫鴻勳自越回，攜劉提督禀，請示數條，分別批復：一、准帶二千人，如得力舊部不敷，萬不必勉强湊數，到粤再募足，總必令統四五營，決不食言。一、劉部衆家屬孤寡甚多，給銀二萬安置。一、其子劉成良、凡劉家屬俱不可留越，免越民游勇將來梗法，爲法藉口尋仇。一、所部出力傷亡將士，除彦帥具奏外，到粤後仍可開單，由洞奏請獎恤，已奏准。一、彦帥咨存劉餉三萬，已電請彦帥即全發給，不必細算餉費，一切應補領若干，到粤必補給。一、旨令先撤至雲境，再轉入桂，取其離越較速。一、劉到粤後，洞當一概發給後膛精槍利礮，不憂無械。一、到粤後係歸洞調遣，亦應就近聽護西撫院李之命。護院愛將恤士，必能撫慰。如有難，自達處託唐主政經理照料。一、先到龍州候示，應紮何處，臨時妥酌，南甯不相宜。一、四月十八日旨催劉離越甚嚴，切限五月初二日撤至雲境。如來不及，稍遲數日尚可，但不可太緩。總之，劉來必使得所，惟當遵旨速行，望即開諭劉照辦。因批禀驛遞太遲，故電請彦帥轉飭，并由薇卿代達。號。

致欽州馮督辦光緒十一年四月二十一日發

嘯兩電悉。軍士勞瘁，午節後回龍無妨。鄙意擬請以兩營駐龍，維繫桂防，以數營駐上思，居中策應，餘分屯欽、廉，桂邊如警，續往不難。若是大定，當漸次裁減。營在欽、廉，亦便公則往來其間。如此妥否，請酌定速覆。馬。

致龍州李護撫台、唐主政光緒十一年四月二十一日發

劉請屯邕，無謂。國家招劉須得其用，思、欽之議，既歸鄉里，亦捍邊陲。若有不宜，應調東省或歸順、鎮安一帶。南甯商賈走集之地，營多擾民，腹裏無用，不可行也。渠不願思、欽，何意，畏法耶，避馮耶，示復。馮誅李揚材，劉懼之，已察其隱。

前有屬馮之説者，因馮電頗爲劉道地。請速致劉，若屯桂境，就近隸李，不隸馮。總之，歸洞部下，無慮。馬。

致龍州唐主政光緒十一年四月二十一日發

梁俊秀、黄廷經之屬，乃安分越官，務須厚結其心，爲我屏衛。請斟酌妥辦。馬。

致龍州李護撫台、唐主政光緒十一年四月二十二日發

洽、佳兩電悉，公與薇卿殆全未知調劉命意也。法仇劉甚，必欲滅之，津約第一條：無論何人侵犯，中、法均應保全護助。何人者，劉也。護助者，中國助法勦滅劉也。法惡劉，總署惡劉，北洋惡劉，岑帥惡劉。法惡之而甚畏之，故約以此爲首，黑旗不去，法虜不安。洞敬其爲數千年中華吐氣，故竭力護持之。去年受命來粤入對，首陳此義。去秋劉蒙録用，岑屢疏短劉吝餉掣肘，知依岑必無成功。適左育敗後，劉請來粤募勇，即趣東來，俾得就餉械，立奇功耳。欵議驟定，旨問處劉法，乃承上文請屯思、欽，知法必不容，岑必不庇故也。昔調劉爲征越，今調劉欲活劉耳。鄙人本意，中、法既和，我撤我兵，聽劉在越，我不濟劉，亦不助法。保勝地險瘴毒，米糧足備，自能鑄礮製藥，越官越民附從甚多，爲法之梗，即雲之蔽，勝則進取，敗則退入三猛、十州，狡虜焉能深入。即終爲法滅，法亦須耗費數年，亡卒萬數，猶勝於爲敵驅除，令法坐享全越也。然樞議已定，百口難争，嚴旨屢下。法之圖越，專爲窺雲，保勝一闗不通，所謀皆是畫餅，故法全力逐之，赫德全力助之。若劉不來，必有罪其違抗，發兵討劉之事矣。洞於邊事大局已無補救，不過欲保全一義勇奇男子耳。即使劉活，然而越藩棄矣，雲險失矣，桂商通矣，徒爲痛哭切齒而已。讀來電悶甚，似未解津約，亦未測樞意，故敢一傾吐之。養。

致長洲彭宮保、李欽差，龍州李護撫台、蘇督辦、王藩台、王鎮台、唐主政，南甯岑宮保，瓊州劉鎮台、王道台，欽州馮督辦，廉州梁署鎮、李守光緒十一年四月二十七日發

頃北洋電，詳約已畫押，法海部飭孤拔海面兵船停止巡查。沁。

致龍州李護撫台、唐主政光緒十一年四月二十九日發

總署廿四來電，本日奉旨：李鴻章電奏林椿來言，法約定一月内退還澎湖，但劉永福不退保勝，澎湖亦須遲退等語。現在詳約將定，中外交涉惟重信義，劉永福一軍亟應如期撤回。著岑毓英、張之洞懔遵十八日電旨，嚴催該提督即率所部迅回滇界，再赴思、欽，不准稍有遲延，致令藉口。其起程抵滇日期，仍速電聞。欽此。法踞澎湖爲質，劉一日不離越，中國海防一日不能結局，斷無展緩之策。即請薇卿恭録此旨，并加切函曉以禍福，速

派妥弁兼程飛遞劉提督欽遵。此員由何道往，岑帥必已遵限入關，應到岑營探明劉駐處往投，似可由歸順往，不必由越。到彼約須幾日，此弁何日起程，即示覆。如薇卿無員弁，可委請鑑帥酌派員弁，聽薇卿差遣，並請鑑帥恭録咨岑帥。豔。

岑宫保來電光緒十一年六月初十日申刻到

頃奉電旨：劉永福起程抵滇日期，仍速電聞。等因。欽此。查劉累重而貪，英費盡心力為之調停，已於五月十三日遷入雲南文山縣南溪地方，眷口、輜重概行徙入，離保勝八十里，刻下料理起程赴粤。因劉部下大半散歸滇軍，所帶舊部不滿五百，現添招雲軍遣散之粤勇以成營數，勢窮必内附，不至抗調，請代奏。滇軍暫留越地者，概已撥入雲界，惟越民愈集愈衆，近有二萬餘人，滇軍撤，悉紮入舊壘。聞已在臨洮開仗，殺斃法、教五六十人。臨洮至保勝七八百里，法急欲前進通商，恐非旦夕所能了結。請挈銜代奏。英謹電。馬。

致欽州馮督辦光緒十一年四月三十日發

上思州似紮兩三營即可，緣防務已定，各軍須漸裁也。妥否，即酌覆。卅。

馮督辦來電光緒十一年五月初三日戌刻到

卅電悉。上思紮兩三營甚妥，餘營休息欽、廉，聽候分撥補撤較便。材。冬。

致龍州李護撫台、蘇督辦光緒十一年四月三十日發

桂邊礮臺，自是扼要建築，斷無長邊布滿之理。然扼要已屬不少，談何容易。來電分頭開辦，擬築何等臺，安何等礮，共幾處。素知桂省無礮，兩君若何籌畫，幸見示。卅。

李護撫台來電光緒十一年五月初三日申刻到

卅電諭謹悉。扼要者指紮營處所，均由營自築壘，惟於鎮南關修復關墻，建礮臺。若扼要均築臺，微特無此欵，亦無此礮。此惟在隨時有備，彼若渝盟，仍以先入越為要，所謂兵貴活著，否則合八百里長城，誠如憲示，即扼要已屬不少，且亦不勝其防矣。日内擬赴關會勘度。秉衡謹電。冬。

致南甯左江鎮道、南甯府，龍州李護撫台、西轉運局光緒十一年四月三十日發

東省存邕軍火甚多，無庫儲，多損溼，聞之焦灼。此乃邊防根本，粤東脂膏，鄙人心血，今若此，奈何。責成左江鎮道府速籌便地，設局造屋，派員定章典守修理，并請李護撫台飭辦，西運局議覆。切速。卅。

致南甯岑宫保，龍州李護撫台、唐主政、蘇督辦、王鎮台、王藩台、西轉運局光緒十一年五月初八日發

新約十條摘録：一、法自行弭亂，華不派兵赴北圻。二、法與越自立約，或已定，或續立，中、越往來不礙中國威望體面，亦不違此次約。三、六箇月會勘界，北圻現界處，或稍改正，以期兩益。四、法保護人民欲過界入中國，邊員給照，華人入越，

請法給照。五、保勝以西、諒山以北通商，華設關，法設領事，北圻亦可駐華領事。六、三箇月内會定商欵，法運越貨税，照他處較減。七、法在北圻造鐵路，中國若造鐵路，雇法工。八、此約十年再修。九、法即退基隆，二月内臺灣、澎湖全退。十、中法前約照舊等語。界稍改正一條似好，然已云通商在保西諒北，改正豈非空文。不礙體面一條，既不知法越新約爲何語，又華兵不准往，華人須請照，豈得爲無礙。法可入中國界保護，是法兵許其過界。既減法税，又預定中修鐵路雇法工，尤不可解。昨聞電，基隆亦未退，中國爲赫德愚侮至此，憤恨欲死。庚。

致龍州李護撫台光緒十一年五月初八日發

新約諒以北華設關收税，法設領事。若即以南關爲關，則關爲法踞矣。或於文淵一帶立税關，以遠敵界，地勢便，請籌示。庚。

李護撫台來電光緒十一年六月初八日巳刻到

庚電謹悉。諒以北設關，法設領事，彼意自在南關。查文淵去關八里，中無村落，本係越境，即法境，難設關。愚見如設税關於關口外里許，另築卡房，既不占彼界，仍可嚴我關限，似猶得界之中。敬請裁酌。秉衡謹電。豔。

致龍州李護撫台、蘇督辦光緒十一年五月十四日發

接子熙冬電，不勝駭愕。華兵已屢奉明旨撤還邊界，越地彈壓等事，我不必預聞。所云諒民耕種被游勇擾，派隊彈壓解散各節，實屬大誤。游勇太多，遣之何往，試問有何良策可以速行解散。我兵再至越境，必爲法人藉口，後患不可勝言。若指爲違約進兵，則欵局又生枝節。若彼竟將諒、平一帶游勇責我驅除浄盡，尤爲作繭自縛，永無了期，徒損國體，勞費無名，鑑堂何以不阻止，殊不可解。務望即日撤回，并即電復。願。

致龍州李護撫台、蘇督辦、唐主政光緒十一年五月十七日發

頃接北洋電稱巴使[一]照會稱：北圻元帥顧來電，聞諒山一帶復到中國官軍三隊，請轉知總署，如何設法撤去華兵，若仍留駐北圻，與前訂之約不符。法兵已撤退臺北，并將俘獲華兵交還中國，當一律照辦等語。并據巴面言，澎湖本擬照約剋期撤盡，迭聞此信，不無疑慮。求轉電粤西查明，如有此事，務速撤回，以示大信。希即電覆，以便轉覆巴使。鴻。諫。等語。請即刻電覆。霰。

致總署、天津李中堂光緒十一年五月十七日發

頃接北洋電，巴使稱諒復到華軍三隊等語。前數日接蘇電，據諒撫并客民公稟，諒民回家耕種，有游勇擾，派兩營五成隊前往察看，彈壓解散安農等語。查此舉與約不合，自生枝節，實屬無謂，當即電復，令速撤回，想蘇隊必不久駐。巴使所稱，是否即此。至馮軍大隊早已移紮欽、廉，王孝祺軍距龍甚近，唐景崧軍去諒遥遠，東軍未經洞檄，斷無過越界之事，特先電達。如巴

[一] 指法國駐中國公使巴德諾。

使已懇鈞署上聞，即請代奏，以紓宸廑。除覆北洋外。霰。

致欽州馮督辦、廉州李守，龍州西轉運局、李護撫台光緒十一年五月二十一日發

十五日已有恩旨，當另達。詳約已定，各路防營均應裁撤節餉。萃軍應裁十營，留八營，即儘此八營分屯龍、思、欽、廉各處。此信到十日内裁竣，軍械在廉者交廉州府，在龍者交龍局點收。請即照辦。馬。

致南甯岑宫保，龍州李護撫台、蘇督辦光緒十一年五月二十五日發

總署二十二日來電，本日奉旨：前疊諭岑毓英將雲軍及劉永福營一律撤回邊界，迄今未據覆奏。法已退出基隆，並將擄去弁勇悉數交回，我軍亟應如約迅撤，以昭大信。著張之洞速咨岑毓英懔遵疊諭，趕速辦理。現聞電綫中斷，應如何設法急遞，并蘇元春派赴諒山彈壓之兵，何時撤回，均著迅速電聞。欽此。養。綫阻，已由驛遞。有。

李護撫台來電光緒十一年六月初十日戌刻到

蘇前因越民呼籲難恝，暫出行隊彈壓，衡聞即函阻之。得覆，係過而不留，已止而不往矣。奉憲諭，適蘇來龍，復與言定不再出關一步，當會衡電奏。北洋五月初九日為釋法俘電，朔亥始奉到。除病故一前已電達，昨晚又病故一，亦眼同同獲法兵，即棺埋。此外七人或未病，或病痊，於今早派弁送往，并逕電覆北洋。撤營節餉，誠為經久之計，愚見少緩，尚宜酌定防軍之餉，蓋有餉方有兵有備，否則餉竭將備兵之不暇，何以備邊。關内瘴輕，久守而無死亡之危，正好節餉，於有事時加之，轉形知奮也，敢以密請。軍裝切囑劉守認真分別清儲，期可備用。秉衡謹稟。江。

致龍州李護撫台、唐主政、王鎮台、西轉運局，欽州馮督辦光緒十一年五月二十七日發

萃軍、勤軍、景軍遣撤二十營，昨已檄行。此項勇丁皆係苦戰立功壯士，洞捐廉三千金分賞諸勇，西運局即日分給，無論何欵墊發。沁。

致總署、天津李中堂光緒十一年六月初五日發

前奉署電，法商教欲入粵，即告各將領及地方官，皆不願，僉稱宜稍緩。粵正裁勇，又值水災，澎湖未退，閩尚未有法人入口，教士驟入，必滋事，保護難周，難當重咎。當令税司賀璧理轉致法領事暫緩，俟曉諭軍民妥貼，再囑賀知會。渠欲先修領事署，允之。既歸和好，宜求相安。鈞署自未便拒其所請，以外省情形不便爲詞，彼當釋然。歌。

總署來電光緒十一年六月初七日酉刻到

歌電悉，進呈。和議定後，法一切遵約，其教士赴粤未便阻止，希即出示曉諭，解釋羣疑，嚴申約束，勿以不能保護等語授人口實。遵旨電達。陽。

致天津李中堂光緒十一年六月初九日發

同日有電，奏爲法教暫緩入粵事，已電咨矣。此事實屬難行，總署不察粵省軍民情形，迫令出示放入，必生事端。賀税司尚以爲當緩，粵情可知，且閩、粵前敵與津、滬不同。澎湖未退，法教遽入，亦於國體有礙，教入粵西尤爲不可。署意恐法生枝節，情理相商，何致枝節，且此時法亦何敢乎。公主持大局，深悉洋情，望設法與總署、赫、林等言之，粵省軍民同感。即覆。佳。

李中堂來電光緒十一年六月十一日巳刻到

林椿回法過香港，來信云：法廷本擬如約撤澎湖，因公阻領事、教士入粵，越民内亂由粵帥嗾使，遂飭勿撤澎湖。署謂生枝節殆指此。望准領事回粵，設法彈壓。教緩入粵西，似可商。幸毋遲疑，致干詰責。鴻。蒸。

致南甯岑宫保光緒十一年六月十四日發

十三日接總署十二日來電，本日奉旨：岑毓英電奏劉永福已抵文山縣料理赴粵等語。法人在澎專候滇省撤兵消息，現在劉永福已將赴粵，滇軍亦概入雲界，法人自不能以此藉口，辦理尚合機宜。前據張之洞電奏有已許劉永福帶二千人可以安置之語，目下該軍舊部不滿五百，即著於遣散粵勇内添募，合成二千人，飭令迅赴思、欽一帶，由張之洞妥爲布置，毋任在滇逗遛，以免別生枝節。欽此。即轉電雲督。文。等語。劉現有本部既少，宜多給餉，少帶人，到粵再照洞原批募足五營爲妥，二千之數似不必拘泥。已電奏由公酌量，請酌辦，思、欽亦須再酌。願。

致龍州李護撫台、唐主政、西轉運局，南甯左江道光緒十一年六月十五日發

薇卿江電悉。澎湖已退，欵局已定，分界通商非半年所能了。桂軍現有三十餘營，東餉萬分支絀，豈得不節。萃軍已報裁十營訖，景軍四營益以黄軍兩營，尚有三千人，果能士練器精，豈尚不能一戰。應遵前檄裁六營，就各營中汰弱留强，不分新舊。餉由西運局籌酌，先儘散勇，能敷幾營即先裁幾營。一面設法與南甯、龍州商匯，一面商之李護院，暫借湊墊，餉到扣還。六月初三日起解餉六萬，不久可到。前存劉餉三萬五千，均撥作東餉用。運局現存若干，并速覆。翰。

致龍州李護撫台光緒十一年六月十七日發

馮軍都啟模隨萃帥最久，籌畫贊助，親在前敵。黄輔成首斬二畫，軍中呼爲頭功。梁有才擒五畫、三畫各一。王軍王壽民身在前敵，不避危險，爲勤軍最出力文員。此四員優奬似不爲過。聞隨摺案已請保而被删，此次彙保，萬萬不可删減。馮、王既有功，其所力薦者自係最爲得力。或有謂都啟模素招議論者，此論軍功，不宜追咎，關前之勳不可忘也。此爲馮、王，豈爲都、王哉。霰。

致龍州李護撫台光緒十一年六月十九日發

設税關以文淵爲妥，免逼南關，如辦事大臣駐庫倫，通商抽税在恰克圖，距庫倫外八百里，但係華境耳。詳約有地界稍爲改正之語，似越邊無妨。議界議商，法使未到，爲期尚遠，請詳籌示覆。效。

致龍州李護撫台光緒十一年六月十九日發

王鎮擬令到右江本任。新立功，其營未便全裁，右江無需勇，擬留四營，令擇部將佳者充分統，由公派地屯戍，仍名勤軍，惟防桂邊應改爲桂軍，支桂餉。唐薇卿内用外用，局面未定。其人雖有權術，長處甚多，膽略出羣，胸有經緯，兩廣各統領中無此才也。尊意如謂然，擬將景軍四營並黄守忠二營均擬歸桂軍，支桂餉。桂軍桂將未必皆勝此兩枝。將密商，請裁覆。如謂無益，亦請明示。效。

致龍州唐主政光緒十一年六月十九日發

函電併悉。足下志甚壯，心甚深，惜其時非也。朝廷果欲攻法定越，廣、桂兵食合爲一家，統計盈絀，汰駑留良，號令一，賞罰平，諸君謀之，鄙人贊之，盡收北圻，期以一年，中國雖貧尚可支，鄙人雖劣不敢辭也。防敵國與防蕃夷不同，寇掠無時，攻戰無定。今中樞堅持和局，恐暫無敗盟決戰之事，久遠戍守，勢不能多宿重兵。桂軍桂將非鄙人所能易置，餉竭兵譁，何論防乎。半年來洞大爲餉所困，僚屬詆之，粤紳怨之，司農憎之，省事省錢便好，疆土在所不計也，國威、邊患抑又迂矣，此時只可相題行文。餉已飭運局竭力籌措，望妥辦。效。

致龍州李護撫台、蘇督辦、王鎮台、西轉運局光緒十一年七月十一日發

桂邊平定，廉防重要，委右江王鎮孝祺署高州鎮，仍駐北海，辦理廉防，所有建臺、築壘、置礮、安雷諸事，責成盡心經理，即由龍州取道，速赴署任。所部四營，應再裁兩營，帶兩營赴廉。查高州鎮所部現經裁定，共留鋭勇兩營，該鎮到後或裁鋭勇，或以勤勇、鋭勇合挑兩營，均聽該鎮斟酌妥辦，挑定後仍稱勤軍。此次續裁兩營是否粤人淮人，應如何給資押遣，均妥酌。裝械精者帶廉，敝者存局。署高州鎮梁副將正源，即回龍門協本任。除檄行外，先此電達。真。

致龍州蘇督辦、李護撫台光緒十一年七月十一日發

陳嘉遽亡，驚愕痛惜，亟應奏請優恤，宣付史館。由兩公會奏，勿庸列鄙銜。真。

致龍州李護撫台光緒十一年七月十一日發

鄙意早欲上請移陳嘉左江鎮改駐龍州，移西提駐南甯，爲邊防經久計，以時事憤鬱，未及函商，今須籌及矣，請熟計示覆。此次奏報陳嘉病没，摺尾須言桂將惟陳嘉、蔣宗漢最驍勇，蔣尚可相埒，餘皆不及。今陳亡，深爲可惜。如此則陳缺可冀放蔣，不惟鼓勵良將，兼可備將來移調張本。真。

李護撫台來電光緒十一年七月初六日未刻到

陳鎮嘉以積傷病歿，親往經理其喪，哭失聲。陳，廣西人，立功楚黔苗疆五峒之役，馳赴賊立摧之，始與識面。出關數大戰，屢瀕於死，不少挫，卒奏奇功。去冬谷松失利，陳受創昏倒，左右掖之去，既覺，揮刀叱退者，誓不還軍。遇戰事急，輒以陳在，

可恃無恐。二月克諒，連下谷松，病甚，强之回諒，聞警，呼卒舁之，仍赴軍。班師後紮關前隘，病加劇，遣醫往，屬來龍就醫。又赴關敦勸，後屢函促之，始來，已不可為矣。傷遍體如刻畫，然嘗潰脱，碎骨盈許，鉛子未出者尚十數，損一目，每云歷戰陣出血過斗。年未五十，時苦不支。此番受峻補百劑，卒無起色，是豈死於病哉。疾革，部將來視，猶問營務處狀及關城工作，無他語。本司往，仍善計軍事，蓋其忠勇本天性。又樸訥不言功。南北三十年，心目中實未多有。時方多事，良將不易，得如陳捍邊衛內，均有足資。擬密請用之畿輔以備敵，乃竟如斯，誠足歎傷。可否挈衡銜籲請宣付史館，破格恩恤，以彰忠藎之處，敬祈諭遵。秉衡稟。歌。

致馮祥蘇督辦、龍州李護撫台光緒十一年七月十七日發

投效法兵吴文龍，未必全風，必是見越地義民盛，法人病亡多，守備虛，或遷往西貢避疫，或調往馬打加斯加攻戰，法兵一時不能戰，特來輸欵，導我取越耳。此人只可以風諭，將來終須送還，此時務望詳問。示覆爲要。霰。

致龍州王鎮台、唐主政、西轉運局光緒十一年七月二十四日發

軍火東易西難，王鎮軍火可概留付唐主政，無論前後膛槍、彈藥，俱不必帶赴廉，以省陸運勞費，緣粵省新買上等後膛槍三萬餘，過山格林礮二百餘，廉郡存儲亦夥。現將東軍改用一律精槍，王鎮可開單另領，必豐給存儲備用，切要。敬。

致福州船政大臣裴〔一〕光緒十一年八月十九日戌刻發

鄧、周〔二〕二星使往勘滇、桂邊界，不日抵粵，須通法文法語者隨往，閩廠前學堂係其專習，望速選兩名資送來粵。十九。

致柏林許欽差光緒十一年八月二十日發

正作造船奏，喜得七月初十函，望將盡善船式撮要計價速電示。此項電費粵出，事重且急，覆電宜詳。兩艦兩艇到港。號。

致柏林許欽差光緒十一年八月二十日發

伏爾鏗新創水帶鐵艦，長二十七丈，水綫上三尺，水綫下四尺二寸，有甲，餘無，大礮五，中旋臺一，旁各二，雷四，首一尾三，佳否，價幾何，英阿模士莊式同否。又哈孫所帶新式鐵甲魚雷船，長幾何，能安何等大礮，共幾礮，望詢其式并價。洞擬造即此兩種，以鐵艦三、鐵雷船六合爲一軍，分爲三隊，專供粵用，如此配合妥否。船、礮併計，擬籌價在四百萬兩以內。九船同訂，價當大減。價如不敷，雷船能稍縮小否。但必須安礮，定銀至少若干，幾年成，速覆。號。

許欽差來電光緒十一年八月二十二日巳刻到

分隊甚善。船式係自定，交廠擬圖。不分英、德，布置尤貴

〔一〕指裴蔭森。

〔二〕指鄧承修、周德潤。本年七月二十日，諭令分赴廣西、雲南會同兩廣、雲貴兩督撫辦理中越勘界事宜。

合法，現改之濟式，比水帶省六萬兩，亦可用，但甲少，礮三，獨擊二，力較薄。雷船伏議式佳，計九船連礮、雷價約三百萬兩。澄。箇。

致柏林許欽差光緒十一年八月二十一日發

伏廠創穹甲雷船，是否四十五萬馬，抑四十五萬兩。新定仿濟遠式，子裳函五十一萬兩，此云三百萬，恐有誤，明示。鄙意就四百萬兩造大小九船，或四百八十萬兩，能辦否，定銀擬付五分之一。速覆。馬。

致柏林許欽差光緒十一年八月二十五日發

來電伏廠水帶快船誠佳，但創水師而無大鐵艦，則軍威不壯。擬先製三鐵艦爲主，如文之有骨。快船輕省，隨時續增。鄙意長廣礮力須略與定遠等，而不用其式，且將不急處鐵甲略省，每艦百萬兩能辦否。至水綫上下之甲共止六尺，嫌稍窄，請酌。前鄙電所言伏廠水帶鐵甲船式似佳，請索觀其式考訂之。該廠索價百餘萬兩，望詢實價，速電覆，再與詳商改式議價。有。

致柏林許欽差光緒十一年八月二十六日發

戰艦須有退步，謂有港口可收，有礮臺可護是也。粵虎門以內四十里，喫水二丈餘之船皆可入，用船大小皆宜。瓊、廉皆無內港，我船須泊海面，礮臺小難恃，瓊地勢築臺亦不便。然則瓊、廉用水師之道，宜何船，望與子裳詢考見示。宥。

致龍州唐主政、李護撫台、西轉運局光緒十一年九月初七日發

薇卿在桂邊有大益，洞奏請改派勘桂界，未蒙允准。惟保勝難通，雲界難勘，至速亦在半年後，事竣無期。景軍無人統率，粵餉十分艱難，萬口詬病。擬暫將景軍裁三營，留一營，并親軍百名。營哨官有得力者准留十名，差委赴雲，宜帶親軍往，各營裝械仍存勿繳，他日差竣，如朝廷仍倚以邊事，增兵不難。黃守忠兩營仍留，統計景軍本部、黃部共三營，均暫請李護院節制調遣，并令唐鏡沅照料。前函底營法甚善，所留即分爲兩底營，管帶官姓名電示。陽。

致龍州李護撫台、唐主政光緒十一年九月初八日發

桂邊畫界設關，擬先爭驅驢，如必不能，再議文淵，此進一步法。已與鄧言之，尊意如何。庚。

致龍州李護撫台、蘇督辦光緒十一年九月初九日發

廣東自四五月至今，陸續裁勇五萬餘，通計廣、廉、潮、瓊四海口，東、西、北三江，各郡縣，現存水陸新舊三十八營，桂境唐、黃在內。聞桂省内地水陸大小二十三營，今通行營制，約十九營，邊關防軍三十四營，除腹地舊營外，月需七萬金，如何能支。牧馬未靖，保勝難通，桂界勘畢至速半年，雲界半年内決不能辦，列營曠日，撥協俱難，兩公不可不早計也。大抵以後越

防礮臺要於營勇。佳。

致龍州李護撫台光緒十一年九月初九日發

槍彈機器，得魚電已飭留東開辦，不動西欵，請勿過慮。開局建廠購料，約費三萬金，常年經費約月需二千金，并無每月四萬之説。開戰而後購械，十分艱難，種種喫虧，去年徼幸爲之，豈可爲訓。佳。

李護撫台來電光緒十一年八月初七日申刻到

昨奉咨行飭立機器局，西省拮据萬狀，實無餘力再辦此事。矧現在東西軍、滇楚各軍在邕、龍所存各項槍子幾及千萬，方慮久儲不易，勢亦不必急造。洋工來此無事，徒縻鉅欵，請飭令遣回，機器暫留東，或運邕存儲。秉衡稟。魚。

致龍州李護撫台、蘇督辦光緒十一年九月初九日發

法人來勘越界，所派皆係武職，明於形勢，通曉築臺安壘之人，帶繪圖者二十餘人。茲由粵覓法文繙譯二人，能測算、繪圖者二人赴桂。惟人齊啟行約在月半後，當趣兼程繼星使後。雲界亦需繙譯、繪圖人，不能甚多，擬別遣四五人先赴雲，桂事畢再移辦雲事，應派將弁，請兩公及早選派。佳。

致龍州李護撫台光緒十一年九月初九日發

前電欲派蔡、曾兩守隨同勘界，已派定否，此外有何員。此舉需小委員甚多，并須諳習形勢之將弁，宜先分路派往，查勘大略，粗繪草圖，籌擬辦法。星使一到，即可熟商辯論應變之法。若待我使與敵使到而始議及，必致延曠誤事。即示覆。佳。

致龍州李護撫台光緒十一年九月十七日發

薇卿赴滇，內意倚重，將來不知朝廷如何用之，未便盡罷其軍，故留一營。黄改隸他部，唐必不快。桂境軍歸桂帥節度，似亦正理常格。該營尋常事責唐鏡沅照料約束，不敢勞公，望勿辭拒，當諒洞之苦也。霰。

致龍州李護撫台、蘇督辦、唐主政光緒十一年九月十八日發

處劉之道，留越不問，上也，滇邊次也，思、欽、歸順、鎮安則鄰越，南甯則內地，皆不宜，不得已乃思屯瓊，又其次也。留越法不許，屯滇岑不許，處粵邊必生衅，處腹地必累劉，洞皆不敢允。處瓊內意又多慮，如何而可，望籌示。思、欽之議，乃洞爭甌脱阻桂商時語。中法既鄰，時勢迥別。現委方道長華赴邕，經理該軍營務，以資鈐束諭導。巧。

李護撫台來電光緒十一年九月二十四日巳刻到

愚見劉斷不可紮上思、歸順、鎮安一帶，恐游勇借聲勢啟外釁，轉累劉。且恐劉不安而挾衆，辦理必棘手，非專為桂計也。衡稟。敬。

李護撫台來電光緒十一年九月二十四日巳刻到

劉多家口、輜重，不易有他，聞其性貪多疑而深處之，不宜多變更。儻不來龍邕，又難聽久停，不如直許其既不來龍，即當來廣聽分付，而豫定以不可移之處。勇不宜多招，或即令駐廣之

外鎮，而以方或鄭總統其軍，徐予以實官，散其衆以安其身。請採擇。衡稟。敬

致龍州西轉運局、朱道、劉守光緒十一年九月十八日發

朱、劉雖行，必宜專留偵探委員，須肯用心、勤動筆、曉事理者，至要。界務、商務尚多，必須詳晰馳報，不然關内外情事杳如霄漢矣。東省不能不派委員，以旨有選派明幹之員語，此供星使驅策而已。已另委。巧。

致龍州李護撫台、唐主政、西轉運局光緒十一年九月十九日發

總署來電，本日奉旨：張之洞電奏擬飭唐景崧留龍月餘，與劉永福籌商等語，著依議行，商定後即飭速赴雲南，隨同勘界。欽此。效。謹轉。

致欽州馮宮保、余牧、雷瓊王道台、廉州李守、劉倅保林、張州判炳麟光緒十一年九月十九日發

委劉保林、張炳麟先赴欽越交界處，勘明形勢界址，先畫草圖，以待星使覆勘，或李守，或余牧，委幹員一人助之。凡廣東與越接壤處，皆須親到，勿避艱險，并請萃帥派熟練將弁兩三人同往。張判能暫離局否，即電覆。效。

致欽州馮宮保、王道台光緒十一年九月十九日發

聞法人派勘界之員皆武將，意在考究形勢。粵省現派將官十人往，萃帥部下多熟越情，請派知兵熟地理之將弁三四人，隨爵堂觀察赴桂，銜名速電示。另派兩三員隨劉倅、張判先畫欽、越界圖。桂事由西撫院主持，東將重在周歷險要，以備他日有事之用。效。

致龍州李護撫台光緒十一年九月二十四日發

去年寄諭查梧關及釐弊、藩吏各節，商潘[一]未覆。昨嚴旨責各省交查事不覆。此件宜速結，祈示辦法，當妥酌會奏。鄙意爲政須持大體，不可刻覈太甚，致各員辦公無資，轉滋流弊。刻苦卓絶之行，中人不能。此西省事，洞措詞較易，目前急欲清理經手事，懇速裁覆。敬。

致南甯陳倅文埒、劉提督永福光緒十一年九月二十五日發

該提初入關，禮節多未嫻，今先曉示數端：一、官銜不可再用越南三宣提督、義良男等字。一、見督撫、統兵大帥用銜名，手本文用呈、稟，不能用咨。見兩司及營務處、道台用教弟帖，此統領體式當然。一、不可坐緑轎。總以謙和爲要，若初來失禮，爲人所忌，以後諸事難辦。一切可與陳倅商。現又派孫州判回邕照料。聞部衆甚循規矩，欣慰。有。

[一] 指前廣西巡撫潘鼎新。

致龍州唐主政光緒十一年九月二十六日發

鄙意令鎮瓊，屢電言之。中旨謂瓊孤懸，宜慎令，到後察看，再審度。朝廷未允，鄙人如何敢定。尊意謂瓊妥否，即覆。至上思、歸順，護院來電皆不允。總之，劉必調東，如瓊必不可，或屯廉，以備由廉襲邕，陸路庶免虚糜，總須奏准乃能定。由邕赴廉較便，免大隊到廣州徒勞擾也。其孤寡、家口皆桂人，留西爲便。宥。

唐主政來電光緒十一年九月二十八日午刻到

瓊州孤懸，設有事劉難當一面，平日番船往來亦有未宜，請另酌調東善地。孤寡安置之所，當與劉商，彼能帶往東，亦聽之，不必定在西。此輩不足為患，僅累劉耳。崧。沁。

致欽州馮督辦光緒十一年九月二十六日發

大咨欲將貴部數營全裁，具見節餉公忠。惟海防難弛，善後不易，廉、欽界連越洋，正宜經畫，望仍照舊督防爲幸。宥。

致天津李中堂光緒十一年九月二十六日發

周、鄧兩使早已自粵起程，周先鄧後。法使欲商何事，望示端倪。此舉似聽其自然爲佳，不宜自生枝節。宥。

致龍州唐主政光緒十一年九月二十七日發

接濟必無其事，至從前黃、趙潰卒，近日谷松、諒山、南關遺棄，何從收回。護院屢電諄言，故以謠傳解之。此護院過於謹細處，然自是正論。沁。

致南甯劉鎮、何守、陳倅文埒、劉提督永福光緒十一年九月二十七日發

昨劉部下劉肇棠、劉正興來電，言買田安家口事。此等事須劉提自行電稟，肇棠等何得率行徑瀆，應加申飭。沁。

致南甯劉鎮、何守、劉提督永福光緒十一年九月三十日發

劉提俟家口安妥，即率部來東，暫屯省城外，藉以觀其紀律，或即備省防，或移屯外郡，從容籌定所。豔。

致龍州唐主政光緒十一年九月三十日發

閣下赴滇，歸期尚早，擬調黃守忠移屯上思，兼顧東、西兩省，與欽、廉接氣。閣下親部兩底營或仍屯龍州，或東移就黃。若東移，何處爲宜，請酌覆。劉屯廉無大意味，擬令暫屯東省城外。豔。

致龍州唐主政光緒十一年十月初一日酉刻發

思陵近欽，且逼越境，黃軍屯此似佳，與龍亦不甚遠。底營仍存龍。思陵距龍若干里，能照料思陵之軍否，即速覆。鄙意不欲盡撤龍州營局者，恐從此便與南關隔絶，此亦如秦爭三川、吴守西陵耳。臨書三歎。朔。

唐主政來電光緒十一年十月初二日申刻到

下凍至龍五十里，龍至思陵二百四十里，相距太遠，彼此難顧，仍屯下凍亦是一策。崧肅覆。冬。

致平樂委員蔡道衡梧州府飛遞 光緒十一年十月初一日發

平樂賑務竣後，該丞即赴貴縣查銀鑛是否可開，利弊詳陳，大意是商辦官稅，一面禀知西省撫藩。朔。

致憑祥蘇督辦光緒十一年十月初一日發

來降法兵，北洋既允留用，即請酌辦，惟須慎防。法人薙髮甚易，教士皆然。朔。

致龍州李護撫台光緒十一年十月初一日發

七月初五寄諭南關邊要設提鎮，留勝兵，汰腹卒，總紮分防，通籌圖説，會商覆奏等因。公想已有成算，望電告大略，並創稿驛示。所難在擇將、籌餉二事耳。管見詳另電。朔。

致龍州李護撫台、蘇督辦、唐主政光緒十一年十月初一日發

籌邊覆奏大略：一、建閫。西提移駐龍州，新設龍州關道亦駐龍，轄太平府，增柳州鎮，備腹地酌撥數營隸之。一、留兵。除腹地外，邊防留勇二十營，酌照桂章，并軍火各費，月需約五萬，勿致緑營染習。一、汰卒。桂多伏莽，舊勇難裁。一、防所。中五路屯營十二，憑祥中中營三，南關中前營五，甯明中後營一，由隘中左營二，下凍中右營一。東三路屯營五，思陵東右營三，思州東中營一，上思東左營一。西三路屯營四，下雷西左營一，歸順西中營一，小鎮安西右營一。歸鎮營少爲險僻。兩思州營少爲近東省。思陵喫重，爲扼那陽來路。一、籌餉。除本省釐金外，請部撥的餉三十六萬，考成照西征例，礮臺、軍火另奏請欵，商務通後，防餉即於關税坐支。附餘論八條：一、洋寇行兵專用大隊，必開車路，近水道，將來法虜有事，仍不過水攻北海，陸犯南關。北海襲邕，爲近海防。南關窺龍，爲通船頭。兩廣之防專注此兩路可矣，斷無崎嶇西過龍州之理。今春景軍西歸，便屯牧馬，意在規取太原，非常格也。一、開關必設關道，兼理餉需，省局員。一、龍爲前敵最衝，移鎮不如移提，始能統諸路。一、防洋寇與内匪異方，今時局不能先發，專恃礮臺、礮壘，必設專營戍守，以便守臺練礮，豫造地營，不能倉卒旋募。一、廷旨語意似在增制兵，緑營積習，糜餉無用。一、洞前奏十萬買礮，專爲龍言，所指三路，皆中路也。今通籌全邊，三路礮仍不敷，須另籌。一、桂關既開，桂釐必減，然關税必可相敵。一、此次勘界派往圖繪好手頗多，趁此令用西法，詳繪邊防全圖，測算須準，不可率舛。以上愚慮如此，盲人臆揣，未必有當，姑以備采。請裁度電示熟商。朔。

致總署光緒十一年十月初二日發

周、鄧、李、王、税司先後分起行走，多已過南甯，改道迂僻煩擾，諸多不便。且熟悉桂地越情之員，俱在龍州，恐星使無

從置議。管見不如到龍静以待之爲妥。創爲會商之説，必出難題責我。沃。

致龍州唐主政光緒十一年十月初二日發

思陵者，桂防必争之地也，宿重兵於此，彼寇南關，我出那陽襲其後路，則南關之守固矣。他日東軍援西，必由此道，尊意謂然否。沃。

致龍州李護撫台光緒十一年十月初三日發

邊防練軍每人月餉幾何，三萬五六必不敷用。桂釐已詳問芸軒，自籌三萬斷難爲常。新通商路，永福邊防軍火最費，各項亦多，既免協，再減營，入手太緊，恐以後自窘。邊關瘴癘，過拮据，恐難鼓衆也，望熟籌示。江。

致龍州唐主政、唐牧鏡沅光緒十一年十月初三日發

奏留閣下不赴滇者，爲其可繫越人之心，兼防游匪也。游匪已爲我化，何能爲我患乎，設義民竟復北圻，安用邊防乎。今留桂之請不行，接濟又多訛言，是天不興越，鄙人一腔熱血已成畫餅。然則留三營於崎嶇荒僻之下凍，徒看斥堠耳，有何取義，以此羈黄已不值，羈閣下更無謂矣。東省議又以東餉久供，西戍不願，故擬移黄思陵，以通東氣。閣下既以底營付鏡沅，渠管龍局，勢不能離，欲移底營於龍者，以就鏡沅也。不肯令鏡沅離龍者，恐桂營、龍局全撤，從此與南關隔絶，并與越中消息不通，以後無從經營也。此意他人或不解，閣下亦不解乎。若底營可併移思陵，鏡沅能照料更妙，自當令併黄同屯，即酌覆。至下凍，應請桂軍填紮，閣下既赴滇，主將去則軍情迥别。且馮營所存無多，移東軍捍東境，措詞尚不難。速覆。唐牧如有所見，亦准電陳。江。

唐主政來電光緒十一年十月初五日巳刻到

江電謹悉。近日謡言更甚，竟有售賣之誣，為之一痛。唐牧正將存局軍火開單呈當軸查覽，適奉諭移上思，欲借此擺脱桂境，故請調廉。嗣奉諭移思陵，竊念猶是桂境，不如仍舊。又欲請併撤三營，脱身事外，繼慮重傷公意，且憐守忠無歸。又念思陵去游勇較遠，或可免謗，決意三營同移，唐牧在龍亦可照料。電稟後已傳各營，於初十、十一拔隊，即請桂軍填防。昨得南官書，極言國王危辱乞救，并云另陳節轅及雪帥，凝想可憐，讀公電更淚下三嘆。崧。肅。

致龍州李護撫台光緒十一年十月初三日發

唐將赴滇，還桂無期，所留營宜籌久計，擬調黄守忠兩營屯思陵，去東較近。馮軍止剩三營，欽防太單，思陵近欽，有事尚可聯絡。唐兩底營自應一併東移，免一軍中隔，惟薇卿令唐鏡沅理營事，鏡沅又管局，兩底營應否併紮思陵以就黄，或移龍西近地以就鏡沅，請酌示。此三營仍歸尊處節制，下凍應請桂軍填紮。如思陵原有桂軍，可否互調，望速覆。江。

致欽州馮宫保光緒十一年十月初四日發

近因欽廉游匪劫盗太多，今日正擬電請貴部速緝嚴辦，而尊

電適至，欣快之甚。洞專倚公以安邊境，以後廉、欽一帶，無論水陸，遇盜即緝，遇匪即辦，不必詢商。獲後一面交有司審辦，一面知照省城，如係游勇鉅匪，即由貴營訊明正法。如地方官縱盜不辦，請咨明懲儆，即當會中丞咨照。支。

致南甯陳倅文埒、劉提督永福光緒十一年十月初六日發

該提既來東，自當携眷同來，若將妻子及家資留西，心懸兩地，亦非長策。鄙人已爲該提在廣州省城買大宅一區相待矣，毋庸該提費錢也。該提亦不必在西置産，到東後就近置買，以免距遠受欺。體察情形，該提惟有依鄙人左右爲便，有軍務時既便於任用，兼可嫻習禮節，與官場各衙門熟習聯絡，爲東將居東地，此久計也。特此詳示，即令陳倅爲該提講解。魚。

致總署光緒十一年十月十一日發

英、德領事請開塞河事，據税司覆，將上年未塞時一二兩結比較，本年一二兩結逐船推算，躭延不及一日，無至二三日者。貨卸畢而單照未到者，十無一。秋冬水涸，船至大沙頭亦須躭延等語。查海輪運貨者，去年共二百五十七，其剝艇費出買貨行主，多華人，港澳渡輪載客者共八百餘，其換艇費出搭客，均與各輪無損。至護商兵輪、上中等渡輪，照舊抵沙面。再沙路一支塞處淤沙漸長，工鉅難開，且馬頭原在黄浦，咸豐季年徑入沙面，不載條約。此諸洋狡謀，忌我防固，其實商情帖然，并無不便，斷不致生枝節。管見此事宜堅持，若該使揑瀆，祈折之。真。

致欽州馮宫保光緒十一年十月十三日發

法踞順化，逐越王，諒、平、興化等處游勇義團現與法人拒戰，望密派明幹、誠實、熟習之人，分往越地順化及各處確探法人勝敗、越王情形。不拘弁勇、商賈皆可，宜密宜速。元。

致南甯唐主政、陳倅光緒十一年十月十七日發

所以令劉挈眷來東者，知其輜重頗多，劉所在有部衆可以照料，一也。西省無可依附，二也。屯軍於東即在東安家置田宅，身定心安，三也。既願家賓，亦不必强，俟該提到東後自行審酌。霰。

致上海盛道台光緒十一年十月二十日發

滇綫雖設川楚一路，仍應將桂、滇綫接通，由南甯達蒙自以捷軍報。即覆。號。

致龍州鄧欽差、李護撫台、李道台、王道台光緒十一年十月二十三日發

摘録十月初二日寄諭：地圖法使所攜有異同，應以會典、通志爲主，仍須履勘詳酌。或謂諒山在分水嶺東，本宜劃歸粤界，此説與新約不甚相符，須費辯論。若於兩界之間留出隙地若干里作爲甌脱，以免爭端，最屬相宜。周德潤、鄧承修親自履勘，相機辦理。岑毓英、李秉衡就近面商，務臻妥善。張之洞、張凱嵩、倪文蔚如有所見，亦當詳告，以資商榷。法派巴吕，頗和平，著

周德潤等加意聯絡，以期有益。等因。欽此。龍州想尚未奉到，特電聞。漾。

致龍州鄧欽差、李護撫台光緒十一年十一月初一日發

節録十月十一日寄諭：甌脱最相宜，業經諭辦。議界必博采衆説。岑奏令退還北圻數省，於河内、海陽通商。周德潤、鄧承修與法使晤談，不妨姑持此論，以爲抵制。分界事關大局，周德潤等務當設法辯難，多争一分即多得一分之利益，切勿輕率從事。等因。欽此。特先電聞。朔。

致龍州鄧欽差、李護撫台、蘇督辦光緒十一年十一月初二日發

法領事法蘭亭函稱：昨法國總理分界事務外務部侍郎卜爾塞來電云，現在諸位大人已由河内動身，計到崩崧已十一月十五。由十五至二十即起程赴爪窪，本侍郎等心甚欣慰。竊幸兩國和好，將來晤面即可和衷商辦，特電達鄧星使。等語。特轉達。爪窪係何處未詳，示覆。沃。

蘇督辦來電光緒十一年十一月初四日到

爪窪即西貢地。上意争甌脱以隔水嶺為界，極是。查陳嶺在諒後山四十里，嶺西水倒牧馬，入龍州，嶺東水流諒山，入龍州。即係嶺北之水流歸粤，嶺南之水流於諒江。以此為界，越之上游為我甌脱最清白，策之上。否則以牧馬、諒山河岸為界，北岸全歸我為甌脱，南岸歸越，策之次。如守舊界，則越之上游為彼佔，無甌脱。如敵在各隘對嶺築礮臺而制，我難以為禦。策之下也。昨在龍曾與星使、護院議及，亦以多留甌脱之地為要義。法由屯梅修路，置電綫以通諒山，又擬添兵於谷松、諒山等處，為將來勘界護守。春。支。

致龍州鄧欽差、李護撫台光緒十一年十一月初二日發

議界宜在關外，萬不可令入界。尊見極是，望堅持之，至要。沃。

致總署光緒十一年十一月初三日發

頃卜爾塞來電，已由河内動身，十一月十五日可到朗松，二十日即起程赴爪窪，囑轉達鄧星使等語。特電達鄧、李。昨請催法使，竊謂似宜緩議，請裁酌之。江。

致南甯岑宫保光緒十一年十一月初四日發

十月二十八日英京來電：英兵已攻踞緬都，虜緬王，流之印度，欲廢其君，令歸英屬。此甚確，特電聞。尊處必有確信，如何籌辦，祈示。支。

岑宫保來電光緒十一年十一月二十七日巳刻到

奉支電，英已踞緬。查緬都瓦城至滇邊騰越約十五六站，由騰越至雲省二十四站，由雲省至英防營十三站，共五十餘站，道遠報猶未達。英前奉廷寄，即派袁、李兩副將赴緬邊查探，并飛飭沿邊文武嚴密布置，招撫邊界野人。現又派丁鎮槐率勝兵二千

多名赴騰越，擇要扼防。請代電奏。英。巧。

致龍州鄧欽差、李護撫台光緒十一年十一月初四日發

肴電悉。此次六百里廷旨，由許使景澄函請留甌脱，有法力不敷，深悔勞師語。寄呈法報云，論尋常分界例，諒山應歸中國，法兵多病，疲於奔命，黑旗散勇，古酋無法可施等語，不僅因岑奏，許函法報并分界説二條，均鈔發。寄諭想龍州日内可奉到，似宜待到後恭繹，再奏請裁酌。支。

致龍州李護撫台光緒十一年十一月初四日發

練軍誠爲節用持久之計，邊關既設練軍二十營，自必裁内地練營兵一萬，每年可省司庫額餉若干，抑係額兵外增練軍，祈示。重兵在邊，責在提督，若令新鎮總統，提督轉無兵矣，提必不願。提雖駐邕，有戰提必赴龍，仍不能坐鎮。後路均籌及否，即示。處無事則重臣大將居中，邊防急則重臣大將駐邊，古今沿海沿邊規制略同。請籌之。支。

致龍州鄧欽差、李護撫台光緒十一年十一月初七日發

法以兵病餉艱，議院欲棄北圻，雖執政未必允，然力絀衆怨，可知界務或有機會。鄙意擬畫諒山、河北、驅驢爲我界，自諒山河以南，東抵船頭，西抵郎甲，河以北爲甌脱，郎甲即諒江府。十月二十四日已電奏，并咨達。旨令與兩公商辦，茲先電聞，另將原電鈔轉。竊謂緩議較便，而卜酋已來，望相機裁酌，或以譯繪員生未到爲詞。若諒議可商，則諒西之高平，諒東自船頭以下，沿河北岸抵海口，均作甌脱爲便。皆係順山河之勢，此外洋分界例也。中國豈利越土，洞所謂爲我界者，歸我保護，可以屯兵築壘而已。此事甚不易，有何展緩法、辯論法，全賴藎籌，即請裁示。陽。

致龍州鄧欽差、李護撫台光緒十一年十一月初八日發

齊電悉。洞議以諒山、河北、驅驢爲界，與新約諒山以北不背，此條似可措詞。至所議諒山以南抵船頭、諒江河岸爲甌脱，并推及船頭以東、諒江以西，皆順山河之勢。此遵兩次寄諭甌脱之説抒見奉商，極知挽回不易。所云緩者，不過暫時騰展，以便近觀越變，遠請宸裁，從容操縱耳。因旨有勿輕率語，而事又難辦，故擬展緩相機。儻越亂難平，方能勸令留諒南一帶處義團游勇，以甌脱爲排解之術。若展緩而終不行，朝廷亦可俯諒，此時速議甌脱，恐亦難允，内意亦必不釋然也。管見當否，統候裁奪，挈銜會奏一節，可否先示電稿。庚。

鄧星使、李護撫台來電光緒十一年十一月初十日酉刻到

陽、庚電悉。驅驢在諒山北，應争甌脱稍易，劃地難，瘴癘難一，增兵費難二，道遠運難三，安插游勇難四。甌脱則民無所屬，屬越與法無異，尚費經營，惟例不屯兵築壘，暫弭邊釁。修等識慮短淺，使來在即，務望統籌豫示。修、衡。蒸。

致總署光緒十一年十一月初八日發

譯十月十九日法京電報：法籌議欵濟越餉，其欲棄北圻，不願籌欵者過半，一時未能定。又西貢法報：照津約法應在附近華界之越地設領事，官三員。兹聞法廷決意緩辦，俟分界定後再辦。又頃接許星使初七日自法京巴黎來電：法院議棄北圻，政府不願，未決。等語。特奉聞，已電鄧、李籌酌。庚。

致龍州鄧欽差、李護撫台光緒十一年十一月十一日發

蒸電悉。新約諒北設關，既可設關，故擬畫界。所謂界者，非欲設官徵賦，中朝豈利越土，前電已言，不過以此爲限，法兵不得逾此耳。若關南諒北僅名甌脱，數年後法必潛屯兵壘，寇太逼矣。即如中俄接壤，東起興安嶺，西至伊犁，皆有内卡倫、外卡倫兩重，中隔數百里，即同甌脱。咸豐以來，俄漸闌入，今與俄分界處即内卡也。設無外卡，俄久入邊矣。界寬則勢緩易備。南關如門，諒北如柵，聊設斥堠足矣。即屯數營，出關四十里，路非甚遠，運非甚艱，餉非甚多，可固疆圉，費亦何辭。即不屯營，亦可其權在我。果使法許甌脱，關外縱横甚廣，游勇開鑛墾山，足可自給，團結扼守，爲我外衛，患不多耳，豈憂安插無地乎。敢申鄙説，伏望詳裁。真。

致龍州鄧欽差、李護撫台光緒十一年十一月十五日發

法酋帶兵入關，又在龍過冬，以後藉護商爲名，久屯不去矣。商界均受挾制，且必責我會剿游勇。兩公出關相候極善，即總署允許，亦當執奏。從古中外會盟無不盛兵相見，蘇督辦雖不必有意耀兵，然整飭軍容，以示邊備，似亦無妨。若止關吏數人，恐竟闖關而入，轉勞唇舌。有備無患，是否可行，請酌示。翰。

鄧欽差、李護撫台來電光緒十一年十一月十六日亥刻到

翰電悉，卓見甚是。法入關，當始終堅拒。總署縱允，亦必執奏。蘇軍現駐關前，修等十八抵關，可隨時酌調。唐能邀准，希早電示。修、衡。諫。

致龍州鄧欽差、李護撫台〔二〕光緒十一年十一月十六日發

法使議界只可在關外，若令到龍，界務、甌脱諸説悉成畫餅。税關彼意必在龍，既設關，即設領事，必留兵護商，是無南關矣。寇已入室，安用邊防。只告以法使來，必帶衛兵，我軍將士不免驚疑，設有所損，轉傷和氣。疆域邊防，鑒帥、熙帥職守，非示以兵威，懾以盛氣，不能阻。不許帶兵，彼自不來。昨日三銜會奏暫留唐主政，未審允否。先奉聞。諫。

致欽州余牧、馮宫保，北海劉倅、張判光緒十一年十一月十六日發

劉倅、張判禀江平、竹山兩地本屬内地，民居謂潘土目賣與

〔二〕録自苑書義等主編《張之洞全集》第七册，第五〇八五至五〇八六頁，河北人民出版社一九九八年版。

越南，州志則謂楊姓、榻姓叛附越南等語。查余牧電稟細閲志乘，多指江平爲越界，何以與該倅等所見志乘不符，究竟何人何年私屬於越，速確查覆。諫。

馮宫保來電 光緒十一年十一月二十三日已刻到

諫電悉。陶烈武等圖説已飛咨鄧星使，并移王觀察矣。查江平一帶原係内地，亞割峒乃五峒之一，乾隆間為匪穴，州官不理。該處潘姓赴越立功，受封萬甯州，世職嗣。榻、黄二姓將黄竹等處，於乾隆年間賣與潘世職，潘遂派越官，集衆開耕，納糧於越，此地遂入越，州官不問。此父老相傳，并無案據。後欽州修志，未將情節叙明，遂指江平為越界，而五峒之名相沿久，缺一不可，州志遂以思勒汛天南橋内州判舊治之地，改為思勒峒以足之。潘叛於前，榻、黄賣於後，皆乾隆年間事，修志則尤後矣，志乘不符以此。材。養。

致龍州鄧欽差、李護撫台 光緒十一年十一月十六日發

委員劉保林等、委弁陶烈武等各呈界圖，并紳民公稟，略言自思陵、土州南境外沿十萬山而南，其處名三不要地，自此沿丈二河東南行，經河東之峒中、永安、雁慕、新安州、潭下河、檜河西之舊街，直抵海口。查係前朝古界，因越爲屬國，不甚拘限，地由民間自墾，税納越官，人入欽學，在庠甚多，懇勿棄之異域。并云分茅嶺即銅柱分界處，今名坑謝，在桂境北崙隘外，距五日程。查三不要之名，確係歷朝邊界，遠憑銅柱，近据學籍，自應畫歸中華，敢請裁酌辦理至幸。内地山僻較易，惟鄰欽濱海之芒街即海甯府有教堂尤要，須費唇舌耳。洞、蔚。諫。

致憑祥鄧欽差、李護撫台 光緒十一年十一月十八日發

赫德袒法，遣其弟赫政來桂，確有深心，切宜慎防。洞曾與鐵公言之，言宜審聽，函宜詳譯，若彼願自赴法軍，萬不可許。妄論是否，請酌。今春税司吴得禄偕委員赴越，種種句串，確有明徵。總之，英、法乃一家也。巧。

致南甯唐主政，憑祥鄧欽差、李護撫台 光緒十一年十一月十九日發

總署十七日來電，本日奉旨：鄧承修、張之洞電奏暫留唐景崧隨勘桂界等語。唐景崧留粤，則查勘滇界少人襄理，且該道熟於滇省地勢，著仍遵前旨赴滇毋遲。戈可當在津，本日已令李鴻章告知，速電浦使在諒等候，不必赴龍。欽此。轉電鄧、李。霰。等因。轉。效。

致華盛頓鄭欽差[一] 光緒十一年十一月二十日發

沙面案，美商僅燬一馬頭，并零星貨物，索一萬六百元，給六千五百三十九元結案。今華人斃數十，宜財命兩究，由美總統明文惋惜，并籌善後。號。

[一] 指中國駐美國公使鄭藻如。

致憑祥鄧欽差、李護撫台光緒十一年十一月二十五日發

兩公並未帶隊，洞只囑蘇帥整軍守關，又致王道電，聲明非欲大隊隨行，何以浦致戈電慮及鑑帥帶隊，可怪。即使帶隊，無旨豈能開仗，法豈不曉。是何詭謀，請體察見示。竊謂制敵正當投其所忌，隊雖不帶，而嚴兵關上，蓄猛虎在山之勢，亦必有用。有。

王道來電光緒十一年十一月二十二日午刻到

十七到關，連接師克勤兩函，均問候語。十八，師叩關請見，晤談片晌，次日至文淵回候，并晤浦使等，派隊送迎，禮極優，惟詢及李撫台何必來，答以李係奉旨會辦廣西界務，早經照會，何得不來。彼言未見總署明文，且李係地方官，如貴國兩廣總督，敝國西貢巡撫，均皆不來，云云，意蓋謂地方官未經特派故也。法使兵多駐諒，文淵僅數十人，現備公館數處相待我使會議，居然以主人自命。星使、護院仍駐幕府，李道旋至，同住關。合併稟陳。之春叩。號。

王道來電光緒十一年十二月初八日午刻到

近與法使往來，彼以十餘騎抵關相迎，我迎彼使亦以騎至文淵。彼不意，謂我軍不得執械出關，反復辯論，不如是則拒之，彼始允。現已議定會議時各帶衛隊。之春叩。陽。

致天津李中堂光緒十一年十一月二十五日發

從古中外盟會，皆以兵從。西洋爭界無去兵者，非必鬬爭，實相劫制。法使不願桂撫與議，忌其有兵也。制敵正當投其所忌。洞奏請馮、蘇會辦，留唐景崧，即是此意。今俱不行，豈婉商力辯所能濟事。彼擁兵而禁我帶隊，尤不可解。近日龍探文淵已架礮，艽葑已屯兵，局勢日蹙，已逾諒北，安論嶺東。洞屢奏不納，無從置喙。但上意既爭甌脱，公宜籌之。祈示。有。

致天津李中堂〔一〕光緒十一年十一月二十五日

毛瑟萬餘，彈均五百，惟價尚無著。穆如用，如何撥款付價，即示。有。

致憑祥李護撫台光緒十一年十一月二十六日發

所貴練軍者，就緑額、省底餉也，若於舊額外新增制兵，似有窒礙。緑營習重，一也。營哨有缺，動須題咨，或由部推，二也。分統以下將弁，不皆提督舊部，三也。汛地駁板，四也。長夫公費，制兵皆無，既無底餉，恐難允加，五也。裝械操藥，皆候題准，六也。制兵係常年經費，廷旨方議裁兵，斷無桂省准增一萬之理，部議必多駁減，數單力薄，七也。似不如仍稱勇營爲宜。邊防固係常局，然留現有之勇則難駁，增常設之兵則難准。摺尾或參活筆，云俟界務商務大定，隨時體察，如能酌減，竭力撙節，緑營亦當略裁節餉等語。總之，兵之名必宜避去。此大端，先奉商，餘續電。有。

〔一〕此電録自《李鴻章全集·電稿一》，第六〇一頁，原題為「粵督張來電」，上海人民出版社一九八五年版。

致南甯唐主政，憑祥李護撫台、唐牧、王道台光緒十一年十二月初二日發

唐主政不能留桂，雲界竣事無期，事畢須赴臺灣新任。景軍兩底營既無統領，應即裁撤。唐主政可速電龍照辦，并請李護院飭唐鏡沅妥辦，餉截至臘月底止。黄守忠兩營撥歸馮督辦統率調遣，目前就近兼歸李護院節制。即復。蕭。

致瓊州劉鎮、謙護道，憑祥王道光緒十一年十二月初六日發

黎匪出巢不過一路，每股不過數百人，豈有盡派五營分紮六縣之理。勞師曠費，無此辦法。該鎮、護道會商以三營防黎，挑毅軍一營并該鎮所部全字一營，速赴澄邁一帶辦客匪。既云仇殺，斷非作亂，以懾服解散爲要，不可張皇。若有勇五營尚不能防山黎、辦械鬬，要此營勇何用。該鎮、護道可傳諭各營哨官，如自揣不能，可速電禀，當即將五營全行裁撤，由省另委大員帶營前往辦理。并電王道轉飭。歌。

致總署光緒十一年十二月初九日發

法蘭亭已回粤省，有照會來，當是逗留在港，總署未允給照入雲、桂内地，狡謀不遂，故中止耳。鄧、李偕兩道初八日出關，至文淵開議。佳。

致憑祥鄧欽差、李護院光緒十一年十二月十四日發

電奏讀悉。辯論扼要，持守堅强，欽佩無似。惟電旨語氣頗寬，奈何。彼斷不能決裂，兩公當已灼見，惟大力籌之。願。

鄧欽差、李護撫台來電光緒十一年十二月十二日未刻到

電奏録呈：初八、初十兩日，修等與法使在關門文淵往來會議，謹遵歷奉密寄，并執約内北圻邊界必要更正，以期兩國有益之語，應以諒山迤西自艽葑、高平省至保樂州，東自禄平、那陽、先安州至海甯府，劃歸中界。浦以稍有二字，據伊國文義甚屬微少，不過於兩邊界址略為更改，不能説到諒山及東西如許之地。答以北圻全聽貴國保護，更正此區區之地，非稍有而何。浦云，既更正，是兩界交錯者都可改正。答以約内祇言北圻現在之界可改正，并未言中國之界亦可改正，據你説則相背約矣。浦又云，諒山是北圻内地，不得指為中國邊界。答以約内分明有指定中國邊界兩處，一在諒山以北字樣，是中界原可以諒山為斷。浦又云，或因二字是該有纔有也，可有，也可以不有。答以約内本有，不得説無有。浦等力持稍有二字，不肯擴充，修等亦堅執改正二字，力為辯論。浦云，如此非我等所能作主，必須照約請示本國。謹摘要先電。修、衡。真。

李中堂致鄧欽差、李護撫台電光緒十一年十二月十四日巳刻到

總署十三來電，本日奉旨：法辦北圻，費手又避棄地之辱，取舍正在兩難，我若踰約而爭，彼或藉口罷議退去，則衅端終歸

未了。該大臣等守定更正二字辯論甚是，惟須相機進退，但屬越界之地，其多寡、遠近不必過於爭執，總以按約速了、勿令藉端生衅為主。并將此意電知周德潤等一體遵照，以免參差。欽此。即轉電鄧、李云。鴻。覃。

鄧欽差、李護撫台來電光緒十一年十二月十四日戌刻到

錄呈電奏：本日會議，浦以稍有改正四字須照第三條約就現在之界勘定，先立標記，堅執如前。修等答以非改正即不能立標記，既立標記即無可改正。力拒辯論竟日，浦即以意見不合，應照約請示。聞已電戈矣。若如浦云，不過以咫尺之地餌我，使我沿邊諸隘形格勢禁，恐此後邊事不堪設想。修等惟有始終力爭，不敢稍涉遷就，致貽後悔云云。修、衡。元。

致憑祥李護撫台光緒十一年十二月十五日發

明春裁八營，甚善，但辦法宜決，奏疏宜活，只可云明春界務大定後，體察情形，當可裁去八營云云，免致臨時窒礙。請酌。望。

致瓊州劉鎮、謙護道，憑祥王道台光緒十一年十二月十五日發

初五鎮、道兩稟悉。金江楓嶺連勝，可嘉。客匪不能過千人，安得許多。該匪肆行焚殺，有剿無撫。王道電已調春一營、毅兩營，合之全字營，共已四營，兵不爲少，責成張拔萃、陳榮輝督軍聯團迅速進攻，務須痛加誅剿，毀其巢穴，不准以回巢招撫了事。斬一級、擒一匪者，立賞銀五兩。該護道墊發。若客匪亦不能剿平，深爲諸軍恥之。該鎮不出城，亦可怪。望。

致瓊州劉鎮、謙護道光緒十一年十二月二十一日發

下嶺、西峰、龍門水疊勝，欣慰。該鎮、道先將各軍犒賞，酌給功牌頂戴。飛飭張拔萃、陳榮輝等督軍乘勝盡力追勦，直抵儋、臨老巢，務期一舉掃平，誅其渠魁，赦其老弱，毀其窟穴，妥籌安插善後，一勞永逸。此股未净，不得撤兵。事竣奏奬。軍情尤須實報，該處派有密訪人，慎勿一字欺飾。即覆。馬。

致幕府鄧欽差、李護撫台、李道台、王道台光緒十一年十二月三十日發

淇江想即驅驢南之河，以此爲界，與約及洋例均符。聞兩公連日力持，已有眉目，并獲保樂，欽服萬分。署電慮其罷議，自是慎重，洞謂此乃無謂恫喝。近接許電，法撤守越武將，改派文員前來等語。轉瞬春暖瘴生，彼安能決裂哉。豔。

王道來電光緒十一年十二月二十五日戌刻到

廿三在南關四次會議，辯論多時，將散，始允彼此酌派一人，各執圖辨認界處。二人先議不合，再會議，因於廿四執圖赴文淵，彼亦出圖對證，各有參差，惟西之保樂一處允歸我界，東之新安、海甯兩處語尚活動，中段各處斷不肯劃歸中國。現擬明日派人再議。之春叩。徑。

王道來電光緒十一年十二月二十九日申刻到

連日遣人至文淵專議中段，必以淇江為斷，彼仍不允。現略

鬆言，擇文淵與南關適中之地為界。昨總署來電，謂諒山以北擇地劃界與約尚不相背等語。茲復遣人與彼言明諒山歸彼，總在保、諒附近劃界。彼再不允，緩以需之。之春叩。勘。

致幕府鄧欽差、李護撫台、李道台、王道台光緒十一年十二月三十日發

分茅嶺以東，沿山南行至新安海口，確係華界，銅柱可憑。越民僅百餘家，華民萬餘家，現入欽州學及貢監職員甚多，海甯則更近內矣。前已電咨，茲更查清分茅、新安爲尤要。此係東境，與諒北語不背。山河爲界，外洋通例，務懇蓋畫，至感。豔。

王道來電光緒十二年正月初一日午刻到

兩奉豔電敬悉。前遣黎都司至新安一帶密查地勢，淇江即驅驢南之河。由該河至那陽，抵新安，中間止有二里許，不通水道。如此畫界，則分茅嶺、下垓、海甯與東省毗連各要地，均為我有。現另繪分晰輿圖，指名以爭。惟昨遣人往議，彼仍堅執前言，中段止以南關、文淵適中之地為界，東西兩頭各讓一綫，匪特新安、高平不能畫歸華界，即保樂亦成虛話。緣近日保樂游勇已為彼敗，其氣又揚故也。彼謂再會一次，不合即罷。我使以度歲伊邇，暫為展緩。大抵彼以罷議相恫喝，我以宕延作進步。若總署能堅持保、諒附近畫界與約不背之語，我使亦不至鬆勁，將來必至以河為界而後已。之春稟。三十。

光緒十二年

致幕府鄧欽差、李護撫台、李道台、王道台光緒十二年正月十四日發

真電悉。定力堅持，實可欽感。此事以必可爭之地，必不敢決裂之虞，稍持一月，吾事濟矣。乃赫德欺妄恫喝，愚我總署，鄙人力助兩公，苦口瀆陳，終爲赫蔽。此關天意，惟有痛哭流涕而已。洞已於去臘十八日乞病開缺。邊事茫茫，恐從此中華難振，豈惟兩粵之憂。鹽。

鄧欽差來電光緒十二年正月二十二日亥刻到

得北洋轉總署支電，萬分焦灼。初十日與浦會，浦遂以廷旨脅我，議至日暮不決。修告以約文亦係奉旨，若看界而不更正，即斷我頭亦不能從。浦知不可奪，始轉圜，約再議。十三日王道與狄再三抗論，狄始許東、西三處歸我。十五日狄來會兩道，議如故，惟新安、牧馬堅不能許，并云我若允汝如許地方，回去必為法國洋槍轟死，若中國不願，罷議亦可，打仗亦可。修等熟商，戈嚇於外，赫蔽於內，以伸其必不可得地之説，恐久而議論益滋，界務益壞，欲減去牧馬、新安有名地處，以期速了。十九日兩道復與狄會，李道已許東界沿邊十里、西界三十里。修。養。

致南關鄧欽差、李護撫台、李道台、王道台光緒十二年正月二十日發

號電悉。九頭山俟大局略定再議，極是。如新安歸我，此山不待言矣。鄙意牧馬難，新安易，一闊一狹，且銅柱千餘年，學籍數十家，可謂舊界確證，并非創議，措詞較易。如牧馬必不諧時，專爭新安或可行，請酌度，轉達兩公裁定。號。

王道來電光緒十二年正月二十日申刻到

九頭山一節，星使、護院擬於界務粗定時再為商辦，恐目前又因此生隙。之春叩。號。

王道來電光緒十二年正月二十一日戌刻到

號電謹悉。力爭新安是春一人執見，爭之不得，商作罷論。護院以西頭邊界為重，故力爭牧馬，至牧馬亦不可得，始轉為展寬邊界十里、三十里之説。日昨春與李道在文淵與狄議時，已言明東頭邊界展寬十里，法尚堅執不允。星使昨囑赫政函致法使，將十里改為十五里，李道以為不宜先行函致，且失信於法，致敗前議，遂與星使頗有齟齬。總之，事本棘手，兩公主爭，屢次廷旨，只催速辦，即已許之地亦作罷論。現已得地數處，事將吻合，而在事復意見相歧，春彌縫無術，惟有各盡各心而已。之春叩。箇。

致南關李護撫台光緒十二年正月二十一日發

頃李道電北洋，請具奏即日南歸，有公事多阻阨，不敢因循坐視其壞語，殊爲駭然，似是大相齟齬。究竟因何事與何人不和，望即密速詳示，切要。馬。

致南關鄧欽差、李護撫台、李道台、王道台光緒十二年正月二十二日〔一〕申刻發

爵堂電悉。緩至秋後則可，若彼明言罷議，總署必不以爲然。鄙意兩公若欲堅拒，莫若先電北洋商明。若彼揚言罷議，即速電北洋羈縻之。蓋彼必不肯決裂，然亦必須有人轉圜方妥。管見備采，即示覆。狄許文淵究確否，并示。養。

王道來電光緒十二年正月二十二日申刻到

頃接浦函，約明日南關會議，不合即散。兩公之意本欲緩至秋後，似此將罷議矣。之春叩。養。

致天津李中堂光緒十二年正月二十二日發

法人斷不願決裂，且所差不多，此時已將合龍，更無罷議之理。然彼至詞窮時，必姑以罷議脅我。若鄧、李堅持，戈必向公岔瀆，公以好言撫慰之，彼有轉圜之地，即就範矣。功虧一簣，成此全功者，非公之神明操縱，他人不能也〔二〕。養。

李中堂來電光緒十二年正月二十三日未刻到

法固不願決裂，然其外部與戈、浦力持不肯多讓地於我。文

〔一〕底本誤作十二日。

〔二〕據《李鴻章全集·電稿一》，第六三四頁所載《粵督張來電》，此句下尚有「此事洞本不敢妄參末議，皆由鄧、李栽酌，因事已垂成，惟公是賴。旁觀管見，姑陳備采。請示覆」等語。

淵、海甯既非真許，牧馬、新安更難力争。赫德建議俟九十月再勘，因法新派議紳波路貝德往越查察，或將變計，届時或稍活動。即暫停議，似無甚礙。昨詢戈，尚無中止意，但嫌鄧偏執。已笑應之。鴻。漾。

致天津李中堂光緒十二年正月二十三日發

本日丑刻，欽州又備考州志抄寄，鴉葛峒長黄氏有印分界單，歷洪武至萬歷，俱載明分茅嶺銅柱爲界。羅浮各峒長明嘉靖印單，載明新安、江口等處爲中界等語，并陳紳民泣訴情形。單内有古興字樣，古興即新安州，此嶺自桂邊外蜿蜒南行，抵海口，嶺東即新安，非越故土，乃中國舊界也。新安皆華民居之，現有入欽州學及職員數十人。漢唐銅柱，宋元志乘，前明印單，本朝學籍，可爲舊界確據。銅柱畫界之語，海内婦孺皆知。若將分茅嶺銅柱之地至今日我輩在事棄與法人，此名萬不可居也。公爲首相全權，恐亦與有責焉。若至萬不得已時，亦應將此嶺一綫剜出歸中國，差免口實。此遵條約無損中國威望體面之語，非争土地，少一荒山於法無損，我係申明舊界，并非更正可比。久已奏明，屢電鄧、李，恐兩公屢争力絀，故預告公，請公預與戈使言明，彼不能不顧中國威望體面。此事在公甚易辦，而關係大。祈鑒并覆。洞。漾。

致天津李中堂，南關鄧欽差、李護撫台、李道台、王道台光緒十二年正月二十三日發

頃一電想達。分茅嶺屬欽州，有雍正六年兩廣督撫奏案。去臘已奏明，此尤舊界實據，不獨漢柱明印。漾。

致南關鄧欽差、李護撫台、李道台、王道台光緒十二年正月二十三日發

頃北洋電，赫德建議俟九十月再勘，因法新派議紳波路貝德往越察看，或將變計，届時或稍活動，即暫停議，似無甚礙。昨詢戈，尚無中止意等語。大是好機會，但不知今日已定議否，未定方妙。洞。漾。

鄧欽差、李護撫台、王道台來電光緒十二年正月二十四日午刻到

十九日派王、李兩道赴文淵，與狄商增牧馬、先安。狄甚堅執，因令於文淵以西照舊界展寬三十里、東十五里，狄允與浦商。本日浦來關會議，詢以三處及改正事。狄云，我原説可商，浦則佯為不知，詞語閃爍。狄係浦派，豈有不知，顯係接戈電，意在悔滅前説，令我事敗垂成。修等告以狄前允三處，並親繪文淵草圖，竟可食言，我之改正亦必以淇江、芃葑、牧馬、先安為斷。浦臨行出法文一紙，譯與前説略同。聞近日芃葑以西游勇肆擾，浦一夕數驚，將遁情露，兼春瘴已發。議迄無成，自當恪遵前旨，秋末再議。修肅，衡、春稟。漾。

致南關鄧欽差、李護撫台、李道台、王道台光緒十二年正月二十三日發

西洋言守營壘，守海口，皆於敵礮所不及之地設防，名曰礮界，大礮十五里，次十里，公議展界十五里，正合西例。特飛布。漾。

致南關鄧欽差、李護撫台、李道台、王道台 光緒十二年正月二十四日發

法使既停議，兩公宜速電北洋，使李相知實在情形，若浦電先到，戈言先入，設北洋據以電奏，則內中必著急，以後更難辦也。敬。

李中堂致鄧欽差、李護撫台電 光緒十二年正月二十七日未刻到

總署二十六日電，本日奉旨：鄧承修等漾電均悉。前電諭先勘原界，再商改正，原因北圻未靖，春深瘴起，彼必自退，然後以秋末續議為結束，彼自無從藉口。乃該大臣等不能體會此意，空言爭執，迄無成説，至此次仍有我之改正必以淇江、芃葑、牧馬、先安為斷等語。若果從此罷議，彼必以違約為口實，豫留後日爭端，辦法殊屬非是。著鄧承修等即行知照浦使，狄所允商，伊既翻悔不認，則遵旨先勘原界之議更不可緩。即約彼迅速會同履勘，所爭新界暫置不論。如彼因瘴生求去，則我仍是照約結束，彼更何詞可藉。該大臣等辦理此事，務存遠大之識，切勿見小拘執，致誤大局，慎之。欽此。即轉電鄧大臣、李護撫云云。鴻。宥。

李中堂致鄧欽差、李護撫台電 光緒十二年正月二十八日亥刻到

總署二十八來電，本日奉旨：二十六日已電諭鄧承修等仍約會法使，履勘原界，所爭新界暫置不論，諒可奉到。法人於此事極願速了，機不可失，著鄧承修等迅遵前旨，催其會勘，不准稍涉延宕。儻彼因瘴求去，議立草約，必須聲明兩國因春深瘴起，商允秋後再勘，以免别滋藉口，切勿固執己見，貽誤大局，致干重咎，并將商辦情形，即日電聞。欽此。轉電鄧大臣、李護撫云云。鴻昨晤戈，已屬其電浦再與公等妥商。勘。

致華盛頓鄭欽差 光緒十二年正月二十八日發

號電悉。美保護華民有切實辦法否，務請其速派兵禁護，或并准華民自爲保護。粤省近日人情益洶洶，洋商悚懼，實屬可危。美須迅速允緝匪、賠資，不准勒辭華工。得尊處一電，庶可宣示息事，否則難料。即電覆。勘。

致香港東華醫院 光緒十二年正月二十八日發

總署二十二日來電：華人在美被害事，已照會美國駐京公使，電請美總統速辦等語。接鄭欽差電，已商外部調兵彈壓，總統示禁二次等語。本部堂現又電鄭欽差，責令緝匪、賠資。此事朝廷既已設法保護，本部堂又迭次極力催辦，粤省不可再加紛傳，以致訛言生事，無益有損。若仇衅大作，華工必全被美地匪徒驅逐、殘害，事關大局。昨日西關又有人帖報，情形頗不安静。該紳董查明是否香港遣人來帖，務須阻止，切要。即覆。二十八。

致南關王道台 光緒十二年二月初一日發

豔、卅兩電悉。諸公皆病，獨任其難，欽仰。惟狄既有我甚願緩至秋末一語，似照會及電奏應叙入，并令彼請緩爲佳。緣內

意緩字不欲自我發，以免藉口。請與兩公裁酌，至要。近日游勇大擾，斃其一晝各節，似可告總署、北洋。朔。

王道來電光緒十二年正月二十九日亥刻到

兩奉電旨先勘老界，辦理實爲棘手。護院於昨早發摺告病，欽差於昨晚電奏力陳病狀，有如再不支，回龍養病之語，李道在龍，未回差次。春約浦明日單騎至文淵再議。事已如此，各盡各道，未悉能否轉圜。之春叩。豔。

王道來電光緒十二年正月三十日戌刻到

本日，春至文淵與狄會。據云，前接照會，當即電商本國執政，目下尚未回覆，現事我難作主。昨戈來電，亦無再議之説。我雖甚願緩至秋末，請再給照會，即轉電本國，五六日後必有回信，然後議立草約，兩國使臣畫押後即散云。春見如此，亦未便再提界務。商告兩公，已照辦矣。之春叩。卅。

致南關鄧欽差、李護撫台、王道台光緒十二年二月初四日發

頃見兩公致署電，太直太緊，愈激愈怒，大局更不可挽救。此次電奏，似只可説遵旨先勘一二段，略言病狀屬實，並非託病推諉，語宜虛活簡約，萬不可糾纏認罪請罷等語。間一半日，電署，電津，或電奏，再瀝陳界務，病情，或有萬一可轉。上意總慮口實、啟衅端，似須將暫緩不致啟衅發揮堅透。此電尚未轉去，如俯采，請酌妥再發，千萬鑒此苦衷。支。頃問明鄧電已轉，李電長未轉。并及。

致天津李中堂光緒十二年二月初四日發

頃南關録寄鄧昨日電奏，語太徑直，恐激而難轉，致妨大局，望公力爲斡旋。既遵旨勘一二段，斷不致有枝節。公前告鄧、李擇勘一二段，實是良策，惜兩公不悟耳。支。

李中堂致鄧欽差、李護撫台電光緒十二年二月初二日到

總署初二電，本日奉旨：本日鄧承修等自南關電奏各節，不勝詫異。迭次電諭該大臣等先勘原界，并不遵旨速辦，輒思託病回龍，又不請旨遵行，遽與照會緩至秋末再辦，是緩辦一語自我先發，正與前旨相背。鄧承修執拗任性，罔知大體，李秉衡同辦一事，何以隨聲附和，於疊次諭旨置若罔聞，任令鄧承修肆意徑行，一至於此。仍著懍遵前旨，即行知照浦使先勘原界，儻瘴發趕辦不及，亦必勘辦一二段，先立文據，餘俟秋後再勘。若再託故遲延，始終違誤，必當從重治罪。懍之慎之。欽此。轉電鄧大臣、李護撫云。鴻。冬。

鄧欽差致總署電光緒十二年二月初三日亥刻到

接奉初二日電旨。修電陳病勢，希冀矜憐，少垂明察。謹力疾與護撫臣商，以李道在龍就醫稍愈，專電飭回。擬先派王道遵照初二日電旨，與浦妥商。惟修病非旦夕可愈，憂悸徬徨，雖欲竭誠圖報，力不從心，咎由自取，即治以重罪，亦復何辭。惟望聖明始終憐察而已。請代奏。修肅。江。

李中堂致鄧欽差、李護撫台光緒十二年二月初四日亥刻到

總署初四電，本日奉旨：鄧承修冬電已悉，仍著懍遵初二日

電旨，知照浦使，先勘原界，如實因病重不能親往勘界，即著李秉衡前往，與浦使會勘。鄧承修仍不得擅自離關，俟事定聽候諭旨，并將現辦情形迅速電聞。欽此。即轉鄧、李云。鴻。支。

致南關李護撫台光緒十二年二月初四日發

忠悃極佩，惟乞病語太多，是坐實附和矣。請簡請護等語萬不可用，疑爲負氣，大局難轉。試思今日即簡人能接辦界務哉。思維以下至至重數語，亦未妥，似可改曰：前屢奉密諭此事關係重大，必應慎之於始，多争一分，即多得一分之利益，切勿輕率從事。微臣讀此，憂憤涕零，既不忍貽君父以異日無窮之憂，更不敢辜職守而蹈疏失邊防之咎。所有遵旨照約稍商更正，百計羈縻，冀得稍補大局。總之，三城實有可得之機，法國斷無輕開之衅，我非强佔力征，實因瘴病暫緩，彼當無詞。種種委曲，無非仰體朝廷苦衷。此下，接查彼欲速勘云云。是否可用，祈鑒原酌辦。支。

李中堂致鄧欽差、李護撫台電光緒十二年二月初六日到

總署初六來電，本日奉旨：疊次電諭鄧承修、李秉衡會商法使，先勘原界，機宜所繫，前諭已詳。乃該大臣等並不遵旨辦理，固執己見，託病遷延。昨鄧承修電稱即重治罪亦復何辭，並少垂明察等語，已屬負氣。本日李秉衡電奏各節，尤為執謬。據奏三城實有可得之機，法國斷無輕開之衅，李秉衡有何把握而為此臆度之語，豈竟未睹法外部電信所云耶。界務改正以及通商在諒山以北，新約業已訂明，法國豈能違約妄索，徑議入龍通商。至驅民入教之語，更屬無據。朝廷特命該大臣等勘界，關係如何重大，豈僅派一道員所能了事。飾詞規避，始終執拗，殊屬大負委任。鄧承修、李秉衡著交部嚴加議處，仍遵前旨迅即履勘，儻再玩延，致誤大局，耆英治罪成案具在，試問該大臣等能當此重咎乎。欽此。即轉電鄧、李云。鴻。

致南關鄧欽差、李護撫台、王道台光緒十二年二月初四日發

此事宜善救，不宜硬阻。旨令勘一二段，何不即從分茅嶺勘起，嶺在北崙，隘以外屬欽州，就近撫綏。漢唐銅柱，宋官明印，國朝志書，奏案學籍，老界確證，此辨認舊界，不與更正相涉。此嶺綿亘深廣，插入越境甚遠，南抵新安海口，西包坑謝以外，此時宜勘荒闊處，不宜勘近新安處，免争。法若肯以分茅嶺算我舊界，於將來更正毫無妨礙。半月斷不能勘竣，設因事稍歇，旨已遵辦，有辭以謝法人，再切電北洋斡旋，或有萬一轉機。惟險僻多瘴，委員爲難，或擇桂省文武健者。全朝命，維大局，無聊拙計。請速裁覆。支。

王道來電光緒十二年二月初五日午刻到

從東頭勘起，實宕延之一法，兩公亦以為然。特柱印學籍各節，法人未必聽從，彼總以現在之界為主。星使昨致浦，約期派春與議，浦以未得戈電為詞。目下兩公之病，避勘原界，浦又延議，事極棘手。之春叩。支。

致南關李護撫台光緒十二年二月初五日發

籌邊數條：一、關道擬轄太平一府，管地方，呼應靈。一、道皆繫地，安邊固佳，與各省不一律，太平名亦甚美。一、撥鬱林歸左江道，近便督察。一、提標中軍一營帶來龍，餘四營，兩營改鎮標，兩營裁。一、撥義甯、慶遠兩協隸柳鎮，就近。一、提標制兵雖裁四營，添新泰協、龍城守，歸提標，且邊軍總統廿營，皆提標也。并聲明以後提雖不兼督辦，亦定防勇十營，屬提標，祈婉致蘇。請巨餉，不能不先裁汰。一、請協餉月四萬。一、尊奏通裁長夫，現已裁否，如未裁，宜緩。一、桂餉章有火勇、親兵、護勇、什長之别否。一、邊軍裁八營，腹勇裁兩營，均已辦否。一、腹地水陸勇現存大小若干營。均祈速覆。歌。

致南關王道台光緒十二年二月初七日發

支、魚兩電悉。分茅嶺即三不要地，雍正間奏案既云三不要歸粵屬，則此嶺全體所在，皆舊界所在矣。惟此嶺係至何處爲止，土人有確據否，請商兩公酌辦。閣下獨任艱苦，念極。時事如此，無可奈何，然兩公亦豈能置身事外耶。曾侯所論雖精，但須總署、北洋許可，乃能有效。今總須先勘一二段，再看機會。魚。

王道來電光緒十二年二月初六日酉刻到

昨接劼侯函，稱法議院諸紳因倡退越南之議，與政府意見不合。蓋言退地者，一則藉此希圖别項利益，一則因北圻之事難以遽平。然彼難平者，我亦未必能平，即得空地而勞民傷財，且不合算，況以别項换之乎。目下宜於彼族棄地之説置若罔聞，但於界務多所争執，商務又不稍讓，宕延時日，令彼舉國為難，甘心就我範圍，辦理較為順手。如此可冀無所損失，而迫法人離棄越南，則雲、粵無窮邊患可以稍紓。儻越事幸獲轉圜，則將來辦理緬甸之事或能因利乘便，云云。尋繹來函，以緩為佳，合現在情形似宜緩，至秋末或有轉機。是否有當，伏乞采擇。之春稟。魚。

王道來電光緒十二年二月十二日申刻到

連日會議，先勘僻界一二段。彼欲起南關，洎東、西各二三百里，於旋勘旋改，堅不肯從。春與護院、李道反復争辯，浦以不如此彼國不允為辭。星使為時事艱難，争亦無益，允其所請。虜重通商，故急中段，現正遂其欲。事敗垂成，補救無術，幸議定暫不立標，或可為將來地步。現約十五會勘關門，十六春與李道會法使西起水口汛，東訖隘田隘。兩公遲二日由内地自兩頭汛隘口與彼一會，各出草關參證，再議離開，緩至秋末合併稟陳。之春叩。文。

致南關鄧欽差、李護撫台、李道台、王道台光緒十二年二月初七日發

似有轉機，忽成變局，時事難料。兩公心已盡，説已詳。若始終引病，雖不愛身，於國事仍無益也，總宜勘辦一二段爲是。勘旁路空僻處，似與將來關門衝要更正無妨，務望采納。陽。

致南關鄧欽差、李護撫台、蘇督辦、李道台、王道台光緒十二年二月初七日發

初二日岑電，云法兵於正月朔抵屯關，阮光碧等退入山谷，

阮仲光迎降，爲之前導，於十二日抵文盤，遂至龍魯，距保勝九十里，英現飭各營嚴守滇界等語。令人憤悶，姑達知。陽。

致輪墩曾欽差光緒十二年二月十一日發

英議潞東歸我，岑電騰越、維西等廳均在潞西，因何參差，示復。真。

岑宫保來電光緒十二年二月初十日酉刻到

奉上諭：據曾紀澤電，近商緬事，潞江東地咸歸中國等因。查潞江源出喀木，流入雲南，在瀾滄之西。滇省維西、中甸、騰越、龍陵各廳，以及八關九隘、野人山均在潞江以西。前議斷不可許，滇緬自有舊界，不以水判。即潞江西之龍川江亦由滇入緬，騰越關隘且在龍川以西也。界務重大，請旨飭曾更正。請代奏。英。冬。

曾欽差來電光緒十二年二月十三日巳刻到

潞東歸我，指入緬之潞，非在雲之潞。澤。

致華盛頓鄭欽差光緒十二年二月二十八日發

聞近日各埠美黨盡逐華工，百方暴虐，逼處金山一埠。此數萬衆留則被害，歸則無業，可慘可危。究竟前案美廷允賠若干，又獲匪否。聞美雖示禁，語意甚鬆，惟有責賠，彼或肯禁，望力催。即覆。沁。

鄭欽差來電光緒十二年二月二十九日亥刻到

美黨歛肆，非關賠欵之允否，所聞似未確。現議員多欲照數賠足，不久當定。近日凶燄漸息，大有轉機，鏊崙等埠兵仍未撤。藻。勘。

致華盛頓鄭欽差光緒十二年三月初七日發

勘電悉，轉機佩慰。接金山華館禀：焚擄殺傷者，夭李架埠、洛市丙冷埠、舍路埠、倒路粉埠、喊罷埠、尾矢近地埠。驅逐者卓忌埠、禮静埠。議逐者興當等十一埠。共害三十八命，財物數十萬，慘極。議院允賠幾案，爲數若干，共獲幾匪，各埠華民能不再被逐否。匪宜誅，方知儆，平寃善後，全賴鼎力。速示。魚。

致龍州鄧欽差、李護撫台、王道、李道台、王道台光緒十二年三月十八日發

文電悉，此行可謂勞且苦矣。使節何日啟行，何時可到廣州。敬問在事京外諸君子平安。嘯。

鄧欽差、李護撫台、王道、李道來電光緒十二年三月十二日亥刻到

二月十五，修、衡等與法使議，由南關起，勘分東西路。十七，王、李兩道會法使勘東路，至由隘，十九至羅隘，廿三至那支隘，廿五至隘店隘，即洗馬關，逐段辯認繪圖。廿六衡在隘店隘與兩道會法使，書約畫押，惟關左之邱契山界未議定，註明圖約。兩道回勘西路，本月初五至巴口，初七至絹村，初八至平而關。修時已照議先至水口關俟浦，因春瘴大起，山水陡發，浦、卜二人皆病不能前，彼此議定至平而關止。初十修折回平而關，與兩道會浦，書約畫押，另約議中歷十月初一前到海甯，從廣東

界起勘。十一，浦行聞芁葤打仗，礮聲崩騰，當派弁兵數十護送出境。修、衡病未全愈，從官從人皆疲病，修擬在龍休養數日，即率同兩道司員等赴東省，至秋末就近赴欽勘東界。電奏録呈。修肅，衡、春、鋭稟。文。

致華盛頓鄭欽差、張欽差[一]光緒十二年三月二十八日發

總署來電，本日奉旨：張之洞沁電已悉。洛士丙冷案尚未定議，張蔭桓到後，著鄭藻如暫留，會同經理，將從前各案議定善後章程，再行回華。欽此。即轉電鄭大臣。勘。等語。謹轉。勘。

致龍州李護撫台光緒十二年三月二十九日發

龍州運局即裁，軍裝雜物造册交西局，請護院酌量，或發給緑營，或存儲，惟西轉運之名不可去，即改名廣西邊防轉運局，委方鳳喈兼管，不領薪水，不支局費。此存其名，以示無忘在莒之意。豔。

致天津李中堂光緒十二年四月初八日發

師克勤去年回粵，請查辦教堂損失，直言駁之。近法蘭亭又照稱教堂損失共三十八萬元，請委員會查辦結，謬妄可惡。粵地教堂賴官保護，損少完多，其虚捏不待言，無論多少，豈有索償分文之理，已復文痛斥之，言戰後和前之事，無可查，無可辦。甲乙海擾，粵之商船工漁虧折三百餘萬，照公法應責彼償。請公轉致法使，如蘭亭悔悟，言定以後永不再提此等索償之謬論，即當見之。美索睦，英漸謙，德無嫌，誼當欵接。法無禮，故不能不以此折之，非得已也。庚。

致欽州馮宫保光緒十二年四月十二日發

瓊州客黎情形，鎮道稟與來函據探弁稟及旁人傳説不一。究竟已辦妥否，如何方爲長策，即速確示。文。

馮宫保來電光緒十二年四月十三日午刻到

文電悉。瓊匪事，材早悉鎮道未辦妥，因客、艾句結，欲設長策，須滅客、滅艾、撫黎。查黎山内横直二百餘里，須十字打通，中設營，隘設汛。如黎受撫，永遠無事矣。材。文。

致欽州馮宫保光緒十二年四月十三日發

開十字路，自是化黎安瓊上策，前明邱文莊、海忠介、俞大猷俱有此議。但須大舉，兵力餉力不易。假如奏請公往辦，不避勞苦否，有把握否，從何處下手，須用兵幾何，須幾何日。特密商，請熟籌示覆。元。

馮宫保來電光緒十二年四月十五日巳刻到

公欲救民水火，材何敢憚辛勞，惟下手處須滅客、艾，撫黨次之。匪二萬餘，必需勇廿營，方敷展布。日期難預定，材辦事性急，斷不肯老師糜餉，但勇須自招瓊屬府州縣，均歸節制，方可有濟。緣上年關前垣之役，敝部出築先鋒營東嶺三壘，請軍墊

[一] 指中國新任駐美國公使張蔭桓，代鄭藻如。

紮，久託詞以嶺高上下為艱，不肯往紮，幾誤大事，可為殷鑒。託庇成功，是以未言。謹熟籌密覆，另行呈送。材。鹽。

致梧州劉守、龍州李護撫台光緒十二年四月十三日發

近日梧州一帶盜甚熾，商旅患之，多以裁三江緝捕爲言。聞商情以捐資弭盜爲便，請護院熟察，可否仍令照捐養船，并飭劉守電覆。鄧星使初十到廣。元。

致總署光緒十二年四月十八日發

前會張大臣蔭桓奏派員赴南洋，訪查華民商務，奉批旨該衙門知道。現已遵飭該委員王榮和、余瓗等料理啟行，請鈞署迅賜知照駐英、荷、日出使大臣，并告各該國駐京公使、外部，以便該員前往。知照後即請電覆。巧。

致欽州馮宮保光緒十二年四月二十九日發

瓊州客匪已敗散，未痛剿，鎮道欲徙匪首匪黨四五百家，安插欽州白龍尾。竊謂此策未善，民憤不息，久仍不安，且渡海潛歸甚易。欲請公親往一行，察看情形酌辦。擬誅渠魁凶悍者，餘令前驅剿黎自贖。開十字路黎山通後，即安插黎境，內外隔遠，或不相妨，令此輩冒瘴攻險，雖損不惜。公赴瓊駐一兩旬，宣布威德，籌定方略，即回欽，俟匪鄉辦畢，九月再往大舉。刻下或先帶三底營往，并撥勤軍兩底營隨往助聲勢，與瓊鎮之全字一營均聽公調度，秋冬間擬爲公添足八營或十營。辦黎須剿撫兼施，營稍少或可行，餉缺極，日夜焦灼，鑒之。辦法妥否，望籌度速復。劉倅已到，諸事均悉，容另覆。勘。

致總署光緒十二年五月十一日發

總税司來電：粵省進口米抽半税，總税司擬自五月三十始等語。查粵關向不抽米税，本年三月以來兩粵米價同時昂貴，西米不下，洋米亦少，民情頗不安貼。東肇、高、廉，西梧、潯、南等府，皆多方招徠，平糶尚虛，未能補救，今驟更張抽税，必致商懼民駭，恐生事端，請速飭粵關並總税司緩抽半税，以安地方。真。

致欽州李牧、楊參將光緒十二年五月十七日發

昨會撫院公覆馮宮保電云：芒街未經勘辯，尚係越地，法如止到此，礙難攔阻，只可飭原有防營弁兵，在東興靜紮嚴備，先令欽州知州、參將發照會，并遣人告知法帶兵官，勿越中國界，以免軍民驚疑生衅，有傷和好。如彼不聽，即飛電告知，當奏明請旨。羅浮峒轄境是否兼跨欽、越，即確查詳覆。民人赴芒街買物，如係日用所需，暫未定界，似可緩禁，且藉可探悉敵情，軍士則不宜往。總之，法誠叵測，目前斷不搆衅，請體察妥辦，以內整軍容外靖民心爲要。等語。該牧、該參將遵辦。霰。

致欽州馮宮保光緒十二年五月十九日發

諫電明言令欽州文武照會法人勿過境，何以十七日來電言法教過境，飭營勿庸攔阻，大誤大誤。望速飭防營，法人過我境，

必須阻止，東興帶防營官弁，即可發照會阻之。再諫電所云民可往芒街買日用物，軍士不可者，謂我民可往越境，非謂法人可至我境也，切勿誤會。效。

致欽州馮宮保、李牧、楊參將光緒十二年五月十九日發

嚴飭沿邊羅浮等峒峒長、紳民，不准勾引法人暨越地教民過我界，違者以民情軍威悚之，但萬不可傷人。若再不聽，飛速電聞。效。

致欽州馮宮保光緒十二年五月十九日發

瓊民憤客匪之害，欲官痛勦，而鎮道已許撫安插欽島，洞電駁之。鎮道無策，故鄙意請公速往一行，察看情形，應勦應撫，決一辦法，電示商定。勦須秋後大舉，撫亦須擇便地籌善策也。規畫已定，仍可回欽、廉，匪肅清，再渡海南，此時欽、廉不可無營。渡海之營只可前鋒先聲，似略少亦可。至少必須幾營，酌示。效。

致廉州平櫃鹽局、北海釐局，欽州馮宮保、張州判炳麟、欽州釐金分廠光緒十二年五月二十四日發

馮軍需餉急，北海、欽州總分各釐廠暨平櫃鹽局，每月收欵儘數解馮督辦營充餉，嗣後照辦，下餘不敷之數，由省籌解。目前釐鹽各局所有現存未解之欵，無論若干，迅速全解馮軍，洋關扣存欵亦儘數充馮餉。即電覆。敬。

致總署光緒十二年五月二十四日發

許使電派員查島，英法允告各埠，和蘭不允等語。和國官商來華無阻，不應阻我，且英法皆允，和何得獨違公法，請再電許使切商。委員即日起程。敬。

致總署光緒十二年五月二十五日發

交涉案如被告係英人，祇准英員觀審，烟台約已載明。今法德嘉第二案，英領事請會審，已據此駁之。如英使來瀆，請照此斥之。有。

致欽州馮宮保、劉倅保林光緒十二年六月初九日發

劉倅電悉。瓊客户數千，且顯然爲匪者止千餘人，餘無擾害實迹，似無盡滅之理，只可先將此次滋事客匪辦妥，徐籌善後。省輪甚缺，已派安瀾赴欽，計已到。此外，載勇可雇民船。請速赴瓊一行察看，孰宜誅，孰宜撫，或别有安插法，經公規畫，便可放心。目前瓊可粗安，仍回欽辦匪。至通黎大舉，需用重兵，現因餉匱焦灼，十六營七箇月須三十萬，無從籌措，姑緩數月，如能籌欵，再奉商。總之，大舉乃洞所深願，但視力量能否耳。佳。

致瓊州張鎮、謙護道、提督張拔萃、參將陳榮輝光緒十二年六月十一日發

炎瘴，將士多病没，諸軍即速撤至善地，屯紮金江、澄邁一

帶均可。湘軍最畏瘴，宜紮較遠，粵軍較可，宜紮略近，由張提、陳將酌辦。墊發降衆口糧准開銷，務須羈縻。馮督辦數日即到，如事未了，亦須秋涼進兵。客民無全剿理，今日難在籌安插處所，白龍尾實不妥，該鎮道及員弁紳董如有安插良策，速電聞。真。

致天津李中堂光緒十二年六月十一日發

總署函，德巴使言大沽海口設有委員，驗單剝貨，特函商能否照大沽辦法等語。粵省河有兩支，南支沙路寬深，北支魚珠較淺，匯於省城下。前年防急，用橋壩塞斷，南支商輪不能抵省，止到黄埔剝運。各國屢請開南支，洞屢拒之，故巴使請在黄埔設海關分局，委員驗單，免停留多費。此事最關粵防大局，黄埔員可設，則沙路壩可不開。大沽章程，速詳示。真。

致欽州馮宫保、劉倅、李牧光緒十二年六月十五日發

頃接總署十三日電，本日奉旨：張之洞等電奏已悉。此項餘匪業經就撫，義無盡誅，著馮子材赴瓊妥籌安插，仍隨時咨商張之洞詳慎辦理，勿得稍涉輕忽。欽此。謹電聞。衆論紛紜，必賴公威德臨之，方能籌畫周妥，乃爲瓊郡生靈謀永利，非爲該鎮了善後也。朝命倚公甚重，請速行示期。萃軍如需船，李牧速籌備。望。

致龍州李護撫台、梧州劉守光緒十二年六月十七日發

洋商不准在内地設行棧，挂招牌，違者有罰，同治元年四月總署咨行有案。聞潯州、梧州均有禪臣洋行棧房，張貼洋棧字樣，顯違條約。目前桂皮三聯單盛行，聞他貨亦將踵至，若再聽其設棧，兩省釐税俱歸烏有。請護院速電飭潯、梧兩府親往確查，是否屬實，如有禪臣及他洋棧字樣，立即查封，指示該夥并將門條封護釘固，以免揭洗狡賴。如領單無棧者，亦不得違約阻扣。霰。

致龍州李護撫台、蘇督辦光緒十二年六月二十一日發

南關大保案，武職至今部覆未出，護院來電已奏催，意甚可佩，然於事無益。部吏勒延，專爲索費，若不安置妥帖，必致從刻挑駁。向來大保舉常有公籌，部費統辦，取其較省。將士血戰立功，至今未爲實惠，令人憤歎。聞部索六千金，鄙意擬籌公欵四五千，代了此事，東西兩省各半。特奉商，如以爲然，速電覆。馬。

致天津盛道台光緒十二年六月二十八日子刻發

由邕展綫西達蒙自，由梧分綫北達桂林，皆萬不可緩之舉。鄙人日夕籌之，邕至百色綫路實四百五十里，百色至蒙自實一千二百里，又由梧至桂實七百數十里，計程共二千四百里，兩省各占一千二百里，里數相等。計費照粵案，連雜費每里六十兩，共需十四萬餘兩。擬請撥欵暫墊，由鎮南、馬白兩關洋税各半扣還，每關歲還二萬，三年半還清。此舉若成，滇桂一氣，易籌邊防，桂撫臨邊，可顧根本，閣下之功偉矣。或別有籌欵法，望速示。沁。

致香港邵道台光緒十二年六月二十八日發

函悉。藥税既加，必致熬膏販運質尤輕，漏尤易。原議未及，似須膏土并辦，膏重減土之半，擬膏以六十斤爲一箱，税照土數，能補入此條否。再，四次會議，赫云一百十兩外别無税釐。查曾劼侯原議云拆包後仍可有税捐，今云别無，恐太板。拆包後可抽釐一節，須聲明否，請酌。赫已自澳回否。至九龍、澳門領照，然則中華藥税統歸粤海關矣，不慮偏重否。沁。

致瓊州馮督辦光緒十二年七月初六日發

大旆抵瓊，欣慰。據劉倅電，定安黎大股出擾，如確，必須急擊痛剿。已電飭鎮道派營截擊。萃軍初到，聲威正盛，客匪想暫無反側，擬請即飭萃軍馳往，會瓊軍擊之，一戰殲旃，數日竣事，還師再辦客匪不遲。妥否，請裁酌即覆。歌。

致廉州王鎮台、李守光緒十二年七月初七日發

瓊州客黎大擾，馮帥已渡海督辦，兵力尚單，可撥勤軍一底營，選派上等將弁率之，赴瓊助剿，聽馮帥調度。廉無事，一營足彈壓，此有兩意，一爲萃軍不敷，一爲欲藉此使勤軍將士立功耳。速覆。需餉械船隻，李守速籌。陽。

致瓊州馮督辦、劉倅光緒十二年七月初七日發

歌、魚兩電悉。客黎游勇並擾，亟應痛勦，此時豈能議及撫字。增軍大舉，極佩卓見，惟餉絀萬分，無從籌畫，擬請貴部添八底營共二千人，萃軍在欽、廉之三底營，請酌調一營，並已飭王鎮撥勤軍一底營，渡海聽公調度。連前共湊十二底營，或足分布。客黎烏合，精兵兩千，公授以方略，足可破賊。爲餉竭，故鄙人日夜憂煎，苦衷幸惟垂鑒。陽。

馮督辦來電光緒十二年七月初八日亥刻到

陽電悉。餉絀，材稔知，惟體察情形，客黎皆老賊，習戰負險，悍且多，實與他匪不同，是以必須廿足營方能分布。儻未能如數，亦必先募足十六營。如再不敷，隨後仍須添足廿營，始有把握。今以十二底營，僅三千人，欲辦清二萬餘老匪，千餘里堅巢，材實力有不及。況辦此事即期得手，否則不惟誤事，且仍害民，兼恐外夷恥笑。況客黎散勇，狼狽已久，現據瓊紳面禀，儋、臨等處土匪，拜會極多，隱患甚深，儻不重辦，將來不堪設想。若允增軍大舉，營須由材自募，若調他軍，實不合用，請急停調。查目下餉雖絀，果先籌辦得手，次第酌裁，亦不多費。事平後逆産不少，而儋、臨各口尚未抽釐，將來所入何止一本十利。管見如此，乞速示覆。材。庚。

致瓊州馮督辦光緒十二年七月初十日發

庚兩電悉。蓋籌皆與鄙意合，無如事力艱難，暫難遽定。目前匪擾勢急，只可就現有及新增兵力，或迎擊或雕剿，月餘後察賊情，計餉力，能否大舉，再與公商，能籌餉則辦，不能則止，并非以此數營責公掃盡全瓊黎客也。他日若增重兵，自當歸麾下自募。東興鄰越，正當勘界，萃軍未便全調過海，請酌留防。勤軍近又撤其半，剩兩底營，渡瓊之營已發餉，戒行礙難中止，該軍必恪遵公調度。倉卒無軍，藉助威勢，聊勝於無也。瓊軍甫交

方道接統，且大局未定，似未便遽銷，稍遲當再籌長策。卦。

致瓊州馮督辦、方道、陳護鎮光緒十二年七月二十五日發

前者公來電，欲剿客匪，方道來電，與陳護鎮商驅客攻黎，何又將此四百餘人安插遂溪耶。既議安插，何又添營，請妥籌見覆。究竟應如何辦法，萬勿遷就。即覆。方道、陳護鎮并覆。有。

方道來電光緒十二年八月初一日午刻到

奉有電，謁馮督辦，當請機宜，極言客不足恃，除安插外，剿為宜。義正詞嚴，未便激迫，已另肅馳陳矣。華叩覆。豔。

致龍州李護撫台光緒十二年七月二十五日發

漾電悉。法人明係藉投降爲詞，覘我軍虛實，又藉回國爲詞，探沿路形勢。雲南一誤，廣軍豈可再誤。現南關即法境，何必解東，請思之。至禱。有。

致瓊州馮督辦、劉倅光緒十二年七月二十八日發

無論何匪，先剿後撫，不易之理。瓊事鄙人決計奏明大舉，客、黎一律辦清。以七箇月爲期，至明年二月底止。特限於餉力，擬爲麾下添足二十底營，除留欽防兩底營外，辦瓊匪者十八底營，其全字營由公酌汰，另募方道所統瓊軍八底營，勤軍一底營，均歸公節制調遣。計在瓊有二十七底營，共六千五百人，似足以辦瓊事。每月勇餉、軍火、薪水、雜費約需銀四萬，七箇月共二十八萬。開通黎峒經費尤多，鄙人萬計苦搜，只能籌十四萬。昨都司張福啟以公所交瓊紳所議就地籌餉清摺呈閱，果如所説，欵項不少，請傳紳士集議，告以增軍大舉，永除瓊患之意，令其妥擬章程，尊處酌定，咨會商妥，即由公委員出示開辦，須七箇月能籌十四萬乃敷用，若能多籌，營尚可增。望籌議速覆。儉。

致瓊州馮督辦、劉倅光緒十二年七月二十九日發

張福啟言，公面諭該都司，如餉甚難，增足二十底營亦可，現已如約矣。鄙意瓊地山險路狹，現有萃軍本部四千五百人，聽調他軍二千二百五十人，只在軍精地習，械利物足，似已足辦。如餉有餘，可多募土團，並招游勇，路熟餉省，且減匪黨。勇營似不必再多，將來游勇愈衆，亦非所宜。管見請裁酌。豔。

致瓊州馮督辦、劉倅光緒十二年七月二十九日發

宥、沁、勘四電悉。指剿陳酋，以孤賊黨，卓識極佩。陳將前撫客匪，固不能不分別安插，以符前旨，然兇悍害民過甚者，似宜酌懲數人，以服民心。至安插之地，或雷或高廉，尚須妥酌。緣王道之春在省自認安插，若將此輩渡海交王道，或尚有斟酌。雷州府縣平平，恐未能妥帖也。均望酌覆。豔。

致瓊州馮督辦、謙護道、方道光緒十二年七月二十九日發

接馮督辦電，探黎又有出擾新興市之信。嚴飭春字兩營，如此次黎出而不能力戰痛剿者，即由馮督辦查明臨陣規避退縮之營哨官，軍法從事。豔。

致總署光緒十二年八月初十日

澳外之卡，正爲緝私，卡不止一處，所緝不獨藥私一端，所抽亦不僅赴澳之貨，關係各口稅釐大局，斷難裁撤。藥私澳門最甚，稅加則私愈多，彼既代我籌加稅，何以又阻設卡，詭謀難測，望駁之。勘電昨日始到。蒸。

致瓊州馮督辦、方道、謙護道、劉倅光緒十二年八月十五日發

瓊紳既願勸捐抽釐助餉，請公體察，如可行，即開辦。何處設局，如何章程，請公核定。用何員紳及地方官，請公札委。即用台銜出示曉諭瓊民，大舉進兵，辦賊安民，趕緊捐助，一勞永逸。所收全解督辦大營充餉，不作他用。黎平客靖，大軍凱撤，即行停止，出力紳士，從優保獎。

致瓊州劉倅光緒十二年八月二十四日發

該倅現至何處，軍情若何，限兩日一電稟，五日一函稟，有緊要事隨時飛報。山深黎狡，軍係新招，該倅年少，不可高興，不可妄殺，不可騷擾，稟報須確實，不准稍有欺飾鋪張，慎之懔之。即覆。敬。

致瓊州馮督辦、謙守光緒十二年八月二十四日發

敬電悉。富户捐餉獎實官可行，惟每户産數千金，應捐若干未言及，無憑核斷。至拘案勒抽，礙難具奏，須善諭妥辦爲要。青電言瓊紳願勸捐抽釐助餉，何又須勒抽，究竟民情是否願捐，均望速以實電覆。敬。

致瓊州馮督辦光緒十二年八月二十六日發

此次奏請麾下渡瓊，本因客匪而起，屢次來電，但籌攻黎，未言客匪如何辦法，祈速示。宥。

馮督辦來電光緒十二年八月二十七日巳刻到

宥電悉。萃軍渡瓊，本因客匪。材到海口後，查客匪經陳榮輝招撫，未敢妄動。惟陳逆中明、中清、嘮連等糾黨出竄，焚掠飽歸。此匪兇悍黨多，近在肘腋，倚黎山為巢穴，踞險負固。若先辦客匪，各股必奔入黎巢，結成大股，如虎添翼，更難收拾。故用離間法，出示曉諭，專剿陳逆一股，使他股雖多，各懷觀望。擬待攻破陳逆，兵入黎山，居中制外，然後清查客匪，抗者剿，匿者搜，降者撫，任我施為，彼難挺走。鄙意如此，是否有合，尚祈指示。材。沁。

致瓊州馮督辦、方道、崇道、陳參將、劉倅光緒十二年八月二十七日未刻發

疊接馮帥電牘，三路進兵，先剿陳逆，極當。大軍直趨定安，中路尤爲扼要。惟客匪未議及，酌覆如左：一、萃部分兩道，一出萬州，一出定安，瓊軍出澄臨，即照辦。一、瓊軍宜調集一路，惟李渭培等營熟悉陵萬黎情，移調恐無益，應否酌留陵萬一兩營，就近進剿，方道速電覆核奪，餘俱調歸西路。一、客、黎同惡相濟，澄臨一路那大、南豐等處，客村所聚，若不辦清，不能深入。責成方道先辦客匪，剿逆撫順，客清即攻黎。一、陳榮輝報戰不

實，撫匪不妥，責令擒渠撫衆自贖，仍帶全字兩底營歸方道統。立功仍奬，無效嚴參。全字營如有戰功，即不撤。一、該道府州縣集團助剿，一律賞恤奬叙。一、通飭官民，嚴防各路峒口海口，禁濟匪糧米軍火。一、崖州過遠，官軍難分，該處團勇可用，飭蕭牧督團進剿，以分賊勢，資以軍火，有功重賞。一、官軍進兵之處，令團練隨同開路，伐木掘井，酌給賞犒。一、熟黎游勇投誠效用者，編立頭目，使其先驅開山，有功一體奬賞，但嚴禁妄殺。一、嚴飭各營，禁騷擾淫掠，妄殺揑報，違者嚴辦。該道府將此電分别飛遞。沁。

致瓊州馮督辦、楊鎮、方道、謙守、崇道、劉倅，瓊山劉令光緒十二年八月二十七日未刻發

要事三端：一、瓊地瘴惡，萃軍、瓊軍如須募補，宜招土勇。閩崖、儋人俱可用，隨營游勇尤須查逐，若客軍太多，將來游勇必爲瓊郡附骨之疽。一、發去各種後膛精槍、洋式火箭，皆極精極貴利器，火箭尤猛，勇丁未盡諳悉，宜責成將弁用心練習愛護，方免誤事。一、大軍雲集，游勇、哥老會匪，必紛紛渡海，馮帥、方道已進駐定、澄，務宜各派將弁，會同地方官彈壓。郡城及海口嚴查力阻要緊，并飭瓊州鎮道府縣遵辦。沁。

致瓊州馮督辦、方道光緒十二年八月二十七日發

已飭局展電綫，一至定安，一至澄邁，九月中旬可成。若定安太軍前進，再用行軍綫。沁。

致瓊州馮督辦、方道光緒十二年八月二十七日發

馮帥有電、方道經電悉。陳鍾青授首，甚快。林開信即先給五品頂戴藍翎奬札，林開忠先給六品頂翎奬札，札即日驛發，仍由馮督辦立即酌量優賞。傷亡之符用廷及各勇，立即優恤。綫人符鴻信及文武營哨官，請查咨酌奬。陳鍾明若出巢報復，正可一戰殲之，飭諸軍嚴備。沁。

致瓊州方道光緒十二年八月二十七日發

客、黎相倚，狼狽爲患，黎破則客懾，客服則黎孤，平黎平客，一體論功。此意可告瓊軍將士知。沁。

致欽州李牧光緒十二年八月二十七日發

勘界欽差九月半即抵欽，駐節東興，員役衆多，居處不便，且有關中國體制。該牧速在東興趕造行臺一所，但取規模具備，不必精堅，須足容隨員弁兵，竹椽土壁，裱糊潔净即可。經費速估，電稟照發，勿延。

致欽州李牧、尹守、知州顧，潮廉州李守，高廉王道，瓊州馮督辦光緒十二年八月二十七日發

頃接馮督辦電，尹守請派輪船赴新安測繪，募親兵十人，隨軍八人，向局領薪水，自刊關防等語，殊堪駭異。新安係越境，法人教民多來往，我輪豈可輕往，必然生事。畫圖員生應留欽，

此時要在招徠，不在繪圖，薪水由王道經理，可暫由李牧籌墊一月。尹守只派密查，且面飭會商地方官辦理，親兵、關防何用。此事招徠宣諭，責成李守、李牧及陶、黄三弁密辦，尹守只准在欽考究圖籍案牘，静候王道來指示。尹守種種輕妄，應嚴飭，並諭員生等。沁。

致瓊州謙守、劉令思敏 光緒十二年八月二十八日發

馮督辦清摺、來電，俱言紳願抽捐助餉，該府縣速請郡城紳公議，就馮帥二十四萬之議，按十三屬妥酌分等攤派。每屬一局，官督紳辦，分限四箇月交齊，交銀後發給捐票，將來持票換部照，獎給實官，若零數湊獎及移獎親友均可。違抗者由紳公同禀官議罰，有弊者嚴辦。議定後由各紳具禀，請馮帥札飭府縣紳勸辦，俟馮帥咨省本衙門，當再下札。此舉本爲剿匪安民，無餉只可罷兵。馮帥現正勦賊，措詞較易。是否可行，一面集議，一面電復。儉。

致瓊州謙守、劉令思敏 光緒十二年八月二十八日發

勸捐事詳另電，可速議。海口釐金暫加抽剿黎經費，此外各港口酌量暫添，内地大鎮市酌抽鋪捐，匪平均即停止。闔郡當押數百家，大者捐監二名，次者監一名。此三項可籌若干，速覆。儉。

致瓊州馮督辦、方道、崇道、謙守 光緒十二年九月初三日發

昨接方道電欲進駐儋州等語。查馮督辦咨令瓊軍由澄臨儋一帶擇路攻黎，本署電令該軍先清客即攻黎，乃爲速了客匪，以免阻截我攻黎之路，與馮督辦原議仍是殊途同歸。發電後接馮電，陳將已撫千名，册報請點，是客事已有端緒，無勞重兵。情形既已不同，瓊軍應即會勦黎巢。若遠駐儋州，坐耗重兵鉅餉，無此辦法。瓊軍十營，除留郡一營外，或留兩營彈壓客村要害，以六七營探路攻黎，亦可敷用。其應如何客黎統籌以應事機而臻周密之處，即請馮督辦妥籌，飭知方道遵辦，并飭方道探明何路可進。速覆。講。

致瓊州馮督辦 光緒十二年九月初四日酉刻發

客、黎猖獗已久，麾下渡海而客匪就撫者千人有奇，黎酋陳鍾清授首，皆由懾服公之威德所致。瓊軍久弛，自公渡瓊後始漸次整頓。初意亦欲裁之，繼念其戍瓊日久，當此有事時，自應令其出力。方道固執，誠所不免，但省城勝統領之任者甚少，故節取用之。已疊次札電嚴飭，務聽指麾，并令紮營住帳棚，不得擾民。尚祈隨時指授機宜，俾得奉以從事。即如王鎮孝祺，因依公左右，遂能奮發立功，方道亦在公化導範圍耳。他日不獨肅清全瓊皆公之功，即諸軍皆能化爲良將精兵，亦公之功也。支。

致瓊州方道 光緒十二年九月初四日發

客事已漸就緒，惟有姑示羈縻，速攻黎匪，固是遵馮調度，且正辦亦當如此，不然坐糜巨餉，粤何能堪。揣瓊軍將弁恐不無畏瘴畏險之意，可明諭諸將士，願進攻者留，不願者去，各隨其便。另募耐瘴習險之勇，改用敢戰深入之將，急速整軍，庶免坐

耗。至儋臨一路，距陳巢雖較遠，但能三面夾攻，使賊首尾不顧。無論何路，一體論功。若有爲難之處，隨時密告，鄙人自有斟酌。若能收用土團雜勇，令爲先驅，免多耗官軍，尤爲要著。道路已探明否，速覆。支。

致瓊州馮督辦 光緒十二年九月初四日發

瓊郡貧瘠，論常理本難勸捐，特因客、黎擾害，民不聊生，不得已發大兵剿辦，但餉項無措，因公屢電言瓊紳願勸捐抽釐助餉，始敢決計增兵大舉。今欲勸捐，必須公出示，札地方官勸辦，言明若不肯捐，惟有撤兵。公係統兵剿匪，爲民除害之人，民情既願用兵，若勸捐出自公意，自當樂從，無論捐多捐少，斷無怨言。若云出自鄙意，則粵省連年籌餉，事太多，必議地方官之不恤瓊民，觀望不前矣。公出示後，鄙人當切飭府縣力辦此事，并非避謗推諉，惟期於事有濟。今大兵雲集，不能中止，若捐事無成，則餉需束手，進兵不能，罷兵不可，大局有礙，徒使鄙人爲難。昨謙守稟請出示，望公批准，一面出示。廿四萬恐辦不到，徒貽口實，不説出總數爲妥。祈速覆。支。

致總署 光緒十二年九月初八日發

前接鈞署咨，法使謂粵照覆領事法蘭亭文刊刻偏送等語。查此件乃上海英商施本思所刻，并翻成洋文刻入外國新聞報。施本思有稟來，自道其事，謂各國皆議法之非，滬報流傳展轉刊播。此事發於洋商，無從防禁。現已飭府縣查坊市嚴禁。其標題鄙俚，文字多譌，非出官刻顯然。除咨覆外，特電達。庚。

致瓊州方道 光緒十二年九月初九日發

卅、先、支、魚五電悉。白沙峒黎歸化，甚善。千脚、南元、過嶺、下泥諸峒皆有降志，亟宜獎犒招徠，諭以朝廷威德。將來通商墾田，租山開鑛，編立土目，剿除游匪，民、黎均安，民、黎均富。戢軍禁擾，使勿疑懼。全局定，再令薙髮。青。

致總署 光緒十二年九月十一日發

法領事今日已見。真。

致瓊州馮督辦，欽州李牧、欽州參將，東興防營管帶 光緒十二年九月十七日發

頃接總署電：頃法使來言，接東京來電，有中國兵三千由欽州前往東京，已到海甯，并有輪船在海面停泊，海甯法兵聞越人云中國兵前來相助，現河內已派法兵前往備禦，請中國將此兵速行招回等語。現在粵省并未奏明派兵赴越，此時邊界未定，斷無先行派兵越境據守之理。法使所言如果屬實，望即刻調回，免致釀成戰事等語。駐東興萃前中營并東興汛曾否有兵勇過芒街之事，該將該管帶速據實電覆。此時勘界未定，兵勇切勿往來，最關緊要。篠。

致北海李守、龍門協梁副將，欽州李牧、尹守 光緒十二年九月十七日發

白龍尾、萬尾、石角等處，凡欽越連界地方，如向未駐汛兵

者，此時斷不宜派兵前往駐守。如有新派兵，立即懔遵撤回，免生邊釁。此事只在將來廷旨決斷，星使籌謀，不在區區七八名汛兵也。即刻電覆。霰。

致總署 光緒十二年九月十七日發

接銑電，不勝駭愕。粤并無派兵并輪赴越之事。自馮督辦渡瓊，所部多從，僅留分紮欽州及東興各二百五十人，瓊軍轉運，輪尚不敷，安得有發兵三千，鼓輪遠泊之大力乎，此言太無影響。法使任意捏造，摇惑人心，應請鈞署詰問，免致以後捏擾，無所底止。霰。

致蕪湖前兩淮運司洪 光緒十二年九月二十二日發

粤中理財，非公不辦。此次諭旨，方深欣幸。來函謙遜，大失所望。時事艱難，惟賴二三學道君子任之。如云衰病，洞即朽人也。望早辦。嚴切。盼。養。

致瓊州馮督辦 光緒十二年九月二十六日午刻發

陳榮輝作事虚滑欺誑，此次撫匪，鄙人已密查知皆係雇募塞責，實數止數十人，無一匪首。以此類推，斷不可恃全字兩營。敝處疊次咨電，皆請公酌汰另募。公嘯電欲調該軍爲馮守後應，恐糜餉而不得力。鄙意決意將此兩營裁去，以此兩營餉撥歸麾下，專募土團熟黎，以爲嚮導，營派麾下得力將弁帶之，似更有實濟，尊意以爲何如。至陳將，或留麾下聽用，或竟遣回省，統望酌覆。宥。

致瓊州謙守 光緒十二年九月二十六日未刻發

馮帥電已允出示，由該守發印簿，請發實收各生到府上兑等語。如此辦法，不分發外州縣，全令到府，能踴躍否，或遣人持印簿分往勸寫耶。究竟瓊郡各屬，擬每一屬分勸若干，須有一大概數目方好。即電覆。宥。

致瓊州方道 光緒十二年九月二十六日發

庚電悉。大軍四集，客匪萬無蠢動自取滅亡之理，且馮督辦既定計先黎後客，自應遵辦。庚電言紳民請辦客，將客勦清，先靖客以分黎黨云云，殊屬不必，應勿庸議。陳將大約無甚用，且亦不爲該道用，去留已請馮帥酌。瓊軍八營，若再留一營駐郡城，征兵更少，此一營可調歸前敵。該道進兵時，或一營彈壓後路客匪，以七營前進攻黎，統由該道酌之。至郡防，請馮帥布置可也。宥。

致瓊州馮督辦 光緒十二年九月二十七日發

諫、嘯、馬、寒、咸七電悉。公親駐嶺門，諸軍進奪三柵，元戎矍鑠，聲威遠播，欣慰。深入賊巢，自應懸賞勵衆，賞格一切均悉，統請公酌。瓊軍帳已飭速解，前月餘發欵令在瓊趕製，至今未齊，不解。黎山内林深霧重，糧運艱難，久已知之，今已進兵，所謂風利不得泊，惟望拊循將士，鼓勇勿懈。實收已飭司迅發。賤軀自重九抱病，至今未愈，故未得即覆。感。

馮督辦來電 光緒十二年九月二十日午刻到

現在各軍深進，方知黎山情形，不獨水土惡劣，且重巒疊嶂，樹密林深，處處皆然。晴明天氣，瘴霧至八九點鐘方散一半，若遇陰雨，山谷瀰漫，對面不辨。糧食稀少，緣上年官兵辦不結局，兵退良民賣米，被賊殘殺，全家受害。此次進剿，開導再四，民猶畏賊，不敢多賣，須由海口購運，需費不少。且賊巢内山高多冷，士卒難以凍餓，現飭運米製衣，分解各營。合以奉布。材。咸。

致瓊州謙守、方道 光緒十二年九月二十七日發

方道率瓊軍攻黎，道遠深入，轉運艱難，不得不藉資民力。飭謙守責成各州縣督飭紳團，一體助運，勿誤師行，事平給獎。感。

致瓊州馮督辦 光緒十二年九月二十七日發

公派瓊軍由儋、臨擇路攻黎，乃據方道禀，一由黎母、五指山進，八百里，一由十萬峒、嶺門進，雖較近，險僻相同，并無止百餘里之説云云。果如所禀，是儋、臨一路，并無直進打密老巢之道，深爲疑悶。尊意令瓊軍出西路，原欲夾擊，以分賊勢。今西路無道可入，紆遠至八百里，豈能呼應靈通。竊思瓊軍若不遵調度，畏葸遷延，自有軍法在。若西路實無進兵之道，將來責以失期不戰，將士豈能心服。麾下調度自必確有勝算。特海南遥遠，各路禀牘參差，殊多未解，不得不急急奉詢，務祈將儋、臨一路究竟有無進入黎巢之路，公派瓊軍會剿黎巢是否指定陳鍾明老巢，抑或凡係黎巢皆可。再，嘯電言馮守相榮一軍無後應，欲調陳榮輝助剿。既是中路需兵，何不令瓊軍八營同出嶺門一路前進。今將瓊軍調在西路不能進兵之地，豈不虚置此一軍乎。尊電謂方道邀進定安不願，而方禀則稱願由定、萬進兵不得，亦所未解。如云各軍未便同出一路，則同一中路仍可分爲中左、中右數道並進。即如林長福、馮相榮何嘗非合而仍分乎。此事近日省垣耳食者頗多，竊議咸謂公調瓊軍於西路不能進兵之地，而責以進兵，未解用意所在。鄙人謂公必有碩畫良謀，未可輕議。軍心無定，關繫甚大，敢請明晰教我。至方道偏謬處頗多，鄙意殊不愜，已屢痛飭矣。祈速覆。感。

致天津李中堂 光緒十二年十月初四日發

瓊州海口係口岸，距城十里，當時定界咨總署，府城在界外，領事以條約有牛莊、登州、臺灣、潮州、瓊州府城口字樣，謂城與口皆口岸。中外各執，諸事難斷。天津通商，府城是否内地，抑係口岸，有無界限案據。欲援案與辨，請速詳示。支。

李中堂來電 光緒十二年十月初五日辰刻到

英約十一款雖有瓊州等府城口字樣，而煙臺續約第三端聲明新舊各口岸，除已定有各國租界，應無庸議云云。瓊州當時既有定界，應執煙臺條款與爭。英約天津郡城海口作通商埠，紫竹林已定有各國租界，郡城雖未便作内地，然城内無洋商居住也。鴻。支。

致瓊州馮督辦 光緒十二年十月初六日發

全字兩營已電撤，望速飭遵，勿令推延，以節糜費。至此兩營前咨原議由公另募，希即速募成軍。但鄙意宜募土團，習險耐

瘴，又知黎情，以麾下得力將弁帶之，只可給以前膛大吉槍，不必渡海遠招内地勇徒，至多費曠時，後難遣散。請裁酌速辦，以爲進攻之助。魚。

致倫墩劉欽差〔一〕、巴黎許欽差光緒十二年十月初六日發

英、德國有鑄銅錢機器，每日可出錢若干，訂購一付，連運費共需若干，幾月至粤，望速詢示。魚。

致福州船政大臣裴光緒十二年十月初六日發

望電悉。代造淺水輪船，衹須半價，感甚。擬長英尺一百五十六尺，闊十七八尺，喫水英尺八尺，配新式上等機器兩副，須能出大洋。每船半價，約須若干，馬力若干匹，一點鐘行若干里，或雙車或單車，船首船尾礮房用鋼板，兩旁安諸登飛各一尊，桅盤礮一尊，請飭學生約估一價速示，礮價不計。魚。

致天津李中堂光緒十二年十月十三日發

真電悉。王榮和、余瓗兩員八月初三日抵小吕宋，先經張樵使囑外部電知吕督，敝署惟給護照，未便行文徑達吕督。抵吕後，華民歡呼愛戴，望派領事極殷，願籌經費。吕督意禮殷勤，欵接周至，并稱如查有華人受屈情事，自當公辦。經王、余等詳查，華民被侮多欵，或挾嫌故殺，或圖搶故燒，甚至官長徇縱巡差誣詐，兵役兇害，書差索賄，更有牙税、路税名目，偏苛重征，顯違條約。王、余列欵照會吕督，允爲查辦，計非速設領事不可。現咨樵使，一面與外部理論，一面商設領事，拯民徠遠。王、余九月初二日由吕起程赴新嘉坡，已到埠矣。元。

致定安馮督辦光緒十二年十月十四日發

青電捷音，欣賀。陳逆誅，老巢破，非公威略，孰能神速若此。請速咨以便入奏。咨内山水土名，道里遠近，東西方向，賊壘形勢，距黎母、五指山若干里，須詳叙，斃匪及獲匪須有數目。斬陳忠明，擒逆子，獲王打文，各賞號請公酌定。總之，局議賞格章程，不得不然。至臨大敵斬驍匪，一切統由公酌量即辦，賞速則士奮，不必詢商也。勘、江、魚各電，歷叙諸軍戰狀，均悉。將士用命，越險冒雨破賊，勞瘁可嘉，請代鄙人奬勉，努力全功，同荷聖恩。願。

致瓊州馮督辦光緒十二年十月十五日發

伐木開山，目前要義，鋤斧等物已趕備，惟黎山雨霧過多，樹木陰濕，砍伐恐難爲力。竊思火水油最猛烈，澆於草木上即燃。此物價廉，海口必有之，祈速購試用，如易引火，當速買數千箱解往。即覆。望。

致龍州李護撫台光緒十二年十月十六日發

尊意不願開鑛，自是老成之見。惟山澤之利昭昭經籍，銅鉛鑛廠川、滇現開，未聞廠必滋事。西省貧瘠，利源止此一端，棄

〔一〕指中國駐英國公使劉瑞芬。

之可惜。官不用經費一文而可養無數窮民，何憚不爲乎。若慮聚匪，可派員弁彈壓。確知私開甚多，紳棍利其私費，故沮官開，似不可信也。請熟思詳察，當再咨商。諫。

致龍州李護撫台 光緒十二年十月十六日發

兩粵旱象已成，焦灼萬狀。東省現招商平糶，西省亦宜早計，公想早已籌備，望示及。諫。

致龍州李護撫台 光緒十二年十月十七日發

西餉甚困，東亦竭矣。聞西省釐弊甚鉅，言者鑿鑿，若能清理數處，歲得數萬，邊餉不無小補。擬設法查之，嫌於越俎，特奉商。公如許之，當由東會銜，委員密查，覆到日商辦。東釐弊未去，乃查西釐，可哂。然世常有不自見眉睫，而見百步之外者。請酌覆。洽。

致定安馮督辦 光緒十二年十月二十日發

蒸、嘯、巧三電悉。公屢欲撤瓊軍，自因該軍不得力之故，惟鄙意不得不盡言之。瓊軍創自劉道、王道，戍瓊多年，今方道往，略加添換。計此八營，三四年以來糜餉數十萬，從未深入黎峒一步，痛剿黎匪一仗。今大舉戡黎，故擬責令一戰，以補前失，且察看其中將弁孰勇孰怯，其間湘勇、淮勇、瓊勇何項較勝，則以後用舍方有定衡。乃西路尚未進兵，公大隊已破陳巢，然黎峒叢雜，餘匪尚多。蒸電匪首尚三十餘人，廓清亦殊不易，即分投開山，亦需人力。若由公酌定一路，明白授以方略，或搜匪，或開山，豈不能抵數百民夫土團乎。至該道招撫黎峒，尚是原奏及鄙人去電，但所有辦理未知得法否耳。今若遽裁該軍，必多藉口，謂非不能辦黎，其如主帥不用何。將來諸將回省後，罰之擯之則不服，留之用之則無名。又謂不受節制，則太屬謬妄，方道諒未必敢，太抵自愧無戰功，故欲招徠數黎峒以塞責耳。前因其公牘不諳體式，已嚴飭之，復電謝過遵辦。總之，粵養瓊軍多年，即此數月，月餉之外，糜費何限，若不辦一事而歸，鄙人心實不甘。該軍無論有用與否，必須令到黎母山、五指山一行，請公指示一定辦法，當不至有妨公事。若方道及該軍自認畏瘴畏險，不能深入，則撤之黜之而已，亦不必留海口也。洞以全瓊倚公，既專且重，通省皆知，言無不信，教無不從。但不肯遽撤瓊軍，乃鄙人深意欲勞之用之，考驗之，非佩賞之也。望俯鑒愚悃，采納是幸。如謂該軍掣肘妨事，應如何指示責成之處，望明白示知遵辦。速覆。號。

致定安馮督辦 光緒十二年十月二十日發

不欲遽撤瓊軍，前電已詳，擬即電詢該軍將士，若畏瘴畏險者，自行陳明，當遣歸。若欲開山通黎者，自認一路，即請公派定，總以親到黎母山、五指山爲度。擇其不願留者，撤兩營。公欲募土人伐木通道，請速酌辦，不必爲餉項顧慮也。方道亦看其作何稟覆，如語涉推諉，即撤歸。示覆。號。

馮督辦來電 光緒十二年十月二十五日戌刻到

號電均悉。材現有文商方道，詢瓊軍除已調兩營赴昌化剿土匪外，餘六營是否肯進黎山。如願深入，即由那大、南豊開路伐木，直至五指山或黎母山下。此一定辦法，一定路徑。俟該道呈覆願否，再電聞。材。有。

致屯昌馮督辦 光緒十二年十月二十六日發

養電欲赴萬州督剿，極佩忠勇。惟萬州距郡城遠，距西路尤遠，各軍難於稟承，省信亦較迂緩。大帥居中調度，似不必爲一廖匪跋涉崎嶇也。電綫已飭接至萬，綫未造成以前，軍報遲滯，諸多不便，可否俟綫成再往，或駐屯昌，或駐嘉積等處，請酌示。再，萬州水土何如，并速示。宥。

致屯昌馮督辦 光緒十二年十一月初一日發

沁、馬、養、敬四電悉。逆黎施毒，殺我將士無數，令人痛憤填膺，非毀巢痛剿不可。兵勢至此，萬不能罷，請公速籌深入善策，永除此害。餉項無論如何艱難，鄙人盡力佐公，誓以開山平黎爲度。朔。

致屯昌馮督辦、謙護道、劉倅、楊守玉書 光緒十二年十一月初一日發

將士病者漸愈否，極念，降黎解毒有效否。今日已派數醫乘安瀾往，醫術雖未必皆精，擇其試之而驗者，分發各營，未必全無所益。朔。

致屯昌馮督辦 光緒十二年十一月初一日發

陳巢既破，入黎已深，羣匪依險潛伏，軍士坐耗瘴病，求戰不得，未免可惜。此時要策有二，公前已籌及，請專意行之。一曰雇夫開山。多募土團，資以軍火，專令嚮導，伐木開路，令其逢澗搭橋，尋地鑿井，俟此處有可飲之水，有可駐之地，再移營，步步進紮。一曰購綫殲匪。羣匪散匿，大隊無所用之，惟有重賞購綫，無論黎漢，擒殺一匪者賞若干，自必殘殺綑獻。前示匪首三十餘，捐三千金，諸酋可畢。再有數千金，悍黨可盡矣。以黎開黎，以黎攻黎。總之，不外養軍威、用土人之一法，但須招諭良黎，投誠者不誅，免致負嵎致死。管見當否，請裁酌速辦。朔。

致屯昌馮督辦 光緒十二年十一月初二日發

二月内欽奉寄諭，令籌招徠化導瓊黎之策。此次批旨亦令剿撫兼施。茲軍威已振，機不可失。竊擬有撫黎數策，請酌。一、曉諭各峒，言官軍此舉但爲剿除作亂逆黎，決計開通十字路，以期黎、漢永遠相安，其良黎秋毫不擾。一、從前爲匪黎人，投誠者免，抗拒者誅，擒斬來獻者重賞。一、將來開通十字路後，擇要設官安營，各村黎長編立土目，就中酌設總土目數人，散目給頂帶，總目授土職，自爲約束，略仿土目，不令吏胥索優。一、開通後黎人仍安生理，有主之田產斷不强奪，惟抗拒者入官充屯田用。一、開通後田業酌定賦税，務從輕則，斷不苛斂。一、開通後黎境有鑛各山，給錢租賃，絶不强占，黎、漢均享其利。一、開通後民人、牛具、鹽、布與黎地木、糧、香藥等物，設場互市，來往暢通，公平交易，於黎人有益。一、既立土目，責具永不敢

殺掠抗官切結，所屬有犯者，治土目罪。各土目皆須各派親屬至官署當差。一、每數村須設一義學，習漢文，講聖諭，經費就地籌辦。一、投誠各黎無論生熟一律薙髮，違者以抗拒論。一、投誠黎首須開送户口草册。一、投誠黎衆責令前驅，開山伐木，按里酌給賞犒。以上十二條刊刻告示，會列公與鄙銜，廣爲散布，傳入黎峒。令衆黎知大軍開山并非殲其種類，奪其生計，且於彼有益，庶不至負嵎死抗，可免頓軍損將也。不然師老餉竭，後難收拾。請速酌覆，惟土目親屬官署當差一節，意在爲質，示内暫勿叙入。沃。

致屯昌馮督辦光緒十二年十一月初二日發

萬州綫成尚早，軍報不便，請速派夫設站，自大營至屯昌止，限日行二百里，經費另支，綫成後即撤。沃。

致屯昌馮督辦，瓊州方道、謙護道、勤軍管帶陳兆興光緒十二年十一月初五日發

屢接王道電越地游勇義民，連日攻法，初二日攻克海甯府，法教多殲，下街、新安等處，嘯聚甚衆等語。越亂甚熾，防營過單，法人必來報復，游勇難免内竄，且鄧欽差在東興，尤宜防衛。請飭勤軍速回，徑赴東興嚴防，飭方道就瓊軍各營中挑出較疲者，湊成一營，調紮海口。前赴昌化之兩營，擬請調回，併進黎山。既責該軍直攻五指，兵力宜厚，請酌示。歌。

致屯昌馮督辦光緒十二年十一月初六日

讀敬電，貴軍營哨勇丁病没纍纍，深堪痛惜。八月内曾言宜用土人，朔電又力請募土勇，非此不可。應用幾營即募幾營，但能早日成功，少損將士，鄙人當羅掘供餉。現已募否，速示，并飭劉倅知。魚。

致欽州王道台光緒十二年十一月初六日發

敬、宥、卅、冬、江、支六電悉。初五日已據情電奏，請責法使兇躁違約，戒勿逞强，釀禍延界，務或照雲南校圖定界等語。此事甚快人意，而於實事有礙，法必報復力取，恐海甯難措手矣。華夷消長，自有天道，或有佳機會亦未可知。魚。

致廉州李守、鄧令、危令，欽州李牧、王道、麥參將鳳標、鄧欽差光緒十二年十一月初七日丑刻發

芒街游勇與法人攻擊，情形緊急。防游勇竄入邊界，萃軍尚有一營，分紮欽州、靈山、合浦辦匪，該道府州縣、參將等即刻鈔電飛速調回全營，星夜馳赴東興駐防，不准刻延。匪鄉從緩，已電咨馮督辦矣，邊務緊迫，不必再候馮帥示。該道、將等并調回團嚴防。陽。

致欽州高廉道王、欽州營麥參將、北海龍門協光緒十二年十一月初七日發

接馮督辦電：據參將周天意報，十月初七日，法輪七泊竹排、

池口、榕樹潭，連開大礮擊長山村，礮子有落思勒各村者。查竹排、榕樹均係内地等語。查法國兵船不應擅入中國界，屯泊開礮，且恐傷擾民人，諸多不便。該道將等即速查明，如竹排、池口、榕樹潭實係内地，即由該道、將等迅速照會法官，速將兵輪駛離華界，以符條約。若法人不聽，以及陸路或有法兵越過華界，擾動華民之事，設或别生事端，中國不任其咎，此層須先與議明爲要。陽。

致瓊州勤軍營官陳兆興、楊署鎮、安瀾林國祥，屯昌馮督辦、電工委員

光緒十二年十一月初七日發

芒街越民游勇與法人攻擊，情形緊急。防游勇竄入邊界，勤軍一營飛速赴東興駐防。電綫工由楊署鎮酌派兵丁助工，并由綫工委員雇夫自辦。該軍即日調齊束裝，不准刻延，安瀾到，即乘輪赴東興，或徑到竹山登岸，或他處，以妥速爲貴，由安瀾與該營官酌辦，不必再候馮督辦示。督署。陽。現又電飭勤軍陳管帶與安瀾由龍門登岸，勿至竹山，因法船現在芒街，恐藉口生事，切要。

致欽州鄧欽差[一] 光緒十二年十一月初七日發

有、沁、朔三電悉。法攻長山，二十日已電總署詰法使，總署敬電之來，即因此也。昨接破海寧、殲法兵之電，其事甚急，公已離欽，不能再待會商，趕即單銜電奏，稿另電呈。公此時有何卓見，請先籌商，以便日後會奏。魚。

致欽州鄧欽差 光緒十二年十一月初九日發

星使歌電已轉署。海口勤軍早調已催，存欽萃軍亦飛調，瓊軍在那大，緩不濟急。王道暫移思勒，察看情形。思勒距東興實若干里，即覆。佳。

致欽州王道台 光緒十二年十一月初九日發

初八日電旨想已閱悉。法人無聊妄賴，早已料及。現在亂端方熾，必須畫清越事與我無干，方免借口。宜速與李牧商辦，并與星使勉林籌商。白龍無礮臺，已覆奏，并力陳閣下穩細，保其決無鹵莽，當日慰藉邊民，皆開導息事語，并未承諾接納等語。日内辦法如何，即電覆。佳。

致欽州鄧欽差、李王兩道台、李牧受彤 光緒十二年十一月初九日發

北洋轉來總署初八電，本日奉旨：歌、陽兩電均悉。長山本越地，分茅非現界。越既攻法，豈能勸法弭兵。雲南按圖定界，由法自請，若自我發端，彼必狡執。越民反覆無常，計窮走險，一經受其迎獻，加以撫慰，彼必自附華民。法使昨至總署，謂越之攻海甯，由粤主使，雖經嚴切辯駁，彼意總不釋然。職此之故，現在惟當守定現界，一切按約和平辦理。界外法越相攻，宜置不問，勿得妄加收撫，致法藉口。儻固執成見，激成邊釁，定惟該

[一] 以下三電録自苑書義等主編《張之洞全集》第七册，第五一五六至五一五八頁，河北人民出版社一九九八年版。

督是問，慎之。白龍新築礮臺，有無其事，即電奏。餘詳寄諭。欽此。即轉電粵督云。鴻。齊。等語。即請欽遵妥辦，并覆。佳。

致輪墩劉欽差、柏林許欽差光緒十二年十一月初九日發

鑄錢機器，請詢明設廠須地若干畝，屋若干間，工費約需若干，每日用匠夫若干人，煤若干頓，開辦時洋匠幾名，薪工若干。擬先鑄銅制錢，并備鑄七錢重通行。銀洋元器須通用，望切商，半年内趕造運到華，酌加價，懇速示。佳。

致福州船政大臣裴光緒十二年十一月初九日發

淺輪函圖感悉。粵無造船鉅欵，此係零星羅掘，聊資海口、内河巡防，擬照式照價，請協造八艘。極知貴廠經費不裕，此係搭造小品，不過大局緒餘，併造多隻，或可省費，竣工期以半年。是否可行，即示覆。佳。

致屯昌馮督辦光緒十二年十一月十七日發

歌、齊三電悉。馬嶺、廖弓兩巢均破，甚慰。通匪庇賊劣紳，如審實即請嚴辦。令典史率團搜山擒匪極是，賞格照辦。此舉以獲匪爲要，不然大軍撤後，踞擾如故，匪巢燬如不燬也。篠。

致京廣東撫台吴清卿中丞〔一〕光緒十二年十一月十八日發

公來，喜不可言，吾今得爲官文恭〔二〕矣。篠。

致欽州鄧欽差光緒十二年十一月十八日發

齊電悉。重兵爲備，極是。已調瓊軍兩營，駐瓊勤軍一營，欽靈辦匪萃軍一營，并原防東興萃軍一營，共五營，俱防東興，兵力止於如此。巧。

鄧欽差來電光緒十二年十一月初十日午刻到

聞狄隆已死，海士亦傷亡。法揚言報復，邊民畏法，盡入東興。鄙意似宜亟調重兵，以防游勇為名，陰為法備。法知我有備，必憚於開衅，而專力游勇，則邊患可以少紓，舍此别無良策。公以為然否，請速示。修。齊。

致嘉績馮督辦光緒十二年十一月十八日發

公前電欲撤瓊軍四營，以此餉解貴軍收放局募土勇。今瓊軍已撤，兩營調防東興，餘六營又令汰客勇兩營，改爲土勇兩營，計瓊軍已共撤四營，陳榮輝已撤兩營。請速募土人，無論土黎民團皆可，督飭迅速進取。轉瞬春瘴，時不可失。現已募成軍若干人，即示覆。巧。

致嘉績馮督辦鈔示劉倅保林　光緒十二年十一月十九日發

鹽、咸三電悉。馬嶺、廖弓兩巢攻戰，詳情均悉，將士奮勇，

〔一〕指新授廣東巡撫吴大澂。
〔二〕指官文。咸豐五年任湖廣總督時，深得湖北巡撫胡林翼臂助，不勞繁巨。故云。

皆麾下督飭調度之功也。軍士病漸愈，甚慰。鄙見山内賊巢似不必盡燬，緣荒山進兵，雨多霧塞，無所棲止，正苦屯戍爲難。匪巢既破，就此駐軍設卡，屯糧積械，勝於自造棚寮矣。此日黎地即是將來我地，不比越境攻賊也。希酌辦。效。

致瓊州謙護道光緒十二年十一月十九日發

巧電悉。文昌爲瓊屬善地，何以至今未有端倪，嚴飭聶令竭力速辦，不准諉延干咎。陵水抽洋藥，極是善策，係何章程，歲可抽若干，他縣可仿辦否，即覆。餘屬惟儋、定、臨當催其酌辦稟覆，昌、感、崖只可量力矣。已定有捐數者，萬不准推宕減少。馮軍催餉甚急，速再解四五千金濟用。效。

致瓊州謙護道、崖州蕭牧萬州飛寄　光緒十二年十一月十九日發

八月内電飭崖州蕭牧督團攻黎，迄未接覆，殊不可解。該護道速催蕭牧趕辦稟發，但須剿逆撫順，不准妄殺，以招徠歸化，開通道路爲主。如團練有功，一體給賞保獎。究竟該牧能辦否，崖團可用否，蕭牧接此電後即據實電覆。電綫日内即接至萬州矣。效。

致廉州李守、安瀾林國祥、鎮濤黃倫蘇，欽州王道台光緒十二年十一月十九日發

白龍尾一帶時有法輪游弋，該兩輪測繪暫勿前往，免令法人誤會，致生枝節，切要。繪圖一船敷用否，并覆。效。

致惠州汪學台光緒十二年十一月二十日發

巧電悉。察弊精密，佩慰。閲去年有弊卷，文甚不佳，闈姓之弊，不必槍也，去取皆經自定，兼以搜遺覆試，不佳者黜之，諸弊自無所施。公所優爲，無待鄙言。效。

致廉州王鎮台、李守、鄧欽差、李道台、王道台光緒十二年十一月二十一日發

邊外游勇與法人相攻，宜防竄入，藉靖民心。該鎮即率駐廉一底營，迅速馳赴那梭彈壓，飛探軍情，與王道商酌，相機進紮，或思勒，或東興，李守迅爲料理，該軍起程勿延。即覆。馬。

致廉州王鎮台、李守光緒十二年十一月二十二日發

北海軍火，可令弁兵看守，該鎮宜速往，先到防城，再看情形。防邊者，防游勇也。法兵來，專爲攻取越地，旨令界外勿問，何從生事，因邊民惶惑，故須專閫大員往鎮撫之。若法欲開衅，須在京議明，甚需時日。兩國決裂，談何容易。勿誤會，且須將此意曉諭廉、欽軍民。養。

代鄧欽差致總署光緒十二年十一月二十六日發

頃據報，游勇已遁，法兵數百駐甯，築臺挖濠，與東興僅隔一水，水淺可涉，邊民不無疑懼。已先行嚴飭地方官曉諭居民，不得妄言生事，并照會法兵官。狄使是否廿六七日抵甯，修即赴

東興會議。修。宥。

李中堂致鄧欽差電光緒十二年十一月二十五日到

總署電：恭使來告，接狄隆電，請照雲南辦法，按圖劃界。此議發之自彼，可以照行，希相機操縱，妥速定議。遵旨電達，即轉電鄧大臣云。鴻。有。

致思勒鄧欽差、李王兩道台光緒十二年十二月初七日發

江電悉。狄電既有照雲南辦法執圖定界之説，署電又有相機操縱之語，似可就此生發。查雲咨第二圖上畫有藍綫，以河爲界，注云係商酌改正之界。每方十里計，其地東西徑一百五六十里，南北徑三四十里至七八十里，積七十，四方應得積里七千四百里。至無可如何之時，或與婉商，云若雲界大有改正，粤界毫無商酌，顯分厚薄，於使臣面上有礙。彼族重海輕山，重外輕内。近内之分茅、犬牙之長山、孤懸之九頭，或可稍加商酌，亦未可知。總之，無論彼允否，我既有各種案據，似不能不姑一言之。四綫圖本爲操縱計，若發端竟不執圖爲詞，必拂輿情，星使及兩君忠誠精密，必有臨時相機之法。陽。

鄧欽差、王道、李道來電光緒十二年十二月初四日巳刻到

按圖劃界，固屬簡便，惟事變迭出，措論益難。收地既涉嫌疑，循舊則拂民意。議界在即，修等日夜焦思，操縱實無成策，萬望藎籌酌示。修肅，春、鋭叩。江。

代鄧欽差致總署光緒十二年十二月十一日亥刻發

法在江平、黄竹地方開礮警衆，彈及思勒。初十，狄隆遣狄塞爾等就王李兩道議，開辦便詰之，狄云江平、黄竹係越地，故轟驅游勇，不料遽及思勒。告以界未勘定，不應開礮警嚇百姓。狄唯唯。十一辰，繙譯等赴彼校譯約稿歸，言狄隆等竟以江、黄爲越境，殊深詫異。修查現在廉郡欽州等志圖及説，係道光壬辰、甲午所刊，載中越界在古森河海口。海口之東江平、黄竹、白龍尾一帶皆内地，有圖可據。又查越南志，海甯轄下無江、黄等名目，其爲我界無疑。内地不同藩壤，悉由列聖經營，尺寸豈敢淪棄。探聞法聽攙處交匪及奸民吴貴唆使，恐將來辯認現界，藉此爲争執之端，視我不允，必危詞陰聳恭使向署饒舌。謹先電白，并將州郡志由驛馳呈，以備查核。境壤至微，所關甚大，鄙懷迂執，不敢遷就以取後戾，千乞垂察，鑑此愚悃。應否上陳，豫備彼使來署妄瀆，即可據此辯駁，統候藎裁。修肅。真。

致總署、天津李中堂光緒十二年十二月十二日發

駐日本徐使來電：倭外部文稱，因由法新造之畝傍兵輪日久未到，現派暗治艦、長門艦前往汕頭各港訪尋，請電粤轉飭地方官，如該二船入口時，弗視爲商船等語。鉅艦不比纖芥，何須訪尋，言語支離，必不懷好意。現經粤電復，云長崎殺戮華兵一案，華民憤極，粤民尤甚，倭艦來粤，恐難保其無事。崎案正在商辦，大局攸關，彼此均須加意慎重，庶免另生衅端。請致外部，該輪如果來粤，各港口當即電聞轉致，無須派艦來尋等語。狡謀似須豫杜，是否有合，請裁酌。加電徐使。文。

李中堂來電光緒十二年十二月十三日亥刻到

文電悉。徐使議崎案遷就太甚，已奉旨駁斥停議，調卷來津。倭派兵船，徐乃電允，均屬荒謬，公覆電止之極是。鴻。元。

致龍州李護撫台光緒十二年十二月十二日發

西省鑛從前未經商妥，鄙人并未敢率辦。今日尚未查清，亦未敢遽言停辦。或云辦或云停，皆非鄙意。總之，尊見堅定，斷不相强。然鑛不能開之語，斷不欲自區區發之，是自欺也。覆奏土司事請會後銜，鑛事請單銜，他日敝處覆奏，當作圓活無礙語，務令與尊意不相妨。文。

致東興王道台光緒十二年十二月十四日未刻發

朔稟并圖摺均到。白龍尾似宜以珍珠墩爲界，方與定例。水師汛地合江、黄宜全力争之。道光州郡志乃現界確證。願。

致東興鄧欽差〔一〕光緒十二年十二月十四日發

真電悉，即刻轉署，有覆電否。嚴正，佩服。州郡志，驛遞太遲，請專差由輪送港，由港赴鎮江，到揚州，發六百里驛遞，七日可到京。願。

致萬州馮督辦、楊守、楊令、劉倅保林光緒十二年十二月十五日發

弁勇無藥資，可憫。速傳知各營與藥鋪，議定營中服藥，由官付價，另開公欵。可速將常用何藥名電告，當由省多購藥料，解往備用。望。

致萬州馮督辦光緒十二年十二月十五日發

元電將親往五指山相度地勢，千萬不可。此時道路未闢，黎氛未盡，似尚不能議及官署諸事。各峒黎匪應搜剿者尚多，皆須麾下指揮，若深入以後，諸軍難於稟承，且軍報電綫隔絶，鄙人與公商辦各事諸多窒礙。俟道路開竣後再往不遲。切要。望。

致瓊州謙護道、瓊山劉令光緒十二年十二月二十二日發

聞瓊人云，該府煙葉可加釐，煙膏店亦可抽釐，二物皆非日用飲食之常，稍貴不致病民，可速議開辦濟餉。庫欵絀極，瓊捐幾何，即覆。養。

致東興鄧欽差、李道台、王道台光緒十二年十二月二十二日發

昨日議如何，我圖四綫皆有憑據，似宜先向彼一辨，發端遠大，庶將來有收束之地。况孫毓珣奏三不要地及楊文乾徵八峒丁糧，越王覆瑞文莊不認九頭山，以及印判印契，皆公牘近事，有書有案，乃現界非古界也，不審均提及否。極知爲難，懼將來上

〔一〕録自苑書義等主編《張之洞全集》第七册，第五一六五頁，河北人民出版社一九九八年版。

下交責耳。示覆。養。

鄧欽差來電光緒十二年十二月二十二日亥刻到

廿一在芒街會議，狄言我志圖不足憑，手出一紙，云係鈔我志，説内有由安南、江平入海之語。答以安南、江平併舉，兩界顯然，文法雖有參差，圖式斷無妄繪。既約校圖，當就圖辯，因再出赫政所藏英法十年前所繪中越界圖二紙，刊印精細，圖綫由白龍尾横過東興沿海，皆廣東界，綫外西南芒街、海甯，為越界，與我志圖不謀而合。狄置英圖不論，謂法乃無學問人所畫，不足據。折以畫圖去售，其人詎知後日有勘界事，遂豫為中國地步，且何求於華而故為分晰。狄言法人繪圖未奉國家之命，當以國家所繪為憑。答以我國家郡志何以不足憑耶。狄言郡志不詳。折以不詳漏載有之，已載分明，何得異議。狄又執越人收租零星鈔帳及現繪新圖，口講指畫，意甚翹然。折以如此則中國户册、學册、訟牘、税契等何止數十種，新圖更多，將不勝舉矣。狄又申前議，無非固執己見，仍反復折辯，終不聽。狄約往履勘，允訂期再議。修。養。

致東興鄧欽差光緒十二年十二月二十二日發

界務不易措手，公一人獨任其難。日來枯窘焦思，忽擬得一策：吴清卿中丞不久抵粤，清卿新在琿春與俄定界，此事熟手，儻奏催速來，即由港赴東興辦界務，諸事有可商酌，公一臂助也。如以爲然，請公與鄙人會銜電奏。即覆。養。

鄧欽差來電光緒十二年十二月二十三日亥刻到

挽清帥來邊，此策甚善，第恐時日紆緩，且迹近推諉，或難邀准。因思上年七月諭旨，督撫會辦東界，責在我公。公全局在胸，威望素著，信能折衝尊俎。擬懇一面請催清帥到任，一面慷慨請行，此為正辦，必邀俞允，鄙人亦得所就商，規圖遠大。如不便措詞，即由使臣專請。可否，希示覆。修。漾。

光緒十三年

致東興鄧欽差、李道台、王道台光緒十三年正月初一日發

前擬商催清帥，不過因事太棘手，而公獨任其難，意在助公耳，此愚誠也。既不謂然，應作罷論。此事嚴旨方責，洞固執請行，豈有允理。元旦。

致東興王道台、欽州李牧、廉州李守、龍門協李副將光緒十三年正月初一日

白龍尾確係龍門協汛地，法使何得妄指爲越境。飭廉州李守、欽州李牧并龍門協速查確據，電告王道備采。要緊，勿延。元日。

致東興鄧欽差、李道台、王道台光緒十三年正月初一日發

法使横狡已甚，將來至萬不得已時，或將緊要處議作甌脱，再不行則作爲請示朝廷，尊意以爲何如。漾、有疊電悉。元日。

鄧欽差來電光緒十二年十二月二十六日酉刻到

廿三日議，彼約履勘江平、白龍尾。告以百姓衆必懷疑要挾，不便同行，應自保護。彼懼，仍約校圖。廿四晨，彼邀赫政往，願獨與晤，午後單騎率一司員赴之。首告以江平不應屯兵。狄勃變，擊案大言海士無兵，為中國人所殺，今禁我兵，又欲殺我耶。斥以汝此等面目，可昧得大國使臣乎，我在總署接見各國公使，未曾見有似汝此等面目。汝在中華，久知鄧某作事是懼人威脅者乎。纔説江平未定之界，法國紮有兵勇，語尚未完，汝便動氣，若中國進兵江平，汝亦不能説我不應紮。彼惶恐，謝曰：鄧大人自恃，不聽王道台勸，因自誤，何與中國事。狄言我有的實憑據，若拏出來，鄧大人斷然無話可説。告以我現在同汝議界，無庸牽引他事。狄始出圖，指一界綫，係由東興南小河起，東入海，又北入内地，包長山江平，至白龍尾上之白墓止，言綫左歸華界，綫右歸越，我已將白墓至龍門一段讓歸中國矣。答以此仍係汝一家言，我圖説確鑿，汝何得偏執。狄言今晨奉本國電令如此辦理，實不能自專，浼我電請如伊言，詞色卑婉，意在要求。答以志圖進呈，我斷難移易。狄言如此相持不了，貴朝廷必歸罪鄧大人。修笑應曰，我辦事祇論是非，不計利害，何煩汝代慮。狄復慫另議他界，將江平作為不合，請示朝廷。答以明日汝來與我王、李兩大人再議。修。有。

鄧欽差、王道、李道來電光緒十二年十二月二十六日戌刻到

廿五會議，狄仍就白龍尾脊上一綫要我，云此外斷不能讓，又約我據此綫請示朝廷。答以圖證確鑿，斷不能允，一處不合，亦不便請示。狄又約暫於不合處畫綫，仍同往勘，綫内有事，伊自行清理，綫外中國擔承。答以同行斷斷不便，界未勘亦不能畫綫，擔承一節，條約所無，祇有各自保護。狄言詞反覆，視我無

隙可乘，遂約將此段作為不合閣住，訂期再議。修、宥、春、鋭叩。

致東興鄧欽差、李道台、王道台光緒十三年正月初一日發

豔電悉。約稿第三條所謂中國且不置議者，當即是禁我不得派兵耳。目前我軍實未駐現界外，何須更設禁約，是否別有狡謀，想知其端倪。所謂圖上注明未定之界所在、別處均不派兵官云云，注明所在係指何地，速明示。元日。

鄧欽差來電光緒十二年十二月三十日子刻到

廿七會議校圖，惟竹山至北市大段相合，白龍尾、江平堅執如前。至北市以上，我據志圖，支河應循嘉隆、里火至峒中為界。彼堅指大河，直上北崙為越界。辯論不合，又約履勘。我欲照雲南分途履勘辦法，彼即以殺伊兵官為抵，我令其先撤江平之兵，彼即以欲照海士樣殺伊為詞，橫狡無賴，莫可理喻。廿八復議。請旨立約三條：一、大段相合。二、較圖不合，作為未定，各請示本國。三、勒其去江平之兵及辦事官員。狄不肯。又令以後未定界內不得再派兵及官員前往，亦不允。伊轉要我不得於未定界駐兵，答以界務我與制台會辦，地方兵權是他專管，此事重大，須電問他。狄請將語意改為和平，因擬一底示之。狄反覆狡辯，尚未帖然，聞伊又將派兵前駐八莊一帶，并得莠民為導。年盡春回，事機不轉，數電問答奉商，迄無閎議偉見。如何。約文第三條附陳，可否，希速示。修、豔、春、鋭叩。

附第三條：未奉到朝旨之前，廣東中越未定之界，法國已有兵及官員，彼此約明仍照現在情形，中國且不置議，彼此并繪圖註明未定之界所在。除此處未定之界外，如後有別處未定之界，彼此約明均不另派兵及官員前往，即由中法使臣飭各邊界官員知照。

致東興鄧欽差、李道台、王道台光緒十三年正月初二日發

現約三條內，可否添入大段，彼此均有據，留爲甌脱，或作第二條，或第三條。此外，另列不合者請示朝廷一條，如此預先說出辦法，似多一層次，餘地較寬。是否，請酌。沃。

致東興鄧欽差、李道台、王道台光緒十三年正月初二〔一〕日發

朝廷責鄙人以固執，法人責鄙人以主使，今公豔電責鄙人以迄無閎議偉見。規切允當，敢不敬服。惟疆臣之職，一在用兵力以相懾制，一在結民心以固藩籬，一在考地理以資折辯。今圖説已具，契據已備，邊民求附已多方聯絡。屢經驛電，並奏邊兵礮臺已奉總署查撤。自十一年至今，所奉嚴旨甚多，內云如有枝節，惟該督是問者凡四次。上年十一月寄諭，復切戒洞以置戍勞人，勿騖虚名。洞無奇謀妙術，可以默化强敵，遠庇邊氓，自知庸劣，惟有悚愧而已。公有卓見，必能不顧利害，竭力遵行。敬候指揮。沃。

〔一〕此沃電當為初二日發，底本《張文襄公全集》作初三日，恐誤。

致東興鄧欽差、李道台、王道台光緒十三年正月初二日發

鄙見屢陳，兹復重詢。竊謂此事萬難，豈敢奢望，事機千變，更難懸擬。惟白龍尾現列汛地，且形勢所在欽海外户，我守之則遥控海甯，敵窺廉郡必顧其後，彼踞之則内逼防城，外斷東興、思勒，若中分一綫，彼先築臺，我安能守，斷斷不能讓人。其次則江平、黄竹、長山、九頭、分茅數處，即使不能歸我，只可議作甌脱，萬不能劃入越境。若再不行，亦只可歸入請示朝廷一法，以爲將來活著。此則確乎不移之理。拙見如此，敬聽卓裁。祈覆。沃。

致東興王道台光緒十三年正月初二日發

卅電頃始到。白龍、嘉隆派兵駐守，以與江平相抵，策極善。惟須與星使商明方可。設彼族饒舌，以何詞待之，宜豫籌。至或明或暗，統聽裁酌妥辦，速覆。沃。

王道來電光緒十三年正月初二日申刻到

連日會議，專注江平，彼因臨海可以通商，多方力爭，并有保樂對换之語，且駐有兵官，已佔先著。昨議第三條，彼意我既駐兵，地即歸我，若允請示，正中其術，不允必要履勘，轉生枝節。事之棘手，諸公皆歸咎尹守，謂不駐兵長山，彼族何至駐兵江平。春唯否兩難。總之，事機甫轉，自廿四星使單騎往議，兼奉寄諭，致成變局。彼族固屬狡執，我又不敢慗爭，實深焦慮。查八莊、嘉隆一帶，皆華民無越人，且有契據，與朝旨現在華民居住為斷，及志乘北市以西乂河均符。愚見現在白龍、嘉隆兩處尚無法兵，欲分兵駐之，與江平鍼鋒相對，或明派或暗遣，均可一助，斷不致别生事端。將來彼以江平有兵為詞，我即以某處有兵為抵，庶失此或可得彼。如八莊不得，則分茅又成畫餅。此事重大，不敢專擅，謹候憲裁。春叩。卅。

致東興王道台光緒十三年正月初二日發

彼欲在江平通商，曾言明否，係與何人言之。通商是憑空開一口岸，萬不可行。果如此説，江、黄尤須力爭。如能於他處設法預佔一兩處，或可爲對换計。沃。

致東興鄧欽差、李道台、王道台光緒十三年正月初二日發

前北洋電囑，法使欲用我電綫通報，不能不允。然至喫緊時，彼信先入，我策落後，文淵是其前鑒。此次擬籌定，如彼有電到京，諸公約揣目前彼所狡執當是何事，同時必有一電先之，或冀補救萬一。沃。

致東興鄧欽差、李道台、王道台光緒十三年正月初五日發

未定之界駐兵與否，兩國自應一律，方爲平允。此次約稿第三條是許以江平駐兵，而中國他處不派兵，如此説則彼已暗得江平矣。彼兵不撤，此界難收，江平既没，東興難保，萬萬不可。若此處不説定立約，將來或可設法以他處抵制。務望另與妥議。切要。歌。

鄧欽差來電光緒十三年正月初六日午刻到

昨疊奉八電，苦衷至計，豈惟修等所素佩，亦粵人所共諒也。修自開海甯之變，接奉嚴旨，窘束萬分，祇得專抱府圖，以為辯駁，不敢以久遠之言再瀆。豈料該使尚未開議，法兵已佔江平及長山等地，阻之不得，驅之不能。辯論數日，法始以白龍尾自南至北，西歸法，東歸我，與我志圖不合，不允，始議照約請示朝廷，然猶處處作難，迄無成議。修等前電欲與法約，未奉到朝旨之先，中越未定之界照現在情形，法所駐兵官員，且不置議，其別處未定之界，彼此均不得派兵前紮。因歲底聞法有攻嘉隆、八莊之説，故增此二語，以杜後來也。總之，西人遇事必盛兵以從，故能悍然罔忌，我憚於用兵，故動不如志。公靜能燭遠，當有藎箸開拓鄙懷，或即照此定議，千祈速示。修。微。

王道來電光緒十三年正月初五日申刻到

昨星使、李道在春處共商，將第三條應允，春謂此條流弊甚大，不可輕許，即允亦須添該處邊界法人不得駐兵一條。及至芒會議，兩公語意活動，幸狄隆得步進步，欲於三條外再添畫圖一層，星使諉之地方官，故未定議，約本日來會。懇憲台迅將第三條駁回，大約謂查前會議草約内，有意見不合請示之語，無再定新約請示之説。如此駁折，或可挽回。春叩。歌。

王道來電光緒十三年正月初六日午刻到

昨狄隆欲將畫圖一層添入，星使諉之地方官，今晨未與春商，遣赫政至芒，竟允之。春謂如此定議，不添入以後法人不得駐兵一層，斷不畫押，遂託憲台有電責春為詞，暫不與議，意欲延宕數日，候示遵行。午後兩公與議，三條均定，幸允廣東未定界内不得駐兵一筆，差强人意，約明日畫押。春思法使本畏履勘，星使亦然，日前我方以履勘為進步，今日彼反以履勘為挾制。春才識均淺，挽回無策，惟有腕息。春叩。歌。

致東興鄧欽差、李道台、王道台光緒十三年正月初六日發

微電悉。江平許以駐兵畫圖，是今日已決定劃歸法界矣。朝廷雖不務遠略，亦必慮及近憂，東興、思勒豈可棄之度外。乾嘉以來案牘印契豈同前代圖書，且明旨有華民居住之地爲斷一語，此處現在居民有華無越，力辯正是遵旨。此條萬不可遽與畫押立約，況總署前詢江平、沐平誤字，并無覆電駁詰。然則署意正在慎重籌度可知。公屢電俱言江平我有證彼無據，校完請示朝廷等語。今遽許駐兵，亦似與前疊電不合。今惟有以洞已與公會銜電奏請旨爲詞，緩其畫押，從長計議，請即擬電奏速示。且公屢電尾俱有速示速覆字樣，即云須商候鄙人覆允，似亦情理所有。疆土大局所繫，洞任守土，公任使命，責備利害，彼此同之，并無區別，不得不竭力籌商，惟鑒。魚。

王道來電光緒十三年正月初六日亥刻到

昨議本日至芒書諾，自奉歌電，李道亦不肯今日畫押。星使欲過芒，曾、廖兩司員勸阻之。春叩。魚。

鄧欽差來電光緒十三年正月初七日申刻到

魚電悉。欽桂界務情勢不同。海士之死，法人未嘗一日忘。東興民伍近復越界生事，邊人兇悍，蓄憤伺釁，法備益嚴，若界務遷延，必生他變。明公為國，修亦不敢為名，兵事非修所得議，

故請示朝廷。界尚未定，不得謂劃歸法人。電奏已單銜覆署，并聲明電商會奏，乞諒苦衷。是否，請酌行。修。御。

致東興鄧欽差、李道台、王道台光緒十三年正月初七日發

魚電會銜稿與鄙意微有不合，已另作單銜電奏，大意言使臣已竭力，欲總署爲助。詞甚枯窘，未必有益，盡心而已。稿即電達。陽。

鄧欽差來電光緒十三年正月十二日子刻到

署電照録。魚電三條可照辦，餘俟與恭使晤商後再電知。修。真。

致總署、天津李中堂光緒十三年正月初九日發

目前邊事岌岌，非令法暫撤江平等處之兵，更無善策。欲與議撤兵，非揣彼所忌，權詞挾制不可。熟察法情，畏强欺善，憚履勘，願速了，似即可就此脅之。或與議云江平等處本華界，若不憑圖據，强占殘民，則界務無從議。辦須先撤此兵，再議他處，否則校亦空校，勘無從勘，界務遷延，非我之咎。或云法荼毒華民，如此中國皆憤，粵尤甚，恐在華法民不安難護。或云法兵横逼，邊民數萬入邊，我地方文武防營職守所在，不能不彈壓保護，設有枝節，殊傷和誼。或云若未定之界用兵强占，則我只可派兵分往他處守界，未免彼此不便。此四條皆中國決不肯爲之事，不過姑爲權詞，或冀就範。鄧去臘二十四往議，狄屏從人，使槍隊守門，拍案威脅。鄧怒斥之，立轉和婉，洋情可見。又，上年未開議時，恭使先捏稱粵兵三千由海甯赴東京、白龍尾修礮臺云云，是忌我有兵，尤易見此事。鈞署自有操縱至計，特察知敵情，謹陳備考，有無可采，請裁酌。佳。

致瓊州方道，東興鄧欽差、李道台、王道台光緒十三年正月初十日發

屢接鄧欽差電，邊事岌岌，恐有他變，宜速籌備等語。前調瓊軍兩營赴欽，交王道統帶。該道只遣一營，實屬不曉事機，可再速調一營，乘輪至龍門，赴東興，勿稍延誤干咎。已派鎮濤等三輪赴海口候載。蒸。

致萬州馮督辦，東興鄧欽差、李道台、王道台、王鎮光緒十三年正月初十日發

屢接鄧欽差電，法兵分屯江平、黄竹、石角、句冬、白龍尾等處，百姓死亡轉徙，恐有他變，望速籌備等語。誠恐法藉游勇爲名，逼近華界，必應防維彈壓。請速調萃軍四營，派得力穩練將官，乘輪至龍門登岸駐防，欽界防所，令該營官與王道商酌。刻已飭鎮濤、安瀾、執中三輪赴海口，聽候載勇，速遣勿遲。蒸。

王道來電光緒十三年正月十一日申刻到

奉蒸電謹悉。初四會議，法水師提督李堯年出見，寒暄畢，即言為保護勘界而來，游勇若再攻擊，我於四十八點鐘内帶兵登岸追打，而奔入華界，我亦追入，彼時休怪。答以兵事有地方官主持，我們應照約章行事，游勇在越境越驅逐，華境華驅逐。彼

語轉和平，曰我是講交情，不敢干與界務云云。次日即回船。洋情論勢不論理，然春與議以來，并無甚挾制語，海士事亦不見提及。自星使單騎往會，為所要脅，遂至處處驚疑。該提督兵止四百人，偶張其詞，星使益懼，故有邊防岌岌之語。惟邊民田廬多在越境，界未分猶有長心，若劃歸法人保護，定有不兩立之勢，將來蠢動，大為邊患，實應豫籌。奉調各營，到時當妥商分防。瓊軍調到一營，現紮那梭，容調紮東興，餘未至。春卯。真。

致東興鄧欽差、李道台、王道台 光緒十三年正月初十日發

定界必以兵從，古今不易之理，使上年開議之先，即以重兵相劫制，早就範矣。李（瑶）［堯］年固是狂言恫喝，杜我暗助，然藉口游勇生事報復，亦不可不防。惟兵以備戰，今譯署慎重，禁言兵事，即使連營百里，不能一矢相遺。有何用處，敢請速示良策。至游勇大約皆在東興以西，若江平等處，皆良懦農民，救死不贍，安有游勇。此時應如何與法人辯明劃清，免令彼族藉口，且釋朝廷疑慮。分清曲直，站定地步，則無事可以杜彼狡謀，有事可以放手擊敵，尤爲要著。如有辦法，或星使與地方官分別照會法使。望速籌辦，并即示覆。蒸。

致東興鄧欽差、李道台、王道台 光緒十三年正月初十日發

備有兩義，遏游勇竄入，定內地民心，則防所多矣。若爲待敵，則宜速於思勒要隘處築多壘，掘地營，以備扼守，於東興屯精兵千人，日夕簡練，作備戰之勢。彼若蠢動，我半日而據海甯，傳檄而定新安矣。以此脅之，自不敢逞，其餘不必防也。管見是否，請酌覆。蒸。

致東興王鎮台、王道台、李牧 光緒十三年正月初十日發

鄧星使臘底電云法兵分屯江平、石角、句冬、白龍尾等處，可速設法探明諸處法兵各約若干，白龍尾是否全占，所紮在該島何所，或近海或近內，有無築臺舉動，該島居民若干，廣長各幾里，山勢高否，有平地否。均即覆。蒸。

致東興王鎮台、王道台、李牧 光緒十三年正月十一日發

昨接鄧欽差電，邊人蓄憤伺衅，必生他變等語。江平等處居民既被法兵擾害失業，率衆呈懇安置，必思報復。該鎮、道、州等務妥爲彈壓嚴察，兵勇勿與該民人交涉，勿至江平左近，免致有事爲法人藉口，千萬懔遵。真。

致萬州馮督辦、瓊州方道 光緒十三年正月十一日發

邊事緊急，昨調萃軍四營、瓊軍一營赴欽，馮帥、方道迅飭該軍即行，勿令刻延。諸將弁有在瓊營立功者，回欽後一體列獎。真。

致東興鄧欽差、李道台、王道台光緒十三年正月十二日辰刻發

接真電，知尊擬草約三條已邀署准，何容再瀆。惟白龍與江平等處尤不同，此龍門協水師汛地，載現行營制册，督、藩、提、鎮、協各衙門同，每歲具題咨報兵部，祖宗舊制，軍民皆知。約內所指注明准彼駐兵之所，務須將白龍尾抽出。此處資敵，內逼防城欽州，外斷那梭、思勒，廉海孤露，寇在門庭，蹙邊棄險，定約數月以後，必致中外譁然。若云並未全島讓人，且未明言歸法，試思數里石岡，彼既屯兵築臺，我將如何設守。至約內法兵照現在情形句照字之上、中國且不置議不字之上，均宜添入暫字，或留後圖之機。江平諸村，狄願已愜，龍尾半島似不難盡力駁斥。此乃國家邊疆萬年利害，洞與公十載交情，忠誠強毅，深佩深知。公即云不爲一時之名，然不可不防後日之悔。披肝灑淚，爭此幾微，伏惟明察。再，公魚電乃電奏，署電無遵旨電達字，尤望審酌。即示覆。文。

致東興王道台光緒十三年正月十二日發

真電悉。險著須人人同心乃可行，李酋恫喝張皇亦知之。增軍之舉，別有用意。游勇大擾，法人將逞兵妄爲，侮我使，殘我民，以洩忿，事在意中，必有持邊防疏虞之條以中傷地方官者，此常義也。爭地必藉兵力，假使馮軍連營界上，今日事當不同。無如內意力戒枝節，又值瓊黎移兵，敵已測我虛實，要求無已，深恨深恨。今日添調數營，令兵勢稍盛他處，或可稍壯殘局，此微意也。事已如此，姑冀補牢捨藩之功云爾。文。

王道來電光緒十三年正月十五日子刻到

昨兩繙譯至芒校圖，彼將白龍尾畫入未定之界。今晨星使見事棘手，商囑春單騎往議校圖，不敢辭。狄隆等均出見，反覆折辯數百言，彼咬定已議定，譯署答應宜照約。春謂并非改約，惟約內明言由竹山至龍尾，是指中間起訖，未將龍尾包括在內。彼謂鄧、李已允畫押，不改字，何得異言，并龍尾果係華地，中國不駐兵是中國自錯，我現在當要駐兵等語。彼疑春從中梗阻，語雖齟齬，尚無挾制。惟該島駐兵一層，前奉憲電照行，當即商請星使，答云宜緩，恐生事端。今日又落後著。此事若非憲台遠見，將該島指明抽出，勢必一筆抹煞。現事急，擬請將駐防城之勤軍一營，就近移紮白龍尾。如可行，仰請即電王鎮遵行，餘待星使商辦。春叩。願。

王道來電光緒十三年正月十五日丑刻到

午後議歸，邊民數百攔輿喊稟，旋向星使行館號訴。李牧面稟：據探各路邊民約數千人，在南甯購辦軍火，先稟使轅，若無安置之法，即分兩路，一入芒街，一入江平，與其死於飢寒，不如死於戰陣云云。鄧、李驚疑，頗有悔心，因令該牧前往那良等處安民。仰懇飭催萃軍等營速至，以防他變。再，白龍尾派兵一層，星使及各司員均以為然。春叩。願。

致東興鄧欽差、李道台、王道台光緒十三年正月十三日發

聞白龍尾現在未駐法兵，約內所注照現在情形之地，是否將此地删除。即示覆。元。

致東興鄧欽差、李道台、王道台光緒十三年正月十四日戌刻發

願電悉。公認定白龍尾爲我界，執約駁圖，狄當無詞，欽佩萬分。適接北洋電，署現與恭使商白龍尾事云云。公持於外，署助於内，足以折敵。已將尊電達署，冀免内外參差。願。

致東興鄧欽差、李道台、王道台光緒十三年正月十四日亥刻發

頃總署電：本署新得法海部辛巳所刻越圖，白龍屬華，倘有争論，可憑此立言。請轉電鄧。願。等語。謹轉。願。

致總署、保定李中堂光緒十三年正月十四日發

頃鄧電，云約文由竹山至白龍尾，意見不合。不合本指中間而言，竹山、白龍皆我界，語意分明，昨彼此校圖，狄將白龍尾畫入未定之界，與約不符，當力争，不能畫押。修。願。等語。鄧稍遲自有電達，特先奉聞。願。

致保定李中堂光緒十三年正月十四日發

鄧允力争白龍，大是轉機，署既商恭，公趁此一言，必能挽回。游勇戕海士，由法殘殺越人，河檜富民巴克糾衆復讎。勇來自海甯西，江平在東，横賴無理。廣東與越界緊要處全在此一段，若沿海近腹之地先已淪棄，餘荒山遠峒皆鱗爪矣。再，法若肯撤江平、長山之兵，即設法與之稍轉顏面，亦屬有益。公當有善策，祈速示。願。

李中堂來電光緒十三年正月十六日酉刻到

鄧肯力争，不畫押，久或轉圜。狄在津久，知其狡執難化，恭頗推諉。法若肯撤白龍尾之兵，如何設法稍與顏面，應由公與鄧相機辦理。鴻。諫。

致總署光緒十三年正月十四日發

本日復有失業百姓數百人，圍聚使館，擁入跪號慘訴，衛隊揮遣不去。查詢流離填布山谷不止萬人，饑寒無歸，愈聚愈衆，必致激成事變，非兵勇所能彈壓。請速會恭使籌辦。狄不曉事，法兵暫撤，彼此有益。迫切屏營。修、洞同肅。願。

致總署、保定李中堂光緒十三年正月十四日發

頃接北洋電，鈞署現與恭使商白龍尾事。查嘉慶十六年三月新例：上班五月初十日，下班十一月初十日，龍門協與該屬一都司、兩守備在白龍尾自行會哨，責成欽州稽察禀報等語。此現行定例，載在每歲題咨巡洋册及道光十二年刊本廉州府志，并於内外洋面下列有白龍尾名目，注云内外洋界，祇就中國所管洋面分之，非内華外夷之謂也等語。特詳陳以備辯論。願。

致東興鄧欽差、李道台、王道台光緒十三年正月十五日辰刻發

頃接總署十四日電云，本日奉旨：文電已悉。查圖内白龍尾係填黄色，白龍之西至江平一段皆白色，鄧承修前電但稱竹山至白龍尾一段意見不合，而於白龍尾駐兵及分畫一綫左歸華，右歸

越，均未明晰聲叙。既據該督奏稱確係中國現界，則約內亟應抽出，以免含糊狡賴。著即轉電遵辦。昨飭總理衙門以未定之界不應駐兵出示，向恭使面議，囑其電狄阻止。渠云，界務係狄專主，渠當發電詢問。恭於江平等近事茫乎不知，似狄并未電告。狄專界權，恭詞涉推諉，恐難爲力，姑候其覆信再電知。欽此。即轉電鄧。願。等語。咸。

鄧欽差來電 光緒十三年正月十七日申刻到

去臘廿四五等日晤，狄視我詞理甚直，願通融，以白龍尾中畫一綫，左歸華，右歸越。答以此我汛轄會哨之地，何得通融。修意白龍尾全歸我，而失江平猶慮失險，况得半乎。且狄多反覆，故前奏未叙及。查江平一帶民居萬數千人，白龍尾東南插入海中，東興、五峒貨食皆由欽廉海運，繞白龍尾至江平入口，無龍尾則江平失障，棄江平則龍尾孤懸，勢如唇齒。府志繪明我界自白龍東過竹山，包絡江平，并無越地交錯，兼有英法十年前所繪兩圖，與府圖無絲毫異，足為確據。昨總署電新得法海部越圖，白龍尾屬華界，則江平顯非越界，勢難遷就。欽奉願電，諭旨洞鑑萬里，當恪遵，會狄相機力辯，請代奏。修肅。銑。原奏寄覽。修。

致東興鄧欽差、李道台、王道台、王鎮台 光緒十三年正月十五日發

白龍尾自宜速駐兵，既與星使商明，即密辦。惟勤軍不宜，可飭欽州參將暨龍門協，密派緑營老弱兵數十名迅往，分紮有關緊要處。須著龍門協兵號衣，樹營汛旗，彼若問，即答以此我舊日汛防，兵非新派。若問何以向未言華已駐兵，答以我因和平商辦，未派重兵勇營，僅額設汛兵無多，故未提及云云。此舉乃覓證據，非鬬兵力，如角力，一營無用，多亦不容開仗，與老弱同。咸。

致東興鄧欽差、李道台、王道台 光緒十三年正月十六日亥刻發

界務當恪遵昨日電旨，惟邊民未及，只有請公與狄議明，如殘虐激變，與華無涉。或一面并由道州照會法官，先站地步。示覆。諫。

致東興鄧欽差、李道台、王道台 光緒十三年正月十六日發

頃轉十五日電旨當已達。應如何覆奏，或會銜，或單銜，速酌復。粵圖雖備四綫，公屢電并未令狄照圖劃歸於華，且占江平在未開議之先，似不因多索而起，應否聲明，請酌。諫。

總署來電 光緒十三年正月十六日午刻到

本日奉旨：勘界一事，原以各清現界為正辦。前歲初議展寬甌脱，乃因聞法廷議棄北圻，特命鄧承修等相機與言，藉以安插越衆。迨該大臣與浦理燮議久不合，勢將決裂，而法外部電稱兵力所得，斷不輕棄，彼此甌脱之説無從再議。故自上年正月以後，屢次嚴電該大臣先勘舊界，再商改正，因時進退，具有權衡。然所謂舊界者，指中越現界而言，并非舉歷代越地曾入中國版圖者一概闌入其內。乃張之洞因鄧承修有先勘老界之説，遂博考載籍，繪圖貼説，凡前史舊聞一二可作證佐者，無不搜集，實亦煞費苦

心。但查圖中指出地段，大率越南現界，以二百餘年未經辯認之地，今欲於歸法保護後悉數劃還於我，法之狡執不允，朝廷早經逆料，故於王之春初到時撫慰越民，有本隸版圖之語，特申誥戒，恐因緣内附，别滋事端，并將拓地之無益，後患之宜防，反覆周詳，電旨之外，加以寄諭。乃該督等接奉此旨，并無一字覆奏，朝廷深意不知細心仰體，仍復膠執成見，以致江平開勘，又復屢議無成，反啟彼族白龍尾一段之狡賴。蓋我於越南現界中强思多劃，彼即於中國現界中妄肆貪求，倒戈反脣，正未有艾。鄧承修魚電三條，凡有意見不合處所，聲明請示本國。此雖滇界辦法，然彼尚僅一二處。今按粤東圖證，所欲多劃者，江平一條之外，尚餘其九。從此西連桂界，直抵保樂，延袤之廣，地段之繁，若盡歸之請示，是以該大臣等現在履勘所不能了者，悉諉之朝廷，需諸異日，又何賴此疆臣專使為耶。況西例最重全權，凡全權所不允者，彼此斷難改議，請示二字不過空言。倘罷議各歸之後，彼竟於請示未定之界駐兵築臺，又將何以處之。總之，大臣謀國，當深思遠慮，統籌全局，若廣發難端，不能收束，力求見好，貽患將來。現在開勘伊始，業已其效可睹，設再不思通變，則齟齬詎有了期耶。兹特明白申諭：嗣後分界大要，除中國現界不得絲毫假借外，其向在越界華離交錯處所，或歸於我，或歸於彼，均與和平商酌，即時定議，不必歸入請示。凡越界中無益於我者，與間有前代證據而今已久淪越地者，均不必强爭。無論新舊各界，一經分定，一律校圖畫綫，使目前各有遵守。總期速勘速了，免至别生枝節。至現勘江平一段，既已約明請示，未便更改，將來斷非空言所能得，須飭總署設法與商。倘請示之處過多，則直無從設法，該大臣等勿再騖此虚文矣。此旨到後，鄧承修、張之洞當熟思審處，將如何遵辦之處，即日電覆。欽此。即轉電鄧。咸。

鄧欽差來電光緒十三年正月十七日未刻到

公電聲叙一層，極是，乞行。修。霰。

致東興鄧欽差、李道台、王道台光緒十三年正月十六日發

署真電雖云照辦，幸有餘商恭使語。此時我所更正者，似可納入餘字内，言署渾許。合不合三條，未指出如何約法，須俟商恭後由使臣酌辦。使臣致署電本未指明地名云云，或是斡旋之一法，姑備采擇。諫。

致東興鄧欽差光緒十三年正月十七日卯刻發

白龍事請公單奏方合。謹代擬覆奏，先發稿録呈：洞篠丑刻奉電旨，三條當遵辦，詳細情形容續陳。請代奏。修肅。霰。

致東興王鎮台、王道台、李牧、麥參將光緒十三年正月十七日發

邊民失業攻法，彼必藉口，恭既諉狄，惟有照會法官，聲明在先，責以未定之界若彼妄爲激事，除我不任咎外，仍須理論。鎮道與欽牧、欽將或分兩照會，或共一照會，酌之，務宜速辦。照會何日發，如何措詞，即覆。此事想早已辦過，未提及何也。篠。

致萬州馮督辦、楊道玉書、劉直牧保林光緒十三年正月十七日發

各匪首盡殲，公之功偉矣。調欽防營，爲彈壓游勇流民，非與法人有戰事。公須通籌黎事，撫定全瓊，以竟大功。且客匪未清，萬不必回欽。劉保林須留瓊，有緊要事，札另發，斷不宜遣赴欽，切要。即覆。篠。

致東興王道台光緒十三年正月十八日寅刻發

霰電悉。日間星使電白龍尾争之不得等語，究竟如何情形，閣下未知耶。照會須速發透説，以杜敵口。星使與地方文武皆須照會爲妥。來電有歸地方官辦理之意云云，未解地方官何指，華耶，法耶，即覆。嘯。

王道來電光緒十三年正月十九日到

白龍尾争之不得，是星使慮後語。照會經星使改正，甚恐言重。法使昨來照會，所云地方官者，實指法官，亦推諉之意。春叩。嘯。

致東興鄧欽差、李道台、王道台光緒十三年正月十八日寅刻發

霰電悉。白龍確係現界，不得假借江平已作未定，未便更改，昨旨甚明。且公疊電瀝言彼圖與我約不符，萬難遷就云云。此時自宜將白龍尾抽出，更無他法。事到無可如何，惟有據理而行。嘯。

鄧欽差來電光緒十三年正月十七日亥刻到

昨旨照約，未便更改，約圖不合，前已奏明。應否仍照前圖畫押，或抽出白龍尾不畫，請決定速示。修。霰。

致東興鄧欽差、李道台、王道台光緒十三年正月十八日寅刻發

電悉。東興耆民求安置，情殊可閔。華民歸華，例所不禁。諭旨所戒之因，緣歸附及力求見好者，蓋謂越民連村納土，求屬中華。我既納其民，因争其地，故有枝節之慮，非謂華民僑寓越地繦負歸華不許撫恤也。鎮南關一帶徙入華民甚多，皆經桂撫安插沿邊，令墾荒自給。此事與法人無涉，與界務亦無涉，應由王道酌量迅速妥辦，經費准請領或暫給錢米，處之沿邊。瓊州黎境漸開沃田甚多，耕夫甚少，詢願往者，給田爲生。朝廷不利其土，而仍矜其民，仰體皇仁，似當如此。但須曉諭，無歸者方予安插，有業者勸其仍舊。勿令踵至過多，難於安置。從古立國以人心爲本，此舉上宣聖恩，下固邊圉，得地固佳，得民尤好，毅然行之，雖費鉅萬，洞當力籌。嘯。

王道來電光緒十三年正月二十一日午刻到

邊民非越非華，撫之為良民，激之為亂民，不撫不激必為流民。今日之邊民，轉瞬之游勇。憲台籌資安置，不徒政在得民，且杜將來邊防之漸，欽佩萬分。日昨送狄時，邊民愈聚愈衆，跪求號哭，聲震强敵，春泣星使亦泣，告以設法安置，勿性急勿滋事，始散去。適狄行未遠，親見之。當會議時，與法力言華民住越，原有保衛專條，況邊民窮蹙，該國應即出示招歸，各安生業。

據稱，邊民仇我久界未定，若任出入，將又為我害，須界定再議。春思此起邊民，江、長、黄、萬等處居多，其次則先安、河檜，距內地較近，各有親眷依附，求安插者止數百人，餘分徙那良、那梭、東興附近鄉村。星使授意即來，李道喝斥即去，非盡頑梗不率教者比。李牧及各營將時常彈壓，輕重兩難。芒街華商房屋被法拆燬，遣之不去。臘底春與李牧商議，在東興建房貿易居住，查實無力者，每間津貼銀十五兩。而芒街春闌民同莘按：此處文義不貫，疑原稿有脱誤豫為安置，另蓋草棚數十間，以棲無業之民。所慮者八莊、十萬峒邊民，好勇鬬狠，多有洋槍，界未定猶相安，一劃入越，勢必蠢動，理喻不能。現擬分作三路，中路芒街、河檜，東路思勒、那梭，西路那良、嘉隆，亦各搭草棚，分派委員倣放賑例，會同紳者，先清户口，查實無衣食之民，造册按日施粥，若先給資，則沿邊越民聞風內附，日後更難為繼。一俟界務定議，願歸業者酌給川資，否則或墾邊荒，或授瓊田，再行斟酌辦理。仰請即撥經費銀數千兩，撙節動用，以應急需。餘與星使及王鎮、李牧妥籌。是否有當，伏乞鈞裁。春叩。號。

致萬州馮督辦、楊道玉書、劉牧保林

光緒十三年正月十九日發

頃知公有電致北京及沿海各省，不勝駭異，何誤會至此。前調數營回欽者，慮越民法兵相攻，游勇乘機生事，故添營彈壓，銷患無形，非與法戰也。鄧電所謂恐有他變者，謂法虐越民，激成事變，非謂法欲犯邊也。自議辦界務以來，內意惟恐洞用兵生事，爭地開衅，疊次諭旨，皆有云如［生］枝節，惟該督是問，十五日尚奉嚴旨切戒。公此電傳播京外，必干朝廷震怒，洞與公俱受嚴責。且法人更將藉口，必致邊境不准駐兵，更於界務有礙。已飭電局將此電收回，如有致欽廉電與此相類，亦望速行更正，並傳知各營爲要。公忠則忠矣，壯則壯矣，但未審時勢，未悉廟謨。以後切望與鄙人熟商，勿過性急。如法真與我開衅，洞當即日奏明，洞親身與公同赴欽邊，殲此狡虜，今尚非其時也。即示覆。效。

致萬州馮督辦、楊道玉書、劉牧保林

光緒十三年正月十九日發

公須奉旨，方能回欽，且瓊既用兵大舉，必須善後辦有規模，方睹全功，豈可半塗而廢。欽防不過彈壓，萬無戰事，調營乃鄙人苦衷密計，若揚言備法，則大誤矣。詳另電。效。

致萬州馮督辦、楊道玉書、劉牧保林

光緒十三年正月十九日發

瓊黎以崖州爲最悍，民間久受擾害，道遠瘴盛，山深地廣，生歧尚多，必須將崖黎大創。由崖州至樂安古鎮，州北達紅毛峒，東通寶停司等處，大路縱橫，開通方爲一律通暢。數月來始終未接崖牧稟報，尊電亦未言及如何辦法，似宜派選得力將官，率兩三營赴崖，乘此聲威，督團剿撫，一鼓而全瓊永清矣。效。

致萬州楊道玉書、張主事廷鈞光緒十三年正月十九日發

委張廷鈞之意，欲令其助福軍孫鴻勳辦撫黎、開山查鑛諸事。

張熟情形，孫有兵力，相輔可成大功，獨行無從施展。該主事現在何處，速飭其赴定安、嶺門一帶，與孫商辦，即覆。效。

致瓊州謙護道、瓊山劉令飛遞十一州縣

光緒十三年正月十九日發

前經馮督辦飭各州縣另修小路，通於官軍所開大路。茲接馮帥電，各牧令延未舉行，實屬瞻玩無能。該護道即飛飭各州縣督率紳團趕辦，若大路已開而各小路未竣，定即嚴參。仍將各屬共開小路幾條，由何處起何處止，共長若干里，寬若干，如何辦法，何時可竣，限文到五日内分晰禀覆，由該護道陸續電聞。效。

致瓊州謙護道光緒十三年正月二十一日發

去臘奏將該守開復，聲明籌捐鉅欵濟餉，今時逾數月，僅收萬金，各州縣固不力，何竟不督催耶。大軍爲瓊民除害，何得推諉，可速酌派一數，勒限催之，并將何處認若干，解若干，分晰電覆。馬。

致瓊州謙護道光緒十三年正月二十一日發

瓊屬州縣多不職，早有所知，該護道從未禀聞，大屬非是。從寬先予申飭。可即嚴察，迅將各屬貪劣昏庸疲滑各員，據實電禀，以憑另選賢員往署撫黎，緊要。必才守兼優方能辦，不可因姑容尸位劣員，致誤軍事。此事責在該護道。懔之，即覆。馬。

致萬州馮督辦光緒十三年正月二十一日發

嶺門尚有萃軍數營，久駐無事。中路現有福軍前往，大可騰出原紮嶺門之軍作別用，若移陵、崖一帶，似甚有益。望速酌辦。馬。

致萬州楊道玉書、劉牧保林光緒十三年正月二十一日發

嶺門萃軍休息久矣，辦陵、崖黎，辦儋、臨客，均可，但辦客事甚細密，不能專講攻戰，恐非他日馮帥親駐儋、臨督之不可。鄙意馮三公子甚英發有爲，崖黎事關重大，若移此路方可建功。客匪事難而題目小，馮營諸將有勝任者否，有則可分數營往，尤須與方道和衷，無則從緩。可熟籌，與馮帥商之，先議覆。馬。

致萬州楊道玉書光緒十三年正月二十一日發

馮帥電欲赴儋、臨辦客，大不可。崖黎無恙，鄙人豈敢奏全瓊肅清乎，亟宜乘勝將崖事辦了。兵機不可失，全功不可棄，此爲瓊計，并爲馮計，速諫止之。馬。

致東興鄧欽差、李道台、王道台光緒十三年正月二十一日發

電旨：向在越界華離交錯處所，或歸於我，或歸於彼，均與和平商酌，即時定議。越界中無益於我者，不必强争等因。是交錯有益地果可商辦歸我，固上意所許也。公前議支河以上嘉隆、八莊爲未定界，目前若作未定，恐與旨不合，若歸越則出於法人

望外。藎籌如何，望速示。鄙意分茅嶺乃古今中越分疆之地，婦孺皆知，若竟屬法，書之史册，太覺減色。大臣謀國，原不爲名，一身之名譽不宜沾，大局之名義不可不惜，此非我等數人之名，乃國家萬年之名，既爲威望體面所關，即是有益於我。竊思未定八莊設或勢不能得，則藉此抵換分茅嶺。彼讓荒山，而得沃土，當可聽從，斷無齟齬。此節似不可不力圖。若尊意八莊本不歸越，則須另籌矣。再，事至萬難之時，如能設法與彼稍轉顔面，或易就範。疆土至重，其餘皆輕，請裁示。馬。

鄧欽差來電 光緒十三年正月二十一日亥刻到

按郡志，分茅嶺在州西南三百六十里，自宋時已淪入夷界。又云按郝通志，崇禎九年張國經訪銅柱，僅得老叟黄朝會云自貼浪行十六日，方見此嶺。據此則距州治甚遠，通志三百六十里之説恐不足據云云。此次各繪員以修切囑，鑿險窮幽，每瀕於死，往返五十餘日，逐詢土人，莫能指點，又無碑碣可訪。公或別有所據，乞示。修。馬。

致東興王道台 光緒十三年正月二十一日發

嘉隆、八莊，刻下議若何。頃星使致署電，有欽西地屬荒僻，大約無甚參差語，豈竟歸越耶，似與前議未定界相矛盾。能中越各分其半否，或能以此抵換分茅否。十五日旨乃專責鄙人，星使何必過急遽也。馬。

致東興王道台 光緒十三年正月二十一日發

分茅嶺乃中國威望體面所關，不可不争。津約原有無損中國威望體面之語，若彼肯歸我，粤願以十萬元酬之，或作償其布置各項之費。措詞必須得體，或作赫政調停語。事急出此下策，可與星使勉林諸君婉商之，并即覆。馬。

王道來電 光緒十三年正月二十二日午刻到

奉五電謹悉。十五電旨到後，星使以次，各有退心，良以白龍尺寸之地尚難就範，他處可知。八莊、嘉隆亦付之無可如何之數，春與曾司員争之不已。兹奉憲電，星使頗有轉意，擬明日將白龍尾、江平等處再行照會，令彼撤兵，并有不抽出白龍尾即不畫押之語，未悉能否堅持。分茅嶺人人知其名，而不知地之所在，春擬暫宜密秘，將來須由分茅一綫畫至先安，作為更正之界，八莊、嘉隆均包在内。我有得地之名，法循改正之例，兩國體面無傷。現一面再遣人重尋分茅遺跡，一面委員分三路安插邊民。餘容續稟。春叩。馬。

致東興鄧欽差、李道台、王道台 光緒十三年正月二十一日發

頃電悉，王道電略同，并云白龍尾作辯論界，江平作未定界云云，大有轉機，鼎力欽佩。竊謂旨既有不得絲毫假借之語，白龍總宜説定屬我界爲妥，若只作辯論界，恐仍難屯兵築臺，雖屬華無益也。事已至此，彼斷不能因此罷議，若堅持數日，當可收功。上意欲速了，粤尤願速了，邊防懸心，經費困絀，急切可知，但心内雖急，外示以緩，方能速竣。若敵測我急，更多脅制遷延。緩僅數日，非必旬月，似無妨也。尊電有欽西地屬荒僻，大約無甚參差語，然則原約未定界之嘉隆、八莊是否作爲越界，抑別有

辦法，恐說駁以後難轉。此電暫未轉署，特奉詢，如尊見已定，示覆後立即照轉，緣尊電云尚須駁正，是尚未定局，儻日內竟能駁正，則奏入更足慰宸廑矣。遲早不爭一日，非敢延閣。候覆。馬。

鄧欽差來電光緒十三年正月二十日亥刻到

連日與狄隆會晤，執約駁圖，力辯白龍尾係中國會哨之地，不得混入未定界。冀狄意稍轉，而不肯明言，只允用顏色在圖上分別，尚須駁正。至欽西地屬荒僻，桂邊均有舊界可稽，大約無甚參差，似容易了結。乞代奏以紓宸廑。修肅。號。乞轉署。

鄧欽差來電光緒十三年正月二十一日亥刻到

號電悉。連日力爭白龍尾，雖稍有轉機，尚無把握。昨電因望旨催促，覆陳梗概，冀慰上心，以便從容展辦，否則嚴旨剋期，彼因而脅我，所失更多。前電請速發嘉隆，修當力爭，事濟與否，未敢豫揣也。修。馬。

致南峒馮督辦光緒十三年正月二十三日發

去臘十九函并崖紳三禀俱悉。崖黎歷年擾害，禀報多案，必應剿撫兼施，永除民害。請速飭辦，但須嚴飭將弁分別良莠，勿得妄殺焚掠爲要。漾。

馮督辦來電光緒十三年正月二十八日辰刻到

崖不辦，全瓊未清，誠是。材早欲舉辦，因蕭牧迭禀執稱民黎相安，并無為匪，是以無從下手。現遵公電，調營往辦，飭分良莠，勒紳交匪，抗拒即剿，不准妄殺焚掠，請放心。材。有。

致南峒楊道光緒十三年正月二十四日發

欲在瓊州種加非，以收外洋之利，其利勝於茶而不勞。此種何處尋覓，如何種法，張廷鈞必知，可問該主事。速覆。敬。

致東興鄧欽差、李道台、王道台光緒十三年正月二十五日發

銅柱在分茅嶺，分茅嶺在古森峒，古森峒在三不要地，距州西南三百六十里，新舊府州志及各種輿地書甚明，重規疊矩。刊本明姚虞嶺海輿圖十萬山之南，畫一大山，標曰分茅嶺，并注云西至分茅嶺三百六十里。雍正五年孔毓珣奏案，謂三不要地與安南河口接壤，又稱該地有土名曰北崙，是其地當在今北崙隘西南直抵新安江口。此數百里中，大山連綿，即嶺所在，正與州西南三百六十里準望符合。至郝志崇禎老叟所云過新安一日到石橋，又八日方見此嶺之語，殊誕妄。過新安九日，西抵北甯，南則海防矣，地平河廣，安有嶺哉。一叟之說，不如羣書之可證也。銅柱必久淪没，惟有即指北崙隘外大山爲此嶺，似可約略山勢，就能劃斷處劃之。再，三不要之名，即是鐵案，越地教民亦所習聞，顧名思義，要不要皆應三界共之，今既劃界，自宜合廣東、廣西、越南三分之方允，斷無一家獨要之理。該地我得其二，分茅自在其內。管見如此，請酌。有。

王道來電光緒十三年正月二十六日申刻到

前遣圖生分赴北崙一帶測繪，特尋分茅，旋據報稱，分茅不在北崙附近，訪之土著，衆口一詞。昨古森峒八莊團總黄立富禀稱，分茅有二，均在諒山東南，小分茅未親至，大分茅長四十里，

上有伏波土城遺跡。銅柱不可考。其水分流入北甯，由東興至分中二百里，又六十里至板邦，八十里至朱山，一百六十里至邦陽，七十里至板卸，三十里至分茅，計程六百里。沿途均經越地，崇峻崎嶇，并無村落，常有法兵往來等語。又據土民劉楚禀稱，生平販牛為業，常至越之牛墟，分茅在牛墟南，諒山在牛墟西，那陽在牛墟東，各距百數十里，去船頭甚近，屬北甯省陸岸縣轄。該山小而銳，係壅銅柱而成，四圍山外均生茅，茅分南北，無樹木等語。該兩人語稍參差，皆歷歷如繪。據此則分茅已入越界。現黄、劉願具切實保狀，擬商請星使，加派李牧得力親兵二名，同兩人各執護照，優給川資，前往確尋，窮幽鑿險，逐地堅簽，釋千古疑團，備他日考證，再當具報。春卯。宥。

致南峒楊道光緒十三年正月二十九日發

黎散處萬山中，或二三家，或二三十家，安能十家編一排，五百家編一保哉，窒礙甚多，徒擾無益。保甲千古良法，然宜師其意，不必整齊其數，但期羣黎有頭目約束，奉法嚮化足矣。至革去總管名目，暫可從緩，恐其疑懼，俟生黎開通後，再通籌一律辦理。督轅發去告示，正擬編立土目土職，該道乃革其總管，尤不合。收采羣策甚是，但不可設廣方略館名，內廷始有方略館，名近於僭。辦事以實不以文，該道等習氣總不能改，何也。以後有關更革建置事體，務須請示覆准方可行，勿擅勿率。豔。

致南峒楊道光緒十三年正月二十九日發

蘇文忠在瓊日，一黎叟問蘇何故行新法。蘇曰朝廷因民間貧富不齊，此以齊之耳。叟曰天生萬民，安能齊同，强欲齊之，如兩瓦相磨，欲令其厚薄相等，然厚者固薄，而薄者已穿，仍不能齊也。此乃瓊州故實，該道亦何爲强齊之以牌甲之數乎。豔。

致陵水馮督辦、楊道，瓊州劉牧保林、萬州方遊擊敬光緒十三年正月二十九日發

敬二電悉。公駐陵調度，兩公子俱遣率師赴崖，將種聯翩，誓清瘴海，麾下公忠，膝前英俊，欣佩無量。崖地險黎繁，必須地方文武竭力相助。特委劉保林署崖牧，方敬署崖協，獎率紳團，儲糧探路，多尋嚮導，趕造鍬鋤，助兩公子成功。豔。

致東興王道台光緒十三年正月二十九日發

瓊軍昨日乘執中赴欽，馮帥電已調林鎮長福帶四營赴欽，日內可到。海口沿邊情形需此多營否，如無須，則馮軍兩營亦可。望酌覆。豔。

致福州船政大臣裴光緒十三年正月二十九日發

聞臺灣託貴局造出海快船四艘，每艘價十六萬兩。粤擬懇照樣協造四艘，每艘半價，八萬兩，一年半造成，或兩年，價分三起匯寄。如蒙允，祈將船式、深廣尺寸、馬力、速率、喫水深淺、鋼板厚薄、配礮幾尊幾頓電示，即匯價。豔。

裴大臣來電光緒十三年二月初三日未刻到

電悉。臺灣所造價二十萬，非兵輪。頃已派工程處學生魏瀚

赴粵，面陳一切。森叩。

致上海廣東撫台吴光緒十三年正月三十日發

公過香港，必拜洋官，歷任皆同，自不可少。惟我輪到港後，該港督必先派兩官到船相拜，諷我登岸拜彼。務須先與議定，問港督答拜否，如答拜則我往，否則我不便往。禮節所關，無妨明言。英、美間有大員至粵省，渠皆先問明答拜否，公儘可照辦，防彼狡妄也。已派洋務委員辜湯生在港恭候隨往。特奉達。三十。

致輪墩劉欽差光緒十三年正月三十日發

函圖感悉。鑄銀錢需洋匠，此四匠内均能兼造否。每元足銀幾成，配何等銅幾成，兼配何料。聞外國鑄銅錢利甚大，粵擬鑄銅錢，每箇重一錢，能有餘利否。外國銀元餘利幾何，祈詢覆。銀元擬每箇重庫平七錢四分，較鷹洋加重二分，作價與鷹洋同，准用以完洋關税及内地官項，暗與商民便宜，當可樂用。并希籌示。陷。

致東興鄧欽差、李道台、王道台光緒十三年二月初一日發

日來事機如何，彼如執芒街前事而爭江平，似可承認。江平一帶斷無游勇往擾，海甯設有之，可告我拏辦。如以後法人有華官照至江平，我認保護。此説可行否，承認保護有流弊否，祈裁酌。至約内照現在情形，白龍現無法兵，尤有不合。東。

致東興王道台光緒十三年二月初一日發

買山錢之策可行否，或將江平及嘉隆、八莊、分茅俱説在内，作爲各該村民保業公捐何如。分茅如黄、劉言太遠，無從置議，且亦與羣書不合，似可據各志及姚虞嶺海輿圖，酌擇一近山當之，較易辦。姚虞乃明嘉靖間廣東巡按，此書四庫著録，今刻守山閣叢書内。東。

致東興王道台光緒十三年二月初一日發

前月電囑於思勒、横隘一帶築壘造地營，未得覆。此節乃邊防久計，不可不辦，趁此勇多時暇速圖之。如不合式，尚可籌改，或宜思勒，或宜那梭，即酌覆。東。

致東興王道台光緒十三年二月初一日發

欽防原有萃、勤、瓊軍共五營，現分紮何處，速復。再，新調回之萃軍四營，瓊軍一營，此五營到後擬令紮何處，籌定速覆，豫電瓊口，告知該營官免移改躭延。鄙意防城、那梭各一營，思勒、東興各三營，或思三東二，均聽詳酌，龍門不必。東。

致東興王道台光緒十三年二月初一日發

卅、東兩電悉。五子嶺駐兩營，既有益，即速派紮，但須照會彼知。餘築隄等事酌辦，地少氓多，將來移瓊墾荒何如。東。

王道來電光緒十三年二月初一日巳刻到

昨法使致赫政書，謂我使照會，渠尚待覆，恐延日期，約兩

繙繹本日至芒，先校廣西界圖，似有轉圜之意。邊民近頗安謐。查竹山近海有曠地十餘里，能容數千人，惟海潮易浸，擬築隄以禦，其地便可開墾，且係沃壤，但工頗鉅，須營勇民夫通力合作方能節費。又查江平之北有河，河外有觀音嶺、五子嶺，地最形勢，距老界甚咫，據此可以固思勒之肘，而扼江平之喉。擬於五子嶺下駐紮兩營，并照會法使，謂防範游勇，保護百姓，彼亦無所藉口。且北岸有營，則駐二囊之法兵不敢虐我邊民，而句冬、石角一帶百姓可以回家耕鑿，為益甚多，商請星使，均經首肯。頃奉豔電，遵查沿邊情形，正在需營之時，擬請仍調馮軍兩營，方敷分布。是否有當，統乞訓示。春叩。

王道來電 光緒十三年二月初一日亥刻到

三奉東電謹悉。前調派并駐防共五營，四營駐東興，勤軍分一營駐防城。現由瓊調來五營，共十營，擬東興駐三營，思勒駐一營，五子嶺駐兩營，卑部兩營先倡築隄，如工程過大，再添撥勤軍駐防城一營。地營本邊防久計，惟思勒地形散漫，無險可據，兼江平是未定之界，在思勒築壘，顯以江平為越界矣。且邊防門户以白龍尾為關鍵，該島屬我，即江平不得據而據。總俟界務定後，再行擇地而施。是否有當，伏候鈞裁。春叩。東。

致海口孫丞鴻勳 光緒十三年二月初一日發

抵瓊已久，何以仍駐海口，天暖瘴起，將何待耶。嶺門萃軍已調赴崖，電綫早過嶺門以內矣，速進勿延。東。

致陵水馮督辦 光緒十三年二月初二日發

董電悉。真係匪巢，又係攻克，一切財物皆准要，良民及受撫者便不准矣。沃。

馮督辦來電 光緒十三年二月初二日午刻到

歷辦各匪，均訊供確實，從未妄殺黎民，牛隻財物，兵勇不取。團練前藉名焚掠，早經示禁，此次調營赴崖，已飭分良莠，勤紳交匪，抗然後剿。頃接公電，又通行嚴飭矣。弁勇舍命破巢，得賊牛物，准要否，乞示。材。董。

致瓊州方道 光緒十三年二月初二日發

元門峒黎蠱毒我軍，速往剿之，勒誅蠱者，并求其解治之法，永除此害。此等頑惡黎匪，不示威不受撫，强撫亦必變也。沃。

致瓊州方道 光緒十三年二月初二日發

該軍病瘴，弁勇速移善地調理，除認真補額外，該弁勇准照舊開支薪糧，病愈仍補原額，或另給一差，事竣核實開報。沃。

致東興王鎮台、王道台、陳總兵兆祥、劉守汝奇 光緒十三年二月初二日發

勤軍陳鎮一營，萃軍劉守一營，迅速移紮五子嶺，防游勇，護華民，勿延。沃。

致東興王道台，海口鄧署參將、林鎮長福，陵水馮督辦 光緒十三年二月初二日發

頃王道電邊地需營。此次赴欽防之萃軍四營，抵龍門登岸後即留一營暫駐防城，林鎮率三營速赴東興，聽王道斟酌安置，龍門萬不必紮。沃。

致東興鄧欽差 光緒十三年二月初四日戌刻發

署電已轉。支。

鄧欽差來電 光緒十三年二月初四日酉刻到

近與狄使會議外，照會往來六次，我以署所得該國海部圖與府志合，應早退兵，以安百姓。狄意少轉，覆云，我並不敢謂中國官書不足憑，但我亦有所據，我若説定是中國界即行撤兵，我無此權。此段請候我朝廷定准，彼此遂商校欽西及桂界。連日遣繙譯携圖與狄卜校對，稍有不合，大致不差，惟在名多異稱，尚須詳校。百姓常千百人擁入行館泣訴，修等暫為設法遣退，現既多死亡，若春耕不歸，盡成餓殍。狄適來見此情形，意頗悔。可否據情告知恭使，轉達法外部，冀得轉圜。修謹覆。支。請速轉署。

總署致鄧欽差電 光緒十三年二月初六日亥刻到

恭使來署，言急盼界務速了，以免邊界肇釁，請將白龍尾及江平、黃竹暫從緩議。兩國勘界大臣，先自欽西至桂省全界彼此不争論之處，一律作速勘畫，或有争論不决者，隨後由伊與署和平斟酌。伊已電請本國給予全權，并知照狄隆等語，意在藉此轉圜。當與言明白龍尾雖從緩議，而中國認為我界，決無游移。至江、黃未定之界，可歸入後議，不決處所，一併在京商定。頃得諭旨，飭署電達，希晤詢狄使，如接恭電相符，即會同照辦，仍隨時電覆，以慰宸廑。并知照粵督。歌。

總署致鄧欽差電 光緒十三年二月初九日酉刻到

頃恭使言，外部回電，已准給伊全權，在京商辦界務。又稱接狄電，江、黃一帶有華兵，恐生枝節。是否謡傳，希速查，并將晤商情形電覆。佳。

致總署 光緒十三年二月初五日發

附近香、澳五廠，本抽藥釐，近因奸商繞越内地釐卡，每由汲水門、馬留洲等處分運，釐收日短。去年六月始在該五廠試辦補抽，收數尚旺，通年約可抽百貨釐十數萬金，藉此數廠補内地之絀，若裁撤則内釐愈虧，關繫太鉅。該處係華界，非洋界，與條約無礙，與洋藥税釐亦無涉，且該處與香、澳均隔海，僅相近耳，非即香、澳也。洋人影射干預，意圖以漸蒙混，不可不防，務懇駁斥之。歌。

總署來電 光緒十三年二月初十日巳刻到

税釐併徵，已遵旨通行開辦。此事籌議數月，赫一力承擔，果能杜絶私漏，歲可增至七八百萬，海軍衙門專待增欵應用。緝私一節，以附近香、澳設税司巡船為第一要著，英、葡互相推諉，半年曉舌，葡堅以撤卡為請，餘皆就我範圍。現與赫定議，所有香、澳各廠巡緝抽收事宜，統交税司代辦，葡已允行。來電所云補抽貨釐十數萬，即由該税司經收，不致無著。總之，中國不允

撤卡，英、葡即不允緝私，漏卮既不能除，鉅欵終成畫餅。此時事在必行，勢不能顧惜一隅，動摇全局。赫已派定税司，本月二十邊到粤面謁，請領税則章程，届時即希發給，勿存疑慮。詳細情形，專函另達。佳。

致東興鄧欽差光緒十三年二月初十日發

佳署電已轉。灰。

鄧欽差來電光緒十三年二月初十日巳刻到

佳電敬悉。本日校桂東圖，間有不符之處，彼此各遣員往查，并約明日校平而關以西。修前據欽州李牧受彤稱江、黄流民以春耕無望，勢將蠢動，恐匪類因而肇釁滋事，遂稟商王道，移防勇三哨駐紮思勒純山頭彈壓，并先期照會法官，法照覆亦無齟齬。此山距法營十餘里，中隔一沙，斷不致生事。昨日狄與王道面談及此，告以此舉實為安静地方起見，彼此有益，狄愈涣然。現王道已派李牧常川駐彼，并聞百姓亦陸續歸耕矣。修肅。佳。請速轉署。

致瓊州謙護道、方道光緒十三年二月十一日發

崖、昌、感、儋、臨、澄所徵丁糧，向係收錢，赴瓊郡易銀。方道撫黎深入，需用制錢，謙護道飛飭各該州縣將所徵錢文徑解方軍，按市價合銀，將方軍解瓊餉銀劃撥清欵，既濟軍需，亦省州縣運費。速辦勿延。真。

致東興鄧欽差、王道台、李道台、王鎮台光緒十三年二月十三日發

王鎮、王道文電悉。恭使電云白龍緩議，狄使面云願和平速辦，乃遽然驅害白龍汛兵華民，實堪髮指。塞博及鹹沙、木嶺屬何處，是否白龍抑係江平，速示。鎮州照會太嫌力薄，事關界務，似宜星使照會詰問方合。此電情節與恭電狄語俱不合，洞未悉詳情，未便單銜達署，請公照會催覆後，由公酌定辦法，會銜電署。此電必須詢有實情，籌有辦法方妥，不然恐署不察，疑爲我生枝節。查思勒米雅嶺駐營，係初五六日事，彼占白龍係初一二日事，可見非我肇衅。望藎籌速覆。元。

鄧欽差來電光緒十三年二月十四日酉刻到

法佔白龍築營甚確。查江平等處之兵，修曾三次照會，詰令撤退，彼一味枝梧。此事再四籌思，實無辦法，如應電署或奏，乞公主稿，挈修銜。願。

致總署光緒十三年二月十七日發

據白龍尾汛把總吳應庚并耆民等連日報稱：正月二十六日，法以兵輪載越民婦女幼孩百餘人至白龍尾居住，將華民汛兵逐去，槍斃百姓四名。本月初一、初二等日，由江平撥兵三四百名至該島横港地方之鹹沙、木嶺，趕造礮臺。法輪現泊港旁珍珠墩。去臘底曾傷汛兵郭或太一名等語。覆查屬實，先由北海鎮欽州照會詰問，未覆。十四日遣繙繹赴芒街面詰，狄云兵事有地方兵官主持，至白龍、江、黄等處，已歸恭使與總署面議，伊未便攙越等語。查恭使電云白龍緩議，狄使面云願和平速辦，乃悍然强遷越

民，占地築臺，傷害兵民，悖謬至此，與恭電狄語均相矛盾。且恭以界務諉狄，狄又以兵事諉地方官，顯然推卸妄爲，衆情咸憤。修等現極力彈壓，望即詰責速撤，免枝節。修、洞、澂同肅。篠。

致瓊州謙護道、方道，陵水馮督辦、楊道，崖州劉牧、方副將，嶺門福軍孫丞光緒十三年二月十八日發

開路以焚草伐木爲第一要著，搭橋鑿井次之，屢電諄飭。近據報，開路者未言及此是否照辦。且經密訪報，開之路草深没人，草尚不焚，何論林木橋井乎。黎境樹木茂密，不見風日，故有瘴氣，澗多雨多，故路易阻，谷陰水寒，故飲易病，若不芟草木，不搭橋，不鑿井，軍民仍不能暢行，雖開如不開也。請馮帥通飭并由方道、楊道、謙護道飛速分飭各營、各屬州縣員弁紳團，凡報開路者，須聲明草木焚砍若干，搭竹木橋幾具，鑿井幾口。承辦員紳并該州縣均出印結，將來由各該道委驗加結稟報，由省城另派員查工，儻草木如故，無橋無井，官紳不保獎，兵團不賞犒，且絲毫不准開銷經費。此係已經奏明辦法，慎勿草率虛飾，一體懔遵，速辦。嘯。

致陵水馮督辦、楊道，崖州劉牧，瓊州方道、謙護道，嶺門福軍孫丞光緒十三年二月十八日發

就撫生黎裸形無衣褲者，均賞給衣褲辮綫，每村酌發剃刀若干，務須一律薙髮改裝，方爲歸化實據。在瓊購製較便，不必省解，惟剃刀恐不敷，省另購數千添用。現已籌解改裝經費，發交東路楊道營一萬五千兩，西路方道營一萬，南路劉牧保林營五千，北路孫丞鴻勳營五千，各該員自行就近購製發給，核實報銷。此欵未解到時，先挪他欵應用，迅速賞給，以廣招徠。嘯。

致陵水楊道光緒十三年二月十八日發

前據方敬電，鍾仁寵開路，由萬州五甲抵五指山下潘雅村。馮帥電，據該道稱，潘雅村山石難開，若轟以炸藥，何畏於石。路較近，且奪其險，務力籌之。現擬由何處開通，路若干里，速覆。嘯。

致東興鄧欽差、王道台、李道台光緒十三年二月二十日發

校圖將竣，狄使將歸，察此情形，此時不議定者，以後萬無希冀。然則從前籌議買山諸説，豈不皆成畫餅耶。速示。號。

鄧欽差來電光緒十三年二月二十日辰刻到

恭使來告，勘界不日可了，兩國大臣應在差次候京中議定。江平等處界地究歸何屬，即可就近立標分劃。已允照辦，遵旨電達。巧。署電照轉。修。

致東興鄧欽差、王道台、李道台光緒十三年二月二十日發

數月來赫政與赫德往來電信是否俱經呈閲，遵照尊指抑係自抒己見，祈示。江平等處，乾隆以來印契俱呈尊處，可謂現界確

據。歷次致署電，俱未言及，似應補達。望酌覆。號。

鄧欽差來電 光緒十三年二月二十日戌刻到

連日校辯，彼初允西以峒中北三里，東至丈二河為界，又伊擬約稿亦述，言明十萬山歸我。查分茅應在十萬山内，山錢可省，現仍與争嘉隆河。赫非公事，俱用商電，例不能查。印契等據已於去臘給彼閲看，并將問答大略轉署矣。修。號。

致瓊州方道、謙護道 光緒十三年二月二十一日發

調南市爲儋州入黎要隘，擬由該市開一路東南行，經七坊、刀釘兩峒，達於古振州，如此則西路氣較暢。速派弁勇，令督紳團黎長趕辦，并將里數難易、經過地名先覆，并飛飭儋州牧遵辦。馬。

致陵水馮督辦 光緒十三年二月二十一日發

路旁草木，擬左右各除去五丈。至工大自須給賞，請酌一辦法，或計路一里賞若干，或分別伐樹多少給賞，或限定路旁幾丈之内，或隨宜芟除，愈多愈好，均請酌定示覆。馬。

致嶺門孫丞鴻勳 光緒十三年二月二十一日發

咸電可駭。該丞此役專爲撫黎開山，非令殺人也。吴那灘是否真犯，可解交謙護道訊明稟核，其遠近墟市，匪既無姓名，亦未拏到，而遽請處決，尤不可解，俟獲訊再稟。該丞初膺軍務，便思藉端多殺以爲功，此非常之謬，大失本旨。瓊功以闢土、興利、撫峒、安民爲上，不在於多殺人，亟須猛省痛改。馬。

致東興王道台、李牧、鄧欽差 光緒十三年二月二十三日發

鄧欽差電，欽防流民不下數千，王道速派妥員，幫同李牧相機設法，妥爲拯救，仍責成李牧經理。漾。

致東興王道台 光緒十三年二月二十三日發

嘯、號兩電悉。以峒中北三里爲界，是嘉隆、八莊在南，皆爲彼界矣。星使電又云東至丈二河爲界，查圖丈二河東，地甚廣，村甚多，嘉隆、八莊均在内，究竟此河東有幾村歸我，圖中方向必有不合處，思之未能明晰，望詳晰示覆。漾。

致東興鄧欽差、王道台、李道台 光緒十三年二月二十三日發

白龍、江平雖歸署議辦，然署電有以商務抵换之説，是不能憑空歸我可知。署意以爲公議必齟齬，儻外間能與設法議妥，豈不更妙。若商務受虧，較山錢所損更多矣。管見祈速酌覆。漾。

總署致鄧欽差電 光緒十三年二月二十一日到

巧電言俟京中議定，即可就近立標，正合約文立標在更正之後，來電云未定議而先定立標，似是誤會。此後縱令江、黄歸我，與越界之芒街、海甯等處，應如何畫綫定標，及江名地名何處起訖，圖記標識均須詳細明確，方昭信守。來電謂江海為界，尚覺籠統，此事必須兩國勘界大臣在彼静候辦結，非本署所能懸斷。現擬與恭使議，除白龍尾決無游移外，其江、黄等處擬於商務中

略予通融，為抵換之計，專待貴處勘畢桂界，覆信到日，即與開議。總之，未定之界，貴處與狄議既成齟齬，本署無不設法力爭，祈勿多慮。馬。

致東興楊部郎、王道台光緒十三年二月二十三日發

分茅即在十萬山之內，考據詳明，佩服。漾。

楊部郎、王道來電光緒十三年二月二十四日戌刻到

按郡志載，馬援既平交趾，立銅柱以衛漢界，在欽州西貼浪都古森峒。查此出通志。又查後漢書馬援傳註引廣州記曰：援到交趾，立銅柱為漢之極界。又查江陰六氏歷史地志沿革圖書，漢地盡合浦。郡志沿革表，漢時欽州為合浦餘地。又載：古森峒有唐節度馬總立銅柱，舊誤為伏波古蹟。銅柱略下亦引此條。舊唐書馬總傳：充嶺南都護本管經略使，敦崇儒學，長於政術，於漢所立銅柱之處，以銅一千五百斤特鑄二柱，刻書唐德，以繼伏波之蹟。志皆未詳及，反疑為在安南。及查安南新志，廣安省管下分茅山，祗引大清一統志為證，餘無紀。至舊志載分茅嶺在州西南三百六十里，古森河在州西三百四十里，源出十萬山。那良江在州西南三百六十里。那良江春等曾親至，未窮其源。志乘正江源出大勉山，經大清灣，達那良墟，會古森河，由東興入海。據此則分茅在十萬山那良江發源左右無疑。法使現有距峒中北三里為界之議，我使尚與力爭嘉隆、八莊，縱將來兩處作為未定，而十萬山三不要已在其中，即分茅亦在其中矣。頃狄約稿亦有十萬山都歸華之說，春已飭李牧囑八、嘉各紳，按照情形在十萬山中指定一山為分茅，具呈存案，并派員前往商辦矣。宜治、之春叩。號。

致輪墩劉欽差光緒十三年二月二十六日發

鑄銅錢兼鑄銀錢機器，一切件數、價值、日期，均照來函定購，請即訂立合同，能再速尤妙，即日匯定銀八萬兩交匯豐。正月豔電各節，并祈速覆。宥。

致東興鄧欽差、王道台、李道台光緒十三年二月二十八日發

丈二河以東歸我，藎籌宏力，曷勝欽佩。海界似亦應議及緣近岸海面，若外間未議，總署又未提及，將來多窒礙也。此時尚能議此否，祈速籌示。儉。

王道來電光緒十三年二月二十六日午刻到

午後與星使過芒，議至戌初，多亦引據辯折，幸託福威，嘉隆、八莊均得回，從嘉隆河至丈二峒中迤東為界，桂界無甚軒輊。議定間聞卜義內有本夜入都之信，春恐蹈上年得地故轍，力勸星使立將草約議定，訂即畫諾。春稟。馬。

鄧欽差來電光緒十三年三月初二日辰刻到

界務草約已定，此皆承公指授，修得幸免罪戾，何功之有。東界原與狄議，由竹山海口向南畫一直綫，並無由東至西之綫，則竹山以東、萬尾以南洋面，自應歸我。但恐總署不明，為卜所誑，今日已專〔一〕馬大使復賫江平入海圖綫并赫政之英、法兩

〔一〕「專」字下似脱一「差」或「遣」字。

修。朔。

語，狄亦面允，惟虜性反覆，擬俟細圖清約畫押後，再與商正。

設法，并詳述江平界綫，但未審有濟否。原約本有勘定再更正之

圖，趕往北京，以資考證。商務甚可慮，頃與王道商，另電曾侯

致總署光緒十三年二月二十八日發

據北海鎮王孝祺、欽州李受彤電稱：頃據法海甯府副總理官照會，稱除安南夫役另有調用不計外，并無一安南人、法兵至白龍尾，亦無兵攻擊中國汛兵事，我兵官已奉令不准滋事，并不敢驅逐百姓。我水師近與幾箇華人住稍久者，往來極好。我兵船之守白龍尾，我隊之在白龍尾，故有一小礮臺。居住此，皆近日所爲，因恭使及總理衙門已商妥可以駐兵及官員，也是我有此權，已經明白。至此處究竟如何辦法，待定議後我自遵照云云。當呈鄧大臣、王道閱，鄧令電洞等酌奪等語。查洞等篠電言法在横港之鹹沙、木嶺造礮臺，此港及此嶺即白龍尾上小地名也。日來據報，趕工甚急，今法已認在白龍尾修礮臺，駐兵船，彼所云鈞署商妥可以駐兵及官員，恐涉附會，當係鈞署暫不與之議此，徐籌較折抵制之法。彼即妄稱商妥，以搪塞地方官耳。白龍現界曾奉有不准假借之旨，鈞署電亦有白龍決無游移之語，至洋面亦係我水師汛地，彼臺若成，後恐難毁。今若不奏明，設始終臺不毁，船不撤，將來朝廷必咎責疆臣，故特奉達，鈞署必已有操縱良策。是否商妥，應否此時奏聞，祈裁酌速示。再，鈞署正議白龍、江、黄近岸海面界限，似亦應趁此議及，以免巡洋窒礙，并請酌核。之洞、大澂同肅。儉。

致總署光緒十三年二月二十八日發

江、黄現由鈞署議辦，特録呈切據數條，以備辯論之助。一、黄竹人劉德隆呈出道光二十八年廣東藩司印契，載明按季納糧税單，内載那隆、紅磡、佛子瀝等地名，那隆在黄竹側，紅磡在江平，佛子瀝在江平、長山之交。一、江平人何殿舉、熊昌控告欠案，欽州州判斷寫賣宅契，加印載明乾隆年間分宅地。此外江平十六村欽州印契尚多。一、江平人李華彬，現係廣西候補從九。一、江平人周敬襄，現係廣東候補千總，曾任東興千總，代理東興守備，該弁呈出同治七八年代理守備時江平人報盜案二件。之洞、大澂同肅。儉。

致陵水馮督辦光緒十三年二月二十八日發

養十一電悉。諸黎繳槍械，完善者存附近之州縣點收，設局存儲，備入山設營汛之用，粗雜者給團練。儉。

致陵水楊道光緒十三年二月二十八日發

各路報開路工竣者甚多且速，已密查多不盡實。鄙人豈不願咄嗟立辦，但世間安有如此易事耶。該道務確察切督，現已委員勘驗路工。事關入告，不能不實，不能不慎。此事責成專在該道，如原開未如式者，諭令補開，仍予獎勵。若始終虚飾，惟該道是問，勿謂隔海鄙人但憑耳食也。儉。

致陵水崖州劉牧光緒十三年二月二十八日發

該牧到任後，諸電甚好，可與方署副將和衷商辦，勉之。該

牧才甚敏，氣甚壯，大可有爲。惟聞有偏於好殺之時，如實則大謬矣，器量尤不可淺狹。戒之。儉。

致東興王道台 光緒十三年三月初一日發

卅電悉。此舉挽回不少，閣下之功也。函致劼侯極是。聞正月内白龍翻案，不許假借，乃劼侯一人維持之力，閣下宜即電懇劼侯，事迅速尤有益，北洋扈蹕正在左右，或并電懇爲助亦好。朔。

王道來電 光緒十三年三月初一日子刻到

法使昨出照會稿，大意謂讓地甚大，我使若不感情，彼不定約。星使礙難答覆。春先遣兩繙譯前行，復周旋其間，始行將約議定，并允分茅約上註明屬華，遲日畫諾。因思事久生變，商請星使准初二大宴法使，隨即下帖，第畫押後狄等即散。前議本有先辯老界後商更正之處，明知事歸署議，但此筆何能抹煞，須先詢明著實，若在外更正數處更為妙著。迅乞電催星使，於圖約對換後即講更正，看渠如何措詞，再請廷示。現另繪江、白界圖并英法兩圖，星使差馬委員由海道齎圖入都，以備譯署指證。春已力陳要害，函懇曾劼侯維持。春叩。卅。

致東興鄧欽差、李道台、王道台 光緒十三年三月初一日發

約定，狄使即散。前議本有先辯老界後商更正之處，明知事歸署議，但此筆何能抹煞，似須先詢明著實，如能在外更正數處更妙，可否於圖約對換後即講更正，看彼如何措詞，再請廷示。此次界務，公挽救之功已鉅，洞豈敢無厭多瀆，緣初議既有更正之語，狄又擁全權之名，若乘此提明，留此根蒂，以資總署談助，未嘗無益。若狄推諉，似可以彼無全權詰之。彼以無權爲恥，或可略就範圍，即使署議終不能更正，大可藉以堅江、黄、白龍之歸，將來即以不更正爲抵換，免用商務爲抵換矣。若商務作抵，必致設關在鎮南關内，所損更多也。管見飛布，即請裁奪。朔。

王道來電 光緒十三年三月初五日亥刻到

昨日又議分茅，幾乎翻案。彼謂分茅長數百里，誤劃中界，喫虧太多，須要請旨。答以圖已畫押。折辯良久，始將圖上分茅嶺三字略向西南移動，駐在華界之内，方允本日對換正約。今午過芒，畫押後即詢更正，狄云遲日再商，似有可乘之機。總之，此次界務先難後獲，要皆憲臺奏争白龍尾堅持不摇，故能漸就範圍，不然江、白既去，即嘉隆、八莊亦必淪於異域，遑問分茅。現在十萬山三不要一帶，收復疆土，按方計之，約數百里有奇，若江、白兩處總署力持，尚可更正歸華，否則亦可抵换商務。春叩。歌。

致東興鄧欽差、李道台、王道台 光緒十三年三月初六日發

鄙意近岸有島洋面，此内洋也，應議定歸華歸越。若島外大洋，以不議爲妥，似宜聲明大洋一切照舊，不在此内。緣大海廣闊，向非越所能有，若明以屬越，無從限制，遇有事時法以鐵艦横海，查禁過船，搜外洋軍火，我海面梗矣。此層頗有關繫，請裁酌。魚。

致東興鄧欽差、李道台、王道台 光緒十三年三月初六日發

微電悉。豫留更正之根，極佩。惟九頭山未議及，按圖似在海甯西南。若照狄説，海甯直南諸島歸越，則九頭入越界矣。此山素爲盜藪，居皆華民，近三十年來屢煩兵力，去年春馮督辦調派水陸大軍攻戰月餘，破巢毁壘，除匪安民，設立里長，具結受撫，有案可稽。若法人招納逋亡，以後欽、廉、瓊、雷永無安枕日矣，此山必宜歸我爲妥。且勦撫九頭山、亞婆灣，去年六月奏報在案，并奉旨擇尤保獎，即論洋例，用兵征服之地，斷不應讓於他人。我説甚長，彼亦難奪。尊電有訂後議語，似可專將此島此灣議定，其餘大島甚多，可不論也。此次電奏，竹山直南以下似可删去以東二字，作爲竹山直南之海島云云，并增入：惟九頭山大約在竹山以南，或微偏東，或微偏西，尚待測驗。此島居皆華人，素爲匪藪，中國屢年用兵費餉。同治十年越南國王來文云越地無九頭山、亞婆灣，奏明在案，公法應屬於華，俟續議再定等語。特奉商，祈速酌覆，或用渾簡活動語，但留可争九頭、亞婆地步，亦請酌易數語，當即轉署。洞、澂同啟。魚。

鄧欽差來電 光緒十三年三月初七日子刻到

魚電九頭山歸華為妥，甚是。惟狄言及洋面西界，修即言東界以實之，而亟電署者，恐署得江、黄而遺直南之洋面諸島也。且此間始終立言祇拖志圖，今若攙入九頭山電奏署述狄語，恭必詢狄，狄必不認，署以我言為妄，將併此而失此山。曩事皆公手烈，鄙意不若公另奏，飭署與恭面議，當不致如狄之尚可諉卸。微電以東二字請即删去。速轉。修。魚。

致東興鄧欽差、王道台、李道台 光緒十三年三月初七日發

狄既急歸，諸公漸與欵洽，海中諸島皆不提，只索九頭一島，必可有成，永息廉、瓊之害，非鼎力不辦也。若歸内議，不悉敵情，必以爲艱難而止。外議爲結局，内議爲更端，情形迥别。仍望於續議時姑一圖之，如必不行，當再電請署議。陽。

王道來電 光緒十三年三月初七日申刻到

本日會議，先詢更正。狄云：去歲浦在文淵本有此説，言兩國交情，更正亦可，現暫將所議更正之處，繪圖斟酌，若地段太大，尚須請示本國。次争九頭山，彼出三圖，言經緯綫九頭屬越，憑據甚多，且距華地甚遠，是處可不提起。星使云：有不決處，宜歸内議。狄對：本是越地，我實不便請旨。再三辯折，渠仍狡賴。至島外大洋已與議明一切照舊，無庸分劃。春叩。陽。

吴撫台致東興法欽差電 光緒十三年三月初八日發

案查欽州西南所屬洋面，有九頭山、亞婆灣，向多洋盜。同治九年，兩廣總督瑞中堂派兵剿辦，時越南國王來文，言下國並無此山，現派工部署參知阮文邃等，管帶師船往廣安省之白藤江。按截等候。是九頭山、亞婆灣向不隸越。兩廣督署有此憑據，粤界為弟所管轄，雖一小島不可棄。乞與鄧欽差議定歸華為要。大澂。

致東興王道台 光緒十三年三月初八日發

庚電悉。狄貪狡可恨。九頭、亞婆距海防甚遠，豈能阻塞東京。越王來文，明云無亞婆灣，豈亞婆亦有别名乎。或酌中調停，

以亞婆歸越，九頭歸華。若不行，或議明九頭如有盜匪，中國可派兵往捕，中國有罪犯可以流放該島，斷不在彼築礮臺。若再不行，或作爲兩國會哨之地，俱不屯兵築臺。三策請審勢竭力圖之。越王文如彼不信，可專差送閱。請轉達星使。庚。

王道來電 光緒十三年三月初八日亥刻到

庚電謹悉。撫憲致狄使電，當譯出送去。旋與星使過芒會議，先提九頭，據稱該山距亞婆不遠，亞婆為東京出入要口，亞婆歸華，東京阻塞，除非將東京歸華，則該兩處亦歸華。且九頭山華人因其形似名之耳，越人呼為向千里，故越王公文有越無九頭山之語，其實中越名字不同，不得因此遂即謂屬華。我與吴撫台雖有交情，明日我當覆電，無奈此島所關甚大，即請示亦不能從等語。再與之論更正，據稱：所議各處，有圖無説，我尚未知如何，須另立圖説，某處從某處更正，有若干里，看其形勢，如兩國有益，於我無損，地段不大，我方作主，否則終當請旨辦理云云。現俟貼説送彼再議。春叩。庚。

致總署 光緒十三年三月初九日發

初五日電旨恭悉。已飭六廠補抽委員依期交該兩税司接辦，鼇則亦飭發。未盡事宜，容續達。庚。

致陵水馮督辦、瓊州謙護道 光緒十三年三月十一日發

勘電擬移文昌民開墾黎山策，甚善。文昌地隘人稠，每年出洋趁工者甚多。黎地廣沃，謙護道迅即札縣出示，曉諭文民，入山看土，自行移往，毋庸點解護送。開墾何處，報明墾熟三年升科，并飭副將符鴻升廣爲勸導。請公即飭行。真。

致陵水馮督辦、瓊州謙守 光緒十三年三月十一日發

各州縣自開小路，與十字大路不同，應由紳團籌費自開，澄、定、萬、陵、崖等處，皆係紳團報効，事應一律。現在會樂路工緊要，飭謙守轉飭會同杜令、樂會張令，暨各該紳速妥辦，不得絲毫侵吞入己，劣紳挾私阻撓者，查明嚴辦。真。

致雲南岑宫保 光緒十三年三月十一日發

滇、桂脣齒，以後邊事日多，信息以捷爲妙，若電報由滬轉桂，至速須兩日，軍報緊急時，必多停待，局多易延，雷多易損，設有梗阻尤遲。查南甯至開化千六百里，此兩處電綫聯接，則兩綫並行，即有一阻，無礙通報。似宜亟趁此時電工員匠在滇，迅速電商北洋，將南甯、開化之綫接通。其南甯至百色一段六百里，由粵自行籌欵，百色至開化綫路不及千里，力加撙節，五萬金可辦。滇防正要，當可允從，如尊意以爲然，請速電北洋商妥，會鑑堂及鄙銜奏辦。候覆。真。

致總署 光緒十三年三月十三日發

洋藥併徵一事，聞洋商不允不開箱之説。港例尚須更改，擬改之法，似不及不開箱簡要。再，凡土一斤，成膏八兩，質輕箱小，最易匿漏。開辦之後，不漏私土，必漏私膏。香港向有膏商

每年繳餉十八萬於港官，現在膏價貴於內地，走漏故少，將來藥土釐稅併徵，內地膏價必貴於港，港商包攬圖利，由港煮膏，潛運各處，必致港官之膏餉日增，內地之藥徵日絀，似應與總稅司妥議。此次定例應如何稽察膏商，儻有弊端如何重罰，乘此改章未定時籌辦，候鈞裁。元。

致東興鄧欽差〔一〕光緒十三年三月十四日發

録示馮兩電悉。此老火氣太重，間涉粗率，幕僚又不曉事，往往任意譏彈，人不能堪，非出馮本心也。洞與共事三年，如此類者多矣。公與爲舊交，諒亦知其素性。公力争回分茅、八莊，馮豈不知。此老好勝，大約因尊電無帥兵驕等語，疑爲譏己，故爲此忿激語耳，非莊論也，似可付之一笑，曲予涵容，洞當切規之。再，頃聞公致署電，恐是論九頭事。洞因現議洋面，此山屢經奏陳，不得不一籌及，以了前局。若勢有難争，原可從長計議，叠電可復按。清帥電狄乃姑妄言之，庶公易於措詞耳。竊思更正，方在開議，將來必有所得。此誠難得機會，始願不及。若總署見外間意見不合，一概截斷，則更正大有妨礙，當亦非公志也。公此次功效已鉅，浮圖行將合尖，此電似可緩發。如以爲然，當告前途將此電追回，務望詳察熟思。公爲藺相如，馮爲廉頗，藺終出廉上也。即示覆。

鄧欽差來電光緒十三年三月十四日到

昨電署語甚活，公慮益遠，望即追止。修。願未。

致東興王道台光緒十三年三月十五日發

更正有無機會，祈示。九頭既難争，能約明彼不得駐兵築臺，中國盜匪逃匿，行文往索，須照文交還否，或歸内議，以備抵制。他處統酌示。咸。

致瓊州謙護道、陵水崖州劉牧光緒十三年三月十六日發

崖州劉牧開徵，擬減爲每兩收錢二千三百文，米穀每石五千文，書役雜費在内，此爲恤民起見，甚好。已飭藩司議准。該守速核明，如妥，速飭辦。諫。

致陵水馮督辦光緒十三年三月二十三日發

南淋攻克，甚慰。各軍攻寨如得牛隻，可由官收買折價，賞給該軍，以牛發窮黎耕種。漾。

致京朱道台光緒十三年四月初二日發

法使欲以白龍、江、黄抵换龍州通商，斷斷不可。果如所説，鎮南關直爲虚設，全桂邊防墮決矣。焦灼不可言，望極力向諸當道陳之，以九頭山作抵，或另籌抵制。至禱。沃。

〔一〕以下二電録自苑書義等主編《張之洞全集》第七册，第五二三四至五二三五頁，河北人民出版社一九九八年版。

致陵水楊道，馮守相榮、相華光緒十三年四月初二日發

南淋逆巢已破，止捕誅譚逆及悍黨拒戰者，脅從赦免，安分良黎尤須撫恤，嚴飭弁勇勿得焚擄騷擾，切囑。善後章程速酌議，會商劉牧、方將辦理。沃。

致陵水楊道光緒十三年四月初二日發

電悉。兩馮守深入險阻，攻破南淋，深堪嘉尚，可代轉鄙意慰勞。該道入巢宣慰，具見有識有爲。逆首譚亞吉遁往何處，速購捕勿失。沃。

致煙臺盛道台光緒十三年四月初二日發

電綫總以滇桂接通爲妙。由南甯至百色，費由粵自籌。百色至蒙自，須滇籌。前月商岑，岑懇北洋，以無欵覆。趁員匠在滇，閣下可極力與傅相謀之，利權、軍報、商局三益。沃。

致龍州李護撫台光緒十三年四月初四日發

天平山鑛，疊委確查，鑛苗實旺，携呈鑛質煎驗，甚佳。當年黄三滋事别有故，非因鑛也。山高而不深，并無險阻，可容據守，圖勢甚明。現有商願辦，已與紳士商允願捐勇餉一營資彈壓，由尊處派員帶，似聚匪可無慮。桂省利源不易，今内意極重鑛務，正月十四日責户部旨，語意甚切。鄙人上年建議開鑛，有寄諭飭辦此事，可否試辦數月，庶知確狀，以便覆奏。有勇有弁，鑛丁當不致滋事，如稍有不便，立即停止，似與尊意不背。東省開鑛十餘處，尚安静。祈示覆。支。

致東興鄧欽差〔一〕光緒十三年四月初十日發

頃王道電，本月初四日據林長福轉據前營陳寶光禀稱：是日聞礮聲，派弁查探回報，有張姓民船二隻，載麵入白龍尾，在洋面被法人礮擊船沉，傷斃十餘人。旋據白龍汛把總馳報，法輪泊珍珠墩，凡往來船隻出入口門，多被擊沉。又在上龍、句冬一帶掠民耕牛，百姓憤，欲糾合水陸報復等語。白龍署議尚未完局，法横愈甚，民恨愈深，誠恐激成事變等語。所言是否屬實，望速確查電覆。此事乃因界務而起，似宜及早電達爲要。洞、澂同啟。佳。

致總署光緒十三年四月十一日發

本月初四日據營官陳寶光禀，是日有張學民船二隻，載麥入白龍尾，在洋面被法人礮擊船沉，傷斃十餘人。旋據白龍汛把總馳報：法輪泊珍珠墩，凡往來船隻出入口門，多被擊沉。又在上龍、句冬一帶，掠民耕牛，百姓怨憤，欲糾合水陸報復等語。復查屬實。正在署議未定，此事殘忍横悖太甚，現已極力曉諭彈壓，然蓄憤生事，不可不防，請嚴詰禁止。修、洞、澂同肅。真。

〔一〕録自苑書義等主編《張之洞全集》第七册，第五二三七至五二三八頁，河北人民出版社一九九八年版。

致陵水馮督辦光緒十三年四月十三日發

文電悉。軍士熱病，亟宜清解，已飭謙護道先在海口購清涼藥各十斤，發散、宣通藥各五斤，飛解大營，以應急需，復開單飭局再購，派輪馳送。元。

致瓊州馮督辦、楊道、方道、謙護道，崖州劉牧、福軍孫丞光緒十三年四月十四日發

天熱瘴盛，聞各軍病瘴者甚多，急速撤出善地調理，以俟再舉。酌留土弁土勇耐瘴者，辦理未畢撫黎、開路各事。鹽。

致陵水馮督辦光緒十三年四月十四日發

南淋匪巢既破，已無攻剿之事，此後不過善後事宜，各路俱有委員，公似可移駐瓊郡，居中調度全局。請酌覆。願。

致瓊州謙護道、福軍孫丞，嶺門福軍孫丞、林鎮宜華光緒十三年四月十四日發

孫丞本日由嶺門回瓊，前閱來稟，病證乃係毒熱，必宜清解。該護道速覓良醫，帶清涼藥料，迎赴安定一帶療治，切要。如醫治有效，賞三百金。願。

致瓊州謙護道、鄧署參將，嶺門福軍營官韋有才等光緒十三年四月十六日發

據福軍營官韋有才、劉得陞、劉明廷等電稟各營弁勇均病甚，孫丞已往海口，并無示知各營，三月分餉僅關五百兩，飢病交集等語。該營弁勇深入力作，不避艱險，致感瘴病，甚念。孫丞因病重返海口，非不惜卒，勿得妄議。該營需餉甚亟，無人照料，謙護道與鄧參將商酌，無論何欵，速撥四千金，將該三營三、四兩月餉墊發找足，即日由省照數解還，并覓醫往治。弁勇病重者，抽調海口調養，餘仍駐嶺門，或撤至屯昌，暫事休息，勿得遠離。全軍概行撤動，致隳前功。抽撤時亦不得倉皇擾亂，切要。應紮何處爲妥，即與伍蓉、王國棟會商電稟。諫。

致嶺門福軍營官伍蓉、王國棟光緒十三年四月十六日發

天暖瘴毒，新左、新右兩營力作甚苦，甚念。弁勇若瘴病過多，即撤出無瘴地面調養休息，勿稍勉强。如尚可酌留，亦不宜全行拔回，使垂成之功，終虧一簣。應如何責成黎長經理完工，酌留耐瘴土人督察，該兩營宜撤至何處，均速妥籌電覆。諫。

致陵水馮督辦光緒十三年四月二十日發

楊道病歿，痛惜。即遣人送其柩由陸路至海口，不必輪船，轉多周折。陳令治安暨弁勇隨從等，有病願歸者，均遣回海口醫調。號。

楊道遺電光緒十三年四月初九日午刻到

職道上年請開榆林港埠頭，出南林後同張主事廷鈞親勘其地。據土人云，越南之役，法屯兵泊輪十八艘，逐日操演，崖協牧不問，瓊鎮道不知，幸欵局已定，不然瓊事不堪設想。書今日請開

港，實為籌海計也。港門兩岸宜築礮臺控制之，內立埠頭，中可容輪船數十艘，通黎山之出產。張主事願覓外洋加非、吕宋煙、蔴、蔗、胡椒各種，每年銷售外洋，似足為窮黎開衣食之源。其港口較埠頭為勝，與香港不相上下，海口水淺，高之十倍。此處一開埠頭，則崖東、南、西三路源頭均活，實為富瓊第一要策。惟事關中外交涉，未敢擅擬。書南林染瘴，榆林受風，山嵐海氣蒸鬱成疾，晝夜呻吟，苦不可支，伏枕口授電聞，祈鈞酌。書叩。陽。

致瓊州謙護道，嶺門福軍伍令蓉、周令林，定安劉令光緒十三年四月二十二日發

王國棟病危，懸念之至，何早未電聞，又不早出就醫耶。謙護道、劉令各速募良醫，帶藥趕赴嶺門，如有醫能治好王國棟者，亦賞三百金，并優獎。該令等督工勤奮可嘉。前飭暫退，何地爲妥，即退出，勿稍固執。路募黎修，工竣往驗，不必親督。新右即交周令暫帶，王判速回海口調治，俟病愈交還可也。養。

致陵水馮督辦光緒十三年四月二十三日發

天熱瘴盛，前已兩次電飭各軍病瘴者撤出善地調理，酌留土勇辦未竣各事，飭外省人員勿深入，專派土著員紳，熟習弁勇，分投辦理。頃復咨行，統俟秋涼善後。各軍遠征，無日不往來鄙人胸中。現聞萃軍病者甚多，病重者速撤回海口，其餘應否酌量撤回，統請酌辦。大功已成，本應凱撤，公聲威遠播，南淋匪逃匿者，各峒必能縛獻，公以回駐郡城調度爲宜，幸即垂納。速覆。漾。

馮督辦來電光緒十三年四月二十八日申刻到

漾電悉。前奉電已將南淋各營撤出三亞，復查藤橋水土較善，又盡撤至藤橋。現受病者五百餘，海口藥已解到，可以就營調理。若撤回海口，天熱路遠，難遽達，且海口人煙輳密，炎暑薰蒸，病人到彼未易保全，不如仍在藤橋服藥，一切方便。目下正飭營團搜擒匿匪，不宜鬆勁。材應仍駐陵就近督率，以竟全功。此間水土尚好，祈勿遠廑，不須回郡城。本地團紳亦有瘴故患病者，不獨外省人員也。材。宥。

致嶺門周令、伍令，海口孫丞、錢湘南光緒十三年四月二十六日發

王判深入黎腹，力疾督工，堅持不退，竟以瘴殁，頓足痛惜。其柩速運赴海口，同楊道柩回省。已派錢湘南來海口照料王判後事，一切用費開報。宥。

致陵水馮督辦光緒十三年四月二十九日發

宥電悉。公及兩郎安善，慰甚。各營紮藤橋，麾下仍駐陵，不少鬆勁，壯哉，營平新息，胥拜下風矣。以後仍望察度情形酌辦。豔。

致桂林署西藩台、臬台、道台、桂林府光緒十三年四月二十九日發

梧桂電綫造成，以後桂省要事先由電達。豔。

致陵水馮督辦，崖州方署將、劉牧光緒十三年四月二十九日發

崖路工成，請即委驗。豔。

方將來電光緒十三年閏四月初六日辰刻到

查由崖州西之九所市，經樂平汛，北抵凡陽，為南左路，開得二百廿八里。一由州東溝口汛，經只强村、通官坊、招淺村、辦沖村、抱璧村，直抵凡陽，開得二百十五里，搭橋廿條，鑿井一口。一由南右路，由州西之郎蔓汛，經抱懷村，治經羅活峒，抵官坊河止，會合官坊、招淺村，接抵凡陽，開得二百三十五里，搭橋廿二條，鑿井二口。又由抱懷村分道至崖州坡之覃寨營門、抱安樂所，共七十五里，搭橋八條。理合電禀。署將敬禀。東。

致天津李中堂光緒十三年閏四月初三日發

上年承准海軍咨，詢粵造淺水兵輪四號能否調津查看試操等語。此四輪爲行淺水底式，較平長英尺一百一十尺，喫水英尺七尺半，合中尺六尺，衹能行内河及淺洋近岸，曾到汕頭，因遇風行駛已甚勉强，閩洋、北洋自更難往。去冬曾劼侯過香港，曾邀來省，意在請其便道一閲，曾未進省而止。頃又承海署催覆。竊思鄧鴻臚不日旋京，擬請鄧就便詳閲，回京向醇邸面陳，祈轉達，是否可行，示覆遵辦。再，粵現擬籌欵續造數艘，月内即奏咨，請代達海署。江。

李中堂來電光緒十三年閏四月初六日申刻到

頃海署電：北洋轉粵電悉。四新輪只行淺洋，自難調閱。聞粵輪五十餘號，大抵皆然，現復籌欵續造，設仍如是，遇事止可守而不能戰，雖多何益。刻奉懿旨整飭水師，盍酌裁小輪，以數隻併一大輪，庶海戰有資，不必專恃外援。希即酌覆云。鴻。魚。

致陵水馮督辦、楊令光銓光緒十三年閏四月初三日發

楊令化黎歌冗長無當，愚黎既不能通曉，亦不能記誦。化黎必先教語言文字，興利變俗，須好地方官循序講求，久方有效，豈該令一過能化。製旗槍、募親兵，僕馬供億，徒滋煩擾，宜止勿往。請飭該令即速回省，其義學章程飭地方官妥議禀辦。江。

致陵水馮督辦光緒十三年閏四月初三日發

據委員錢湘南電稱，楊道柩尚未啟行，牛嶺二十餘里，寬二三尺不等，陡絶皆亂石，過柩不易等語。此路既係入三亞、南林要道，本應開通，以便日後出入。請公速派員弁營勇，督團紳募土黎將牛嶺一帶迅速開通，亂石鏟平轟去，寬處丈六，至窄處八尺，務令轎馬暢行爲度，由陵赴崖永爲康莊，工費准開報。江。

致陵水馮督辦，馮守相榮、相華，陵水縣饒令、張大使卿雲光緒十三年閏四月初六日發

聞公感冒，念甚。藎躬關繫甚鉅，天錫康强，民祈福壽，必已占勿藥。惟陵水水土究遜郡城，一切不便，亟應爲國自重，移駐郡城，鎮道亦就近得禀承，全瓊幸甚。請即啟節，率三公子凱旋瓊郡，五公子部署拔隊各事，亦即旋瓊，幸勿堅執，即示覆，

以慰懸繫。兩馮守、饒令、張大使敦勸馮帥速行。魚。

致福州船政大臣裴 光緒十三年閏四月初七日發

前議造淺輪，喫水英尺八尺，曾與魏牧瀚商，據云若喫水略深，底略尖，亦可出海，五萬餘亦可。擬并託閩廠協造鋼脅淺輪四艘，每船協二萬五千兩，四艘共十萬。請將長、闊、喫水尺寸、馬力并宜用何舨，酌定見示。如允，先匯五萬，餘分兩限匯清。即示覆。陽。

裴大臣來電 光緒十三年閏四月初八日申刻到

淺水兵輪喫水英尺八尺，當詢魏牧，據稱出水面略高，自可出海。協造鋼脅淺輪四艘，每船協庫平番銀二萬五千兩，閩廠即可遵辦，船長英尺一百四十四尺，馬力三百匹，船寬英尺一十八尺，船頭應用十二生大礮一尊，連珠礮二尊。森謹覆。庚。

致福州船政大臣裴 光緒十三年閏四月初七日發

託造快船四號，每船養船費、薪糧、修理、煤炭、雜用共歲需若干，望約計大略速示。其第一號快船，擬只將船頭兩耳臺配十五生礮二尊，船腰只配兩荷乞連珠礮，可騰出兩十五生大礮作他船頭礮用，船腰暫空其位，俟力裕時再添船腰大礮，有此辦法否。餘託造三快船，頭礮是否一尊。均即覆。陽。

裴大臣來電 光緒十三年閏四月初八日戌刻到

第一號鐵脅快船，係同超武、威遠船制，其養船費歲需二萬三千八百餘兩，煤炭每點鐘約用一千二百斤，新船數年内毋庸修理。閩廠前訂十五生口徑礮三尊，十二生者四尊，擬將第一號船頭兩耳臺安十五生者二尊，船尾安十二生者一尊，船腰安荷乞開士連珠礮四尊。第二號穹甲船頭擬安十五生者一尊，船尾安十二生者一尊。至閩廠所訂購尚餘十二生者二尊，擬安穹甲第三、四號兩船之船尾，其頭礮請尊處另酌十五生者各一尊，穹甲三船應配連珠礮，以昭完備。森謹覆。庚。

致福州船政大臣裴 光緒十三年閏四月初八日發

本日電悉。允協四淺輪，感荷。此四輪須能駛至北洋，喫水宜略深，英尺十尺或九尺餘爲宜。聞底尖者易行海，四輪似可令略尖。此四輪較粤造價幾倍，自宜較大，既已加長，能更加寬爲佳，船面能寬至英尺二十尺否，請速籌覆。至出水面略高，何以即可出海，望示其説。即用鋼舨比木爲省，船身出水入水共深若干尺，每刻行若干里，幾月成一輪，何時全成，均示。庚。

裴大臣來電 光緒十三年閏四月初十日巳刻到

庚電悉。淺輪船身出水約英九尺二寸，入水九尺，每點鐘行中國三十二海里。如欲船底加尖，喫水加深至英九尺，寬加至英二十尺，均可照辦。但船值加貴五千兩，閩廠請略寬時日，仍不敢仰邀增價。用鋼比木固省，惟廠儲上等楢木甚多，取用較速，約十六箇月可成兩艘，又八箇月可成兩艘。至船旁出水面略高，則出洋時不至為浪波所漂灑。凡船行海時，船攲至四十度，水可不越旁而入，若旁過低，則船攲至十數度，水即入矣。前造湄雲船，馬力一切相似，往來燕、閩多年，即可駛至北洋之明證。仍候電示開辦。森覆。往。

致福州船政大臣裴 光緒十三年閏四月十一日發

佳電悉。四淺輪擬定長一百四十四尺，寬二十尺，出水九尺二寸，喫水九尺二寸，均英尺，實馬力三百匹，鋼脅木舨，活桅二枝，可伸可縮，桅盤上可安礮，可行南北洋，限期二十四月，遵辦。價照原議，先匯五萬，一年後匯三萬，造成全清。惟速率中里三十二里似尚未足，能設法再加快數里否。粵造淺輪，頭尾礮、腰礮俱有鋼礮房，船幫有鋼板，似皆要需，魏牧看過，閩廠所造相同否，并即示。真。

裴大臣來電 光緒十三年閏四月十三日酉刻到

馬力增至四百匹，喫水深加至英十尺，每點行中里三十六里，船身機器均須增價。惟協造本無定值，應否照原數改番銀為紋銀，補足貼水，悉聽鈞酌。船首尾腰礮位均照新法，另加鋼板礮罩，以避連珠敵彈。活桅可伸可縮，盤上安礮，均遵辦。煤供十日，儘可駛行南北洋，倘再遠行，祇須沿途添煤耳。森。

致天津李中堂 光緒十三年閏四月十二日發

海署電謹悉。粵輪除鹽務、釐局數隻外，大小止二十九隻，多甚小者。又，除分撥各營縣捕盜外，在省河内外止十四隻，皆只能充緝捕轉運供差之用，無一兵輪，雖守口亦不足，故上年創造四淺輪，乃兵輪式，聊佐守禦。現擬續造船式較大能出海助戰之兵輪，可赴北洋閱看。其經費係零星捐湊，不動正欵，并設法十分節省，始克湊辦。至裁小輪養大輪，極爲要論。現造船若成，即擬併小輪以養之，不另增費，惟甚大者則須另籌，其中詳細曲折即奏咨。粵欲造船而無欵，此乃小試其端，自以大舉能成一軍爲長策，容再詳籌上聞。請轉達海署。文。

致廉州府、瓊州府、潮州府、惠州府 光緒十三年閏四月十二日發

英國穆參將管駕蘭碧樂兵船，欲往廣東各海口測量探試，請給護照，當未允給。該船私往海豐縣洋面，登山支棚，私自測探。昨據該縣禀報，業已札行沿海州縣，如該船入境，或登山測量，或臨水探試，即行督帶兵役，妥爲勸阻，不可任聽自由，亦不可忿爭生事。洋人至非通商口岸，理應請照，如無護照，照約應阻，可以此折之。速飛飭各州縣及知會各直隸同知妥辦，切要。文。

致福州船政大臣裴 光緒十三年閏四月十三日發

四淺輪馬力四百匹，喫水十英尺，每點鐘行三十六中里餘，礮罩、鋼板、活桅各節均照尊電定議。此外，機器一切未盡事宜，俱用新式。每艘庫番三萬兩，懇免貼水，五日内匯六萬，又八箇月至本年臘月匯三萬餘，造成付清。請速購料開工趕辦，一面繪圖寄粵。此四輪名廣庚、廣辛、廣壬、廣癸。限期能再稍速尤佳，統望籌酌。閩前訂之礮及彈藥等，價十二萬，粵俱留用，礮到付六萬，餘六萬明年還清。礮可留閩，俟船成配好併送粵。此舉諸賴藎畫協規，感謝。元。

致崖州劉牧，瓊州朱道、謙守 光緒十三年閏四月十四日發

真電悉。部限停捐，不能奬實官，崖瘠苦，未捐者勿再催，

已捐者如不願銜封，即留爲本地善後之用。願。

致陵水馮督辦光緒十三年閏四月十八日發

鍾仁寵募耐瘴土勇兩底營，辦理撫黎工作各節，籌甚當。惟團紳無制，恐擾黎，應令鍾帶一營，王奉龍、祁定衡兩人中請擇其一，令帶一營，共合兩營，由朱道派一員爲督帶，以統於朱道，嚴申紀律，責其實效。其軍火只須給以大吉槍，不必後膛，餉由朱道給。請即飭辦，并飭朱道知。嘯。

馮督辦來電光緒十三年閏四月初八日亥刻到

據萬紳鍾仁寵稟：現全瓊黎峒各路開通，受撫熟黎改裝繳械，大致肅清。宜分四段，立一州三縣，以五指山東面為一段，管萬、樂、瓊三屬黎，截定安十萬，加釵南蛇等峒在內，建城約在十萬峒為宜。以五指山西南為一段，建城約在定安之凡陽為宜。以五指山正南為一段，建城在崖州大本弓為宜。此兩段分管崖、陵、定三屬黎。以五指山西北為一段，管儋、臨、昌、感四屬黎，建城約在感恩黎地為宜。四段分地雖寬，可添設巡檢。初辦以勸耕、開市、鋤强、禁擾為要，定賦次之，立學又次之。如不建城設官，恐大軍撤後，路蹊茅塞，髮裝沿舊，槍械買新，將奈之何。又崖、陵、定交界一帶黎村，因地段不分，推東託西，無從招撫，兼有匪黎逃匿。請藉大軍聲勢，准紳募耐瘴土勇兩底營，入山撫定勒交，如再刁抗，即痛加剿洗，但有糧餉、槍礮，計兩月可蕆事各等情。查該紳所稟，不為無見，惟漢官難以遽設。鄙意欲分地段，設土官，准其建土城，招土兵，先行試辦。俟瘴消匪淨，再換漢官。蓋先有城市規模，商民方敢入山居住。體察形勢，事尚可行。至該紳請募土勇兩底營，冒瘴深入撫剿生黎，可否照准。若准，該兩土營月餉軍火在何處領發，乞示遵用。特奉商，均請詳覆。材。陽。

致陵水馮督辦、瓊州朱道光緒十三年閏四月十八日發

瘴盛軍病，傷亡太多，實可閔念。公忠壯可敬，然將士情形如此，無可如何。且餉絀萬分，力實難繼，亦須凱撤節餉。既云海口擁擠不便，擬請麾下暫率數營回欽，遥授方略，餘營分起陸續內渡，俟秋涼後體察情形，如需公親臨，再請渡海，朝發夕至，在欽猶在瓊也。貴部到欽後，再請陸續酌裁。撫黎善後，事繁而期長，惟有責成雷瓊道朱道詳籌妥辦。朱廉正精强，尚可放心，瓊軍亦須陸續裁併，統歸朱道。至客匪膠葛太多，欲籌經久之策，更難猝定，以後責成朱道妥辦。分地段、設城市、建土官各節，已飭朱道籌議，擬即一面具奏。請示覆。嘯。

馮督辦來電光緒十三年閏四月十九日亥刻到

嘯電悉。一切遵辦。材。皓。

致東興鄧欽差[一]光緒十三年閏四月二十一日發

讀嘯電，繫思無已。公出都萬里，久役三年，與同事諸君俱爲瘴癘所困，總署音信寂然，如何，如何。所需醫藥食物，望電

〔一〕録自苑書義等主編《張之洞全集》第七冊，第五二五四頁，河北人民出版社一九九八年版。

示，當速寄上。洞、澂同啟。馬。

致龍州李護撫台光緒十三年閏四月二十一日發

現擬將南甯電綫接至剥隘，計程八百餘里，需費約三萬數千金，擬東西省各認其半，西欵即扣抵協餉陳欠，不動實協之數。此舉若成，滇綫所短有限，當再設法勸北洋接合，於邊防有益，即示覆。馬。

致柏林許欽差光緒十三年閏四月二十四日發

擬定克虜伯十五生三十五倍口徑長礮五十尊，臺上用架中樞，每礮彈二百，粽色餅藥照配。礮分十年運華，價分十年匯德，數多期寬，價值望切商格外讓減，連運保併計共若干，速示覆。敬。

致陵水馮督辦、瓊州朱道光緒十三年閏四月二十六日發

善後事體尚多，撫黎開山局暫不宜撤，所有現辦撫黎各員自應仍舊，但令統歸朱道總辦，以朱道處爲總局，餘爲分局。宥。

致海口福軍孫丞、瓊州朱道、楊鎮光緒十三年五月初四日發

孫丞病大愈否，念甚。福軍三營留瓊無事，可令附商輪迅速回省，責成鎮道會同孫丞妥爲照料彈壓，勿任逗留。孫丞仍留瓊統兩營土勇，辦善後。支。

致欽州鄧欽差、李道台、王道台、李牧光緒十三年五月初八日發

頃總署電云，奉旨：中法續訂界務商務條約，已派王大臣與法使畫押，所有照繪欽州界圖及照録條約各件，即日由總理衙門發交委員馬復賁齎回，其設立界牌事宜，照約由地方官會同駐越法員辦理。鄧承修著即馳驛回京。欽此。即轉電鄧。陽。等語。特轉。庚。

致欽州馮督辦、瓊州朱道光緒十三年五月初九日發

初四日致總署電云：崖州黎匪經馮提督子材督飭各軍，於三月内將南林嶺堅巢攻破，分别良莠，誅釋逆首，譚阿吉閏四月二十五日擒獲，其餘黎峒就撫，客匪懲辦已多，現無可剿之匪。目前瘴盛病多，各路撫黎開路事均已大略就緒，黎地善後及安輯土客各事宜，洞等當督飭雷瓊道朱采辦理，應即裁撤勇營，休軍節餉。擬囑馮回瓊郡，督同朱采籌定一切後，仍回欽防。馮係奏派赴瓊，此次回欽請旨遵行，請代奏撤營，須早電奏，以期迅速等語。初七日總署來電，奉旨：張之洞等支電已悉，著照所請行。欽此。特轉達。佳。

致欽州鄧欽差〔一〕光緒十三年五月初十日發

使事告竣，奉詔還朝，欣賀。蒸電讀悉，約何時可到省，先

〔一〕以下二電録自苑書義等主編《張之洞全集》第七册，第五二五七頁，河北人民出版社一九九八年版。

示。同行諸君均道賀。蒸。

鄧欽差來電光緒十三年五月十一日到

界務如此結束，非意想所及。修抵欽後，病漸愈。明晨即發，六月初當可抵省。相見匪遥，何幸如之。修。蒸。

致總署光緒十三年五月十七日發

屢次鈞電，只言六廠常税交税司，當已出示交辦。今閱赫德章程抄函，竟將粤海大關、潮海、瓊海、北海四關及各口盡行網羅侵占，各關口只管查艙貨，發准單，無税可收，未免牽動通省全局。粤係海邦，全省商税皆以出入海口爲大宗，洋貨無論，即所有民船土貨，省西省北之貨，自廣州出口者，東至惠潮，西至高廉雷瓊，皆必經六廠，惠、潮與高、廉、雷、瓊東西來往，暨此六府赴廣州省城，又過省城而西而北，亦必經六廠，實爲粤省商路咽喉，此外零星涓滴而已。今赫章無論出入來往何口，皆在六廠完税，給單放行，則各關皆同虚設，甚至非口岸之土貨已完税者，亦加抽半税，盡驅民船，改由商岸，絶流而漁。至改洋税，加子税，增船鈔，無牌之船即行拏辦，累商擾民，必生事端，已另電奏陳。伏思朝廷令税司兼辦常税，自係因籌餉要政不得已之舉。竊有管見，敢以奉陳。查粤海關積習，用人雜濫，家丁、吏胥中飽糜費，若責成督撫會同監督實力稽徵，釐定章程，盡革向來總辦名目弊端，添委妥員經收，剔除中飽，痛裁糜費，每年全省可徵至八十萬以外，應解正餉貢品、本關洋欵傳辦各件及一切經費，核實撙節開報，所餘尚多，候旨撥用，無須改則加徵税項，自能增益。六廠雖歸税司，應令其仍照舊章抽收，不得牽掣他口。除所收若干撥補全省收數外，總期凑足八十萬之數。赫德專以洋藥併徵有礙爲詞，牽混要挾，日增月益，將來何所底止。此乃通省民船常税，與洋藥無涉，與香澳無涉，且與六廠常税舊章亦無涉。洞等爲靖商民裕税課起見，是否可采，伏候鈞裁。之洞、大澂同肅。洽。

致瓊州朱道、黄提督超羣光緒十三年五月十七日發

黄超羣樸質耐瘴，即派在瓊督帶土勇兩營，不必更改。瘴地辦事，求才不如求習。洽。

致天津李中堂光緒十三年五月十九日發

赫德攬收全粤常税，力擠監督，十五、十七兩電總署論之，特飭電局録呈。赫狡而毒，意在全網中國利權。併徵甚疲，八百萬毫無影響，而藉此挾制愈進愈深，既奪全粤之税，必籠全粤之釐。昨晤英領事，公然問及釐金全交税司否，咄咄逼人，將來不盡奪各省海口、長江之利權不止，津滬等處漸次及矣。公如能設法挽救，大局賴之。幸籌示。洞、澂同啟。皓。

致江甯曾宫保[一]、天津李中堂光緒十三年五月十九日發

赫德攬辦洋藥併徵，自認每年可多收二百萬，動以此爲挾制，

[一] 指兩江總督曾國荃。

先索得澳門，繼又攬收粵省六廠常税釐金，繼又攬收粵海關所管全省各關各口華船常税。總署一加駁詰，輒云不令一手經理，則併徵多收二百萬之數，不能辦到。要挾無厭，何所底止。昨英領事公然面詢釐金是否全歸税司，赫之蓄謀已著，必盡奪江海各省利權而後已，其患豈可勝言。竊思二百萬之數並非甚多，而新造輪船十一號，添用洋人各經費，歲需約二十萬。總署定章，洋關總數若過一千五百萬，赫德須加薪俸七十萬，歷年總數率千四百萬，故赫以多攬爲功。除兩項九十萬外，實止多得一百一二十萬，因此受挾制、滋隱憂，似乎不值。且半年來收數甚微，若直、東、滬、浙、閩、臺、廣、皖、江、鄂、川十一省，慨然承認洋藥税釐一項仍歸本省自收，辦法各從其便，除舊日報部原數外，總多解一百二十萬，赴海軍應用，十一省分攤，按舊日洋藥税釐收數多寡爲等差，粵省情願多認。若以爲數少，即攤認一百五十萬亦可。倘藥徵不足，自行裁節他項用欵以補之，既不失併徵之利，亦不致侵奪内地税釐之權，似於海軍及各省均有裨益，而無紛擾私憂。愚慮妄擬此策，如津滬能辦，再詢商他省，熟籌轉圜之策。即使不轉，姑存此説，以備將來。是否可行，望酌示。皓。

李中堂來電光緒十三年五月二十二日亥刻到

洽嘯電悉。赫以收數多歆動樞譯，遂篤信之。六廠税釐奉旨全歸彼收，已難挽救，粵他處税釐仍望設法力持。各省江海口常税，雖有獻議歸赫者，勢必不行，應俟併徵一年後，確核收數究多若干，再商辦法。攤認之説，北三口向無虚匿，無可另籌包補。鴻。養。

致欽州馮督辦，瓊州朱道、何布經亮采，陵水馮守相華、崖州劉牧光緒十三年五月二十日發

瓊郡隔海，軍火艱難。前年海防緊急時，焦急勞費。此次凱撤各營，所有軍械一概勿庸携帶過海，全留瓊郡軍火局，點齊交朱道驗收備用。欽營漸少，現械足敷，存南甯者尚多，將來運往亦易。請馮帥速飭各營、朱道、何布經照辦。哿。

致瓊州方道、朱道光緒十三年五月二十二日發

黎匪大致已竣，餉源亦竭，必須裁營，另籌善後。大約瓊郡目前統計只能留十底營，方道可與朱道熟商，瓊軍八營中量加裁併。員弁勇丁可用而願留者，酌留若干，餘即妥爲遣撤，由方道率帶内渡。朱道合瓊軍及孫丞土勇，黄超羣所帶鍾劉兩紳土勇，并朱軍自募勇，合計共成十營之數。即籌覆。養。

致欽州馮督辦、李牧、張判炳麟光緒十三年五月二十四日發

瓊事已竣，餉源已竭，應即裁營節餉。瓊軍已裁併，令方道内渡，貴部擬共留五底營，分防欽界，已足敷用，其餘似可隨到隨撤，已渡者餉截至尊處。接此電後半箇月止，未渡者截至渡海抵欽後半箇月止，以示體恤。如此是否周妥，請裁酌速辦。再，各勇丁瘴地久勞，格外每名賞給川資調理銀二兩，請公明示各營，切飭營哨官核實散給，務使實惠均霑。敬。

致欽州馮督辦光緒十三年五月二十七日發

前奉廷寄，界務、商務已定，頃總署電，白龍尾法兵已允退出，邊防無事，留營不過彈壓游匪，稽察邊界而已。敵國不同內匪，設或開衅，必須議論經年，彼此決定失和敗約，方能犯界，斷無突然內犯之理，目前決無戰事。此時法兵在海甯、新安一帶者寥寥，我自亦無須多營。前電請萃部留五底營，即合計防邊及欽靈緝匪在內，餉力萬分不支，不能不撙節也。務請體察照辦，并告李牧。沁。

致瓊州朱道、方道光緒十三年六月初三日發

洋醫冶善基在那大設醫局，此事萬不可行。洋人用意甚深譎，每藉行善事，購地起屋，影射侵佔，招引族類，愈推愈廣，遂成世業，爲害無窮。速令撤局他往，勿任久踞滋弊。如真善醫，衹可隨時雇募，隨事酬謝，勿墮其術。即覆。江。

致柏林許欽差光緒十三年六月十一日發

歌電悉。本任內允不用他廠礮，再扣二釐，請即立十年總合同，仍照前議，分年先付每次全價尾數，每次貨到補足，豫付之息照扣回較整齊。真。

許欽差來電光緒十三年六月初六日巳刻到

現議立十年總合同，每年於立議日付五礮等項半價，如全付另算息。若允本任內儻再用礮不買他廠，載入合同，可於五釐外再扣二釐。乞酌示。澄。歌。

致瓊州朱道、方道光緒十三年六月十三日發

捐停餉竭，不能不速裁營勇。萃軍已裁十五營，瓊軍豈能仍舊。總之，瓊州衹能共留十底營，善後事體衹此已足。至鍾、王兩營土勇，恐其意在騷擾霸產，可確實體察，如不相宜，即速飭將此兩營停招。速覆。元。

致瓊州朱道、方道、謝提督、席守光緒十三年六月十三日發

謝提督豔電悉。黎山新開，豈有商人舊業，顯係張同興等捏詞罔利，且公然聲請圖佔，尤屬貪妄。總之，有主者爲黎山，無主者爲官山，黎產應租，官山應稅，必須限定四至，皆無准商圈佔之理。且託名保護，假借兵威，役擾黎人，尤多流弊。昨席守稟商辦必多選擇，無減於瘴，不如官辦，多募土勇作工，良材榛莽一律砍伐，聽商入山采買，價值作善後各費。儻無商買，官運官銷數月，一年便可伐清等語，所籌甚是。材木爲瓊利第一，必須善爲經理。朱道、方道即督同謝提督、席守妥辦，速覆。至海關稅則，恐難議減。元。

致欽州馮督辦，瓊州朱道、方道、謙守、楊鎮、謝提督鴻章光緒十三年六月二十三日發

瓊鎮制兵，現裁存共四千零九十九名，兹擬改爲練軍，減額加餉，就原有之餉，養新練之兵。計鎮標左、右及儋、崖、萬、海口、海安共七營，擬每營練戰兵二百五十人，共一千七百五十

名。每名例支月餉一兩五錢，加給練餉一兩五錢，共銀三兩，不另給月米。每營挑留守兵六十五名，共四百五十五名，每名實發銀一兩五錢，亦不另給月米。該七營原發之本色糧料米，今擬照州縣交代内交抵兵米章程，每石以銀一兩三錢，折解道庫，與地丁兵餉同一收放，每年可得銀一萬四千八百三十兩六錢零，合之原設立餉及糧料折價銀五萬六千九百二十九兩三錢零，共銀七萬一千七百六十兩，恰敷練軍七營餉項，有閏亦足支銷。各營除守兵分防各汛外，每營戰兵二百五十人，分中左右三哨，中哨九十人爲親兵，左右各八十人。鎮標兩營，一紮城内，一城外。海口、海安各紮原處，其儋、崖、萬三營，各以中哨紮本城，餘六哨分紮外八屬，衝要者一哨，簡僻者半哨。各營哨均同住合操，不得散處及習工賈。守兵七百，分布緊要塘汛，以存舊制。無關緊要之汛，即行裁汰。月餉不准絲毫攤扣，操防子藥歸軍械局領，或善後局發欵，將綠營朋扣積習全除。有事一呼便集，無事按期習練，庶幾兵不缺餉，亦有實用，可與防勇相輔而行。馮帥在瓊久，地方情形，綠營利弊，知之審矣，如此辦法於瓊有益否，折解月米有無窒礙，擬改章程應否變通，祈妥籌速覆。瓊州鎮道府方道、謝提等一併酌議，各抒所見。速電覆。養。

馮督辦來電 光緒十三年六月二十六日巳刻到

瓊州兵制改作練軍，一洗綠營積弊，變通甚妥，請飭照行，於瓊有益。材。有。

致欽州李牧 光緒十三年六月二十四日發

楊部郎云，天意偶成碑在欽州那良墟往北崙墟大路廿里琢字嶺岩曲處，那良紳林姓親見，僅識此四字，餘剥蝕。經該牧面詢林紳，擬往墓搨。此碑關繫疆域考據，速專派妥人由士紳同往，迅搨數紙，趕由官商便輪寄省，勿遲。敬。

李牧來電 光緒十三年七月十二日亥刻到

琢字嶺碑，志不載，碑邊有穴，俗傳十餘里遠能讀碑字則穴湧銀出，敲摩者衆，現文皆裂，字殊難辨。八莊、江平等處甚望官至，彤往即親到碑處考究再禀。受彤禀。文。

致天津李中堂 光緒十三年七月初一日發

粤新製快船第一號已成，即須派員管駕。鄙意北人罕知兵輪海道者，必須練習儲才。故擬調劉、李兩將來粤。李瑞是否有用，如才可用，則現管小輪不如令駕大輪。劉恩榮既習水雷，與船礮亦尚相近，學習較易。請假有無别故，如二將皆必不勝任，或未便離差，望代選北將有膽識者兩三員見示。深感。東。

李中堂來電 光緒十三年七月初二日申刻到

快船必須出海操巡，管駕非熟悉羅經、天文、海道者，斷難勝任。李瑞僅帶小輪，管下雷操雷各事，駕大輪必無把握。劉恩榮僅知水雷，於船礮亦隔膜，如真得力，豈肯給假，尊處儘可調用，但不宜管駕耳。西洋船主專論學識與歷練，練久自有膽氣，中國則僅尚膽氣粗才，恐斷送一船而後已。諒之。鴻。冬。

致肇慶岑令、孔道、黄守 光緒十三年七月初八日發

横州以上大水，西江必暴漲，肇慶所屬基圍可慮。飛飭沿江

各縣暨各圍紳董趕緊防護。日來水勢速電覆。庚。

致瓊州朱道、方道光緒十三年七月初八日發

客强土弱，不籌長策，兵撤即報復矣。鄙意查客民素强悍，生事者貸其一死，勒令携家入深山墾田，如凡陽、樂安等處，地腴瘴重，客所素習，既可開荒，兼免逼處。否則勒令携家出洋營生，不准再回，回瓊者被殺勿論。向年潮州辦匪有此辦法，大率將客户遷徙數千家，則土人安矣。細思惟有此兩策。若給資則太費，徙入内地尤謬，皆不可行，敷衍了事尤不可。速議覆。庚。

致瓊州朱道、方道光緒十三年七月初八日發

瓊事平淺而細密者三：撫良黎籌耕具一，確議永靖土客之策二，選牧令籌津貼三。博大而繁重者三：入山墾田一，伐木通商二，詳查昌化礦情形三。開路未盡事宜三：修堅固大木橋梁一，要隘速設碉卡防守二，於數十里衝要寬平處，造板房草棚數十間，以棲行旅，即就其處立墟市，以利民黎三。各事有飭辦者，有該道等請辦者。已告徐倅面致，日來有無成算，速覆。庚。

致總署光緒十三年七月初九日發

澳門事，委員暨香山縣、廣州府等查覆：圍墻内爲租界，圍墻外、關閘内爲官地。歷年葡人漸圖混佔墻外地，至今居民相持不從。閘内七村，旺厦村有田四頃零，赴縣完糧三十餘兩，餘龍田、龍環、塔石、沙岡、新橋、梨頭六村，依山雜居，無田無糧。葡人沿街設燈捐燈費，又編牌勒租。燈費多勉捐，租或交或否，旺厦全村燈費租鈔均不交。至詞訟仍歸香山縣管理，即租界内口角錢財細故，葡人就近處息，人命及各重案，或縣票差赴澳傳訊，或由葡官送歸香山縣訊辦，有案可稽。民聞屬葡，多不願，旺厦户衆丁多，尤不甘，詳情另咨，請察酌。並據各員稟：詳查海道商情，洋藥向由外洋專運香港，由港分運各口，澳門與各口同，從無洋藥徑裝至澳門拆卸者，港若認真，各埠各口均無偷漏，與葡無涉。港若漏私，葡亦無能爲力。拱北關設在我地，並非租界，其稽徵與葡無涉等語。查前議本爲葡人協查藥税，今確查此事利弊全在香港，葡人於藥税并無爲力之處。此約竊謂尚宜緩定，地界等事，一切悉仍其舊，年餘後體察徵收旺否，協查真有功否，再議較穩。外洋議約往往數年始定，煙臺約可證。大澂擬日内赴澳門一帶，確查界址民情，并洋藥行銷，稽察實情，再奉達。之洞、大澂同肅。佳。

總署來電光緒十三年六月初八日酉刻到

關閘以内居住華民，近年詞訟案件，是否仍歸地方官審理。旺厦村等處田糧每年實徵若干，歸葡收租者若干，希迅查電覆。齊。

總署來電光緒十三年七月十三日亥刻到

佳電悉。此項覆書，專俟坐待，暫宕則可，久懸殊難，倘竟作罷論，嗣後此房或再有添蓋，或竟行轉典，何以杜之。兩處所關較鉅，尚宜熟籌。中峰親往太著迹，再增枝節，更費手，希止之。元。

吴撫台致總署電光緒十三年七月十五日亥刻到

鈞電謹悉。澳門關閘以外，數十年無人過問，葡遂以為粤省

不甚愛惜之地，肆意侵佔。大澂明日親往履勘，不致别生枝節，添蓋轉典兩層，亦視地方官有無布置耳。如何杜絶，容再體察情形，會商電覆。大澂肅。咸。

總署致吴撫台電 光緒十三年七月十九日亥刻到

頃葡使言撫台往澳，帶兵船五隻，彼人驚慌，兼恐别國造謡，謂非和平議約之象，請撤減兵船云。效。

吴撫台致總署電 光緒十三年七月二十日發

效電謹悉。十六抵澳，先拜葡督高士達，十七、八兩日周閲附近各村各島，民情安謐。高來答拜甚恭，大澂亦優禮之。十九旋省，餘俟會商奏咨辦理。至輪船緝私，往來澳門，彼所習見，似尚不致驚慌。大澂肅。號。

致天津李中堂 光緒十三年七月初九日發

學識歷練，自是要義。所以擬赴津調員者，正爲在公麾下，於各種法式稍有濡染，歷練較易，并非專取粗才，不然粤豈無武弁，豈無北將哉。鄙意擬粤造各輪，用一武職勇敢而又肯細心練習者爲管駕，另用一諳習機算之學生爲幫帶，便可相濟爲用。如天津各軍北人有尚可造就者，望遣一兩員來粤，不必定劉、李也。祈示覆。佳。

致總署[一] 光緒十三年七月十五日發

元電敬悉。當經詳切勸止粤撫。據云，已經由撫署照會澳門洋官，未便中止等語。除由粤撫自行電達外，之洞肅覆。翰亥。

致瓊州朱道、謙守，崖州唐牧鏡沅 光緒十三年七月十六日發

崖州民糧黎糧向徵輕重不一，黎人重困，飭唐牧速將該州民糧若干兩，民米若干石，黎糧若干兩，黎米若干石，糧米價及火耗雜費，每兩每石向來民、黎各實徵若干，即日分晰電覆。前據劉牧保林禀減黎糧，當飭體察民情銀價，酌量減定，原期損上益下，以蘇民困。兹紳民控請照舊章，謙守亦云恐難更張，殊不妥。民糧舊章少者自不宜加，黎糧舊章多者斷不能不減，其中詳細情形，朱道確查速覆，謙守、唐牧並即據實電覆，毋稍迴護。翰。

致總署 光緒十三年七月十七日發

粤省上年開辦巡緝經費，奏准歸商人自抽自繳，有未經議妥者，暫向各釐廠帶抽，另款報解，專欵支用，原與釐金兩不相涉。本年海口六廠貨釐歸税司代收，曾將此情奏明在案。兹有火油巡費一項，已據商人禀請承辦包繳，無庸再由釐廠代抽。拱北税司法來格已遵停抽，惟九龍税司馬根未照辦，據稱未奉總税司文等語。查巡費一項，本非釐廠應收之欵，由商人承辦，係奏定章程，收支皆另爲一事。請轉飭赫税司，迅電馬根即日停抽，免致辦法兩歧，重爲商累。篠。

[一] 録自顧廷龍、葉亞廉主編《李鴻章全集·電稿一》，第八五二頁，原題為「粤督張致譯署」，上海人民出版社一九八五年版。

致欽州李牧、麥參將、馮宮保光緒十三年七月十九日發

白龍、江平、黄竹已經收回，飭欽州李牧、欽州麥參將同往勘收安民，酌撥兵勇數十名分駐，不必多，并籌議樹界石編牌甲設防汛諸事，稟辦繪細圖呈閲，詳註方向、道里、户口、田畝。其嘉隆、八莊，李牧等一併馳往勘辦，飭一律薙髮，造户口册，稟商馮帥辦理。效。

麥參將、李牧來電光緒十三年八月二十二日巳刻到

彤等初七赴江平，法兵退盡，百姓稱歸内地莫不歡呼感激。連日往山心、萬尾各村，飭令薙髮。現為選擇團總、鄉正，編立保甲，民心初定，尚以洋盜游匪為虞。現商請馮副將紹珠所統萃軍一營分駐江平、黄竹、二囊數處，請飭龍門營撥師船一號泊白龍，常川梭巡竹山，則水陸可無盜警。鳳標、受彤叩。篠。

致總署光緒十三年七月二十三日發

粤省商包藥釐八十萬兩，奏明爲歸還本省洋欵專欵。嗣税釐併徵，改歸税司，復奏明照撥，經貴署會同户部議覆，准暫在洋藥税釐項下支撥在案。乃届期無欵解到，疊次飭催，僅准粤海關轉解到十一萬九千餘兩，又解一萬八千餘兩。計司局先後挪動要欵墊還本年洋欵，已有六十八萬九千餘兩之多，税司所解不過五分之一。八月十四日應還第三期連閏息銀一十一萬一千餘兩，無從指付。祈飭税司迅將所收藥釐解交監督，轉交善後局，應支其前墊銀兩，一併歸還，免誤各項解京要欵。倘藥釐不敷，應在何欵籌還，祈速電該税司辦理，迫切之至。漾。

致瓊州朱道光緒十三年八月初一日發

删電悉。散勇多遁入山，大爲黎峒之害，若不亟乘此驅除淨盡，將來盤踞藏匿，句煽熟黎，乘間肆擾，則年來前功盡棄矣。迅速設法招回，分别留用資遣，押送渡海。現動何欵辦理，并將遵辦情形先電覆。東。

致京廣西撫台沈[一]光緒十三年八月十九日發

同舟欣幸，何日出都，祈示。桂餉極絀，前奏請的餉四十二萬，部議只允三十六萬，廣東、湘、鄂各十二萬，斷難解足。大約東省可七八萬，湘或可六萬，鄂不過三四萬，通計不能過十八萬，所短甚鉅。本省釐金充餉者約三十萬，歲需邊餉至少亦須七十萬，軍火製造工程電局各費在内，就中安撫邊氓游勇一項尤要。刻因餉竭，此項無出，可憂之甚。蘇子熙軍門來函焦急，鑑堂固無從再籌，鄙人亦無力接濟。以後商路既通，釐必大減，大抵桂餉經鑑堂刻苦撙節，萬難再省。公在京似須將桂邊緊要，桂餉艱苦瀝奏，並與政府、大農切商，議定切實辦法，方不致臨時棘手。統惟藎籌裁度。效。

致清江盧漕台[二]光緒十三年八月二十九日發

滬、衆來電，俱言八月十三日河決鄭州，全溜入淮，不勝駭異。是否決口分流，抑竟全河南注江皖，被淹者何府縣，清、淮

[一] 指新授廣西巡撫沈秉成。
[二] 指漕運總督盧士杰。

一帶情形若何，均即詳示。儉。

致煙臺盛道台光緒十三年八月二十九日發

粵省內地設立輪船公司，係尊處創議。三月間批札，請速議見覆，迄今半年，寂無音信。此事鄙意宜速辦，務望刻日議覆，酌核舉行。文牘另行。即電覆。儉。

盛道來電光緒十三年九月初二日巳刻到

內地淺水輪船商局，不難定議。此事官商民俱有益，但慮民渡作梗，故遲疑未覆。鈞意既速辦，請主持，即日派員持稟赴粵商定。宣稟。朔。

致清江盧漕台光緒十三年九月初十日發

山東電云全溜已趨東南，正河斷流。何以清、淮并無盛漲，不勝惶駭，豈河水停蓄陳、汝一帶，豬爲澤國耶。果爾，後患何可勝言。尊處想知其詳，祈示。蒸。

盧漕台來電光緒十三年九月二十八日戌刻到

水由淮、渦兩河入江境，至洪湖一聚，非至蔣壩而止，仍分入高寶湖及運河。洪湖現存七尺七寸，比往年秋冬大比盛漲。小高寶湖及運河雖漲不多，江潮不漲，尚能容納。豫皖水勢稍定，然恐已災之處未能遽涸。幸各處辦賑甚力，杞河堵口亦認真，河院、撫院各駐一壩，上緊趕辦。杰肅。

致總署光緒十三年九月十三日發

九龍、拱北兩關，業會監督派員，惟薪水、局費及一切委員税司會同辦事章程，祈飭總税司赫德妥議速辦。此舉須爲將來復舊章之地，委員必宜諸事與聞，已剴切戒飭，斷不至掣税司之肘。至薪水一節，税司薪費過重，若中國官員過薄，相形之下於體制有礙，此並非爲委員計較薪水。望裁酌。

致欽州李牧光緒十三年九月十三日發

總署來電：法使照稱欽州派兵抵橫模社，據地立牌築寨。橫模係越廣安屬地，在北巖、北岡二隘之南，歸法管轄，有圖可稽。請電致速撤等語。查新立界圖，北岡隘係越境，若在北岡南立牌築基，與約不符。有無其事，希即電覆等因。查新圖北岡隘尚係我境，隘外則係越地，該牧刻即查明詳晰電覆，勿遲。元。

致瓊州朱道、謙守光緒十三年九月十三日發

該道府五稟共請經費十六萬，礙難照辦。粵固無此鉅貲，諸事亦不能並舉，當先酌發二萬金，擇要酌辦。官設互市，事尤繁重，人亦難得。目前冰片登場，准先借給銀三千兩，無論道存何欵，由朱道派妥員試辦，看其利弊如何。元。

致總署[一]光緒十三年九月十七日發

據署欽州李受彤查覆電稱，橫模社甚遠，並未緊接欽界。該牧巡歷欽屬新收各界，早已回欽，并無派兵在橫模立牌、築寨等

[一] 録自苑書義等主編《張之洞全集》第七册，第五二七七頁，河北人民出版社一九九八年版。

事云云。

致濟南張撫台[一] 光緒十三年九月十七日發

兩電悉。東河憂涸，事變難測。竊意全河南注，豈易挽歸北流，而南流下游又不暢利。公熟於豫東地形，有何長策，幸示。諫。

張撫台來電 光緒十三年九月二十日巳刻到

電示敬悉。東省徒駭一河早已淤平，以後河患愈趨愈北。今全溜南行東境，河涸停淤愈高，挑挖之費太鉅。若以江、皖、東、豫勇夫挑挖南河故道，事半功倍，然曜不可言。公為天下人望，一言九鼎，當能為蒼生計。翹禱之至。曜覆。皓。

致煙臺盛道台 光緒十三年九月二十日發

河決南徙，工賑浩繁，若將山東電綫接造至汴，水勢民情、工務賑務，消息靈通，大有益。所費不鉅，商報必多。尊意何如。號。

致柏林許欽差 光緒十三年九月二十七日發

粵自製中小兵輪十艘，應配礮位除已有外，請定購克虜伯後膛十五生鋼礮二尊，十二生鋼礮六尊，十生半鋼礮六尊，共十四尊，皆三十五倍口徑新式極長者，水師架件全。每尊平常開花彈二百一十顆，鋼彈子六十顆，鋼葡萄彈三十顆，合每尊三百顆。棕色藥餅并銅拉火照式配足。又五管荷乞連珠礮十二尊，皆三十七倍口徑新式極長者，每尊平常開花彈七百顆，鋼葡萄彈二百顆，鋼開花彈一百顆，合每尊一千顆，水師架件全，包運粵黃埔，共價若干，先付定銀若干，何時運齊，祈議妥速示。今年十二月可成小輪兩艘，望先趕造十二生兩尊，十生半兩尊。如能年內到華，早得配用，尤感。

致雲南岑宮保 光緒十三年九月二十九日發

西隆苗匪滋事，奏派泗城府鄧輔綸查辦。頃李護院咨：鄧守辦理甫有端緒，乃團紳岑毓賓、岑毓琦率領團練，調募雲勇，打進大隆堡，焚燬各寨，不遵撤退，勒捐團費，進紮戛堡，不剿不休，護院已批飭遣撤，梗令團勇，如團紳抗違，飛稟奏參等語。查五月間苗破猴場，焚燒慘殺，自不能不先之以剿。今軍威既振，似宜斟酌緩急，分別良莠，捕其首惡，撫其餘衆，一切婉商地方官辦理，方爲合法。若兵連禍結，後難收拾。且團紳率臆徑行，亦非所宜。東省距該處太遠，據稟審度，似合如此。望電飭該紳慎重妥辦爲要。公如悉其詳，有何善策，并望密示。陷。

致桂林李護撫台 光緒十三年九月二十九日發

西隆苗事，大咨並鄧守稟均悉。苗破猴場，前據蔡署鎮稟，燒殺甚慘，此時似不能不先一大創之，以奪賊膽，以洩民忿，但不可任聽强團挾私極威濫殺耳。如團紳岑毓賓等能聽鄧守商量，則藉滇軍以懾桂匪，縛渠散脅，誅暴安良，亦可省桂省兵力餉力，似亦未爲非計。大局自不宜令該團干與，惟滇軍但須禁其專殺，

[一] 指山東巡撫張曜。

令其緩攻，不必急撤，若撤團太驟，桂力不足，亦恐有縱惡養癰之慮。鄧守欲不戰而盡擒首惡，恐亦未可盡信。管見不審當否，特奉商，望速籌示。陷。

李護撫台來電 光緒十三年十月初二日巳刻到

西隆苗案，以厚兵力撫良懲莠撤團為正辦，無兵力難勒繳兇，亦不能剿。不撫良苗，良必助莠，不痛懲莠苗，受害者不平。岑團有後言，苗禍亦必滋，大團用以杜截助勢。今苗未離巢，兵力已厚，無所為用，而岑與苗積仇，即岑無他，附岑者欲取良以為利，亦勢也。不撤團，變必更多。鄧守不能使岑聽命，且無真主張。前接稟，即電調陳守善均馳往籌辦。昨稟團遵撤，已連檄函陳、鄧，務示兵威，分良莠，必令盡繳兇苗暨多年著匪。抗必剿，必辦澈。衡稟。冬。

致總署 光緒十三年十月初一日發

據小吕宋華商專遣首事來粵稟稱，該國新定苛例，禁華人不准用中國醫藥治疾，欺虐無理。經延參贊齡商允日廷，電止呂督矯令，三月後仍要舉行等語，情詞迫切。當經電張大臣及延，囑其與日國切商，停止此例。張覆電云：已電延催辦，請再由鈞署告日使加功，尤緊湊等語。望垂察酌辦，以恤遠氓。東。

致欽州馮宮保 光緒十三年十月初九日發

抵欽慰悉。白龍尾海面深若干尺，大船停泊距岸若干遠，祈查確速示，以便籌建礮臺。佳。

馮宮保來電 光緒十三年十月二十三日午刻到

據廣元亨電，測白龍尾口正洋距岸八十丈，深三丈六，泊火船處距岸六十丈，深三丈，距岸四十丈，深二丈。材。養。

致東興、欽州、北海鎮熊 光緒十三年十月十六日發

知該鎮已由欽赴東興，可速赴白龍尾一帶巡視，并約馮軍熟悉地勢將官二三人同往。白龍尾爲龍門前衝，江平爲東興後路，此次議界力争而得，乃欽防水陸第一道門户。前奉旨設官分汛，妥籌布置，務即詳細審度，營汛增設幾處，官幾員，兵若干名，如何移撥，白龍距船路若干遠，礮臺宜幾座，礮若干大即足用，需幾尊，江平、黄竹扼紮何處，以及一切布置，速籌擬稟聞，先電覆。翰。

熊鎮來電 光緒十三年十月二十三日酉刻到

奉諭赴白龍尾、江平、竹山、東興一帶看視情形，均經親詣周視。查白龍尾、東興、馬路坳三處，宜設礮位，惟白龍尾外汪洋大海，洋船泊處約二十餘里登岸。其白龍尾、江平、東興、嘉隆四處宜設汛官，至移撥弁兵，均就龍門營汛移撥。如何移撥之處，容後旋廉籌妥詳細再稟。職鎮熊鐵生。

致總署 光緒十三年十月二十六日發

中越邊界設立界牌事宜，五月初七日奉電旨，照約由地方官會同駐越法員辦理，爲時已久，未知法員何時到界。粤勘界各員現均係熟手，辦理易知端委。請催法使速派員會同粤派地方官辦理，以期妥速。宥。

致天津李中堂光緒十三年十月二十六日發

葡增三船，乃秋間訛傳粵將用兵攻澳，惶懼殊甚，故調船以自衛。倉皇辦防，欲令澳商捐資，皆不允，教民亦不從令，僅赴香港買得火藥數千斤，槍彈二萬顆，貧窘極矣，并出示曉澳地商民，力言決無失和之事。現鈔得其示稿，並非恫喝中國也。恐遠道傳聞有誤，特附陳。宥。

致天津李中堂〔一〕光緒十三年十月二十七日申刻到

澳事覆書具悉。軺車云云，似不必。地界即由粵省派員勘定爲妥。此處樞紐頗有關係，望藎籌，至感。

致瓊州朱道光緒十三年十月二十七日發

瓊利以伐木、墾田兩事爲先，數月來杳無消息，悶極，大約招商伐木及募勇伐木之説，俱是空言。文昌一帶游民甚多，豈有經年無入山認墾者。究竟情形如何，張廷鈞開鑛有實際否，何時能見鑛苗，收買冰片等貨事已辦否，周伍兩令所辦事如何，席守所報似係空衍鋪張，希圖領欵耳。均即覆。沁。

朱道來電光緒十三年十月三十日亥刻到

沁電悉。大黇山石綠礦，張廷鈞現在料理機器，修整道路。鑛苗甚好，究竟能暢出與否，尚無把握。冰片一宗，南豐等處出進不過數千金，不能如臺灣之多，不過市場中之一大宗，現正招商集股。周、伍兩令近頗奮勉。伐木、開屯兩事另稟。采稟。卅。

致瓊州朱道光緒十三年十月二十七日發

瓊餉月需甚多，而善後事尚無眉目，鄙人發此難端，未睹實效，愧疚不可言，閣下何以解僕之咎責耶。沁。

致桂林李護撫台光緒十三年十月三十日發

准總署電：法使言彼國現要派員勘立界牌，俟有派定准信即知照等語。彼員派定，其來必速。請飭將各處界石豫爲製就，刊文曰中國廣西界五字，與彼會立界石之員并豫派定。陷。

致雲南岑宮保光緒十三年十一月初九日發

尊意欲造剥蒙綫，欣慰。剥蒙者，剥果蒙泉，陰極陽生之象也。滇粵氣通，邊防固矣。據電局云，代購電綫、電瓶等物，計剥隘至蒙自，電路曲折，約千一百餘里，擬寬購千二百里，有餘可備他日修綫之用，需銀七千七百餘兩。蒙局須添機器一分，由剥至蒙道遠，中途須設一子局，用機器一分，共機器兩分，隨帶報綫等應用各物約千兩，連電綫等自運至剥，運費共約萬金。綫料均須外洋定購，兩月到粵。尊處派員先勘路購木，每里七根，約用七八千根。聞剥蒙一路木少，他處購辦轉粵需時，計由縣分運，各段約三十里，備木二百根，至速必三閱月，其時粵工亦到，即可接造。所有匠夫薪費，自剥至蒙均由滇委員監工給發。佳。

〔一〕録自顧廷龍、葉亞廉主編《李鴻章全集·電稿一》，第九〇〇頁，原題為「粵督張來電」，上海人民出版社一九八五年版。

岑宫保、譚撫台來電光緒十三年十一月十一日巳刻到

奉電欣忭。剥蒙電綫甚為緊要，必須接通，但由滇自辦，力實未逮。今仰仗尊處籌發鉅欵，代辦物料，拜賜無既。剥蒙計千一百餘里，係隨曲折言之，若取捷徑，可省三四百里，將來擬將此項餘料再為籌款凑添騰越一綫，則緬事均可求教，滇中防務絶無閡隔之虞。現派員勘路購木，先此鳴謝。英、鈞電。蒸。

致瓊州朱道、徐守光緒十三年十一月初九日發

前飭出示曉諭文昌縣民入山開墾，據前令張灼申報已出示。頃查知謙守并未出示，該道府亦未出示，奇極。移民開墾，緩徵薄賦，屢見奏章。文昌田少，出洋者衆，若果官爲勸諭，不出鄉而得恒産，民何憚而不爲。此等善後第一事，前任現任道府置若罔聞，以此類推，毋怪善後至今尚無眉目也。該道府一面速出示，一面速將確情電覆。佳。

朱道來電光緒十三年十一月十二日亥刻到

奉佳電，悚愧莫名。第此事以擇地為最要，招民次之。擇地以土腴、近水、地形寬廠無地主者，又必瘴氣稍輕，始能有成，倘非宜稼之地及有泉源可溉，必致收成歉薄，無濟於事。土美泉甘而地段不寬，則不能聚大衆，仍不能開墾，即有寬地，插標定界後，有地主出認，仍不能不舍而之他。四美已具，而瘴氣太重，官弁不能督率，耕夫多染疾疫，開闢經營均歸烏有，勞費已不貲矣。委員等有事為榮，不計始終，但知飾美，尚可勉强附和。職道受憲台深知重寄，必實有把握方敢開辦，明知不妥，聊以塞責，實有未敢，伏惟鑒察。職道采稟。

致瓊州朱道光緒十三年十一月初十日寅刻發

冬電引咎云云，具悉。黎客蠢然，撫綏乏術，非該道咎也。該道之病在看題不合分際耳。時歷數月，勇至十餘營，路未修，硐未設，冬令將半，轉瞬春暖瘴作矣。費餉猶其次，虚廢難得之日月，真可惜耳。總之，誤在集重兵而不令作事。瓊州此時善後乃民事，非兵事，何必集多營於一處乎。來電屢云防務稍鬆，拔隊征軍等語，殊無謂。此不過派兵勇入山入村，緝捕零星盜匪耳，豈軍務哉。弁勇明壯者百餘人，可當一路，無用者多亦無益，早圖之。卦。

致瓊州朱道光緒十三年十一月十二日發

開墾、屯田是兩事，屯者務農講武，設官修倉，如該道前稟所云也。墾者勸民入山，自行墾闢，但緩徵薄賦，或酌發牛種，並給奬以鼓舞之，如此次發去示内所云也。屯繁墾簡，屯必合成一局，墾可零星隨便。十月内批所云屯田非撫黎之急務，乃駁屯田，非駁開墾也，文義甚明，何得牽合爲一。無論何縣，民皆可往，亦不必拘定文昌。開墾乃天經地義、尋常日用之事，墾一畝得一畝，多墾固佳，少墾亦好，或出示無人墾亦無害，何用委員飾美附和，何所謂仰承憲意耶。既未限畝數，又無限期，何必有把握方出示覆勘耶。種種不解，總由誤將屯墾兩事牽合爲一所致。省刊告示初十發，且速出示招徠再看。文。

致桂林李護撫台光緒十三年十一月十四日亥刻發

西隆苗破猴塲，據署州吴大椿禀稱，焚掠一空，斃命數十，情形目不忍見。乃鄧守既不辨曲直，陳守復謂事由激成，莠苗宜令改愆向化。夫倫采包穀報以焚殺，不謂之故而謂之激，倡亂稱兵，殺人如草，不懲其逆反宥其愆，似無此辦法。大抵該守等惑於民苗積仇報復之説，遂專防紳團，罔念民瘼。不知惟其積仇，尤當持平辦理。現雖將首犯丁三等弋獲，而殺民數十命，焚屋百餘間，僅懲此首匪二三人，微論除惡未盡，即以此案而論，亦未得情法之平。頃據西隆、西林紳耆公禀，已嚴檄該守等務將在逃渠魁，助逆悍黨，悉數殲擒，並咨請轉飭。查大疏本有將擾害各犯、積年著匪全行綑送，如違即剿之語，希即加札嚴飭，認真籌辦，不准敷衍了事，貽患將來，並妥籌綏靖民苗經久良法，邊氓幸甚。願。

致瓊州朱道、昌化職員張廷鈞光緒十三年十一月十七日發

昌化大豔山石緑鑛山，税關釐三年內一概全免，三年後察看情形再酌辦，速出示。洽。

致京翰林院繆筱珊光緒十三年十一月二十七日發

書局久開，專懇閣下訪求應刻之書，除宋會要外，未蒙訪示，悶甚，盼甚。經史子集皆可，經取阮刻所無者，如人家止有鈔本，或寄粤寫畢奉還，或在京代鈔，工價粤出。望速示其目，即電覆。沁。

致瓊州賴鎮、徐守，瓊山縣劉令，海口營吴參將，北海熊鎮、龍門協戴副將，廉州府吴守、合浦縣，欽州李牧，潮州方守、澄海縣、惠潮道德道、潮州朱守光緒十三年十一月二十九日發

本部堂臘月初二日出巡各海口，先瓊州，次北海，次白龍尾，次汕頭，察看沿海形勢。不登岸，火食船上自備，各地方勿得預備行臺及供應，違者定干未便。該鎮、將、道、府、州、縣等，均俟輪抵各口，前來接見，勿遠迎。切切。豔。

致瓊州鎮道府營縣、廉州鎮道府營縣、潮州鎮道府營縣光緒十三年十二月初三日午刻發

到瓊州須進府城一看。到廉州登岸看北海冠頭嶺等處，不進府城。欽州衹登岸看白龍尾一帶形勢，不到州城。潮州登岸看汕頭、鼇頭、馬尾、馬嶼、蘇安、崎碌等處，不到府城。特再明切傳知。江。

致瓊州朱道、徐守，崖州唐牧光緒十三年十二月十八日酉刻由港發

聞唐相李衛公德裕有後裔在崖州多岡村，已變爲黎俗，務速訪求兩三人，須確實有徵驗者，善爲勸導，資送來省，當優給衣糧，令謀出路。其家如有李相故物，婉爲購致一兩種，重價不惜。嘯。

唐牧來電光緒十三年十二月二十七日酉刻到

衛公祠已廢，現捐修，其裔李亞法為黎首，計二十餘家。詢知前存玉帶、玉盅被匪搶失，無他遺物。近傳亞法商選送省者，因病未至。鏡沅稟。效。

唐牧來電光緒十四年三月十七日巳刻到

李亞法來城，曲傳憲諭。彼亦感動，二次率子弟十餘人來選，年二十以外者粗俗難化，且懼赴省。幼者皆在十二三歲以上，尚有韶秀者數人，其父母怯於遠離，容再開導。故物碑版徧索無存，城東望闕亭亦圮，但民黎共確指為衛公的裔，當不訛也。鏡沅。稟。

致瓊州朱道、徐守光緒十三年十二月十八日酉刻由港發

蘇文忠居瓊日，有洞酌亭，在今府城內，泉甚甘，遺址今尚存否，即查明速覆，擬籌欵建祠，以章先賢。嘯。

朱道來電光緒十三年十二月二十七日戌刻到

洞酌亭在城北不遠，上為蘇公祠，下臨蘇泉，泉甚甘，外江人官此者，均汲此泉以飲，剖竹符調水，步公故事。祠雖頹廢，而規模尚存，重修經費不過千金，職道等力所能辦，俟明春開工，再行具報。職道采、卑府瑋文稟。箇。

致廣州撫台、藩臬、糧道、本署文案、首府縣光緒十三年十二月二十三日巳刻發

十九日到虎門，大風雨，不能行。二十日由八塘尾出深水瀝，過蕉門，至橫門，還至潭洲口。廿一日由潭洲、桂洲、仰船海至磨刀門。廿二日由竹洲頭，將近盤古廟上口，淺不能行，折由北界口出江門，至崖門，望見虎跳門外大虎二虎諸礁，淺沙阻，不能到。連日晝夜奔馳，處處遇淺，又兼風雨，換小輪前往，日換數次，往往不能回船，終夜風浪搖蕩，從行者多饑寒。廿三日由竹洲頭、上馬口，閱大路圍，戌刻抵肇。廿四日閱端溪書院，接見諸生，閱景福圍，午後返輪至馬口。廿五日閱羅秀圍，沿途看甘竹灘、陳頭石壁、蔗圍口、三山滘一帶河道礮臺，晚間抵南石頭。廿六日辰初回省。漾亥。

致廣州撫台光緒十三年十二月二十三日巳刻發

詢蕭丞，據稱葡人散鈔單乃相沿，年年如此，彼自散，旺厦自不納。葡酋高士達現赴地們，羅沙赴滬，詰無可詰，商無可商，只可密籌布置。俟詳談。漾。

光緒十四年

致柏林洪欽差[一] 光緒十四年正月初七日發

前託許任訂購十五生臺礟五十尊，現擬改造，除第一批五尊已造不議外，其未造之四十五尊并彈，請飭改造二十四生三十五倍口徑長礟二十尊，仍係臺用者。中心柱架件均全，每尊亦配彈二百顆，仍分穿甲鋼彈、開花鋼彈、鋼子母彈、平常硬鐵彈四種，引火等件全，以中等礟四十五尊改大礟二十尊，增價甚鉅，該廠當必樂從。請速代改訂，另換合同，仍分十年運匯。至前配栗色藥餅暨常操黑藥是否敷用，並請酌量添配。重費清心，感禱。陽。

致桂林沈撫台、憑祥蘇督辦 光緒十四年正月初七日發

李應章爲西省廉勇兼備之將，屢立戰功，染瘴傷發遽歿，身後不名一錢，私累甚鉅，實堪痛惜。會奏優恤疏，想早發。已飭東善後局撥公欵五百金，恤其家屬，洞另賻百金。陽。

李撫台來電 光緒十三年十二月二十三日巳刻到

李應章廉勇，不矜伐，得衆心，桂邊第一將，衡曾據實密薦。至其人，憲台知之獨真，故亟欲用之。乃頃接蘇督辦、蔡道電，李染瘴傷發，今午遽絕。衡即去桂，偏增此痛。已送六百金為其身後暨歸柩用，尚當設法。李散財養士，自奉則刻苦如步卒等，身後不名一文，有逋欠二千餘金，可敬更可傷也。擬即敬會憲台銜，為請優叙。衡稟。號。

致天津李中堂 光緒十四年二月初八日發

此事屢飭司局、府縣議，輪船抵梧於民船有礙，此間民情猝難喻曉，容緩籌。洞、澂同覆。庚。

李中堂來電 光緒十四年二月初二日巳刻到

總署緘商法人興造北圻鐵路，恐我商税日形減色，招商局輪船若由西江駛梧州，往來拖運，可分法人鐵路之利，而內地税釐來源可保。此事前已飭盛道派員赴粵稟議章程，尊意是否准行，望酌覆。鴻。朔。

致柏林洪欽差 光緒十四年二月初九日發

礟電改造全分礟藥，扣七釐，連保運費共增百二十餘萬馬，謹悉。惟增價太鉅，原籌專欵不敷，擬變通法，礟分十年，藥可緩。請先訂礟彈兩種，每種各增價若干，共增若干，祈示。佳。

致瓊州朱道、賴鎮、徐守 光緒十四年二月二十一日發

七弓匪窟趁此澈辦，懸賞購獲匪首，免致滋蔓。過此則瘴日重，兵力無所施矣，切切。馬。

[一] 指中國駐俄兼德、奥、荷公使洪鈞。

致瓊州朱道、賴鎮光緒十四年二月二十二日發

庚、銑三電悉。進攻什常獲勝燬巢，甚慰。可傳語分别奬勉撫恤，須獲匪首方准撤兵，不得就此了事。養。

致總署光緒十四年二月二十二日發

法署砍樹毆弁事，去年中丞初到，未悉原委枝節。適白領事言及，故以排解語答之，并無公牘來往。此案并未完結，僅令該領事認錯，似不爲過，改派弁勇保護，亦於彼體面無損。此事中外體制所繫，緑營士氣所關，務望鈞署切商該使，設法了事，永遠籌相安之道方妥。養。

致總署光緒十四年二月二十三日發

向章只有派兵保護，并無跟隨服役之章。今若照舊派兵，必須議定，不得令充賤役，無禮侮辱，有礙我之體面，免致營兵憤激。若彼不肯言定，則止有改派勇丁較爲活便。洞前奏換勇，乃是極力斡旋之法，既顧舊章，又防後患。其實勇亦著號衽帶，勇者亦有頂戴，於彼局面絲毫無傷，此策似頗圓到。總之，或改勇丁，或禁役使，二者彼必認其一，此事方能妥結。昨電較簡，茲再詳陳。漾。

致福州船政大臣裴光緒十四年二月二十九日發

庚、辛、壬、癸四淺輪，請毋庸製造。其甲、乙、丙、丁四輪辦法，擬由粵奏，容籌定再奉商。豔。

船政局來電光緒十四年正月初二日到

司農有意作梗，閩未便再頂。此節除非由粵籌給全價，改協為代，算無善策。惟巨欵亦恐湊集為難，姑想一變通之法，甲、乙作為閩廠自製，撥歸粵防，由閩報銷，粵不協價，丙、丁作為全價代造。惟按實估計，二艘三十六萬，殊覺不敷，須照始議每艘二十萬，粵再找足四萬，閩廠方能承辦。蓋丙、丁粵不報銷，閩廠墊欵無從開報，故須稍增耳。淺水四輪亦照此辦法，無庸增價，蓋每艘六萬，為數已足也。然雖如此辦理，户部未必不駁，應請主裁，如屬可行，請由粵專奏，較見得力。至庚、辛、壬、癸四艘，料已辦齊，礙難從緩，擬仍遣魏牧赴粵面請温諭。

致福州船政大臣裴光緒十四年三月初五日發

豔電計達覽。甲、乙、丙、丁四艘，每作二十萬兩算，共八十萬金，擬料由粵給，工由閩給，以符原奏。魏牧云四分中料居三而工居一，則粵應解六十萬金矣。然粵力不支，當於前議四艘三十六萬兩外，更籌一十六萬兩，統共五十二萬兩，其餘歸閩工項下任之。既減四淺輪，又多出協價，即由粵具奏，可期就緒。祈裁覆。歌。

裴大臣來電光緒十四年三月初七日午刻到

歌電五十二萬自可遵辦，惟工由閩給，匠工即經費，必須咨部報銷。一由閩給，是不動支官欵，恐仍干部駁。鄙意以粵欵五十二萬作全價，製乙、丙兩艘淺輪，兩艘劃清捐欵，自行清算。其廣甲一艘作為撥應，不取粵值。如此辦法，當兩無妨礙。儻可行，祈先寄摺稿見示，再由尊處具奏，冀與銷案相符。森。陽。

陳閣學來電光緒十四年三月初七日申刻到

裴老得電甚焦急，來商於琛，屬婉達公，冀鑑其為難情形。此事部固難粵，粵若變計，則船政實受其累。蓋四淺輪定購機料，不能移作大輪之用，萬不得已亦須合製兩艘，庶不過於賠累。望公熟籌，互商長策，勿遽入告。琛。魚。

致崖州方副將敬光緒十四年三月初六日發

文昌乃星宿，非義學所當奉，獨祀關帝，亦未妥。欲知聖教，自應拜孔子。諸黎入學，設先師位，塾師率領叩拜。義學建用磚瓦，工宜堅實，切勿草率。語。

致柏林洪欽差光緒十四年三月二十二日發

效電悉。改訂礮彈裝藥引火，全凈增九十餘萬馬，仍合總價三百六十萬馬，分十年，請即照立合同。藥運保更須百四十萬，俟籌欵再訂。養。

致瓊州朱道光緒十四年三月二十六日發

篠電悉。七弓巢穴已破，搜捕餘匪無須多勇，若不病，止此已足，若俱病，雖多無用。西路客屯無剿辦事體，開墾、設市等事，尤當因利勸導，不僅恃兵力驅迫，即使或有不敷，該道止可酌量匀撥。方擬裁勇練兵，豈能再事添募，所請親兵百名，礙難准行。宥。

致福州船政大臣裴光緒十四年四月初二日發

卅電悉。四大艘料價五十二萬，承允照辦，甚感。魏牧應早令回工，惟日内擬辦奏稿，暫留該牧數日，詢商妥酌，以期兩益。沃。

致肇慶孔道、高要縣、肇協水陸各營將光緒十四年四月十二日發

連日大雨，基圍可危，西江漲高若干，府城下水如何，速飭肇屬各該縣上緊防護。如漲盛勢急，各協將即分投赴圍，早備杉料，協督修防搶救，萬勿疏失。弁兵口糧酌帶發給，在黃江平餘動支。文。

致肇慶孔道、榮令、蔡令、董令、劉都司光緒十四年四月十二日發

西江必已漲發，羅秀圍可慮之甚。石工倉卒難成，土工易辦，該印委速會同督夫加工加價，晝夜趕修，務須加高五尺，培厚丈餘，刻日作成，如此次被水漫決，惟該印委是問。即覆。文。

致瓊州朱道、儋州賈牧光緒十四年四月十三日發

番嶇客民滋事，省中已知其詳。徐革倅屯田章程苛擾難行，該道、該牧速出示諭客民：一、屯田章程不便者准予删除，另籌妥善辦法。一、捐米即日停止，如有未散者，動官欵給口糧。一、止拏造言滋事匪首，畏累逃匿之客民未滋事者，概不株連。一、

即將徐倅撤差，迅飭回省，不准逗留，已派方道前往查辦。以上各節，迅速曉示，諸事自定，要在除苛法，散脅從，勿逞威，勿迴護。元。

致瓊州朱道光緒十四年四月十七日發

匪首獲辦，稍慰，惟已成不滅不休之勢一語，甚有語病。謂爲匪必誅則可，若云滅，似乎將盡殲客種矣，必無之理，亦必無之事，當係詞不達意。望慎重妥辦，宜從容不宜孟浪，切囑。洽。

致河南李欽差光緒十四年五月初五日發

伏汛將近，合龍不易。竊謂有兩要義：一、已作之工，務令堅穩，東壩尤要，設夏漲過盛，金門難合，已進之占總不再潰，已費之帑不爲虚糜，秋深仍可接辦，則廷議輿情不能苛求。一、現挑引河宜加工趕辦。此兩條可以人力圖之。杞憂妄論，幸與和帥商之。目前情形，工程分數，祈示。歌。

致雲南督辦鑛務唐光緒十四年五月初七日發

西洋商將日本銅廠全包居奇，長價百斤至十八兩。總署、北洋商定通行一年內，無論東西洋銅，各省概不購用。然京師現行制錢，若滇銅不繼，大錢、制錢併缺，都市必大擾，再購倭銅更受挾制。滇銅有何大舉之法，至多每年能辦若干萬，是否本足銅即旺，抑別有良策，速示。陽。

唐督辦來電光緒十四年五月十一日未刻到

京局准部咨，存銅可敷兩年用，此兩年中滇銅出矣。新開巧家廠，據鑛師言，外洋無此好山，可供開採一二百年。雖不知如何，然觀其山勢，苗引確有可憑。照現辦法添足本，三道齊辦，三數年後不止復京運及各省採買千數百萬舊額。此非大言，閱歷始知。所苦一年來撥欵只到十萬，四川商股十餘萬，量米為炊，止能辦迤東一路。尚有金銀廠，亦無本開辦。炯。

致煙臺盛道台光緒十四年五月十六日發

粵省往來香港輪船，向有馬頭。現擬於省東自珠光里至東礮臺，填築馬頭，名其地曰上沙面，租與商局，以分外洋之利。官款修築，租價可格外從輕。其地頗繁盛衝要，但省河東西水淺，上海商輪難到，惟設省港渡船則便，未知商局可撥船試行否。聞江平去年省澳往來，除支銷外，毫無餘利，似可將此船改行省港，馬頭開後，生意必旺。或商局自行，或局粵合行，如慮賠折，或局借船與粵代行，或局撥別埠船改行。此舉專爲扶中抑外起見，重費不計，望詳籌電覆。翰。

盛道來電光緒十四年五月二十四日酉刻到

省港渡船，擬另設一局，派船試行。宣稟。霰。

致汕頭招商局廖丞光緒十四年六月初四日發

總署咨覆移貨廠建馬頭一節，據赫德申稱種種不便，勢難勉强。究竟海關擬留船港迤東之處，能否建築馬頭。雖距商局稍遠，究勝於無。工程稍大無妨，本部堂志在必成，總可設法維持。即詳籌築法，估計工費，繪圖稟覆。豪。

致柏林洪欽差光緒十四年六月初五日發

儉電悉。現亟設廠造槍，乞飭力拂照德營現用連珠槍新式估造機器，價若干，何時成，示覆。歌。

洪欽差來電光緒十四年六月初一日申刻到

各國競改新槍，德益求精，且聞購新機造槍似非計。與廠主商，俟其本國起造時，照購機器，彼可允行，惟價必昂。鈞。儉。

洪欽差來電光緒十四年七月初九日申刻到

槍機日成五十桿，裝運在外，須一百卌萬碼，未扣釐，一年可成。鈞。陽。

致煙臺盛道台光緒十四年六月初五日發

霰、效電悉。粵近新關，户稠河窄，無地設埠，擬在省河東頭築埠，在東匯關對岸，距天字馬頭約二里，距新關約六七里，乃港澳渡輪終年往來必由之路。商局如合用，擬即填築六十丈，可照留，水深丈許，儘足用。望籌覆。歌。

致柏林洪欽差光緒十四年六月初九日發

擬設廠仿造克虜伯六生至十生半等礮連架，自鍊鋼，每年約成五十尊，需洋監工二人。已電商克廠，肯否代造機器全分，價若干，何時成，造廠費約幾何，請轉詢。速電示。佳。

致總署光緒十四年六月十六日發

省河補抽釐局開辦年餘，抽華商不抽洋商，恪遵條約。界在疑似，不能不加考核，確係洋商者，立即放行，既未抽釐，亦未扣留。間有問明華店者，原以辨別華洋，查洋商包庇華貨，粵省積弊，買辦及小洋行優爲之。上年六月有華商句串德商圖漏顏料釐金一案，經該局查確充公，彼先亦扛幫，繼遂折服。此後當飭局員詳查妥辦，凡洋商所買土貨，有税單可憑者，決不留滯，不至再有藉口，其確查有包庇可據者，不能不向領事詰問。諫。

致天津李中堂光緒十四年六月二十五日發

敬電悉。輪船通梧，民情不願，二月初八日曾會銜電覆。越雖造鐵路，滇桂貨至南甯後欲出外洋者，可上水赴龍州，欲至廣州、滬、津者，仍須下水赴梧州。由龍赴越，兼有陸路，且出口或龍或廣，在中國商務無甚出入。内河行輪，渡夫失業太多，必多阻礙。欲興商局之利，只有先在廣省、香港添設輪渡，可分洋利。洞前已與盛道電商，催其試辦。盛稟即再飭司局妥議，另函詳達。有。

致桂林沈撫台光緒十四年七月十一日發

函電均悉。據藩司稟稱，西省築臺需欵，原應趕籌撥濟，惟本省入欵較上年少，而京餉增多數十萬，加以春夏水災，丁糧短征，釐金驟絀，應支各餉向多未發，西省電商撥解之四萬，實難籌措，以後如可展挪，必當隨時撥濟，斷不敢稍分畛域，請將情形婉達等語。所言皆係實情，幸惟鑒諒。真。

沈撫台來電光緒十四年七月初四日辰刻到

越南義士黄廷經為法所殺，其黨與法尋仇不已，游匪乘間滋事，邊防萬分喫緊。蘇督辦議於各關隘添築大小礮臺四十餘座，不能不允，需欵甚急，求迅賜再撥四萬兩，至禱至懇。姪秉成。江。

致柏林洪欽差 光緒十四年七月十一日發

造槍機器價稍貴，請改議日成三十桿者，減價若干。又佳電擬仿造克式無套各號小礮連架，祈另詢博洪礮廠，能否照造，全分機器約價若干，均候覆。真。

洪欽差來電 光緒十四年七月二十二日午刻到

槍機日成卅桿者，祇減十五萬馬，而日成二百五十桿者，價二百五十萬，愈多愈上算也。造礮如自鍊鋼，先須考驗煤鐵宜否，層折尚多。如購洋鋼，滬廠即能造小礮，似不值再設廠。請籌。鈞。號。

致總署 光緒十四年七月十五日發

庚電悉。德使言領單土貨在北海納釐一事，已電飭該廠查覆。據稟，寶森洋行運糖二百餘擔過欽州分廠，託華商厚昌代報，未將三聯單呈驗。該廠見華商未報，又無聯單，不能不收釐。經洋商呈驗過照，隨已給還釐銀等情。查聯單向不收釐，惟定章須驗明單貨相符。此次寶森單不隨貨，乃洋商自違定章，非該廠誤收，亦非中國背約，請轉告德使。咸。

致總署 光緒十四年七月十五日發

東電謹悉。海安告示謬引本未通行舊案，實屬錯誤，已由電飭撤銷，據稟已遵辦。至該廠釐金，向係本辦落地稅辦法，從未抽及洋商，開辦十餘年相安無異，似應照舊辦理。已飭該廠格外慎重，勿令洋商藉口。咸。

致柏林洪欽差 光緒十四年七月二十四日發

槍機仍用日成五十桿者，即訂定。連珠幾響，淨價若干，交期再速更妙。欵即匯。滬製小礮未精，仍擬粵自設廠，購克鋼，仿克式爲便。祈先就七生半、九生兩號機器，向博洪廠詢訂。氣機馬力宜加大，俾槍礮兼鑄，併爲一廠，費可較省。來電力拂價內想連氣機，乞除算，候覆示。敬

致總署 光緒十四年八月初五日發

丙戌四月廣西桂平縣美教士富利惇醫館被毀一案，領事捏稱兵勇搶物，索賠五千餘元，迭經此間查明駁覆。以事起倉猝，地方官立派兵役彈壓，將富氏家屬護送縣署，資助火食，雇船送回東省。富自稱失物有限，家口平安，即屬萬幸，保護不爲不力，但能緝匪，不能賠償。且美約只准在口岸開設醫館，各國條約亦無內地准設醫館明文。富到桂平所領係遊歷執照，不應行醫。西醫法奇，駭人聽聞，內地尤易滋事，何苦冒險違約。令飭教士以後勿往內地行醫，願從則富案或可量爲撫恤辦結，不從則彼自冒險，固無賠償，且難保護。領事覆稱，候商教士。越月餘，來文援引利益均沾之條，嘵嘵置辦，大都以內地購地爲教堂公產，應行保護。至開設醫館一層，莫能自解，以爲領事未經奉權，應由國內大憲善爲核辦，已稟美使等語。謹電陳顛末，以備駁覆。內

地教案煩瑣已極，無端又增一醫案，滋事愈多，望按約力持。另鈔案咨呈。支。

致京廣東臬台王爵堂光緒十四年八月十三日午刻發

粵省洋務不宜遷就，凡僕所堅持者，皆萬不可許，且揣其必能就範，妥爲操縱，斷不致孟浪生事，惟懇內不掣肘。望見總署諸公，詳陳粵餉艱困，并望向當道瀝陳。元。

致總署、天津李中堂光緒十四年九月十三日發

密函謹悉。諒山開路，乃分他國之利，非奪中國之利。梧江行輪，乃欲漏廣東之釐，非爲便中國之商。德爲自利起見，誠如尊論。查越通鐵路，但增雲、桂外出之土貨，不能減向銷廣東出粵海之土貨，或分粵海、廉海進口之洋貨爲鎮南關進口之洋貨，於兩廣全局尚無大損，即使有損，商人視何路釐稅重輕爲趨避。既經開關減稅，無可如何，亦非梧州通輪所能救。若盡裁西江釐稅，粵豈能支，即使能裁能救，粵民不願，亦萬不能行。近屢詳詢地方官民，僉稱渡夫失業太多，必然生事，萬難允從。德使極言釐弊，其意專在通輪以後廣行聯單，盡逃內地釐稅耳，因忌法商稅輕利厚，故欲一體，進步求益，其云爲中國計，爲商局計，皆謬說也。即云爲德商受虧計，亦飾說也。總之，民情難拂爲第一義，餉源難棄爲第二義。此事斷無辦法，應照鈞函堅持勿允。平心體察，雲、黔、桂境，地僻土貨多，從前山路運艱，銷流不旺，若越路省便，只此三省商務較蕃，他省銷路仍在，譬如俄在西北口通商，自是另銷一路。法固利矣，他國未至有害也。似可以此開導德使。另函詳陳。元。

致總署光緒十四年十月初四日發

北海德商二次運貨入內地，不照向章報釐廠查驗。查北海四通八達，專恃釐廠嚴查，以杜走漏，敝處堅持與辨，領事始允仍前報驗。此事本可無庸會訊，惟領事既肯轉圜，報驗姑准會訊，以免藉口。支。

致煙臺盛道台光緒十四年十月二十二日發

巴馬河請招華工，果無虐待情弊，章程切實可靠，未嘗不可，請與妥議條欵，訂明每日工作時刻不得逾八點鐘，火食、住處、醫藥、運柩、恤欵以及管束章程，一切利益，盡禁虐待各弊。議定先電示。養。

致柏林洪欽差光緒十四年十月二十二日發

函牘均悉，感甚。嘯電槍機連珠十響，百二十馬力，可兼造小礮，擬照定。應加礮機需價幾何。聞博洪鋼佳，能仿造克礮，請與細議槍礮合廠辦法。約用監工洋匠幾人，候覆示即定。交期愈速愈妙。養。

致天津李中堂光緒十四年十月二十九日發

洋布消流日多，年中以千餘萬計，大利所在，漏卮宜防。粵擬設織布紡紗官局，工價賤，運費省，應可與洋裝頡頏，固有之利，允宜振興。閱申報載上海布局經尊處奏准十年內不准另行設

局，是否專指上海而言。粤設官局，本與商局有别，且進口布多消旺，斷非滬局所能遍給。粤供粤用，猶恐不給，當不至侵滬局之利。望速電覆。豔。

李中堂來電 光緒十四年十一月初四日巳刻到

光緒八年奏准在滬創織布局，十年内不准另行設局。嗣因法事，鄭官應經理不實，現甫從新整頓。粤設官局，距滬較遠，似無妨。鴻。江。

致總署 光緒十四年十一月初二日發

上年有英商在省出租小輪，拖渡入内地，經粤省嚴飭查拏，并照會英領事按約示禁。前月又有小輪名加蘭，由香港裝載客貨，前往新甯縣屬之長沙、荻海各埠，回至省河，被粤關拏獲，照章會訊，指證確鑿。又本月十三日在新會縣屬之外海鄉地方，拏獲洋輪士約芬多密森一船，擅入内地，照約均應入官。詎英領事偏袒不服，藉口係遊歷之船，并無私做買賣確據，詳英使與鈞署核斷。查英約四十七欵云，英商船隻如到别處沿海地方私做買賣，即將船貨一併入官。譯閲洋文，則言英商船隻除已准通商口岸之外，不得違例到中國别處口岸，亦不得在沿海地方私做買賣，違者船貨一併入官。又五十欵云，漢英文不符，以英文作爲正義等語。自應照英文，凡到中國别處口岸，即應船貨入官，固不論其私做買賣與否。且遍貼招牌字啟，載客收銀，即是商船確據，何得强辯。中外船路限制，此端斷不可開。請堅持責令充公，不容狡飾，以儆效尤。再，外海鄉乃地名，係深入内河之地，非海面也，并聲明。沃。

致潮州惠潮嘉道德道、汕頭洋務委員廖維杰 光緒十四年十一月初三日發

前經札飭廖丞與和使會議保護日裏華工章程，曾否晤商，有無端緒。粤省人滿爲患，現值新舊金山禁止華工，窮民謀生之途日窘，和屬需工正殷，誠能去其苛虐，優其工資，使華工往來得以自由，未始非裨益窮民之道。章程大要，一在華工出口，務出自願，不准有人代借川資，設法招致。一在到洋之後，工主善待，不得迫勒留工，務使往來自便。和使來文甚願照辦，務速與商定詳妥章程，稟候核定，一面電覆勿延。江。

德道來電 光緒十四年十一月初八日午刻到

據廖丞稟，昨日已晤和使，與商章程一事，和使謂華民往日里，即經行文日里，責成園主務必格外優待華工，不准陽奉陰違，稍有苛虐，認真遵辦，此著最為緊要，其餘無可再議等語。當飭廖丞加意稽查，如有誘拐及暗借川資，設法招致等弊，立拏究辦。職道泰稟。虞。

致天津李中堂、煙臺盛道台〔一〕 光緒十四年十一月初五日發

粤綫與法綫相接一事，前接大咨，經總署議准，盛道現又電催。電綫原爲軍報迅速、商費暢旺，果使有利無害，自願照辦。惟盛稟據洋參贊博來云，英有水綫可達各國，旱綫雖廉，遲速迥

〔一〕 録自顧廷龍、葉亞廉主編《李鴻章全集·電稿二》，第九至十頁，原題為「粤督張來電并致煙臺盛道」，上海人民出版社一九八六年版。

異，且須由水綫轉寄，恐水綫即斷，旱綫之報亦不多等語。是不能奪彼之利，即于我亦無利矣。廣東東興、廣西鎮南關與法接壤，中國設綫本自圖迅速，如法國亦可由此途達各省，是我無利而法有利矣。如有兵事，一日未失和，即不能一日斷綫，而龍州通商，深處堂奥，欽、廉一帶教民極多，我之臨時布置，虚實機宜彼族纖悉畢知，皆可電洩，迨至失和斷綫，則已失先機矣。此事於中外大局有礙，竊以爲萬不可行，務望力持駁止。如尊處未便翻駁，擬由粤奏阻之。專候速示覆，并致杏蓀酌覆。歌。

致總署 光緒十四年十一月十二日發

蘇元春電：越廢王舊臣在欽廉一帶及附近諒山之中界招兵云云。又越官曾任高平省平原縣員梁湛和報有李亞二等與法戰，斃其一畫，枝底村民截殺法人之事。馮提督電，越民常與法搆兵，離東興三百里，即有一股屯聚，近日芒街、海甯常有游民屯聚拷掠。傳聞西貢亦不靖，由法重抽人税苛政所致。飭營嚴防，游民斷不敢擾云云。已電飭各營實力巡防，嚴禁游匪闖入戰界。真。

致總署、天津李中堂 光緒十四年十一月十三日發

前准北洋咨：據盛道宣懷禀，籌議廣西電綫接通法綫，當飭兩廣電報局嚴立章程，會同籌辦，并轉行司局核議在案。是尚須定章，籌議粤省，並未遽諾。今尚未據該道議送章程，昨又電禀催接東興、北圻之綫。此事該道議接，北洋允准，自係爲有利無害起見。惟現據司局詳稱，博來説帖，內云英國原有大東水綫可達各國，旱綫雖接，仍須由水綫轉寄，價雖稍廉，遲速迴異，且多周折，時須修理，將來旱綫之報未必能多等語。然則此時接綫仍不能分利，於彼不能分，於我即無益矣。東興、鎮南關皆與法接壤，設電之意，原欲使我之軍報速過於人，如法亦可用，則與法共其利，且爲法占其利矣。至有事斷綫一節，綫既連接，一日不失和，一日不能斷。西省太平府上思州，東省欽廉等處，皆多教堂教民，龍州係商務總匯之區，尤逼近肘腋，萬一有事，虚實機宜，彼皆可頃刻電知，避長攻短，盡洩密謀，至決裂而斷綫，則戰守之先機早失矣。此事無事接綫不能收利，有事斷綫先已受害，益彼損我，實不可行。且前因勘界故，廣東綫至東興，廣西綫至南關，界務竣後，即已撤至憑祥。現因經費重，巡修難，擬收至欽州、龍州而止。欽龍距越界或百數十里，或二百餘里，斷無專爲敵國特造遠綫待彼來接之理。中越隔絶，欲接無由等語。查所言均係實在情形，緊要關鍵。北洋、盛道用意非不周詳，但於粤邊情形尚未深悉。昨電商北洋，未覆。此事關繫兩粤邊防利害，又并非鈞署之意，務望主持轉圜，力寢其議，告以中綫僅至欽龍，兩界隔遠，暫不能接，彼當無詞。儻難於駁覆，擬由粤詳晰奏陳鈞署，即以粤省官民不願辦理爲辭。祈電示覆。元。

李中堂來電 光緒十四年十一月十七日亥刻到

法越接綫之議，總署先准，因琿春、恰克圖與俄議接綫，多方刁難，姑准法、英由越緬接綫，以通西洋，俄自就範。署咨令鴻督盛道與法籌議，往復兩年而後定約。據盛道禀，南關接綫，去年三月并奉尊處批准。以後中法往來通報，皆須鎮南接轉，儻遇齟齬，不必明斷其綫，可令局員暗阻，由我自主。至接綫後，報費均在粤收，與商局無益等語。此案業經兩國畫押，奉旨批准，

似難翻悔，惟東興係法續請議，批准後十八箇月始辦，或可推延中止，屆期由粵酌量議奏。鴻。篠。

致天津李中堂[一] 光緒十四年十一月十三日發

十月初二日函悉。祝嘏孝養，典禮攸關，薄海臣民，同深慶幸。萬壽山工程，朝旨昭明，邸教懇切，誼應稍效微忱。粵力困絀，中外同知，然恭逢盛典，不敢以艱難辭。謹當力籌百萬，不動正欵，五年分籌，每年四季解津。現銀須有文批，擬作爲海軍衙門備用之欵，庶便存案。至如何籌法，實屬不易，現亦不能指定何欵，若小闈姓之類，斷難舉行，總竭綿力爲之而已。祈轉達醇邸。函續覆。元。

李中堂來電[二] 光緒十四年十一月十七日到

元電俱仰公忠，即轉醇邸。頃接電覆：翰未刻接轉粵電，均悉。此事因未得覆，故尚緘密。捐為屠攬，欵又一蹙，除冀此舉，別無他法。粵欵解津文批希由津辦，統俟匯齊，再行宣播云。曾沅帥電認八十萬，分兩年報解。鄂帥認解四十萬，分三年解清。川帥認二十萬，分五年解。似此已逾二百萬之欵，衆情踴躍可喜。擬俟各函到日匯報邸廑，並聞。鴻。治。

致潮州方守、方提台 光緒十四年十一月十三日發

韓祠圖已閲，甚佳。速修金山書院藏書樓，亦速造韓祠，僕捐千金，并飭局籌千金。書樓僕捐購書千金，亦飭局籌千金。元。

致瓊州朱道 光緒十四年十一月十三日發

蘇祠竣工否。可修治閎整，鄙人捐千金，并飭局籌閒欵千金助工。祠内可多建一院，并祀歷代謫瓊名賢。元。

致天津李中堂 光緒十四年十一月十四日發

據法署領事于雅樂函稱改調龍州，白藻泰月底仍回粵省。查于和平文雅，遇事可與商酌，相處甚好，半年來諸事安帖。白浮躁橫悍，性好生事，前曾毆辱弁兵，萬難與之共事，必多枝節。請設法轉商法使，調白留于，彼此均益。如能挽回，實感鼎力。可否并婉達總署，即示覆。願。

李中堂來電 光緒十四年十二月初十日發

法外部允于雅樂署廣州領事，白藻泰調署香港，尚屬要好。鴻。蒸。

致輪墩劉欽差 光緒十四年十一月十八日發

粵擬購織布紡紗機器全副，每日約出布若干方爲上算，需價幾何，幾月造成，建廠費若干，洋匠監工幾人，請通盤代籌詳查，速賜示覆。鑄錢鑪機如可通用，約省價若干。并候示。嘯。

〔一〕録自顧廷龍、葉亞廉主編《李鴻章全集·電稿二》，第十一頁，原題為「粵督張來電」，上海人民出版社一九八六年版。

〔二〕録自苑書義等主編《張之洞全集》第七冊，第五三一三頁，河北人民出版社一九九八年版。

致瓊州朱道光緒十四年十一月十九日發

寒電悉。近來英美各屬禁阻華工，迭據外洋華民聯禀哀懇，慮絶生計。經粵省多方執奏，星使在洋正與力争，欲其弛禁。彼方患我之多來，我反自禁而不往，未爲得計。汕民到和蘭屬島傭工，常有餘資寄回，可見外洋謀生較易。年來窮民由新嘉坡繞道至和屬者，爲數甚多，與其繞道而費川資，孰若徑往之爲利便。總之，自行出洋傭工，與向所謂賣猪仔者大不相同。本部堂力與和國使臣詳議約章，嚴禁虐待，彼一一允從，當咨總署立案。蓋彼方招徠，自無勒虐，理尚可信。小民生計所關，不當因噎廢食。瓊民頹惰，其家屬誤會出洋即是猪仔，故相攔阻。其大要總在自備川資，自願出洋，杜絶拐賣，工資自得，年限無定，則聽其往來，並無妨礙，固不必勸，亦不必阻，但須仿汕頭章程，在海口客棧定章稽察，確詢願否可矣。務再平心體察，詳核利弊，電覆勿延。效。

致雲南唐督辦光緒十四年十一月二十一日發

近日鑛務旺否，銅本足否，集股若干。粵機明正開鑄，洋銅日貴，如雲銅由昭通下百色，水運至廣，粵代鑄錢，半歸雲用，半作粵買，價須廉，雲省鑄費，粵省銅價，均有益。價至少須幾何，或别有良策，均速示。馬。

唐督辦來電光緒十四年十一月二十三日申刻到

粵代雲鑄，往返運費貴，不合算。現於平彝開一廠，已見功。其山勢厚大，公司僅開數洞，附近甚可開辦。該廠去百色近，為粵計，籌銀一萬來為代辦，專供粵用，明年冬必見功，總計運到粵，本脚不過十兩，此為良策。炯。效。

致總署光緒十四年十一月二十八日發

馮督辦電：據東興防營報稱，二十六日三更，越游民焚劫芒街，法兵放礮擊逐，互有傷斃，未悉多少，現飭嚴防竄擾等語。已電馮并防營員弁，嚴禁軍民人等不得出東興過河一步，以杜嫌疑。勘。

致天津李中堂[一]光緒十四年十一月三十日發

望電悉，未准署覆，盼甚。聞白藻泰初二日抵粵接辦。此人復來，事難安帖。法使李梅與公熟識，受商量，務請設法徑商法使，調白留于。總署或有不便措辭之處，非公不能挽回，如承鼎言，或可如願。此係爲交涉重要、安輯地方起見，切懇。卅。

致總署光緒十四年十二月初五日發

霰電敬悉。德領事在汕置地，敝處無案，即經電汕查覆。地係魯麟洋行所置，將廿年。秋間，德領事轉承，擬建公署。經澄海縣查明，皆有契據，將契調銷，改給租地執照，按年照納地租，德使所指應係此地。至條約准予租地，并無永遠字様，舊案往往有之，殊欠斟酌。若因價買概作永遠租業，近來衝要口岸蔓延日廣，貽害甚鉅，於商務、防務均有妨礙，前粵撫吴中丞上年七月

[一] 録自顧廷龍、葉亞廉主編《李鴻章全集·電稿二》，第二十一頁，原題為「粵督張來電」，上海人民出版社一九八六年版。

疏陳甚詳，似宜及早籌一限制區別之法。統候裁酌。微。

致雲南岑宫保 光緒十四年十二月初九日發

魚電敬悉。騰越野夷嚮化，威德及遠，佩甚。越苦法虐，桂邊外保樂三州，苗土皆變，法屢被創。欽邊外游衆現屢攻海甯，與東興礮火相望。聞太原、山西亦有游衆數千，惜俱缺軍火，若有槍礮，越早復矣，可爲歎恨。緬木邦内附，非由我招，英似不得有異説，廷議因何不許，已決定否。木邦、孟砂不獨富饒，兼爲滇蔽，公似宜將利害所關，苦口瀝陳，至能否挽回，則有天意矣。鄙見妄揣，尚祈卓裁。佳。

岑宫保來電 光緒十四年十二月初七日午刻到

騰越邊外野夷，經文武將吏極力拊循，羣知内向，惟緬之木邦、孟砂現為外人侵佔。孟砂寶玉之區，素稱富足。木邦麓川舊壤，地極膏腴。前木邦求内附，廷議不許。以此富强之區，棄之誠為可惜。游民東西蜂起，可謂不約而同。近日保勝以上，皆非法有，苗瑤俱變，與法為難者，不獨越之遺臣義旅而已。大君子智周寰宇，成算在胸，當必有以見教。英肅。魚。

岑宫保來電 光緒十四年十二月十七日亥刻到

佳電謹悉。承詢木邦内附廷議因何不許，兹將此案緣由呈覽。丙戌七月奉密行廷寄，内開：英人踞有印度全境，濱海緬地，久經割據。今此蓄謀既發，其勢不能中止。緬自都城淪陷，君虜臣降，間有土司等守舊不服，然力弱勢分，恐亦崛强暫時，未能持久。前稔祚請發兵，今木邦請内附，所謂鋌而走險，叛服無常。現已飭總理衙門與英使訂立新約，斷無為一二土司另生枝節之理。嗣後緬人再有籲請如上項情事，該督等惟當懔遵前旨，諭以中英和好有年，不肯輕開邊釁，該土司等勿得瀆陳，撫以善言，羈縻弗絶。總之，馭遠之道，因時變通，不拘一格，固不宜顯示拒絶，亦不可輕議招徠。該督等務當通籌全局，隨時體會此意，毋使辦法自相矛盾，致滋口實，是為至要。等因。辱教敬以密達。英肅。咸。

致瓊州朱道 光緒十四年十二月初九日發

微電悉。潰屯事情節尚有可原，且事屬既往，不必深求。今宜予以自新，以後遇有潰屯案内各犯，應就現犯之案定罪，勿復追論舊惡。切切。佳。

致天津李中堂〔一〕 光緒十四年十二月初九日發

于雅樂已留署廣州領事，深感鼎言。尊處接覆電否。新授瓊州鎮姜鎮分統毅軍駐旅是否到任，抑係留防。祈示覆，以便此間安排一切。佳亥。

致總署 光緒十四年十二月十三日午刻發

北海法領事藉口華船常到海防拐搶人口，照請示諭船户，須向領事領照，方得到海防等處，無照即將船扣留。經廉州府印委各員禀請示遵，當以條約向章無此辦法，海防地方各國船隻任便

〔一〕録自顧廷龍、葉亞廉主編《李鴻章全集·電稿二》，第二十三頁，原題為「粵督張來電」，上海人民出版社一九八六年版。

往來，何獨華船須領執照。果有拐搶情事，當爲拏辦，毋許越界騷擾。彼謀甚狡，意在侵我海面之權，領事發照萬不可行。分晰批飭，一面電查有無藉端需索，陰謀留難情弊，立即稟辦。現據稟，該領事已張貼告白，收取船規，每船輸銀自數元至數十元不等。委員詰責，稱係法使所定。似此違約妄爲，越權收費，實屬不成事體，請照會法使立飭領事停止收規，免滋事端。除咨呈外，先電達。元。

致欽州李牧 光緒十四年十二月十三日發

銅柱不必，用勒石標識即可。已批手摺，由藩司發還。元。

致欽州李牧、馮督辦、安瀾輪船管帶林國祥 欽州、北海、海口各局探交 光緒十四年十二月十九日發

欽州白龍尾一帶，盜匪時肆搶劫，洋面不靖。現派安瀾輪船十二日送劉鎮往北海，即飭令留駐白龍尾一帶洋面往來，認真巡緝，有盜即緝，以安商旅。該輪如已駛回海口，即迅赴白龍尾巡緝，不准延誤。效。

致福州船政文案廣東監工委員梁孝熊 光緒十四年十二月二十二日發

舊年廣甲造法頗多未能盡善處，煙通迫近將臺，絞錨未設機，杉板攙舊物，其艙中船面櫬隔門户之屬，亦經酌改多件，甚煩工費。現穹淺各艘，分年竣役，該員職司監造，責成有在，務求一一合法，工料均須精良，船艙内外務須布置妥協，勿得有名無實，敷衍緘默，以致將來費手。養。

致瓊州朱道 光緒十四年十二月二十四日發

所開各路，恐不免有廢塞者矣，乘冬寒速委員弁，分投確查，勿棄前功，緊要。伐木商情暢旺否，近日出海者多少，張廷鈞鑛又續興工否，均即確覆。敬。

朱道來電 光緒十五年正月初八日申刻到

敬電悉。伐木局王商在嘉陵採運，上半年出口之木約二萬餘株件，秋間風暴停運，冬間又運數千株件，已採未運者三萬餘株件。另有盧商秋間來瓊，在東路各州縣相度，冬間設局崖州，紮橋採木。王商所開之山，定安、樂會、萬州、陵水，大都由淺入深。盧商所辦屬崖九所、樂安一帶，木植最好，運送較難。此伐木情形也。張廷鈞秋間在昌化縣大聘村擇地開荒，縱横約十里，高窪相間，大約可得地數千畝，已於冬月勘明畝址，給照開辦。該商携眷住海頭，頗有期在必成之志。其大豔山銅鑛，恐難得利，然不敢輕棄，尚在續辦。又盧商擇定澄邁蛤骨塘、大塘口等四處，瓊山芳排一處，均可成田數十畝。冬月在定安設局，給照開墾，一有成效，即行飛稟。職道采稟。豔。

致華盛頓張欽差[一] 光緒十四年十二月二十七日發

函及鈔件均悉。鄭議自禁，未曉工商維繫關鍵，謬極。今日

[一] 指中國駐美國公使張蔭桓。

事甚難處，執事本三端立説，具見調劑苦心。鄙奏爲粤民生計起見，雖未悉底藴，亦只就事論事，非敢苛責閣下，當邀亮鑒。美不應創例廢約，拒絶商改，我趁此撤去自禁章程，以後便可從新另議，是極。似宜另籌抵制之法，稍示報復。我聲言禁内地傳教遊歷，彼必悚動。特不知署意肯否裁酌。示覆。沁。